Rendez-vous

AN INVITATION TO FRENCH

Judith A. Muyskens
University of Cincinnati

Alice C. Omaggio
University of Illinois, Champaign-Urbana

Claudine Chalmers
College of Marin

Claudette Imberton

Philippe Alméras
Centre d'études franco-américain, Lisieux

Chapter 19 by Laurence Wylie

Rendez-vous

AN INVITATION TO FRENCH

Annotated Instructor's Edition

RANDOM HOUSE New York

This book was developed for Random House by Eirik Børve, Inc.

First Edition
987654321

Copyright © 1982 by Random House, Inc.

Library of Congress Cataloging in Publication Data
Main entry under title:

Rendez-vous: an invitation to French.

Includes index.
1. French language—Grammar—1950–   . I. Muyskens, Judith A.
PC2112.R44   448.2'421   81-15912
ISBN 0–394–32638–5 (S)   AACR2
ISBN 0–394–32764–0 (I)

Production: Greg Hubit Bookworks
Editorial coordination: Mary McVey Gill
Text and cover design: Janet Bollow
Cover art: The Luncheon of the Boating Party, 1881, oil on canvas, by Pierre Auguste Renoir. The Phillips Collection, Washington.
Photo research: Roberta Spieckerman
Illustrations: Axelle Fortier (unless indicated otherwise)
Typesetting: Graphic Typesetting Service

Manufactured in the United States of America

Photo Credits

1, *left,* Richard Kalvar/Magnum; **1,** *upper right,* Dorka Raynor; **1,** *lower right,* Helena Kolda; **6,** Peter Menzel;

11, Peter Menzel; **12,** *upper,* Documentation Française; **12,** *lower,* Documentation Française; **13,** *left,* Eirik Børve; **13,** *right,* French Embassy Press & Information Division; **15,** Dorka Raynor; **22,** Helena Kolda; **39,** *upper left,* French Government Tourist Office; **39,** *upper right,* Belgian National Tourist Office/Paul Elson; **39,** *lower left,* United Nations; **39,** *lower right,* United Nations; **40,** *upper,* French Embassy Press & Information Division; **40,** *lower,* NFB Phototheque;

43, Leonard Freed/Magnum; **55,** Gilles Peress/Magnum; **58,** Mark Antman/Monkmeyer; **72,** H. S. Chapman/Jereboam; **72,** French Government Tourist Office; **72,** French Government Tourist Office; **72,** Peter Menzel;

75, Peter Menzel; **77,** Helena Kolda; **81,** Helena Kolda; **98,** Sybil Shelton/Monkmeyer; **102,** Richard Kalvar/Magnum, **102,** French Embassy Press & Information Division; **102,** French Embassy Press & Information Division; **105,** Carolyn Watson/Monkmeyer; **106,** Peter Menzel; **106,** Peter Menzel; **106,** French Government Tourist Office; **107,** Photopress Grenoble; **107,** Peter Menzel;

(continued following index)

Preface

Rendez-vous: An Invitation to French is a first-year program that emphasizes communication in French through introduction of the four language skills: listening, speaking, reading, and writing. Each chapter has a central theme, and the vocabulary, grammar, and cultural readings follow that theme.

ORGANIZATION

The text consists of an opening chapter *(Chapitre préliminaire)* and nineteen other chapters.

Chapters 1-18 are organized as follows:

1. *Objectifs*, which outline the grammar and culture presented in each chapter;
2. *Etude de vocabulaire*, which presents the core vocabulary and provides practice of these words;
3. *Etude de grammaire*, four to six grammar points, each introduced in the context of a mini-dialog and accompanied by explanation, examples, exercises, and activities;
4. *Etude de prononciation*, which focuses on individual sounds that are difficult for the English learner of French;
5. *Conversation et culture*, a reading that combines the grammar and vocabulary of the chapter and is followed by questions and cultural commentary in English so that students may become acquainted with everyday life in French-speaking countries;
6. *Récapitulation*, review exercises and activities that combine and reinforce the grammar and vocabulary of the chapter;

7. *Vocabulaire,* the chapter vocabulary list, including the words that students are expected to learn.

Between chapters is an *Intermède,* a special section that emphasizes conversation, creativity, and culture. This section includes a cultural reading in French and guided writing activities. Instructors may use as much of this section as they wish, depending on time and goals.

Chapter 19, written by Professor Emeritus Laurence Wylie of Harvard University, is an invitation to continue the study of French.

SUPPLEMENTS

Rendez-vous has several supplements that will help students and instructors use the book more successfully.

1. The workbook, by Patricia Westphal of Drake University, provides additional practice with grammar and vocabulary through a variety of written drills, including controlled and open-ended exercises;
2. The lab manual and tape program by Myrna Bell Rochester, offer listening comprehension, phonetic drills, dictations, pattern drills, and cultural material to accompany the main text;
3. The instructor's edition contains guidelines for the instructor as well as supplementary listening comprehension drills, exercises, and activities. The instructor's manual gives guidelines for lesson planning, testing, and using *Rendez-vous.*

AUTHORS

Judith A. Muyskens of the University of Cincinnati is coordinator of the project (text and supplementary materials) and the author of the objectives, activities in the *Intermède,* the questions and writing activities following the cultural readings in the *Intermède,* parts of the *Récapitulation,* on-page text in the instructor's edition, and the instructor's manual. Alice C. Omaggio of the University of Illinois, Champaign-Urbana, is the author of most of the grammar explanations, many of the exercises, parts of the *Récapitulation,* on-page text in the instructor's edition, and the instructor's manual. Claudine Chalmers of the College of Marin wrote the introductory vocabulary sections, some grammar exercises, the mini-dialogs, and the pronunciation sections. Claudette Imberton of Lyons, France, is author of the main dialogs and the cultural commentaries. Philippe Alméras of the *Centre d'études franco-américain* in Lisieux is author of the cultural readings.

While most authors are responsible primarily for their own sections of the book, all participated actively in the creation of the final manuscript.

ACKNOWLEDGMENTS

The authors and publishers would like to thank the following professors who participated in a series of surveys and who gave invaluable suggestions that influenced the scope, format, and content of *Rendez-vous*. The appearance of their names does not constitute an endorsement of this text and its methodology.

Richard Admussen, Washington University; Judith Aydt, Southern Illinois University, Carbondale; Susan M. Baldwin, Northern Virginia Community College; James H. Baltzell, Southern Illinois University, Edwardsville; Michael Bassman, East Carolina University; Martha Best, University of Wisconsin, Milwaukee; Leon H. Bourke, Indiana-Purdue University, Indianapolis; Eloise A Brière, Rutgers University; Glenda Brown, University of Northern Colorado; Odette E. Brugato, Mt. Hood Community College; Andrew F. Campagna, University of Maryland; Margaret Clark, University of Arkansas; Brigitte Coste, Marquette University; Ruth Parlé Craig, Santa Rosa Junior College; G. Richard Danner, The Ohio University; Barbara C. Dease, Jackson State University; Ann N. Driss, Kansas State University; Courtenay Dodge, Allegheny College; Claude Duval, California State University, Sacramento; Mary Eve Finestone, California State University, Northridge; Eugene A. Fong, University of Houston; Frank M. Friedman, C.S. Mott Community College; Gerald Giauque, Northern Arizona University; Anne Gibson, University of Texas, Arlington; Frida W. Gilkey, Boston State College; Howard Hanson, Western Illinois University; Pierre Horn, Wright State University, Dayton; David Jaymes, Oakland University; Elizabeth C. Joiner, University of South Carolina; Jimmy R. Jones, Stephen F. Austin State University; Eric H. Kadler, Central Michigan University; Abraham C. Keller, University of Washington; Louise Kikuchi, Western Washington University; Paul Kinzel, California State University, Fresno; Marie-Pierre Koban, Lakeside School, Seattle; Carol Loscutoff, Arne Lunde, West Valley College; Gerald Mead, Northwestern University; Irene Millett; Mary M. Millman, Auburn University; Michele Morris, Georgetown University; Roger A. Noel, University of Missouri, St. Louis; Kenneth I. Perry, University of Illinois, Chicago; June K. Phillips, Indiana University of Pennsylvania; Norman A. Poulin, University of Missouri, Columbia; Elizabeth Quillen, California State University, Long Beach; David Quinn, University of Hawaii; Patricia Ramsay, University of Delaware; Susan Redd, Mt. Vernon High School, Washington; Seymour Resnick, Queens College; Gloria M. Russo, University of Virginia; Joan N. Savitt, State University of New York, Albany; Jocelyn Sheppard, Southwestern College; Patricia Siegal-Finley, State University of New York, Brockport; Nicole Fouletier-Smith, University of Nebraska, Lincoln; Dominique Sonier, University of California, Santa Barbara; Jeanette W. Szymanski, Marquette University; Edouard Thai, Colorado State University; Chantal P. Thompson, Brigham Young University; Marthe Williams, Temple University; Josette

Wisman, The American University; Phillip J. Wolfe, Allegheny College; Barbara R. Woshinsky, University of Miami.

Other individuals, too many to mention, deserve our thanks and appreciation for their help and support. Among them in particular are Frédérique Chevillot and Philippe Mauthès, who read the manuscript for linguistic and cultural authenticity; Eugene Fong, who read the *Etudes de prononciation,* Axelle Fortier, who contributed most of the drawings, and Greg Hubit, who supervised the production of the text. Last but not least, very special thanks to Eirik Børve, who inspired the project, and to Thalia Dorwick, Mary McVey Gill, Myrna Bell Rochester, and Lesley Walsh, who all helped to carry it to completion.

J.M.

Table des matières

Chapitre 19
Une Invitation au monde français 545

Appendice

Suggestions for first class meeting:
See "What to Do the First Day."

Suggested two day plan for
Chapitre préliminaire:

Day 1: **Bonnes Manières**
      Les Nombres
      Start **prononciation**
Day 2: **Communication en
      classe**
      Dans la salle de classe
      Prononciation

Chapitre préliminaire

OBJECTIFS

Faisons connaissance!   (*Let's get acquainted!*) In this preliminary chapter, you will learn what to say when you meet someone for the first time, how to say hello and good-bye, some polite expressions, some classroom expressions, and the numbers from one to twenty.

See facing page for lesson plan.

Bonnes Manières

1. —Bonjour, Mademoiselle.*
   —Bonjour, Madame.

   Introduce and have students act out these interchanges in situations that are as realistic as possible.

2. —Bonsoir, Monsieur.
   —Bonsoir, Madame.

3. —Je m'appelle Marcel Martin. Comment vous appelez-vous?
   —Je m'appelle Marie Dupont.
   —Bonjour, Mademoiselle.
   —Non! Madame, s'il vous plaît!

4. —Comment allez-vous?
   —Très bien, merci. Et vous?
   —Pas mal, merci.

5. —Salut, ça va?
   —Oui, ça va bien.
   —(Comme ci comme ça.)

6. —Comment? Je ne comprends pas. Répétez, s'il vous plaît.

7. —Pardon! Excusez-moi!

8. —Merci.
   —De rien.

9. —Au revoir!
   —A bientôt!

*Abréviations: **Mademoiselle = Mlle   Monsieur = M.   Madame = Mme** Note that when used to address someone, these titles are usually not followed by a proper name.

Maintenant à vous

A. Répondez, s'il vous plaît.

1. Je m'appelle Maurice Lenôtre. Comment vous appelez-vous?
2. Bonsoir! 3. Comment allez-vous? 4. Merci. 5. Ça va? 6. Au
revoir! 7. Bonjour.

B. Situations. Donnez une expression pour chaque situation.

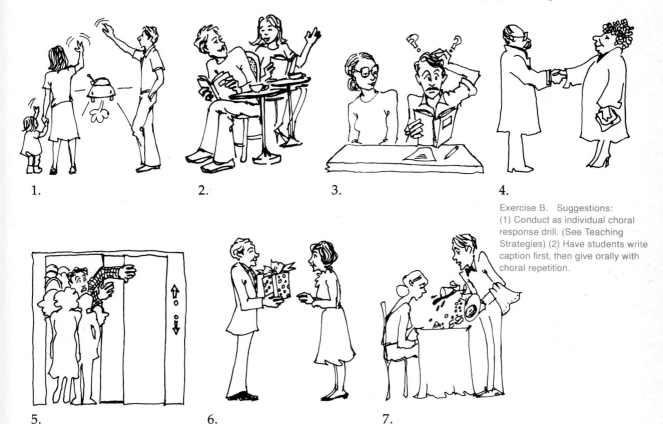

1.   2.   3.   4.

5.   6.   7.

Exercise A. Suggestions:
(1) Conduct as a rapid response
drill. (See Teaching Strategies)
(2) Solicit as wide a variety of
answers as possible. (3) Call on
several different students for
answers to 1, 3, and 5.

Exercise A. Follow-up: Have
students practice in pairs,
practicing handshake with
appropriate dialog.

Exercise B. Suggestions:
(1) Conduct as individual choral
response drill. (See Teaching
Strategies) (2) Have students write
caption first, then give orally with
choral repetition.

C. Deux rendez-vous. Créez des dialogues, avec un(e) camarade de
classe.

1. *You bump into someone on the street; it's Mrs. Dupont, your French
   instructor. You excuse yourself, say hello, and ask how she is. She says
   that she's fine and asks how you are. "Not bad," you reply. You both say
   "Good-bye, see you soon."*
2. *Two of you are meeting in a formal situation for the first time. Greet each
   other and introduce yourselves.*

Exercise C. Suggestions: (1) Do
orally in pairs. (2) Have students
write out dialogs individually for
written practice.

Exercise C. Follow-up: Situations 1
and 2: Have several students
present their dialogs to the class.
Encourage use of gestures and
handshakes. Situation 2:
Encourage students to use titles in
greeting.

CHAPITRE PRELIMINAIRE

Le Français par les gestes: La Poignée de main

There is always some sort of physical contact when French people greet each other. They shake hands briefly but energetically when greeting casual acquaintances. If you watch French people converse, you will notice that they stand or sit closer than Americans do.

Les nombres de 1 à 20

1	un	11	onze
2	deux	12	douze
3	trois	13	treize
4	quatre	14	quatorze
5	cinq	15	quinze
6	six	16	seize
7	sept	17	dix-sept
8	huit	18	dix-huit
9	neuf	19	dix-neuf
10	dix	20	vingt

Suggestions: (1) Conduct as a repetition drill. (2) Ask students to count by twos, using even numbers and then odd numbers. (3) Use flashcards or deck of playing cards and hold them up at random.

Note: Point out to students the pronunciation of **x** in **deux, six, dix** when the number is used alone, before a vowel, and before a consonant.

Maintenant à vous

A.   Deux nombres. Quel est le plus grand? Suivez le modèle.

MODELE: deux, dix → dix
huit, un → huit

1. six, seize
2. dix, douze
3. treize, trois
4. neuf, onze
5. dix-huit, dix-neuf
6. quinze, sept
7. dix-sept, seize
8. vingt, quatorze

B.   Combien? Donnez le nombre correct.

1. 卌 卌 |||
2. ||
3. 卌 ||
4. 卌 卌 ||
5. 卌 卌 卌 ||
6. 卌 卌
7. 卌 卌 卌 ||||
8. ||||
9. 卌 ||||
10. 卌 卌 ||||

Exercise C.   Suggestions: (1) Use as individual and choral response drill. (2) Have students work in pairs after modeling first few with the whole class.

C.   Problèmes de mathématiques.

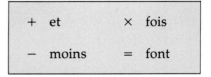

+	et	×	fois
−	moins	=	font

MODELE: $4 + 3 = ?$ → Quatre et trois font sept.
              $4 - 3 = ?$ → Quatre moins trois font un.

1. $2 + 5 = ?$	6. $5 - 4 = ?$	11. $10 \times 2 = ?$
2. $6 + 8 = ?$	7. $15 - 9 = ?$	12. $11 \times 1 = ?$
3. $5 + 3 = ?$	8. $13 - 12 = ?$	13. $8 \times 2 = ?$
4. $10 + 1 = ?$	9. $20 - 18 = ?$	14. $6 \times 3 = ?$
5. $9 + 8 = ?$	10. $19 - 15 = ?$	15. $5 \times 4 = ?$

Exercise C. Follow-up: (1) Write additional problems on flashcards or blackboard. Students read problems aloud and give answers. (2) Teach **Combien font** and give oral problems. (3) Students give additional problems orally. (4) Give a long continuous problem for fun. For example: $10 + 5 + 4 - 7 - 11 + 6 + 2 + 9 - 1 + 3 = ?$ (Answer: 20)

La communication en classe

Donnez l'expression anglaise pour chaque expression française.

1. Répondez.
2. En français, s'il vous plaît.
3. Oui, c'est exact.
4. Non, ce n'est pas exact.
5. Est-ce que vous comprenez?
6. Non, je ne comprends pas.
7. Bravo! Excellent!
8. J'ai une question à poser.
9. Comment dit-on "Cheers!" en français?
10. Ecoutez et répétez.
11. Vive le professeur!
12. A bas les examens!
13. Attention!

a. Yes, that's correct.
b. Do you understand?
c. How do you say "Cheers!" in French?
d. No, that's not right.
e. In French, please.
f. Listen and repeat.
g. Great! Excellent!
h. Long live (hurrah for) the professor!
i. I have a question to ask.
j. Be careful! Pay attention!
k. Answer (respond).
l. No, I don't understand.
m. Down with exams!

Suggestion: Model pronunciation of phrases first before doing drill. Conduct as individual response drill.

Suggestions: (1) Do as individual or choral response drill. (2) Have students write phrases first for written practice, then give orally.

Maintenant, donnez une réaction personnelle, en français, s'il vous plaît.

Follow-up: These phrases can be written on index cards, scrambled, then distributed to students for rapid response in both French and English.

1. You don't understand what the instructor said. 2. You want to know how to say "Help!" in French. 3. The exam for the day has been cancelled. 4. You have a question. 5. You want the instructor to repeat something.

Dans la salle de classe

Maintenant à vous

A. Qu'est-ce que c'est?* *(What is it?)* Avec un(e) camarade de classe, identifiez les personnes et les objets. Suivez le modèle.

MODELE: *Vous:* L'objet numéro un, qu'est-ce que c'est?
Un ami: C'est un (une). . . . *(It's a. . . .)*

B. La salle de classe. With another student, ask and answer questions about your classroom. Begin your questions with **Il y a. . . ?** (Is there . . . ?) Answer the questions using **voici** if the object or person is close to you or **voilà** if it is far away. Follow the model.

MODELE: une fenêtre → *Vous:* Il y a une fenêtre?†
Un ami: Oui, voici une fenêtre.
Oui, voilà une fenêtre.

*In the preliminary chapter and in Chapter 1 of **Rendez-vous,** questions will be formed either with **Est-ce que. . . ?** *(Is it that . . . ?)* placed at the beginning of any statement or with rising intonation.

†Note that the expression **il y a** remains the same when used with a singular or a plural noun.

Il y a **une** table.	There is *a* table.
Il y a **deux** tables.	There are *two* tables.

1. un livre
2. un professeur
3. un étudiant
4. une étudiante
5. une chaise

6. une porte
7. un bureau
8. un cahier
9. un tableau noir
10. une table

Exercise B. Suggestion: Model dialog before students work in pairs.

Exercise C. Note: (1) Point out that singular and plural forms of nouns sound alike. (2) Point out pronunciation of the numbers 6, 8, and 10.

C. Combien? Regardez la salle de classe à la page 6 et répondez avec *il y a (there is/there are).* Suivez le modèle.

MODELE: étudiantes → Il y a quatre étudiantes.

1. portes   2. fenêtres   3. professeurs   4. tableaux noirs
5. cahiers   6. livres   7. chaises

Exercise C. Follow-up: Use **il y a** to point out number of persons and objects in actual classroom. Avoid questions requiring **ne . . . pas.**

ETUDE DE PRONONCIATION

Introduction

Many French and English words look alike, partly because French was the official language of England for over 100 years during the eleventh and twelfth centuries. Words that look similar in both languages are called cognates. Although French cognates will look familiar to you, their pronunciation is quite different from English.

Listen—without looking at your book—as your instructor pronounces these French sentences.

1. **Le professeur d'histoire arrive à l'université.**
2. **Les étudiants adorent les discussions politiques.**
3. **L'oncle de Cécile ressemble au président de la République.**

Now read the sentences. It is probably easier for you to understand them in their written form. Understanding spoken French is different from understanding written French. If you want to use French for oral communication, it is important to learn to understand the spoken language and to speak with an accent that is good enough for a native French person to understand. As you studied the first pages of **Rendez-vous** you probably heard, repeated, and practiced all of the sounds of the French language. One of the best ways to learn correct pronunciation is to imitate your instructor's pronunciation and that of the speakers on the tapes that accompany this book. In addition, you will find that each unit of **Rendez-vous** focuses on a specific aspect of French pronunciation.

Presentation: Discuss the dates 1066–1214, **Guillaume le Conquérant, Henri II** and **Eléonore d'Aquitaine,** and the linguistic, political, and cultural exchange between France and England. In 1214, the battle at **Bouvines** (the first national victory for the French) quadrupled the **domaine royal** of **Philippe-Auguste.**

Note: Pronunciation of the French alphabet is presented in the **Intermède** following Chapter 1.

The International Phonetic Alphabet

In English, each letter can represent different sounds. Note the different sounds made by the letter *o* in these six words: *cold, cot, corn, love, woman, women.* The same is true in French; the **o**, for example, is pronounced differently in the words **rose** and **robe**. Conversely, in both languages, a single sound can often be spelled in several different ways. Notice, for example, how the sound [f] is spelled in the words *fish, alphabet,* and *tough.* Similarly, in French the sound [e], for example, can be spelled in many ways: **université, appelez, cahier.**

The discussion of sounds and pronunciation is simplified by the use of the International Phonetic Alphabet (IPA), which assigns a symbol, given in [ ], to each sound in a language. These symbols are listed and explained in the pronunciation section of each chapter.

Note: This text will not develop the use of the IPA beyond the individual word or word group. You may expand its use as desired.

Suggestion: Discuss the three French accents (**aigu, grave, circonflexe**) if desired. Point out that the **circonflexe** usually indicates a dropped **s** in the development of the language.

Articulation and Stress in French

Articulation: The Way Sounds Are Pronounced

French articulation tends to be more energetic than English, and sounds are produced in the front of the mouth rather than in the back. Do not slur or swallow sounds in French.

Maintenant à vous

Suggestion: Conduct as choral repetition drill, with individual response if desired.

Prononcez avec le professeur.

1.	attitude	[atityd]	5.	passion	[pasjɔ̃]
2.	police	[polis]	6.	conclusion	[kɔ̃klyzjɔ̃]
3.	bracelet	[braslɛ]	7.	injustice	[ɛ̃ʒystis]
4.	balle	[bal]	8.	côtelette	[kotlɛt]

Word Stress: Emphasis Given to Syllables within a Word

In French, the stress is on the last syllable of a multisyllabic word.

Maintenant à vous

Prononcez avec le professeur.

1.	bureau	5.	administration	9.	conclusion
2.	professeur	6.	garçon	10.	prononciation
3.	différence	7.	université	11.	bravo
4.	attention	8.	excellent	12.	rendez-vous

Sentence Stress: Emphasis Given to Syllables within a Sentence

Presentation: Give concrete examples. You might choose English equivalents of some sentences in **Maintenant à vous.** Tap out rhythm with pencil to demonstrate.

In English sentences, some syllables receive more emphasis than others. In French, each syllable of a sentence receives approximately equal stress. This gives French an even, staccato rhythm that is quite different from the sound of English.

— **Comment allez-vous depuis l'année dernière ?**... (Tetsu)

depuis l'année dernière
since last year

Maintenant à vous

Prononcez avec le professeur.

1. Salut. 2. Salut, Marc. 3. Bonjour, Madame. 4. Bonjour, Mademoiselle. 5. J'ai une question à poser. 6. Il y a deux bureaux. 7. Comment allez-vous? 8. Comment vous appelez-vous? 9. Qu'est-ce que c'est? 10. Vive la différence. 11. Le professeur d'histoire arrive à l'université. 12. Les étudiants adorent les discussions politiques.

Suggestion: Conduct as choral repetition drill, with individual responses as desired.

Vowels: Diphthongs and the Glide

A diphthong is two vowel sounds pronounced within the same syllable, such as in the English word *bay*. There is a tendency in English to prolong almost any vowel into a diphthong. In words such as *rosé, café,* and *entrée,* the final vowel is drawn out into two separate vowel sounds: an *e* sound and a *y* sound (a glide).

In French, each vowel in the words **rosé, café,** and **entrée** is pronounced with a single, pure sound, regardless of the length of the syllable.

Note: Vowel sounds are presented in Chapter 1, consonants in Chapter 2.

Listening discrimination drill: **Français ou anglais?** Pronounce the following English and French words in random order. Students identify each as **français** or **anglais**. English: *so, lay, say, no, day;* French: **sot, les, ses, nos, des.**

Maintenant à vous

A. Prononcez avec le professeur.

1. entrée   café   matinée   blasé   rosé   frappé

2. cage table fable cable page sage sable
3. beau gauche parole rose

B. Prononcez avec le professeur. Attention à l'articulation!

1. Marie   Elisabeth   René   Hélène
   Eric   Valérie   Elise   Charles
   Michel   Dominique   Paul   Isabelle
2. répétez   visite   littérature habitation
   démocratie   appartement   cinéma   discothèque
   film   musique   télévision restaurant
3. Il y a un bureau dans la salle de classe. Répétez, Mademoiselle, s'il vous plaît. Je m'appelle Marie Dupont. Comment vous appelez-vous? L'oncle de Cécile ressemble au président de la République.

VOCABULAIRE

BONNES MANIERES

A bientôt.	See you soon.
Au revoir.	Good-bye.
Bonjour.	Hello. Good day.
Bonsoir.	Good evening.
Ça va?	How's it going?
Ça va bien.	Fine. Things are going well.
Comme ci comme ça.	So-so.
Comment?	What? How?
Comment allez-vous?	How are you?
Comment vous appelez-vous?	What's your name?
De rien.	You're welcome.
Et vous?	And you?
Excusez-moi.	Excuse me.
Je m'appelle. . . .	My name is. . . .
Je ne comprends pas.	I don't understand.
Madame (Mme)	Mrs.
Mademoiselle (Mlle)	Miss
Merci.	Thank you.
Monsieur (M.)	Mr.
non	no
oui	yes
Pardon.	Pardon (me).
Pas mal.	Not bad(ly).
Répétez.	Repeat.

Salut!	Hi!
S'il vous plaît.	Please.
Très bien.	Very well (good).

DANS LA SALLE DE CLASSE

un bureau	a desk
un cahier	a notebook
une chaise	a chair
un étudiant	a (male) student
une étudiante	a (female) student
une fenêtre	a window
un livre	a book
une porte	a door
un professeur	a professor, instructor
une salle de classe	a classroom
une table	a table
un tableau noir	a blackboard

MOTS DIVERS

C'est un (une)	It's a
combien	how many
il y a	there is/are
Il y a. . .?	Is/are there. . . ?
Qu'est-ce que c'est?	What is it?
voici	here is
voilà	there is

La Vie universitaire — *Chapitre* 1

OBJECTIFS

Communication et culture   In this chapter, you will learn expressions and vocabulary that will enable you to talk about various aspects of campus life and about things you enjoy doing. You will also learn about French universities and student life in France.

Grammaire   You will learn to use the following aspects of French grammar:

1. definite and indefinite articles (the equivalents of *the, a, an*) and the gender of nouns

2. plural of articles and nouns

3. subject pronouns (the equivalents of *I, you, he, she, it, we, they, one*) and the present tense of the largest group of French verbs, those with infinitives ending in **-er**: for example, **parler** (to speak)

4. how to use **ne . . . pas** to make a statement negative

Suggested five day plan for
Chapitre 1:

Day 1: **Vocabulaire**
  Articles/plurals of nouns
Day 2: Subject pronouns
  -er verbs
Day 3: Negative
  Prononciation
Day 4: **Récapitulation**
  Conversation et Culture
Day 5: Optional quiz
  Intermède

11

ETUDE DE VOCABULAIRE

L'Université

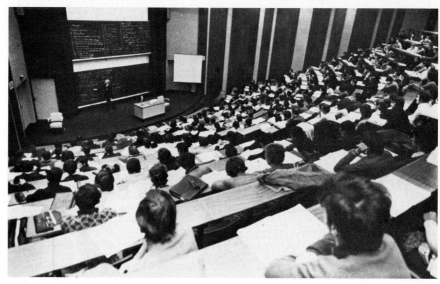

Voici l'amphithéâtre.

Voici la bibliothèque.

Voici la cité universitaire.

Voici le restaurant universitaire.

A. Une visite. Où trouvez-vous ces choses? *(Where will you find these things?)* Suivez le modèle.

MODELE: L'examen de français? → Dans l'amphithéâtre.

1. Un Coca-Cola? Dans le _____ .
2. Le dictionnaire? Dans la _____ .
3. La radio? Dans l' _____ .
4. Un café?
5. Le livre?
6. La télévision?
7. Le bureau du professeur?
8. Le cours de français?

B. Bizarre ou normal?

MODELE: Un dictionnaire dans le restaurant universitaire. . . . → Un dictionnaire dans le restaurant universitaire, c'est bizarre!

1. Le cours de français dans l'amphithéâtre. . . . 2. Une radio dans la bibliothèque. . . . 3. Un examen dans la cité universitaire. . . . 4. Un café dans l'amphithéâtre. . . . 5. Quinze tables dans la salle de classe. . . . 6. Un tableau noir dans la cité universitaire. . . . 7. Un dictionnaire dans la bibliothèque. . . .

François Paulette Rémi Claudette Marc Geneviève Odile Charles

Les Distractions

Suggestions: (1) Model pronunciation; choral repetition. (2) Additional cognate vocabulary: **la musique rock, le jazz, le volley-ball, le ping-pong, le football, le golf, les films de science-fiction, les films documentaires, les comédies musicales, les westerns, les films policiers, les films d'horreur.**

Exercise A. Suggestion: Do as cued-response drill. You may want to use choral repetition after individual responses.

Exercise B. Follow-up: Give model: **J'aime (je n'aime pas) . . . . Et toi?** After doing with whole class, have students interview each other using this model.

Exercise C. Suggestions: (1) Have students interview each other and take notes. Ask them to report orally preferences of classmates. (2) Have students interview instructor.

Au café   **La musique**   **Le sport**   **Le cinéma**
           la musique classique   le tennis   les films d'amour
           la musique disco   le jogging   les films d'aventure
                                        le ski
                                        le basketball

A. Préférences. Qu'est-ce qu'ils aiment?

MODELE: Rémi? → Rémi aime la musique disco. *(Rémi likes disco music.)*

1. Geneviève?   3. Paulette?   5. Charles?   7. Claudette?
2. Odile?   4. François?   6. Marc?

B. Maintenant à vous. Qu'est-ce que vous aimez?

MODELE: le sport → J'aime le sport. *(I like sports.)*
                    Je n'aime pas le sport. *(I don't like sports.)*

1. la musique classique   5. la musique disco
2. le jogging   6. les films d'amour
3. le cinéma   7. le tennis
4. le ski   8. les films d'aventure

C. J'ai une question à poser. Répondez selon le modèle.

MODELE: Vous aimez skier? → Oui, j'aime skier.
                              Non, je n'aime pas skier.

1. Vous aimez étudier?   2. Vous aimez danser?   3. Vous aimez écouter la radio?   4. Vous aimez parler dans le café?   5. Vous aimez regarder la télévision?

un Français	*oui*	une Française
un Espagnol	*sí*	une Espagnole
un Italien	*si*	une Italienne
un Allemand	*ja*	une Allemande
un Américain	*yes*	une Américaine
un Anglais	*yes*	une Anglaise
un Chinois	*ai*	une Chinoise
un Russe	*da*	une Russe

Les Nationalités

Presentation: (1) Model pronunciation, choral repetition. (2) Point out difference in pronunciation of masculine and feminine forms. (3) You may want to introduce language names here. Point out that all languages are masculine, mentioning that they are spelled with a lower-case first letter in French. (4) Possible additions to nationalities are **Canadien, Mexicain, Portugais, Belge.**

A. **Quelle est la nationalité?** Suivez le modèle.

MODELE: Joan Baez? → C'est une Américaine.

1. Pablo Picasso?
2. Shakespeare?
3. Sophia Loren?
4. Maurice Chevalier?
5. Willy Brandt?
6. Madame Mao?
7. La Grande Catherine?

Exercise A. Continuation: Have students give additional names.

B. **Un groupe international.** Quelle est la nationalité? Suivez le modèle.

MODELE: Monsieur Lombardi habite à Rome. → C'est un Italien.

1. Monsieur Jones habite à Washington. 2. Madame Garcia habite à Madrid. 3. Mademoiselle von Braun habite à Bonn. 4. Monsieur Chang habite à Pékin. 5. Madame Fournier habite à Paris. 6. Monsieur Nabokov habite à Moscou. 7. Monsieur Windsor habite à Londres.

Exercise B. Suggestions. (1) Do as cued-response drill. Have students close books as you read cues. (2) Work in pairs. One student reads stimulus. Other students answer without looking at text. (3) Have students provide additional names and cities. Possible names are *Lloyd, Tai, Orvieto, Parker, Dupont, Chen, Sanchez.*

ETUDE DE GRAMMAIRE

1. ARTICLES AND GENDER OF NOUNS

Dans *le quartier* universitaire

MIREILLE: Voilà *la bibliothèque, la librairie* et *le restaurant* universitaire. Et voici *le café.*

MARK: Il y a **une** *étudiante* dans *la bibliothèque,* **un** *étudiant* dans la librairie et vingt dans *le café.* . . .

MIREILLE: Ah oui, *le café* c'est *le centre* de *la vie* universitaire!

1. Dans une université française, il y a un restaurant universitaire? une bibliothèque?
2. Il y a combien d'étudiants dans la bibliothèque? dans la librairie? dans le café?
3. La bibliothèque est le centre de la vie universitaire?

Note: The grammar sections of **Rendez-vous** are numbered consecutively throughout the book. If students need to review a particular grammar point, the index will refer students to its number and page for easy reference.

Presentation: For ideas on presentation, see "Teaching Strategies: Mini-dialogs and grammar."

In the university district

MIREILLE: There is the library, the bookstore, and the university restaurant. And here is the café. MARK: There's one student in the library, one student in the bookstore, and twenty in the café. . . . MIREILLE: Oh yes, the café is the center of university life!

A. Gender and forms of the definite article

A noun is a word that represents a person, place, thing, or idea. In French, all nouns are either masculine or feminine in gender. This grammatical feature of nouns does not mean that speakers of French perceive things or ideas as having masculine or feminine attributes.

There are three forms of the singular definite article in French, corresponding to *the* in English: **le, la,** and **l'.**

MASCULINE		FEMININE		MASCULINE OR FEMININE BEGINNING WITH A VOWEL OR MUTE **H**	
le livre	*the* book	**la** femme	*the* woman	l'ami	*the* friend *(m)*
le cours	*the* course	**la** table	*the* table	l'amie	*the* friend *(f)*
				l'homme	*the* man *(m)*
				l'histoire	*the* story *(f)*

Le is used for masculine nouns beginning with a consonant, **la** is used for feminine nouns beginning with a consonant, and **l'** is used for either masculine or feminine nouns beginning with a vowel or with a mute **h.***

The definite article is used, as in English, to indicate a specified or particular person, place, thing, or idea: **le livre** (the book). The definite article also occurs in French with nouns used in a general sense; in English the article is not used for that purpose.

le ski   skiing *(in general)*   **la** vie   life *(in general)*

B. Forms of the indefinite article

MASCULINE		FEMININE	
un ami	*a* friend *(m)*	**une** amie	*a* friend *(f)*
un bureau	*a* desk	**une** chaise	*a* chair
un homme	*a* man	**une** histoire	*a* story

The singular indefinite articles in French are **un** for masculine nouns and **une** for feminine nouns, corresponding to *a (an)* in English. **Un (une)** can also mean *one,* depending on the context.

Il y a **une** étudiante.   There is *one* student.

*The letter **h** is silent in French. Words that start with **h** are pronounced beginning with the first vowel sound.

Note: Point out that all mini-dialogs are translated at the bottom of the page. (2) Point out that the bookstore would not be a part of the typical French university, but rather an independent establishment off campus. (3) Point out that questions in Chapter 1 are all formed by rising intonation.

Suggestions: (1) Model pronunciation of dialog. (2) Use multiple choral and individual repetitions. (3) Have students do the mini-dialog in pairs switching rôles. (4) Use the questions below the mini-dialog as a dictation, books closed. Students then answer questions orally or in writing.

Note: (1) Point out that Section C presents some ways to identify the gender of nouns. (2) Remind students to learn the article with the noun. (3) Note if desired words with aspirate *h*: **le héros, le haricot, le Havre.** (4) You may want to give examples in context of nouns used in general sense: **J'aime le ski. J'adore la vie. Je déteste le golf.**

Note: (1) Point out the pronunciation of the denasalized **un** in **un ami/une amie** and **un homme** versus the nasalized **un** in **un bureau.** (2) Explain that the indefinite article is used for unspecified nouns, while the definite article is used to name a specific person, place, or object, or with nouns used in a general sense.

C. Identifying the gender of nouns

1. Nouns that refer to males are normally masculine. Nouns that refer to females are normally feminine.

    l'homme   *the man*   **la femme**   *the woman*

2. Sometimes the ending of a noun is a clue to its gender. Some common masculine and feminine endings are:

Note: Point out that when a noun begins with a vowel, the definite article will not provide a clue to gender. Students should make a note of the gender, or learn the indefinite article with such nouns.

MASCULINE		FEMININE	
-eau	le bureau	**-ence**	la différence
-isme	le tourisme	**-ion**	la télévision
-ment	l'appartement	**-ie**	la librairie
		-ure	la littérature
		-té	l'université

    Since the gender of a noun is not always predictable, it is essential to learn the gender along with the noun. For example, learn **un livre** rather than just **livre**.

3. Nouns that have come into French from other languages are usually masculine: **le jogging, le tennis, le Coca-Cola.**

    Note: Exceptions include **la pizza, la radio.**

4. The names of languages are masculine. They correspond to the masculine singular form of the nouns of nationality, but they are not capitalized.

    l'anglais   *(the) English (language)*   **le français**   *(the) French (language)*

5. Some nouns that refer to people can be changed from masculine to feminine by changing the noun ending. The feminine form often ends in **-e.**

    Suggestion: Model and have students repeat the masculine and feminine forms.

l'am**i**	the friend *(m)*	→	l'am**ie**	the friend *(f)*
l'étudian**t**	the student *(m)*	→	l'étudian**te**	the student *(f)*
un Alleman**d**	a German *(m)*	→	une Alleman**de**	a German *(f)*
un Américai**n**	an American *(m)*	→	une Américai**ne**	an American *(f)*

    Final **t, s, d,** and **n** are silent in the masculine form. When followed by **-e** in the feminine form, **t, s, d,** and **n** are pronounced.

    Grammaire et prononciation

6. The names of some professions and many nouns that end in **-e** have only one singular form, used to refer to both males and females. Sometimes gender is indicated by the article:

le touriste	the tourist *(m)*
la touriste	the tourist *(f)*

Sometimes even the article is the same for both masculine and feminine.

une personne   a person (*masculine* or *feminine*)
Madame Brunot, **le** professeur   *Mrs.* Brunot, the professor

Maintenant à vous

Exercise A. Note: Remind students that **il y a** states the existence of something and that **voilà** points out objects.

Exercise A. Suggestion: Do as rapid response drill.

Exercise B. Suggestions: (1) Have students do as rapid response drill. (2) Have students give reason for choice of gender by citing rules.

Exercise B. Continuation: Have students give other examples.

Exercise C. Note: Remind students that not all words have both feminine and masculine forms.

Exercise C. Follow-up. Listening comprehension drill. Have students state the gender of the word and the gender cues they hear: **une Anglaise, un ami, l'Italienne, l'Allemande, l'étudiant, une étudiante, une Espagnole, l'Américaine.**

Exercise D. Suggestion: Model all vocabulary first, using multiple choral repetition and individual repetition as desired.

Exercise D. Follow-up: Show pictures of other objects or point to other things in the classroom.

A. Visite de l'université. Répondez affirmativement selon le modèle.
MODELE: Il y a un amphithéâtre ici? → Oui, voilà l'amphithéâtre.

1. Il y a une bibliothèque ici? 2. Il y a un café ici? 3. Il y a un restaurant universitaire ici? 4. Il y a un professeur d'allemand ici? 5. Il y a une librairie ici? 6. Il y a un cinéma ici?

B. Masculin ou féminin? Suivez le modèle.
MODELE: cours → un cours

1. préférence   4. question   7. conformisme   10. basket-ball
2. cité   5. tragédie   8. aventure
3. Anglais   6. appartement 9. tableau

C. Transformation. Donnez la forme féminine.
MODELE: l'Américain → l'Américaine

1. un professeur   5. un Anglais   9. le Russe
2. le Français   6. l'étudiant   10. un Espagnol
3. l'ami   7. un Allemand 11. un Chinois
4. l'Espagnol   8. un touriste 12. un Italien

D. Qu'est-ce que c'est?
MODELE: C'est une table.

E. **Vive. . . ! ou A bas. . . !** Avec un(e) camarade de classe, posez la question et répondez selon le modèle.

MODELE: café → *Vous:* Est-ce que vous aimez le café?
                    Un ami: Oui, j'aime le café. Vive le café!
                          (Non, je déteste le café. A bas le café!)

1. musique disco
2. jogging
3. restaurant universitaire
4. télévision
5. littérature américaine
6. professeur
7. cinéma
8. conformisme
9. cours de français
10. vie universitaire

Exercise E. Suggestion: Do model and the first few with the whole class. Then have students work in pairs.

Note: Point out that the system of academic grading in France is based on 10 or 20. It is very difficult to receive above a score of 8 or 18, depending on the scale. Perfect scores are reserved for the angels!

2. THE PLURAL OF ARTICLES AND NOUNS

Dans l'amphithéâtre

LE PROFESSEUR: Voici le système de notation:

        zéro pour *les imbéciles*
        quatre pour *les médiocres*
        huit pour *les génies*
        et dix pour le professeur.

        Il y a *des questions?*

Expliquez le système de notation du professeur, dix pour. . . ? huit pour. . . ? quatre pour. . . ? zéro pour. . . ?

	DEFINITE ARTICLES		INDEFINITE ARTICLES	
	Singular	Plural	Singular	Plural
Masculine	le touriste	→ **les** touristes	un étudiant →	**des** étudiants
Feminine	la touriste		une étudiante →	**des** étudiantes

A final **s** is not pronounced in French: **les touristes.** In the spoken language, therefore, the only difference between most singular and plural forms is the pronunciation of the articles **(les, des).**

    When the final **s** of an article is followed by a vowel sound, it is pronounced [z] and begins the following syllable: **des étudiants** [de-ze-ty-djã], **des hommes** [de-zɔm].

Grammaire et prononciation

In the lecture hall
THE PROFESSOR: Here is the grading system: zero for imbeciles, four for the mediocre, eight for geniuses, and ten for the professor. Are there any questions?

A. Plural forms of definite and indefinite articles

1. The plural form of the definite article is always **les,** regardless of the gender or first letter of the noun.

le livre, **les** livre**s**	the book, *the* book**s**
la femme, **les** femme**s**	the woman, *the* women
l'examen, **les** examen**s**	the exam, *the* exam**s**

Note: Point out that **des** can mean *some, several* or *few.*

2. The plural indefinite article is always **des.**

un ami, **des** ami**s**	a friend, *some* friend**s**, *friends*
une question, **des** question**s**	a question, *some* question**s**, *questions*

Note that in English a plural noun frequently has no article: *friends, questions.* In French, however, a form of the article is almost always used with plural nouns: **des amis, des questions.**

B. Plural of nouns

Suggestion: Have students repeat the nouns in the examples.

1. Most French nouns are made plural by adding an **s** to the singular, as seen in the preceding examples.

2. Nouns that end in **s, x,** or **z** in the singular stay the same in the plural.

Note: Point out that the oral cues to number are often only heard in the article.

le cour**s**, les cour**s**	the course, the course**s**
un choi**x**, des choi**x**	a choice, some choice**s**
le ne**z**, les ne**z**	the nose, the nose**s**

3. Nouns that end in **-eau** in the singular are made plural by adding **x.**

le tabl**eau,** les tabl**eaux**	the board, the board**s**
le bur**eau,** les bur**eaux**	the desk, the desk**s**

Note: Point out how one can distinguish the singular or plural of these nouns orally in both the article and the noun form.

4. Nouns that end in **-al** or **-ail** in the singular usually have the plural ending **-aux.**

un hôpit**al,** des hôpit**aux**	a hospital, hospital**s**
le trav**ail,** les trav**aux**	the work, tasks

5. To refer to a group that includes at least one male, French uses the masculine form.

un étudi**ant** et sept étudi**antes** → des étudi**ants**
un Franç**ais** et une Franç**aise** → des Franç**ais**

Maintenant à vous

A. Visite de l'université. Donnez la forme plurielle, selon le modèle.

MODELE: Voilà la salle de classe. → Voilà les salles de classe.

1. Voilà la bibliothèque.
2. Voilà l'amphithéâtre.
3. Voilà le professeur de français.
4. Voilà l'étudiant.
5. Voilà le cours d'anglais.
6. Voilà la librairie.

Exercise A. Follow-up. Listening comprehension exercise: Students will indicate whether the following words are **singulier ou pluriel: les dictionnaires, des cours, un examen, les livres, l'amphithéâtre, le bureau, un café, des radios, le film, les étudiants, des amis.**

B. Exercice de contradiction. Avec un(e) camarade de classe, formez des phrases selon le modèle.

MODELE: un Français → *Vous:* Voici un Français.
Un ami: Non, voilà des Français.

1. un hôpital
2. un bureau
3. un Anglais
4. une fenêtre
5. un ami
6. un tableau
7. un appartement
8. une touriste
9. un examen
10. une chaise

Exercise B. Suggestion: Do a few examples with whole class. Then have students complete the drill in pairs.

Exercise C. Follow-up: Have students think up other possible film titles.

C. Cinéma. En français, s'il vous plaît.

1. *A Man and a Woman*
2. *The Choices*
3. *The Chairs*
4. *Hurray for the French!*
5. *Two Women*
6. *Americans in* (**à**) *Paris*
7. *The Tragedies*
8. *Students at* (**à**) *Cherbourg*

D. Description. Décrivez la salle de classe selon le modèle.

MODELE: Dans la salle de classe, il y a des chaises.

Exercise D. Follow-up: Expand to a description of the University campus, using vocabulary learned earlier in the chapter. Ask questions about the campus such as: **Il y a des amphithéâtres? des salles de cinéma? des cafés? des salles de classe? un restaurant universitaire? des professeurs de mathématiques? une bibliothèque?** (Avoid questions calling for a negative answer.)

3. SUBJECT PRONOUNS AND PRESENT TENSE OF -ER VERBS

Visite de l'université

XAVIER: Salut! *Vous visitez* l'université?
FRANÇOISE: Oui, *nous admirons* la bibliothèque maintenant. Voici Paul, de New York, et Mireille, une amie.
XAVIER: Bonjour, *tu parles* français, Paul?
PAUL: Oui, un petit peu.
XAVIER: Bonjour, Mireille, *tu étudies* à la Sorbonne?
MIREILLE: Oh non! *Je manifeste* à Nanterre!

Trouvez *(find)* la forme correcte du verbe dans le dialogue.

1. Vous _____ l'université?   *(visiter)*
2. Nous _____ la bibliothèque.   *(admirer)*
3. Tu _____ français?   *(parler)*
4. Tu _____ à la Sorbonne?   *(étudier)*
5. Je _____ à Nanterre!   *(manifester)*

Visit to the university
XAVIER: Hi! Are you visiting the university? FRANÇOISE: Yes, we're admiring the library now. This is Paul, from New York, and Mireille, a friend. XAVIER: Hello. Do you speak French, Paul? PAUL: Yes, a little. XAVIER: Hello, Mireille. Are you studying at the Sorbonne? MIREILLE: Oh no! I'm demonstrating at Nanterre [*a French university noted for student activism*]!

A. Subject pronouns and *parler*

The subject of a sentence indicates who or what performs the action of the sentence: *L'étudiant* **visite l'université.** A pronoun is a word used in place of a noun: *Il* **visite l'université.**

Note: The elided j' form will be introduced in section B.

Suggestion: Go over the chart using forms in complete sentences, such as **je parle français.** Do as choral repetition drill.

SUBJECT PRONOUNS AND **PARLER**					
Singular			**Plural**		
je	parle	*I* speak	**nous**	parlons	*we* speak
tu	parles	*you* speak	**vous**	parlez	*you* speak
il	} parle	*he, it (m)* speaks	**ils**	} parlent	*they (m, m + f)* speak
elle		*she, it (f)* speaks			
on		*one* speaks	**elles**		*they (f)* speak

As you know, final **s** is not pronounced in French. Final **z** of the second-person plural and the **ent** of the third-person plural verb form are also silent. Thus, in the spoken language, **parler** has only three forms: [parl], [parlɔ], [parle].

Grammaire et prononciation

1. **Tu et vous.** There are two ways to say *you* in French. The singular form **tu** is used when speaking to someone you know well—a friend, fellow student, relative—or with children and pets. Students frequently use **tu** with each other just as soon as they meet. When speaking to a person you don't know well or when addressing an older person, someone in authority, or anyone else with whom you want to show respect or to maintain a certain formality, the more formal **vous** is used. The plural of both **tu** and **vous** is **vous**. The context will indicate whether **vous** refers to one person or to more than one.

Michèle, **tu** parles espagnol?	Michèle, do *you* speak Spanish?
Vous parlez bien français, Madame.	*You* speak French well, Madame.
Pardon, Messieurs (Mesdames, Mesdemoiselles), est-ce que **vous** parlez anglais?	Excuse me, gentlemen (ladies), do *you* speak English?

Suggestion: Write all the forms of the verb that are pronounced identically on the board first; then present **nous, vous** forms to complete the paradigm. Point out that these are called the "shoe" verbs.

Suggestion: Ask students why the examples show **vous** or **tu.** This will reintroduce previous material.

2. **Il et elle.** The English pronoun *it* is expressed by **il** (referring to a masculine noun) and **elle** (referring to a feminine noun).

3. **Ils et elles.** **Ils** is used to refer to masculine nouns or to a group that includes at least one masculine noun. **Elles** can refer only to feminine nouns.

Note: **C'est**—a structure that students have used actively—is not practiced in this section. It will be contrasted with **il/elle est** later. If desired, it may be presented as an introductory expression which indicates that the subject of the sentence follows: **C'est une table.**

Note: Point out the similarity of **on** and English *one*, used for indefinite subjects.

4. **On.** In English, the words *people, we, one,* or *they* are often used to convey the idea of an indefinite subject. In French, the indefinite pronoun **on** is used, always with the third-person singular of the verb.

Ici **on** parle français.
{ *One* speaks French here.
People (they, we) speak French here.

On is also used frequently in modern French instead of **nous.**

Nous parlons français? → **On** parle français?

Maintenant à vous

A. Ils. . . ou Elles. . . ?

_____ parlent.   _____ parlent.   _____ parlent.

Exercise A. Suggestion: Have individual students complete captions; then use choral repetition.

Exercise B. Suggestion: Have students complete the dialog working in pairs. Then quickly check work in class. You may want to ask students to take parts as you repeat dialog lines.

B. Dialogue en classe. Complétez le dialogue, avec une forme de *parler: je parle, tu parles, il parle, elle parle, on parle, nous parlons, vous parlez.*

LE PROFESSEUR:	Ginette, _____ français?
GINETTE:	Oui, _____ français.
LE PROFESSEUR:	Ici, en classe, _____ français?
JIM:	Oui, ici _____ français.
ROBERT:	Marc et Marie, _____ chinois?
MARC ET MARIE:	Oui, _____ chinois.
CHRISTIANE:	Jim, _____ allemand?
JIM:	Oui, _____ allemand.
MARTINE:	Est-ce que Paul parle italien?
ROLAND:	Oui, _____ italien.
MARTINE:	Est-ce qu'Isabelle parle russe?
ROLAND:	Oui, _____ russe.

B. Verbs with infinitives ending in *-er*

1. In English as in French, the infinitive of a verb tells what the action of the verb is, not who or what performs the action: *to speak, to be, to do.* When a subject is used with a verb, the verb must be conjugated: *I speak, he speaks.*

   A large number of French verbs have infinitives ending in **-er**: **parler** *(to speak),* **aimer** *(to like, to love),* and so on. The present tense of regular **-er** verbs is formed from the stem of the verb, **parl-/aim-** (the infinitive minus the ending **-er**) and the appropriate endings for each person: **-e, -es, -ons, -ez, -ent.**

Note: Point out shoe verb formation on board.

PRESENT TENSE OF **AIMER:** *to like, to love*	
j'aim**e** tu aim**es** il elle } aim**e** on	nous aim**ons** vous aim**ez** ils elles } aim**ent**

Note: Point out **élision** (when a mute **e** or other vowel drops and an apostrophe is used). Point out that the pronunciation of **s** in two linking words is called **liaison.**

When a verb begins with a vowel, the pronoun **je** becomes **j':** j'aime.

   The final **s** of plural subject pronouns is silent unless followed by a vowel sound, when it is pronounced [z] and begins the following syllable: **vous aimez** [vu-zɛ-me], **vous habitez** [vu-za-bi-te].

Grammaire et prononciation

2. Other verbs conjugated like **parler** and **aimer** include:

adorer	to love, adore	**étudier**	to study
aimer mieux	to prefer (like better)	**habiter**	to live
		regarder	to watch, look at
danser	to dance	**skier**	to ski
détester	to detest, hate	**travailler**	to work
écouter	to listen to	**visiter**	to visit *(a place)*

3. Note that the present tense in French has three equivalents in English.

Note: Emphasize this point strongly.

Je **parle** français. { I *speak* French.
 I *am speaking* French.
 I *do speak* French.

Suggestion. Ask **Comment dit-on?:** *We are visiting Paris. I'm visiting the Sorbonne* (**la Sorbonne**). *She watches the students. He does love Paris! You* (**tu**) *hate Paris.*

Nous **étudions** l'anglais. { We *study* English.
 We *are studying* English.
 We *do study* English.

4. Some verbs, such as **adorer, aimer,** and **détester,** can be followed by an infinitive.

J'**aime écouter** la radio.   I *like to listen to* the radio.
Je **déteste regarder** la télévision.   I *hate to watch* television.

5. The definite article is used with names of languages except after the verb **parler.**

J'aime (j'adore, j'étudie, je déteste) l'italien.
but   Je parle *italien.*

Maintenant à vous

A. **Question de préférence.** Suivez le modèle.
MODELE: J'aime skier. *(nous)* → Nous aimons skier.

1. *Claire* adore la musique classique. *(vous, nous, je, tu, Paul et Michel)*
2. *Philippe* déteste étudier. *(vous, je, nous, Simone, on)*
3. *Nous* aimons mieux le tennis. *(je, tu, vous, on, les deux Français)*
4. *Tu* aimes le sport. *(le professeur, vous, Francine et Brigitte, je, nous)*

B. **Qu'est-ce qu'on fait ce soir?** *(What are we doing tonight?)* Suivez le modèle.
MODELE: Nous travaillons. → On travaille?

1. Nous parlons de cinéma.   2. Nous étudions l'espagnol.   3. Nous visitons le quartier universitaire.   4. Nous écoutons la radio.   5. Nous regardons la télévision.   6. Nous dansons avec les amis de Pierre.

C. **Transformation.** Changez les phrases du singulier au pluriel et vice versa.
MODELES: Elles adorent la musique disco. → Elle adore la musique disco.
Je regarde un film. → Nous regardons un film.

1. Ils habitent en France.   2. Je travaille dans l'amphithéâtre.   3. Vous visitez la salle de classe?   4. Elles écoutent le professeur.   5. Tu aimes le cours?   6. Elle déteste le restaurant universitaire.

D. **Tu ou vous?** Complétez les phrases.

1. Madame, est-ce que _____ habit _____ ici?
2. Papa, est-ce que _____ écout _____ ?
3. Paul et Jacqueline, est-ce que _____ visit _____ Paris?
4. Salut, Jean, est-ce que _____ étudi _____ le français?
5. Pardon, Monsieur, est-ce que _____ parl _____ anglais?

E. **Parlez-vous français?** Suivez le modèle.

MODELE: Monsieur et Madame Chang? → Ils parlent chinois.

1. Simone Signoret et Yves Montand? 2. Hans? 3. Vous? 4. Le professeur et vous? 5. Sophia Loren? 6. María et Ramón? 7. Federico Fellini? 8. Tchekov et Tolstoi?

Exercise E. Continuation: (1) Give additional names orally: *Man-ling (f)? Ulrike? Pierre et Josette? John Smith? Félix? Bach et Beethoven?* (2) Use pictures of famous people of all nationalities. Start with **Qui est-ce?**, followed by **Il/Elle parle . . .**

F. **En français, s'il vous plaît.**

1. *We live in* (**à**) *Grenoble.* 2. *Do you work at* (**à**) *the university, Pierre?* 3. *I am watching television.* 4. *They like to study.* 5. *We love to dance.* 6. *Do you speak Spanish, Miss?* 7. *In* (**A**) *Montréal, one speaks French.* 8. *People visit the* **Quartier Latin** *in* (**à**) *Paris.*

Exercise F. Suggestion: Encourage various possibilities. Example #5: **Nous adorons danser. Nous aimons danser. On aime danser.**

G. **Une interview.** Interviewez le professeur selon le modèle.

MODELE: aimer mieux danser ou skier → Vous aimez mieux danser ou skier?

1. aimer mieux la télévision ou le cinéma 2. adorer ou détester regarder la télévision 3. écouter la musique disco ou la musique classique 4. aimer mieux la musique ou le sport 5. skier ou regarder le ski à la télévision 6. aimer mieux les livres ou l'aventure

Exercise G. Suggestion: Students recall teacher's responses, stating, for example: **Vous aimez mieux le cinéma.**

H. **Une autre interview.** Maintenant interviewez un(e) ami(e). Utilisez les phrases précédentes.

MODELE: aimer mieux danser ou skier → Paul, tu aimes mieux danser ou skier?

Exercise H. Follow-up: Students report partner's answers orally or in writing. After several reports, students are asked to remember answers classmates gave.

4. NEGATION

La fin d'une amitié?

BERNARD: Avec Martine ça va comme ci comme ça. Elle aime danser, je *n'aime pas* la danse. J'aime skier, elle *n'aime pas* le sport. Elle adore écouter Bach, je *n'aime pas* la musique classique. . . .

MARTINE: Avec Bernard ça va comme ci comme ça. Il *n'aime pas* danser, j'aime la danse. Je *n'aime pas* skier, il aime le sport. J'adore écouter Bach, il *n'aime pas* la musique classique.

Suggestion: To reinforce examples ask: **Aimez-vous danser? Aimez-vous le sport? Aimez-vous la musique classique?**

The end of a friendship?
BERNARD: Things aren't going so well with Martine. She loves to dance, I don't like dancing. I love to ski, she doesn't like sports. She loves to listen to Bach, I don't like classical music. . . . MARTINE: Things aren't going so well with Bernard. He doesn't like to dance, I love dancing. I don't like to ski, he loves sports. I love to listen to Bach, he doesn't like classical music. . . .

Suggestion: Model these
sentences, using choral repetition.

Note: You may want to point out
the negative of **Il y a** here. This is
not actively introduced until
Chapter 3.

Exercise A. Suggestion: Have
students work in pairs after you
have modeled a few examples with
the whole class.

Exercise A. Follow-up: Give the
following sentences and have
students make them negative:
(1) **Nous aimons le sport.** (2) **Tu
aimes le basketball.** (3) **Je
déteste la radio.** (4) **Vous
écoutez la radio?** (5) **Martine
adore danser.** (6) **Marc aime
mieux skier.** (7) **Marc et Martine
habitent à la cité universitaire.**

Exercise B. Suggestion: Have
students put French equivalent on
board.

Exercise C. Suggestion: Use in
whole class or small group
formats.

> 1. Martine aime danser? et Bernard?
> 2. Martine aime le sport? et Bernard?
> 3. Martine aime la musique classique? et Bernard?

A. To make a sentence negative in French, **ne** is placed before a conjugated verb and **pas** after it.

Je **parle** chinois.	→	Je **ne** parle **pas** chinois.
Elles **regardent** la télévision.	→	Elles **ne** regardent **pas** la télévision.

B. If a verb is followed by an infinitive, **ne** and **pas** surround the first verb.

Il déteste **étudier.**	→	Il **ne déteste pas** étudier.
Nous détestons **danser.**	→	Nous **ne détestons pas** danser.

C. **Ne** becomes **n'** before a vowel or mute **h.**

Elle **a**ime skier.	→	Elle **n'**aime pas skier.
Nous **h**abitons ici.	→	Nous **n'**habitons pas ici.

Maintenant à vous

A. Exercice de contradiction. Suivez le modèle.
MODELE: Tu travailles? → Non, je ne travaille pas.

1. Tu étudies la littérature? 2. Tu skies? 3. Tu aimes le sport? 4. Tu habites à la cité universitaire? 5. Tu parles anglais? 6. Tu aimes le basket-ball? 7. Tu danses? 8. Tu aimes les questions?

B. En français, s'il vous plaît.

1. *They don't like classical music.* 2. *He's not studying French.* 3. *Mme Dupont, you don't work here?* 4. *They don't watch television.* 5. *I am not listening to the radio.* 6. *He doesn't dance.* 7. *Pierre, you don't speak English?* 8. *We don't live at* (**à**) *the* **cité universitaire.**

C. Conversation. Répondez aux questions suivantes.

1. Est-ce que vous parlez italien? Est-ce que vous parlez russe? chinois? espagnol? 2. Est-ce que vous habitez à Paris? 3. Est-ce que vous étudiez la littérature? 4. Est-ce que vous aimez les examens? 5. Est-ce que vous aimez le restaurant universitaire? 6. Est-ce que vous étudiez à la librairie? 7. Est-ce que vous dansez à la bibliothèque? 8. Est-ce que vous skiez à la cité universitaire?

à la maison   *at my house*

D. Préférences. Complétez les phrases.

1. J'aime _____, mais je n'aime pas _____ . 2. J'adore _____, mais je n'aime pas beaucoup _____ . 3. J'écoute _____, mais je n'écoute pas _____ . 4. J'aime _____, mais j'aime mieux _____ . 5. Je déteste _____, mais je ne déteste pas _____ . 6. Je parle _____, mais je ne parle pas _____ . 7. J'étudie _____, mais je n'étudie pas _____ .

Exercise D. Suggestion: Have students do orally or in writing, whole class or in pairs.

ETUDE DE PRONONCIATION

French vowel sounds: oral vowels

Some French vowel sounds are represented in the written language by a single letter: **a** and **u,** for example. Other vowel sounds have a variety of spellings: the sound [o], for example, can be spelled **o, au, eau,** or **ô.** By learning to recognize the various spellings of French vowel sounds, you will be able to pronounce new words accurately when you see them in writing for the first time.

Follow-up: Do minimal pair discrimination drills. Students write [o] or [ɔ] for words listed in numbers 3 and 4 read in random order, books closed. They write [e] or [ɛ] for words in 6 and 7, given in random order. They write [y] or [u] for words in 5 and 10 read in random order.

Maintenant à vous

Prononcez avec le professeur.

	IPA symbol	Most common spelling(s)
1. ami agréable madame bravo salle classe	[a]	a
2. ici hypocrite typique dîner vive ski	[i]	i î y
3. aussi radio beaucoup écologie faux drôle	[o]	eau au ô o
4. objet homme notation normal encore snob	[ɔ]	o
5. utile université musique bureau flûte rue	[y]	u û
6. écouter examen télévision répéter cité cahier	[e]	é e
7. être aimer fenêtre question treize très	[ɛ]	è ê ei ey ai ay
8. Eugène Europe neutron boeufs sérieuse eucalyptus	[φ]	eu oeu
9. boeuf déjeuner jeunesse malheureux jeune professeur	[œ]	eu oeu
10. où ouverture tourisme courageux coûte outrage	[u]	ou où oû

French vowel sounds: nasal vowels

When the letters **n** or **m** follow a vowel or a combination of vowels, they frequently affect the pronunciation of the vowel(s), giving them a nasal quality. These vowels are called nasals. The **n** or **m** itself is not pronounced. You will learn more about nasal sounds in the pronunciation section of Chapter 5.

Note: Since [œ̃] is disappearing in modern French and most people pronounce it [ɛ̃], we have reduced the nasal sounds to three. You may want to reinstate [œ̃], using the words **brun, humble,** and **un** as examples.

Maintenant à vous

Prononcez avec le professeur.

1. amphithéâtre employer attention français plan centre
2. onze oncle combien bonjour bon nombre
3. impatient intéressant synthèse sympathique peintre américain

IPA symbol	Most common spelling(s)
[ã]	an am en em
[ɔ̃]	on om
[ɛ̃]	in ym im yn ein eim ain aim

CONVERSATION ET CULTURE

A l'université

School of Humanities

A la *faculté des lettres:* Isabelle, une étudiante française, et Jim, un étudiant américain.

ISABELLE: Bonjour, Jim, comment ça va?

live

JIM: Ça va. Tu *habites* à la cité universitaire maintenant?

still

ISABELLE: Non, je n'habite pas à la cité universitaire; j'habite *encore* à la maison. C'est idéal, nous habitons dans le quartier universitaire.

family

JIM: Et ça va, avec la *famille?*

my

ISABELLE: Oh oui, Papa et Maman respectent *mon* indépendance.

JIM: C'est très bien, mais j'aime mieux la liberté totale!

ISABELLE: Oh, voilà Monsieur Villard, le professeur d'anglais.

return to school

M. VILLARD: Bonjour, Mademoiselle, est-ce que vous préparez *la rentrée?*

to you

ISABELLE: Oui, Monsieur. Je *vous* présente Jim, un ami américain.

M. VILLARD: Bonjour, Monsieur, est-ce que vous étudiez le français ici?

JIM: Non, Monsieur, je n'étudie pas le français, j'étudie les arts. J'habite dans le quartier de la faculté des lettres.

M. VILLARD: Est-ce que vous aimez la vie des étudiants français?

between

JIM: Beaucoup, et j'adore aussi les discussions *entre* amis au café. C'est une expérience fantastique pour un Américain!

Questions et opinions

1. Isabelle habite à la cité universitaire? dans le quartier universitaire? avec les parents? 2. Jim aime mieux habiter à la maison ou à la cité universitaire? 3. Jim habite dans le quartier de la faculté des sciences? 4. Jim étudie l'anglais? le français? 5. M. Villard parle avec les parents de Jim? Il prépare la rentrée? 6. Jim aime mieux les cours à l'université ou les discussions au cafe? 7. Est-ce que vous habitez à la cité universitaire? dans le quartier universitaire? à la maison? dans un apparte-

ment?   8. Est-ce que vous aimez mieux habiter à la maison, dans un appartement ou à la cité universitaire?   9. Est-ce que vous étudiez l'anglais ou le français?   10. Est-ce que vous aimez mieux les cours à l'université ou les discussions au café?

Commentaire culturel

French universities vary greatly in appearance. Older universities are usually located in the middle of the cities that have grown around them. There is usually not enough space for more than one or two divisions—law, humanities, and so on—in a particular location. For this reason, there is no campus as such and no campus life. Yet there is a definite student atmosphere in the **quartier universitaire,** the part of the city in which the university is located—for example, the famous **Quartier Latin** near the **Sorbonne,** the main part of the **Université de Paris.** An important feature of every **quartier universitaire** is the **café,** where students meet and carry on animated discussions. Even on the newer **campus universitaires**—which tend to be built on more spacious grounds outside the city and have self-service restaurants and cafeterias—students prefer to meet at neighboring **cafés.**

French universities are state-owned, and tuition is not charged; students pay only a nominal fee of approximately $30 a year. For this reason, there is little difference in quality or in entrance requirements between one university and another, and there is not much rivalry between students at various institutions as there is in the United States. Interaction between students and faculty is extremely limited, and while some younger professors become friendly with their students, most people adhere strictly to their roles of teacher or student. **Vous** remains the traditional form of address between students and teachers, while **tu** is the rule between all students or young people.

French students sometimes manage to find summer jobs, but very few of them work while the university is in session, from October until June. Whenever possible, young French men and women study in their home towns, and it is still the tradition for them to continue to live with their parents. However, this does not mean that they are overly dependent on their parents. Because French university students are fond of ideas and philosophical discussions, like to question everything, and feel strongly about politics, disagreements and arguments within the family are frequent.

the lines given. Then ask them to improvise by changing parts of the dialog. For example: **Tu habites à la maison?—Non, J'habite à la cité universitaire.** . . . (5) Students could do **Questions et opinions** in small groups.

Note: For hints on teaching the main dialog in subsequent chapters, see "Teaching Strategies: Main Dialog."

Suggestions: (1) Discuss the French academic grading system and the difference between **football** and soccer. (2) Point out that student protests are rather frequent in France serving as a means for students to make their opinions known. (3) Invite someone from France to compare and contrast the French and American educational systems.

RECAPITULATION

A.   Un/une →des. Changez selon le modèle.

MODELE: restaurant → un restaurant, des restaurants

1. cours	4. question	7. ami	10. étudiante
2. travail	5. librairie	8. hôpital	
3. bureau	6. centre	9. professeur	

Exercises A and B.   Suggestion: Doing these with students at the board will make it easier to see the corrected forms.

B. Les → le, la, l'. Changez selon le modèle.

MODELE: les restaurants → le restaurant

1. les choix
2. les cours
3. les tableaux
4. les Françaises
5. les cités
6. les amies
7. les Chinoises
8. les travaux
9. les vies
10. les questions

C. La vie d'une étudiante. Composez des phrases selon le modèle.

MODELE: Marie / visiter / Paris → Marie visite Paris.

1. elle / aimer / parler / français   2. elle / étudier / français / et / allemand   3. elle / ne. . .pas / aimer / restaurants universitaires   4. elle / adorer / université 5. elle / adorer / Français

D. En français, s'il vous plaît.

1. *You are visiting the university.*   2. *I study at* **(à)** *the library.*   3. *They speak English here.*   4. *We speak French well.*   5. *The French like sports.*   6. *He is not listening to the radio.*   7. *They are looking at some books.*   8. *We like to ski.*

E. Opinions. Complétez les phrases.

J'aime. . .
Je n'aime pas. . .
J'aime mieux. . .

{
étudier dans une université moderne.
étudier dans une université publique.
étudier dans une université privée.
habiter dans une cité universitaire.
habiter dans un appartement.
habiter à la maison.
parler avec des amis au *(at the)* restaurant universitaire.
parler avec des amis au café.
la vie d'un étudiant.
la vie d'un professeur.
mon indépendance.
}

Le Français par les gestes: L'Embrassade

The French greet family or good friends with warmth and enthusiasm by kissing them on both cheeks—which corresponds to a hug, a big smile, or a slap on the shoulder in American culture. At large family gatherings, it can take quite a while for family members to kiss each other hello or good-bye.

VOCABULAIRE

VERBES

adorer	to love, to adore
aimer	to like, to love
aimer mieux	to prefer (like better)
danser	to dance
détester	to detest
écouter	to listen to
étudier	to study
habiter	to live
parler	to speak
regarder	to watch, look at
skier	to ski
travailler	to work
visiter	to visit (*a place*)

NOMS

l'ami(e)	friend
l'amour (*m*)	love
l'amphithéâtre (*m*)	lecture hall
l'appartement (*m*)	apartment
l'aventure (*f*)	adventure
le basket-ball	basketball
la bibliothèque	library
le café	café; cup of coffee
le centre	center
le choix	choice
le cinéma	movies, movie theater
la cité universi- taire	university dormitory
le conformisme	conformity
le cours	course
le dictionnaire	dictionary
l'examen (*m*)	examination
la femme	woman
le film	film, movie
l'homme (*m*)	man
l'hôpital	hospital
le jogging	jogging
la librairie	bookstore
la littérature	literature
la musique	music
la question	question
le quartier	quarter, part of a city
la radio	radio
le restaurant	restaurant
le ski	skiing
le sport	sports; sport
le tennis	tennis
la télévision	television
le/la touriste	tourist
la tragédie	tragedy
le travail	work
l'université (*f*)	university
la vie	life

MOTS DIVERS

à	at, in
à la maison	at home
aussi	also
avec	with
beaucoup	very much
bien	well
dans	in
de	of, from
en	in
encore	again, still
et	and
ici	here
maintenant	now
mais	but
ou	or
pour	for
quelle. . . ?	what. . . ? which. . . ?
universitaire	university, of a university (*adjective*)

NATIONALITES

l'Allemand(e)	German
l'Américain(e)	American
l'Anglais(e)	English
le/la Chinois(e)	Chinese
l'Espagnol(e)	Spanish
le/la Français(e)	French
l'Italien(ne)	Italian
le/la Russe	Russian

(OPTIONAL)

Intermède 1

Activités

Note: The **Intermède** section is optional. All new vocabulary is glossed and *not* included in chapter vocabulary lists.

Exercise A. Suggestions: (1) Model pronunciation, using choral and individual repetition. (2) Allow pairs of students several minutes to interview each other. Ask students to repeat three things they remember.

A. Interview en désordre. Voici une interview avec Jean-Louis, un étudiant français. Trouvez la réponse correcte à chaque question.

Questions	Réponses
Tu étudies à l'Université de Toulouse?	J'adore le sport—à la télévision!
Tu aimes étudier ici?	Oui, j'étudie les sciences.
Tu étudies une langue?	Non, mais j'aime les films de science-fiction, par exemple, *Les Extraterrestres.*
Tu travailles?	
Tu aimes travailler?	Oui, j'aime beaucoup la vie universitaire.
Tu aimes les films d'amour? les films policiers?	Bof! J'aime mieux vagabonder—j'aime l'évasion, par exemple, les voyages, le cinéma. . . .
Et le sport—tu aimes ça?	Oui, je travaille à la Librairie La Plume.
Il y a des courts de tennis ici?	J'étudie l'allemand.
	Oui, il y a aussi des cafés—le sport préféré des Français.

Maintenant, interviewez un(e) camarade de classe. Adaptez les questions précédentes ou utilisez vos propres questions.

A propos

The following expressions will help you to introduce people to each other and to greet people.

Bonjour, Monsieur (Madame, Mademoiselle).	Hello, sir (ma'm, miss). *(When you greet someone you don't know well, use* **Monsieur, Madame** *or* **Mademoiselle** *after* **bonjour***).*
Salut, Isabelle!	Hi! *(This informal greeting is used by students and young people.)*
Voici Jim.	This is Jim. *(This expression is used when introducing someone informally.)*
Je te présente Catherine. **Je vous présente Catherine.**	Let me introduce you to Catherine. *(These expressions literally mean I present Catherine to you.)*

The French usually shake hands when greeting each other, when being introduced to someone, and when saying good-bye.

Note: Point out that after one is introduced in France, it is polite to say **enchanté(e)** or simply **bonjour.** You may wish to teach the more formal **Je suis heureux/ heureuse de faire votre connaissance.**

B. Isabelle présente. . . . Employez la conversation suivante comme modèle dans les situations suggérées.

Isabelle présente Gérard, un ami, au professeur.

ISABELLE: Bonjour, Monsieur.
LE PROFESSEUR: Bonjour, Isabelle.
ISABELLE: Je vous présente un ami, Gérard.
LE PROFESSEUR: Bonjour, Monsieur, comment allez-vous?
GERARD: Très bien, merci. Et vous?
LE PROFESSEUR: Pas mal, merci. Au revoir, Monsieur. Au revoir, Mademoiselle.
ISABELLE ET GERARD: Au revoir, Monsieur.

Exercise B. Suggestions: (1) Encourage students to create further exchanges between the professor and Cécile, as in the long dialog. (2) In the **situations,** students in groups of three could create extemporaneous dialogs for each drawing. (3) Encourage students to shake hands when appropriate in the conversation.

Situations

Isabelle
la mère *(mother)* de Paul
le professeur

Isabelle
la mère de Marie
Paul, un ami

Isabelle
Charles
Marc

Isabelle
Mme Duval, le professeur d'anglais
M. Bedel, le professeur de français

C. L'alphabet. The letters of the alphabet are pronounced differently in French. The pronunciation of each letter is given here, as well as a proper name that begins with the letter.

a	[a]	Anatole	n	[ɛn]	Nicole
b	[be]	Béatrice	o	[o]	Odile
c	[se]	Claude	p	[pe]	Pascal
d	[de]	Denise	q	[ky]	Quentin
e	[ø]	Etienne	r	[ɛr]	Roland
f	[ɛf]	Françoise	s	[ɛs]	Suzanne
g	[ʒe]	Georges	t	[te]	Thérèse
h	[aʃ]	Hélène	u	[y]	Ulysse
i	[i]	Isabelle	v	[ve]	Véronique
j	[ʒi]	Jacqueline	w	[dubləve]	Wilfried
k	[ka]	Kévin	x	[iks]	Xavier
l	[ɛl]	Lucien	y	[igrɛk]	Yvette
m	[ɛm]	Marguerite	z	[zɛd]	Zoé

To indicate a double letter when spelling, **ss** for example, you say **deux s.** To tell that a letter is capitalized, use the French word **majuscule: S majuscule. Minuscule** means that the letter is not capitalized.

When spelling words over the phone, English speakers tend to give both the letter and a word that begins with it, for example, "T as in Tom." French speakers clarify the spelling of words in a similar way, using a proper name that begins with the letters in question: T comme *T*hérèse, O comme *O*dile, M comme *M*arguerite.

1. **Comment épelle-t-on. . . ?** Spell the following proper names aloud.

Alain	Joseph	Roland	Yvette
Isabelle	Dominique	Quentin	Béatrice
Carine	Xavier	Gilles	Frédéric

2. **Je m'appelle. . . .** Practice spelling your name, the names of several classmates, and place names, using the telephone system.

D. Opinions. Voici François, un étudiant très occupé. Décrivez les activités de François.

MODELE: Il aime les sports et. . . .

Maintenant, sélectionnez trois choses que vous aimez et trois choses que vous n'aimez pas et dites pourquoi (say why) à la classe.

MODELE: J'aime les cours parce que (because) j'aime étudier.

les cours | les activités intellectuelles | les sports
les études | les activités sociales | les distractions
les discussions | les amis
les professeurs | les clubs

E. **Bulletin d'inscription.** Imagine that you are going to attend the **Université d'été** (summer school) at Versailles. You will need to fill out the following enrollment form. Using what you already know about the French language, find the French equivalent of the following English words and phrases:

Exercise E. Suggestion: Go over the form with the whole class and find equivalent expressions together.

return as soon as possible
Write in capital letters. (Print.)
family name
first name
date of birth
the person to contact in case of
    emergency

attended
diplomas held
The partial payment of 400 **(quatre cents)** francs is not refundable.
read and approved

Bulletin d'inscription

Versailles - Université Internationale d'Eté
2 au 30 juillet

à retourner, le plus rapidement possible, au Secrétariat de l'Université Internationale d'Eté de Versailles
10, rue de la Chancellerie, 78000 VERSAILLES (FRANCE)

(PRIERE D'ECRIRE EN CAPITALES D'IMPRIMERIE) _____

Nom de famille (M., Mme, Mlle) .... Prénom ....
Date de naissance .... Nationalité ....
Adresse permanente ....
.... Numéro de téléphone ....
Nom, adresse et numéro de téléphone de la personne qui peut être contactée en cas d'urgence ....

Université ou collège fréquenté ....
Dates et titres des diplômes obtenus ....

Profession ou études ....

L'acompte de 400 FF pour les cours n'est pas remboursable. Le solde sera réglé à l'arrivée.
Pièce jointe : une photo d'identité récente.

Lu et approuvé,   Date :   Signature :

Using the form, interview another student and fill out the form for him or her. Change the sentences and phrases into questions by raising your voice at the end of each item: **Nom de famille?**

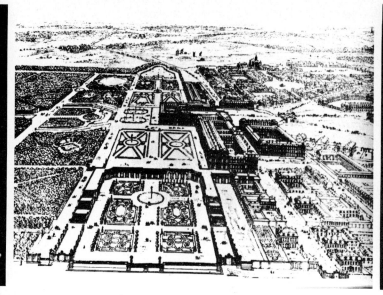

Versailles

Université Internationale d'Eté

2ᵉ année
2 au 30 juillet 1980

Lecture: Le Français dans le monde

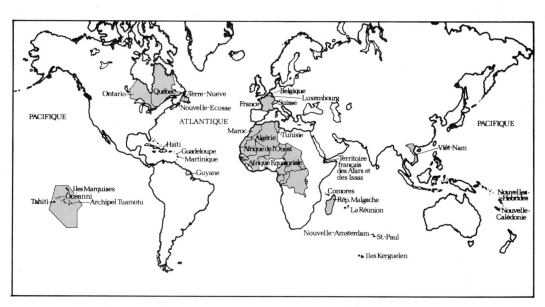

Soixante-dix *(70)* millions de personnes parlent français dans le monde.

L'Europe

Paris est le centre du monde français.

La Tour Eiffel à Paris

Les Belges aussi parlent français.

A Bruxelles

Suggestion: Model pronunciation of each caption.

Note: See "Teaching Strategies: **Lecture**" for more ideas.

L'Afrique

L'Ecole Nationale d'Administration au Niger

En Afrique le français est la langue officielle de dix-huit pays (Algérie, Maroc, Tunisie, Niger, etc.).

L'Asie

Cambodge: Angkor

Le français est encore présent en Indochine.

L'Océanie

Tahiti: Papeete
L'Océanie Française représente trois mille (3 000) îles.

L'Amérique

Place Jacques Cartier à Montréal

Montréal, au Canada, est la seconde ville d'expression française dans le monde.

Compréhension et expression

A. Comprenez-vous? Voici quatre phrases en désordre. Reconstituez *(form)* les phrases correctes.

1. Belges / français / les / parlent
2. encore / présent / est / le français / en Indochine
3. Montréal / française / est / la ville / seconde / d'expression
4. le français / la langue officielle / en Afrique / de quatorze pays / est

B. Français ou anglais? Formez des phrases originales. Employez un mot *(word)* ou une phrase de chaque *(each)* colonne.

le professeur			
je		français	en classe
les Canadiens	parler		à l'université
les Algériens		anglais	avec les amis
les Américains			tous les jours *(every day)*
les Belges			maintenant
			la plupart du temps *(most of the time)*
			de temps en temps *(from time to time)*

C. Description. Décrivez-vous *(describe yourself)*. Employez les questions comme *(as a)* guide.

1. Comment vous appelez-vous? Est-ce que vous étudiez à l'université? Est-ce que vous travaillez? Est-ce que vous parlez anglais? français? 2. Est-ce que vous aimez le sport? quel(s) sport(s)? Est-ce que vous aimez la télévision? Est-ce que vous regardez la télévision? Est-ce que vous regardez les films? Est-ce que vous aimez mieux les films d'aventure, d'amour ou de science fiction? Est-ce que vous écoutez la radio? Est-ce que vous écoutez la musique moderne, la musique classique, le jazz? 3. Est-ce que vous habitez dans une cité universitaire? Est-ce que vous étudiez à la bibliothèque? Est-ce que vous aimez les cours? Est-ce que vous adorez le français?

Suggested five day plan for
Chapitre 2:

Day 1: **Vocabulaire**
être
Day 2: Descriptive adjectives
Yes/No questions
Day 3: Prepositions
Prononciation
Day 4: **Conversation et culture**
Récapitulation
Day 5: Optional quiz
Intermède

Descriptions

OBJECTIFS

Communication et culture   In this chapter, you will learn expressions and vocabulary that you can use to describe people—yourself, your friends, your classmates, and so on. You will also learn about the French and how they tend to view themselves.

Grammaire   You will learn how to use the following aspects of French grammar:

5. The verb **être** *(to be)* and its uses

6. descriptive adjectives, especially those used to describe people

7. how to ask questions that require a *yes* or *no* answer

8. the prepositions **à** *(to, in, at)* and **de** *(of, from)* and how to use them with definite articles.

See facing page for lesson plan.

43

ETUDE DE VOCABULAIRE

**Quatre
personnalités
différentes**

Claude est un jeune homme { enthousiaste
idéaliste
sincère

Michèle est une jeune fille { sociable
sympathique
dynamique

Solange est une jeune fille { calme
réaliste
raisonnable

Jean est un jeune homme { individualiste
excentrique
drôle

A. Qualités. Donnez la qualité correspondante selon le modèle.

MODELE: Claude manifeste pour l'écologie. → C'est un jeune homme idéaliste.

1. Michèle aime parler avec des amis.   2. Claude parle avec sincérité.   3. Solange n'aime pas les contradictions.   4. Jean n'est pas pessimiste.   5. Michèle aime l'action.   6. Claude parle avec enthousiasme.   7. Jean n'est pas conformiste.   8. Solange regarde la vie avec réalisme.   9. Les amis aiment parler avec Michèle.   10. Jean aime l'excentricité.   11. Solange n'est pas nerveuse.

Note: (1) None of the adjectives given here has an alternative feminine form. (2) Point out the many cognates and the need to practice their pronunciation.

Exercise A.   Follow-up: Personalize activity by changing each statement into a question, using rising intonation. Example: **Vous aimez parler avec des amis?—Oui, je suis sociable.**

B. Ressemblances. Donnez l'adjectif selon le modèle.

MODELE: l'idéalisme → une personne idéaliste

1. l'optimisme   3. le conformisme   5. le réalisme
2. l'individualisme   4. le pessimisme   6. l'enthousiasme

Exercise B.   Continuation. Additional cognates: égoïsme—égoïste; altruisme—altruiste.

C. Descriptions. Nommez une personne selon le modèle.

MODELE: drôle → Lily Tomlin est drôle.
        Le professeur est drôle.

1. dynamique   3. idéaliste   5. excentrique
2. sociable   4. optimiste   6. sympathique

Exercises C and D.   Note: The negative can be reviewed by asking students to tell what they are *not*.

Exercise C.   Continuation: Magazine pictures of famous people with these characteristics can be used to stimulate further conversation.

D. Et vous? Répondez selon le modèle.

MODELE: sociable ou insociable? → Je suis sociable. (*I am sociable.*)

1. sincère ou hypocrite?   2. excentrique ou conformiste?   3. individualiste ou altruiste?   4. sympathique ou antipathique?   5. calme ou dynamique?   6. réaliste ou idéaliste?   7. raisonnable ou absurde?   8. optimiste ou pessimiste?

Exercise D.   Follow-up: In small groups, students can describe themselves. Partners then give a three sentence summary of the other's personality to the class.

E. A votre avis (*in your opinion*). Posez des questions à un(e) camarade selon le modèle. Utilisez les phrases précédentes.

MODELE: sociable ou insociable? →
        Vous: A ton avis, Marc est sociable ou insociable?
        Un ami: A mon avis, Marc est sociable.

Ernestine, Michel et la voiture

Note: Here, avoid use of **à côté de** with a masculine word. Contractions will be introduced at the end of this chapter.

Ernestine est à côté de la voiture.

Michel est sur la voiture.

Ernestine est dans la voiture.

ETUDE DE VOCABULAIRE

Exercise A.   Suggestion: Read sentences and have students answer while looking at pictures.

Michel est devant la voiture.

Michel est derrière la voiture.

Ernestine est sous la voiture.

Exercise B.   Suggestions: (1) Do as individual response drill, using choral repetition as desired. (2) Have students write sentences first, then solicit descriptions individually.

A. Oui ou non? Corrigez les phrases incorrectes.

1. Michel est à côté de la voiture.   2. Ernestine est sur la voiture.
3. Ernestine est dans la voiture.   4. Michel est derrière la voiture.
5. Ernestine est devant la voiture.   6. Ernestine est sous la voiture.

Exercise B.   Follow-up: Place classroom objects on desk as in drawing. Ask students to describe.

B. Désordre. Décrivez le bureau d'Alain selon le modèle. Utilisez *sur, sous, devant, derrière* et *dans*.
MODELE: Il y a deux livres sous la chaise.

5. THE VERB *ETRE (to be)*

> Le problème de Martine
>
> MARTINE: Nous *sommes* prêts à travailler?
> ROGER: Oui, mais il y a un dictionnaire ici?
> MARTINE: Ah oui, les dictionnaires *sont* sous la radio.
> ROGER: Et la radio?
> MARTINE: Elle *est* sur la chaise, et la chaise *est* derrière le bureau.
> ROGER: Tu *es* un génie en littérature, Martine, mais pour l'organisation tu n'*es* pas un génie!
> MARTINE: C'*est* un problème. . . je ne *suis* pas encore parfaite!
>
> 1. La radio est sur le bureau?
> 2. Les dictionnaires sont sous la chaise?
> 3. La chaise est à côté de la table?
> 4. Quel est le problème de Martine?

Note: (1) All forms of **être** are in the mini. You may want to teach inductively and then as grammar, or vice versa. (2) Explain what an irregular verb is. Use *to be* in English as an example, since it has parallel irregularities.

Etre is one of the most frequently used verbs in French. Its forms are highly irregular.

PRESENT TENSE OF **ETRE** *(to be)*	
je **suis**	nous **sommes**
tu **es**	vous **êtes**
il, elle, on **est**	ils, elles **sont**

Suggestion: Model pronunciation; students act out or read in small groups.

A. Uses of *être*

The uses of **être** closely parallel those of *to be*.

Je suis professeur.	*I'm a professor.*
Il n'est pas de Cannes.	*He's not from Cannes.*
Est-ce que **vous êtes** idéaliste?	*Are you an idealist?*
Elles sont dans l'amphithéâtre.	*They are in the lecture hall.*

Note that the article is not used to designate nationality or profession: **Il est français/étudiant.**

Presentation: Model pronunciation, using choral repetition. Point out the pronunciation of **vous êtes** and **elles sont.** Stress the [s] and [z] sounds.

Martine's problem
MARTINE: Are we ready to work? ROGER: Yes, but is there a dictionary here? MARTINE: Oh yes, the dictionaries are under the radio. ROGER: And the radio? MARTINE: It's on the chair, and the chair is behind the desk. ROGER: You're a genius in literature, Martine, but as far as organization goes, you're not a genius! MARTINE: It's a problem . . . I'm not perfect yet!

B. *Ce versus il(s)/elle(s)*

The invariable pronoun **ce**—not **il(s)** or **elle(s)**—is used with **être** in the following cases. Note that **ce** plus **est** becomes **c'est.***

1. when **être** is followed by a proper name:

C'est **Georges.**	It's (that is) *George.*
Ce sont **Solange et Michel.**	It's *Solange and Michel.*

Note: (1) Explain what "modified" means or ask a student to explain. (2) More drill on this will occur in Section 6: Descriptive adjectives. (3) Point out that **c'est un professeur** and **il est professeur** are virtually the same. (4) More drill and explanation of this are given in Chapter 13. However drill situations will lead students to use **ce** versus **il/elle est** passively.

2. when **être** is followed by a modified noun, even nouns of nationality or profession:

C'est un **professeur.**	He is a professor.
Ce n'est pas **le professeur de Paul.**	He isn't (that isn't) Paul's professor.
Ce sont **les amis de Claudette.**	They are (those are) Claudette's friends.

   but:

Il est **professeur.**	He is a professor.
Elles sont **amies.**	They are friends.

Suggestion: Use personalized examples as well to reinforce the examples given.

3. when referring to a general idea or situation:

C'est difficile!	*It's* (that's) hard!
but:	
Il est difficile.	*He's* difficult (a difficult person).

Exercises A and B.   Suggestions: (1) Do as rapid response drill. (2) Dictate model sentences at board, do transformations in writing at board or at seats, with choral repetition as desired.

Maintenant à vous

A. Où sommes-nous? *(Where are we?)* Suivez le modèle.
MODELE: Qui est devant le cinéma? (je) → Je suis devant le cinéma.

1. Qui est derrière la voiture? *(on, Pierre et Renée, elles, tu, vous)*
2. Qui est dans l'amphithéâtre? *(le professeur, les étudiants, je, elle, nous)*

B. Transformation. Changez du singulier au pluriel et vice versa.
MODELE: Nous sommes devant la bibliothèque. → Je suis devant la bibliothèque.

1. Vous êtes touriste?   2. Il n'est pas de Cannes.   3. Elles sont à Paris.   4. Tu es étudiant?   5. Ils sont ici.

***Ce** has various English equivalents: *this, that, these, those,* and *it,* as well as *he, she,* and *they.*

C. Description. Décrivez les scènes. Utilisez *devant, dans, sur, sous* ou *derrière*.

MODELE: Les cafés sont sur la table.
Les garçons sont devant la table.

Exercise C. Suggestion: Do orally, or have students write out descriptions first, then solicit individual answers orally.

1.

2.

3.

D. Portrait. Donnez un portrait de vous-même *(yourself)*.

1. Je m'appelle _____. 2. Je suis un(e) _____. *(femme, homme, jeune fille, jeune homme)* 3. Je suis _____. *(étudiant[e], professeur)* 4. Je suis _____. *(nationalité)* 5. Je suis de _____. *(ville [city])* 6. Je suis l'ami(e) de _____. 7. _____ et _____ sont mes *(my)* amis. 8. Je suis _____, _____ et _____. *(adjectifs)* 9. Maintenant je suis _____. *(location)*

Exercise D. Suggestions: (1) Have students write out first and then present descriptions to other class members. (2) Do orally with a few individuals.

E. Qui est là? *(Who's there?)* Mettez au pluriel. Suivez le modèle.
MODELE: C'est un ami? → Non, ce sont des amis.

1. C'est une étudiante?
2. C'est une touriste?
3. C'est un professeur?
4. C'est une Américaine?
5. C'est un Anglais?
6. C'est une Chinoise?

Exercise E. Suggestion: Do as rapid response drill, with individual and choral repetition.

F. La France et les Français. Choisissez la réponse correcte. Utilisez *c'est* ou *ce n'est pas* dans votre réponse.
MODELE: le sport préféré des Français: le jogging? le football *(soccer)?* → Ce n'est pas le jogging, c'est le football.

Exercise F.   Note: Point out to
students the pronunciation of [lis].
Draw a **fleur de lis** on the board if
students do not know what it is.

1. le symbole de la France: la rose? la fleur de lis?   2. un président français: Chevalier? De Gaulle?   3. un cadeau (*present*) des Français aux Américains: la Maison-Blanche (*White House)*? la Statue de la liberté?   4. une ville avec beaucoup de Français: la Nouvelle-Orléans? St. Louis?   5. un pays (*country)* avec beaucoup de Français: le Canada? le Mexique?   6. un génie français: Louis Pasteur? Werner von Braun?   7. parler français: difficile? facile?

6.   DESCRIPTIVE ADJECTIVES

Le couple *idéal*
Elle est *sociable,*
     charmante,
     sérieuse,
     sportive. . . .

Il est *sociable,*
     charmant
     sérieux,
     sportif. . . .

1.   Il cherche (*is looking for*) une femme sportive? optimiste? intelligente? idéaliste?
2.   Il est ordinaire? extraordinaire? snob?
3.   Elle cherche un homme intéressant? drôle? idéaliste? sociable?
4.   Elle est ordinaire? extraordinaire? snob?
5.   La machine est raisonnable? pessimiste? intelligente?
6.   L'homme et la femme sont optimistes? raisonnables? sympathiques? drôles? difficiles à contenter?

Suggestion: Teach how to use two
adjectives or more joined by **et**.

A. Position of descriptive adjectives

Descriptive adjectives are used to describe nouns. In French, they normally follow the nouns they modify. They may also modify a subject pronoun when they follow the verb **être**.

un professeur **intéressant**   an *interesting* teacher
un ami **sincère**   a *sincere* friend
Elle est **sportive.**   She is *sports-minded (likes sports).*

The ideal couple
(MAN) She's sociable, charming, serious, sports-minded. . . .   (COMPUTER) They're hard to please!   (WOMAN) He's sociable, charming, serious, sports-minded. . . .

B. Agreement of adjectives

In French, adjectives must agree in both gender and number with the nouns they modify. A feminine singular adjective agrees with a feminine singular noun, a masculine plural adjective with a masculine plural noun, and so on. Note the different forms of the adjective **intelligent:**

	MASCULINE	FEMININE
Singular	un étudiant intelligent	une étudiante intelligente
Plural	des étudiants intelligents	des étudiantes intelligentes

Presentation: Throughout grammar section, add personalized examples as desired.

1. The feminine singular form of most adjectives is created by adding **-e** to the masculine form:

   Alain est persévérant. ⟶ Sylvie est persévérant**e**.

   Remember that final **t, d, s,** and **n,** usually silent in French, are pronounced when **-e** is added.

   masculine form: **intelligent**   [ɛ̃tɛliʒɑ̃]
   feminine form: **intelligente**   [ɛ̃tɛliʒɑ̃t]

   If the masculine singular form of the adjective ends in an unaccented or silent **-e,** the ending does not change in the feminine singular:

   Paul est optimist**e**. → Claire est optimist**e**.

2. The plural forms of most masculine and feminine adjectives are created by adding **-s** to the singular form.

   Ils sont charmant**s**.   Elles sont charmant**es**.

   If the singular form of an adjective already ends in **s** or **x**, the ending does not change in the plural.

   L'étudiant est **français**. → Les étudiants sont **français**.
   Le professeur est **courageux**. → Les professeurs sont **courageux**.

3. If a plural subject contains one or more masculine items or persons, the plural adjective is masculine.

Suzanne et François sont **français**.

Suzanne et Françoise sont **françaises**.

Grammaire et prononciation

C. Descriptive adjectives with irregular forms

PATTERN		SINGULAR		PLURAL	
Masc.	**Fem.**	**Masc.**	**Fem.**	**Masc.**	**Fem.**
-eux ⎱ -eur ⎰ → -euse		courageux travailleur	courageuse travailleuse	courageux travailleurs	courageuses travailleuses
-er → -ère		cher	chère *(expensive)*	chers	chères
-if → -ive		sportif	sportive	sportifs	sportives
-il ⎱ -el ⎰ → -ille -elle		gentil *(nice, pleasant)* intellectuel	gentille intellectuelle	gentils intellectuels	gentilles intellectuelles
-ien → -ienne		parisien	parisienne	parisiens	parisiennes

Other adjectives that follow these patterns include **paresseux** *(lazy)*, **naïf** *(naïve)*, **sérieux** *(serious)*, **fier** *(proud)*, and **canadien** *(Canadian)*. Note that adjectives of nationality or place are not capitalized in French: **un restaurant parisien.**

Note (1) Adjectives ending in **-al** are not treated. You may wish to teach the forms of **idéal, principal, légal,** and **loyal.** Point out to students the following forms: **idéal, idéaux, idéale, idéales.** Mention the common exception: **finals.** (2) Point out the [j] sound at the end of the feminine form **gentille.**

Maintenant à vous

A. Transformation. Mettez au pluriel.

MODELE: C'est un étudiant travailleur. → Ce sont des étudiants travailleurs.

1. C'est un touriste typique.
2. C'est une personne intelligente.
3. C'est une amie patiente.
4. C'est un homme courageux.
5. C'est une femme sérieuse.
6. C'est un Anglais fier.
7. C'est une voiture chère.
8. C'est un garçon naïf.

Exercise A. Continuation. Additional sentences: **C'est une personne gentille. C'est un professeur travailleur. C'est une jeune fille intellectuelle. C'est un homme paresseux.**

B. Des amis intéressants? Jean et Catherine parlent des amis. Que dit Jean? *(What does Jean say?)*

MODELE: CATHERINE: Et Marguerite, elle est sportive? *(femme)*
JEAN: Oui, c'est une femme sportive.

CATHERINE:

1. Et Jules, il est sympathique? *(homme)* 2. Et Margot, elle est intéressante? *(jeune fille)* 3. Et Mme Lenoir, elle est dynamique? *(femme)* 4. Et M. Béranger, il est paresseux? *(jeune homme)* 5. Et Mlle Duval, elle est travailleuse? *(personne)* 6. Et Claude, il est très sérieux? *(garçon)* 7. Et Renée, elle est très naïve? *(jeune fille)*

C. **Similarités.** Paul et Paulette sont semblables. Suivez le modèle.

MODELE: Paul est français. → Paulette est aussi française.

Paul est _____.

1. optimiste
2. intelligent
3. charmant
4. fier
5. sérieux
6. parisien
7. naïf
8. gentil
9. sportif
10. courageux
11. travailleur
12. intellectuel

Exercise C. Follow-up. Listening comprehension: Ask students to number from 1–7 and indicate whether you are talking about **Michel** or **Michèle**. (1) **Michel est gentil.** (2) **Michel est charmant.** (3) **Michèle est travailleuse.** (4) **Michèle est canadienne.** (5) **Michel est sportif.** (6) **Michel est français.**

D. **Descriptions.**

1. *Jean* est intéressant. *(Jeanne, Philippe et Claire, Françoise et Thérèse, Paul)*
2. Voilà une *étudiante* intelligente. *(professeur, Françaises, hommes, jeune fille, jeune homme)*
3. Ce sont des *amies* françaises. *(films, étudiantes, universités, restaurants)*
4. *Mireille* est paresseuse et naïve. *(Robert, Thomas et Chantal, papa, Christine et Simone)*

E. **D'où sont-ils?** *(Where are they from?)* Répondez selon le modèle.

MODELE: Frank est touriste. Il est de Chicago. → C'est un touriste américain.

1. Marc est touriste. Il est de Paris. 2. Marie est étudiante. Elle est de Montréal. 3. Gina et Maria sont professeurs. Elles sont de Rome. 4. Mlle Chang et Mme Wah sont touristes. Elles sont de Pékin. 5. Winston et Charles sont des garçons. Ils sont de Londres.

F. **Au contraire!** Suivez le modèle.

MODELE: Etes-vous hypocrite? → Non, je ne suis pas hypocrite. Au contraire, je suis sincère.

1. Etes-vous réaliste? 2. Etes-vous insociable? 3. Etes-vous paresseux(euse)? 4. Etes-vous désagréable? 5. Etes-vous déraisonnable? 6. Etes-vous impatient(e)? 7. Etes-vous sérieux(euse)?

G. **Les personnes idéales.** Complétez les phrases avec des adjectifs.

1. L'homme idéal est _____. 2. La femme idéale est _____. 3. L'ami(e) idéal(e) est _____. 4. Le/la camarade de classe idéal(e) est _____. 5. Le professeur idéal est _____. 6. L'étudiant(e) idéal(e) est _____. 7. Le/la touriste idéal(e) est _____. 8. Le chauffeur de taxi idéal est _____.

Exercise G. Suggestion: Encourage use of as many adjectives per sentence as students can think of. Additional items: **le/la patron(ne), le/la dentiste, le médecin.**

H. **Décrivez _____.**

1. un(e) ami(e) 2. le professeur de français 3. un(e) camarade de classe 4. le président des Etats-Unis 5. une personne que *(whom)* vous admirez 6. une personne que vous détestez

Exercise H. Follow-up: Expand to include people currently in the news, famous, or controversial people: *Jane Fonda, Jacques Cousteau, Ralph Nader, Woody Allen, Elizabeth Taylor*, etc.

7. YES/NO QUESTIONS

> ### Discussion entre Français
>
> LE TOURISTE: *Est-ce* un match de boxe?
> L'AGENT DE POLICE: Non, ce n'est pas un match de boxe.
> LE TOURISTE: *Est-ce que* c'est une révolution?
> L'AGENT DE POLICE: Non, ce n'est pas une révolution.
> LE TOURISTE: Alors, c'est un accident, *n'est-ce pas?*
> L'AGENT DE POLICE: Mais non, c'est une discussion entre amis.
>
> Voici les réponses. Posez les questions. Elles sont dans le dialogue.
>
> 1. Ce n'est pas un match de boxe.
> 2. Ce n'est pas une révolution.
> 3. Ce n'est pas un accident.

There are basically two kinds of questions: information questions and yes/no questions. Questions that ask for new information or facts often begin with interrogative words (*who? what?* and so on). Other questions simply require a *yes* or *no* answer.

A. Yes/no questions with no change in word order

French, like English, has more than one type of yes/no question. The following questions can be negative as well as affirmative.

> | | |
> |---|---|
> | Statement: | Vous êtes parisien. |
> | Question with rising intonation: | Vous êtes parisien? |
> | Tag question with **n'est-ce pas:** | Vous êtes parisien, **n'est-ce pas?** |
> | Question with **est-ce que:** | **Est-ce que** vous êtes parisien? |

1. Questions with rising intonation: the pitch of your voice rises at the end of a sentence to create a vocal question mark.

   Vous parlez anglais?   You speak English?

A discussion between Frenchmen
TOURIST: It's a boxing match? POLICEMAN: No, it isn't a boxing match. TOURIST: Is it a revolution? POLICEMAN: No, it isn't a revolution. TOURIST: Then it's an accident, isn't it? POLICEMAN: Of course not, it's just a discussion between friends.

C'est bizarre, n'est-ce pas?

2. Tag questions: when agreement or confirmation is expected, the invariable tag **n'est-ce pas?** is added to the end of a sentence. Note that the English equivalent of this tag varies in form according to the subject of the question.

Note: Point out the variety of English tags: **Isn't that so? Right? Don't you think?**

Il aime la musique, **n'est-ce pas?**   He loves music, *doesn't he?*
Elles ne sont pas à Paris, **n'est-ce pas?**   They aren't in Paris, *are they?*

3. Questions with **est-ce que:** the statement is preceded by **est-ce que.** This is the easiest *and* most common way to turn a statement into a question in French.

Suggestion: Mention this as the easiest way to form questions. It is not used as much in writing as it is orally.

Est-ce qu'elle étudie l'espagnol?   *Is she* studying Spanish?

Est-ce que is pronounced as one word. Before a vowel, it becomes **est-ce qu':** est-ce qu'ils [ɛskil], est-ce qu'elles [ɛskɛl].

Grammaire et prononciation

B. Yes/no questions with a change in word order

As in English, questions can be formed in French by inverting the order of subject and verb. The following questions can be negative as well as affirmative.

	PRONOUN SUBJECT	NOUN SUBJECT
Statement	Il est touriste.	Marc est touriste.
Question	**Est-il** touriste?	**Marc est-il** touriste?
Negative Question	**N'est-il pas** touriste?	**Marc n'est-il pas** touriste?

Note: Point out that **suis-je** is sometimes heard.

1. Questions with pronoun subjects: the subject pronoun (**ce, on, il,** and so on) and verb are inverted, and a hyphen connects the subject pronoun to the verb. Note that **pas** follows the pronoun.

Est-ce un match de boxe?	*Is it* a boxing match?
N'aiment-elles pas regarder la télévision?	*Don't they like* to watch television?

Grammaire et prononciation

Note: (1) Mention again the pronunciation and insertion of **-t-**. (2) Point out that even though **habite** ends in a t sound, the intervening **e** makes the **-t-** obligatory. (3) Introduce **il y a** in its various question forms as desired; it will be presented with the **partitif.**

The final **t** of third-person, plural verb forms is pronounced when followed by **ils** or **elles: aiment-elles.** If a third-person singular verb form ends in a vowel, **-t-** is inserted between the verb and the pronoun.

Aime-t-elle la littérature?	*Does she like* literature?
N'aime-t-il pas danser?	*Doesn't he like* to dance?
Parle-t-on français ici?	*Is French spoken* here?

The subject pronoun **je** is seldom inverted with the verb in spoken French or in informal writing. **Est-ce que** is used instead: **Est-ce que je suis fier?**

2. Questions with noun subjects: the third-person pronoun that corresponds to the noun subject follows the verb and is attached to it by a hyphen. The noun subject is retained.

L'étudiante est-elle sympathique?	*Is the student* nice?
Roger habite-t-il à Dijon?	*Does Roger live* in Dijon?
Anne et Marie n'aiment-elles pas le professeur?	*Don't Anne and Marie like the professor?*
Les étudiants aiment-ils parler?	*Do (the) students like* to talk?

Remember that the simplest way to ask a question in French is with **est-ce que,** which can be added to any statement.

Note: In all these exercises encourage alternative formation of questions.

Maintenant à vous

A. Un groupe d'amis. Posez les questions avec intonation. Suivez le modèle.

MODELE: Solange est de Paris. → Solange est de Paris?

1. Pascal est aussi de Paris. 2. Solange et Pascal sont parisiens.
3. Vous êtes aussi de Paris. 4. Roger est l'ami de Pascal. 5. On
aime Roger. 6. C'est un garçon drôle. 7. Tu n'habites pas à Paris.
8. Tu es canadien.

Exercise A. Follow-up.
Listening comprehension:
Students indicate whether they
hear a question or a statement.
(1) **Je suis américain.** (2) **Elle est
française?** (3) **C'est une femme
intelligente.** (4) **C'est une
personne travailleuse?** (5) **C'est
un ami de Michel?** (6) **C'est un
ami de Michel.**

B. **Est-ce que. . . ?** Posez les questions selon le modèle. Utilisez les
phrases précédentes.
MODELE: Solange est de Paris. → Est-ce que Solange est de Paris?

C. **René est très fier.** Qu'est-ce qu'il dit? *(What does he say?)*
MODELE: intelligent → Je suis intelligent, n'est-ce pas?

Exercise C. Continuation:
Change stimulus to **Monique est
très fière. Qu'est-ce qu'elle dit?**

1. sympathique   4. dynamique   7. drôle   10. extraordinaire
2. intéressant   5. parfait   8. gentil
3. travailleur   6. courageux   9. intelligent

D. **Quelle est la question?** Posez la question à la forme affirmative et
à la forme négative.
MODELE: Il aime les films d'amour. → Aime-t-il les films d'amour?
          N'aime-t-il pas les films d'amour?

Exercise D. Note: Point out that
snob does not have a feminine or
plural form.

1. Elle adore travailler. 2. Ici on parle chinois. 3. Il est très snob.
4. Nous sommes à Dijon. 5. Elle étudie six langues. 6. Il déteste
les sports. 7. Ils admirent le président. 8. Ils aiment mieux
étudier.

E. **Mme La Tour est très curieuse.** Quelles sont ses questions? Suivez
le modèle.
MODELE: Georges / à Paris → Georges est-il à Paris?

Exercises E and D. Suggestion:
Ask questions using **est-ce que.**

1. Jeanne / à la librairie 2. Claire et Simone / à la bibliothèque
3. M. Martin / avec Mlle Dupont 4. Philippe et Odile / à la discothèque 5. Henri / à l'université 6. les Deschamps / à Tours

F. **Il y a beaucoup de bruit** *(noise).* Odile répète les questions trois fois.
Suivez le modèle.
MODELE: Claude étudie à la Sorbonne? → Est-ce que Claude étudie
          à la Sorbonne?
          Claude étudie-t-il à la Sorbonne?

Exercise F. Suggestion: Dictate
stimulus sentence. Have students
write as many variations as they
can.

1. Il est parisien? 2. Il manifeste pour l'écologie? 3. Vous admirez
beaucoup Claude? 4. Claude et Josette ne sont pas réalistes? 5. Ils
sont très sympathiques? 6. Tu habites aussi à Paris? 7. Josette
n'est pas de France? 8. Elle habite à Montréal?

G. **Une interview.** Interviewez un(e) camarade de classe. Demandez
s'il/si elle. . . .
MODELE: *is impatient* → Es-tu impatient(e)?
          Est-ce que tu es impatient(e)?

Exercise G. Follow-up: (1) Have
students report summary of
findings of interview.
(2) ''Brainstorm'' as whole class to
think of more questions. Write
them on the board.

ETUDE DE GRAMMAIRE

1. *is optimistic or pessimistic* 2. *is hard-working or lazy* 3. *likes sports (tennis, basketball, football. . . .)* 4. *likes to dance* 5. *speaks Spanish (Italian, Russian. . . .)* 6. *lives in* **(dans)** *an apartment or at home* 7. *prefers television or movies* Et maintenant, inventez des questions!

8. THE PREPOSITIONS *A* AND *DE*; CONTRACTIONS WITH *A* AND *DE*

Pierre et Francine, deux étudiants français typiques

Ils habitent *à* la cité universitaire.
Ils mangent *au* restaurant universitaire.
Ils jouent *au* volley-ball dans la salle des sports.
L'après-midi, *au* café, ils jouent *aux* cartes.
Ils aiment parler *des* professeurs; *de* l'examen d'anglais, *du* cours de littérature française et *de la* vie *à* l'université.

Et vous?

1. Habitez-vous à la cité universitaire?
2. Mangez-vous au restaurant universitaire?
3. Jouez-vous au volley-ball dans la salle des sports?
4. Jouez-vous aux cartes au café?
5. Aimez-vous parler des professeurs? de l'examen de français? du cours de français? de la vie à l'université?

Prepositions are words such as *to, in, under, for,* and so on. In English their form never varies: *I live in the United States; we are speaking to you.* The most common French prepositions are **à** and **de**.

A. Uses of *à* and *de*

1. **A** indicates location or destination. Note that **à** has several English equivalents.

Pierre étudie à la bibliothèque.   Pierre studies *at (in)* the library.
Ils habitent à Paris.*   They live *in* Paris.

*The preposition **à** expresses location primarily with names of cities. Prepositions used with names of countries are treated in Section 35.

Pierre and Francine, two typical French students
They live in the dormitory. They eat at the student cafeteria. They play volleyball in the gym. In the afternoon, at the café, they play cards. They like to talk about professors, about the English exam, about the French literature course, and about life at the university.

Pierre va **à** la bibliothèque.	Pierre is going *to* the library.
Ils arrivent **à** Paris.	They're arriving *in* Paris.

With the verbs **parler** and **téléphoner, à** introduces the person spoken to or called.

Pierre **parle à** un professeur.	Pierre *is speaking to* a professor.
Pierre **téléphone à** un professeur.	Pierre *is calling* a professor.

While the preposition *to* is not always expressed in French, **à** must be expressed in French with these verbs.

2. **De** indicates where something or someone comes from.

Pierre est **de** Paris.	Pierre is *from* Paris.
Ils arrivent **de** la bibliothèque.	They are coming *from* the library.

De also indicates possession (expressed by *'s* or *of* in English) and the concept of belonging to, being a part of.

Voici le bureau **de** Madame Vernier.	Here is *Madame Vernier's* desk.
J'aime mieux la librairie **de** l'université.	I prefer the *university* bookstore (the bookstore *of the university*).

When used with **parler, de** means *about.*

Nous parlons **de** la littérature anglaise.	We're talking *about* English literature.

B. Contractions of *à* and *de* with the definite articles *le* and *les*

à + le = au	Pierre arrive au cinéma.	**de + le = du**	Pierre arrive du cinéma.
à + les = aux	Pierre arrive aux courts de tennis.	**de + les = des**	Pierre arrive des courts de tennis.

A and **de** contract with two articles: the singular **le,** to form **au** and **du,** and the plural **les,** to form **aux** and **des.** These contractions must always be used. **A** and **de** do not contract with other forms of the definite article: **à la, à l', de la, de l'.**

C. The verb *jouer* (to play) with the prepositions *à* and *de*

Philippe **joue du piano.**

Martine **joue au tennis.**

When *jouer* is followed by the preposition **à,** it means *to play* a sport or game. When it is followed by **de,** it means *to play* a musical instrument.

Maintenant à vous

Exercise A. Suggestion: Do at board, with dictated stimulus, transformation in writing, followed by choral repetition.

Exercise A. Follow-up: Using the following names and the verb **jouer,** students make up sentences about the following people: *Tracy Austin, Jimi Hendrix, Pete Rose, Nancy Lopez Melton, Jack Benny,* etc.

A. Transformation.

1. Mireille parle à la *jeune fille. (touristes, professeur, hommes, femme, garçon)*
2. Nous parlons du *Café Flore. (cours de français, match de boxe, musique de Ravel, sports français, travail)*
3. La jeune fille arrive de *New York. (bibliothèque, cours d'anglais, librairie, restaurant universitaire, salle des sports)*
4. Madeleine joue au *volley-ball. (basket-ball, cartes, tennis, football)*
5. Je joue de *la guitare. (le piano, la clarinette, l'accordéon, la flûte)*

B. Où sommes-nous? *(Where are we?)*

MODELE: Nous visitons la Statue de la Liberté. → Nous sommes à New York.

1. Nous parlons aux amis. 2. Nous jouons aux cartes. 3. Nous mangeons.* 4. Nous regardons un film de Truffaut. 5. Nous cherchons la Sorbonne. 6. Nous visitons la Maison-Blanche. 7. Nous visitons la Tour Eiffel.

Exercise B. Continuation: **Nous regardons les Fontaines de Tivoli. Nous visitons le Prado. Nous écoutons de la musique.**

C. Description. Faites des phrases complètes selon le modèle.

MODELE: librairie / à côté de / hôpital → La librairie est à côté de l'hôpital.

1. salle des sports / courts de tennis 2. cahier / téléphone 3. tables / porte 4. discothèque / cinéma 5. bibliothèque / salles de classe 6. jeune fille / garçon 7. voiture / restaurant 8. café / cité universitaire

*Note the spelling change in the first-person plural of **manger: mangeons.** (Section 17)

D. Où va-t-on? *(Where does one go?)* Répondez selon le modèle.

MODELE: Pour écouter une symphonie? → le concert →
On va au concert.

1. Pour regarder un film? 2. Pour trouver un livre? 3. Pour jouer au tennis? 4. Pour jouer au volley-ball? 5. Pour écouter le professeur? 6. Pour danser? 7. Pour manger? 8. Pour visiter la Sorbonne? 9. Pour parler avec des amis? 10. Pour écouter de la musique?

On va _____ . *l'amphithéâtre, la discothèque, le Quartier Latin, le cinéma, le café, la bibliothèque, les courts de tennis, le concert, la salle des sports, le restaurant universitaire, la maison*

E. Au restaurant universitaire. D'où sont les personnes qui parlent au restaurant universitaire? Donnez la ville d'origine.

1. Lin, chinois. Il est de _____. 2. Le professeur de français. Il/Elle est de _____. 3. Claudette, française. Elle est de _____. 4. Robert, canadien. Il est de _____. 5. Vous, américain(e). Je suis de _____.

Paris
Pékin
Québec
?

Exercise E. Note: Stress contractions with articles when using names of masculine countries or provinces. Remind students that no article is used with names of cities or with feminine countries.

F. A qui est-ce? Donnez l'article et la préposition correcte.

MODELE: voiture / Charles → C'est la voiture de Charles.

1. cahier / jeune homme 2. livre / professeur 3. restaurant / université 4. fenêtre / salle de classe 5. porte / cinéma 6. choix / étudiantes 7. appartement / Canadiens 8. langue / Shakespeare

G. Une interview. Répondez aux questions d'un(e) camarade selon le modèle. Trouvez une réponse personnelle ou utilisez les mots entre parenthèses.

MODELE: jouer au tennis → *Un ami:* Est-ce que tu aimes jouer au tennis?
Vous: Non, j'aime mieux jouer aux cartes.

Exercise G. Suggestion: May be used for discussions in pairs. Do model and a few examples with the whole class first. Students may report answers.

1. jouer de l'accordéon (la guitare, le piano) 2. étudier à la faculté (bibliothèque, cité universitaire) 3. parler du cours de français (professeurs, examen de français) 4. écouter de la musique au concert (radio, discothèque) 5. être au cinéma (salle des sports, café) 6. manger au restaurant universitaire (restaurant, café)

ETUDE DE PRONONCIATION

French consonant sounds

Presentation: Model pronunciation, using choral and individual repetition.

Many French and English consonant sounds are fairly similar in pronunciation; others are not. In addition, some written consonants represent a different sound in French than they do in English.

The following chart lists the IPA symbols for French consonant sounds and the various spellings of each sound. Note that there is no *h* sound in French. The more difficult sounds will be treated in greater detail in later chapters.

Maintenant à vous

Prononcez avec le professeur.

Note: **ch** (like English *sh*); **gn** (like English *ny* in *canyon*); **j, ge, gi** (like, second *g* in *garage*); **s** pronounced like *z* between two vowels or in **liaison**; **t, th** always pronounced *t*, never like English *th*.

		IPA symbol	Most common spelling(s)
1.	bon boxe combien bibliothèque table snob	[b]	b
2.	choix cher chercher architecte branche	[ʃ]	ch
3.	deux dans radio canadien allemande stupide	[d]	d
4.	phrase fille café difficile neuf naïf	[f]	f ph
5.	guitare garçon agréable égoïste langue	[g]	ga go gu
6.	espagnol signal Espagne champagne	[ɲ]	gn
7.	jeune gens énergique bonjour mange voyage	[ʒ]	j ge gi
8.	café quatre ski encore cinq bifteck	[k]	ca co cu k q qu
9.	livre langue allemand voilà drôle balle	[l]	l
10.	mal mais ami comment homme calme	[m]	m
11.	non neuf tennis fenêtre américaine fine	[n]	n
12.	pas porte typique simple type stop	[p]	p
13.	rue radio porte correct cher encore	[r]	r
14.	science cinq français bonsoir classe France	[s]	ce ci ç s sce sci

15. table théâtre italien cité   [t]   t th tt
    correct porte
16. wagon voilà livre bravo   [v]   v w
    vive active
17. zéro zone musique   [z]   s z
    bizarre chaise onze

CONVERSATION ET CULTURE

Choix d'un restaurant

Jim et Jean-Louis, un ami d'Isabelle, sont à Paris. Ils cherchent un restaurant. Ils s'adressent à un agent de police.

JEAN-LOUIS: Pardon, Monsieur, nous cherchons un restaurant agréable. . . .

L'AGENT DE POLICE: Une minute. . . . Il y a un restaurant sympathique dans le quartier: "La Mère Michel".

UN VENDEUR DE JOURNAUX: Hum. . . c'est très cher, "La Mère Michel"! Je recommande un *bistro* simple, comme "Chez Gustave".

L'AGENT DE POLICE: Je ne suis pas *d'accord* avec vous, Monsieur. La *cuisine* est très ordinaire "Chez Gustave".

Jean-Louis et Jim *partent*. Les autres continuent à parler.

JEAN-LOUIS: Ah, les Parisiens. . . ils ne sont pas *souvent* d'accord!

JIM: Tu n'es pas parisien?

JEAN-LOUIS: Mais non, je suis de Marseille. Je suis *comme un étranger* ici!

JIM: Est-ce qu'il y a une différence importante entre Paris et *le Midi?*

JEAN-LOUIS: Mais oui. Le Parisien est impatient, individualiste et très fier d'être de Paris. A Marseille, on est calme, optimiste, *décontracté*. . .et très fier d'être de Marseille!

Ils regardent une *affiche* dans un café.

JIM: Regarde, ils proposent des sandwichs ici, c'est parfait.

JEAN-LOUIS: Oui, et il y a une terrasse. Tu aimes jouer au sport favori des Français?

JIM: Qu'est-ce que c'est? Manger?

JEAN-LOUIS: Non, regarder les *gens* dans la *rue!*

Newspaper vendor
pub, bar (slang)
in agreement / cooking

leave

often

like a foreigner
southern region of France where Marseille is located
relaxed

poster

people / street

Questions et opinions

1. Est-ce que l'agent aime le restaurant "La Mère Michel"?
2. Le vendeur de journaux est-il d'accord avec l'agent?
3. Est-ce que Jean-Louis et Jim mangent "Chez Gustave"?
4. Jean-Louis est-il de Paris?

5. Le Parisien typique est-il calme et optimiste?
6. Est-ce que Jean-Louis et Jim sont à la terrasse du café?
7. Etes-vous calme, optimiste et décontracté(e)? impatient(e) et individualiste?
8. Aimez-vous regarder les gens dans la rue?
9. Est-ce qu'il y a un restaurant français dans le quartier universitaire? un bistro?
10. Préférez-vous les restaurants chers ou les restaurants simples?

Commentaire culturel

The French describe themselves as a nation of individualists, and their individualism can be viewed as both their greatest strength and their greatest weakness. On the one hand, it is a source of originality and creativity; on the other, it is a source of constant conflict. One facet of this individualism is their **esprit critique,** their tendency to challenge or criticize everything, to accept nothing without questioning it first.

The **esprit critique** has both a positive and a negative side. The negative side is the tendency toward argument or ridicule of others. The French often say that **en France le ridicule tue** *(in France ridicule kills).* Social relationships tend to be rather brusque, and this brusqueness or critical stance can be offensive to a foreigner who takes it too seriously. In France, people drive more aggressively than in the United States and Canada, and they are also more aggressive in lines, afraid of letting others get ahead of them. Someone who is too polite can be suspect: **trop poli pour être honnête** *(too polite to be honest),* as the saying goes.

The **esprit critique** also has a very positive side. The French are taught to challenge everything, to criticize the status quo, and to reason. At its best, the **esprit critique** makes the French an alert and lively people.

RECAPITULATION

A. Les rues de Paris. Composez un dialogue entre Pierre et l'agent de police.

Pierre:

1. Est-ce que / je / être / faculté des lettres? Je / chercher / rue Soufflot.
3. Zut! Je / être / stupide.

5. Merci, vous / être / très / gentil.

L'agent de police:

2. Non, / vous / être / faculté des sciences / rue Saint-Jacques
4. Mais non, il / être / difficile / de trouver / rue Soufflot.
6. Bon courage! Les / rue / Paris / ne pas / être / simple / si *(if)* / vous / ne pas / être / de Paris.

B. Qui admirez-vous? Demandez l'opinion d'un(e) camarade de classe selon le modèle.

Exercise A. Suggestion: May be done in pairs.

MODELE: personne / courageux →
  Vous: Est-ce que tu admires les personnes courageuses?
  Un ami: Oui, j'admire les personnes courageuses.

1. professeur / patient 2. étudiante / sérieux 3. jeune fille / sportif 4. président / réaliste 5. vagabond / paresseux 6. personne / naïf 7. étudiant / travailleur 8. jeune homme / conformiste

C. Portraits imaginaires. Composez des phrases selon le modèle. Trouvez les adjectifs et les endroits (*places*) correspondants.

Exercise C. Suggestion: May be done in writing first and then given orally, or sentences may be put on the board.

MODELE: Roger habite dans le Midi. → Il est calme et optimiste. Il est à Marseille maintenant.

1. Nous jouons aux cartes.
2. Nous aimons parler avec des amis.
3. Vous admirez Truffaut.
4. Elles étudient beaucoup.
5. Nous dansons beaucoup.
6. Odile est parisienne.

Les adjectifs: *individualiste, sérieux, travailleur, sportif, idéaliste, sociable*

Les endroits (*places*): *Paris, café, cinéma, bibliothèque, discothèque*

D. Les étudiants de la faculté des lettres. Décrivez les étudiants et l'organisation de la classe. Voici quelques phrases pour vous aider.

Exercise D. Follow-up: Students can describe their own class by answering the questions.

1. Est-ce qu'il y a des cahiers dans la classe? des livres? des dictionnaires? des jeunes gens? des jeunes filles? des bureaux? 2. Chaque (*each*) étudiant(e) est devant qui? derrière qui? à côté de qui? 3. Où est le livre d'italien? de français? le dictionnaire de russe? d'espagnol? le cahier d'anglais? d'allemand? 4. Décrivez la personnalité des jeunes gens.

RECAPITULATION

65

E. **Qui est-ce?** Décrivez un(e) camarade de classe selon le modèle. Le reste de la classe va trouver qui c'est.

MODELE: Il aime la musique et le tennis, il étudie l'allemand et le français, il n'aime pas danser. Il est de Cincinnati, il habite à la cité universitaire. Il est très intelligent, sympathique et sportif. Comment s'appelle-t-il?

Le Français par les gestes: C'est splendide!

This French gesture describes how marvelous something or someone is. It looks like a kiss on the tips of the gathered fingers of one hand. The kiss is thrown (with the fingers opening) toward the object of the compliment. It is accompanied by a kissing sound, the loudness of which reflects one's enthusiasm . . . and one's wish to be noticed!

VOCABULAIRE

VERBES

admirer	to admire
arriver	to arrive
chercher	to look for
être	to be
jouer à	to play *(a sport or game)*
jouer de	to play *(a musical instrument)*
manger (mangeons)	to eat
manifester	to demonstrate
téléphoner	to call, telephone
trouver	to find

NOMS

le/la camarade de classe	classmate
la carte	card
la clarinette	clarinet
le court de tennis	tennis court
la flûte	flute
le garçon	boy
les gens *(m)*	people
la guitare	guitar
la jeune fille	girl, young woman

NOMS

le jeune homme	young man
la langue	language
la personne	person
la rue	street
la salle des sports	gym
le téléphone	telephone
la ville	city, town
la voiture	car

ADJECTIFS

antipathique	unpleasant
calme	calm
canadien(ne)	Canadian
cher (chère)	expensive
conformiste	conforming
courageux(euse)	courageous
(dés)agréable	(dis)agreeable
difficile	difficult
drôle	funny
dynamique	dynamic
enthousiaste	enthusiastic
excentrique	eccentric
(extra)ordinaire	(extra)ordinary
fier (fière)	proud
gentil(le)	nice, pleasant
hypocrite	hypocritical
idéaliste	idealistic
individualiste	individualistic
intellectuel(le)	intellectual

ADJECTIFS

intéressant(e)	interesting
naïf (naïve)	naïve
optimiste	optimistic
paresseux(euse)	lazy
parfait(e)	perfect
parisien(ne)	Parisian
pessimiste	pessimistic
raisonnable	reasonable
réaliste	realistic
sérieux(euse)	serious
snob	snobbish
sportif(ive)	sports-minded
sympathique	nice
travailleur(euse)	hard-working
typique	typical

Adjectifs supplémentaires: idéal(e),
(im)patient(e), important(e), (in)sociable, intel-
ligent(e), simple, sincère

MOTS DIVERS

à côté de	beside
derrière	behind
devant	in front of
qui?	who? whom?
sous	under
sur	on, on top of
très	very

(OPTIONAL)

Intermède 2

Activités

A. **Sondage** *(poll)* **et autoportrait.** Décrivez vos camarades de classe. Posez des questions sur leur personnalité et leurs jeux et sports préférés, selon le modèle. Vos camarades utilisent: **jamais** *(never)*, **rarement, parfois** *(sometimes)*, **souvent** *(often)* et **toujours** *(always)*.

MODELE: égoïste →

Vous: Tu es égoïste? (Est-ce que tu es égoïste?)
Un ami: Oui, je suis parfois égoïste.
(Non, je suis toujours altruiste.)

Adjectifs	**Jeux**	**Sports**
égoïste / altruiste	les cartes	le tennis
honnête / malhonnête	le bridge	le golf
distrait(e) / alerte	le Monopoly	le basket-ball
fier (fière) / modeste	la loterie	le football
dépendant(e) / indépendant(e)	la roulette	le volley-ball

Maintenant, parlez de votre personnalité et les sports et les jeux que vous préférez. Utilisez les phrases précédentes et encore d'autres *(any others)* du Chapitre 2.

MODELE: Je suis rarement égoïste, toujours honnête, etc.

B. **Le/la camarade de chambre idéal(e).** Vous cherchez un(e) camarade de chambre *(roommate)*. Interviewez une autre personne de la classe. Posez les questions suivantes et inventez-en d'autres. Décidez si c'est le/la camarade idéal(e) pour vous.

Demandez s'il, si elle . . . *studies a lot / works a lot / watches television a lot / likes to discuss politics / talks a lot on the* **(au)** *phone / is patient / likes animals* **(animaux)** */ speaks French / eats a lot / smokes a lot* **(fumer)**

— Etes-vous pour ou contre les rues piétonnes au centre des villes ?
(Harvec)

rues piétonnes
pedestrian malls

Exercise A. Suggestion: Encourage students to use **être pour ou contre** questions, as in cartoon.

C. Descriptions ou stéréotypes? Tout le monde utilise des stéréotypes pour décrire les autres. Etes-vous d'accord avec les stéréotypes suivants? Indiquez votre opinion. Utilisez *jamais, parfois* et *toujours*. Comparez vos réponses avec un(e) camarade de classe.

Vrai *(true)* **ou faux** *(false)?*	JAMAIS	PARFOIS	TOUJOURS
1. Les Américains sont grands *(tall)*.	☐	☐	☐
2. Les Italiens parlent avec les mains *(hands)*.	☐	☐	☐
3. Les Français sont individualistes.	☐	☐	☐
4. Les femmes sont dépendantes des *(on)* hommes.	☐	☐	☐
5. Les jeunes sont idéalistes.	☐	☐	☐
6. Les politiciens sont malhonnêtes *(dishonest)*.	☐	☐	☐
7. Les professeurs sont distraits *(absent-minded)*.	☐	☐	☐
8. Les étudiants sont pauvres *(poor)*.	☐	☐	☐

D. Portrait témoin. Il y a beaucoup de stéréotypes sur les nationalités. Que disent les Français *(what do the French say)* des Américains? Que disent les Américains des Français? Ecoutons. Les Français parlent des Américains. Est-ce qu'il y a une certaine vérité dans le stéréotype?

«Les Américains sont riches. Ils aiment l'argent *(money)* et ils sont matérialistes. Ils ne sont pas cultivés et ils parlent beaucoup et

très fort (loudly). Ils mangent vite (quickly) et avec les mains. Leurs vêtements (clothes) sont drôles. Ils sont naïfs et ne parlent pas de politique.»

Que disent les Américains des Français? Faites (form) des phrases qui représentent les clichés que les Américains utilisent pour décrire les Français. Trouvez-vous que ces (these) clichés sont amusants ou désagréables? vrais ou faux?

E. **Encore des stéréotypes.** In 1979 *Pilote,* a French magazine comparable to *Mad Magazine* in the United States, published a satirical article intended to acquaint Europeans with each other following the selection of a prime minister of Europe. The following descriptions are taken from that article. Compare the way the French described themselves with their descriptions of their European neighbors. Then supply what you think the magazine would have said about Americans.

L'Anglais: sympathique. Il est arrogant, hypocrite et vaniteux (conceited). Il aime dominer.

L'Irlandais: sympathique. Il aime boire du whisky. Il est paresseux, vaniteux, têtu (stubborn) et borné (narrow-minded).

L'Italien: extrêmement sympathique. Il est volubile (glib) et séducteur. C'est un bavard (talker) et un vaniteux.

L'Allemand: parfois sympathique. Il est arrogant, propre (clean) et discipliné. Il aime manger et boire (to drink). Il est vaniteux.

Le Français: sympathique. Il est gentil, généreux, loyal et tolérant. Il est expert en cuisine et en vins. Il est l'inventeur de la liberté et de la démocratie.

L'Américain: ???

In addition to laughing at their neighbors, the French laugh at themselves, for example, through the cartoon character **"Superdupont, le super-héros 100% français."** His goal is to protect everything that is French. What do you see in these pictures of **Superdupont** that mocks the stereotypes that the French have of themselves?

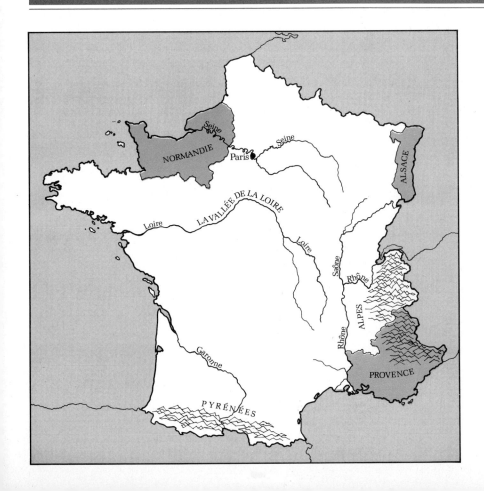

Lecture: Les Régions de France

Village en Alsace

L'Alsace

Le climat de l'Alsace est parfait pour le vin. Il y a beaucoup de villages sur la "route du vin".

La Vallée de la Loire

Le pays de la Loire

La vallée de la Loire est une frontière climatique et humaine. Elle sépare la France du nord et du sud.

Théâtre romain à Orange

La Provence

Au sud-est de la France, qu'est-ce que la Provence? La province ("*provincia*") des Romains, la première région latinisée en France.

A Rouen en Normandie

La Normandie

La Normandie est le pays des Normands *("Northmen")*. Guillaume *(William)*, duc de Normandie, est le premier roi normand d'Angleterre.

Compréhension et expression

A. Comprenez-vous? Trouvez dans le texte les mots *(words)* qui complètent les phrases suivantes.

1. L'Alsace est une région de _____. 2. _____ divise la France en deux parties. 3. La région colonisée par les Romains est ____ . 4. La Normandie est célèbre à cause du Roi _____.

B. Description. Ecrivez deux paragraphes sur votre *(your)* ville et vos *(your)* intérêts. Employez les questions comme guide.

Exercises B and C. Suggestion: These writing activities may be assigned for homework or as in-class activities.

1. Etes-vous américain(e)? De quelle ville êtes-vous? Est-ce que c'est une ville intéressante? Aimez-vous cette *(this)* ville? Etes-vous fier/fière de cette ville?
2. Aimez-vous travailler? Jouez-vous d'un instrument de musique? Jouez-vous de la flûte ou du piano? Etes-vous sportif/sportive? Jouez-vous au tennis? Etes-vous énergique? Etes-vous sociable?

C. La personnalité américaine. Ecrivez un paragraphe sur les Américains. Employez les questions comme guide.

1. Est-ce que les Américains sont très différents des Français? 2. Est-ce que les Américains sont individualistes? 3. Sont-ils critiques? 4. Sont-ils cultivés et arrogants? 5. Sont-ils sympathiques et sociables? 6. Sont-ils travailleurs et sportifs? 7. Est-ce que la nationalité d'une personne détermine sa personnalité?

Suggested six day plan for
Chapitre 3:

Day 1: **Vocabulaire**
Present tense of **-ir** verbs
Day 2: **Avoir** and expressions with
avoir
Prononciation
Day 3: Indefinite articles in
negative sentences
Information questions
Day 4: Adjectives of color
Adjectives that precede
nouns
Day 5: **Conversation et culture**
Récapitulation
Day 6: Optional quiz
Intermède

Le Logement

Chapitre **3**

OBJECTIFS

Communication et culture   In this chapter, you will learn more expressions and vocabulary to use in descriptions and more ways to ask questions. You will also read about student housing in France and learn how to rent a room in a French-speaking country.

Grammaire   You will learn to use the following aspects of French grammar:

9. the present tense of a second group of French verbs, those with infinitives ending in **-ir:** for example, **finir** *(to finish)*

10. the irregular verb **avoir** *(to have)* and expressions formed with **avoir,** many of which use *to be* in English: *to be hungry, sleepy,* and so on

11. when to omit the indefinite article in negative sentences

12. how to ask information questions using interrogative words such as **qui?** *(who?)*, **où?** *(where)*, and so on

13. how to use adjectives of color and adjectives that precede the nouns they modify

See facing page for lesson plan.

ETUDE DE VOCABULAIRE

Deux Chambres d'étudiants

Suggestions: (1) Model pronunciation (choral and individual work). (2) Have students name the object that: (a) can be held in the hand, (b) make noise, (c) one can sit on, (d) are for studying, (e) are decorative. (3) **Devinettes:** Indicate objects by describing their location: **Elle est sur la table.** Students identify: **C'est la revue.**

La chambre de Marie-France est en ordre.

Note: Many French men have hyphenated names in which **Marie** is the second element. This was originally to commemorate the Virgin Mary.

La chambre de Jean-Marie est confortable.

A. Description. Décrivez les deux chambres. Qu'est-ce qu'il y a sur _____ ?

1. le bureau de Marie-France? de Jean-Marie? 2. le lit de Marie-France? de Jean-Marie? 3. l'étagère de Marie-France? de Jean-Marie? 4. le mur de Marie-France? de Jean-Marie? 5. la table de Marie-France? de Jean-Marie? 6. le tapis de Jean-Marie? 7. la fenêtre de Marie-France?

B. L'intrus (*The intruder*). Trois mots semblables (*similar*), un mot différent. Trouvez l'intrus.

1. lit / commode / armoire / fleur 2. chaîne stéréo / affiche / guitare / disque 3. lavabo / livre / revue / étagère 4. miroir / affiche / rideaux / revue

C. Association. Quels objets dans les chambres de Marie-France et Jean-Marie associez-vous avec les mots suivants?

1. Jacques Brel	3. la fenêtre	5. la rose
2. *Paris-Match*	4. les livres	6. les murs

Exercise A. Follow-up: Have students create a **devinette** as in oral drill above.

Exercise B. Suggestion: Do as a listening drill, with students writing down the **intrus** as they hear it.

Exercise B. Follow-up: Have students add another word to each category. Students can explain their choices in English. Possibilities: (1) **étagère,** (2) **radio,** (3) **dictionnaire,** (4) **téléphone.**

Exercise C. Suggestion: Have students make association lists in pairs or small groups and then present them to the class. Compare responses.

D. Préférences. Qu'est-ce qu'il y a dans la chambre d'une personne
qui aime _____?

1. étudier?   3. jouer de la musique?
2. écouter de la musique?   4. parler à des amis?

E. La chambre et la personnalité. Une chambre révèle la personnalité
de l'individu qui habite là *(there)*. Décrivez votre *(your)* chambre.
Quels adjectifs décrivent correctement votre chambre? Qu'est-ce
qu'il y a dans votre chambre?

MODELE: Ma chambre est calme et con-   **Adjectifs:** typique / sim-
fortable. Dans ma chambre, il   ple / en ordre
y a deux fenêtres et des   / en désordre /
rideaux, une commode, quatre   confortable
chaises. . . .   calme

Les Couleurs

le drapeau   le drapeau
américain: français:

rouge + blanc = rose
rouge + bleu = violet
bleu + jaune = vert
noir + blanc = gris
rouge + jaune = orange

bleu, blanc, rouge

le soleil: le chat: le café:

jaune   noir   marron

A. Exercice d'imagination. Imaginez les couleurs des objets suivants.
MODELE: un chat → Il est gris, blanc et noir.

1. un rideau   3. un disque   5. un taxi
2. un stylo   4. un mur   6. un téléphone

B. Association. Quelles couleurs associez-vous avec _____ ?
MODELE: Halloween? → Le noir et l'orange.

1. le ski?   4. l'amour?   6. Noël?
2. l'écologie?   5. le jour de la Saint- 7. la religion?
3. le pessimisme?   Valentin?   8. la musique disco?

20	vingt	25	vingt-cinq	30	trente
21	vingt et un	26	vingt-six	40	quarante
22	vingt-deux	27	vingt-sept	50	cinquante
23	vingt-trois	28	vingt-huit	60	soixante
24	vingt-quatre	29	vingt-neuf		

Suggestion: Listening comprehension. Students write the number they hear: 24, 35, 49, etc.

A. Problèmes de mathématiques.

+ et	− moins	× fois	= font

1. $18 + 20 = ?$
2. $15 + 39 = ?$
3. $41 + 12 = ?$
4. $32 + 24 = ?$

5. $43 - 16 = ?$
6. $60 - 37 = ?$
7. $56 - 21 = ?$
8. $49 - 27 = ?$

9. $2 \times 10 = ?$
10. $3 \times 20 = ?$
11. $25 \times 2 = ?$
12. $15 \times 3 = ?$

B. Inventaire. Qu'est-ce qu'il y a dans le magasin *(store)*?

53 lampes	42 miroirs	21 armoires	34 tapis
28 lits	39 étagères	47 commodes	55 bureaux

Suggestions: Ask students to count from 2 to 60 by 2's, from 3 to 60 by 3's, from 4 to 60 by 4's, from 5 to 60 by 5's. You may want to call on students individually in random order for the above exercises.

C. Exercice de logique. Trouvez le chiffre suivant.

1. deux: trois
   quinze: seize
   onze: _____
   vingt: _____
2. trois: six
   huit: seize
   cinq: _____
   douze: _____
3. dix-sept: quatorze
   quatre: un
   vingt-huit: _____
   trente: _____
4. quatre: neuf
   seize: vingt et un
   treize: _____
   vingt-cinq: _____

Exercice A. Suggestions: (1) Give questions **Combien font X et Y?** as stimulus for drill. Call on individuals for answers. (2) Do as listening comprehension activity by dictating the problems to students, with books closed (or have students do problems at board).

Excercise C. Follow-up: Have students present problems like these to class.

D. Les numéros de téléphone. French telephone numbers are said in groups of three two-digit numbers. Practice saying these phone numbers.

1. 30-29-41
2. 57-60-38
3. 24-46-50
4. 35-28-51
5. 60-56-16
6. 19-59-33
7. 11-55-33
8. 42-31-54
9. 31-41-51

Exercise D. Follow-up: Have each student give personal numbers—such as phone numbers, social security numbers, student identification or charge card numbers—to partner using 2-digit groupings. (For odd-numbered clusters, use single digit, followed by 2-digit groups.)

E. Association. Donnez un chiffre (de 1 à 60) que vous associez avec _____ .

1. la superstition
2. l'âge minimum d'un adulte
3. l'alphabet
4. une minute
5. les états des Etats-Unis
6. Noé et le déluge

ETUDE DE GRAMMAIRE

9. PRESENT TENSE OF -*IR* VERBS

> **A bas le bavardage!**
>
> FLORENCE: Je *finis* toujours par être furieuse contre Lucien.
> ARMAND: Oui, il *réussit toujours à monopoliser la conversation.*
> FLORENCE: Entre un miroir et lui, je *choisis* le miroir.
> ARMAND: Pourquoi? Je ne comprends pas.
> FLORENCE: Parce qu'un miroir *réfléchit* sans parler, mais Lucien parle sans *réfléchir!*
>
> 1. Est-ce que Lucien est furieux contre Armand?
> 2. Est-ce que Florence réussit toujours à monopoliser la conversation?
> 3. Est-ce qu'un miroir parle? Est-ce que Florence compare Lucien à une guitare?
> 4. Est-ce qu'un miroir parle? Est-ce qu'il réfléchit?
> 5. Est-ce que Lucien parle? Est-ce qu'il réfléchit?

Grammaire et prononciation

French verbs with infinitives ending in **-er** are called first-conjugation verbs. The infinitives of a second group of French verbs end in **-ir.** They are called second-conjugation verbs.

PRESENT TENSE OF **FINIR:** *to finish*			
je	**finis**	nous	**finissons**
tu	**finis**	vous	**finissez**
il, elle, on	**finit**	ils, elles	**finissent**

Notice the addition of **-iss-** between the verb stem and the personal endings in the plural.

The **-is** and **-it** endings of the singular forms of **-ir** verbs are pronounced [i]. The double **s** of the plural forms is pronounced [s].
Other verbs conjugated like **finir** include:

agir	to act	**réfléchir (à)**	to reflect (upon), consider

Down with chatter!
FLORENCE: I always end up being mad at Lucien.   ARMAND: Yes, he always succeeds in monopolizing the conversation.   FLORENCE: Between a mirror and him, I'd choose the mirror.   ARMAND: Why? I don't understand.   FLORENCE: Because a mirror reflects without speaking, but Lucien speaks without reflecting (thinking)!

choisir	to choose	**réussir (à)**	to succeed (in)

choisir to choose   **réussir (à)**   to succeed (in)

J'**agis** toujours avec raison.   I always *act* with reason.
Nous **choisissons** des affiches.   We're *choosing* some posters.

The verbs **réfléchir** and **réussir** require the preposition **à** before an infinitive or noun.

Je **réussis** toujours **à trouver** les réponses.   I always *succeed in finding* the answers.
Elle **réfléchit aux questions** de Paul.   She's *thinking about* Paul's *questions.*

Maintenant à vous

A. **A la bibliothèque.** Décrivez la scène.

1. *Tu* réfléchis. (*nous, Marie, les professeurs, je*)   2. *Marc* choisit un livre. (*vous, je, les jeunes filles, nous*)   3. *Je* réussis à trouver une revue intéressante. (*Louise, les garçons, tu, vous*)   4. *Nous* finissons le travail. (*Nicole, tu, les étudiants, je*)

B. **Au choix.** Complétez les phrases avec une forme d'*agir, choisir, finir, réfléchir* ou *réussir.*

1. Je _____ à une question difficile.   2. Claude _____ sans réfléchir, n'est-ce pas?   3. Ils _____ toujours le travail en deux heures.   4. Tu _____ souvent aux examens, Pierre.   5. Les jeunes filles _____ des cours intéressants.

Exercise A. Suggestion: Conduct as rapid response drill. Use choral repetition.

Exercise A. Continuation. Additional oral drills to be done with students' books closed: **J'agis sans réfléchir. (tu, Jacques, vous, les hommes, nous); Les étudiantes choisissent la classe (nous, tu, Martine, je, vous)**

Exercise B. Suggestion: May be done orally or in writing. You may want to let students work through drill in writing first and then give answers orally.

Exercise C. Suggestion: Have students write sentences and then transform the subjects at the board. **Changez de sujet. Mettez tu, les étudiants,** etc.

Exercise D. Suggestion: Students do activity in small groups or pairs.

C. En français, s'il vous plaît.

1. We are choosing a Chinese restaurant.   2. I am finishing a difficult exam.   3. Do you act without thinking?   4. Jean-Claude succeeds at everything **(tout).**

D. Une interview. Inventez des questions avec les mots suivants et interviewez un(e) camarade de classe.

MODELE: réussir / aux examens → Est-ce que tu réussis toujours aux examens?

1. agir / souvent / sans / réfléchir   2. finir / exercice / français
3. choisir / beaucoup de / cours (*difficile, agréable. . . .*)   4. réfléchir / beaucoup / les problèmes (*politiques, des étudiants. . . .*)   5. choisir / camarade de chambre / patient (*intellectuel, calme. . . .*)

10. THE VERB *AVOIR* (TO HAVE): EXPRESSIONS WITH *AVOIR*

Camarades de chambre

JEAN-PIERRE: Vous *avez* une chambre agréable, elle *a l'air* tranquille. . . .
MARIE-CLAUDE: Oui, tu *as raison* et j'*ai besoin de* beaucoup de calme pour étudier.
JEAN-PIERRE: Tu *as* une camarade de chambre sympathique?
MARIE-CLAUDE: Oui, nous *avons de la chance*: nous aimons toutes les deux* le tennis, le calme. . . et le désordre!

Exprimez les phrases suivantes avec des expressions avec *avoir*, selon le texte.

1. La chambre est calme.
2. Oui, c'est exact.
3. J'aime le calme pour étudier.
4. C'est une chance.

Roommates
JEAN-PIERRE: You have a nice room. It seems quiet.   MARIE-CLAUDE: Yes, you're right, and I need a lot of quiet to study.   JEAN-PIERRE: Do you have a pleasant roommate?   MARIE-CLAUDE: Yes, we're lucky. We both love tennis, quiet . . . and a messy room (disorder)!

*Note the forms of **tout** (*all*): **tout le temps** (*all the time*), **toute la famille** (*all the family*), **tous les deux** (*both, m*), **toutes les deux** (*both, f*). Forms of **tout** always precede the article + noun.

A. Forms of *avoir*

The verb **avoir** *(to have)* is irregular in form.

Presentation: Model pronunciation. Note the [z] sound in **nous avons**, **vous avez**, and **elles ont**. Point out oral distinction between **elles ont** and **elles sont**.

PRESENT TENSE OF **AVOIR**: *to have*			
j'	**ai**	nous	**avons**
tu	**as**	vous	**avez**
il, elle, on	**a**	ils, elles	**ont**

J'**ai** une chambre agréable.
Avez-vous une camarade de
    chambre sympathique?

I *have* a nice room.
Do you *have* a pleasant
    roommate?

B. Expressions with *avoir*

Presentation: Model pronunciation of captions.

Many concepts that are expressed in French with **avoir** have English equivalents that use *to be.** Some of them express people's feelings or physical sensations.

Elle **a chaud,**
il **a froid.**

Elles **ont faim,**
ils **ont soif.**

Paul, vous **avez
tort.** Martine,
vous **avez raison.**

Claude **a l'air**
content. Il **a de
la chance.**

Isabelle **a quatre
ans.**

Jean **a sommeil.**

Claudette **a
besoin** d'une
lampe.

Avez-vous **envie
de** danser?

Note that with **avoir besoin de** and **avoir envie de,** the preposition **de** is used before an infinitive or a noun.

*You have already used **avoir** in the expression **il y a** *(there is/are).*

Follow-up: You may want to interject personalized questions to individual students using expressions featured.

Suggestion. Listening comprehension: Have students indicate whether they hear the verb **être** or the verb **avoir** in the following sentences: (1) **Elle est contente**, (2) **Nous avons raison.** (3) **Ils sont américains.** (4) **Ils ont de la chance.** (5) **Elle a l'air content.** (6) **Tu es français, n'est-ce pas?** (7) **J'ai de la chance aussi.**

Exercise A.   Follow-up: Ask individuals if they have the objects featured in the drill.

Exercise B.   Follow-up: (1) Ask individual students if they are hungry, sleepy, cold, etc. Have students remember responses of classmates by asking: **Est-ce que X a faim?** (2) Ask students to choose someone in the class and ask them a question using **avoir.**

Exercise D.   Follow-up: (1) Have students estimate the age of others in the class. (2) Bring in pictures of people or give names of famous people and have students estimate their age.

Maintenant à vous

A. Vive la musique! Suivez le modèle.

MODELE: Marie / une chaîne stéréo → Marie a une chaîne stéréo.

1. Monique et Marc / des disques
2. vous / une guitare
3. tu / une clarinette
4. je / des cassettes
5. nous / un piano
6. Isabelle / une flûte

B. C'est la vie! Formez des phrases correctes.

MODELE: Mme Martin / chaud → Mme Martin a chaud.

1. je / faim   2. Frère Jacques / sommeil   3. Paul et Henri / soif   4. nous / chaud   5. tu / l'air optimiste   6. vous / froid   7. le professeur / raison   8. Patricia et Nicole / dix-sept ans

C. Claude cherche une chambre. Formez des phrases complètes.

1. Tu / envie de / changer de / chambre ?   2. Oui, / je / besoin de / chambre / très tranquille .   3. Nous / avoir / chambre / confortable / près d'ici *(near here)*.   4. Elle / avoir / deux / fenêtre / un lavabo / et / deux / lit .   5. Vous / avoir / téléphone ?   6. Oui, / mais / nous / avoir / envie de / chaîne stéréo .   7. Bernard et Henri / avoir / télévision .   8. Ils / avoir / chance !

D. Quel âge ont-ils? Estimez l'âge des personnes selon le modèle.

MODELE: Il a entre un an et trois ans.

Exercise E.   Follow-up: Ask students to imagine the most difficult day possible and tell why using expressions with **avoir.** Begin with "**C'est une journée difficile parce que. . .**"

E. Deux amis à Paris. En français, s'il vous plaît.

THIERRY: *Is there a restaurant nearby (near here)?*
CHARLES: *There's a café on* **(dans)** *Soufflot Street.*
THIERRY: *I'm not thirsty but I'm hungry. Aren't you hungry?*
CHARLES: *I'm not hungry—I'm sleepy.*
THIERRY: *I feel like eating a* **(une)** *quiche.*
CHARLES: *There's a hotel near here. . . . It looks pleasant.*
THIERRY: *Okay* **(Bon)***. . . if we're lucky, there's a restaurant next door* **(à côté).**

3   LE LOGEMENT

F. Conversation.

1. Dans la salle de classe, qui a l'air content? l'air calme? patient? dynamique?
2. Avez-vous besoin d'une télévision? d'une radio? d'une guitare? d'une lampe? d'un stylo? de changer de chambre?
3. Avez-vous envie d'étudier maintenant? de danser? de skier? de regarder la télévision? de jouer au volley-ball?
4. Quel âge avez-vous? Votre professeur, quel âge a-t-il/elle?

G. A votre avis. Complétez selon votre opinion. Suivez le modèle.

MODELE: _____ avoir toujours raison. → *Molly a toujours raison.*

1. _____ avoir toujours raison/tort. 2. _____ avoir de la chance! 3. _____ avoir l'air snob. 4. _____ avoir l'air sympathique.

H. Une interview. Interviewez un(e) camarade de classe selon le modèle. Avez-vous tous les deux les mêmes objectifs?

MODELE: avoir une voiture →
     Vous: A quel âge désires-tu avoir une voiture?
     Un ami: Je désire avoir une voiture à 22 ans *(at age 22).*

1. avoir un travail 2. avoir une famille 3. avoir une maison *(house)* 4. avoir une fortune 5. avoir un château en France

Exercise G. Suggestions: (1) Give students a few minutes to complete sentences individually and then solicit a variety of responses for each sentence. (2) Suggest to students that they can mention names of famous people, family, or friends.

Exercise G. Follow-up. Writing in class. Give short sentences in English that students translate into French: (1) *I'm hot.* (2) *Are you cold?* (3) *No, I'm sleepy.* (4) *You're wrong.* (5) *She seems nice.*

Exercise H. Follow-up: (1) Have students report answers to the class. (2) After interview have each student rank partner's priorities based on answers obtained.

11. INDEFINITE ARTICLE IN NEGATIVE SENTENCES

Une chambre intéressante

Il y a une lampe. . . mais *pas d'*électricité.
Il y a un lavabo. . . mais *pas d'*eau chaude.
Il y a une raquette. . . mais *pas de* balle.
Patrick n'a *pas de* chance!

Complétez selon la chambre.

1. Il y a une table. . . mais _____.
2. Il y a une étagère. . . mais _____.
3. Il y a une chaîne stéréo. . . mais _____.
4. Il y a un cahier. . . mais _____.
5. Il y a un jeune homme. . . mais _____.

Continuation: **Dans la salle de classe, il y a une étagère? Il y a une chaîne stéréo? Il y a une lampe?**

In negative sentences, the indefinite article **(un, une, des)** becomes **de (d')** after **pas.**

An interesting room
There's a lamp . . . but no electricity. There's a sink . . . but no hot water. There's a racquet . . . but no ball. Patrick is out of luck (has no luck)!

Elle a **un** ami.

Elle a **une** revue.

Il y a **des** voitures dans la rue.

Elle **n'**a **pas d'**ami.

Elle **n'**a **pas de** revue.

Il **n'**y a **pas de** voitures dans la rue.

Note: Discussion may be expanded by explaining that negation with **être** is the negation of the identity or quality of something rather than a quantity indicator. This is why the indefinite article remains unchanged.

The noun that follows **de (d')** can be singular or plural. Note that the English equivalent differs slightly with singular and plural nouns.

J'ai **un chien.** → Je n'ai **pas de chien.** I don't have a dog.

J'ai **des chiens.** → Je n'ai **pas de chiens.** I don't have (*any*) dogs.

In negative sentences with **être,** the indefinite article does not change.

C'est un livre. → Ce **n'est pas un** livre. *It is not a* book.

Ce sont des livres intéressants. → Ce **ne sont pas des** livres intéressants. *These are not* interesting books.

Maintenant à vous

Exercise A. Continuation: **Est-ce que la salle de classe a une lampe? un lavabo? des étagères? une stéréo? des tapis? un miroir? un lit? une télévision?**

Exercise A.   Follow-up. Pose personalized questions, such as: **Est-ce que votre chambre a un lit confortable? des chaises confortables? des étagères? un lavabo? des lampes? des tapis? une commode?**

A.   Jacques cherche une chambre. Répondez à la forme négative, selon le modèle.

MODELE: Est-ce que la chambre a une télévision? →
Non, la chambre n'a pas de télévision.

1. Est-ce que la chambre a une vue?   2. Est-ce que la chambre a un miroir?   3. Est-ce que la chambre a une lampe?   4. Est-ce que la chambre a un lavabo?   5. Est-ce que la chambre a des tapis?   6. Est-ce que la chambre a des étagères?   7. Est-ce que la chambre a des chaises?   8. Est-ce que la chambre a une commode?

B. Vous êtes touriste. Posez des questions à un(e) camarade selon le modèle.

MODELE: un hôtel → *Vous:* Est-ce qu'il y a un hôtel dans le quartier? (Y a-t-il un hôtel dans le quartier?)

Un ami: Non, il n'y a pas d'hôtel dans le quartier.*

1. un restaurant chinois
2. un taxi
3. des cinémas
4. un café
5. une discothèque
6. un hôpital
7. des courts de tennis
8. des librairies

Exercise B. Follow-up: Have students suggest things that are not in their university community: **un restaurant français (italien, grec); un musée d'art; une salle des sports; un amphithéâtre.**

C. Exercice de contradiction. Répondez selon les modèles.

MODELES: C'est un film intéressant, *Un Homme et une femme?* → Non, ce n'est pas un film intéressant.

Avez-vous un stylo? → Non, je n'ai pas de stylo.

1. Avez-vous des disques de Jacques Brel? 2. Avez-vous des amis hypocrites? 3. Est-ce un livre drôle? 4. Y a-t-il des cours ennuyeux *(boring)* à l'université? 5. Avez-vous des copains/copines *(pals)* extraordinaires? 6. Est-ce une personne généreuse? 7. Est-ce qu'elle cherche une fleur? 8. C'est une maison sympathique, n'est-ce pas?

Exercise C. Follow-up: Writing in class. Dictate the following sentences and have students make them negative: (1) **J'ai des cartes.** (2) **Elle a une raquette de tennis.** (3) **Nous avons des disques.** (4) **Tu as une affiche?** (5) **C'est une affiche de Jacques Brel.** (6) **Il y a une photo d'Edith Plaf ici.**

D. Questions d'un ami. Répondez selon le modèle.

MODELE: Est-ce un disque d'Edith Piaf? → Non, ce n'est pas un disque d'Edith Piaf. Je n'ai pas de disques d'Edith Piaf.

1. Est-ce une balle de tennis? 2. Est-ce que c'est un ami italien? 3. Ce sont des cartes, n'est-ce pas? 4. C'est un dictionnaire d'anglais, n'est-ce pas? 5. Est-ce que c'est une copine canadienne?

E. Une interview. Interviewez un(e) camarade de classe selon le modèle.

MODELE: ami hypocrite → *Vous:* As-tu un ami hypocrite?

Un ami: Oui, j'ai un ami hypocrite.
(Non, je n'ai pas d'ami hypocrite.)

Exercise E. Suggestion: (1) On a prepared ditto or on notebook paper, have students list possessions of a classmate in two columns, according to whether he or she has the item. Then have them compare the length of their lists. (2) Have students repeat as much of the interview as they can remember without reference to notes. (They may repeat the items to their partner by saying: **Tu as x, y. Tu n'as pas de z;** or to whole class: **Il/elle a. . . .**)

1. amis individualistes, snobs, sincères. . . . 2. copains intéressants, stupides, sportifs. . . . 3. livre de français, de russe, d'espagnol. . . . 4. cours d'anglais, d'art, d'histoire. . . . 5. chaîne stéréo, télévision, disques de _____ . . . . 6. guitare, piano. . . . 7. chat, chien. . . . 8. affiches, téléphone, rideaux, armoire. . . . 9. maison, voiture de sport. . . .

*Note the question **(y a-t-il)** and negative **(il n'y a pas)** forms of **il y a.**

12. INFORMATION QUESTIONS

Presentation: Model pronunciation. Have half the class take the rôle of Mme Gérard and the other half the rôle of Yvette. Students repeat lines after instructor.

Follow-up: Students practice dialog in pairs. They should be encouraged to answer questions as they please. Interviewers may ask additional questions.

Yvette cherche une chambre à louer.

MME GERARD

Comment vous appelez-vous?
D'*où* êtes-vous?
Où étudiez-vous?
Qu'est-ce que vous étudiez?
Aimez-vous la musique, les
spectacles, les animaux?

Combien d'amis avez-vous?

Mademoiselle, vous êtes par-
faite. *Quand* commencez-
vous à louer?

YVETTE

Je m'appelle Yvette Delorme.
Je suis de Normandie.
J'étudie à la Sorbonne.
J'étudie la littérature française.
Oui, mais je n'ai pas de radio,
pas de télévision, pas
d'animaux.

Beaucoup, mais pas de visiteurs.

Tout de suite, parce que j'ai
besoin de trouver une
chambre aujourd'hui!

Jouez le rôle de Mme ou M. Gérard et interviewez un(e) camarade de classe.

Information questions ask for new information or facts.

A. Information questions with interrogative words

Information questions often begin with interrogative words. Some of the
most common interrogative words in French are:

où	where	**comment**	how	**combien de**	{ how much,
quand	when	**pourquoi**	why		how many

These interrogative words are used in combination with yes/no questions
formed with **est-ce que** or with a change in word order. The interrogative
word is usually placed at the beginning of the question.

Yvette is looking for a room to rent.
MME: What is your name?   YVETTE: My name is Yvette Delorme.   MME: Where are you
from?   YVETTE: I'm from Normandie.   MME: Where are you studying?   YVETTE: I'm studying at the Sorbonne.   MME: What are you studying?   YVETTE: I'm studying French literature.   MME: Do you like music, shows, animals?   YVETTE: Yes, but I don't have a radio or
a television set or any animals.   MME: How many friends do you have?   YVETTE: A lot, but
no (I don't have) visitors.   MME: Miss, you are perfect. When will you move in (start to
rent)?   YVETTE: Right away, because I need to find a room today!

1. Information questions with **est-ce que:**

Statement:		Michel étudie les arts.
Yes/no question with **est-ce que:**		Est-ce que Michel étudie les arts?
Information questions with **est-ce que:**	Où Quand Comment Pourquoi	est-ce que Michel étudie les arts?

Combien de langues est-ce que Michel étudie?

2. Information questions with a change in word order: pronoun subject:*

Statement:		Il étudie les arts.
Yes/no question with pronoun subject:		Etudie-t-il les arts?
Information questions with pronoun subject:	Où Quand Comment Pourquoi	étudie-t-il les arts?

Combien de langues étudie-t-il?

3. Information questions with a change in word order: noun subject:

Statement:		Michel étudie les arts.
Yes/no question with noun subject:		Michel étudie-t-il les arts?
Information questions with noun subject:	Où Quand Comment Pourquoi	Michel étudie-t-il les arts?

Combien de langues Michel étudie-t-il?

When the question contains only a subject and verb, the pronoun is not necessary with **où, quand, comment,** and **combien de: Où étudie Michel?** However, the pronoun is required with **pourquoi: Pourquoi Michel étudie-t-il?**

B. Information questions with interrogative pronouns

To ask a question about the identity or nature of a person, thing, or idea, English uses the interrogative pronouns *who, whom,* and *what.* Some of

*Remember that the pronoun **je** is seldom inverted with the verb.

the most common French interrogative pronouns are **qui**, **qu'est-ce que**, and **quoi**.

Notes: (1) All the interrogative pronoun forms are presented or reviewed in Chapter 16. **Que** with inversion is also treated in Chapter 16. (2) Tell students that **qui** can be a subject, a direct object, or the object of a preposition.

1. **Qui** *(who, whom)* refers to persons.

   Qui étudie le français?   *Who* studies French?

   Qui est-ce que vous regardez? ⎫
   Qui regardez-vous?   ⎬   *Whom* are you looking at?

   A qui est-ce que Michel parle? ⎫
   A qui Michel parle-t-il?   ⎬   *Whom* is Michel speaking *to?*

2. **Qu'est-ce que** *(what)* refers to things or ideas.

   Qu'est-ce que vous étudiez?   *What* are you studying?

3. **Quoi** *(what)* is used after a preposition to refer to things or ideas.

   De quoi est-ce que vous parlez? ⎫
   De quoi parlez-vous?   ⎬   *What* are you talking *about?*

   A quoi est-ce que Jeanne réfléchit? ⎫
   A quoi Jeanne réfléchit-elle?   ⎬   *What* is Jeanne thinking *about?*

Maintenant à vous

Exercise A. Suggestions: (1) Do as rapid response drill. (2) Dictate stimulus sentence with students at board and have students repeat new sentences, using choral repetition.

A. La vie à l'université. Exercice de substitution.

1. *Comment* est-ce que vous étudiez le français? *(pourquoi, quand, où)*
2. *Quand* Armand travaille-t-il? *(comment, où, pourquoi)*
3. *Avec qui* le professeur parle-t-il? *(de qui, de quoi, à qui)*
4. *Pourquoi* parle-t-il avec les étudiants? *(où, comment, quand)*

Exercise B. Suggestions: (1) Solicit a variety of question forms from individual students as rapid response drill. (2) Dictate original question with students to write as many variations as possible. Encourage follow-up questions as well.

B. Vous êtes curieux. Posez les questions de plusieurs façons *(several ways)* et inventez d'autres questions.
MODELE: Comment est-ce que Jean parle? → Comment Jean parle-t-il? Comment parle-t-il? Pourquoi Jean parle-t-il?

1. Quand Pierre travaille-t-il?   2. Où trouve-t-on un appartement ici?   3. Combien de disques avez-vous?   4. Pourquoi Suzanne n'a-t-elle pas de miroir?   5. Combien de chiens Michel a-t-il?   6. Où est Jeanne?

Exercise B. Continuation. Give additional questions: (1) **Pourquoi Marc parle-t-il espagnol?** (2) **Où travaille Monique?** (3) **Combien d'amis avez-vous?** (4) **Où sommes-nous?**

Exercise C. Follow-up: Have students answer the **pourquoi** questions as they like, inventing any acceptable response.

C. M. Harpagon n'aime pas dépenser de l'argent *(to spend money)*. Posez les questions de M. Harpagon avec *pourquoi*, selon le modèle.
MODELE: *Mme Harpagon:* J'ai besoin d'une chaîne stéréo. →
        M. Harpagon: Pourquoi as-tu besoin d'une chaîne stéréo?

1. Nous avons besoin d'une étagère.   2. Monique a besoin d'un dictionnaire d'anglais.   3. Paul a besoin d'une voiture.   4. J'ai envie de téléphoner à Gérard.

D. Les étudiants et le logement. Posez des questions avec *qui* selon le modèle.

MODELE: Richard désire un logement. → Qui désire un logement?

1. Marie cherche une chambre agréable. 2. Mme Boucher a une chambre à louer. 3. M. Gervais trouve des locataires *(boarders)* intéressants. 4. Michel est très ordonné *(orderly)*. 5. Mlle Giroud est une propriétaire sympathique.

Exercise D.   Note: Tell students that qui functions as the subject in these sentences.

E. Une visite chez Camille et Marie-Claude. Posez des questions avec *qu'est-ce que*.

MODELE: Nous visitons la chambre de Camille et Marie-Claude. → Qu'est-ce que nous visitons?

1. Il y a un miroir sur le mur. 2. Je regarde les affiches de Camille. 3. Elle a des affiches de France. 4. Nous admirons l'ordre de la chambre. 5. Guy écoute les disques de Marie-Claude. 6. Je trouve des revues intéressantes. 7. Elles cherchent le chat de Camille. 8. Guy n'aime pas les rideaux à fleurs. 9. Nous aimons bien la chambre.

Exercise E.   Note: Tell students that qu'est-ce que functions as an object in these sentences.

F. Activités. Posez des questions avec *à quoi* ou *de quoi* selon les modèles.

MODELES: Il joue de la clarinette. → De quoi est-ce qu'il joue? (De quoi joue-t-il?)

Il réfléchit à la question. → A quoi réfléchit-il? (A quoi est-ce qu'il réfléchit?)

1. Elle joue au tennis. 2. Renée parle du concert. 3. J'ai besoin d'écouter la radio. 4. Tu réussis à trouver une affiche de cinéma. 5. Nous réfléchissons au problème. 6. Vous parlez des professeurs. 7. Pierre joue du piano. 8. J'ai envie de jouer au volley-ball.

Exercise F.   Note: Tell students that quoi can replace a phrase with an infinitive as in numbers 3, 4, 8.

Exercise G.   Continuation: Ask students to make up answers for which other students invent questions.

G. Voici les réponses. Inventez des questions avec des expressions interrogatives.

MODELE: Dans la chambre de Pierre. → Où y a-t-il des affiches de cinéma? Où sont les disques de Marcel?

1. C'est une revue française. 2. A l'université. 3. Parce que je n'ai pas envie d'étudier. 4. Au volley-ball. 5. Une affiche d'Elvis Presley. 6. Jacqueline. 7. Très bien. 8. Il a quarante-cinq ans. 9. Parce que j'ai faim. 10. Maintenant.

H. Une interview. Interviewez un(e) camarade. Il/elle joue le rôle d'un(e) étudiant(e) français(e) qui visite votre université. Suivez le modèle.

Exercise H.   Suggestion: (1) Play the role of the French visitor and have students ask questions. (2) If possible, invite a native-speaking colleague to come in for five or ten minutes at the end of class for questions of this type. (3) If H is done as a straight interview, have students repeat as much of the interview as they can, without taking notes. (4) Writing in class. Dictate the following sentences and have students make questions focussing on the italicized words. (a) **Nous avons *une chambre magnifique*.** (b) ***Roger* aime *la chambre*.** (c) **Il parle souvent *de la chambre*.** (d) **Nous habitons avec *un ami*.** (e) **Il arrive *bientôt*.** (f) **Il est maintenant *en France*.**

MODELE: *What is (s)he studying?* → Vous: *Qu'est-ce que tu étudies?*

1. *Where is (s)he from?* 2. *Where is (s)he living? With whom?* 3. *Is (s)he working? Where?* 4. *Does (s)he like the university?* 5. *Does (s)he like American students?* 6. *Why is (s)he studying in America* (**en Amérique**)? 7. *How many courses does (s)he have?*

13. ADJECTIVES OF COLOR: ADJECTIVES THAT PRECEDE THE NOUN

> Histoires d'éléphants
>
> ODILE: Il est *gris*, il a un *long* nez, une *petite* queue, de *grandes* oreilles et de *gros* pieds. Qu'est-ce que c'est?
> JEAN: C'est facile, c'est un éléphant!
> ODILE: D'accord. Maintenant, écoute: il est *rouge*, il a un *petit* nez, une queue minuscule, de *petites* oreilles et de très *petits* pieds.
> JEAN: Hum, je ne sais pas. . . .
> ODILE: C'est un *petit* éléphant *rouge!*
>
> 1. Décrivez un éléphant.
> 2. Décrivez un petit éléphant rouge.

A. Adjectives of color

1. Some adjectives of color have masculine and feminine forms.

   Masculine: un rideau **blanc / bleu / gris / noir / vert / violet**
   Feminine: une porte **blanche / bleue / grise / noire / verte / violette**
   Others have only one form for masculine and feminine: **jaune, marron, orange, rose, rouge.**

2. All adjectives of color take an **-s** in the plural, except the masculine plural **gris,** which is identical to the masculine singular, and **marron** and **orange,** which are invariable in both gender and number.

   les rideaux { **gris** / **marron** / **orange** }   les portes { **grises** / **marron** / **orange** }

3. Like most descriptive adjectives, adjectives of color follow the nouns they modify.

Note: Tell students that both **marron** (chestnut) and **orange** are invariable because they previously meant "the color of a chestnut" ("of an orange") and were not used as true adjectives. Students will probably understand this best by example: **un tapis (de la couleur d'une) orange.**

Elephant stories
ODILE: It's gray, it has a long nose, a small tail, large ears, and big feet. What is it? JEAN: That's easy, it's an elephant! ODILE: Right. Now listen: it's red, it has a very small tail, small ears, and very small feet. JEAN: Hmm, I don't know. . . . ODILE: It's a small red elephant!

B. Adjectives that precede the noun

1. These adjectives usually precede the nouns they modify:

REGULAR		IRREGULAR		IDENTICAL IN MASCULINE AND FEMININE	
grand(e)	big, tall; great	**ancien(ne)**	former, ancient	**autre**	other
joli(e)	pretty			**jeune**	young
mauvais(e)	bad	**bon(ne)**	good	**pauvre**	poor, unfortunate
petit(e)	small, short, little	**gentil(le)**	nice, kind		
		gros(se)	large, fat		
		long(ue)	long		

Marie est une **jolie** femme.   Marie is a *pretty* woman.
Ils ont un **jeune** chien.   They have a *young* dog.
C'est une **bonne** voiture.   It's a *good* car.

Presentation: Have students repeat adjectives in both masculine and feminine forms. You may want to use each adjective in a short sentence to contextualize the practice.

2. The adjectives **beau** *(beautiful, handsome)*, **nouveau** *(new)*, and **vieux** *(old)* also precede the nouns they modify. They have irregular forms.

SINGULAR			PLURAL	
Masculine	**Masculine before vowel or mute *H***	**Feminine**	**Masculine**	**Feminine**
un **beau** livre	un **bel** ami	une **belle** amie	de **beaux** amis	de **belles** amies
un **nouveau** livre	un **nouvel** ami	une **nouvelle** amie	de **nouveaux** amis	de **nouvelles** amies
un **vieux** livre	un **vieil** ami	une **vieille** amie	de **vieux** amis	de **vieilles** amies

3. When an adjective precedes the noun in the plural form, the indefinite article **des** becomes **de**.

Ce sont **des amis**.   →   Ce sont **de bons amis**.
J'ai **des disques**.   →   J'ai **de nouveaux disques**.

4. Some adjectives that usually precede nouns can also follow them, in which case there is a change in meaning.

un **ancien** président   a *former* president
une maison **ancienne**   an *ancient* house

un **pauvre** garçon   an *unfortunate* boy
un garçon **pauvre**   a *poor (not rich)* boy

Note: You may want to introduce **cher** *here, telling students that* **cher** *before a noun means* **dear**; *after a noun it means* **expensive**.

Maintenant à vous

Exercise A. Continuation: Add **le livre de français, une page du livre de français, le drapeau russe.** Use classroom objects that students can name as well.

A. Couleurs. Donnez la couleur selon le modèle.

MODELE: le drapeau américain → Le drapeau américain est bleu, blanc et rouge.

1. une orange	5. un éléphant	9. un tigre
2. une banane	6. un lion	10. un zèbre
3. une rose	7. une violette	11. les plantes
4. le drapeau français	8. le drapeau canadien	12. les fleurs

Exercise B. Follow-up: (1) Have students name items and colors of items in their own rooms. (2) Create personalized questions such as **Avez-vous aussi des rideaux jaunes?** basing your questions on the items in B.

B. Descriptions. Décrivez la chambre de Jacqueline.

MODELE: lampe / bleu → Il y a une lampe bleue.

1. chat / noir	4. deux chaises / marron	7. étagère / blanc
2. chaîne stéréo / gris	5. rideaux / jaune	8. tapis / vert
3. dictionnaire / rouge	6. murs / blanc	

Exercise C. Suggestion: Do this exercise with students at the board, dictating the items and then having students change the objects from singular to plural and vice versa.

C. La chambre de Pierrette. Changez les noms du singulier au pluriel ou du pluriel au singulier.

MODELE: Voilà un nouveau stylo. → Voilà de nouveaux stylos.

1. Voilà une petite étagère.	8. Voilà de beaux tapis.
2. Voilà de jeunes plantes.	9. Voilà un grand bureau.
3. Voilà une bonne revue.	10. Voilà de bons disques.
4. Voilà de mauvais livres.	11. Voilà une vieille guitare.
5. Voilà une autre étagère.	12. Voilà un gros chat.
6. Voilà une nouvelle commode.	13. Voilà une gentille amie.
7. Voilà de jolies fleurs.	14. Voilà un étudiant pauvre.

D. Qu'est-ce que c'est?

1. C'est un beau *garçon*. (*homme, femme, livre, hôtel, chambre*)
2. C'est un nouveau *disque*. (*tapis, revue, lampe, café, ami*) 3. C'est un vieux *tapis*. (*voiture, homme, cinéma, bureau, hôtel*)

E. En français, s'il vous plaît.

1. *a tall boy*	5. *the poor (unfortunate) man*	9. *a bad movie*
2. *a new stereo*		10. *a great president*
3. *some old records*	6. *a thick (fat) dictionary*	11. *a good restaurant*
4. *a black cat*		12. *a beautiful car*
	7. *a former English teacher*	
	8. *another woman*	

F. Descriptions. Décrivez ces personnes selon le modèle. Faites attention à la place des adjectifs.

MODELE: Claire, Italienne: énergique / petit → Claire est une petite Italienne énergique.

1. Mme Lefèvre, Parisienne: joli / dynamique 2. Carmen, Espagnole: petit / sportif 3. M. Cartier, touriste: naïf / autre 4. Mlle Barrault, professeur: patient / nouveau 5. M. Smith, ami: vieux / anglais 6. M. Roland, homme: beau / dynamique 7. Claudette, femme: jeune / fier 8. Yvette, chatte: gros / blanc

Exercise F. Follow-up: Using adjectives, students make up descriptions (such as those of a family member, a classmate, or a famous person) and share them with the class.

Note: Exercises combining adjectives that precede and those that follow the noun are in the **Récapitulation.**

G. Les Parisiens. Décrivez ces personnes: la femme, le garçon, l'homme, le jeune homme, l'agent de police.

Exercise G. Suggestion: Bring in pictures of people (some famous) and ask students to describe them.

Suggestion: Additional writing in class combining adjectives. Dictate the following sentences and ask students to add the adjective that you give: (1) **C'est un ami. (nouvel);** (2) **C'est un ami. (sympathique);** (3) **Il a une voiture. (beau);** (4) **C'est une voiture. (blanc);** (5) **Il a un chien. (petit);** (6) **Il a des frères. (jeune);** (7) **C'est un ami. (bon).**

H. Personnes et choses idéales. Complétez les phrases avec des adjectifs.

1. Le fiancé/La fiancée idéal(e) est _____. 2. Le/La camarade de chambre idéal(e) est _____ . 3. La maison idéale est _____.
4. La voiture idéale est _____ . 5. Le professeur idéal est _____ .
6. Le livre de français idéal est_____ . 7. En classe, je suis_____ .

Exercise H. Suggestion: Have students do this exercise in writing first and then solicit a variety of answers orally. Students may do the exercise with a partner trying to arrive at a consensus. Encourage students to complete the sentences with as many adjectives as they find fitting.

ETUDE DE PRONONCIATION

French Accent Marks

French printers of the sixteenth century used accent marks from ancient
Greek to standardize written French.

NAME	MARK	EXAMPLE	PRONUNCIATION
Accent aigu	é	café	Letter é pronounced [e].
Accent grave	è	très	Letter è pronounced [ɛ].
	à, ù	là, où	Does not affect pronunciation. Used to distinguish words spelled alike but having different meanings: **la** (*the*) vs. **là** (*there*), **ou** (*or*) vs. **où** (*where*).
Accent circonflexe	ê	prêt	Letter ê pronounced [ɛ].
	â, ô, û	âge, hôpital, flûte	Does not affect pronunciation.
Tréma	ë, ï	Noël, naïf	Indicates that each vowel is pronounced independently of the other: **No-el, na-if.**

Note: Tell students that **accent** and **tréma** are masculine words.

Exercise A. Suggestion: Practice pronunciation of names of vowels before doing this exercise.

Maintenant à vous

A. Donnez le nom des accents nécessaires.
MODELE: a → Un accent grave sur le *a*.

1. a bientot
2. voila
3. theatre
4. l'hopital
5. la flute
6. pres
7. a cote
8. reussir
9. drole
10. la chaine stereo
11. decontracte
12. faculte

B. Prononcez avec le professeur.

[e]: génie cité numéro cinéma téléphone idéaliste répétez étudiante café tragédie université déjà

[ɛ] très système problème sincère fière chère derrière bibliothèque manières complètes modèle être fenêtre prêt

C. Pour rire

1. Les étudiants décontractés préfèrent écouter la chaîne stéréo parce qu'ils détestent la télévision. 2. Un zèbre sincère derrière un éléphant réfléchit à la différence de personnalité.

Comment trouver un logement

A la porte d'un appartement. Annick cherche une chambre.

ANNICK: *Je suis bien chez* Monsieur et Madame Chaudier?   I am, am I not at the home of

M. CHAUDIER: Oui, Mademoiselle. Vous désirez?

ANNICK: Avez-vous encore une petite chambre à louer?

M. CHAUDIER: Oui, vous avez de la chance. *Entrez donc.* . . . Voici la   Come in
chambre. Il y a un lit, un tapis, une grande armoire ancienne, des
étagères, un bureau. . . . Il y a aussi un lavabo, mais pas de *douche.*   shower

ANNICK: J'aime les rideaux bleus et la vieille armoire. Elle est jolie, la
chambre. Qu'est-ce que vous demandez *comme loyer?*   in rent

MME CHAUDIER: Etes-vous étudiante?

ANNICK: Oui, pour trois ans encore. J'ai vingt ans.

MME CHAUDIER: *Alors,* c'est *trois cents francs par mois.* Avez-vous un chat,   Well / 300 francs (about $60)
un chien?   per month

ANNICK: Non, je n'ai pas d'animaux.

MME CHAUDIER: *Tant mieux.* Pas d'animaux ici. . . et *surtout* pas de vi-   So much the better / especially
siteurs *le soir.*   in the evening

ANNICK: Y a-t-il une télévision dans la chambre?

MME CHAUDIER: Non, pas de télévision dans la chambre.

ANNICK: Combien de locataires avez-vous?

M. CHAUDIER: Trois, avec vous: un futur professeur et un nouvel
étudiant, un jeune Américain.

ANNICK: Euh. . . je ne suis pas sûre. La chambre est jolie, mais elle est
un peu chère. J'ai besoin de réfléchir.

MME CHAUDIER: Vous avez tort, Mademoiselle. La chambre est à côté de
l'université, elle est agréable et le quartier est calme.

ANNICK: Elle a l'air *trop* calme *peut-être:* sans animaux, sans télévision,   too / perhaps
sans visiteurs, la vie d'une étudiante est *bien* ennuyeuse!   quite

Questions et opinions
See "Teaching Hints: Long dialog"

See "Teaching Techniques: Dialog and culture."

1. Annick est-elle professeur? Qu'est-ce qu'Annick cherche?
2. Qu'est-ce qu'il y a dans la chambre? Comment Annick trouve-t-elle la chambre? 3. Combien de locataires y a-t-il? Qui sont-ils?
4. Est-ce qu'il est possible d'avoir des visiteurs? 5. Est-ce qu'il y a une télévision dans la chambre? 6. Est-ce que la chambre est près de l'université? Est-ce que le quartier est calme? 7. D'après vous, est-ce qu'Annick loue la chambre? 8. Où habitez-vous? à côté de l'université? dans une chambre louée? à la maison? 9. Est-ce que vous avez des animaux chez vous? 10. Est-ce que vous êtes un(e) bon(ne) locataire?

Commentaire culturel

Although many students live at home, every French university provides housing services. Some are run by student unions; others by an official social service like the **Centre régional des oeuvres universitaires et scolaires (C.R.O.U.S.).** Lists of available rooms can be consulted free of charge at each housing service. Ads in daily or specialized newspapers are another source of information about housing. They are found under the heading **locations** or **chambres meublées** *(furnished rooms).*

Some students live in dormitories in the **cités universitaires,** but there are long waiting lists for rooms. Some **cités universitaires** have a definite international flavor. For example, students of many nationalities each have their own house within the **Cité universitaire de Paris.** Some of the numerous **foyers** *(rooming houses)* refer to themselves as **internationaux** and try to make foreign students especially welcome.

Some students share an apartment or house with other students. If this is not possible, they try to find a convenient room with a family. Young couples who have high mortgage payments or older people who live alone in apartments or houses that have become too expensive for them often rent rooms to students. Because of the shortage in student housing, owners who rent rooms to students are not required to pay taxes on the rent they receive, as they would if they rented to nonstudents.

Suggestion: In English, have students compare housing in French university towns to housing in their own town.

Le Français par les gestes: Ils sont fous!

Elle est folle, cette dame!

MAIS ILS SONT FOUS CES ROMAINS! ON N'EST PAS AU CIRQUE ICI !!!

Ils sont fous, ces Romains.*

Suggestion: Compare with U.S. gesture of rotating the finger around the ear.

The gesture made by tapping the temple with the index finger indicates that you think someone is behaving strangely or even that he is crazy. To make this gesture even more emphatic, the French sometimes tap their temple with the whole palm of the hand.

Note: Palm to the head is more common in southern than in northern France.

A. Logique ou pas logique? Corrigez les phrases qui ne sont pas logiques.

MODELE: J'ai faim. Je demande un Coca-Cola. → Ce n'est pas logique. J'ai soif. Je demande un Coca-Cola.

1. Le professeur est très compétent. Il a toujours tort. 2. Paul réussit presque toujours (almost always) aux examens. Il a de la chance! 3. J'ai envie de trouver un livre. Je cherche le lit. 4. Claudine a faim. Elle réfléchit à un menu. 5. Vingt et trente font soixante? Vous avez raison. 6. Nous désirons louer une chambre. Où trouve-t-on un hôtel? 7. Martine est vieille. Elle a trente-et-un ans.

Exercise A. Encourage students to use the **geste** with sentences where appropriate.

B. Descriptions. Remplacez l'adjectif par l'adjectif suggéré. Si vous n'êtes pas d'accord avec la phrase, mettez la phrase au négatif.

MODELE: J'ai des rideaux noirs. → Je n'ai pas de rideaux noirs.

1. J'ai une *nouvelle* chaise. (*bon, ancien, blanc*) 2. J'ai des amis *drôles*. (*gentil, nouveau, intéressant, riche, pauvre*) 3. J'ai une lampe *violette*.

Exercise B. Suggestion: Have students do these at the board. Dictate sentences. Have students react, then give substitutions and have students write new sentences in either the affirmative or negative.

*Astérix and Obélix are French cartoon characters created by artists Uderzo and Goscinny. Their adventures—which take place in France's Celtic society of the first century B.C.—are a mild but witty criticism of French qualities and foibles.

(*joli, orange, nouveau*) 4. J'ai des disques *français*. (*moderne, vieux, nouveau*) 5. J'ai des livres *intéressants*. (*vieux, bon, nouveau, mauvais*) 6. Paris est une ville *importante*. (*beau, grand, ancien, intéressant*) 7. Le *New York Times* est un *grand* journal (*newspaper*). (*mauvais, bon, sérieux*) 8. Le professeur de français est une personne *intelligente*. (*jeune, beau, patient, gentil, calme*)

Exercise C. Suggestion: Responses may be shared with the entire class.

C. **Conversation entre étudiants.** Posez des questions complètes à un(e) camarade de classe.

1. Où / étudier / tu ? Pourquoi / étudier / tu / là ? 2. De quoi / avoir / tu / besoin ? Pourquoi? 3. A quoi / réfléchir / tu / souvent ? Pourquoi? 4. Avoir / tu / souvent / tort ? Quand / avoir / tu / tort ? 5. Avoir / tu / faim ? Où / aimer / tu / mieux / manger / quand / tu / avoir / faim ? 6. A qui / poser / tu / questions / sur / cours de français ? Pourquoi? 7. Combien de téléphones / avoir / tu ? Où / être / ils ? 8. Combien de dictionnaires / avoir / tu ? Où / être / ils ?

D. **Au contraire.** *The French often regard contradiction as a conversational skill. Working with one or more students, practice your argumentative skills by contradicting every statement they make in response to these questions.*

1. Comment trouvez-vous la vie universitaire? 2. De quoi a-t-on besoin pour réussir dans un cours? 3. Où trouve-t-on un bon restaurant près de l'université? 4. Est-ce que les étudiants ont besoin d'une chaîne stéréo? 5. Pourquoi étudiez-vous le français?

Exercise E. Suggestion: Do in groups of four or five or have students go around the class and question as many classmates as they can in a limited time.

E. **Enquête.** Posez les questions suivantes à des camarades de classe. Ensuite *(Then)* présentez *à la classe* les préférences et les idées des étudiants interviewés.

MODELE: Quatre étudiants ont faim. Six étudiants n'ont pas faim.

1. Combien de livres (stylos, cours) as-tu? 2. Où habites-tu? 3. Où étudies-tu? 4. As-tu faim (soif, sommeil, froid, chaud) maintenant? 5. Pourquoi étudies-tu le français?

VOCABULAIRE

VERBES

agir	to act	**finir**	to finish
avoir	to have	**louer**	to rent
choisir	to choose	**réfléchir (à)**	to reflect (upon), to consider
demander	to ask (for)	**réussir (à)**	to succeed (in)
désirer	to want, desire		

NOMS

l'affiche *(f)*	poster
l'âge *(m)*	age
l'animal *(m)*	animal
l'armoire *(f)*	closet
la chaîne stéréo	stereo
la chambre	room
le chat (la chatte)	cat
le chien	dog
la commode	chest of drawers
le copain (la copine)	pal
le disque	record
le drapeau	flag
l'étagère *(f)*	shelf
la fleur	flower
la lampe	lamp
le lavabo	washbasin
le lit	bed
le/la locataire	renter, boarder
le logement	lodging
la maison	house
le miroir	mirror
le mur	wall
la revue	magazine
le rideau	curtain
le stylo	pen
le tapis	rug
le visiteur (la visiteuse)	visitor

ADJECTIFS

ancien(ne)	former; old, antique
autre	other
beau (bel, belle)	handsome, beautiful
bon(ne)	good
ennuyeux(euse)	boring
furieux(se)	furious
grand(e)	great; tall, big
gros(se)	large, fat
jeune	young
joli(e)	pretty
long(ue)	long
mauvais(e)	bad
nouveau (nouvel, nouvelle)	new
pauvre	poor, unfortunate
petit(e)	small, little, short
vieux (vieil, vieille)	old

COULEURS

blanc(he)	white
bleu(e)	blue
gris(e)	grey
jaune	yellow
marron	chestnut brown
noir(e)	black
orange	orange
rose	pink
rouge	red
vert(e)	green
violet(te)	violet

EXPRESSIONS AVEC *AVOIR*

avoir l'air	to seem, look
avoir (20) ans	to be (20) years old
avoir besoin de	to need
avoir chaud	to be warm
avoir de la chance	to be lucky
avoir envie de	to want, feel like
avoir faim	to be hungry
avoir froid	to be cold
avoir raison	to be right
avoir soif	to be thirsty
avoir sommeil	to be sleepy
avoir tort	to be wrong

MOTS DIVERS

où	where
parce que	because
pourquoi	why
près de	near to
quand	when
qu'est-ce que	what
quoi	what
sans	without
souvent	often
toujours	always
tous (toutes) les deux	both

Intermède 3

Activités

A. Premières impressions. Regardez les images des personnes suivantes et réfléchissez aux impressions qu'elles vous donnent. Trouvez des adjectifs qui correspondent à ces personnes. Qui réussit à trouver le plus *(the most)* d'adjectifs?

B. Test de personnalité. Les psychologues suggèrent que votre préférence pour certaines couleurs exprime votre personnalité. Avec un(e) camarade de classe, décidez quels traits de caractère sont représentés par les couleurs suivantes:

vert	*bleu*	*rouge*	*noir*
gris	*violet*	*marron*	*orange*

Maintenant, voici l'opinion des psychologues. Ils suggèrent que les couleurs ont un rapport avec les traits de personnalité suivants:

vert:	solide, calme	*rouge:*	passionné, actif
gris:	sage, harmonieux	*marron:*	conservateur, fataliste
bleu:	sérieux, sobre	*noir:*	élégant, discret
violet:	compliqué, mystérieux	*orange:*	sociable, influençable

Quelle est votre couleur préférée? Est-ce que les psychologues ont raison dans votre cas?

C. **Questions de logement et de goût** *(taste)*. Donnez votre réaction aux questions suivantes.

1. Est-ce une bonne idée qu'un(e) étudiant(e) habite à la maison?
2. Est-ce que les résidences universitaires sont importantes dans la vie des étudiants? Le restaurant universitaire est-il aussi important?
3. Est-ce qu'il est important d'habiter près de l'université? 4. Est-ce qu'on étudie mieux *(better)* quand on écoute de la musique ou quand il y a le silence absolu? 5. Est-ce qu'une voiture est une chose indispensable pour un(e) étudiant(e)? 6. Est-ce qu'il est important d'habiter dans une chambre avec une belle vue *(view)*? avec une télévision? avec un téléphone? 7. Est-ce qu'il est préférable d'habiter seul(e) *(alone)* ou avec un(e) camarade de chambre?

Maintenant, imaginez que vous habitez dans une chambre à la Cité universitaire de Paris. Décrivez votre chambre imaginaire. Donnez dans l'ordre de votre préférence les choses nécessaires. Choisissez, par exemple, parmi:

des affiches, des photos, une belle vue
un lavabo, une douche, des toilettes
une télé, une chaîne stéréo, des disques, une radio

Ensuite *(Next)*, décidez quelle couleur vous préférez pour votre chambre. Enfin décrivez votre chambre avec des adjectifs comme: grand, petit, vieux, moderne, joli, long, cher, (dés)agréable, calme.

D. **Connaissez-vous vos camarades de classe?** Interviewez un(e) autre étudiant(e).

Exercise D. Suggestion: Students may be asked to introduce each other to the class using information from the interview.

1. Quel âge a-t-il/elle? 2. Où habite-t-il/elle? dans un appartement? dans une résidence universitaire? dans une maison? en famille? 3. Habite-t-il/elle près d'un cinéma? près d'une bibliothèque? près d'un restaurant? 4. A-t-il/elle un(e) camarade de chambre? 5. A-t-il/elle des plantes? Combien? 6. A-t-il/elle une radio? une chaîne stéréo? une télévision? Combien? 7. A-t-il/elle des disques récents ou de vieux disques? Qui aime-t-il/elle mieux écouter? 8. Quels programmes de télévision aime-t-il/elle mieux regarder? 9. Quelles revues aime-t-il/elle mieux lire *(to read)*? 10. A qui téléphone-t-il/elle souvent? Pourquoi? 11. A quoi joue-t-il/elle? aux cartes? au football? au golf? au volley-ball? 12. De quoi joue-t-il/elle? de la guitare? du piano? de l'accordéon? Est-ce qu'il/elle ne joue de rien *(anything)*? 13. A-t-il/elle de bons amis/de bonnes amies? Quels adjectifs décrivent les amis/amies? 14. Quels adjectifs décrivent sa *(his/her)* personnalité? (**ta** = *your*)

E.   Avez-vous une chambre à louer? Préparez un dialogue avec un(e) camarade de classe. Jouez les rôles du/de la propriétaire et de l'étudiant(e) qui cherche une chambre.

LA GARDE FREINET (VAR)
(A 5 mn de Ste-Maxime St-Tropez)
Mas restauré - 2 apparts mi-toyens - Pisc. 15 m - Pool house - TER. 7 000 M2 clôturé - Vignes - Oliviers - 1 155 000 F
Agence Alpha,

CAVALAIRE-SUR-MER (83)
Résidence Bonporteau
DUPLEX de 3, 4 et 5 pièces de 350 à 550 000 F

Vue sur mer, cuisi-nes aménagées, jar-dins paysagés, pa-tios, piscine, pool house, tennis.

Je suis intéressé pour recevoir une documentation :
NOM .... Prénom ....
ADRESSE ....
VILLE ....
Nombre de pièces : 3 - 4 - 5

Bureau de vente :
S.C.I., LES HAUTS DE BONPORTEAU

CÉVENNES
Particulier cherche 4 personnes pour acheter en société civile, château du XVII° à équiper en appartements, calme, commodi-tés, SNCF, affaire. Ecr. sous n° 1515 PM. Régie-Presse,

Demandez au/à la propriétaire:

s'il y a encore une chambre à louer
s'il y a un téléphone ou une télévision
s'il y a un lavabo ou une douche dans la chambre
si la chambre est meublée *(furnished)*
s'il est possible d'avoir des visiteurs le soir
s'il y a d'autres locataires

Demandez à l'étudiant(e):

où il/elle est étudiant(e)
s'il/si elle étudie beaucoup
s'il/si elle travaille aussi
s'il/si elle a un animal
s'il/si elle a des visiteurs le soir

s'il/si elle écoute de la musique
s'il/si elle a une télévision, une radio ou une chaîne stéréo
s'il/si elle aime l'ordre

Inventez d'autres questions. Après l'interview, décidez si vous louez la chambre ou non.

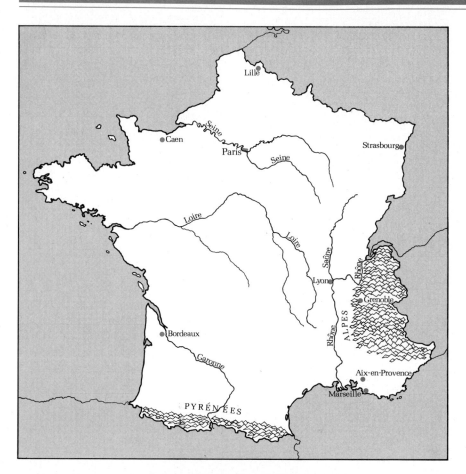

Caen

L'antique cité de Caen, *détruite* (destroyed) pendant la *Deuxième Guerre mondiale* (World War II) durant les combats de la Libération, est aujourd'hui une ville neuve et moderne.

See "Teaching Techniques: **Lectures.**"

Lyon

Lyon est une ville industrieuse. Géographiquement, elle occupe une position importante au confluent de deux *fleuves:* le Rhône et la Saône. Les habitants du nord de la France situent Lyon au sud. Les habitants du sud *la situent* au nord. Les Lyonnais *disent* qu'ils sont au centre.

Strasbourg

La ville de Strasbourg (en allemand: la ville sur la route) sur le Rhin, est française *depuis* Louis XIV. Sa possession crée la discorde entre la France et l'Allemagne *jusqu'à* la deuxième guerre mondiale. Maintenant, le Parlement européen *siège* à Strasbourg.

since
rivers

until

place it / meets
say

Aix-en-Provence

Aix est la capitale intellectuelle de la Provence. Son université est ancienne et importante. Son festival de musique est célèbre. Aix, une petite ville avec une grande université, représente un phénomène rare en France. En général, les universités sont dans les grandes villes.

Le cours Mirabeau à Aix-en-Provence

Grenoble

Au pied des Alpes, Grenoble a une situation unique. Elle combine les avantages de la plaine et de la montagne. La ville a des activités modernes (recherche hydraulique, électronique, nucléaire etc.). *De nombreux* étudiants étrangers choisissent Grenoble pour ces raisons.

Bordeaux

Bordeaux est un grand port sur l'Atlantique. Son université existe depuis 1441. La ville est située au centre d'un célèbre *vignoble:* le vin est depuis longtemps sa grande richesse.

vineyard

many

Compréhension et expression

A. Comprenez-vous? Formez des phrases complètes pour décrire les villes universitaires suivantes.

1. Caen		dans les montagnes
2. Lyon		détruit pendant la Libération
3. Aix-en-Provence	est	petit avec une grande université
4. Grenoble		au centre de la France
5. Strasbourg		le siège du Parlement européen
6. Bordeaux		sur l'Atlantique
		français depuis Louis XIV
		situé sur deux fleuves
		industrieux
		célèbre pour son festival

B. Une ville universitaire américaine. Complétez le paragraphe suivant pour décrire une ville universitaire américaine.

_____ est une ville universitaire. Elle a _____ université(s) et elle est située _____ . La ville est _____ et les étudiants sont _____ . Les étudiants ont souvent envie de _____ et ils n'ont pas besoin de _____ . J'aime/Je n'aime pas la ville parce qu'elle _____ .

Exercise C. Follow-up: Ask students to think of other interesting people to interview and then to act out the interview.

C. **Une curieuse interview.** Vous interviewez un extra-terrestre. Inventez un nom (il/elle s'appelle. . .) et posez les questions suivantes en français. Ensuite imaginez les réponses de l'extra-terrestre.

1. *Where are you from?* 2. *Where do you live?* 3. *With whom do you live?* 4. *What do you have in your room* **(votre chambre)? (Dans ma chambre. . . .)** 5. *Do you work? Where do you work?* 6. *Do you like this planet* **(cette planète)?** *Why or why not* **(pourquoi pas)?** 7. *Why do you speak French?*

Suggested five day plan for
Chapitre 4:

Day 1: **Vocabulaire**
Introduce possessive adjectives
Day 2: Possessive adjectives, continued
Aller
Day 3: **Faire**
-er verbs with spelling changes
Day 4: **Prononciation**
Conversation et culture
Récapitulation
Day 5: Optional quiz
Intermède

Les Français chez eux *Chapitre* **4**

OBJECTIFS

Communication et culture   In this chapter, you will learn words and expressions about the home and family. You will also read about the typical French home and about the French concept of the family.

Grammaire   You will learn to use the following aspects of French grammar:

14.   the forms and uses of possessive adjectives (*my, your, his,* and so on)

15.   the present tense of the irregular verb **aller** (*to go*) and the use of forms of **aller** with infinitives to describe actions or events that are about to happen

16.   the present tense of **faire** (*to make or to do*) and expressions formed with **faire,** such as **faire un voyage** (*to take a trip*) and **faire une promenade** (*to take a walk*)

17.   the forms of some **-er** verbs that have spelling changes in the present tense: **préférer, changer, manger,** and others

See facing page for lesson plan.

109

ETUDE DE VOCABULAIRE

Trois générations d'une famille

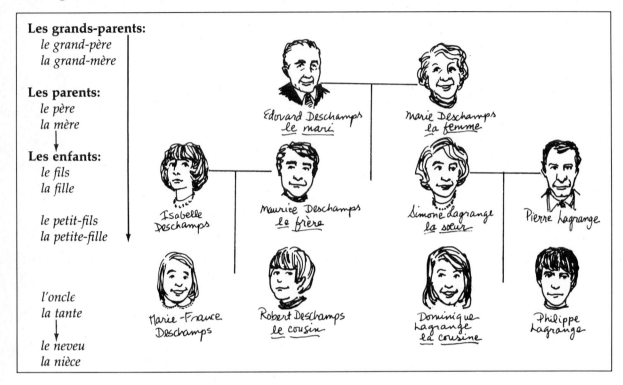

Les grands-parents:
le grand-père
la grand-mère

Les parents:
le père
la mère

Les enfants:
le fils
la fille

le petit-fils
la petite-fille

l'oncle
la tante

le neveu
la nièce

Edouard Deschamps *le mari*

Marie Deschamps *la femme*

Isabelle Deschamps

Maurice Deschamps *le frère*

Simone Lagrange *la sœur*

Pierre Lagrange

Marie-France Deschamps

Robert Deschamps *le cousin*

Dominique Lagrange *la cousine*

Philippe Lagrange

A. La parenté dans la famille Deschamps. Décrivez la famille Deschamps.

1. Marie Deschamps est la femme d'Edouard Deschamps. Qui est
   la femme de Pierre? de Maurice?
2. Edouard Deschamps est le mari de Marie Deschamps. Qui est
   le mari de Simone? d'Isabelle?
3. Simone Lagrange est la sœur de Maurice Deschamps. Qui est
   la sœur de Philippe? de Robert?
4. Maurice Deschamps est le frère de Simone Lagrange. Qui est le
   frère de Dominique? de Marie-France?
5. Marie-France est la cousine de Dominique et de Philippe. Qui
   est la cousine de Marie-France et de Robert?
6. Robert est le cousin de Dominique et de Philippe. Qui est le
   cousin de Marie-France et de Robert?
7. Marie Deschamps est la grand-mère de Robert. Qui est la grand-
   mère de Philippe? de Dominique? de Marie-France?

Presentation: Model pronunciation
of family names and of words
describing relationships.

8. Edouard Deschamps est le grand-père de Robert. Qui est le grand-père de Philippe? de Dominique? de Marie-France?
9. Robert est un petit-fils de Marie et d'Edouard Deschamps. Qui est l'autre petit-fils d'Edouard et de Marie?
10. Marie-France est la petite-fille de Marie et d'Edouard Deschamps. Qui est l'autre petite-fille d'Edouard et de Marie?
11. Marie Deschamps est la mère de Simone Lagrange et de Maurice Deschamps. Qui est la mère de Robert et de Marie-France? de Philippe et de Dominique?
12. Edouard Deschamps est le père de Simone Lagrange et de Maurice Deschamps. Qui est le père de Robert et de Marie-France? de Philippe et de Dominique?
13. Simone Lagrange est la fille de Marie et d'Edouard Deschamps. Qui est la fille de Pierre et de Simone Lagrange? de Maurice et d'Isabelle?
14. Maurice Deschamps est le fils de Marie et d'Edouard Deschamps. Qui est le fils de Pierre et de Simone Lagrange? de Maurice et d'Isabelle?

Exercise A. Follow-up: Have students draw their family tree for homework. Two or three students then draw their family tree on the board. Students can describe the relationships of family members, telling their ages and giving short descriptions.

Maintenant, les proches parents.

1. Simone Lagrange est la tante de Robert et de Marie-France. Qui est la tante de Philippe et de Dominique?
2. Pierre Lagrange est l'oncle de Robert et de Marie-France. Qui est l'oncle de Philippe et de Dominique?
3. Robert est le neveu de Simone et de Pierre Lagrange. Qui est le neveu de Maurice Deschamps?
4. Marie-France est la nièce de Simone et de Pierre Lagrange. Qui est la nièce de Maurice Deschamps?

B. Masculin, féminin. Donnez le contraire.
MODELE: le frère → la soeur

1. le mari
2. l'oncle
3. le père
4. le fils
5. le grand-père
6. le cousin

C. La parenté. Qui sont-ils? Suivez le modèle.
MODELE: Philippe Lagrange (frère) → Philippe Lagrange est le frère de Dominique.

1. Maurice Deschamps (mari, frère, fils, père, oncle) 2. Marie Deschamps (femme, grand-mère, mère) 3. Simone Lagrange (femme, soeur, fille, mère, tante) 4. Marie-France (soeur, cousine, fille, petite-fille, nièce)

D. Conversation.

1. Avez-vous des frères? des soeurs? Combien? Comment s'appellent-ils/elles? (Ils/elles s'appellent. . . .)

Exercise D. Suggestion: May be done in pairs. Students may report answers.

2. Avez-vous des grands-parents? Combien? Habitent-ils avec la famille? dans une maison de retraite (*rest home*)? dans un appartement?

3. Avez-vous des cousins ou des cousines? Combien? Habitent-ils/elles près ou loin (*far*) de la famille?

4. Combien d'enfants (de fils ou de filles) désirez-vous avoir? Combien d'enfants y a-t-il dans la famille idéale?

Note: Additional vocabulary may be presented: **premier étage, rez-de-chaussée**

Suggestion: Use magazine pictures in class for identification of rooms and furniture.

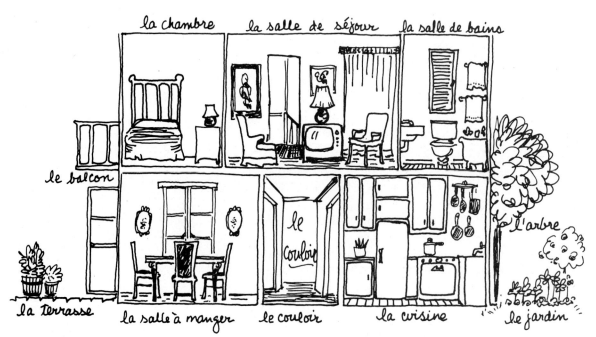

la chambre · la salle de séjour · la salle de bains · le balcon · l'arbre · la terrasse · la salle à manger · le couloir · la cuisine · le jardin

A LOUER - 6 pièces - cuisine - salle bain

La Maison des Chabrier

Exercise A. Continuation: Ask questions such as: **Où joue-t-on aux cartes? Où parle-t-on avec des amis? Où est le téléphone? Où prépare-t-on le dîner?**

A. Les pièces de la maison. Trouvez les pièces d'après les définitions suivantes.

1. la pièce où il y a une table pour manger (*to eat*) 2. la pièce où il y a un poste de télévision 3. la pièce où il y a un lavabo 4. la pièce où on prépare le dîner 5. un lieu (*place*) de passage 6. la pièce où il y a un lit

B. Le plan de la maison. Décrivez la maison des Chabrier.
MODÈLE: sous / salle de bains → La cuisine est sous la salle de bains.

1. à côté de / salle de séjour 2. sous (*under*) / salle de séjour 3. à côté de / salle de bains 4. à côté de / salle à manger 5. sous / chambre 6. à côté de / maison

C. Conversation.

1. Dans quelle pièce aimez-vous étudier? 2. Dans quelle pièce regardez-vous la télévision? 3. Dans quelle pièce aimez-vous dîner?

4. Avez-vous une terrasse? un balcon? un couloir? 5. Où aimez-vous lire *(read)* un livre ou une revue? 6. Quelle est votre pièce préférée dans la maison? (Ma pièce préférée. . . .)

Exercise C. Follow-up: (1) In small groups, ask students to give the plan for an ideal house. (2) In groups, students describe their house or apartment to another student who will draw a house plan based on the description.

ETUDE DE GRAMMAIRE

14. FORMS AND USES OF POSSESSIVE ADJECTIVES

La maison, reflet d'une personnalité

Complétez les phrases.

1. La maison à l'air excentrique et riche s'appelle _____ .

2. La maison à l'air agréable s'appelle _____ .
3. La maison à l'air désordonné s'appelle _____ .

One way to indicate possession in French is to use the preposition **de: la maison de Claudine.** Another way to show possession is to use possessive adjectives. In English, possessive adjectives correspond to the possessor: *my, his, her,* and so on. In French, possessive adjectives correspond to the possessor and also agree in number and gender with the noun modified.

Note: Tell students that individual homes **(villas)** in France are often given names which reflect special characteristics of the home **(Les rosiers)** or of the owner's tastes **(Mon château).**

Follow-up: Ask students to complete sentences: **Je préfère. . . Ma maison s'appelle. . . . La maison de mes parents s'appelle. . . .**

Presentation: Model pronunciation. Point out the pronunciation of **votre** (votr) and **notre** (notr).

ENGLISH POSSESSIVE	SINGULAR		PLURAL
	Masculine noun	**Feminine noun**	**Masculine or feminine noun**
my	**mon** père	**ma** mère	**mes** parents
your **(tu)**	**ton** père	**ta** mère	**tes** parents
his, her	**son** père	**sa** mère	**ses** parents
our	**notre** père	**notre** mère	**nos** parents
your **(vous)**	**votre** père	**votre** mère	**vos** parents
their	**leur** père	**leur** mère	**leurs** parents

The home, reflection of one's personality
My extravagance   My pleasure   My problems

Mon frère et **ma soeur** aiment le sport.

My brother and *my sister* like sports.

Voilà notre maison.

There's *our house.*

Habitez-vous avec votre soeur et **vos parents?**

Do you live with *your sister* and *your parents?*

Ils skient avec leurs cousins et **leur oncle.**

They're skiing with *their cousins* and *their uncle.*

Grammaire et prononciation

Note: Mention that **Elle aime sa maison** can also mean *She likes his house.* but that the French often add **sa maison à elle, à lui** to differentiate. The stressed pronouns are presented in Chapter 11.

Mon, ton, and **son** are also used before feminine nouns that begin with a vowel or mute **h**:

affiche *(f)*	→	**mon affiche**
amie *(f)*	→	**ton amie**
histoire *(f)*	→	**son histoire**

Pay particular attention to the agreement of third-person singular possessive adjectives. While English has two possessives, corresponding to the sex of the possessor *(his, her)*, French has three, corresponding to the gender and number of the noun possessed (**sa, son, ses**).

Il⎱
Elle⎰ aime **sa** maison.

He likes *his* house.
She likes *her* house.

Il⎱
Elle⎰ aime **son** chien.

He likes *his* dog.
She likes *her* dog.

Il⎱
Elle⎰ aime **ses** livres.

He likes *his* books.
She likes *her* books.

Maintenant à vous

Exercise A. Suggestion: Conduct as rapid response drill, using choral and individual repetition.

Exercise A. Continuation. Oral transformation drills: **Je regarde ma télévision.** (livre, chambre, maison, parents) **Il parle de son oncle.** (tante, classe, professeur, professeurs, appartement, amie) **Nous cherchons nos livres.** (livre, amis, amie, chien) If desired, these may be done at board.

A. Transformation.

1. De qui parlez-vous? → Je parle de mon *cousin. (soeurs, grand-mère, professeur, amis)*
2. Qu'est-ce que Vincent regarde? → Il regarde ta *revue. (affiches, chat, disques, guitare)*
3. Avec qui parle Claire? → Elle parle avec votre *père. (parents, oncle, cousins, grand-mère)*
4. Avec qui habitent-ils? → Ils habitent avec leurs *parents. (frère, amis, mère, grands-parents)*

B. Jacques change de maison. Avec un(e) camarade de classe, jouez les rôles de Jacques et de son ami(e). Suivez le modèle.

MODELE: poste de télévision / chaises →

Jacques: Préfères-tu emporter *(to carry)* mon poste de télévision ou mes chaises?

L'ami(e): Je préfère emporter tes chaises.

| 1. bureau / lampe | 3. miroir / affiches | 5. table / lit |
| 2. livres / étagère | 4. piano / commode | 6. dictionnaire / revues |

C. Qui est le propriétaire? Répondez selon le modèle.

MODELE: Est-ce la revue de Georges? → Oui, c'est sa revue.

1. Est-ce la chambre de Pierre? 2. Est-ce la chambre d'Yvonne?
3. Est-ce le frère de Pauline? 4. Est-ce le frère de Claude? 5. Est-ce que ce sont les oncles de Jean? 6. Est-ce que ce sont les oncles d'Annick? 7. Est-ce que ce sont les meubles *(furniture)* d'Yvette?
8. Est-ce que ce sont les meubles de Jean-Pierre? 9. Est-ce que c'est le cousin de Marie-France? 10. Est-ce que c'est la cousine de Frédéric?

Exercise D. Follow-up: Students can invent questions, trying to stump other students. For example, **Qui est le frère de mon père? Answer: C'est ton oncle.**

D. Casse-tête *(puzzle)* **familial.** Voici des questions sur Marie-France et sa famille. Trouvez la personne, selon le modèle.

MODELE: Qui est le fils de son oncle? → C'est son cousin.

1. Qui est la mère de son père? 2. Qui est la fille de sa tante?
3. Qui est la femme de son oncle? 4. Qui est le père de son père?
5. Qui est le frère de sa mère? 6. Qui est la soeur de sa mère?

E. En français, s'il vous plaît.

1. *my parents*	5. *our family*	8. *his friends*
2. *his house*	6. *our cousins*	9. *your balcony*
3. *your garden* **(tu)**	7. *her friends*	**(vous)**
4. *their living room*		10. *my bookcase*

Exercise E. Follow-up: Dictate following sentences with students at board: *He has his pen. We have their books. She has our pencils. You (tu) have your workbook? Our teacher has our exams.*

F. La famille de Gaston Lamoureux. Créez trois générations d'une famille française typique, la famille de Gaston Lamoureux. Donnez le nom et le prénom de chaque membre de la famille, son âge et le trait essentiel de sa personnalité.

Exercise F. Suggestion: Students work in pairs, one describing the family of Gaston Lamoureux and the other drawing the family tree from the description.

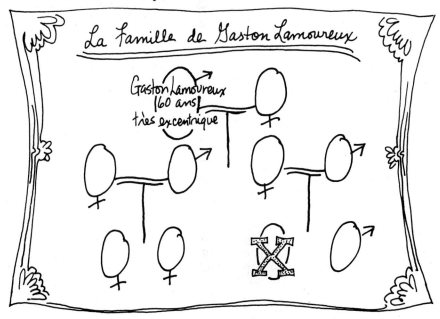

La Famille de Gaston Lamoureux

Gaston Lamoureux
160 ans
très excentrique

Maintenant, imaginez que vous êtes X. Décrivez votre famille selon le modèle.

MODELE: Mon grand-père s'appelle Gaston Lamoureux. Il a soixante ans. Mon grand-père est très excentrique.

G. **Votre maison.** Décrivez votre maison. Combien de pièces a-t-elle? Qu'est-ce qu'il y a dans chaque pièce? Quelle(s) pièce(s) préférezvous?

Exercise G. Follow-up: Assign for in-class composition or for homework. You may want to collect descriptions and use for listening comprehension or dictation exercises.

15. THE VERB *ALLER* (TO GO); *ALLER* + INFINITIVE

Restons calmes!

LE CONDUCTEUR: Je *vais* à Grenoble. Comment arrive-t-on sur l'autoroute, s'il vous plaît?

GERARD: Vous *allez* vers la cuisine, vous *allez passer* par le couloir, vous *allez tourner* à gauche dans la salle de séjour et ensuite *vous allez* tout droit. . . .

1. Où est la voiture? Sur l'autoroute? Dans le bureau?
2. Où est le conducteur?
3. Où va le conducteur?
4. Est-ce que c'est un bon conducteur?
5. Est-ce que l'étudiant est calme?
6. La situation est-elle tragique? comique? impossible?

A. Forms of *aller*

The verb **aller** *(to go)* is irregular in form.

Presentation: Model pronunciation.

PRESENT TENSE OF **ALLER:** *to go*	
je **vais**	nous **allons**
tu **vas**	vous **allez**
il, elle, on **va**	ils, elles **vont**

Allez-vous à Grenoble pour vos vacances?	*Are you going* to Grenoble for your vacation?
Comment **va-t-on** à Grenoble?	How *do you go* to (get to) Grenoble?

Stay calm!

DRIVER: I'm going to Grenoble. How does one get to the expressway, please? GERARD: You go to the kitchen, you go through the hallway, you turn left in the living room, and then you go straight ahead. . . .

You have already used **aller** in several expressions:

Comment **allez-vous?**	How *are you?*
Salut, ça **va?**	Hi, how's *it going?*
Ça **va** bien.	Fine. Things *are going* fine.
Où **va-t-on?**	Where *do we go?* (Where does one go?)

B. *Aller* + infinitive: near future

In French, **aller** + an *infinitive* is used to express a future event, usually something that is going to happen soon, in the near future. English also uses *to go* + an *infinitive* to express actions or events that are going to happen soon.

Nous **allons téléphoner** à mon oncle.	We're *going to call* my uncle.
Il **va louer** un nouvel appartement.	He's *going to rent* a new apartment.

To form a question with **aller** + an *infinitive*, treat the verb **aller** as the main verb in the sentence. The form of the infinitive does not change.

Il **va louer** un nouvel appartement.

$\left\{ \begin{array}{l} \text{Il } \textbf{va louer} \text{ un nouvel appartement?} \\ \text{Il } \textbf{va louer} \text{ un nouvel appartement, n'est-ce pas?} \\ \text{Est-ce qu'il } \textbf{va louer} \text{ un nouvel appartement?} \\ \text{Où} \\ \text{Quand} \end{array} \right.$ Où } **va**-t-il **louer** un nouvel
Quand } appartement?

In the negative, **ne** precedes the conjugated form of **aller** and **pas** follows it, preceding the infinitive.

Tu **vas téléphoner** à ton oncle.	→	Tu **ne vas pas** téléphoner à ton oncle.
Est-ce qu'il **va habiter** en France?	→	Est-ce qu'il **ne va pas** habiter en France?

Maintenant à vous

A. Comment allez-vous? Répondez selon le modèle.

MODELE: Comment va ta mère? → Ma mère va bien, merci.

1. Comment vas-tu? 2. Comment vont tes deux frères? 3. Comment va ton mari? 4. Comment vont tes fils? 5. Comment va votre fille? 6. Comment allez-vous, M. et Mme Dupont?

Exercise A. Suggestion: Do as rapid response drill, using individual and choral responses.

Exercise B. Follow-up. Listening comprehension: Tell students there are six verbs in the following passage. They will indicate whether they hear the present tense or the near future. **Je vais à Paris parce que nous allons habiter en France. Le voyage va bien. Quand allons-nous arriver? Je vais choisir un appartement. Nous préférons le Quartier Latin.**

B. **Où va-t-on?** La solution est simple! Suivez le modèle.

MODELE: J'ai envie de regarder un film. → Je vais au cinéma!

1. Nous avons faim.
2. Il a envie de parler français.
3. Elles ont besoin d'étudier.
4. J'ai soif.
5. Tu as sommeil.
6. Vous avez envie de regarder la télévision.
7. Nous allons mal *(we don't feel well)*.
8. Elle a envie de jouer au tennis.

à l'hôpital / dans la salle de séjour / à la bibliothèque / dans la cuisine / aux courts de tennis / à Paris / au café / dans la salle à manger / dans la chambre

C. **Des projets pour demain** *(tomorrow)*. Suivez le modèle.

MODELE: tu / regarder / émission préférée → Tu vas regarder ton émission préférée.

1. je / finir / travail
2. nous / écouter / disques de jazz
3. vous / jouer / guitare
4. Frédéric / trouver / livre de français
5. je / choisir / film préféré
6. les garçons / aller au cinéma / en voiture

D. **Transformation.** Mettez les phrases précédentes à la forme interrogative. Ensuite mettez-les à la forme négative.

MODELE: Tu vas regarder ton émission préférée.

→ Vas-tu regarder ton émission préférée? (Est-ce que tu vas. . . .)

→ Tu ne vas pas regarder ton émission préférée.

Exercise E. Follow-up: Numbers 1-6 may be used as dialog for pairs of students. They can do it twice, changing rôles.

E. **En français, s'il vous plaît.**

1. *How are you* **(tu)**? 2. *I'm fine, thanks.* 3. *How are the classes going?* 4. *They're going well, thanks.* 5. *Where are you* **(vous)** *going for your vacation?* 6. *We're going to Nice.* 7. *François is going to love our new car!*

F. **Quels sont vos projets pour le week-end?** Interviewez un(e) camarade de classe.

MODELE: aller au cinéma →

Vous: Vas-tu aller au cinéma?

Un ami: Oui, je vais aller au cinéma. (Non, je ne vais pas aller au cinéma.)

1. rester à la maison 2. écouter la radio 3. écouter des disques
4. préparer un dîner 5. préparer les leçons 6. regarder un film
7. travailler à la bibliothèque 8. chercher un appartement 9. aller

— Mes parents ? Attendez, je vais leur demander s'ils sont sortis !...
(Gad)

Attendez *Wait*
leur demander *to ask them*
sont sortis *have gone out*

dans un restaurant extraordinaire   10. visiter un monument
11. visiter un musée   12. visiter une grande ville   13. étudier le
français   14. finir un livre intéressant   15. travailler dans le jardin
16. parler avec des copains   17. parler français   18. regarder la
télévision

Bon week-end!

Exercise F.   Follow-up: Have
students report a few answers to
the class. Students can count up
the number of affirmative
sentences to see who is the most
active individual in the class.

16.   THE VERB *FAIRE* (TO DO, TO MAKE); EXPRESSIONS WITH *FAIRE*

L'histoire de Cendrillon

LA BELLE-MÈRE: Cendrillon, d'abord tu *fais la vaisselle* et *le ménage*,
ensuite tu *fais les courses* et *la cuisine*. Je vais *faire une promenade* avec
tes soeurs.
CENDRILLON: (qui réfléchit):   Mais non! Ce n'est pas ça, mon histoire! D'abord, je *fais un* beau *voyage* et je *fais la connaissance d'*un
jeune homme riche et intelligent, nous dansons toute la soirée et
puis nous *faisons une* longue *promenade*. Et mes belles-soeurs et ma
belle-mère *font le ménage* et *la cuisine*. . . .

Complétez les phrases selon le dialogue.

1.   La belle-mère commande à Cendrillon de   *faire un voyage*
     _____.   *faire une promenade*
2.   Cendrillon n'aime pas _____.   *faire la vaisselle*
3.   Cendrillon désire _____.   *faire la cuisine*
4.   Les soeurs de Cendrillon vont _____.   *faire le ménage*
5.   Le prince et Cendrillon vont _____.   *faire les courses*

Note: Point out to students the use
of the present indicative in giving
commands and the English
equivalents of the **faire**
expressions.

A. Forms of *faire*

The verb **faire** *(to do, to make)* is irregular in form.

PRESENT TENSE OF **FAIRE**: *to make, to do*	
je **fais**	nous **faisons**
tu **fais**	vous **faites**
il, elle, on **fait**	ils, elles **font**

Presentation: Model pronunciation,
using short sentences. Example:
Je fais les devoirs.

Cinderella's story
STEPMOTHER: Cinderella, first you (will) do the dishes and the housework, then you (will)
do the shopping and the cooking. I'm going to take a walk with your sisters.   CINDERELLA
(who is thinking): No! That's not my story! First I take a nice trip and meet a rich and
intelligent young man, we dance all evening and then we take a long walk. And my
stepsisters and my stepmother do the housework and the cooking. . . .

Grammaire et prononciation

Note the difference in the pronunciation of **fais/fait** [fɛ], **faites** [fɛt], and **faisons** [fəsɔ̃].

Je fais mon lit.   *I make* the bed.
Nous faisons le café.   *We're making* coffee.

B. Expressions with *faire*

Some common expressions with **faire** include:

Presentation: Model pronunciation. You may want to use expressions in short personalized questions. Examples: **Aimez-vous faire la cuisine? Où faites-vous les devoirs?**

faire la connaissance (de)	to meet (for the first time), make the acquaintance (of)
faire les courses	to do errands
faire la cuisine	to cook
faire les devoirs	to do homework
faire le marché	to do the shopping, to go to the market
faire le ménage	to do the housework
faire une promenade	to take a walk
faire la vaisselle	to do the dishes
faire un voyage	to take a trip

Le matin **je fais le marché,** l'après-midi **je fais une promenade** et le soir **je fais la cuisine.**

In the morning *I go to the market,* in the afternoon *I take a walk,* and in the evening *I cook.*

Maintenant à vous

A. Faisons connaissance! Suivez le modèle.

MODELE: je / le professeur d'italien → Je fais la connaissance du professeur d'italien.

1. tu / la soeur de Louise. 2. Thomas / un camarade de classe 3. nous / un cousin 4. Annick / une étudiante sympathique 5. les Levêque / les parents de Simone 6. je / la femme du professeur 7. vous / la jeune nièce de M. de La Tour 8. les enfants / un jeune garçon de dix ans

B. La solution est simple. Créez des phrases avec *je fais.*

MODELE: J'ai envie de visiter la France. Alors. . . . → Alors je fais un voyage.

1. J'ai faim. Alors. . . . 2. J'ai besoin d'exercice. Alors. . . . 3. J'ai envie d'avoir une chambre en ordre. Alors. . . . 4. J'ai besoin de café et de fruit. Alors. . . . 5. J'ai besoin d'oranges et de bananes. Alors. . . . 6. J'ai besoin d'étudier. Alors. . . .

C. Qu'est-ce qu'ils font? Faites des phrases complètes. Utilisez des expressions avec *faire*.

1.

M. Dupont. . . .

2.

M. Henri . . . de Mlle Gervais.

3.

Ma grand-mère. . . .

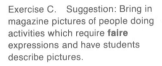

Exercise C.   Suggestion: Bring in magazine pictures of people doing activities which require **faire** expressions and have students describe pictures.

4.

M. Duval. . . .

5.

Ma soeur. . . .

D. Conversation. Chez vous (*At your house*), _____ ?

1. Qui fait le ménage? 2. Qui fait les courses? 3. Qui fait la cuisine? 4. Qui fait la vaisselle? 5. Qui fait le marché?

Exercise D.   Suggestion: Students work in pairs and report to whole class the activities of their partners.

E. Vive le week-end! Qu'est-ce que vous faites pendant (*during*) le week-end? Qu'est-ce que vous aimez faire? Qu'est-ce que vous êtes obligé(e) de faire? Complétez les phrases suivantes.

1. J'aime/Je n'aime pas _____ . 2. J'ai envie de/Je n'ai pas envie de _____ . 3. Je préfère _____ .

Voici quelques suggestions.

Le travail: faire le ménage, faire les lits, faire les courses, faire la cuisine, faire la vaisselle. . . .

Les distractions: jouer au frisbee dans le jardin, jouer aux cartes au café, aller au cinéma, aller à un concert. . . .

Exercise E.   Suggestion: Have students do in writing first and then solicit a variety of answers orally. Ask students to recall each other's answers: **X préfère**. . . .

17. -ER VERBS WITH SPELLING CHANGES

Presentation: Model pronunciation of mini-dialog.

> Jean-Pierre aime le changement.
>
> JEAN-PIERRE: Aujourd'hui, nous *changeons* de décor!
> CLAUDE: Vous *changez* d'appartement?
> JEAN-PIERRE: Non, je *change* nos meubles de place, j'*envoie* les rideaux à ma mère et j'*achète* de nouvelles chaises.
> CLAUDE: J'*espère* que ta femme va reconnaître l'appartement. . . .
>
> 1. Est-ce que Jean-Pierre change d'appartement?
> 2. Qu'est-ce qu'il change dans l'appartement?
> 3. Qu'est-ce qu'il envoie à sa mère?
> 4. Qu'est-ce qu'il achète?
> 5. Qu'est-ce que Claude espère?

A. Verbs with infinitives ending in *e* + consonant *-er*

Verbs like **préférer** *(to prefer)* and **espérer** *(to hope)* require **accents aigus (é)** on the last vowel of the stem in the first- and second-person plural forms **(nous, vous)**. The other forms require **accents graves (è)** on the stem vowel.

Presentation: Model pronunciation of verbs in short sentences.

PRESENT TENSE OF **ESPERER:** *to hope*	
j' **espère**	nous **espérons**
tu **espères**	vous **espérez**
il, elle, on **espère**	ils, elles **espèrent**

Grammaire et prononciation

The change in accent marks reflects the pronunciation of each stem vowel: [ɛ] for the **je/tu/il/ils** forms and [e] for the infinitive and **nous/vous** forms.

Je préfère les chaises vertes.　　*I prefer* the green chairs.
Nous espérons faire un voyage　　*We're hoping* to take a trip to
à Paris.　　Paris.

Jean-Pierre likes change.
JEAN-PIERRE: Today, we're changing the decor!　CLAUDE: Are you moving to a new apartment?　JEAN-PIERRE: No, I'm changing our furniture around, sending the curtains to my mother, and buying new chairs.　CLAUDE: I hope your wife recognizes the apartment. . . .

B. Verbs with a mute *e* in the stem

In a few verbs, like **acheter** *(to buy)*, the **e** of the stem is not pronounced in the infinitive and the **nous/vous** forms: [aʃte], [aʃtɔ̃]. In all other persons an **accent grave** indicates that the **e** is pronounced [ɛ].

PRESENT TENSE OF **ACHETER:** *to buy*	
j' **achète**	nous achetons
tu **achètes**	vous achetez
il, elle, on **achète**	ils, elles **achètent**

Nous achetons des rideaux pour la salle de bain, et **elle achète** des tapis.

We're buying some curtains for the bathroom, and *she's buying* some rugs.

C. Verbs ending in -*ger*

In the **nous** forms of verbs like **manger** *(to eat)* and **changer (de)** *(to change)*, an **e** is added before the **-ons** ending, in order to preserve the soft [ʒ] sound.

PRESENT TENSE OF **MANGER:** *to eat*	
je mange	nous **mangeons**
tu manges	vous mangez
il, elle, on mange	ils, elles mangent

Nous mangeons souvent sur la terrasse.

We often eat on the terrace.

D. Verbs ending in -*yer*

In verbs with infinitives ending in **-yer,** the **y** of the stem is changed to **i** in all forms except **nous/vous.** **-Yer** verbs include: **payer** (*to pay, to pay for*), **employer** (*to use*), **envoyer** (*to send*), and **essayer (de),** (*to try to*).

PRESENT TENSE OF **PAYER:** *to pay*	
je **paie**	nous payons
tu **paies**	vous payez
il, elle, on **paie**	ils, elles **paient**

Exercise A.   Suggestions: (1) Do as rapid response drill, calling on individuals and using choral repetition when appropriate. (2) Dictate stimulus sentences with students at board. They perform the transformation and the class repeats the new sentence in chorus.

Combien **paies-tu** ton appartement?

Les Français **emploient** beaucoup de gadgets dans leur cuisine.

Claude **envoie** sa photo à Sophie.

Nous **essayons** de trouver un appartement près de l'université.

How much *do you pay for* your apartment?

The French *use* a lot of gadgets in their kitchens.

Claude *is sending* his photo to Sophie.

We're trying to find an apartment near the university.

Maintenant à vous

A. Transformation.

1. Qui espère faire un voyage? → *Les Beauvoir* espèrent faire un voyage. *(vous, tu, nous, Claudette, je)*
2. Qui préfère changer d'adresse? → *Mes parents* préfèrent changer d'adresse. *(tu, nous, tante Lucille, je, ses grands-parents)*

Exercise A.   Continuation. Give the following sentences orally: (1) **Qui paie le voyage? (nous, tu, Martine, l'oncle Jacques, vous, je, mes parents)** (2) **Qui change d'adresse? (nous, je, Marc, ma grand-mère, mes amis, vous)**

B. Achats. Chaque membre de la famille achète quelque chose pour la nouvelle maison. Qu'est-ce qu'on achète?

MODELE: tu / table / salle à manger → Tu achètes une table pour la salle à manger.

Exercise B.   Follow-up. Using room vocabulary, ask students: **Qu'est-ce que vous achetez pour la chambre?** etc. They answer, using personal choices.

1. Lise / lit / chambre 2. je / fleurs / jardin 3. Maman / rideaux / cuisine 4. Anne et Christine / chaises / terrasse 5. nous / étagère / bureau 6. vous / miroir / salle de bains 7. oncle Paul / lampe / salle à manger 8. les grands-parents / poste de télévision / salle de séjour

C. Chez les Bruneau. Que font-ils aujourd'hui? Formez des phrases complètes.

1. Madame Bruneau / envoyer / invitations 2. nous / essayer / étudier 3. tu / employer / chaîne stéréo / Michel 4. ils / envoyer /

bonbons / neveu 5. je / essayer / téléphoner / amie 6. Monsieur Bruneau / payer / femme de ménage *(maid)* 7. Michèle et Christiane / payer / loyer 8. vous / employer / nouveau / gadget 9. nous / manger / chez / Martin 10. nous / changer / opinion

Exercise C. Suggestions: (1) Give students a few minutes to write out sentences and call on several to put them on the board. (2) May be done as written homework.

D. Conversation.

1. *Mangez-vous.* . . souvent? beaucoup? dans la cuisine? dans la salle à manger? dans la salle de séjour? avec vos camarades de chambre? vos amis? votre famille?

2. *Changez-vous souvent.* . . d'appartement? de maison? de chambre? d'amis? de classe? de travail? de voiture? d'opinion?

3. *Si vous avez le choix, préférez-vous.* . . manger au restaurant ou manger à la maison? faire la cuisine ou faire la vaisselle? travailler dans le jardin ou faire le ménage? faire un petit voyage ou un long voyage?

4. *Espérez-vous.* . . faire la connaissance d'une personne célèbre? (Qui?) faire un voyage? (Où?) avoir beaucoup d'aventures? être célèbre/riche/heureux(euse) *(happy)*? parler français comme un Français? acheter une nouvelle voiture? beaucoup de bons livres? un chien ou un chat?

5. *Essayez-vous.* . . d'avoir toujours raison? de réfléchir avant *(before)* d'agir? d'avoir l'air important? d'être calme? de faire beaucoup de sport? de ne pas employer trop souvent la voiture? de bien manger? d'aller souvent au cinéma?

Exercise D. Suggestions: (1) Elicit a variety of answers orally so that students can compare responses. (2) Students work in pairs and report as much as they can remember to whole class.

E. Questions sur la famille.

1. A votre avis, est-ce que le mariage est une bonne institution ou préférez-vous rester célibataire *(single)*? Pourquoi?

2. Espérez-vous avoir une grande famille ou préférez-vous les petites familles?

3. Essayez-vous de passer une grande partie de votre temps en famille? ou loin de votre famille?

4. Si vous êtes loin de votre famille, essayez-vous de téléphoner souvent? Envoyez-vous des lettres ou des cartes postales?

Exercise E. Suggestions: (1) This can be prepared in small groups, asking students to give reasons for their answers using simple language. These groups can present their answers to the whole class. (2) This can be organized as a **sondage,** asking, for example, how many prefer marriage versus how many prefer to remain single. Students may then explain their choices in simple French or in English.

ETUDE DE PRONONCIATION

French *r* and *l*

While the English *r* is made with the tongue, the French **r** [r] is guttural, produced in the back of the mouth.

The French **l** is produced in the front of the mouth, with the tongue firmly pressed against the back of the upper teeth.

Presentation: Give students an example such as **Paris** to practice initially. Explain that the **r** sound will vary depending on its position in a word.

Maintenant à vous

A. Prononcez avec le professeur.

1. cours sur cher soir sports soeur agir
2. mari heureux bureau soirée numéro américain terrasse
3. jardin exercice pardon merci porte quatorze parler
4. rose rouge riche rue route russe reste revue rien
5. nombre France zèbre trois quatre tigre gris drôle
6. balle belle utile espagnol mademoiselle
7. salut voilà allons violet couloir folie éléphant
8. parler adulte calme film balcon faculté
9. livre langue lit lune lampe long loyer louer
10. plan flûte bleu spectacle sociable impossible simple

B. Prononcez avec le professeur.

1. Voici treize grandes étagères marron. 2. Je regarde les rideaux rouges du restaurant. 3. Les grands garçons parisiens cherchent du travail. 4. L'appartement de ma soeur a l'air agréable. 5. Ton livre a l'air excellent. 6. Voilà un film italien intéressant. 7. Emilie parle allemand et espagnol. 8. Elle s'appelle Mademoiselle Leblanc.

C. Pour rire.

1. Nous préparons l'anniversaire extraordinaire de grand-père et de son frère. 2. Le propriétaire de la librairie universitaire est derrière l'arbre de grand-mère. 3. Le long ballon blanc est loin de la belle balle bleue. 4. L'éléphant blanc s'appelle Mademoiselle Lallemand.

CONVERSATION ET CULTURE

Chez les Blanchard

Sophie visite la maison de Claude.

CLAUDE: Voilà, nous arrivons.

SOPHIE: "Les *Châtaigniers*". . . c'est le nom de ta maison?

chestnut trees

CLAUDE: Non, notre maison est à côté: Villa "Bellevue." Ce n'est pas un château mais c'est une maison agréable.

MME BLANCHARD: Bonjour, entrez, entrez.

CLAUDE: Maman, voici Sophie. Elle est ici pour faire la connaissance de la maison et de la famille.

MME BLANCHARD: Bonjour, Sophie. Claude parle beaucoup de vous. Est-ce que vous allez visiter la maison avec Claude? Je vais faire les courses.

SOPHIE: Votre maison est *vraiment* jolie, Madame, et je suis *ravie* de faire votre connaissance.

CLAUDE: *Viens,* nous allons faire un tour. Voici la salle de séjour, la cuisine et voici ma petite soeur Carine.

SOPHIE: Bonjour, Carine.

CLAUDE: Ici, c'est le bureau de mon père, son sanctuaire!

SOPHIE: Vous avez de beaux meubles anciens. . . et il y a de très jolies fleurs dans votre maison!

CLAUDE: Oui, ce sont les fleurs du jardin. Les chambres sont *en haut.* La chambre des parents est *au bout du* couloir, et voici ma chambre.

SOPHIE: Elle est très moderne. Et tu as ma photo. . . C'est gentil.

CLAUDE: Bon, maintenant, nous allons retourner dans la salle de séjour et tu vas *rencontrer* le reste de la famille.

SOPHIE: Ils sont tous ici? Je vais *déranger* votre soirée!

CLAUDE: Mais non, aujourd'hui c'est l'*anniversaire* de mon père. Nous allons parler avec *tout le monde,* et puis nous allons finir la soirée *par* un grand dîner en famille.

really / delighted

come on

upstairs
at the end of the

to meet

to disturb
birthday
everybody / with

Questions et opinions

1. Comment s'appelle la maison de Claude? 2. Qui fait le tour de la maison avec Claude? 3. Qu'est-ce que la mère de Claude va faire maintenant? 4. Où est la soeur de Claude? 5. Comment la famille va-t-elle passer la soirée? 6. Est-ce que vous habitez dans un appartement ou dans une maison? 7. Est-ce que vos meubles sont anciens ou modernes? 8. Est-ce que vos amis rendent souvent visite à votre famille?

Follow-up: Have students create their own short dialog based on the same setting. If time permits, ask them to present it to the class.

Commentaire culturel

The French family is a strong social unit. Sundays are often devoted to family activities, and family reunions are very common. Relatives get together on many occasions throughout the year—birthdays, weddings, christenings, anniversaries, and traditional holidays.

In general, divorce is less common in France than in the United States, although the rate is rising. Extended families, in which grandparents and other family members live with the nuclear family, are more common. Parents tend to shelter their children more than in North America, and discipline is stricter. For all of these reasons, the family has a strong influence on an individual's life, providing a sense of security and structure. It has been said that in France you can love your family or hate it, be unable to live without it or run away from it, but you cannot be indifferent to it.

Perhaps because of this strong sense of family, the home is more private in France than in North America. It is considered a place exclusively for family and close friends, and there is a definite reluctance to invite acquaintances or business contacts to visit the home. Fewer people own their homes in France than in North America, and many people do

Suggestion: If possible, show slides or pictures of the interior and exterior of French homes. (A **Manufrance** or Canadian *Sears* catalog would be useful here.)

not have a great deal of space for entertaining, so they prefer to go out, inviting friends to a café or restaurant. Do not be surprised if you are not immediately invited to the home of a French friend!

The strong value attached to privacy is often demonstrated in the appearance of the homes themselves. Many French homes are surrounded by long, gray walls, and window shutters often protect the house from the eyes of curious neighbors. In the suburbs, some French homes have names—like **"Mon Séjour"** *(My stay)* or **"Mon Repos"** *(My rest)*—that reflect the intimacy and privacy of the French family.

RECAPITULATION

Exercise A. Suggestion: Have students do this exercise in writing and then elicit answers orally or ask them to write answers on board.

> **Le Français par les gestes: On y va.**
>
> To indicate a desire to leave, the French tap the wrist of one hand with the side of the other hand, while flipping the tapped wrist upward. This is a discreet way of telling a friend that it is time to go.

A. Les projets de Martine et Claudine. Formez des phrases complètes.

1. Martine et Claudine / essayer / finir / études 2. elles / aller / faire / voyage / en France 3. elles / aller / travailler / maintenant / pour / payer / voyage 4. Martine / aller / faire / ménage / pour / vieux / dame 5. Monique / aller / préparer / dîner / et / faire / marché / pour / grand-mère 6. elles / aller / rester / chez / tante de Martine / à Paris 7. tante / habiter / près de / centre de Paris 8. deux filles / être / content / parce que / elles / aller / faire / voyage / magnifique

B. Le week-end. Qu'est-ce qu'ils vont faire? Posez des questions selon le modèle.

MODELE:

votre frère → Mon frère va faire ses devoirs.

1. la soeur de Robert 2. votre tante 3. le père de Robert
et de Marie-France

4. les frères de Robert 5. l'oncle de Martine 6. les parents de Robert
et de Marie-France

Exercise C. Note: Give students a brief introduction to the indirect discourse cues.

C. Conversation. Avec un(e) camarade de classe, reconstituez la conversation.

A: Demandez à *B* ce qu'il/elle va faire aujourd'hui. (Qu'est-ce que. . . .)

B: Dites à *A* que vous allez au concert.

A: Demandez à *A* pourquoi il/elle va au concert.

B: Dites à *B* que vos cousins visitent la ville et qu'ils ont envie d'aller au concert. Demandez à *A* s'il/si elle a envie de faire la connaissance de vos cousins.

A: Dites non à *B* et que vous préférez rester à la maison parce que vous faites vos devoirs.

B: Dites à *A* que vous allez être en retard *(late)*. Dites au revoir.

A: Dites au revoir à *B*.

Exercise C. Suggestion: Have students do this twice, exchanging rôles.

Exercise C. Follow-up: After students have done the whole conversation in pairs, hand out a ditto of the dialog so they can check their work.

D. Un message. Vous travaillez dans un hôtel. Un touriste anglais téléphone à l'hôtel mais le propriétaire n'est pas là. Maintenant, donnez le message en français au propriétaire: *Mme Leroux is going to arrive tomorrow with her son and daughter. They are going to arrive before dinner, and they prefer to eat in the hotel restaurant. They will pay for the meal* (**le repas**) *in dollars* (**en dollars**) *and want to take a walk afterward.*

Exercise D. Follow-up: Have students change at least three facts in the message and then compare their new paragraphs.

VOCABULAIRE

VERBES

acheter	to buy
aller	to go
aller + inf	to be going to (do something)
changer (de)	to change
employer	to use
emporter	to carry away
envoyer	to send
espérer	to hope
essayer (de)	to try to
faire	to make, to do
passer (par)	to pass (through, by etc.)
payer	to pay
préférer	to prefer
préparer	to prepare
rester	to stay, to remain

NOMS

l'arbre *(m)*	tree
l'après-midi *(m)*	afternoon
le balcon	balcony
la chambre	bedroom
le château	large house, mansion, palace
le couloir	hallway
le cousin (la cousine)	cousin
la cuisine	kitchen, cooking
le dîner	dinner
l'enfant *(m or f)*	child
la famille	family
la femme	wife
la fille	daughter
le fils	son
le frère	brother
la grand-mère	grandmother
le grand-père	grandfather
les grands-parents *(m)*	grandparents
le jardin	garden
le mari	husband
la mère	mother
le meuble	piece of furniture
le neveu	nephew
la nièce	niece
l'oncle *(m)*	uncle
les parents *(m)*	parents, relatives

la partie	part
le père	father
la petite-fille	granddaughter
le petit-fils	grandson
la pièce	room
le poste de télévision	television set
les proches parents *(m)*	near relatives
la salle à manger	dining room
la salle de bains	bathroom
la salle de séjour	living room
la soeur	sister
le soir	evening
la soirée	evening; party
la tante	aunt
la terrasse	terrace

ADJECTIFS

célèbre	famous
chaque	each, every
heureux (euse)	happy

EXPRESSIONS AVEC *FAIRE*

faire la connaissance de	to meet (for the first time), make the acquaintance of
faire les courses	to do errands
faire la cuisine	to cook
faire le marché	to do the shopping, to go to the market
faire le ménage	to do the housework
faire une promenade	to take a walk
faire la vaisselle	to do the dishes
faire un voyage	to take a trip

MOTS DIVERS

alors	then, in that case
aujourd'hui	today
avant	before
chez	at the home of
d'abord	first of all
demain	tomorrow
ensuite	then, next
loin de	far from
puis	then, next
tout le monde	everybody

Activités

A. La maison idéale. Vous discutez avec un(e) ami(e) des plans de votre habitation idéale. Voici quelques questions pour vous aider.

1. Préférez-vous un château? un appartement? une maison?
2. Son style, va-t-il être moderne? ancien? excentrique? personnel?
3. Quelles pièces allez-vous avoir au rez-de-chaussée *(ground floor)*? au premier étage *(second story)*? 4. Combien de chambres va-t-elle avoir? de salles de bains? 5. Pour qui vont être les chambres? les membres de votre famille? vos amis? 6. De quelles couleurs vont être les chambres? 7. Va-t-elle avoir un jardin? un balcon? une terrasse? une piscine *(pool)*? 8. Décrivez la maison. Choisissez parmi les adjectifs suivants:

ancien	*beau*	*grand*	*nouveau*
petit	*élégant*	*moderne*	*excentrique*

B. A vendre. Ecrivez une annonce pour vendre *(to sell)* la maison idéale (Activité A), une autre maison ou un appartement. Employez les exemples d'annonces de la revue *L'Express* comme guide.

D'abord, trouvez l'équivalent anglais des phrases suivantes.

1. proximité Nice
2. 10 minutes mer
3. (bien) à vendre
4. authentique mas provençal
5. bon état
6. site boisé
7. appontement privé pour bateau
8. prix 950 000 F.
9. sur place

a. attach an additional sheet
b. (property) for sale
c. wooded site
d. attached structures
e. authentic Provençal farmhouse
f. 10 minutes from the sea
g. check the appropriate box
h. close to Nice
i. installed (in place)

Exercise B.   Follow-up: Have students present orally the house or apartment they want to sell. Others decide which one they want to buy, based on the selling skill of the student. Example: **Qui veut acheter la maison de X?**

131

10. dépendances
11. joignez une feuille séparée
12. cochez la case correspondante

j. good condition
k. private boat dock
l. price: 950,000 francs

PROXIMITÉ NICE

10 minutes mer, zone résidentielle, à vendre

AUTHENTIQUE MAS PROVENÇAL

Très bon état, propriété 2.463 m² clôturée hauts murs. Jardin dessiné, bassins d'ornement, très beaux arbres : cèdres, palmiers, pins. Chauffage central, tél.

● Rez-jardin : 127 m², réception, salle à manger, cuisine, office, salon avec cheminée, sanitaires ● 1er étage : 127 m², 5 chbres, 2 s. de b., 2 w.-c. ● 2e étage : belvédère-solarium 16 m² ● Sous-sol aménagé 127 m². Dépendances : garage 3 voit., log. gardien 3 p., sanit. ● Pavillon invités 2 p. dans jardin.

vente :

VIC-LA-GARDIOLE (HÉRAULT) *à 15 km de Montpellier*

2 terrains constructibles de 1 645 m²

C.U., électricité et téléphone sur place, branchements des réseaux bordure des terrains biens exposés, village agréable, calme, plage de la méditerranée à 2 km.

Coupon-annonce

Texte de l'annonce : mentionnez la nature du bien à vendre (appartement, terrain, commerce, etc.), ses caractéristiques, la localisation, le prix demandé (en francs français).

____

____

____

____

____

____

____

Si vous n'avez pas assez de place, joignez une feuille séparée.

N.B. – Il est souhaitable de joindre une photo du bien à vendre.

photo jointe □ oui □ non

Date de parution

La rubrique immobilière paraît le 2e et 4e lundi du mois. Votre annonce peut paraître 10 jours après la réception de ce coupon.

Date choisie : □ dès que possible ou □ le samedi...

Type d'annonce choisie

(cochez la case correspondante)

□ 1 module (18 mm × 85 mm) = 800 F HT*

□ 2 modules (39 mm × 85 mm) 2 × 800 = 1 600 F HT*

□ 3 modules (60 mm × 85 mm) 3 × 800 = 2 400 F HT*

□ _ modules (_____ × 85 mm) × 800 = _____F HT*

* TVA : 17,60 %.

Nom ____________________

Prénom ____________________

Adresse ____________________

____

Code postal |_|_|_|_|_|

Joignez au coupon-annonce un chèque du montant correspondant établi à l'ordre de l'Express International.

Envoyez le tout à :
L'Express International
61, avenue Hoche
75008 Paris
Tél. : 755.97.98. Télex : express PARIS 650009

L'EXPRESS INTERNATIONAL

Près de VILLENEUVE-sur-LOT

LUXUEUSE VILLA

Orientée plein soleil, dans magnifique site boisé. Implantée sur 4 000 m² de parc clos de haies vives avec grands arbres d'ornement et fruitiers. 50 m berge sur le Lot avec appontement privé pour bateau.

● **170 m² de plain-pied** : séjour 60 m², gde cheminée, mezzanine 20 m², cuis., 4 chambres, 2 s. de b., 3 c. de t., 7 penderies, 2 w.-c.,35 m² de terrasses.

● **125 m² s.-sol enterré** : cave, ch. mazout, gde lingerie, gar. 3 voit.

Élégante villa de standing. État impeccable. **Vente directe par propriétaire** qui propose détails, plans et photos sur demande des intéressés.

Prix : 950 000 F.

C. Qu'est-ce que c'est qu'une maison? A-t-elle toujours quatre murs? Est-elle toujours bien meublée *(furnished)?* Est-ce un endroit *(place)* confortable? A votre avis, qu'est-ce qu'une maison? Complétez la phrase suivante avec des mots qui décrivent une maison.

La maison est un endroit où _____ .

Où habitent les personnes suivantes? Expliquez leurs préférences.

Superman	la Maison-Blanche
Tarzan et Jane	la jungle
Robinson Crusoë	une île déserte
Louis XIV	une très petite maison dans
le président des Etats-Unis	l'Illinois
Abraham Lincoln	l'île du Diable
Papillon	Monticello
Thomas Jefferson	un jardin merveilleux
Adam et Eve	au château de Versailles
	sur la planète Crypton

Parmi les endroits indiqués, lequel préférez-vous? Pourquoi?

A Propos

Here are some suggestions and information that will help you when you are invited to a French home for a meal.

Preparations for the visit: You should bring flowers, candy, or any small gift as a token of your appreciation.

Upon arriving: Present the host or hostess with your gift and ask how they are. If there are other guests, you will be introduced to them. You will be invited to sit down and make yourself at home: **"Asseyez-vous. Faites comme chez vous." ("Assieds-toi. Fais comme chez toi.")**

During the visit: In France it is not customary to leave immediately after eating. Stay and chat for several hours. If you smoke, offer a cigarette to those around you—the others will view you as selfish if you don't. When you are ready to leave, you can say: **"Merci pour cet excellent repas. Au revoir, à bientôt."** If you must leave early, you can say: **"Je suis désolé(e), mais je ne peux rester plus longtemps."** *("I'm really sorry, but I can't stay any longer.")*

After the visit: To further show your appreciation, send a short note to your host(s), thanking everyone for a nice evening.

Other suggestions: Do not visit French families unannounced; wait for an invitation. Never arrive before the stated hour.

D. Chez des amis. Working with other students, create dialogs that illustrate the following situations. Use the phrases given in the **A Propos** section.

Exercise D. Suggestion: Have students volunteer to present dialog to the class.

Exercise E. Follow-up: Adapt exercise by doing **Adoptez un robot, Adoptez un professeur pour une journée.** Ask students to give suggestions of other people to adopt.

1. You and a friend are visiting the home of M. and Mme Leblanc, the parents of your good friend Jacques, who is studying in the United States. You have never met the Leblancs before.
2. You and a friend are visiting the home of Claude and Béatrice Lesieur, a French couple whom you met while they were studying in the United States last year.

E. **Adoptez une grand-mère, un grand-père.** En France il existe un programme qui encourage les gens à "adopter" une grand-mère ou un grand-père. Vous allez adopter une grand-mère ou un grand-père. Décrivez la personne. Choisissez parmi les adjectifs suivants:

heureux	*célèbre*	*gentil*	*gros*
grand	*petit*	*vieux*	*calme*
énergique	*excentrique*	*optimiste*	*sociable*

Quels sont les avantages de cette adoption pour vous? pour les grands-parents?

Lecture: Les Châteaux de la Loire

river
especially

La Loire est un grand *fleuve* français. Des millions de touristes visitent la vallée de la Loire *surtout* pour admirer les célèbres châteaux de la région.

Nous allons maintenant explorer trois châteaux de la région: Chambord, Blois et Chenonceaux.

kings
stone

Les hommes de la Renaissance*—*rois*, nobles, riches financiers—utilisent la *pierre* locale, blanche et facile à sculpter, pour construire les châteaux.

*The Renaissance was the rebirth of interest in art, literature, and learning. In France, it occurred in the sixteenth century.

Le château de Chambord

Le château de Blois

Ils *recherchent* toujours la proximité du fleuve. Quand le roi François Premier[†] (Ier) construit l'immense château de Chambord, *assez* loin du fleuve, il *cherche même à détourner* la Loire. Son idée: donner une réflection dans l'*eau* à la construction gigantesque.[‡] Il renonce devant la difficulté des travaux.

seek
rather
even tried to change course of
water

Plus tard François Ier construit à Blois un autre château à proximité de la Loire avec une terrasse qui offre une magnifique perspective sur la vallée et le fleuve.

later

François Ier découvre ensuite Chenonceaux, une construction sur un *pont à travers* une petite *rivière tributaire* de la Loire. Plus tard son fils Henri donne Chenonceaux à sa maîtresse, la célèbre Diane de Poitiers.

bridge / across / tributary river

†François I was king of France from 1515 to 1547. He greatly influenced the course of the Renaissance.

‡Chambord has 440 rooms.

Le château de Chenonceaux

dream
bank

Diane réalise à Chenonceaux un grand *rêve:* elle prolonge l'ancien pont jusqu'à l'autre *rive* de la rivière. Ensuite, elle construit un château sur le pont. Chenonceaux est une des merveilles du monde, un château qui représente l'idéal de l'architecture de la Renaissance.

Compréhension et expression

A. Comprenez-vous?

1. Qu'est-ce que c'est que la Loire? 2. Où sont les célèbres châteaux de Chambord, de Blois et de Chenonceaux? 3. Qui construit Chambord et Blois? Est-ce que c'est un homme du peuple? 4. Pourquoi cherche-t-il à détourner le fleuve? Est-ce réaliste? 5. Trouvez une caractéristique importante de l'architecture du château de Blois. 6. A qui le fils de François Premier donne-t-il l'ancienne construction de Chenonceaux? 7. Comment est-ce que Diane transforme le site de Chenonceaux?

B. Chez moi. Complétez le paragraphe suivant pour décrire votre maison et votre famille.

Exercise B. Suggestion: These completed paragraphs can be used as listening comprehension passages. Then use questions to check comprehension: **Quelle salle x préfère-t-il/(elle)? Où passe-t-il/(elle) beaucoup de temps? Où étudie-t-il/(elle) beaucoup? Quelle salle le reste de la famille préfère-t-il?**

La pièce que je préfère est _____ parce que _____ . Je passe beaucoup de temps dans _____ . Je suis très calme dans _____ parce que _____ . Je travaille bien dans _____ et je fais mes devoirs dans _____ parce que _____ . Je mange dans _____ et j'ai le téléphone dans _____ . Ma famille passe beaucoup de temps dans _____ parce que _____ .

C. Une journée chez vous. Qu'est-ce que vous faites à la maison? Ecrivez un paragraphe. Employez les phrases suivantes comme guide.

parler avec ma famille/des amis	préparer les repas
écouter la radio/des disques	étudier
cultiver mon jardin	regarder le journal/des revues/
rêver *(to dream)*	mes livres
danser	être au lit
regarder la télévision	autres occupations

Suggested five day plan for
Chapitre 5:

Day 1: **Vocabulaire**
The partitive
Day 2: **-re** verbs
Irregular **-re** verbs
Day 3: Imperative
Prononciation
Day 4: **Conversation et culture**
Récapitulation
Day 5: Optional quiz
Intermède

Les Français à table

Chapitre **5**

OBJECTIFS

Communication et culture   In this chapter, you will learn words and expressions that relate to foods and the French kitchen. You will also read about the importance of food and meals in the lives of French-speaking people.

Grammaire   You will learn to use the following aspects of French grammar:

18. how to refer to something that is part of a whole, a portion of a larger quantity, using the partitive article (**de** plus a definite article: **du, de la, de l', des**)

19. the present tense of verbs with infinitives ending in **-re,** like **vendre** *(to sell)*

20. the present tense of the irregular verbs **boire** *(to drink)* and **prendre** *(to take)* and of verbs conjugated like **prendre**

21. how to give directions, suggestions, or orders using the imperative form of the verb

See facing page for lesson plan.

ETUDE DE VOCABULAIRE

Au marché

Suggestion: Model pronunciation.
Choral and individual repetitions.

Note. Optional words: **l'infusion**
(herb tea); **la confiture**
(preserves); **le jus d'orange**
(orange juice); names of fruits or
vegetables requested by students.

A. **Catégories.** Trouvez d'autres éléments dans chaque catégorie.

MODELE: La mousse au chocolat est *un dessert.* → Le gâteau, la tarte
aux pommes et les fraises sont aussi des desserts.

Exercise A. Suggestion: Do as
rapid response drill, or have
students do individually first and
then solicit answers.

1. La bière est *une boisson.*
2. La pomme de terre est *un
   légume.*
3. Le porc est *une viande.*
4. La banane est *un fruit.*
5. Le gâteau est *une chose sucrée*
   (avec du sucre).
6. L'omelette est *une chose salée*
   (avec du sel).

*In French, the letter **h** does not usually prevent the liaison between a consonant and the
vowel following the **h**: **les hommes** [lɛ zɔm]. In a few words, although still silent, the *h* acts
as a consonant, and there is no liaison: **le(s) haricot(s)** [lə ariko], [lɛ ariko]. This **h** is called
an aspirate *h* (**un h aspiré**).

†Prononciation: un oeuf [œnœf], **des oeufs** [dezó].

B. Les repas de la journée. Suivez le modèle.

MODELE: le goûter → Le goûter est le repas de l'après-midi.

1. le petit déjeuner   2. le dîner   3. le déjeuner

Exercise B. Follow-up: Have students mention two or three foods. Others respond with the name of the meal: **C'est le petit déjeuner,** etc.

C. Plats *(Dishes).* Faites une liste des ingrédients nécessaires à chaque plat.

MODELE: une mousse au chocolat → le chocolat, le beurre, les oeufs

1. une soupe
2. un café au lait
3. une omelette
4. une salade de fruits
5. un sandwich
6. un fromage

Exercise C. Suggestion: Give students a few minutes to list answers. Then solicit individual responses.

D. Trouvez l'intrus.

1. café / fraise / bière / thé / lait   2. haricots verts / laitue / carotte / oeuf / pomme de terre   3. bifteck / porc / pain / jambon / poulet
4. sel / gâteau / poivre / sucre / beurre   5. vin / banane / pomme / orange / melon

Exercise D. Suggestion: Do as a listening drill, with students writing down the **intrus** as they hear it.

Exercise D. Follow-up: Have students add another word to the category that **does** belong. Possibilities: **eau minérale, petits pois, veau, huile, fraises.**

E. Préférences. Préférez-vous _____ ?

1. le café ou le thé?   2. la bière ou le vin?   3. le vin rouge ou le vin blanc?   4. le porc, le boeuf, le veau ou le poulet?   5. la viande ou le poisson *(fish)*?   6. les choses sucrées ou les choses salées?   7. le gâteau ou les fruits?   8. le pain ou les croissants?

Exercise E. Suggestion: Do as a conversation in pairs. Students may be asked to report similarities or differences in preferences to the whole class. Take tallies of preferences: **Combien d'entre vous aiment le cafe?,** etc. Count tallies to review numbers.

F. Conversation.

1. Aimez-vous la bonne cuisine? Etes-vous gourmet ou gourmand(e) *(glutton)*? Faites-vous un régime *(diet)*?
2. Le matin, quelle boisson préférez-vous? Aimez-vous le café noir? le café crème? le café au lait?
3. A midi, préférez-vous la viande? le poisson? Etes-vous végétarien(ne)? Aimez-vous les pique-niques?
4. Quel est votre repas préféré? votre légume préféré? votre viande préférée? votre plat américain préféré? votre plat français préféré? votre fruit préféré? votre dessert préféré? votre boisson préférée?

A table

Note. Optional words: **la corbeille à pain, la nappe.** Distinguish between **l'assiette creuse** and **l'assiette plate.** Distinguish between the use of **plat** for *dish* and for **assiette.**

une table française

une table américaine

Suggestion: Have students
comment in English about the
differences in the table settings in
France and the U.S.

A. **L'objet nécessaire.** Suivez le modèle.

MODELE: le café au lait → J'utilise un bol *(bowl)* pour le café au lait.

1. le vin
3. la soupe
5. le thé

2. la viande
4. la salade
6. la mousse au chocolat

Exercise A. Suggestion: Do as
rapid response drill, individual
response with occasional choral
repetition. Solicit a variety of
answers (**assiette, couteau** etc.)
Additional stimuli might be: **le
beurre, la tarte aux pommes, le
lait, le fromage.**

B. **Les repas de la journée.** Quels objets placez-vous sur la table aux repas suivants?

1. au petit déjeuner?
3. au goûter?

2. au déjeuner?
4. au dîner?

ETUDE DE GRAMMAIRE

18. THE PARTITIVE: *DE* + DEFINITE ARTICLE

Suggestion: Review the uses of
the definite and indefinite articles
before presenting the partitive.
(See Chapter 1.)

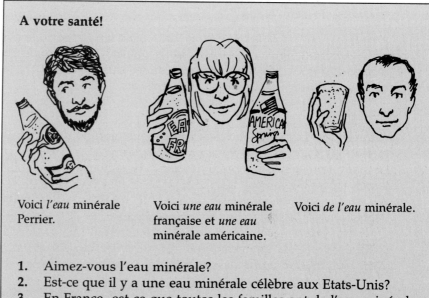

A votre santé!

Voici *l'eau* minérale
Perrier.

Voici *une eau* minérale
française et *une eau*
minérale américaine.

Voici *de l'eau* minérale.

1. Aimez-vous l'eau minérale?
2. Est-ce que il y a une eau minérale célèbre aux Etats-Unis?
3. En France, est-ce que toutes les familles ont de l'eau minérale
   à la maison?

To your health:
Here is (the) Perrier mineral water. Here is a French mineral water and an American mineral
water. Here is (some) mineral water.

A. Uses of the definite, indefinite, and partitive articles

The definite article is used to point out a specific person or object: **Voici l'eau minérale Perrier.** It can also refer to a general class: **J'aime l'eau minérale.**

The indefinite article refers to someone or something that is not specific: **Voici une eau minérale française.**

In French, there is also a third article, the partitive, which is used to refer to a part of a whole measurable or divisible quantity: **Voici de l'eau minérale.**

B. Forms of the partitive article

The partitive is a combination of the preposition **de** and the definite article **(le, la, l', les).** The form of the partitive must correspond in number and gender to the noun that it precedes. Remember that **de** contracts with **le** and **les** to form **du** and **des.**

Commandez-vous		Are you ordering	
du jambon?		*(some)* ham?	
de la glace?		*(some)* ice cream?	
de l'eau?		*(some/any)* water?	
des carottes?		*(some/any)* carrots?	

Note that in English the concept of the partitive is usually expressed by the words *some* or *any* or, most frequently, by the absence of an article. In French, the partitive must be used when referring to a part of a whole.

Note. Another way of explaining the partitive is the following: Tell students that the partitive is used with *non-countable* nouns; the indefinite is used when nouns could be *counted.* Example: **Une bouteille de vin** (you can count the bottles), but **du vin** (you cannot count the liquid, but you can divide it into portions). Explain that **une eau minérale** refers to a brand (in a *countable* bottle) but **de l'eau minérale** refers to the liquid (*not* countable).

Note: Point out how *each* of the nouns here refer to *divisible* or *measurable* quantities rather than non-divisible, countable nouns. **Des carottes** can also be considered an indefinite plural. Some grammarians consider that true partitives are only used in the singular.

Suggestion: Go over captions to pictures orally; then change **vin** to **bière**.

C. The partitive in negative sentences and with expressions of quantity

In negative sentences, all partitive articles become **de (d')**.

J'ai **du** vin.	→	Je n'ai **pas de** vin.
Tu as **de l'**eau.	→	Tu n'as **pas d'**eau.
Vous avez **des** carottes.	→	Vous n'avez **pas de** carottes.

Partitive articles also become **de (d')** after expressions of quantity.

Elle commande **du vin.**

Combien de vin commande-t-elle?

Elle commande **un peu de vin.**

Elle commande **beaucoup de vin.**

Elle commande **un verre de vin.**

Elle commande **plus de vin.**

Elle a **moins de vin** que son ami.

Elle **a assez de vin.**

Elle **a trop de vin.**

Il n'y a plus de vin dans la bouteille.*

Note: There is a more detailed discussion of **ne . . . plus** with the other negations in Chapter 7.

The expression **ne. . . plus** (*no more, not any more*) surrounds the conjugated verb, like **ne. . . pas.**

Je suis désolé, mais nous **n'avons plus de** vin.

I'm sorry, but we *have no more* wine.

D. The partitive vs. the definite article

Verbs that convey likes or dislikes—**aimer, aimer mieux, détester,** and so on—often take the definite article because they express the like or dislike of all of something in general: all kinds of cheeses, for example.

*some wine / how much wine / a little wine / a lot of wine / a glass of wine / more wine / less wine / enough wine / too much wine / there is no more wine

J'aime **le** fromage.

Je n'aime pas **les** petits pois.

Note. You may wish to use the sentence: **Je mange un oeuf.** to point out that countable nouns usually consumed as a whole entity take the indefinite article. Other examples: **Je mange une banane; Elle mange une orange.** But: **Donne-moi de la banane** indicates that you only want a piece of banana.

Verbs like **manger, commander,** and **acheter** often take the partitive because you eat, order, or buy only a portion of something: not all cheese or kinds of cheese, just some cheese.

Je mange **du** fromage.

Je mange **des** petits pois.

Nouns that refer to abstractions like *courage* or *patience* can either be used in a general sense, with the definite article, or as abstract quantities that a person may possess in some measure, with the partitive.

La patience et **le courage** sont des vertus nécessaires.	*Patience* and *courage* are necessary virtues.
Sylvain, tu as **du courage!**	Sylvain, you have *courage!*
Adèle a **de la patience.**	Adèle has *patience.*

Maintenant à vous

A. **A table!** Qu'est-ce qu'on mange? Suivez le modèle.
MODÈLE: le veau → On mange du veau.

Exercise A. Continuation: Hold up
pictures of food items from
magazines to continue the drill.

1. la salade
2. les pommes de terre
3. le poisson
4. la viande
5. le pain
6. les fruits
7. le melon
8. les oeufs
9. la soupe
10. l'omelette
11. la tarte aux pommes
12. les sandwichs

B. **Au marché.** Vous faites le marché. Qu'est-ce que vous achetez?
MODÈLE: pain → On achète du pain.

1. thé
2. bière
3. sucre
4. eau minérale
5. fromage
6. fraises
7. oeufs
8. sel
9. légumes
10. laitue
11. beurre
12. chocolat

C. **Conversation à table.** Suivez le modèle et posez les questions à un(e) autre étudiant(e).

MODÈLE: la salade (beaucoup) →

Vous: Philippe, as-tu de la salade?
Un ami: Oui, j'ai beaucoup de salade.

Exercise C. Suggestion: Have
students do exercise in pairs,
reversing rôles. Model a few of the
items.

1. les carottes (assez) 2. la glace (trop) 3. la bière (un verre) 4. le poisson (un peu) 5. les tomates (beaucoup) 6. le café noir (une tasse) 7. le melon (trop) 8. les fraises (assez) 9. la mousse au chocolat (un peu) 10. les croissants (beaucoup) 11. l'eau (une bouteille) 12. café au lait (un bol)

D. **Au restaurant.** Faites des phrases complètes pour décrire la scène. Utilisez l'article partitif.

Exercise D. Suggestion: May be
done orally or in writing. You may
want to have students do exercise
in writing first and then respond
orally.

1. Thibaut / demander / bifteck 2. nous / demander / lait 3. vous / commander / bière 4. Jean-Pierre et Anne / manger / tarte aux pommes 5. je / avoir / gâteau / avec / glace 6. le serveur / avoir / patience / avec nous

E. **Désolé.** Au restaurant vous commandez le dîner. Le serveur n'a plus de vos plats et boissons préférés. Jouez les rôles avec un(e) camarade.

Exercise E. Suggestion: Do in
pairs. Model a few items first to
help students get the idea of the
exercise.

MODÈLE: poulet →

Vous: Je voudrais (*I would like*) du poulet, s'il vous plaît.
Un ami: Je suis désolé, mais il n'y a plus de poulet.

1. jambon 2. salade de tomates 3. bière 4. vin rouge 5. omelette aux pommes de terre 6. veau 7. haricots verts 8. fromage 9. poires 10. tarte aux fraises 11. fruits 12. thé au lait

F. Un pique-nique réussi. Complétez avec l'article défini, indéfini ou partitif.

Aujourd'hui, nous allons pique-niquer. Madame Belleval prépare _____ repas froid avec _____ poulet, _____ haricots verts, _____ melon et _____ salade. Pour _____ dessert, il y a _____ fromage et _____ tarte aux fraises. M. Belleval choisit _____ vin: c'est _____ bon petit vin blanc du pays *(local)*. La famille Belleval arrive à la rivière *(stream)*. Les enfants préparent _____ table, on mange, on parle, _____ poulet est excellent, _____ melon est parfait. Quelle belle journée! Au dessert, on mange _____ tarte avec une tasse _____ café. Les enfants préfèrent _____ jus de fruits et ils adorent _____ tarte. Tout le monde mange bien, et même *(even)* mange un peu trop. . . alors, après _____ repas, il reste une chose à faire: chacun *(everyone)* fait la sieste!

Exercise F. Suggestion: Have students do exercise orally or in writing. Allow more than one answer if either would be appropriate. Example: **Il y a de la tarte aux fraises** or **une tarte aux fraises.**

G. Conversation et interview. Répondez aux questions. Ensuite choisissez une ou deux questions et posez-les à un(e) camarade.

1. Est-ce que vous mangez beaucoup de viande? de poisson? de légumes? de fruits?
2. Qu'est-ce que vous aimez manger? Qu'est-ce que vous détestez manger?
3. Qu'est-ce que vous aimez manger au petit déjeuner? au déjeuner? au dîner?

H. Et vous? Complétez les phrases suivantes, selon le modèle.

MODELE: J'ai trop _____ . → J'ai trop d'examens!

1. J'aime commander _____ . 2. J'adore _____ . 3. J'ai trop _____ . 4. J'ai envie d'un grand verre _____ . 5. J'ai envie d'acheter _____ . 6. Je déteste _____ . 7. Les étudiants n'ont pas assez _____ . 8. Aux Etats-Unis, on a beaucoup _____ . 9. A l'université, il n'y a pas assez _____ . 10. Dans la vie, il y a trop _____ . 11. J'ai besoin de manger plus _____ . 12. J'ai besoin de manger moins _____ .

19. PRESENT TENSE OF -RE VERBS

Gourmandise

MME BRUNEAU: Vous *entendez*, les jeunes, il y a encore du poulet et des haricots verts.
MONIQUE: Euh, non merci. Je n'ai plus faim. . . .
MME BRUNEAU: Tu *perds* vite ton appétit, Monique.
JEAN-MARIE: Ce n'est pas ça. . . nous *attendons* la tarte aux pommes!

Répétez le dialogue et substituez les expressions nouvelles aux expressions suivantes.

1. du poulet et des haricots verts → du thé et du café
2. faim → soif
3. ton appétit → ta soif
4. la tarte aux pommes → le champagne

A third group of French verbs have infinitives that end in **-re,** like **vendre.**

PRESENT TENSE OF **VENDRE:** *to sell*	
je vend**s**	nous vend**ons**
tu vend**s**	vous vend**ez**
il, elle, on vend	ils, elles vend**ent**

A treat
MME BRUNEAU: Do you hear me, children? There's still some chicken and green beans left.   MONIQUE: Uh. . . no thanks, I'm not very hungry any more.   MME BRUNEAU: You're losing your appetite quickly, Monique.   JEAN-MARIE: That's not really it. . . we're waiting for the apple tart!

Other verbs conjugated like **vendre** include:

attendre	to wait (for)
descendre (de)	to go down, to get down (from), to get off
entendre	to hear
perdre	to lose, to waste
rendre	to give back, to return
rendre visite à	to visit *(a person)*
répondre à	to answer
Elle attend le dessert.	*She's waiting for dessert.*
Nous descendons de l'autobus.	*We're getting off the bus.*
Le commerçant rend la monnaie à la cliente.	*The storekeeper gives change back to the customer.*
Je réponds à sa question.	*I'm answering his question.*

Suggestion. Listening comprehension: Have students indicate whether they hear a singular or plural verb in the following sentences: (1) **Elles attendent le dessert.** (Solicit two reasons for plural: **liaison** and **d** sound.) (2) **Il rend le gâteau au chef.** (3) **Elles perdent leur appétit.** (4) **Il répond à leurs besoins.** (5) **Elle perd vite l'appétit.** (6) **Ils rendent la monnaie au garçon.**

Maintenant à vous

A. **Au marché.** Qu'est-ce qu'ils font?

1. *Le commerçant* vend du pain. *(nous, vous, tu, Mme Bruneau)* 2. *Les clients* attendent le commerçant. *(Les touristes, la jeune fille, vous, je)* 3. *Ils* ne perdent pas patience. (le touriste, les jeunes filles, nous, tu) 4. *La commerçante* rend la monnaie aux clients. *(M. Duval, tu, Patricia, vous)*

B. **Qu'est-ce qu'on fait maintenant?** Changez du singulier au pluriel ou vice versa.
MODELE: Je vends ma vieille guitare. → Nous vendons notre vieille guitare.

1. Tu rends visite à ton amie Paulette. 2. Vous rendez un livre à la bibliothèque. 3. J'entends la voiture qui *(that)* arrive. 4. Nous descendons de la voiture. 5. Elles perdent du temps au café. 6. Il répond aux questions de sa soeur.

Exercise C. Suggestion: Allow students to do first silently (or in writing); then solicit individual answers. Help student by asking them to explain in English why they chose the verb they did. (This encourages and builds contextual guessing strategies.)

C. **Nous faisons les courses.** Complétez avec une forme conjuguée d'un des verbes suivants: *descendre, entendre, perdre, rendre, répondre, vendre.*

Aujourd'hui, je vais faire le marché avec mon amie Christiane. Nous _____ de l'autobus à la Place Masséna. Nous allons à un marché où les commerçants _____ des fruits et des légumes du pays. Ils parlent avec les clients et _____ à leurs questions. Je _____ toujours visite à mes commerçants préférés et je _____ beaucoup de discussions intéressantes. Je ne _____ pas mon temps au marché.

Exercise D.   Suggestion: Have
students interview each other in
pairs.

Exercise D.   Follow-up: (1) Take
class tally of results of interviews:
Qui est patient? Qui est normal?
etc. (2) Expand by having students
describe what they *do* in each
situation. Example with model: **Je
prends un taxi.** (3) Have students
ask *you* to react to these
situations.

D. Perdez-vous souvent patience? Utilisez les questions suivantes pour interviewer un(e) camarade de classe. Il/elle utilise: *souvent, pas souvent* ou *toujours* dans sa réponse. Décidez d'après ses réponses s'il, ou si elle, est: *très patient(e), patient(e), normal(e), impatient(e), très impatient(e)*.

MODELE: *Vous:* Tu attends l'autobus. Il n'arrive pas. Est-ce que tu perds patience?
           Un ami: Oui, je perds souvent patience.

1. Tu attends un coup *(call)* de téléphone toute la soirée. La personne ne téléphone pas. 2. Un(e) ami(e) ne répond pas à tes lettres. 3. Tu entends des mensonges *(lies)* à propos de ta famille. 4. Un(e) ami(e) ne te *(to you)* rend pas ton livre préféré. 5. Tu perds les clefs *(keys)* de ta voiture ou de ton appartement. 6. Ta famille te rend visite sans téléphoner. 7. Tu ne réponds pas bien à une question de ton professeur. 8. Tu attends tes amis au restaurant. Ils n'arrivent pas.

20. PRESENT TENSE OF IRREGULAR *-RE* VERBS

Presentation: Model pronunciation.
Have class provide substitutions
orally or in writing. When students
have created new dialog, have
class repeat new lines in choral
responses.

A ta santé!

JEAN-MICHEL: Je *prends* le poulet froid, et vous?
MARIANNE: Nous *prenons* le veau à la crème et les légumes.
JEAN-MICHEL: Et qu'est-ce que vous *buvez*?
THERESE: Oh, moi, je *bois* seulement du Château-La-Pompe!*

Répétez le dialogue et substituez les expressions nouvelles aux expressions suivantes.

1. le poulet froid → une petite pizza
2. le veau et les légumes → un sandwich au fromage
3. le Château-La-Pompe → de la bière

Cheers! (To your health!)
JEAN-MICHEL: I'm having the cold chicken, and you?   MARIANNE: We're having the veal in cream sauce and the vegetables.   JEAN-MICHEL: What are you drinking?   THERESE: Oh, I'll just drink Château-La-Pompe.

*Many fine French wines bear the names of the **châteaux** where they are made. **Château-La-Pompe** *(Château the Pump)* is a colloquial way of referring to plain tap water.

A. *Prendre* and verbs like *prendre*

The verb **prendre** (*to take*) is irregular in its plural forms.

PRESENT TENSE OF **PRENDRE**: *to take*	
je prend**s**	nous pren**ons**
tu prend**s**	vous pren**ez**
il, elle, on prend	ils, elles pren**nent**

Presentation: Model pronunciation and have students repeat. Use whole sentences such as **Je prends du poulet; Tu prends du poulet,** etc.

Apprendre (*to learn*) and **comprendre** (*to understand*) are conjugated like prendre.

Qu'est-ce que **vous prenez?**	What *are you having?*
J'apprends l'espagnol.	*I'm learning* (how to speak) Spanish.
Est-ce que **tu comprends** ma question?	*Do you understand* my question?

When an infinitive follows **apprendre,** the preposition **à** must be used also.

Ma soeur **apprend à danser.**	My sister *is learning (how to) dance.*
Apprenez-vous à skier?	*Are you learning (how to) ski?*

Suggestion. Listening comprehension: Have students say whether verbs are singular or plural. (You may want to do this as a dictée.) Il prend le veau à la créme. Elles prennent un sandwich au fromage. Ils prennent de la bière. Elle prend une petite pizza. Ils comprennent le menu. Elle apprend le français. Ils apprennent à choisir le vin. Ça prend du temps.

Some common expressions with **prendre** include:

prendre un repas/le petit déjeuner	to eat a meal/breakfast
prendre un verre	to have a drink (*usually alcoholic*)
prendre du temps	to take time

B. *Boire*

The verb **boire** (*to drink*) is also irregular in form.

PRESENT TENSE OF **BOIRE**: *to drink*	
je **bois**	nous **buvons**
tu **bois**	vous **buvez**
il, elle, on **boit**	ils, elles **boivent**

Presentation: Model pronunciation, using verb in short complete sentences. Have students repeat the model.

Je bois de l'eau minérale.	*I'm drinking* mineral water.
Nous buvons de la bière.	*We're drinking* beer.

Maintenant à vous

A. A table!

1. Qui prend du fromage? → *Je* prends du fromage. *(Marc et Paul, nous, tu, Mme Dupont)*

2. Qui comprend le menu? → *Solange* comprend le menu. *(nous, Marie et Jeannette, tu, vous)*

3. Qui apprend à préparer les carottes? → *Tu* apprends à préparer les carottes. *(elles, nous, je, ma cousine)*

4. Qui boit de la bière? → *Il* boit de la bière. *(vous, nous, mes amis, je)*

Exercise B. Suggestion: Do as rapid response drill, or do as dictation at board, with students transforming sentences after writing the stimulus.

B. A l'université. Changez les phrases suivantes du singulier au pluriel ou vice versa.

1. J'apprends le français. 2. Ils comprennent le professeur. 3. Nous prenons un livre à la bibliothèque. 4. Est-ce que tu bois du café au restaurant universitaire? 5. Elle prend beaucoup de haricots verts. 6. Apprenez-vous votre leçon de russe?

Exercise C. Suggestion: Have students write out answers first and then solicit individual responses from class.

Exercise C. Continuation. Other possible stimuli: **J'ai mal à la tête. Mon ami a mal à l'estomac. Nous avons très soif.**

C. La réponse est simple! Trouvez des réponses aux problèmes suivants. Utilisez les verbes *boire, apprendre, comprendre* ou *prendre* ou des expressions avec *prendre*.

MODELE: Je désire parler avec un ami. → Je prends un verre au café avec un ami.

1. J'ai faim. 2. J'ai soif. 3. Je désire bien parler français. 4. Je désire étudier les mathématiques. 5. Je n'aime pas le vin. 6. Je désire essayer un sport nouveau.

Exercise D. Suggestions: (1) Have students use questions to interview each other. (2) Choose questions and dictate to students, books closed. After students write questions, have them provide an answer orally or in writing.

D. Conversation.

1. Combien de repas prenez-vous par jour *(each day)*? Prenez-vous votre repas principal le matin? à midi? le soir? Prenez-vous peu de temps pour manger? beaucoup de temps? Prenez-vous quelque chose entre les repas? Buvez-vous pendant *(during)* les repas ou entre les repas? Prenez-vous beaucoup de pain avec chaque repas?

2. Qu'est-ce que vous prenez au petit déjeuner? des oeufs? des céréales? du jambon? du pain et du beurre? des croissants? Qu'est-ce que vous buvez au petit déjeuner? du café? du thé? du chocolat? Est-ce que vous prenez du sucre dans votre café? de la crème? du lait?

3. Qu'est-ce que vous apprenez à l'université? Apprenez-vous une autre langue étrangère? Apprenez-vous un sport nouveau? Quel sport?

4. Est-ce que vous comprenez le français? le professeur de français? les exercices de grammaire? la personnalité des Français? Avez-vous des amis français? Comprenez-vous leur anglais?

21. THE IMPERATIVE

L'ennemi d'un bon repas

FRANÇOIS: Martine, *passe* le sel, s'il te plaît. . . . (Martine lui passe la salade.)
FRANÇOIS: Mais non, enfin! *Ecoute* un peu. . . je demande **le sel**!
MARTINE: François, *sois* gentil—*ne parle pas* si fort. Je n'entends plus la télé. . . .

1. Est-ce que François demande la salade?
2. Est-ce que Martine passe le sel à François?
3. Est-ce que Martine écoute François?
4. Qu'est-ce que Martine entend?

A. Kinds of imperatives

The imperative or command form of the verb is used to give directions, make suggestions, or give orders. There are three forms of the imperative in French. Note that subject pronouns are not used with them.

tu form	**Parle!**	*Speak!*
nous form	**Parlons!**	*Let's speak!*
vous form	**Parlez!**	*Speak!*

1. The **tu** form is used when you are speaking to a person whom you would normally address as **tu**.
2. The **nous** form is used when you are speaking to a group that includes yourself.
3. The **vous** form is used when you are speaking to several persons or to one person whom you don't know well or whom you normally address as **vous**.

The enemy of a good meal
FRANÇOIS: Martine, pass the salt please. . . . (Martine passes him the salad.) FRANÇOIS: No, come on! Listen. . . I'm asking for the salt! MARTINE: François, be nice—don't speak so loudly. I can't hear the TV anymore. . . .

B. Imperative forms of *-er* verbs

Presentation: Model pronunciation and intonation, with students repeating. Use short sentences to provide a context when appropriate.

The imperatives of regular **-er** verbs are the same as the corresponding present tense forms, except that the **tu** form does not end in **-s.**

INFINITIVE	TU	NOUS	VOUS
regarder	**Regarde!**	**Regardons!**	**Regardez!**
entrer	**Entre!**	**Entrons!**	**Entrez!**

Regardez! Un restaurant russe.   *Look!* A Russian restaurant.

Entrons!   *Let's go in!*

The imperative forms of the irregular verb **aller** follow the pattern of regular **-er** imperatives: **va, allons, allez.**

C. Imperative forms of *-re* and *-ir* verbs

The imperative forms of the **-re** and **-ir** verbs you have learned—even most of the irregular ones—are identical to their corresponding present-tense forms.

INFINITIVE	TU	NOUS	VOUS
attendre	**Attends!**	**Attendons!**	**Attendez!**
finir	**Finis!**	**Finissons!**	**Finissez!**
faire	**Fais. . . !**	**Faisons. . . !**	**Faites. . . !**

Attends! Finis ton verre!   *Wait! Finish* your drink!

Faites attention!   *Pay* attention! Watch out!

D. Irregular imperative forms

The verbs **avoir** and **être** have irregular command forms.

Presentation: Model pronunciation, with students repeating after your model. Use short sentences to provide a context.

INFINITIVE	TU	NOUS	VOUS
avoir	**Aie. . . !**	**Ayons. . . !**	**Ayez. . . !**
être	**Sois. . . !**	**Soyons. . . !**	**Soyez. . . !**

Sois gentil, Michel, et va au marché.   *Be* nice, Michel, and go to the market.

Ayez de la patience.   *Have* patience.

E. Negative commands

In negative commands, **ne** comes before the verb and **pas** follows it.

Ne vends pas ta guitare!	*Don't sell* your guitar!
Ne buvons pas trop de café.	*Let's not drink* too much coffee.
N'attendez pas le dessert.	*Don't wait for* dessert.

Maintenant à vous

Exercises A and B. Suggestion: Do exercises with students at board, writing responses and changing them as directed.

A. Préparatifs. Mettez les conseils *(advice)* de Pierre à l'impératif.
MODELE: Vous faites le marché. → Faites le marché.

1. Vous allez vite au marché. 2. Nous attendons l'autobus. 3. Tu descends de l'autobus. 4. Vous achetez du pain frais. 5. Nous choisissons un bon camembert. 6. Tu commandes un poulet chaud. 7. Nous faisons un bon dîner. 8. Tu prends ta fourchette.

Exercise A. Suggestion: Do as rapid response drill, with individual and choral response.

Exercise A. Follow-up: Have students change singular to plural and vice versa for numbers 1, 3, 4, 6, and 8.

B. Des conseils négatifs. Mettez les phrases précédentes à la forme negative de l'impératif.

C. Les bonnes manières à table. Vous parlez à un enfant. Suivez le modèle.
MODELE: ne pas être gourmand → Ne sois pas gourmand!
être gourmet → Sois gourmet!

1. attendre ton père 2. prendre ta serviette 3. finir ta soupe 4. manger tes carottes 5. ne pas jouer avec ton couteau 6. regarder ton assiette 7. boire ton eau minérale 8. ne pas manger ta salade avec ta cuillère à soupe 9. ne pas parler à table 10. ne pas demander le dessert

Exercise C. Follow-up: Have students decide whether the following commands should be in the affirmative or negative: (1) **faire ses devoirs après le dîner** (2) **jeter sa serviette sur le tapis** (3) **faire du bruit quand tu bois** (4) **manger vite** (5) **regarder la télé pendant le repas** (6) **être sage.**

D. Un pique-nique. Suivez le modèle.
MODELE: faire un pique-nique → Faisons un pique-nique!

1. aller au marché 2. acheter du pain et du fromage 3. choisir un bon melon 4. aller à la rivière 5. jouer au volley-ball 6. manger des sandwichs 7. prendre notre temps 8. oublier *(to forget)* nos problèmes 9. boire du vin rouge 10. ne pas faire la vaisselle

E. Comment avoir un bon commerce. Donnez des recommandations à un commerçant.
MODELE: faire attention aux clients → Faites attention à vos clients.

1. être aimable 2. avoir de la patience 3. écouter les clients 4. répondre aux questions 5. acheter de bons légumes 6. vendre de la bonne viande 7. ne pas perdre de temps 8. rendre correctement la monnaie

F.   La réponse est simple! Suivez le modèle.

MODELE: Henri a faim. → Henri, prends un casse-croûte *(snack)*!
Henri. . .

Exercise F. Suggestion: Allow
students five minutes to think about
and/or write out answers. Then
solicit individual responses orally.

1. a besoin d'exercice. 2. a besoin d'argent *(money)* 3. a envie d'aller en Espagne. 4. a soif. 5. a sommeil. 6. n'aime pas son appartement. 7. ne comprend pas un mot dans son livre d'anglais. 8. cherche un camarade de chambre.

changer d'appartement / jouer au tennis / aller au lit / vendre sa voiture / faire un voyage / boire un verre d'eau / téléphoner à ses amis / chercher dans le dictionnaire

Exercise G.   Suggestions: (1)
Give students a few minutes to
develop responses. Then solicit
individual responses orally, or send
three or four students to board to
write their answers. Compare
students' results. (2) You may want
to do a set of orders first to show
students how to create a chain of
actions. Have various students
play the robot.

G. Le robot. Vous avez un robot qui travaille chez vous. Donnez dix ordres en français à votre robot.

MODELE: Va faire les courses.
Rends mes livres à la bibliothèque.

Comparez vos ordres aux ordres de vos camarades de classe. Qui donne les ordres les plus intéressants *(most interesting)*?

Maintenant, la classe choisit un(e) étudiant(e) comme robot. Donnez cinq ordres en français au robot. Il/elle est obligé(e) d'obéir.

MODELE: Va au tableau.
Prends ton livre de français.
Regarde le mur.
Lis *(read)* le dialogue à la page _____ .
Ecris *(write)* "bonjour" au tableau.

Nasal Vowel Sounds

Nasal vowel sounds are made when air escapes through the nasal passage and the nose, rather than through the mouth. A nasal vowel is represented in French by one or two vowels followed by an **n** or an **m** at the end of a word or a syllable: **main, rond, grand, sympathique,** and so on. The **n** or **m** is not pronounced. Note that the vowel is not nasal if the **n** or **m** is followed by a vowel. The **n** or **m** is then pronounced: **banane, fine.** The same is true if the **n** or **m** is doubled and then followed by a vowel: **bonne, comme.**

Traditionally, there are four French nasal vowels, all represented in the phrase "**un** [œ̃] **bon** [ɔ̃] **vin** [ɛ̃] **blanc** [ɑ̃]." The [œ̃] (**un** and **um** in the written language) is disappearing in modern French. In everyday speech, it becomes [ɛ̃]. Most French people today use only three nasal vowels: [ɔ̃], [ɛ̃], [ɑ̃]. The following chart represents the various spellings of the nasal vowels.

— Pendant mon absence, ne touche pas à mes affaires. Tu mets tout en désordre et je ne retrouve rien ! (Gad)

Tu mets *You put.*

je ne retrouve rien *I can't find anything.*

	SPELLING	EXAMPLE	IPA		SPELLING	EXAMPLE	IPA
[ɔ̃]	on*	non	[nɔ̃]	[ɛ̃]	in	quinze	[kɛ̃z]
	om	nombre	[nɔ̃br]		im	timbre	[tɛ̃br]
					yn	synthèse	[sɛ̃tɛz]
[ɑ̃]	an	langue	[lɑ̃g]		ym	sympathique	[sɛ̃patik]
	am	lampe	[lɑ̃p]		ain/aim	bain	[bɛ̃]
	en	trente	[trɑ̃t]		ein/eim	rein	[rɛ̃]
	em	temps	[tɑ̃]		oin	loin	[lwɛ̃]
					final -en	examen	[ɛgzamɛ̃]
					un†	brun	[brɛ̃]
					um†	humble	[ɛ̃bl]

Maintenant à vous

A. Prononcez avec le professeur.

plan	raison	bien	encore
un	raisonnable	comment	anglais
une	besoin	vingt	oncle
bon	pain	amphithéâtre	notation
bonne	souvent	étudiant	parisien

*Note that **Monsieur** is an exception. It has no nasal vowel and is pronounced [məsjø].

†Sometimes pronounced [œ̃].

B. Prononcez avec le professeur.

1. Son appartement est grand et élégant. 2. Nous avons un bon grand chien. 3. Ils ont vingt-cinq ans. 4. Voici trente gentils lions orange et marron.

C. Pour rire.

1. Benjamin et Constantin vont à un congrès de science-fiction à Saint-Quentin le jour de la Saint-Valentin.
2. Mon oncle italien et ma tante allemande sont bien contents de leur conversation avec cinq anciens étudiants parisiens intelligents, intéressants et bien patients!

CONVERSATION ET CULTURE

Un Déjeuner en famille

Les Verrier et leurs enfants, Eric (dix-huit ans) et Pascale (onze ans) sont chez Monsieur et Madame Antonin, les parents de Madame Verrier.

ERIC: Grand-père, qu'est-ce qu'on attend? *J'ai une faim de loup!*

| *I could eat a horse! (lit. I have the hunger of a wolf!)* |

GRAND-PERE: Nous attendons tes parents.

drawing near — M. VERRIER *(s'approchant):* Qu'est-ce qu'on mange?

roast — GRAND-MERE: Du jambon, du *rôti* de boeuf, des pommes de terre, de la salade, du fromage et des fruits.

M. VERRIER: Pas de gâteau?

GRAND-MERE: Non, ce n'est pas bon pour le régime. . . .

ERIC: Mais. . . il y a une tarte aux pommes sur la table de la cuisine!

GRAND-MERE: Ça, c'est pour le goûter de Pascale.

PASCALE: Ma place est ici, à côté de grand-mère.

GRAND-MERE: Oui, prends ta place. Passe le jambon et le beurre à ton père, s'il te plaît.

MME VERRIER: Ne mange pas tout ton pain à la fois.

that — PASCALE: Ecoute, Maman, je ne suis plus un enfant.

great cook — ERIC: Ton rôti est extraordinaire, grand-mère, tu es un *cordon bleu*.

GRAND-PERE: Et toi, tu es un grand gourmand, Eric. . . . Ne mange pas tout le fromage, s'il te plaît.

ERIC: Est-ce qu'on change d'assiettes pour les fruits?

M. VERRIER: Non, pas si je fais la vaisselle.

GRAND-MERE: Oh! Et la salade? J'oublie toujours la salade!

It doesn't matter. — PASCALE: *Cela ne fait rien,* grand-mère. Nous n'avons plus faim.

I'm losing my wits. — GRAND-MERE: *Je perds la tête.*

PASCALE: Mais non! Reste ici, grand-mère. Je vais faire le café.

GRAND-MERE: Ça, c'est gentil. Merci.

(Pascale va dans la cuisine. On entend un *bruit* terrible.)

noise — M. VERRIER: Mon Dieu! On n'a plus besoin de faire la vaisselle!

Questions et opinions

1. Qui a une faim de loup? 2. Qui est-ce qu'on attend pour commencer le déjeuner? 3. Qu'est-ce qu'il y a à manger? 4. Pour qui est le gâteau? Pourquoi? 5. Est-ce qu'Eric aime le fromage? 6. Qui va faire la vaisselle? le café? 7. Mangez-vous la salade après le plat principal ou avant? 8. Mangez-vous beaucoup de pain à table? 9. Prenez-vous souvent du gâteau ou de la tarte au goûter? 10. Dînez-vous souvent avec vos parents, vos grands-parents, vos frères ou soeurs?

See "Teaching Hints: Long dialog"

Commentaire culturel

French home cooking is probably simpler than most foreign visitors imagine. Its excellence comes partly from the high quality of the ingredients used and partly from a tradition of skilled and experienced craftspeople: chefs, bakers, pastry cooks, and butchers.

Breakfast **(le petit déjeuner)** is simple—usually **tartines** *(bread and butter)* or **croissants** dipped in **café au lait.** The noon meal **(le déjeuner)** has traditionally been the main meal, but with the fast pace of modern life, many people now take less time for lunch and prefer to have a larger evening meal **(le dîner).** Dinner, whether or not it is the main meal, is served late by American standards, around 7:30 or 8:00 P.M. For this reason, children have a snack, usually **pain et chocolat** *(bread and a chocolate bar)*, when they return home from school. This is called **le goûter.**

Whether at noon or in the evening, the main meal begins with either an **hors-d'oeuvre** or an **entrée** or both. The **hors-d'oeuvre** is always a cold

Suggestion: Have students list as many differences as they can between French eating habits and those of their own families. Have them react to the French customs described and evaluate their feelings about them.

— Avec un croissant...   (Verrier)

dish, sometimes similar to the light snacks called hors d'oeuvres in the United States. It may be cold cuts, eggs in mayonnaise, or some variety of **pâté.** An **entrée** is not a main dish, as you might think, but a light, warm dish—trout, mussels, or **quenelles** (*fish dumplings*), for example. It is followed by a meat or fish dish, vegetable, salad, cheese, and fresh fruit. Children often drink water while the rest of the family has **vin rouge ordinaire,** sometimes diluted with water. After the meal, a small cup of strong coffee is generally served.

Bread is laid directly on the tablecloth, beside each plate; it is broken with the fingers and eaten in small pieces. Most people hold the fork in their left hand and the knife in their right hand. When not eating, they place their hands on the table, on either side of the plate. The French are surprised by the American habits of mixing hot and cold and sour, salty, and sweet foods at the same time. Each course of a French meal is served separately, usually on the same plate (unless the meal is formal).

Meals take longer in France than in the United States, partly because there are so many courses, but also because they are a time for socializing. Custom requires regular mealtimes and the presence of every family member at the table.

RECAPITULATION

Exercise A. Suggestions (1) May be done as rapid response oral drill (2) Dictate stimulus sentences at board and have students then change sentences as described in exercise.

A. **Au marché.** Changez du singulier au pluriel ou vice versa.

MODELE: Le commerçant vend de la viande. → Les commerçants vendent de la viande.
Bois de la bière. → Buvez de la bière.

1. Tu entends le commerçant. 2. La commerçante rend la monnaie. 3. Les commerçants n'oublient pas les questions des clients. 4. Ne perds pas patience. 5. Descendez de l'autobus. 6. J'apprends à faire les courses. 7. Elle vend du poulet. 8. Prends ton temps. 9. Attendez la mousse au chocolat. 10. Vous buvez de l'eau minérale.

B. **La nourriture et les boissons.** Faites des phrases complètes.

1. qu'est-ce que vous / prendre / dîner ? 2. on / prendre / entrée / jambon / petits pois / et / salade 3. manger / vous / assez / fruits ? 4. oui, je / manger / souvent / poires / et / pommes 5. prendre / elles / beaucoup / vin ? 6. non / il y a / ne. . . plus / vin 7. elles / boire / verre / bière

Exercise C. Suggestions (1) Have students do exercise first in writing and then elicit individual answers orally. (2) Have students repeat individually with choral repetition as desired.

C. **Ah! Un beau dîner en famille.** La vie d'un(e) enfant est parfois (*at times*) difficile. Quels sont les ordres des parents de Monique? Choisissez un verbe parmi les suivants: *avoir, boire, écouter, finir, manger, passer, prendre, répondre.*

MODELE:

_____ tes légumes. → Mange tes légumes.

1.

_____ tes hors-d'œuvre.

2.

Ne _____ pas si *(so)* vite.

3.

_____ les conseils de ta
mère.

4.

_____ ta viande.

5.

_____ ton verre.

6.

Ne _____ pas si vite.

7.

_____ à nos questions.

8.

_____ de la patience.

Le Français par les gestes: On boit un coup?

The French display little temperance in their invitation "to have a drink." Their hand imitates moving a whole bottle toward their mouth.

Exercise D. Suggestion: Have students do in pairs and then check responses by eliciting them orally with the whole class.

D. Renseignements (*Information*). Vous faites un voyage en France. Vous posez des questions à un(e) ami(e) sur les repas français. Jouez les deux rôles avec un(e) camarade de classe.

MODELE: *L'étudiant(e) américain(e):* Quand est-ce qu'on prend l'entrée, au début (*at the beginning*) du repas ou à la fin?
L'ami(e) français(e): Prends l'entrée au début du repas.

1. Où place-t-on le pain? 2. Quand est-ce qu'on mange la salade?
3. Qu'est-ce qu'on mange au goûter? 4. Qu'est-ce qu'on boit au dîner? 5. Qu'est-ce qu'on prend au petit déjeuner? 6. Qu'est-ce qu'on prend au déjeuner?

Exercise E. Suggestion: Have students write out lists of activities in sequential order. Have volunteer write list(s) on board to check accuracy.

E. Faisons des projets. Des amis vous rendent visite. Vous avez seulement deux heures pour préparer le repas et pour faire le ménage. Que faire d'abord? Et ensuite?

MODELE: Faisons d'abord le ménage et ensuite. . . .

finir la vaisselle
faire le ménage
préparer le menu
prendre un verre avec les amis

faire le marché
faire la cuisine
être patient(e) et calme
apprendre à faire un nouveau dessert

VOCABULAIRE

VERBES

apprendre	to learn
attendre	to wait (for)
boire	to drink
commander	to order
comprendre	to understand
descendre (de)	to go down, to get down (from), to get off
entendre	to hear
oublier	to forget
perdre	to lose
prendre	to take
rendre	to give back, return
rendre visite à	to visit *(people)*
répondre	to answer
vendre	to sell

NOMS

l'assiette *(f)*	plate
le beurre	butter
la bière	beer
le bifteck	steak
la boisson	beverage
le bol	large bowl-like cup
la bouteille	bottle
la carafe	carafe
le chocolat	chocolate
le/la commerçant(e)	shopkeeper
le couteau	knife
le croissant	breakfast roll made of flaky pastry
la cuillère à soupe	soup spoon
le déjeuner	lunch, main meal
l'eau (minérale) *(f)*	(mineral) water
la fourchette	fork
la fraise	strawberry
le fromage	cheese
le gâteau	cake
la glace	ice cream
le goûter	afternoon snack
les haricots verts *(m)*	green beans

NOMS

le jambon	ham
la journée	day
le lait	milk
la laitue	lettuce
le légume	vegetable
le marché	market (place)
le matin	morning
la monnaie	change *(money)*
l'oeuf *(m)*	egg
le pain	bread
le petit déjeuner	breakfast
la petite cuillère	teaspoon
la poire	pear
le poisson	fish
le poivre	pepper
la pomme	apple
la pomme de terre	potato
le poulet	chicken
le repas	meal
le sel	salt
la serviette	napkin
le sucre	sugar
la tarte	tart, kind of pie
la tasse	cup
le temps	time
le thé	tea
le veau	veal
le verre	glass
la viande	meat
le vin	wine

MOTS DIVERS

à midi	at noon
assez de	enough
moins de	less
ne. . . plus	no more
plus de	more
seulement	only
trop de	too much
un peu de	a little
vite	quickly

Intermède 5

Activités

Exercise A. Suggestion: Have students circulate among class members to get five answers to each question. Students can take notes as they do their surveys. Limit this activity to ten minutes for interviewing, and to five minutes for summary of results.

A. Vos préférences gastronomiques. Posez les questions suivantes à cinq camarades de classe. Ensuite décrivez les préférences gastronomiques des camarades interviewé(e)s. Suivez le modèle.

MODELE: Question numéro un: Manges-tu souvent au restaurant?
Oui: trois étudiants.   Non: deux étudiants.

1. Manges-tu souvent au restaurant?   2. Quel est ton restaurant préféré?   3. Quel est ton repas préféré? Pourquoi?   4. Au petit déjeuner préfères-tu prendre du café? du thé? du chocolat? de la bière? _____ ?   5. Quel est ton petit déjeuner préféré? les oeufs? les céréales? _____ ?   6. Que préfères-tu prendre au déjeuner? un sandwich? une omelette? un repas complet? _____ ?   7. Qu'est-ce que tu bois au déjeuner? du lait? du vin? du Coca-cola? de l'eau minérale? du café?   8. Bois-tu du Coca-cola ou du café pendant l'après-midi?   9. Qu'est-ce que tu prends au dîner? du jambon? du rôti de boeuf? du poisson? _____ ?   10. Bois-tu du vin au dîner? de l'eau? du café? _____ ?   11. Quel dessert préfères-tu? des fruits? du fromage? du gâteau? de la glace? _____ ?   12. Quel légume préfères-tu? Quel légume détestes-tu?

Exercise B. Suggestion: (1) students write out at least ten sentences, elicit individual answers. (2) Do exercise orally, calling on several individuals. Have several students remember responses of various classmates.

B. Vos plats préférés. Quels plats aimez-vous? Quels plats n'aimez-vous pas? Pourquoi? Faites des phrases complètes selon les modèles.

MODELE: J'aime les hot dogs parce qu'ils sont faciles (easy) à préparer.
Je n'aime pas le curry indien parce qu'il est épicé (spicy).

J'aime. . . ./Je n'aime pas. . . .	**parce que. . . .**
les "Big Mac"	
le bifteck et les pommes de terre	difficile(s) à préparer
	facile(s) à préparer
	beaucoup de calories

162

le jambon	est	peu de calories
les soupes de légumes	n'est pas	beaucoup d'ingrédients
les gâteaux au chocolat	sont	des ingrédients chi-
les hot dogs	ne sont pas	miques
les spaghetti	a	exotique(s)
la pizza	n'a pas	dégoûtant(e/s) *(disgust-*
les escargots	ont	*ing)*
le curry indien	n'ont pas	cher(s)/chère(s)
le canard mandarin		très sucré(e/s)
(Peking duck)		nutritif(s)/nutritive(s)
le poulet frit à la Ken-		très snob
tucky		très américain(e/s)
les éclairs		
les fruits		

Exercise C.   Suggestion: Have students work silently for a few minutes. Then, after students obtain their scores, elicit and compare individual results. Ask students to name their three favorite foods.

C.   Gourmand(e) ou gourmet? On dit *(says)*: "On est ce qu'on mange." Le/la gourmand(e) aime manger et mange beaucoup. Le gourmet aime manger seulement la nourriture de bonne qualité et ne mange pas nécessairement beaucoup.

Voici une activité qui va montrer *(that will show)* si vous êtes gourmand(e) ou gourmet. Choisissez les trois choses que vous mangez et buvez le plus souvent *(most often)*. Ne regardez pas les numéros.

le cognac	4	les hamburgers	2
le pâté de foie	4	le rôti de boeuf	4
les truffes *(truffles)*	4	le hot dog	0
les chips	0	la mousse au chocolat	4
le canard à l'orange	4	le ketchup	0
les oeufs	2	les huîtres *(oysters)*	4
un soufflé	3	le vin français	3
le camembert	2	le champagne	4
le roquefort	4	la pizza	2
les escargots	4	les frites	1
le Coca-cola	0	le caviar	4
le chocolat	1	les asperges	3

Maintenant, comptez vos points. Qu'est-ce que vos choix indiquent?

Interprétations

12–11 points:	Vous êtes un vrai gourmet. Mais. . . attention! Vous êtes peut-être *(perhaps)* aussi snob.
10–7 points:	Vous êtes un(e) expert(e) en gastronomie mais aussi une personne raisonnable.
6–4 points:	Vous avez tendance à choisir de la nourriture qui n'est pas très bonne. Commencez à réfléchir avant de faire vos menus.
3–0 points:	Vous ne mangez pas bien. Allez tout de suite *(immediately)* chez votre médecin!

Bon appétit!	Literally, *good appetite*. Say this just before beginning a meal.
A votre santé! ⎱ **A ta santé!** ⎰	This expression, meaning *to your health*, is used as a toast.
Passez-moi. . . s'il vous plaît. ⎱ **Passe-moi. . . s'il te plaît.** ⎰	Say this when you want someone to pass you something.
En voulez-vous encore? ⎱ **En veux-tu encore?** ⎰	*Do you want some more (to eat)?*
Oui, merci. Non, merci.	*Yes, please. No, thank you.*
Je n'ai plus faim.	*I'm full. I've eaten enough.*

D. Conversation à table. Voici une conversation entre trois jeunes Français. Avec deux camarades de classe, jouez les rôles des étudiants.

MONIQUE: Bon appétit! Oh, j'ai faim.

MARC: Moi aussi *(Me too)*. Paul, passe-moi la viande, s'il te plaît.

PAUL: Voilà. Qu'est-ce que vous faites ce soir *(tonight)*?

MONIQUE: Je vais à la bibliothèque.

MARC: C'est parce que tu es bonne étudiante. Moi, je vais au cinéma.

PAUL: Je rends visite à une amie.

MONIQUE: Tu as de la chance. . . . Moi, je n'ai pas de temps à perdre. Passe-moi l'eau minérale, s'il te plaît, Marc.

MARC: Voilà. Monique, tu as un examen demain?

MONIQUE: Non, mais j'ai un devoir *(homework)* de maths très difficile.

MARC: Oh, je suis en retard *(late)*. Je m'en vais. . . au revoir!

PAUL: Au revoir, Marc. Monique, en veux-tu encore?

MONIQUE: Non, merci. Je n'ai plus faim.

Maintenant, imaginez que vous déjeunez avec des ami(e)s. Inventez une conversation sur une des situations suivantes. Employez la conversation précédente comme guide.

1. les projets pour ce soir/le week-end
2. le cours de français
3. les activités des copains/copines
4. un(e) copain/copine qui est un grand gourmet
5. les différences entre la cuisine française et la cuisine américaine

E. Recettes de cuisine. Décrivez un plat—votre plat préféré?—à vos camarades. Ils vont donner le nom du plat. Suivez le modèle.

MODELE: Mon plat est un mélange *(mixture)* d'oeufs et de fromage. On mange ce *(this)* plat au petit déjeuner ou au dîner.
(une omelette)

Voici d'autres mots utiles:

la farine *(flour)*	la sauce
les champignons *(mushrooms)*	les herbes
les oignons	

Maintenant, imaginez que vous êtes un grand cordon bleu et que vous allez préparer votre plat préféré. Vos camarades vont deviner *(to guess)* le plat, en posant des questions. Utilisez le vocabulaire du chapitre.

MODELE: Utilisez-vous de la farine?
Est-ce un plat qu'on prend au dîner?

Attention: Il y a une limite de dix questions!

Lecture: La cuisine française

A *quoi* pense-t-on tout de suite quand on pense à la France? Au vin et à la bonne cuisine. En France, on célèbre tout à table: la *naissance*, le mariage et même l'*enterrement*. *Le dimanche*, la famille est réunie: on déjeune ensemble. Le repas est long. L'après-midi, il reste un peu de temps pour une promenade. Elle donne de l'appétit pour le dîner.

    La France est un pays où beaucoup de *boulangeries* restent *ouvertes* le dimanche et où les *magasins ferment* deux heures au *milieu* de la journée. Pourquoi? Parce que le déjeuner est sacré. La nourriture a une importance extraordinaire en France.

what

birth

burial / On Sunday

bakeries / open

stores / close / middle

Le matin, dans chaque ville du pays, il y a un marché de produits locaux sur la *place* principale. Là, on trouve des produits frais et de bonne qualité, base essentielle d'une bonne cuisine. Une promenade à travers *ces* marchés de France, *pleins* de couleurs et d'animation, révèlent une belle harmonie: l'harmonie des plaisirs de la table et de la joie de *vivre*.

Compréhension et expression

A. Comprenez-vous?

1. Quels grands événements de la vie sont célébrés à table?
2. Pourquoi ferme-t-on les magasins pendant deux heures au milieu de la journée en France? 3. Quelle est la base de la bonne cuisine? 4. Qu'est-ce qu'on trouve dans les marchés?

B. Les Américains à table. Complétez le paragraphe suivant pour décrire les Américains à table.

Les Américains ne montrent pas *(don't show)* un grand intérêt pour la nourriture. Quand ils arrivent au restaurant, ils ———— . Ils mangent assez vite et ils passent du temps à table seulement quand ———— . Les magasins américains ne ferment pas au milieu de l'après-midi parce que ———— . Les Américains considèrent ———— comme un aliment exotique parce que ———— . D'habitude les Américains prennent ———— et boivent ———— .

C. Un(e) étudiant(e) à table. Ecrivez un paragraphe sur vos habitudes culinaires. Employez les questions comme guide.

1. Combien de repas prenez-vous par jour? 2. Mangez-vous bien ou mal? 3. Que prenez-vous au petit déjeuner? 4. Où mangez-vous à midi? Prenez-vous un repas complet? 5. Mangez-vous pendant l'après-midi? Qu'est-ce que vous mangez? 6. Qui prépare le dîner chez vous? Passez-vous beaucoup de temps à table? 7. Quand invitez-vous vos amis à dîner à la maison?

5   LES FRANÇAIS A TABLE

Les Délices de la table *Chapitre* 6

OBJECTIFS

Communication et culture   In this chapter, you will learn words and expressions that will enable you to shop for food in a French-speaking country, as well as to order from the menu in a French restaurant. You will also read about the wide variety of good restaurants in France.

Grammaire   You will learn to use the following aspects of French grammar:

22.   numbers from 60 to 100

23.   the demonstrative adjectives **ce(t), cette,** and **ces** *(this/that, these/those)*, used to indicate specific people, things, or ideas

24.   the irregular verbs **vouloir** *(to want)*, **pouvoir** *(to be able to)*, and **devoir** *(to owe, to have to, to be obliged to)*

25.   the interrogative adjective **quel(le)** *(which, what)*, used to form questions that ask for a choice to be made

26.   how to tell time in French

See facing page for lesson plan.

ETUDE DE VOCABULAIRE

Les Magasins

A. Où sommes-nous? Trouvez le nom du magasin selon le modèle.

MODELE: du boeuf → Nous achetons du boeuf. Nous sommes à la boucherie-charcuterie.

1. des boîtes de conserves 2. du saucisson 3. des soles fraîches 4. du pâté de campagne 5. des sardines à l'huile 6. du filet de boeuf 7. des baguettes de pain 8. du poisson frais 9. des éclairs 10. des huîtres 11. des croissants chauds 12. du rôti de boeuf

B. Au marché. Madeleine Dupont est propriétaire d'un restaurant. Chaque jour elle fait le marché. Qu'est-ce qu'elle achète _____ ?

1. à la boucherie-charcuterie?   3. à la boulangerie?
2. à la poissonnerie?   4. à l'épicerie?

*These are often separate stores: **la boulangerie, la pâtisserie, la boucherie, la charcuterie.**

C. Faites vos courses. Avec un(e) camarade, imaginez un menu pour chacun *(each)* des repas suivants. Faites une liste de choses *(things)* à acheter. Où achetez-vous chaque chose?

1. pour un petit déjeuner français   2. pour un petit déjeuner américain   3. pour un pique-nique   4. pour le déjeuner   5. pour un dîner très simple avec quatre ami(e)s   6. pour un dîner très élégant

Exercise C.   Follow-up: After group work, have several students describe each meal. Then ask the whole class: **Qui a le repas le plus intéressant?**

Au restaurant

Le serveur	La cliente
Qu'est-ce que vous prenez comme. . . hors-d'oeuvre?	Je prends le pâté de campagne,
et comme entrée?	la soupe de poisson,
et comme plat principal?	le rôti de boeuf,
et comme légume?	les haricots verts,
et comme fromage?	le camembert,
et comme dessert?	la mousse au chocolat,
et comme boisson?	le vin du pays
et pour finir?	une tasse de café. . . et l'addition.

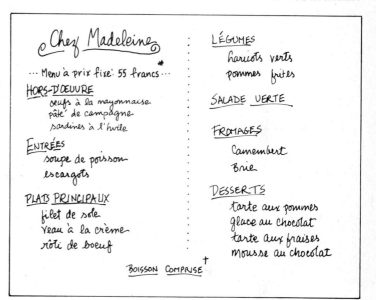

Chez Madeleine

... Menu à prix fixe: 55 francs ...*

HORS-D'OEUVRE
oeufs à la mayonnaise
pâté de campagne
sardines à l'huile

ENTRÉES
soupe de poisson
escargots

PLATS PRINCIPAUX
filet de sole
veau à la crème
rôti de boeuf

BOISSON COMPRISE†

LÉGUMES
haricots verts
pommes frites

SALADE VERTE

FROMAGES
Camembert
Brie

DESSERTS
tarte aux pommes
glace au chocolat
tarte aux fraises
mousse au chocolat

A. Qui est-ce? C'est un client, une cliente, un serveur ou une serveuse.

1. Il a faim.   2. Elle arrive avec le menu.   3. Elle prend le menu à quarante francs.   4. Il commande un repas.   5. Il prend la commande *(order)*.   6. Il apporte *(bring)* les hors-d'oeuvre.   7. Elle boit du vin.   8. Elle apporte l'addition.   9. Il paie l'addition et laisse *(leaves)* un pourboire *(tip)*.   10. Elle prend le pourboire.

Note: **Rendez-vous** avoids the use of **garçon** for **serveur,** the former now considered demeaning by many French people.

Exercise A.   Suggestion: Do as a listening comprehension drill, with students writing **client, serveuse,** etc.

*The **menu à prix fixe** *(fixed price menu)* is a feature of many French restaurants. Clients who order from it select their courses from a list of choices that is somewhat smaller than the regular menu.

†The beverage is often included **(comprise)** in the cost of the **menu à prix fixe.** When service is **compris,** tipping is not expected, although customers may leave some small change if the service has been especially good.

Exercise B. Suggestion: (1) Ask one of the students to write down the food as it is ordered. (2) Ask some students to do their dialog for the entire class.

B. Une visite "Chez Madeleine." Avec un(e) camarade, répétez le dialogue. Le (la) client(e) commence par la phrase: Je voudrais* (*I would like*) commander, s'il vous plaît.

Ensuite, avec un(e) autre camarade, utilisez le menu et commandez les plats que vous préférez.

C. Conversation.

Exercise C. Suggestion: Solicit individual responses or have students use questions to interview a partner.

1. Préférez-vous manger chez vous ou au restaurant? Toujours? Qu'est-ce que vous préférez: un restaurant simple ou un restaurant élégant?
2. Aimez-vous essayer la cuisine de différentes nationalités? De quelle nationalité? Aimez-vous la cuisine française? la cuisine chinoise? la cuisine italienne? la cuisine mexicaine? Est-ce que vous préférez la cuisine américaine?
3. Aimez-vous les escargots? les sardines à l'huile? les huîtres? le pâté de campagne?
4. Au restaurant, est-ce que la qualité du service est très importante ou peu importante pour vous? Aimez-vous parler avec le serveur ou la serveuse? Est-ce que vous laissez toujours un bon pourboire? Combien laissez-vous?
5. Préférez-vous "manger pour vivre" (*to live*)? ou "vivre pour manger"?

ETUDE DE GRAMMAIRE

22. NUMBERS FROM 60 TO 100

Presentation: Review numbers 1-60. Model pronunciation, using individual and choral repetition.

Suggestion: Ask students to count from 60 to 100 by twos, from 60-100 by threes, and from 60-100 by fives.

Des oignons

Soixante... Soixante-dix... Quatre-vingts!

1. Est-ce que l'homme aime peler les oignons?
2. Est-ce que le total d'oignons pelés est soixante?

Onions
Sixty . . . seventy . . . eighty!

*__Je voudrais__ is the conditional form of **vouloir** (*to want*). (Section 24) It expresses a request more politely than the present tense **je veux** (*I want*).

60	soixante	80	quatre-vingts
61	soixante **et** un	81	quatre-vingt-un
62	soixante-deux	82	quatre-vingt-deux
63	soixante-trois	83	quatre-vingt-trois
70	soixante-dix	90	quatre-vingt-dix
71	soixante **et** onze	91	quatre-vingt-onze
72	soixante-douze	92	quatre-vingt-douze
73	soixante-treize	93	quatre-vingt-treize
		100	cent

Listening comprehension: Students write the numbers they hear: 62, 72, 80, 90, 82, 96, 75, 70, 100.

Although the French count by tens from 1 to 60, they count by twenties from 61 to 100: 61–79, 80–99. Note that **et** is used with the numbers 61 and 71 (as with 21, 31, 41, and 51), but not with 81 and 91. Note also that the number 80 (**quatre-vingts**) takes an **-s,** but that numbers based on it do not: **quatre-vingt-un,** and so on.

Note: Point out that counting by twenties is a remnant of Celtic culture. The Celts inhabited part of Gaule before the Roman conquest. The Romans counted by tens. It may be interesting to mention that many French speakers in Belgium and Switzerland count differently: **Septante, huitante, nonante, nonante et un,** etc.

There is no liaison in **quatre-vingt-un** [katrə vɛ̃ œ̃], **quatre-vingt-huit** [katrə vɛ̃ ɥit], and **quatre-vingt-onze** [katrə vɛ̃ ɔ̃z].

Grammaire et prononciation

Maintenant à vous

A. Problèmes de mathématiques.

+	et	−	moins	×	fois	=	font

1. 37 + 42 = ?
2. 55 + 30 = ?
3. 56 + 31 = ?
4. 71 − 3 = ?
5. 99 − 28 = ?

6. 96 − 3 = ?
7. 9 × 9 = ?
8. 8 × 9 = ?
9. 13 × 7 = ?

Exercise A. Follow-up: Have students present similar problems to one another.

B. Combien payer? Vous dînez tous les soirs dans un restaurant différent. Ajoutez *(Add)* un pourboire de dix pour cent (10%) au total, selon le modèle.

MODELE: Au Café de la Gare, le prix du repas est de cinquante francs, le pourboire est de cinq francs, et le total est de cinquante-cinq francs.

Exercise B. Follow-up: Have students name restaurants they all know asking others to give the price of the meal, the tip, and the total price.

	Le Procope	*La Coupole*	*Chez Martin*
Prix du repas	60 francs	70 francs	80 francs
Pourboire (10%)	_____	_____	_____
Total	_____	_____	_____

Maintenant, calculez le prix du repas avec *vingt* pour cent (20%) de pourboire.

C. Allô. . . qui est à l'appareil (who's on the phone)? Téléphonez à vos amis, selon le modèle.

MODELE: 61-71-80 (Jean) → Allô, c'est bien le 61-71-80? Est-ce que Jean est là (there)?

1. 64-72-98 (Pierre)
2. 85-81-63 (Marie)
3. 77-94-69 (Claudette)
4. 83-70-68 (Philippe)
5. 73-87-91 (Claudine)
6. 82-78-92 (Jeannine)
7. 75-89-67 (Madeleine)
8. 90-71-76 (Henri)
9. 79-97-95 (Jacques)
10. 84-74-88 (Jean-Louis)
11. 93-65-86 (Christiane)
12. 61-80-96 (Paul)

D. Le snack.

Sandwich au jambon	10F	Boissons:		
Sandwich au fromage	8,50F	Café	4,50F	
		Thé	4F	
Pizza	7,50F	Coca-cola	6F	
Bifteck	14,50F	Chocolat chaud	4,50F	
Pommes frites	6F	Vin (carafe)	10F	
Salade verte	6,25F			
Salade de tomates	7,50F	Service non compris		
Glaces	5,50F			

A la boulangerie

Pour prendre un repas entre les cours, vous allez au snack. Commandez un repas, calculez le prix et ajoutez (add) un pourboire de dix pour cent. Combien payez-vous?

MODELE: Je prends un sandwich au jambon, une salade de tomates et un Coca. Le prix est de vingt-trois francs cinquante.* Le pourboire est deux francs trente-cinq. Je paie vingt-cinq francs quatre-vingt-cinq.

*The French **franc** is divided into 100 **centimes.** Thus, 23,50F (23^{50}) means 23 **francs** and 50 **centimes.** The word **centimes** is usually not expressed.

23. DEMONSTRATIVE ADJECTIVES

A l'épicerie

Un choix difficile

FERNAND: Bonjour Madame, est-ce qu'il est possible de goûter *ces* beaux fromages?
L'EPICIERE: Mais bien sûr, choisissez.
FERNARD: Merci bien. Alors, je vais goûter un peu de *cet* emmenthal, un peu de *ce* camembert, et un peu de *ce* fromage-*là*. C'est du brie?
L'EPICIERE: Oui, mais il est encore un peu jeune. Goûtez plutôt *ce* roquefort-*ci*. Il est excellent. Alors, vous êtes prêt à choisir?
FERNAND: Non, je n'ai pas le courage de choisir. Donnez-moi du brie. . . *cette* portion-*là* va bien. . . et puis *ce* morceau-*ci* d'emmenthal et un peu de *ce* roquefort, s'il vous plaît.

1. Qu'est-ce que Fernand va goûter?
2. Combien de fromages regarde-t-il?
3. Est-ce que Fernand aime ces fromages?
4. Est-ce qu'il choisit un fromage? Qu'est-ce qu'il fait?

Presentation: This may be a good opportunity to review certain rules for determining the gender of nouns. (See Chapter 1.)

A. Forms of demonstrative adjectives

Demonstrative adjectives *(this, that, these, those)* are used to point out or to specify a particular person, object, or idea. They precede the nouns they modify and agree with them in gender and number.

	SINGULAR		PLURAL	
Masculine	**ce** magasin	*this/that* shop	**ces** magasins	*these/those* shops
	cet homme	*this/that* man	**ces** hommes	*these/those* men
	cet escargot	*this/that* snail	**ces** escargots	*these/those* snails
Feminine	**cette** épicerie	*this/that* grocery store	**ces** épiceries	*these/those* grocery stores

Note that **ce** becomes **cet** before masculine nouns that start with a vowel or mute *h*.

A difficult choice
FERNAND: Hello, Ma'am, is it possible to taste these beautiful cheeses? GROCER: But of course, choose (one). FERNAND: Thank you. Well, I'm going to taste some of this Emmenthal, some of this Camembert, and a little bit of that cheese over there. Is it a Brie? GROCER: Yes, but it's still a little young. Taste this Roquefort instead. It's excellent. So, are you ready to choose? FERNAND: No, I can't make up my mind. Give me some Brie. . . that piece is fine. . . and then this piece of Emmenthal and a little of this Roquefort, please.

B. Use of -*ci* and -*là*

In English, *this/these* and *that/those* indicate the relative distance to the speaker. In French, there is only one set of demonstrative adjectives. Distance to the speaker can be expressed by adding the hyphenated tag words **-ci,** to indicate closeness, or **-là,** to indicate distance.

	SINGULAR		PLURAL	
Masculine	ce magasin-**ci**	*this* shop	ces magasins-**ci**	*these* shops
	ce magasin-**là**	*that* shop	ces magasins-**là**	*those* shops
	cet homme-**ci**	*this* man	ces hommes-**ci**	*these* men
	cet homme-**là**	*that* man	ces hommes-**là**	*those* men
Feminine	cette épicerie-**ci**	*this* grocery store	ces épiceries-**ci**	*these* grocery stores
	cette épicerie-**là**	*that* grocery store	ces épiceries-**là**	*those* grocery stores

Maintenant à vous

A. A l'épicerie. Qu'est-ce que vous achetez? Suivez le modèle.
MODELE: une bouteille d'huile → J'achète cette bouteille d'huile.

1. une boîte de sardines 2. un camembert 3. des tomates 4. un oeuf 5. une bouteille de vin 6. des boîtes de conserves 7. une laitue 8. quatre poires 9. des escargots 10. un bon jus de fruit 11. une eau minérale 12. des pommes de terre

B. A la boulangerie-pâtisserie. Qu'est-ce que vous allez prendre? Suivez le modèle.
MODELE: tartes → Je vais prendre ces tartes.

1. éclair
2. gâteau
3. tarte aux pommes
4. baguette
5. pain
6. bonbons
7. glace au chocolat
8. croissants chauds

C. Exercice de contradiction. Vous allez faire un pique-nique. Vous faites des courses avec un(e) camarade, mais vous n'êtes pas souvent d'accord! Jouez les rôles selon le modèle.
MODELE: pain / baguette → *Vous:* On prend ce pain?
                             Un ami: Non, je préfère cette baguette.

1. saucissons / jambon 2. pâté / poulet froid 3. filets de boeuf / rôti de veau 4. boîte de sardines / morceau de fromage 5. haricots verts / boîte de petits pois 6. pizza / sandwich 7. pommes / bananes 8. tarte / éclair 9. gâteau / glace 10. jus de fruits / bouteille de vin

D. Chez le traiteur *(caterer)*. Avec un(e) camarade, jouez les rôles du client et du traiteur. Suivez le modèle.

MODELE: du poulet → *Le/la client(e):* Donnez-moi du poulet, s'il vous plaît.
             Le traiteur: Ce poulet-ci ou ce poulet-là?

1. une salade
2. un rôti
3. des légumes
4. du pâté
5. une pizza
6. de la soupe
7. des gâteaux
8. une tarte
9. un éclair
10. de la glace

E. Au marché. Comparez la marchandise. Utilisez **-ci** et **-là**, selon le modèle.

MODELE: cher / bon marché* → Ces biftecks-ci sont chers; ces biftecks-là sont bon marché.

Exercise E. Suggestion: Do as individual response drill.

1. grosses / petites

2. pas belles / belles

3. vertes / rouges

4. fraîches / pas fraîches

5. longues / courtes

6. chères / bon marché

*Note that the adjective **bon marché** *(inexpensive, cheap)* is invariable in form.

F. **Conversations au marché.** Vous allez au marché pour acheter des produits alimentaires. Avec un(e) camarade, demandez le prix et achetez les produits nécessaires. Utilisez les mêmes *(same)* produits que dans l'Exercice E.

MODELE:

> *Vous:* Combien coûtent *(cost)* ces grosses tomates-ci et ces petites tomates-là?
>
> *Le/la marchand(e):* Ces tomates-ci coûtent 10F le *(per)* kilo et ces tomates-là 8F le kilo.
>
> *Vous:* Je prends un kilo de ces tomates-ci. Ça* fait combien?
>
> *Le/la marchand(e):* Ça fait 10F.

24. THE VERBS *VOULOIR, POUVOIR,* AND *DEVOIR*

> Le Procope[†]
>
> MARIE-FRANCE: Tu *veux* du café?
>
> JEANNE: Non, merci, je ne *peux* pas boire de café. Je *dois* faire attention. J'ai un examen aujourd'hui. Si je bois du café, je vais être trop nerveuse.
>
> PATRICK: Je bois du café seulement les jours d'examens. Ça me donne de l'inspiration, comme à Voltaire!
>
> Répétez le dialogue et substituez les expressions nouvelles aux expressions suivantes.
>
> 1. café → vin
> 2. nerveux(euse) → lent(e) *(sluggish)*
> 3. Voltaire → Bacchus

Le Procope

MARIE-FRANCE: Do you want some coffee?   JEANNE: No thanks, I can't drink coffee. I have to be careful. I have an exam today. If I drink coffee, I'll be too nervous.   PATRICK: I drink coffee only on exam days. It gives me inspiration, as (it did) to Voltaire!

*Ça is an indefinite demonstrative pronoun meaning *that.* It is a short form of **cela. Ça fait combien?** means *how much is that (all together)?*

[†]Le Procope was the first place in France to serve coffee in the eighteenth century. Because coffee was considered a dangerous, subversive beverage, only liberals like Voltaire dared to consume it at "Le Procope."

A. Present tense forms of *vouloir, pouvoir,* and *devoir*

The verbs **vouloir** *(to want)*, **pouvoir** *(to be able to)*, and **devoir** *(to owe; to have to, to be obliged to)* are all irregular in form.

	VOULOIR: *to want*	POUVOIR: *to be able to*	DEVOIR: *to owe, to have to*
je	veux	peux	dois
tu	veux	peux	dois
il, elle, on	veut	peut	doit
nous	voulons	pouvons	devons
vous	voulez	pouvez	devez
ils, elles	veulent	peuvent	doivent

Presentation: Model pronunciation, emphasizing the [ø] sound in **veux** and **peux,** using short sentences.

Voulez-vous des hors-d'oeuvre, Monsieur?	*Do* you *want* some hors d'oeuvres, sir?
Est-ce que nous **pouvons** avoir la salade avant le plat principal?	*Can* we have the salad before the entrée?
Je **dois** laisser un pourboire.	I *must* leave a tip.

B. Uses of *vouloir* and *devoir*

1. **Vouloir** means *to want.* **Vouloir bien** means *to be willing to, to be glad to* do something.

Je **veux bien.**	*I'm willing.* (*I'll be glad to.*)
Il **veut bien** goûter les escargots.	*He's willing to* taste the snails.

Note: If desired, teach **veuillez** plus infinitive to express polite requests.

   Vouloir dire expresses *to mean.*

Qu'est-ce que ce mot **veut dire?**	What *does* this word *mean?*

2. **Devoir** can express necessity or obligation.

Je suis désolé, mais nous **devons** partir.	I'm sorry, but we *must* leave.

   Devoir can also express probability.

Elles **doivent** arriver demain.	They *are supposed to* arrive tomorrow.
Marc n'est pas en classe; il **doit** être malade.	Marc isn't in class; he *must* be ill.

   When not followed by an infinitive, **devoir** means *to owe.*

Combien d'argent est-ce que tu **dois** à tes amis?	How much money *do* you *owe* (to) your friends?
Je **dois** 87F à Henri et 99F à Georges.	I owe Henry 87 francs and George 99 francs.

ETUDE DE GRAMMAIRE

Maintenant à vous

A. Au restaurant.

Exercise A. Suggestion: Do as a rapid response drill, using individual and choral responses, or have students do as a transformation exercise in writing at the board or seated.

1. Qu'est-ce que *vous* voulez prendre? *(nous, Jeanne, les étudiantes, Paul et vous, tu)*   2. *Tu* dois commander maintenant. *(Patrick et vous, ils, nous, tu, elle, je)*   3. *Elle* veut bien essayer les huîtres. *(Jeanne et Claudine, nous, je, tu, Marc et Pierre)*   4. *Vous* pouvez apporter le plat. *(nous, les étudiants, tu, il, je)*   5. Combien est-ce que *je* dois? *(vous, tu, nous, ils, elle, Fernand)*   6. Qu'est-ce que *tu* veux dire? *(Patrick et Jeanne, vous, elles, Marie-France, la serveuse)*   7. *Elle* doit payer cent francs. *(vous, je, mes amis, nous, les étudiants)*

B. Une soirée compliquée. Composez un dialogue entre Christiane et François.

Exercise B. Suggestion: Ask students to write individually and then to read resulting dialogue in pairs.

Christiane	*François*
1. Je / avoir / faim / et / je / vouloir / manger / maintenant .	2. Tu / vouloir / faire / cuisine ?
3. Non. . . est-ce que / nous / pouvoir / aller / restaurant ?	4. Oui, je / vouloir / bien .
5. Où / est-ce que / nous / pouvoir / aller ?	6. On / pouvoir / manger / Chez Bébert.
7. Nous / devoir / inviter / Jeanne .	8. Tu / pouvoir / inviter / Jean-Pierre aussi.
9. Ce / soir / ils / devoir / être / cité universitaire?	10. Oui, ils / devoir / préparer / un examen .
11. Un examen? Mais / nous / aussi, / nous / avoir / un / examen / demain .	12. Ce / ne. . . pas / être / sérieux . Nous / pouvoir / parler / de / ce / examens / restaurant.

C. Des rêves *(dreams)*. Racontez *(Tell)* les histoires suivantes. Utilisez les verbes *vouloir, devoir* et *ne pas pouvoir,** selon le modèle.

MODELE: Jacques: être riche / travailler / aller souvent au cinéma → Jacques veut être riche. Il doit beaucoup travailler. Il ne peut pas aller au cinéma.

1. les étudiants: réussir aux examens / écouter le professeur / parler en classe 2. Claudine: préparer une mousse au chocolat / employer du sucre, du chocolat et de la crème / employer des huîtres 3. l'épicier: avoir beaucoup de clients / être agréable / être désagréable 4. Pierre: être serveur / prendre correctement les commandes / boire au travail

D. Conversation imaginaire. Parlez avec un serveur imaginaire. Utilisez deux fois *(twice)* les verbes *pouvoir, vouloir* et *devoir*.

Expressions utiles: vouloir commander, vouloir dire, devoir être bon, devoir essayer un plat français, pouvoir choisir, pouvoir boire du champagne avec le plat principal, devoir laisser comme pourboire

Exercise C.   Suggestion: Give students a few minutes to write out stories before doing orally.

Exercise C.   Note: In C.1 remind students that **réussir à un examen** means to pass an exam.

Exercise C.   Follow-up: Ask students to create stories about a daydream.

Exercise D.   Suggestion: May be written first by students and then read to the whole class.

25. THE INTERROGATIVE ADJECTIVE *QUEL*

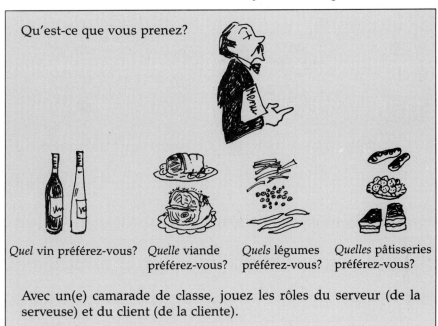

Qu'est-ce que vous prenez?

Quel vin préférez-vous? *Quelle* viande préférez-vous? *Quels* légumes préférez-vous? *Quelles* pâtisseries préférez-vous?

Avec un(e) camarade de classe, jouez les rôles du serveur (de la serveuse) et du client (de la cliente).

What are you having?
Which wine do you prefer? Which meat do you prefer? Which vegetables do you prefer? Which pastries do you prefer?

***Ne. . . pas** always precedes an infinitive: **ne pas parler.**

A. Forms of the interrogative adjective *quel*

The interrogative adjective **quel (quelle, quels, quelles)** means *which* or *what*. It agrees in gender and number with the noun modified.

> **Quel** fromage voulez-vous goûter?
>
> *Which (What) cheese would you like to try?*

Grammaire et prononciation

Note that the pronunciation of all four forms of **quel** is identical, [kɛl], except when the plural form precedes a word beginning with a vowel sound: **quels̲ étudiants, quelles̲ étudiantes,** [kɛlz].

B. *Quel* with *être*

Presentation: Ask students to act out the dialog exchanges.

Quel est le vin que vous préférez?

Quelle est la viande que vous préférez?

Quels sont les légumes que vous préférez?

Quelles sont les pâtisseries que vous préférez?

Quel stands alone before the verb **être** followed by a modified noun. It always agrees with the noun to which it refers.

Maintenant à vous

A. Préférences.

Exercise A. Suggestion: Do as rapid response drill, using individual and choral responses.

1. Quels *fruits* choisis-tu? *(soupe, pain, éclairs, tartes, pâté)*
2. Quel est votre *restaurant* préféré? *(boulangerie, épiceries, café, pâtisserie, hôtels, magasin)*

B. Préparatifs. Vous organisez une soirée. Formez des phrases complètes et indiquez la lettre qui correspond à l'adjectif interrogatif utilisé.

MODELE: quel / boisson / apporter / tu? → Quelle boisson apportes-tu? On utilise l'adjectif b.

1. quel / viande / préparer / tu ? 2. quel / légumes / préférer / tu ? 3. quel / plat / apporter / tu ? 4. quel / salade / préparer / tu ? 5. quel / fromage / acheter / tu ? 6. quel / fruits / avoir / tu ? 7. quel / dessert / choisir / tu ? 8. quel / ami(e)s / inviter / tu ?

a. **quel**
b. **quelle**
c. **quels**
d. **quelles**

Exercise B. Suggestion: May be done with a few students at board so that the agreement of **quel** may be seen by all.

C. Quelle est la question? Posez la question qui correspond à la phrase.

MODELE: Ce n'est pas la Ford, c'est la Peugeot. → Quelle est la voiture française?

1. Ce n'est pas la Jaguar, c'est la Mercédès. 2. Ce n'est pas le restaurant "La Bourgogne," c'est le restaurant "Luigi." 3. Ce ne sont pas des hamburgers, ce sont des escargots. 4. Ce n'est pas Madrid, c'est Londres. 5. Ce n'est pas un hot dog, c'est une pizza.

Exercise B. Follow-up. Additional writing: With several students at board dictate the model sentence and have others make the substitutions given. Solicit responses to the questions, if desired. (1) **Quel restaurant préfères-tu? (boisson, fromages, fruit)** (2) **Quel est votre film préféré? (cours, disques, livre, musique, voitures)**

D. Une interview. Posez des questions à vos camarades sur leurs goûts. Utilisez l'adjectif interrogatif *quel*. Voici quelques suggestions:

1. Quel est ton sport préféré? ton dessert préféré? 2. Quelle est ta couleur préférée? ta boisson préférée? 3. Quels sont tes livres préférés? tes disques préférés? 4. Quelles sont tes études préférées? tes distractions préférées?

26. TELLING TIME

Pour Monsieur Duchêne, vivre c'est manger!

A huit heures, M. Duchêne prend son petit déjeuner.

A dix heures et demie, il mange un sandwich.

A midi, il déjeune.

A une heure et quart, il fait la sieste.

*A quatre heures moins
le quart,* il
prend le thé.

A six heures vingt,
il prend
un apéritif et des
hors-d'oeuvre.

*A huit heures moins
vingt,* il
dîne.

A minuit, M. Duchêne
mange encore. Il a
de la chance. . . il est
somnambule!

A quelle heure, M. Duchêne prend-il _____ ?

1. son petit déjeuner?
2. son déjeuner?
3. son dîner?
4. le thé?

5. son "petit" sandwich du matin?
6. son "petit" repas de l'après-midi?
7. ses repas imaginaires?

Exercise D.   Suggestion: Elicit
several responses for each
question for comparison. At the
end of the exercise ask students to
recall preferences of others.

A. To ask the time

Quelle heure est-il? is the French expression for *What time is it?*

> *Excusez-moi,* **quelle heure est-il,** s'il vous plaît?

> Excuse me, *what time is it,* please?

B. To tell the time

1. In French, the expression **Il est. . . heure(s)** is used to tell time on the hour. *Noon* is expressed by **midi,** and *midnight* by **minuit.**

    Il est une **heure.**   *It is one o'clock.*
    Il est deux **heures.**   *It's two o'clock.*
    Il est minuit.   *It's midnight.*

For Mr. Duchêne, to live is to eat!
At 8 o'clock, M. Duchêne has breakfast. At 10:30, he has a sandwich. At noon, he has lunch. At 1:15, he takes a nap. At 3:45, he has tea. At 6:20, he has an aperitif and appetizers. At 7:40, he has dinner. At midnight, M. Duchêne is still eating. He's lucky . . . he's a sleepwalker!

2. To tell the time on the half hour, **et demie** is used after **heure(s),** and **et demi** is used after **midi** and **minuit.**

Il est trois heures **et demie.**   It's 3:30 *(half past* three).
Il est minuit **et demi.**   It's 12:30 *(half past* midnight).

3. To tell the time on the quarter hour, **et quart** and **moins le quart** are used.

Il est une heure **et quart.**   It's 1:15 *(quarter past* one).
Il est huit heures **moins le**   It's 7:45 *(a quarter to* eight).
   quart.

4. The number of minutes from the *hour* to the *half hour* are indicated by adding them to the hour.

Il est cinq heures **dix.**   It's 5:10 *(ten minutes after* five).

5. The minutes from the *half hour* to the *hour* are subtracted from the next hour, using **moins** plus the number of minutes.

Il est onze heures **moins vingt.**   It's 10:40 *(twenty minutes to* eleven).

C. A.M. versus P.M.

Presentation: Model pronunciation of captions with choral repetition.

In both French and English, the context often makes it clear whether a speaker is talking about A.M. or P.M. In French **du matin** is used to specify A.M. To indicate P.M., **de l'après-midi** is used for *in the afternoon*, and **du soir** is used for *in the evening*.

Nous allons au travail à huit   We go to work at 8 A.M.
   heures **du matin.**
Je fais une promenade à deux   I take a walk at 2 P.M.
   heures **de l'après-midi.**
Il rentre à la maison à huit   He comes home at 8 P.M.
   heures **du soir.**

Note: The 24-hour system is presented in the **Intermède** of this chapter.

Maintenant à vous

A. Quelle heure est-il?

1. Il est *deux* heures. *(huit, une, sept, six, onze)*
2. Il est quatre heures *et demie. (et quart, moins le quart, dix, moins vingt, vingt)*

Suggestion. Listening comprehension: To check understanding of time, dictate the following times in French. Students will write in Arabic numbers. **Il est:** 1h, midi, 2h10, 9h30, 10h45, 7h40, 3h5, minuit, 4h50, 1h30.

B. **Jour et nuit.** Quelle heure est-il à la montre? et à l'horloge? Utilisez *du matin, de l'après-midi* et *du soir.*

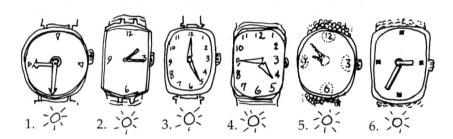

C. **Le temps passe.** Changez l'heure, selon les indications. Commencez par: *Il est neuf heures du matin.*

1. + trente minutes
2. + deux heures
3. − dix minutes
4. − vingt minutes
5. + deux heures
6. + quinze minutes
7. + sept heures
8. − une demi-heure
9. + trois minutes
10. + cinq heures = *Il est une heure moins douze du matin!*

D. **Conversation.** Décrivez votre journée. A quelle heure _____ ?

1. prenez-vous votre petit déjeuner?
2. allez-vous au cours?
3. étudiez-vous?
4. allez-vous à la bibliothèque?
5. avez-vous faim?
6. allez-vous au restaurant universitaire?
7. finissez-vous vos cours?
8. rentrez-vous à la maison?
9. préparez-vous un repas?
10. regardez-vous la télévision?
11. allez-vous au lit?

Et vos amis? Posez les questions!

ETUDE DE PRONONCIATION

The Consonants *p, t, k*

The consonants **p, t,** and **k** are called plosives because to pronounce them you must first stop the breath and then suddenly release (explode) it. In English, *p, t,* and *k* are followed by a slight breathy sound:

$$page \rightarrow p^hage$$
$$table \rightarrow t^hable$$
$$car \rightarrow c^har$$

In French, **p, t,** and **k** are never followed by an escape of air:

$$page \rightarrow [paʒ]$$
$$table \rightarrow [tabl]$$
$$car \rightarrow [kar]$$

Maintenant à vous

A. Prononcez avec le professeur.

Anglais: page table car peak cap tea pâté course calm
Français: page table car pic cape thé pâté cours calme

Presentation: (1) You may demonstrate the consonants **p,t,k** by showing how a piece of paper held in front of the mouth moves when one says *page* in English and how it does not move when one says **page** in French. (2) Students may want to hold a hand in front of their mouths to make sure they feel no air when saying the French words.

B. Prononcez les phrases.

1. Les parents de Catherine préparent une surprise-partie.
2. Le touriste italien préfère le concert plutôt que la télévision.
3. Une personne réaliste ne téléphone pas trop tard.
4. Ton programme de télévision préféré n'est pas une émission littéraire mais un match sportif.

C. Pour rire.

1. Le papa de Paulette et Pépita ne parle pas plus espagnol que portugais.
2. Le petit copain de Timothée n'est pas content car il ne peut pas partir dans la voiture de sport des touristes italiens.

CONVERSATION ET CULTURE

Au café-restaurant de la *place*

square

Aujourd'hui, Pierre et Jim finissent leurs cours à onze heures et demie. Ils n'ont pas envie d'aller au restaurant universitaire.

PIERRE: Il y a un petit restaurant pas cher sur la place. Les clients sont des *habitués* et les *patrons* font de la très bonne cuisine. On va déjeuner là? Il est midi moins cinq.

regulars / owners

JIM: Oui, avec plaisir.

PIERRE: Entrons. Bonjour, Madame Denise. Comment allez-vous?

You're back?

LA PATRONNE: Bonjour, Monsieur Pierre. *Vous êtes de retour?* Où voulez-vous manger? Dans le jardin sous les arbres ou dans la salle?

if

JIM: Dans le jardin, *si* possible, n'est-ce pas, Pierre?

open

LA PATRONNE: Très bien, Messieurs. La porte est *ouverte.*

(Jim et Pierre passent dans le jardin.)

JIM: C'est très sympathique, ici!

PIERRE: Oui, on a l'impression d'être à la campagne.

LE PATRON: Alors, on a faim? Qu'est-ce que vous prenez?

PIERRE: Quel est le plat du jour, Monsieur Raymond?

LE PATRON: Nous avons un veau à la crème excellent. . . spécialité du chef!

seems appetizing

spinach

extra

PIERRE: Le menu à vingt-cinq francs *semble appétissant.* . . . Il y a des hors-d'oeuvre variés, des *épinards,* du veau à la crème et de la mousse au chocolat. Le fromage est *en supplément.*

JIM: Ça doit être excellent. Quel vin prenons-nous?

of course

LE PATRON: Avec le veau à la crème, prenez *donc* un bon petit vin du pays. Vous allez être contents.

PIERRE: D'accord pour le vin.

unbelievable / to dream

JIM: C'est *incroyable.* Quel menu! Je dois *rêver!*

my old friend

PIERRE: Mais non, *mon vieux,* tu es en France. Je bois à ta santé.

JIM: A ta santé, Pierre!

Chez le traiteur

— Alors, mes escargots, ça vient ?
— Ils arrivent, Monsieur... (Verrier)

ça vient?   *are they coming?*

Questions et opinions

1. A quelle heure Jim et Pierre vont-ils déjeuner? 2. Où est-ce que Jim et Pierre vont déjeuner? 3. Dans quelle partie du restaurant les jeunes gens choisissent-ils de manger? 4. Quel est leur choix pour ce déjeuner? 5. Pourquoi Jim a-t-il l'impression de rêver? 6. Allez-vous parfois *(sometimes)* dans un petit restaurant français? 7. Qu'est-ce que vous aimez commander? 8. Est-ce que vous voulez un jour visiter un petit restaurant en France avec un(e) ami(e)? Où? Quand? Est-ce un rêve? une réalité?

Commentaire culturel

Haute cuisine in the tradition of the great French chefs has spread the fame of French food around the world, yet it is only part of what makes French cuisine famous. Its reputation is also due to the variety and delicacy of French regional products. Regional cuisine is as diverse as French geography, from the endless variety of **crêpes** in Brittany, to oysters and rich **pâtés de foie gras** in the Bordeaux region; from the delicate **quiche,** fruit desserts, and brandies of Alsace, to the heady flavors of garlic, herbs, and fresh tomato and fish dishes of Provence.

Before meals, many French people order a Dubonnet or other **apéritif,** to sharpen the appetite. Most adults drink wine with meals— the **vin du pays** is a good choice. Other beverages include **eau minérale** and **orange** or **citron pressé** (fresh squeezed juice with water and sugar, served in a tall glass), which many French people prefer to American-style soft drinks.

To select a promising dish from a French menu, many people order the **plat du jour** or **spécialité du chef.** Each course is brought to the table separately, starting with the **hors-d'oeuvre,** followed by the **entrée,** the

plat principal and a vegetable, salad, and then fruit or cheese. Coffee and dessert are served last. The tip or service charge is usually included in the bill, but often an additional small tip is left for the waiter.

Shopping for food in France is also a varied experience. As in the United States, small neighborhood shops compete with modern supermarkets, which often sell lower-quality food at lower prices. However, neighborhood shops are regaining popularity because they promote a neighborhood atmosphere, and because they still sell fresh local produce and bake their own bread daily.

One kind of shop, **le traiteur,** provides a catering service for gourmet dishes, mostly precooked and ready to go. While it is more expensive than other shops, **le traiteur** can provide the visitor with a "cook's tour" of many good specialty dishes. Although the word **traiteur** literally means *delicatessen owner*, it is also used to designate the store itself.

Look for snacks such as sandwiches, often called **casse-croûtes,** at a **brasserie** or at a **bistrot.** Less lavish than the typical American sandwich, the French variety often consists of a plain **baguette,** cut in half, buttered, and filled with ham or cheese.

RECAPITULATION

A. Déjeunons. Faites des phrases complètes.

1. Marc / vouloir / aller / restaurant   2. dans / quel / restaurant / vouloir / il / aller ?   3. on / ne. . . pas / pouvoir / passer / trop / temps / restaurant   4. nous / devoir / retourner / classe / une heure   5. vouloir / tu / laisser / bon / pourboire ?   6. je / devoir / passer à / la charcuterie   7. quel / charcuterie / préférer / tu ?   8. je / aimer / ce / charcuterie / là

B. Au marché. Trois clients choisissent les produits qu'ils préfèrent. Avec deux camarades, jouez les trois rôles.

MODELE:

Vous: Quel fromage veux-tu?
Un ami: Je veux ce fromage-ci.
Un autre ami: Je voudrais ce fromage-là.

1. 2. 3. 4.

5. 6. 7. 8.

C. **Vos impressions.** Complétez les phrases suivantes à la forme affirmative ou à la forme négative, selon votre opinion personnelle. Utilisez *devoir, pouvoir* ou *vouloir* dans chaque phrase.

MODELE: Les étudiants _____ . → Les étudiants ne doivent pas étudier jusqu'à *(until)* minuit tous les soirs.

1. Le professeur _____ . 2. Les parents _____ . 3. Mes camarades _____ . 4. Les hommes _____ . 5. Les femmes _____ . 6. Les commerçants _____ . 7. Les clients _____ . 8. Les professeurs _____ . 9. Je _____ . 10. Nous _____ .

Exercise C.   Suggestion: Give students five minutes to write their sentences. Elicit several answers orally for each sentence.

Le Français par les gestes: Comme ci, comme ça

In France, the expression *so-so* is expressed with the hand, which is held palm down and turned alternately right and left, with the fingers outspread. The facial expression—lips pursed and eyebrows raised in doubt—reinforces the meaning. In cases of great doubt, the shoulders are raised as well.

D. **Au restaurant.** Composez un dialogue entre la serveuse et le client.

Serveuse	*Client*
1. Demandez au client ce qu'il désire.	2. Répondez à la serveuse que vous prenez d'abord un apéritif.
3. Demandez au client quel apéritif il veut prendre.	4. Répondez que vous voulez un Dubonnet.

Exercise D.   Suggestion: Students may read their dialog for the whole class.

5. Demandez ce qu'il prend comme plat principal.

6. Répondez que vous devez prendre le menu à prix fixe parce qu'il ne coûte pas cher. Demandez si le vin est en supplément.

7. Répondez que oui mais qu'il n'est pas cher.

8. Demandez si elle peut apporter du pain.

9. Répondez "bien sûr" et "bon appétit."

10. Répondez "merci bien."

Exercise E. Suggestion: The commercials may be done as a written assignment and then performed for the whole class.

E. **La publicité** (*Advertising*). Faites de la publicité. Essayez de vendre ces produits à vos amis. Employez *devoir, pouvoir* ou *vouloir*. Voici les produits et quelques expressions utiles:

Des chocolats: aimer, désirer, manger, l'amour, l'anniversaire, bon, tout le monde devoir/vouloir goûter

Une eau minérale: préférer, bonne, le prix, individualiste, la santé, avoir soif, boire, célèbre, ne pas coûter cher

Une montre: indiquer l'heure exacte, admirer, élégant, sportif, avoir de la chance

Du cognac: excellent, soirée élégante, bons amis, grandes occasions

VOCABULAIRE

VERBES

apporter	to bring
coûter	to cost
devoir	to owe; to have to, to be obliged to
goûter	to taste
laisser	to leave (behind)
pouvoir	to be able to
vouloir	to want
vouloir bien	to be willing to, to be glad to
vouloir dire	to mean

NOMS

l'addition (*f*)	bill, check
l'apéritif (*m*)	aperitif, appetizer
la baguette (de pain)	loaf (of bread)
le boeuf	beef
la boîte	can
boîte de conserves	canned food

NOMS

la boucherie	butcher shop
la boulangerie	bakery
la charcuterie	pork butcher's shop
la chose	thing
le/la client(e)	client
le dessert	dessert
l'éclair (*m*)	eclair
l'entrée (*f*)	first course
l'épicerie (*f*)	grocery store
l'escargot (*m*)	snail
le filet	filet
le franc	unit of currency in France
l'heure (*f*)	hour
les hors-d'oeuvre (*m*)	appetizers
l'huile (*f*)	oil
l'huître (*f*)	oyster
le magasin	store, shop
le menu	menu
le midi	noon

NOMS

le minuit	midnight
la montre	watch
le pâté (de cam-pagne)	(country) pâté
la pâtisserie	pastry; pastry shop
le plat	dish; course
la poissonnerie	fish store
le pourboire	tip
le prix	price
le rôti	roast
la salade	salad
la sardine (à l'huile)	sardine (in oil)
le saucisson	sausage
le/la serveur(euse)	waiter, waitress
la sole	sole
la soupe	soup

ADJECTIFS

bon marché	cheap, inexpensive
ce (cet, cette)	this, that
ces	these, those
compris(e)	included

ADJECTIFS

élégant(e)	elegant
fixe	fixed
frais (fraîche)	fresh
même	same

MOTS DIVERS

à ta (votre) santé	to your health
bien sûr	of course
ça	that, all of that
comme	as (a); like
en supplément	extra
et demi(e)	half past (the hour)
et quart	quarter past (the hour)
il est. . . heure(s)	the time is . . . o'clock
je voudrais	I would like
jusqu'à	until; as far as
là	there
moins le quart	quarter to (the hour)
plat du jour	special of the day
plutôt	instead
pour	in order to
si	if
vin du pays	local wine

Intermède 6

Activités

A. Scènes au restaurant. Voici des phrases qu'on entend au restaurant.

Combien de personnes, s'il vous plaît?

Que désirez-vous? Je voudrais le menu à quarante francs.

Le plat du jour est. . . .

Je voudrais une carafe de vin.

Pouvez-vous apporter du pain, s'il vous plaît?

L'addition, s'il vous plaît. Le service est-il compris?

Maintenant, c'est à vous de commander. Choisissez une des situations suivantes et jouez les rôles avec un(e) camarade. Utilisez le menu, et bon appétit!

Chez Pierre

1. Vous êtes gourmand (vous aimez beaucoup manger). Commandez le repas d'un vrai gourmand.
2. Vous êtes gourmet (vous appréciez la bonne cuisine). Commandez le repas d'un gourmet.
3. Vous avez peur de grossir *(to gain weight)*. Commandez un repas léger en *(light in)* calories.

Le menu chez Pierre

Entrées
Salade de tomates — 9F
Salade de pommes de terre — 9F
Oeufs à la mayonnaise — 12F
Jambon de Bayonne — 13F
Thon (tuna) en salade — 11F

Plats Principaux
(avec pommes frites ou petits pois)
Escalope de veau à la crème — 26F
Bifteck au poivre — 26F
Poulet basquaise — 22F
Porc à la française — 20F

Desserts
Tarte aux pommes — 6F
Glace (vanille, citron, orange, chocolat) — 8F
Fruits de saison — 8F

Boissons
Bière:
Pression (on tap) — 2F50
bouteille — 4F
Vin:
½ litre — 7F
litre — 12F
Café — 2F
Apéritifs (Ricard, Kir, Martini, Vermouth) — 5F

Exercises B and C. Suggestion: May be done as written homework before class presentation.

B. Le meilleur (best) repas. Quel est votre repas préféré? Décrivez ce repas à vos camarades de classe.

1. un repas élégant 2. un repas typiquement américain 3. un repas bon marché 4. un repas riche en calories 5. un repas léger en calories

Exercise C. Note: Point out to students that in French commas are used instead of periods to mark decimal places.

Expressions utiles:

Viande: bifteck, rôti de boeuf, bien cuit (well done), à point (medium), saignant (rare), hamburger, jambon froid, pâté, porc, poulet, poisson, veau, hot dog

Exercise C. Suggestions: Have students explain their answers.

Légumes: asperges, frites, haricots verts, petits pois, pommes de terre, crudités (raw vegetables)

Divers: sandwichs, oeufs, salade, soupe, fromages, pizza, fruits, gâteaux

C. L'addition, s'il vous plaît. Martine pense qu'il y a une erreur dans l'addition. Regardez le menu chez Pierre. A-t-elle raison? Trouvez l'erreur.

Pouvez-vous définir la personnalité de Martine d'après le repas qu'elle a commandé (she ordered)?

1. Elle est végétarienne. 2. Elle aime faire des économies (to save money). 3. C'est un gourmet. 4. Elle aime boire. 5. Elle est grosse. 6. Elle est maigre (thin). 7. ???

Kir	5,00
salade tomates	9,00
Porc	26,00
glace	8,00
vin	12,00
service 15%	9,00
	69,00F

Lecture: Le Guide Michelin

the largest / tires / yet

Michelin est *le plus grand* producteur de *pneus* et *pourtant*, posez la question à un Français, "Michelin, qu'est-ce que c'est?" Réponse probable: "Un guide de restaurants"! Dans la mémoire de ces gens, les restaurants remplacent les pneus.

places

Le Guide Michelin (vert pour les *endroits* à visiter, rouge pour les hôtels et les restaurants) est une institution. Il a quatre-vingts ans. L'idée du fondateur est d'offrir aux automobilistes la liste des "bonnes tables."

facing
deux cents
duck / lamb
stars / one hundred
rarely

Ces restaurants sont souvent chers. Qu'est-ce que le guide à Paris propose? La Tour d'Argent, *en face de* la Seine et de Notre-Dame (145 à *200* francs) ou Lasserre, avenue Franklin Roosevelt (140 à 175 francs). La Tour d'Argent (spécialité: le *canard*) et Lasserre (spécialité: l'*agneau*) ont trois *étoiles*. Quinze autres ont deux étoiles et *une centaine* ont une étoile. Les autres ont des fourchettes, signe de qualité, mais *rarement* des prix inférieurs à soixante francs.

cinq cent mille / leave the printer
competition

Le Guide Michelin est-il réservé aux automobilistes très riches? Non. Chaque année *500 000* exemplaires *sortent de l'imprimerie*. Le succès stimule la *concurrence*; deux autres guides existent, *Le Gault-Millau* et *Le Guide Kléber*.

Le Guide Michelin peut-il être meilleur?

Certainement, il serait même parfait si ses 500 000 lecteurs devenaient autant de collaborateurs.

Continuez à nous aider merci d'avance.

Déjeuner sous les arbres

Ces guides *donnent* l'impression que tous les restaurants en France give
sont très bons et très chers. . . impression fausse. Des restaurants plus
modestes existent aussi. Le menu est sur la porte. Vous prenez le plat
principal (la viande, le poisson), vous multipliez par deux et vous avez
une idée du total, boisson et service inclus. Les cafétérias (en France,
souvent *"self-service"*) donnent le prix de chaque plat. Additionnez le prix
de chaque plat pour avoir le total.

En voyage, si vous cherchez un "bon petit restaurant" (traditionnel,
pas cher) vous n'avez pas besoin de guides: regardez le nombre de
camions devant certains restaurants ("les routiers"). Voilà! le choix est *fait*. trucks / made

Compréhension et expression

A. Comprenez-vous? Complétez les phrases suivantes.

1. Michelin est _____ . 2. L'idée à l'origine du guide est _____ .
3. Les fourchettes indiquent _____ . 4. Les autres guides
sont _____ . 5. Pour déterminer le prix d'un repas dans un
restaurant modeste, _____ . 6. Si vous n'avez pas de guide,
_____ .

B. Une conversation au restaurant. Vous êtes au restaurant et vous
entendez la conversation d'une personne près de vous. Imaginez les
réponses de l'autre personne.

La personne près de vous	*L'autre personne*
1. Et alors, mon ami(e), as-tu faim? Que veux-tu manger ce soir comme plat principal?	2. _____

La personne près de vous	*L'autre personne*

3. Si tu veux. . . je préfère le poisson. Et comme   4. _____
boisson? Qu'est-ce que tu veux?

5. C'est une bonne idée. Ce vin-ci est excellent.   6. _____
Et veux-tu prendre des légumes?

7. Ah oui? Je déteste cela. Et comme dessert,   8. _____
qu'est-ce que tu prends?

9. Oui, ça va bien avec un bon dîner. Mais je   10. _____ !
prends de la tarte aux pommes. Oh, je n'ai pas
d'argent! Tu peux payer, n'est-ce pas?

C. Mon restaurant préféré. Ecrivez un paragraphe sur un restaurant que vous aimez. Employez les questions comme guide.

1. Dans quel restaurant préférez-vous dîner? 2. Est-ce que ce restaurant est célèbre? 3. Est-ce qu'il est fréquenté (*visited*) par beaucoup de gens? 4. Mangez-vous souvent dans ce restaurant? Quand? 5. Est-ce que le menu est simple ou compliqué? 6. Quel est votre plat préféré? 7. Quelle est la spécialité du chef? 8. Qu'est-ce que vous buvez? 9. Est-ce que le repas est cher? 10. Laissez-vous un pourboire au serveur / à la serveuse?

Suggested five day lesson plan for
Chapitre 7:

Day 1: **Vocabulaire**
     Direct object pronouns
Day 2: Present tense of **partir,** etc.
     Affirmative and negative
     words and expressions
Day 3: Days, months, and years
     Prononciation
Day 4: **Conversation et culture**
     Récapitulation
Day 5: Optional quiz
     Intermède

Bonnes et Mauvaises Nouvelles

Chapitre **7**

OBJECTIFS

Communication et culture   In this chapter, you will learn vocabulary and expressions related to various means of communication. You will also learn about using the telephone and writing letters in France and about French newspapers and television.

Grammaire   You will learn to use the following aspects of French grammar:

27. the forms and uses of direct object pronouns (**me, te, le, la, nous, vous, les**) that replace direct object nouns

28. verbs conjugated like **partir** *(to leave)* and a group of similar verbs, **venir** *(to come)*, and **tenir** *(to hold)*

29. affirmative and negative words and expressions *always/never* (**toujours/jamais**), *someone/no one* (**quelqu'un/personne**), and so on

30. the days of the week, the months of the year, and how to express dates

See facing page for lesson plan.

ETUDE DE VOCABULAIRE

Pour communiquer

1. *Nous écrivons.* . . .

Suggestions: 1. Model pronunciation, with choral and individual repetition. 2. **Devinettes:** Indicate objects with definitions or locations, such as: (1) **Il est sur l'enveloppe. (le timbre)** (2) **Il est dans la cabine téléphonique. (l'appareil, le téléphone)** (3) **Ils sont dans le kiosque. (les journaux, les magazines, etc.)** (4) **C'est une des trois chaines de la télévision française.** (5) **On vend des choses à la télé de cette façon.**

2. *Nous lisons.* . . .

3. *Nous parlons.* . . .

4. *Nous écoutons et nous regardons.* . . .

A. Conseils *(Advice)*. Vous arrivez en France et vous êtes un peu perdu(e) *(lost)*. Exposez votre problème et donnez des conseils, seul(e) ou avec un(e) camarade, selon le modèle.

MODELE: Je voudrais trouver du travail. → Cherche un journal!

1. Je voudrais acheter un journal. 2. Je voudrais appeler un ami. 3. Je voudrais appeler une amie en Afrique. 4. Je voudrais acheter un timbre. 5. Je voudrais envoyer ma lettre. 6. Je voudrais regarder un bon film à la maison ce soir.

Exercise A. Suggestion: Do as rapid response drills.

B. Conversations sur la communication.

1. *La correspondance.* Sur le dessin *(drawing)*, où est la femme avec la lettre et la carte postale? Qu'est-ce qu'il y a sur l'enveloppe? Qu'est-ce qu'il y a dans la boîte aux lettres? Où sont les timbres? Comment commence une lettre formelle? une lettre à une amie? Comment finissez-vous une lettre à des amis?
2. *Au kiosque.* Où trouve-t-on des annonces? Où allez-vous pour acheter des journaux? Donnez le nom de quelques *(some)* journaux français. Est-ce que *Paris-Match* est un journal?

Exercise B. Suggestion: Do as rapid response drill, with choral repetition as desired.

Au kiosque

3. *Le téléphone.* Où allez-vous pour appeler vos amis? Où cherche-t-on un numéro inconnu *(unknown)*? Est-ce que vous appelez souvent vos amis? Quelles pièces emploie-t-on pour appeler quelqu'un *(someone)* d'une cabine téléphonique? Quand le téléphone sonne *(rings)*, comment répondez-vous?

4. *La télévision et la radio.* Si vous n'aimez pas une émission, qu'est-ce que vous faites? Combien de chaînes de télévision y a-t-il en France? Qu'est-ce qu'il y a entre *(between)* les émissions? Pour écouter de la musique, préférez-vous la télé ou la radio? et pour écouter les nouvelles? Y a-t-il trop de publicité à la télévision américaine?

Quelques Verbes de communication

Dire bonjour Lire un journal Ecrire une lettre  Mettre de l'argent

	DIRE: *to say, tell*	LIRE: *to read*	ECRIRE: *to write*	METTRE: *to place, put*
je	dis	lis	écris	mets
tu	dis	lis	écris	mets
il, elle, on	dit	lit	écrit	met
nous	disons	lisons	écrivons	mettons
vous	dites	lisez	écrivez	mettez
ils, elles	disent	lisent	écrivent	mettent

Dire, lire, and **écrire** have similar conjugations, except for the second person plural of **dire** and the **v** in the plural stem of **écrire**. Another verb conjugated like **écrire** is **décrire** *(to describe)*.

A. Au foyer de la cité universitaire. Changez les phrases du singulier au pluriel et vice versa.

1. Ils disent bonjour au facteur *(mail carrier)*. 2. Nous lisons les lettres de la famille. 3. Tu lis le télégramme de ton frère. 4. Il écrit une lettre à ses parents. 5. Vous écrivez dans votre journal. 6. Elles décrivent leur vie à l'université. 7. Je dis la vérité *(truth)* sur mes problèmes. 8. Tu décris tes professeurs. 9. Elle écrit l'adresse de ses parents sur l'enveloppe. 10. Ils lisent la carte postale de Jean.

B. Conversation.

1. Qu'est-ce qu'on met sur les enveloppes? Qu'est-ce que nous mettons dans l'enveloppe? Qu'est-ce que vous écrivez à la fin d'une lettre à un ami?
2. Ecrivez-vous souvent des lettres? des télégrammes? des romans *(novels)*?
3. Pour appeler quelqu'un d'une cabine téléphonique, qu'est-ce que vous mettez dans l'appareil?
4. Qu'est-ce que vous lisez tous les jours? Est-ce que vos amis lisent des journaux? Lisez-vous toujours les annonces?
5. A quelle heure mettez-vous la télévision? Quel programme mettez-vous d'abord? Qu'est-ce que vous dites de la télévision américaine?

ETUDE DE GRAMMAIRE

27. DIRECT OBJECT PRONOUNS

Annick au téléphone

"Décrochez le récepteur." Voilà, je *le* décroche.
"Mettez trois pièces de vingt centimes." Je *les* mets. . . bon.
"Composez votre numéro." Qu'est-ce que c'est, déjà? Ah! *Le* voilà.
Allô? allô? allô? Zut. Ça ne marche pas.
Bon, eh bien ma bonne nouvelle, je vais *l'*envoyer par télégramme.

Trouvez la réponse correcte et complétez la phrase.

1.	Qu'est-ce qu'Annick fait avec le récepteur?	a. Elle _____ met.
2.	Qu'est-ce qu'elle fait avec les pièces de vingt centimes?	b. Elle va _____ envoyer par télégramme.
3.	Qu'est-ce qu'elle fait avec le numéro?	c. Elle _____ décroche.
4.	Qu'est-ce qu'Annick va faire avec sa bonne nouvelle?	d. Elle _____ compose.

Annick on the telephone
"Pick up the receiver." OK, I pick it up. "Put in three twenty-centime pieces." I put them in . . . good. "Dial your number." What is it, now? Ah! Here it is. Hello? hello? hello? Darn. It doesn't work. Well OK, as for my good news, I'll send it by telegram.

A. Direct object nouns and pronouns

Direct objects are nouns that receive the action of a verb. They usually answer the question *what?* or *whom?* For example, in the sentence *Robert dials the number*, the word *number* is the direct object of the verb *dials*.

Direct object pronouns replace direct object nouns: Robert dials *it*. In general, direct object pronouns replace nouns that refer to specific persons, places, objects, or situations, that is, nouns that have a definite article, a possessive adjective, or a demonstrative adjective, as well as proper nouns with no article. In English and in French, nouns with the indefinite or partitive article usually cannot be replaced with direct object pronouns.

Note: Use of the indefinite pronoun **en** is treated in Chapter 8. In these cases in English there is **no** direct object pronoun: *I want some coins. I want some* (not *it*). Give example in French also: **Je veux de l'argent. J'en veux.**

J'admire **la France.** Je l'admire.	I admire *France.* I admire *it.*
Je regarde **ma soeur.** Je **la** regarde.	I look at *my sister.* I look at *her.*

B. Forms and position of direct object pronouns

DIRECT OBJECT PRONOUNS			
me (m')	*me*	**nous**	*us*
te (t')	*you*	**vous**	*you*
le (l')	*him, it*	**les**	*them*
la (l')	*her, it*		

Robert compose **le numéro.**

Robert **le** compose.

Presentation: Read through the explanation in English. Model examples and have students repeat in chorus.

Usually, French direct object pronouns immediately precede the verb. Third-person direct object pronouns agree in gender and number with the nouns they replace: **le** replaces a masculine singular noun, **la** replaces a feminine singular noun, and **les** replaces plural nouns.

Pierre lit-il le **journal?** Oui, il **le** lit.	Is Pierre reading the *newspaper?* Yes, he's reading *it.*
Veux-tu ma **revue?** Oui, je **la** veux.	Do you want my *magazine?* Yes, I want *it.*
Vous postez ces **lettres?** Oui, je **les** poste.	Are you mailing these *letters?* Yes, I'm mailing *them.*

If the verb following the direct object pronoun begins with a vowel sound, the direct object pronouns **me, te, le,** and **la** become **m', t',** and **l'.**

J'achète la **carte postale.** Je l'achète.	I'm buying the *postcard.* I'm buying *it.*
Monique **t'**admire. Elle ne **m'**admire pas.	Monique admires *you.* She doesn't admire *me.*

If the direct object pronoun is the subject of an infinitive, it is placed immediately before the infinitive.

Annick va **chercher l'adresse.**   Annick is going *to look for the*
Annick va **la chercher.**   *address.* Annick is going *to*
                      look for it.

Je vais **acheter les billets.** Je   I'm going *to buy the tickets.* I'm
vais **les acheter.**   going *to buy them.*

In negative sentences, the direct object pronoun always immediately precedes the verb of which it is the object.

Nous ne **regardons** pas la télé.   We don't *watch TV.* We don't
Nous ne **la regardons** pas.   *watch it.*
Je ne vais pas **acheter** les **bil-**   I'm not going *to buy the tickets.*
lets. Je ne vais pas **les**   I'm not going *to buy them.*
acheter.

The direct object pronouns also precede **voici** and **voilà.**

Le voici!   Here *he (it) is!*
Me voilà!   Here *I am!*

Suggestion: Have students pick out the direct object pronouns in the following listening exercise and tell whether they are singular or plural, masculine or feminine, and what person they are. You might give this as a partial dictation, with students writing only the pronoun: (1) **Je ne les cherche pas.** (2) **Ils me cherchent.** (3) **Est-ce que tu la trouves?** (4) **Ils nous regardent.** (5) **Elle l'admire.** (6) **Nous les admirons aussi.** (7) **Tu vas la regarder?** (8) **Nous allons les acheter.** (9) **Ils t'appellent au téléphone.** (10) **Nous ne vous téléphonons pas.**

Maintenant à vous

A. L'heure des nouvelles. Suivez le modèle.
MODELE: les nouvelles → Je les regarde.

1. la télévision
2. le journal
3. les informations *(news)*
4. la revue
5. les petites annonces *(classified ads)*
6. l'annonce
7. le dessin humoristique *(cartoons)*
8. la publicité

Exercise A. Continuation: **les magazines; l'adresse; les enveloppes; le programme de musique.**

B. Un coup de téléphone *(Phone call).* Suivez le modèle.
MODELE: Je cherche la poste. → Je la cherche.

1. Je cherche la cabine téléphonique.
2. Je regarde l'annuaire.
3. Je décroche le récepteur.
4. Je mets les pièces.
5. Je compose le numéro.
6. J'écoute mes amis.

Exercise B. Note: Point out that in France there are some phone booths in post offices, as well as on the street in big cities.

C. Les mêmes habitudes. Un(e) ami(e) parle de ses habitudes de téléspectateur (spectatrice). Vous avez les mêmes habitudes. Suivez le modèle.
MODELE: *Un ami:* A sept heures, je regarde le film d'amour.
         Vous: Je le regarde aussi!

1. A 7 h. 45, je regarde le western. 2. A 8 h. 30, je regarde les nouvelles. 3. A 9 h., je regarde le débat politique. 4. A 10 h., je

regarde les dessins animés *(cartoons)*.   5. A 10 h. 15, je regarde l'émission *(program)* sur Antenne 2.   6. A 10 h. 55, je regarde les sports.   7. Et toute la soirée, je regarde la publicité.

Exercise D.   Suggestion: Do as a rapid oral response drill, or dictate sentences at board and have student change forms as directed.

D.   Après le cours. Changez l'*objet* du singulier au pluriel selon le modèle.

MODELE: Il m'attend. Le voilà.   →   Il nous attend. Le voilà.

1. Il m'appelle. Le voilà.   2. Elle m'invite à dîner. La voilà.   3. Il me cherche à la faculté. Le voilà.   4. Il me trouve devant la bibliothèque. Le voilà.   5. Elle m'invite à regarder la télé. La voilà.

Maintenant, changez *le sujet* du singulier au pluriel selon le modèle:

MODELE: Il m'attend. Le voilà.   →   Ils m'attendent. Les voilà.

E.   Des projets. Christian fait toujours comme Christiane. Avec un(e) camarade, parlez de leurs projets selon le modèle.

MODELE: choisir ses cours en septembre →
          Vous: Est-ce qu'elle va choisir ses cours en septembre?
          Un ami: Oui, et il va les choisir aussi.

Exercises F and G.   Suggestion: First model a few sentences, then have students do in pairs.

1. acheter ses livres   2. chercher les salles de cours   3. préparer son examen de français   4. étudier la philosophie   5. lire les romans de Flaubert   6. finir ses cours en mai   7. prendre l'avion pour Paris en juin   8. visiter la France   9. écrire les cartes postales à la famille

F. Conversation négative. Avec un(e) camarade, jouez les rôles de deux personnes qui parlent au téléphone.

MODELE: *Vous:* Tu m'admires?
Une amie: Non, je ne t'admire pas.

1. Tu m'écoutes?
2. Tu m'entends?
3. Tu m'aimes?
4. Tu me comprends?
5. Tu m'invites à dîner?
6. Tu m'appelles dimanche *(Sunday)*?

G. Conversation positive. Répétez la conversation dans l'Exercice F, selon le modèle.

MODELE: *Vous:* Vous m'admirez?
Une amie: Oui, je vous admire.

H. Une interview. Interviewez un(e) camarade de classe sur ses préférences. Votre camarade doit utiliser un pronom complément d'objet direct dans sa réponse.

1. Utilises-tu souvent le téléphone? 2. Appelles-tu souvent tes camarades de classe? tes professeurs? tes parents? 3. Est-ce que tes parents t'appellent souvent? tes amis? 4. Regardes-tu souvent la télé? 5. Aimes-tu regarder la publicité? 6. Préfères-tu écouter les nouvelles ou les programmes de musique? 7. Préfères-tu apprendre les nouvelles dans le journal ou à la radio? à la radio ou à la télé? 8. Essaies-tu de comprendre la politique internationale? la philosophie existentialiste? 9. Achètes-tu le journal tous les jours? 10. Lis-tu les romans de Sartre? les romans de Flaubert? les romans de Michener?

Exercise H.   Suggestion: (1) Have students do interview and report answers as follows: **Georges, est-ce que Suzanne utilise souvent le téléphone? Georges: Oui, elle l'utilise souvent. (etc.)** (2) Dictate questions at board, and have students write answers with the object pronoun. Then compare individual responses. Example: **"Ah, Marie utilise souvent le téléphone, mais Georges ne l'utilise pas, et Jean-Louis l'utilise rarement . . ."**

28. PRESENT TENSE OF *PARTIR* AND SIMILAR VERBS; THE VERBS *VENIR* AND *TENIR*

La télé, c'est épatant!

MONIQUE: Nous *tenons* toujours à regarder la télé quand nous ne *sortons* pas. Elle nous *sert* d'horloge. Je *sers* le dîner pendant les informations, Jean-Paul *part* faire la vaisselle pendant les annonces publicitaires, il *revient* à table pour le dessert et le feuilleton et nous *dormons* pendant le film.

TV, it's great!
MONIQUE: We're always eager to watch TV when we're not going out. It serves as our clock. I serve dinner during the news, Jean-Paul goes to do the dishes during the commercials, he comes back to the table for dessert and the serial, and we sleep during the movie.

Une amie pose des questions à Monique. Jouez le rôle de Monique.
Répondez selon le dialogue.

1. Qu'est-ce que vous faites le soir, quand vous ne sortez pas?
2. Qu'est-ce que tu fais pendant les nouvelles?
3. Qu'est-ce que Jean-Paul fait pendant les annonces publici-
    taires?
4. Qu'est-ce qu'il fait pendant le feuilleton?
5. Qu'est-ce que vous faites pendant le film?

A. *Partir* and verbs like *partir*

1. The verb **partir** *(to leave, to depart)* is *not* conjugated like the "regular"
    -ir verbs (**finir,** etc.).

PRESENT TENSE OF **PARTIR:** *to leave, to depart*			
je	pars	nous	partons
tu	pars	vous	partez
il, elle, on	part	ils, elles	partent

In the singular forms of **partir,** not only the **-ir** ending but also the preceding consonant disappears; the endings become **-s, -s,** and **-t.** In the
plural forms, **-ir** disappears and the endings are regular: **-ons, -ez, -ent.**

Je **pars** en voyage.   I'm *going* on a trip.
Nous **partons** pour Paris ce soir.   We're *leaving* for Paris tonight.

2. Verbs conjugated like **partir** include:

dormir	to sleep	**servir**	to serve
mentir	to lie	**sortir**	to go out
sentir	to smell; to feel; to sense		

Je **sors** avec mes amis.   I'm *going out* with my friends.
Nous **servons** le petit déjeuner   We *serve* breakfast at eight
  à huit heures.   o'clock.
Ce pain **sent** bon (mauvais).   This bread *smells* good (bad).

B. *Partir, sortir,* and *quitter*

Partir, sortir, and **quitter** all mean *to leave,* but they are used differently.
Partir is either used alone or is followed by a preposition.

Je **pars.**   I'm *leaving*.
Elle **part de (pour)** Cannes.   She's *leaving from (for)* Cannes.

Sortir can also mean *to leave*. It is used like **partir,** either alone or with a preposition, to imply leaving an enclosed space (such as a house or office).

Je **sors.**	*I'm going out.*
Je **sors du** bureau.	*I'm leaving (going out of) the* office.

Quitter requires a direct object, either a place or a person.

Je **quitte Paris.**	*I'm leaving Paris.*
Elle **quitte** son **ami.**	*She's leaving her friend.*

C. *Venir* and *tenir*

1. The verbs **venir** *(to come)* and **tenir** *(to hold)* are irregular in form.

VENIR: *to come*		**TENIR:** *to hold*	
je viens	nous venons	je tiens	nous tenons
tu viens	vous venez	tu tiens	vous tenez
il, elle, on vient	ils, elles viennent	il, elle, on tient	ils, elles tiennent

Nous **venons** de Saint-Malo.	We *come* from Saint-Malo.
Voici ma mère. Elle **tient** une lettre à la main.	Here's my mother. She's *holding* a letter in her hand.

Venir de plus an infinitive means *to have just* done something.

Je **viens d'écrire** une lettre.	I *have just written* a letter.
Mes amis **viennent de téléphoner.**	My friends *just called*.

Tenir à plus an infinitive means *to be eager* or *anxious to* do something.

Nous **tenons** beaucoup **à lire** votre roman.	We're very *anxious to read* your novel.

2. Verbs conjugated like **venir** and **tenir** include:

devenir	to become	**obtenir**	to get, to obtain
revenir	to come back		

Ils **reviennent** du bureau de poste.	They're *coming back* from the post office.
On **devient** raisonnable avec l'âge.	One *becomes* reasonable with age.
Patrick **obtient** de bonnes notes en classe.	Patrick *gets* good grades in class.

*Note: Point out that **partir** can be used any time one means *leave* in the sense of *depart*, even if one is inside an enclosed space at the moment. **Partir:** go in sense of take one's departure; **Sortir:** go out of enclosed space, go out on the town; go out for an evening, etc.*

*Presentation: Write the forms of **venir** on the board as you model them, with three singular forms and third-person plural first (because stems are alike) and two other plural forms last. Draw a "shoe" shape around the four forms with identical vowel spelling in stems. Point out that the consonant also doubles in the third-person plural form and that the nasal vowel disappears.*

*Note: Point out that **venir de** is an easy way to indicate a recent past event. (This is the first opportunity for students to talk about the past. Past tenses are introduced beginning in Chapter 8).*

Maintenant à vous

A. Le programme d'une journée.

1. *Jean-Marie* part en classe. *(les étudiants, nous, tu, Christine, vous)*
2. *Je* sors du travail à six heures. *(nous, vous, elle, ils, vous)* 3. *Nous* servons le dîner à huit heures. *(nos amis, je, Paulette, vous, nous)*
4. *Ils* sentent un bon repas. *(je, nous, Jean-Marie, vous)* 5. *Les enfants* dorment déjà *(already)*. *(mon père, l'étudiante, nous, mes parents)*

B. Bon voyage!

1. *Les Dupont* viennent de Saint-Malo. *(nous, Christine, tu, je, vous)*
2. En juin *ils* obtiennent un visa. *(mon ami Pierre, tu, vous, nous, je)*
3. *Ils* tiennent à visiter New York. *(nous, je, vous, François, tu)*
4. Après deux semaines *(weeks)* ils deviennent très américains. *(vous, Jean-François, tu, nous, je)* 5. Mais en septembre *ils* reviennent à Saint-Malo. *(tu, Marc, vous, je, elle, nous)*

Exercise C. Note: Have students explain why they chose the French verbs they did.

C. En français, s'il vous plaît. Utilisez *partir, quitter* ou *sortir*.

1. *I'm leaving my family.* 2. *He's leaving New York.* 3. *We are leaving for Saint-Malo tomorrow at 9:45.* 4. *He is leaving the room.* 5. *She is leaving now.* 6. *Let's leave at 1:45 p.m.* 7. *Nathalie is leaving the house with Renaud.* 8. *Are you going out with George?*

Exercise D. Suggestion: This may be done as whole-class exercise or in pairs. If done model several sentences first, to make sure students understand structure involved.

D. La curiosité. Jean-Jacques pose des questions à son voisin *(neighbor)* M. Duchêne. Avec un(e) camarade, jouez les deux rôles.
MODELE: *Jean-Jacques:* Vas-tu jouer au tennis cet après-midi? *(jouer au football)*
        M. Duchêne: Non, parce que je viens de jouer au football.

1. Marie va-t-elle appeler ses parents? *(écrire une lettre à sa mère)*
2. Allons-nous chercher le numéro de téléphone du nouveau restaurant? *(trouver l'adresse)* 3. Ton fils va-t-il regarder la télé? *(acheter un bon livre)* 4. Tes filles vont-elles mettre une petite annonce pour leurs skis? *(les vendre)* 5. Jacques va-t-il acheter *Le Monde* ce soir? *(finir Le Figaro)* 6. Vas-tu écouter les nouvelles? *(lire le journal)*
7. Vas-tu donner ton album de timbres à Jacques? *(le vendre)* 8. Vas-tu envoyer une carte postale à Jeannette? *(envoyer un télégramme à sa famille)*

Exercise D.4. Note: Point out that the preposition **de** and the object pronoun **les** remain separated and do not contract: **Elles viennent de les vendre.**

Exercise E. Suggestion: May be done orally or in writing, with oral recitation after sentences have been written out.

E. Le programme du week-end. Faites des phrases complètes.

1. nous / dormir / tard / samedi *(Saturday)* matin 2. Gilles / servir / petit déjeuner / au lit 3. le café / sentir / très bon / ce / matin 4. Jeannine et Monique / sortir / acheter / journal 5. vous / tenir / regarder / informations 6. je / partir / pour / campagne 7. le dimanche *(on Sunday)* / elle / venir / cinéma / avec nous 8. nos cousins

/ venir / manger / restaurant / avec nous   9. Jean-Marie et Annie /
revenir / la maison / très tard *(late)*

F.   Conversation.

1. Partez-vous souvent en voyage? Où allez-vous? Venez-vous
d'acheter des billets pour un voyage?   2. Partez-vous souvent pendant le week-end? Où allez-vous? Le week-end *(On weekends)*, restez-vous à la maison ou sortez-vous avec des amis? Sortez-vous souvent pendant la semaine?   3. A quelle heure sert-on le dîner chez
vous? Qui sert les repas? Qui sert les plats au restaurant?
4. Dormez-vous bien ou mal? Dormez-vous tard pendant la semaine?
et pendant le week-end?   5. Fumez-vous? *(Do you smoke?)* Sentez-
vous la fumée de cigarette si on fume à côté de vous? Après une
soirée chez vous, est-ce que votre appartement sent *(smells of)* la
fumée? Devenez-vous désagréable si un(e) ami(e) fume à côté de
vous? Sentez-vous une différence si un(e) ami(e) arrête *(stops)* de
fumer? Devient-il/elle plus calme? plus nerveux(euse)?   6. Venez-
vous à l'université tous les jours? Venez-vous seul(e) ou avec des
amis?   7. Dites-vous toujours la vérité? Est-ce que vous mentez parfois? Quand et pourquoi? Est-ce qu'il est parfois nécessaire de mentir?   8. Où êtes-vous maintenant? Que faites-vous? Qu'est-ce que
vous venez de faire? Venez-vous de parler avec un(e) ami(e)? Venez-
vous de manger ou de boire? Qu'est-ce que vous tenez à faire maintenant?   9. Obtenez-vous de bonnes notes dans le cours de
français? Pourquoi? Pourquoi pas? Dans quel cours allez-vous
obtenir de bonnes notes ce semestre? et de mauvaises notes?

Exercise F.   Suggestion: Use for
whole-class or paired discussion.
Partners can switch rôles of
interviewer and interviewee during
discussion.

Exercise F.   Follow-up: Have
students report some of the
answers given by partners. After a
few have been given, have other
students recall answers reported.

29. AFFIRMATIVE AND NEGATIVE WORDS AND EXPRESSIONS

Quelle différence!

Aux Etats-Unis. . . .

Il y a *toujours* de la publicité pendant les informations.

En France. . . .

Il *n'y* a *jamais* de publicité pendant les informations.

A une heure du matin, il y a *quelque chose* à la télé.

A une heure du matin, il *n'y* a *rien* à la télé.

A une heure du matin, il y a *quelqu'un* devant la télé.

Il y a *encore* des émissions à quatre heures du matin.

Il y a *déjà* des téléspectateurs devant leur poste à six heures du matin.

A une heure du matin, il *n'y* a *personne* à la télé.

Il *n'y* a *plus* d'émissions à quatre heures du matin.

Il *n'y* a *pas encore* de téléspectateurs devant leur poste à six heures du matin.

What a difference!
In the United States. . . . There is always advertising during the news. At one A.M., there is something on TV. At one A.M., there is someone in front of the TV. There are still programs at four A.M. There are already TV-viewers in front of their sets at six A.M. Before 10 A.M., there are movies and series. *In France.* . . . There is never advertising during the news. At one A.M., there is nothing on TV. At one A.M., there is no one in front of the TV. There are no more programs at four A.M. There aren't yet any TV-viewers in front of their sets at six A.M. Before 10 A.M., there are neither films nor series.

Aux Etats-Unis. . . .

En France. . . .

Avant dix heures, il y a des films *et* des feuilletons.

Avant dix heures, il *n'*y a *ni* films *ni* feuilletons.

En France _____ ?

1. est-ce qu'il y a de la publicité pendant les informations?
2. est-ce qu'il y a quelque chose à la télé à une heure du matin?
3. est-ce qu'il y a quelqu'un devant la télé?
4. est-ce qu'il y a encore des programmes à quatre heures du matin?
5. est-ce qu'il y a déjà des téléspectateurs devant leur poste à six heures?
6. est-ce qu'il y a des films et des feuilletons avant dix heures?

A. Affirmative and negative expressions

As you know, the two-word expression **ne. . . pas** makes a French sentence negative. A number of negative expressions combine **ne (n')** with another word. As with **ne. . . pas, ne** precedes the conjugated verb, and the rest of the negative expression follows it. Affirmative expressions also follow the verb.

Negative Expressions	*Affirmative Expressions*
ne. . . jamais (*never*)	**toujours** (*always*), **parfois** (*sometimes*)
Je **ne** regarde **jamais** la télé.	Je regarde **toujours (parfois)** la télé.
ne. . . rien (*nothing*)	**quelque chose** (*something*)
Elle **ne** lit **rien** aujourd'hui.	Elle lit **quelque chose** aujourd'hui.
ne. . . personne (*no one*)	**quelqu'un*** (*someone*)
Il *n'*y a **personne** ici ce matin.	Il y a **quelqu'un** ici ce matin.

*The word **quelqu'un** is invariable in form: it can refer to both males and females.

Notes (1) Optional material: Point out that *either . . . or* may be expressed **ou . . . ou** as in French when the two or more options are emphasized strongly: **Il choisit ou le journal ou la revue.** (2) Point out that when the conjugated verb is followed by an infinitive, the negative particles surround the conjugated verb, as with **ne . . . pas: Je ne vais rien acheter.** (3) When the infinitive itself is negated, the two negative particles precede the infinitive directly: **J'ai l'intention de ne rien écrire.** (4) Combined negative particles "**ne . . . jamais rien,**" etc. are not treated in this text. They may be presented as an option.

ne. . . plus *(no longer, no more)*	**encore** *(still)*
Je n'ai **plus** envie d'écrire.	J'ai **encore** envie d'écrire.
Je n'ai **plus** de timbres.	J'ai **encore** des timbres.
ne. . . pas encore *(not yet)*	**déjà** *(already)*
Je n'ai **pas encore** de nou-velles de Pierre.	J'ai **déjà** des nouvelles de Pierre.
ne. . . ni. . . ni *(neither . . . nor)*	**ou** *(or),* **et** *(and)*
Il **ne** choisit **ni** le journal **ni** la revue.	Il choisit le journal **ou (et)** la revue.
Elle **n'**a **ni** amis, **ni** argent.	Elle a des amis **et** de l'argent.

B. Use of negative expressions

1. As with **ne. . . pas,** the indefinite article and the partitive article become **de (d')** when they follow negative expressions (exception: **ni. . . ni**). Definite articles do not change.

J'ai **encore des** lettres à écrire. Je n'ai **plus de** lettres à écrire.	I *still* have *some* letters to write. I have *no more* letters to write.
Elle a **déjà des** amis en France. Elle n'a **pas encore d'**amis en France.	She *already* has *some* friends in France. She doesn't have *any* friends in France *yet.*
But: Nous admirons **encore le** système postal. Nous n'admirons **plus le** système postal.	We *still* admire *the* postal sys-tem. We don't admire *the* postal system *any longer.*

When **ni** in **ne. . . ni. . . ni** precedes a noun, the indefinite article as well as the partitive disappear altogether.

> Note: The definite article may be used with **ni . . . ni,** as well as other determinatives such as possessive and demonstrative adjectives. Example: **Je n'achète ni cette revue ni ce journal. Il n'aime ni notre système postal ni notre système téléphonique.**

Je n'achète **ni** timbres **ni** enveloppes.	I buy *neither* stamps *nor* envelopes.

2. **Jamais, rien,** and **personne** may be used without **ne** when they answer a question.

Qu'est-ce qu'il y a à la télé? **Rien.**	What's on TV? *Nothing.*
Qui envoie des lettres? **Per-sonne.**	Who's sending some letters? *No one.*
Quand vas-tu en France? **Jamais.**	When are you going to France? *Never.*

Jamais means *ever* when it is used in an affirmative question without **ne.**

Va-t-il **jamais** arriver?	Will he *ever* arrive?

Rien and **personne** can be used as the subject of a sentence, pre-ceding **ne.** They can also be the object of a preposition.

Rien ne vient facilement.	*Nothing* comes easily.
Il n'écrit **à personne.**	He doesn't write *to anyone.*

3. Negative and affirmative expressions with adjectives may be formed with **quelque chose/quelqu'un/rien/personne** plus **de (d')** plus a masculine singular adjective.

quelque chose de bon	*something good*
quelqu'un d'intéressant	*something interesting*
rien d'amusant	*nothing amusing*
personne d'intelligent	*no one intelligent*

C. *Ne. . . que*

Ne. . . que *(only)* is the equivalent of **seulement.** It is not a genuine negative expression, since it merely points out a limited quantity of something.

Je **n'ai qu'**une heure.	I have *only* one hour.
Il **n'**y a **que** trois chaînes.	There are *only* three channels.

Note: Point out to students that there is no second negative particle in the expression **ne . . . que,** to help students avoid adding **pas.**

Maintenant à vous

A. Mais si!* Donnez une forme affirmative pour chaque phrase négative selon le modèle.

MODELE: Il n'y a personne à la porte. → Mais si! Il y a quelqu'un à la porte.

1. Il n'y a ni films ni informations à la télé. 2. Il n'y a rien dans ma boîte aux lettres. 3. Il n'y a jamais de nouvelles. 4. Il n'y a pas encore de nouvelles. 5. Il n'y a plus d'argent.

Exercise A. Note: Explain that **si** must be used to contradict a negative statement or question.

B. Une vie simple et une vie compliquée. Monique a une vie compliquée. Vous avez une vie plus simple. Donnez une forme négative pour chaque phrase affirmative, selon le modèle.

MODELE: Monique a toujours faim. → Je n'ai jamais faim.

1. Monique a des lettres et des cartes postales à écrire. 2. Monique a quelque chose à dire. 3. Monique a déjà des problèmes avec son nouveau poste de télé. 4. Monique a encore des examens à passer *(to take)*. 5. Monique a quelqu'un à appeler.

Exercise B. Suggestion: Have students do drill orally first as given. Then ask students to give personal answers using questions such as: "As-tu toujours faim?" "As-tu quelque chose à dire?" etc.

C. Exercice de contradiction. Donnez le contraire des phrases suivantes.

MODELE: Le facteur passe toujours à huit heures. →
Le facteur ne passe jamais à huit heures.

1. Aujourd'hui il y a quelque chose d'intéressant à la télé. 2. Quelqu'un écrit une lettre. 3. Ils disent toujours la vérité dans les journaux. 4. Il y a un timbre et une adresse sur l'enveloppe. 5. Je voudrais *Paris-Match* ou *Le Monde.* 6. J'ai encore quelque chose d'intéressant à dire.

Exercise C. Note: Point out that No. 6 could have a double negative, possible in French: **Je n'ai plus rien d'intéressant à dire.**

*Si means **yes** when used to contradict a negative statement.

ETUDE DE GRAMMAIRE

D. Fragments de conversation. Vous mettez la télé, mais vous n'avez pas le temps de la regarder. Vous entendez des fragments de conversation. D'abord, utilisez les expressions *quelque chose de, quelqu'un de, rien de* ou *personne de* dans les fragments pour remplacer les mots en italique. Ensuite, suggérez quel programme vous entendez.

MODELE: Je viens de parler à *un homme* important. → Je viens de parler à quelqu'un d'important. C'est un programme d'informations.

1. Il y a *des événements* nouveaux à la faculté. 2. Tu n'envoies jamais *d'objet* intéressant. 3. Je voudrais trouver *un objet* drôle pour son anniversaire. 4. Il y a *une personne* nouvelle dans le gouvernement. 5. Vous ne mettez jamais *d'ingrédient* salé dans une mousse. 6. Vous trouvez toujours *une personne* amusante dans notre émission.

E. Devant la télé. Changez de *seulement* à *ne. . . que* selon le modèle.

MODELE: J'ai seulement une émission favorite. → Je n'ai qu'une émission favorite.

1. Elle regarde seulement les nouvelles. 2. Nous aimons seulement les films d'amour. 3. Tu choisis seulement les westerns. 4. Il y a seulement une personne importante dans cette émission. 5. Elle choisit seulement des programmes de musique. 6. Il aime seulement deux émissions.

F. En français, s'il vous plaît.

1. *I don't like television. When you turn the TV on, nothing is interesting.* 2. *My family watches television all the time. No one goes out.* 3. *I don't like either the sports programs or the news.* 4. *There isn't anyone interesting on* (**à la**) *television.* 5. *I have no more patience. I'm going to leave!* 6. *There's only one program that I sometimes like:* _____ !

G. Encore la télé. Annick, Jacques et Mireille ont une discussion au sujet de la télévision. Jacques répond aux questions d'Annick à la forme affirmative et Mireille répond à la forme négative. Avec deux camarades, jouez les rôles de Jacques, Mireille et Annick.

Voici les questions d'Annick:

1. Il y a quelque chose d'intéressant à la télé, aujourd'hui? 2. Tu veux regarder les informations ou du sport? 3. On va encore regarder un match de football? 4. Ne regardes-tu jamais les feuilletons? 5. Il est déjà trop tard pour le film? 6. Est-ce qu'il y a toujours quelque chose d'amusant à regarder? 7. Aimes-tu encore la télé?

H. Conversation.

1. Est-ce que vous écrivez parfois des lettres philosophiques à quelqu'un? des lettres humoristiques?
2. Etes-vous parfois devant la télé à trois heures de l'après-midi? à trois heures du matin?
3. Est-ce que vous venez de lire quelque chose d'intéressant? de dire quelque chose d'intéressant?
4. Avez-vous encore vos livres de l'école *(school)* élémentaire? de l'école secondaire?
5. Est-ce qu'il y a quelqu'un d'important dans votre vie? dans votre classe de français?
6. Est-ce que vous avez déjà votre propre *(your own)* maison? votre propre voiture?

Exercise H.   Suggestion: These may be used as interview questions for pair work, for whole-class conversation practice, or for dictation at seats or at board, with students writing both questions and answers.

30. DAYS, MONTHS, AND YEARS

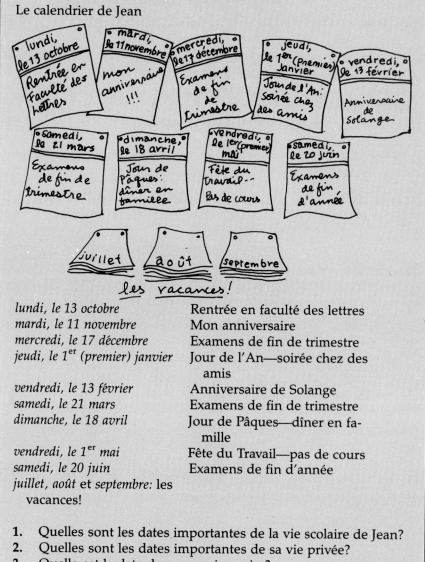

Le calendrier de Jean

lundi, le 13 octobre   Rentrée en faculté des lettres
mardi, le 11 novembre   Mon anniversaire
mercredi, le 17 décembre   Examens de fin de trimestre
jeudi, le 1er (premier) janvier   Jour de l'An—soirée chez des amis

vendredi, le 13 février   Anniversaire de Solange
samedi, le 21 mars   Examens de fin de trimestre
dimanche, le 18 avril   Jour de Pâques—dîner en famille

vendredi, le 1er mai   Fête du Travail—pas de cours
samedi, le 20 juin   Examens de fin d'année
juillet, août et septembre: les vacances!

1. Quelles sont les dates importantes de la vie scolaire de Jean?
2. Quelles sont les dates importantes de sa vie privée?
3. Quelle est la date de son anniversaire?
4. Est-ce que Jean est avec sa famille le Jour de l'An? le Jour de Pâques?
5. Quelle est la date de la Fête du Travail en France?

Jean's calendar
Monday, October 13: fall opening of the School of Humanities. Tuesday, November 11: my birthday. Wednesday, December 17: final trimester exams. Thursday, January 1st: New Year's Day—evening with friends. Friday, February 13: Solange's birthday. Saturday, March 21: final trimester exams. Sunday, April 18: Easter—family dinner. Friday, May 1st: Labor Day—no classes. Saturday, June 20: year-end final exams. July, August, and September: vacation!

A. Days of the week

1. In French, all of the days of the week are masculine. They are not capitalized, except at the beginning of a sentence. On a French calendar, the week starts on Monday.

La semaine:

lundi	vendredi	
mardi	samedi	**la fin de semaine/le week-end**
mercredi	dimanche	
jeudi		

2. **Quel jour sommes-nous?** means *What day is it?*

Quel jour sommes-nous aujourd'hui? Nous sommes mardi.

What day is it today? *It's Tuesday.*

3. To indicate that an action takes place on the same day every week, the definite article is used with the day.

Le lundi nous appelons nos parents.

On Mondays (Every Monday), we call our parents.

Le dimanche nous lisons *Le Monde.*

On Sundays (Every Sunday), we read *Le Monde.*

4. To indicate a specific day (*this* Monday), the name of the day is used alone. To express the *next* day, use **prochain** after the day.

Lundi, nous allons appeler nos parents.

(On) Monday we're going to call our parents.

Lundi prochain, nous allons appeler nos amis.

Next Monday, we're going to call our friends.

B. Months of the year

In French, the names of the months are masculine. Like the days of the week, they are capitalized only at the beginning of a sentence.

janvier	avril	juillet	octobre
février	mai	août	novembre
mars	juin	septembre	décembre

Août is pronounced [u] or [ut]. The **p** in **septembre** is pronounced [sɛptãbr], unlike the silent **p** in **sept** [sɛt]. *In* January (*in* November, and so on) is expressed in French with **en** or **au mois de** (*in the month of*) plus the month.

Presentation: Model pronunciation of days of the week. Practice days of week by asking: **Quel jour sommes-nous? Et hier? Et demain? Quels sont les jours du week-end? Quel est votre jour favori? Pourquoi? Quel jour de la semaine n'aimez-vous pas? Qu'allez-vous faire lundi prochain? Quel jours avez-vous cours?** (Use **le lundi,** etc.)

Presentation: Model pronunciation. Have students repeat. Practice the names of the month with questions such as those given above.

Grammaire et prononciation

En janvier nous faisons du ski.　　*In January,* we go skiing.
Au mois d'août nous allons à la　　*In August,* we go to the beach.
plage.

C. Dates

Presentation: (1) Explain rules and model pronunciation. (2) Practice dates and years by having students guess each other's birthday. Suggested question sequence: **Est-ce que ton anniversaire est . . . en automne? au printemps? etc. au mois de novembre? etc. au début? au milieu? à la fin? le 13? le 14? etc. avant 1960? après 1960?** (specific years)

1.　In English, dates are usually expressed by giving the month first, then the day: *March 21 (3/21)*. In French, the day is usually followed by the month: **le 21 mars** (abbreviated numerically as **21/3**). The day of the month is usually preceded by the definite article **le**.

In English, ordinal numbers (first, second, and so on) are used for all dates. In French, an ordinal number is used only for the first day of each month: **le premier**. Cardinal numbers (**deux, trois,** and so on) are used for all other days.

J'arrive à Paris **le premier**　　I arrive in Paris on *February first.*
février.

Nous partons pour Nice **le**　　We leave for Nice on *March*
quatre mars.　　*fourth.*

Mon anniversaire est **le**　　My birthday is *August third.*
trois août.

2.　In French, a multiple of **cent** is used to express the year:

dix-neuf cents*	*1900*
dix-neuf cent quatre-vingt-deux	*1982*
seize cent quatre	*1604*

Note that **cent** takes an **s** in dates unless it is followed by another number. The word **cent(s)** cannot be omitted from the date as it often is in English. The preposition **en** is used to express *in* with a year:

en dix-neuf cent vingt-trois　　*in 1923*

Maintenant à vous

A. Les jours de la semaine.

1. Quels sont les deux jours de la fin de semaine?   2. Quel est le premier jour de la semaine?   3. Quel jour est au milieu de *(in the middle of)* la semaine? Et comment s'appelle le jour précédent? 4. Quel jour précède le week-end? Et comment s'appelle le jour précédent?

*****Mille** *(one thousand)* can also be used to express the year: **mille** neuf cents.

B. **Une semaine de télé.** Avez-vous des émissions préférées? Décrivez votre semaine idéale devant la télé.

MODELE: Le mercredi, je regarde un western.

Le _____ , je regarde _____

un film d'amour, un western, les nouvelles, *Les rues de San Francisco*, les matchs sportifs, un programme de musique, les dessins animés, un film policier, une émission politique, _____?

C. **La semaine prochaine à la télé.** Maintenant donnez votre programme pour la semaine prochaine.

MODELE: Lundi, je vais regarder un western.

D. **Les jours passent.** Voici un petit problème de mathématiques. Il y a quatre semaines dans un mois et cinquante-deux semaines dans une année.

1. Combien y a-t-il de jours dans une semaine? 2. Combien y a-t-il de jours dans un mois? 3. Combien y a-t-il de jours dans une année? 4. Combien y a-t-il de mois dans une année? 5. Combien y a-t-il d'heures dans une journée? 6. Combien y a-t-il d'heures dans un week-end?

E. **Les mois.**

1. Quels sont les mois qui ont trente jours? 2. Quels sont les mois qui ont trente et un jours? 3. Quel est le mois le plus court (*shortest*)? 4. Pendant quels mois fait-on du ski? 5. Pendant quels mois va-t-on à la plage? 6. Pendant quels mois va-t-on à l'université?

Exercise E. Continuation: **Quels sont les mois chauds? . . . les mois froids? Pendant quel mois étudiez-vous le plus? le moins? Pendant quels mois restez-vous à la maison? sortez-vous le plus? etc.**

F. **A la poste.** Voici des enveloppes. Transformez les dates.

MODELE: 4.5.82 → le quatre mai dix-neuf cent quatre-vingt-deux

1. 8.7.75   4. 13.10.59   7. 9.2.74
2. 3.3.48   5. 1.9.76   8. 4.6.62
3. 6.5.80   6. 12.1.53   9. 7.4.49

Exercise F. Suggestion: Ask a variation, dictate the dates and have students write them in numerals.

G. **Le calendrier de Marie.** Donnez la date correcte de chaque événement et mettez les dates dans l'ordre chronologique. Quelle est la date de l'anniversaire de Marie?

Exercise G. Suggestion: give students a few moments to do matching exercise silently and then, to check work, ask for oral responses.

1. vacances de ski   a. du 29.1 au 4.2
2. vacances de Noël   b. 9.3
3. Fête du Travail   c. du 17.4 au 20.4
4. vacances de Pâques   d. 1.5
5. grandes vacances   e. 17.6
6. Toussaint (*All Saints' Day*)   f. du 18.7 au 24.9
7. rentrée des classes   g. 15.10
8. examen de fin d'année   h. 1.11
9. anniversaire   i. du 22.12 au 28.12

H. Jours importants. Donnez les dates.

1. Aux Etats-Unis, la Fête des Mères est _____ . La Fête des Pères est _____ . 2. Aux Etats-Unis, la Fête du Travail est _____ . En France, c'est _____ . 3. La date de la Toussaint est _____ . 4. La date de Noël est _____ . 5. Mon anniversaire est _____ . 6. _____ et _____ sont des dates importantes dans ma vie privée parce que _____ . 7. _____ est une date importante chez nous parce que _____ .

ETUDE DE PRONONCIATION

The Sounds [y] and [ɥ]

The sound [y] is represented in spelling by the letter **u**. Although it has no equivalent sound in English, it is pronounced somewhat like *ee* but with lips rounded as if to say *oo*.

Maintenant à vous

Prononcez avec le professeur.

> une russe rue mur sûr jus bus sucre bureau numéro musique buffet salut menu laitue revue légume voiture aventure minuscule

The sound [ɥ] also has no English equivalent. It is a short [y] sound, immediately followed by another vowel sound within the same syllable. Since [ɥ] does not constitute an entire syllable, it is called a semi-vowel. [ɥ] is represented in spelling by the letter **u** followed by a vowel sound.

Maintenant à vous

A. Prononcez avec le professeur.

> huile fruit cuisine cuillère saluer annuaire habitué intellectuel actualité individualiste

B. Prononcez les phrases.

1. Une étudiante intellectuelle réussit à étudier jusqu'à minuit. 2. Hughes discute d'une revue utile sur la musique. 3. Julie cuisine une laitue et des crudités à l'huile. 4. Marius et Bruno saluent une habituée russe à Bruges.

C. Pour rire.

A minuit, le huit juillet, Romuald et Luc étudient les vertus d'une minuscule laitue russe.

Au bureau de poste

Monique Sylvestre, étudiante à Paris, part en voyage avec quelques amis. Ils vont visiter la Bretagne où Monique tient à *voir* un bon ami, Gilbert, qui habite à Saint-Malo. Comme elle n'a pas de téléphone chez elle, Monique va à la poste pour appeler Gilbert.

to see

MONIQUE: Bonjour, Madame, je voudrais téléphoner à Saint-Malo, s'il vous plaît.

L'EMPLOYEE: Prenez la cabine quatre, *faites* le onze, attendez la *tonalité*, ensuite faites le quatre-vingt-dix et composez le numéro de votre correspondant.

dial / dial tone

MONIQUE: Je dois mettre des pièces d'un franc ou de cinq francs?

L'EMPLOYEE: Ni l'un ni l'autre. . . vous payez ici quand votre communication est terminée.

MONIQUE: *Voyons* . . . je n'ai plus d'argent. Vous pouvez *peut-être* demander le numéro pour *moi*?

Let's see / perhaps

L'EMPLOYEE: Mais bien sûr, Mademoiselle. Quel est le numéro? Vous le voulez *en PCV*?

collect

MONIQUE: Oui, Madame, je voudrais parler à Monsieur Gilbert Fabre, 91-45-67 à Saint-Malo.

L'EMPLOYEE: *C'est de la part de qui?*

Who's calling?

MONIQUE: De la part de Monique Sylvestre.

L'EMPLOYEE: Voilà, je l'ai. Prenez la cabine deux.

L'EMPLOYEE: Allô, le 91-45-67 à Saint-Malo? Mademoiselle Sylvestre demande à parler à Monsieur Fabre en PCV. Acceptez-vous de payer la communication?

GILBERT: Oui, Madame, je la paie.

L'EMPLOYEE: Bon, *ne quittez pas!*

don't hang up

MONIQUE: Allô, Gilbert, *que deviens-tu? Je te dérange?*

what's new with you? / Am I disturbing you?

GILBERT: Monique, quelle bonne surprise! Quelles sont les nouvelles?

MONIQUE: Ecoute, Gilbert, je pars pour Saint-Malo avec Jim et des amis samedi. Nous arrivons dimanche soir. On sort *ensemble*?

together

GILBERT: Mais bien sûr, venez directement chez nous! Tu n'écris pas souvent, alors je ne veux pas *manquer* cette occasion.

miss

MONIQUE: Très bien, alors *à* dimanche!

until

GILBERT: Oui, et *préviens-nous si vous changez d'avis.*

let us know if you change your mind

MONIQUE: Pas de risque! Je tiens beaucoup à te voir.

Questions et opinions

1. Où est Monique? 2. Qu'est-ce qu'elle veut faire? 3. Comment doit-elle le faire? 4. Est-ce que quelqu'un l'aide? 6. Qui va payer la communication? 6. Quelles sont les nouvelles de Monique? 7. Quand vont-ils sortir ensemble? 8. Utilisez-vous souvent une cabine

Note: Point out the colloquial use of the new verbs which are glossed in dialog.

téléphonique? 9. Aux Etats-Unis, peut-on téléphoner du bureau de poste? 10. Appelez-vous parfois quelqu'un en PCV? Qui?

Commentaire culturel

Both mail and telephone services in France are run by the **Ministère des Postes et Télécommunications (P et T),** an important government agency. If you want to mail a letter, you can purchase stamps at a **tabac** (the tobacco counter in many bars and restaurants), but to get information about postage rates, to send telegrams or packages, or to buy collectors' stamps, you have to go to a **bureau de poste,** marked by the sign **P et T.**

The post office plays an important role in every French community. One goes there not just to mail letters and packages but also to open a checking or savings account, to cash a check, or to make a telephone call. At the **bureau de poste,** you may ask the clerk to place long distance calls or you may dial yourself.

Most French public phone booths are very modern; they offer direct dialing anywhere in the world. Just dial an access number and have your coins ready.

In France, letters to friends or family are normally handwritten rather than typed. The French rarely send printed cards of congratulations or sympathy without expressing their messages personally to show that they want to search for exactly the right expressions. Birthday and New Year's cards are used, but most people enjoy adding a few lines of their own.

Television is as important in France as it is in the United States. Eighty-five percent of French households have TV sets, and many chil-

Au bureau de poste

dren between the ages of eight and fourteen spend more time in front of the TV than they do at school. The three channels are operated as a public service by the state. State regulations are strict: commercial breaks average a total of only thirty-two minutes a day, ads cannot interrupt programs, no tobacco or alcoholic beverage commercials are permitted, and political use of TV is rigorously controlled. Programs are scheduled from noon to midnight. Each is briefly introduced by a **speakerine** *(female announcer)*, who establishes a friendly, personal link between viewer and station. Many American shows such as westerns and situation comedies are shown, dubbed in French.

RECAPITULATION

A. Singulier ou pluriel. Changez les phrases du singulier au pluriel et vice versa.

1. Le facteur dit quelque chose d'important aux touristes.   2. Les étudiants lisent des journaux et écrivent des lettres.   3. Je pars pour Paris le jour de son anniversaire.   4. Elle écrit des cartes postales de Paris.   5. Tu reviens de Paris le 20 mai.   6. Vous tenez à sortir ce soir, n'est-ce pas?   7. Il vient d'acheter des billets d'Opéra pour le 15 juillet.   8. Nous sortons ce soir et puis nous dormons jusqu'à onze heures demain matin.

Exercise A.   Suggestion: Use as a rapid response drill, or dictate sentences to students at seats or at board, having them do transformations orally and in writing. You may want to add other person/number substitutions to those provided in the drill.

B. Vous avez l'esprit négatif! Formez des phrases complètes.

1. nous / ne. . . jamais / regarder / les informations / lundi   2. on / ne. . . rien / servir / dimanche   3. il y a / ne. . . personne / ici / mercredi   4. ils / ne. . . plus / vendre / enveloppes / samedi   5. je / ne. . . ni . . . ni / acheter / billet / journal / pour / voyage / samedi   6. personne. . . ne / aller / servir / repas / dimanche / prochain   7. rien. . . ne / changer / pendant / fin de semaine   8. ils / ne. . . jamais / mentir / dimanche   9. nous / ne. . . plus / lire / roman / jeudi   10. elle / ne. . . rien / obtenir / de / intéressant / pendant / week-end

Exercise B.   Follow-up: Students can judge the truth of the negative statements made.

C. Un nouveau travail. Vous travaillez comme secrétaire. Votre patron(ne) pose des questions. Répondez par l'affirmative et par la négative, selon le modèle.

MODELE: *Le patron/la patronne:* Est-ce que vous regardez toujours le calendrier?
Vous: Oui, je le regarde toujours.

1. Est-ce que vous donnez parfois notre numéro de téléphone aux clients? 2. Est-ce que vous écrivez l'adresse sur les enveloppes? 3. Est-ce que vous attendez encore le facteur? 4. Est-ce que vous venez d'écrire la lettre? 5. Est-ce que vous lisez les lettres? 6. Est-ce que vous servez le café? 7. Est-ce que vous me comprenez? 8. Est-ce que je vous dérange?

Exercise D. Suggestion: Students may do this exercise individually or in pairs. When they have written their dialogs, have a few students present theirs to the class, with a partner playing the rôle of l'ami(e).

D. Conversation au téléphone. Vous visitez la France et un(e) ami(e) de vos parents vous appelle. Complétez la conversation.

L'ami(e)	*Vous*
1. Allô, _____ . Ici _____ . Je vous dérange?	2. _____
3. Comment allez-vous?	4. _____
5. Très bien, merci. Etes-vous content(e) d'être en France?	6. _____
7. Quand est-ce que vous partez pour les Etats-Unis?	8. _____
9. Ah, c'est trop tôt *(too soon)*. Vous venez d'écrire à vos parents?	10. _____
11. Très bien. Et alors, qu'est-ce que vous faites ce soir? Vous sortez?	12. _____
13. A quelle heure revenez-vous?	14. _____
15. Et demain, vous tenez à rester à la maison? Sinon *(If not)*, nous pouvons sortir si vous voulez.	16. _____
17. Très bien. Je vous rappelle *(call again)* demain. Passez une bonne soirée.	18. _____

> **Le Français par les gestes: Tu as des sous?**
>
> In France, money is indicated by rubbing the thumb and index fingers together as if there were a bill between them.

VOCABULAIRE

VERBES

appeler	to call	**dormir**	to sleep
composer	to dial	**écrire**	to write
décrire	to describe	**fumer**	to smoke
déranger	to bother, to disturb	**lire**	to read
devenir	to become	**mentir**	to lie
dire	to say, to tell	**mettre**	to put, to place
donner	to give	**obtenir**	to obtain, to get

VERBES

partir	to leave, to depart
quitter	to leave
revenir	to return
sentir	to smell; to feel; to sense
servir	to serve
sortir	to go out; to leave
tenir	to hold
tenir à	to be eager, anxious to (do something)
venir	to come
venir de	to have just (done something)

NOMS

l'adresse *(f)*	address
l'an *(m)*	year
l'année *(f)*	year
l'anniversaire *(m)*	birthday
l'annonce *(f)*	advertisement
l'annuaire *(m)*	telephone book
l'appareil *(m)*	telephone; apparatus
l'argent *(m)*	money
le billet	ticket
la boîte aux lettres	mail box
le bureau de poste (la poste)	post office
la cabine téléphonique	phone booth
la carte postale	postcard
la chaîne	station, channel
l'émission *(f)*	program
l'enveloppe *(f)*	envelope
le facteur	mail carrier
la fête	holiday
le feuilleton	TV series
la fin	end
les informations *(f)*	(TV) news
le jour	day
le journal	newspaper; diary

NOMS

le kiosque	newsstand
la lettre	letter
le mois	month
la note	grade (in a class)
les nouvelles *(f)*	news
la pièce	coin
le programme	program
la publicité	advertising
le roman	novel
la semaine	week
le télégramme	telegram
le timbre	stamp
la vérité	truth

ADJECTIFS

cher (chère)	dear
prochain(e)	next

EXPRESSIONS NEGATIVES ET AFFIRMATIVES

déjà	already
ne. . . jamais	(never) ever
ne. . . ni. . . ni	neither . . . nor
ne. . . pas encore	not yet
ne. . . personne	no one
ne. . . que	only
ne. . . rien	nothing
quelque chose	something
quelqu'un	someone

MOTS DIVERS

allô	hello
au mois de	in the month of
(bien) amicalement	(very) sincerely
fin de semaine	weekend
pendant	during
peut-être	perhaps
premier	first (day of the month)
Quel jour sommes-nous aujourd'hui?	What day is today?
tard	late

Intermède 7

Activités

A. **Quatre jours de télévision française.** Il y a trois chaînes de télévision en France: TF 1 (Télévision Française 1), A 2 (Antenne 2) et FR 3 (France-Régions 3). Regardez les programmes du soir du 3 au 8 juin ci-dessous (below). Qui trouve le premier (la première) les émissions suivantes? La personne doit dire quelle émission, sur quelle chaîne, à quelle heure et à quelle date.

★★★ *A ne pas manquer.*
★★ *A voir*
★ *Si vous êtes chez vous...*

Mardi 3

20 h 30
TF 1 : Starlettes en herbe. Comédie musicale de Vladimir Forgency. Avec quatre lycéennes de 15 ans. Sans pitié pour cet âge.
FR 3 : Le Défi de Lassie, film de Richard Thorpe.
20 h 40
A 2 : ★★ Les Dossiers de l'écran. « Victoire sur le silence », film de Lou Antonio. Débat avec Kitty O'Neil, héroïne du film, pour qui « être handicapée n'est pas une défaite, c'est un défi ».
21 h 55
TF 1 : ★ La Roue de la vie. « L'instinct du pouvoir ». Suite de la série de Jacotte Cholet et André Voisin. Un businessman américain, un dissident soviétique, un sage Africain. Quel pouvoir ?

Mercredi 4

20 h 30
TF 1 : ★ L'inspecteur mène l'enquête. « La Cible ». Hélicoptères sur les Grandes Jorasses. La neige était rouge.
FR 3 : ★ Cinéma 16. « Notre bien chère disparue ». Film d'Alain Boudet. Avec Maurice Biraud et Maurice Baquet, veufs inconsolables de la même femme. Grosses ficelles pour film en demi-teintes.
20 h 35
A 2 : ★ Mi-fugue, mi-raison. Où va la musique.
22 heures
TF 1 : ★ La Rage de lire. Voyages en tout genre : Jean Rollin, Jean Raspail, Kenneth White, Paul-Loup Sulitzer, Jean Ferniot.

Jeudi 5

20 h 30
TF 1 : Kick. « Raoul, la moto, les jeunes et les autres ». Quatrième épisode : l'Enduro. Pour téléspectateurs endurants.
FR 3 : Une Bible et un fusil, film de Stuart Millar.
20 h 35
A 2 : ★★ Le Petit Baigneur, film de Robert Dhéry.
21 h 30
TF 1 : L'Evénement.
22 h 5
A 2 : ★★ Video-U.S.A. Des artistes et des ordinateurs. Comment dessiner en appuyant sur des touches...

Vendredi 6

20 h 30
TF 1 : ★ Au théâtre ce soir. « Le Sexe et le néant », pièce de Thierry Maulnier. Avec Jacques Destoop. écrivain sans lecteurs marié à une femme savante.
FR 3 : ★★ V3 - Le Nouveau Vendredi. Les grands témoins. Ronald Reagan.
20 h 35
A 2 : ★ Sam et Sally. « Les Collectionneurs ». En vedette, une Escalibur, un wagon spécial, le lac de Côme et une petite sirène en or...
21 h 30
A 2 : ★★★ Apostrophes. La liberté des esprits : Philippe Ariès, Pascal Jardin, Serge July, Eric Ollivier, Wolinski.
FR 3 : Gueule d'atmosphère. Un téléfilm strasbourgeois de science-fiction symbolique et abscons, mal joué et pauvrement réalisé.
23 h 5
A 2 : ★★★ Le Testament d'Orphée, film de Jean Cocteau.

Le prochain week-end

Samedi 7
19 h 55
TF 1 : Football. Finale de la Coupe de France.
20 h 30
A 2 : Histoire de voyous, téléfilm.
FR 3 : Grâce à la musique. Vivaldi, par François Reichenbach.

Dimanche 8
20 h 30
TF 1 : Vincent, François, Paul et les autres, film de Claude Sautet.
A 2 : Hunter, feuilleton.
FR 3 : La Chambre du roi.
22 h 35
FR 3 : Tempête à Washington, film d'Otto Preminger.

1. une émission sur la musique 2. un match de football 3. un film de Jean Cocteau 4. un programme de musique italienne 5. un film avec Ronald Reagan 6. une émission littéraire 7. un film avec un animal célèbre 8. un film à ne pas manquer *(not to be missed)* 9. un film sur la capitale des Etats-Unis 10. un feuilleton 11. un film de science-fiction

Exercise A. Suggestion: This can be done as an individual competition or as a team game, with the class divided in half and points given to the team getting the answer first.

B. Enquête *(Survey)* **sur la télévision.**

Première partie: Faites une enquête parmi *(among)* vos camarades sur le nombre d'heures qu'ils passent devant la télé chaque semaine. Qui sont les cinq téléspectateurs les plus fervents *(most enthusiastic)*?

Deuxième partie: Maintenant, interviewez les cinq personnes sur leurs opinions de téléspectateurs. Utilisez comme guide les questions suivantes.

1. Qu'est-ce vous pensez *(think)* de la télévision américaine en général? 2. Selon vous, quelle est la meilleure *(best)* chaîne pour les informations? pour l'humour? pour les films? pour les programmes sportifs? 3. Etes-vous pour ou contre la publicité destinée aux enfants? Donnez vos raisons. 4. Pour ou contre la publicité pour le tabac et l'alcool? 5. Pour ou contre les annonces politiques? 6. Qu'est-ce que vous pensez de la télévision publique américaine?

Troisième partie: Qui ne regarde jamais la télévision? Pourquoi?

A Propos

In French, a business letter begins with **Monsieur, Madame,** or **Mademoiselle** or with **Cher Monsieur, Chère Madame, Chère Mademoiselle.** There is a formal closing, such as **Je vous prie (cher/chère), Monsieur (Madame, Mademoiselle), d'agréer l'expression de mes salutations distinguées.** A slightly less formal ending for a business letter might be: **Veuillez accepter, cher Monsieur (Madame, Mademoiselle), l'expression de mes sentiments distingués.**

A friendly letter begins with **Cher Jean (Chère Jeanne)** or **Mon cher Jean (Ma chère Jeanne)** if you know the person very well. Many young people begin friendly letters with **salut.** You can end this kind of letter with **bien amicalement** or **avec mon amitié.** When writing to your family or to very close friends, you may end with **Je t'embrasse** *(I embrace or kiss you)* or **Mille bises** *(a thousand kisses).*

C. Les voyages—plaisirs et problèmes. Avec un(e) ami(e), vous allez faire un voyage en France au mois de juin.

1. **Préparatifs de départ.** Ecrivez une lettre formelle à l'Hôtel Dupont, Paris, pour réserver une chambre. Vous voulez rester à l'hôtel pour quatre jours.
2. **Plaisirs de voyage.** Vous passez des vacances formidables en France. Ecrivez une carte postale à vos amis.
3. **Problèmes de voyage.** A la fin de votre visite, vous n'avez plus d'argent. Envoyez un télégramme pour demander de l'argent à vos parents.

D. Descriptions imaginaires. Un jour, vous allez peut-être vous trouver *(find yourself)* dans une situation extraordinaire. Voici deux personnes, chacune avec un problème particulier. Imaginez ce qu'elles font.

1.

Qu'est-ce qu'elle écrit? Imaginez son message.

Expressions utiles: l'île, chercher, venir, donner de l'aide, avoir faim, dormir, quitter, partir, décrire, obtenir

2.

Qu'est-ce qu'il dit? Qui appelle-t-il? Imaginez ses paroles *(words)*.

Expressions utiles: bonnes/mauvaises nouvelles, venir d'avoir des bébés, nommer *(to name)*, description des enfants, infirmière *(nurse)*, tenir, manger

E. Numéros utiles. En cas d'urgence, vous téléphonez, n'est-ce pas? A qui?

POLICE SECOURS *(help):* En cas de danger, appelez 000.
POMPIERS *(fire fighters):* En cas d'incendie, appelez 000.

Avertisseur de police

Trouvez un téléphone, attendez la tonalité, composez le numéro. . .
et maintenant, avec un(e) camarade, imaginez la conversation.

Situations:

1. Il y a un incendie dans votre hôtel (votre chambre, votre maison,
votre salle de classe, _____).   2. Vous trouvez un voleur *(thief)*
dans votre chambre (un serpent dans la salle de bains, un *hold-up* à
la banque, _____).

Lecture: La Télévision et la radio

La France est un des pionniers de la télévision. R. Bartélémy installe un
appareil récepteur en France *dès* 1927, et un excellent *procédé* de télévision · as early as / process
en couleur, Secam, est français.

    Le téléspectateur français a le choix entre trois chaînes nationales,
dirigées par trois sociétés nationales de télévision. Il existe une certaine · controlled
compétition entre elles. Chacune a une personnalité différente, et chaque
emblème reflète cette image.

    Télévision Française 1 (TF 1) donne traditionnellement des infor-
mations et des émissions bien documentées, présentées de *façon* person- · manner
nelle et humaine.

    Antenne 2 (A 2) fait usage de techniques modernes de présentation:
importance de l'image, rapidité du rythme, neutralité des commentaires
et grande variété d'émissions.

    France-Régions 3 (FR 3) est une nouvelle chaîne, à l'avant-garde de
la technique. Elle donne les informations en coopération avec les régions.
Elle diffuse aussi des émissions de TF 1, A 2 et FR 3 par satellite pour
les deux millions de Français de Martinique, Guadeloupe, Guyane et
Polynésie.

    Un *personnage* très important à la télévision française est la spea- · personality
kerine. Sur chaque chaîne, une speakerine annonce le programme de la
journée, *résume* le film à venir, parle au téléspectateur un peu comme · summarizes
une amie. Elle doit parler un français impeccable, comme les autres
présentateurs et présentatrices de chaque chaîne. *Ainsi,* l'administration · thus
de la télévision française protège le bon usage de la langue française.

    Et la radio, joue-t-elle un rôle important dans la France moderne?
Mais oui! Radio France a maintenant cinq stations. Et à Paris les étudiants
peuvent écouter les émissions universitaires de Radio Sorbonne.

TF 1

Antenne 2

France Régions 3

Compréhension et expression

A. Comprenez-vous?

1. La télévision a peu d'importance dans l'histoire de la France moderne?   2. Fabrique-t-on des télévisions en couleur en France?

3. Combien de chaînes y a-t-il en France?   4. Qui contrôle les chaînes?   5. Comment distingue-t-on les trois chaînes, TF 1, A 2 et FR 3?   6. La speakerine qu'est-ce qu'elle fait?   7. Pourquoi est-ce que la speakerine doit parler un français parfait?

Exercise B.   Suggestion: Have students fill in blanks in writing. Then go over answers to help students analyze why certain answers were given (the syntactical form, meaning in context, etc.)

B.   La télévision américaine. Complétez les phrases suivantes.

Le téléspectateur américain a le choix entre _____ chaînes. Ces chaînes sont contrôlées par _____ . La publicité est _____ et les nouvelles sont _____ . Les émissions les plus (most) regardées par les Américains sont _____ . Je regarde _____ . Je préfère les émissions sportives de _____ , les informations de _____ et les émissions culturelles de _____ . Je trouve que la télévision américaine est _____ .

Exercise C.   Suggestion: Have students write letters to each other and exchange replies. Then share letters orally with rest of class.

C.   Une lettre. Ecrivez une lettre à un(e) ami(e). Utilisez ces phrases comme guide.

1. *Write a salutation.*   2. *Say hello and ask how your friend is.*   3. *Ask three questions about his/her activities (reading books, going out a lot, leaving for* _____ *).*   4. *Talk about your courses, your teachers, and your classmates.*   5. *Tell your friend if you are going out this weekend and what your plans are.*   6. *Tell about something interesting you just did.*   7. *Ask whether he/she is coming to visit you soon.*   8. *Write a closing.*

Suggested six day lesson plan for **Chapitre 8:**

Day 1: Vocabulaire
      Introduction of **passé composé**
Day 2: **Passé composé** with **avoir**
      Agreement of past participle with **avoir**
Day 3: Indirect object pronouns
Day 4: **Voir, croire**
      Prononciation
Day 5: **Conversation et culture**
      Récapitulation
Day 6: Optional quiz
      Intermède

Vivent les vacances!

Chapitre 8

OBJECTIFS

Conversation et culture   In this chapter, you will learn words and expressions related to vacations and places to stay on vacation. The introduction of a past tense, the **passé composé,** will enable you to talk about actions or events that have already taken place. You will also learn expressions related to clothing, the weather, and the seasons of the year.

Grammaire   You will learn to use the following aspects of French grammar:

31. the **passé composé** (a past tense consisting of an auxiliary [helping] verb and a past participle), which is used for actions and events that began and ended in the past

32. the agreement of the past participle when the auxiliary verb used is **avoir**

33. forms and uses of indirect object pronouns, the French equivalents of *(to or for) me, (to or for) you,* and so on

34. the irregular verbs **voir** *(to see)* and **croire** *(to believe)*

See facing page for lesson plan.

231

ETUDE DE VOCABULAIRE

Vacances en France!

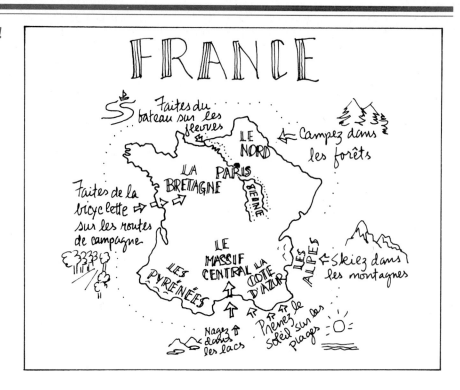

FRANCE

Faites du bateau sur les fleuves · LE NORD · Campez dans les forêts · LA BRETAGNE · PARIS · LA SEINE · Faites de la bicyclette sur les routes de campagne · LES PYRÉNÉES · LE MASSIF CENTRAL · LA CÔTE D'AZUR · LES ALPES · Skiez dans les montagnes · Nagez dans les lacs · Prenez le soleil sur les plages

Exercise A. Suggestion: Have students make list in groups and share responses with class.

A. Où passer les vacances? Quels sont les avantages touristiques des endroits *(places)* suivants?

1. Qu'est-ce qu'on peut faire dans les montagnes? 2. Dans les lacs? 3. Sur les plages? 4. Sur les routes de campagne? 5. Sur les fleuves? 6. Dans les forêts?

Exercise B. Suggestion: Continue additional questions with items 2 through 4.

Exercise B. Note: Point out to students that **que** with inversion is used instead of **qu'est-ce que** in this question form in order to stress the subject.

B. Activités de vacances. Qu'est-ce qu'ils font?

1. Que fait un nageur? Où trouve-t-on beaucoup de nageurs? Dans les forêts? 2. Que fait un campeur? 3. Que fait un skieur? 4. Que fait un cycliste?

Exercise C. Note: You may want to teach the feminine forms of **cycliste, skieur, nageur**, etc.

C. Qui sont-ils?

1. Il a besoin de skis. 2. Il a besoin d'une tente. 3. Il fait de la bicyclette. 4. Il nage et il prend le soleil.

D. Vos vacances et vous.

1. Où préférez-vous passer vos vacances? à la mer *(sea)*? à la montagne? à la campagne?

2. Qu'aimez-vous faire pendant vos vacances? du sport? autre chose?
3. Quelle région de France trouvez-vous intéressante pour les vacances?

E. **Venez aux Etats-Unis!** Présentez votre région à des touristes français. Y a-t-il des lacs, des fleuves, des montagnes, des plages, des villes intéressantes? Pourquoi les touristes doivent-ils passer leurs vacances dans votre région?

Exercise E.   Suggestions: (1) May be done in small groups with each student presenting his/her own region. (2) May be done as written assignment and then presented to others.

En été nous allons à la plage.

Il fait du soleil.
Il fait beau.
Il fait chaud.

En automne nous restons en ville.

Il pleut.
Il fait mauvais.

Les saisons et le temps: Quel temps fait-il?

Exercise E.   Note: Supply **en, au** or **à** before states and cities. This is presented formally in Chapter 9.

Exercise E.   Follow-up: Have students describe various regions of the U.S. using this vocabulary; others will guess region.

En hiver nous allons à la montagne.

Il neige.
Il fait froid.

Au printemps nous allons à la campagne.

Il fait du vent.
Il fait frais.

Presentation: Model pronunciation. Point out the use of **le temps** *(time)* and **le temps** (weather).

A. **L'hiver, le printemps, l'été ou l'automne?**
   MODELE: Noël → C'est l'hiver et il fait froid.

   1. Pâques   2. Thanksgiving   3. la Saint-Valentin   4. la Fête de l'Indépendance américaine   5. l'anniversaire de Washington   6. votre anniversaire   7. les grandes vacances

Exercise A.   Suggestion: Ask students to suggest other holidays.

ETUDE DE VOCABULAIRE

Dans les Alpes, il neige en
hiver.

Les Vêtements

B. **Le climat chez vous** (*where you live*)

1. Quels sont les mois de l'été chez vous? Quel temps fait-il en été?
Qu'est-ce qu'on fait chez vous pendant l'été? 2. Quels sont les mois
de l'automne? 3. Quels sont les mois de l'hiver? 4. Quels sont les
mois du printemps?

A. **Que mettez-vous dans la valise _____ ?**

1. pour les vacances d'été sur la Côte d'Azur? 2. pour les vacances
d'hiver dans les Alpes? 3. pour les vacances d'automne à Paris?
4. pour les vacances de printemps en Bretagne?

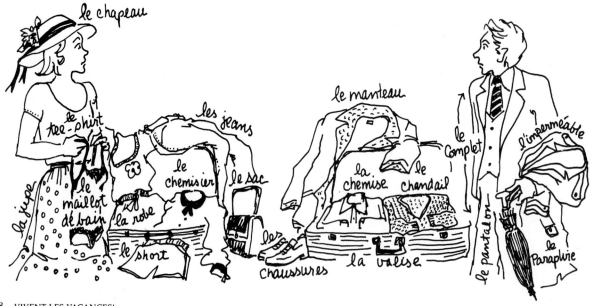

B. L'étiquette. Que met-on pour les occasions suivantes?

MODELE: pour pêcher (*to fish*) → Pour pêcher, on doit mettre un chapeau, un vieux pantalon. . . .

1. pour faire du ski nautique 2. pour dîner dans un grand restaurant 3. pour aller à la montagne 4. pour faire une promenade dans la forêt 5. pour aller en ville quand il pleut 6. pour faire de la bicyclette 7. pour aller danser 8. pour aller en classe 9. pour faire du bateau

Exercise A. Continuation: (5) pour les vacances d'hiver en Floride (6) pour les vacances d'été à New York (7) pour les vacances de printemps à Los Angeles (8) pour les vacances d'automne dans le Michigan.

C. Quel temps fait-il? Vos voisins les Duchamp sont votre baromètre: observez-les et dites quel temps il fait.

MODELE: Monsieur Duchamp porte (*is wearing*) un short. → Il fait chaud!

1. Monsieur Duchamp porte un imperméable. 2. Madame Duchamp met son manteau. 3. Le fils Duchamp met un chandail. 4. Les Duchamp partent faire du bateau. 5. Monsieur Duchamp perd son chapeau et son parapluie. 6. La fille Duchamp va nager et prendre le soleil.

Exercise B. Follow-up: Ask students to name one thing they definitely would *not* wear during these occasions.

D. Qu'est-ce que vous portez aujourd'hui? Décrivez vos vêtements et leurs couleurs. Qu'est-ce que vous allez mettre demain? ce week-end? Qu'est-ce que vous préférez porter?

Exercise D. Suggestion: Students may do this orally or in writing. They may need a few minutes to compose their thoughts before doing oral drill. If written, collect descriptions and read in class so that students can guess who it is.

ETUDE DE GRAMMAIRE

31. THE PASSE COMPOSE WITH *AVOIR*

A l'hôtel: La propriétaire répond au client

LA PROPRIETAIRE: Oui, nous *avons ajouté* une aile en 1978. Mon mari *a* beaucoup *travaillé* lui-même. Nous *avons changé* le décor des autres chambres et notre clientèle *a augmenté*.

LE CLIENT: L'année passée, j'ai payé cinquante francs et cette année je vais payer soixante-cinq francs. Le prix des chambres *a augmenté* aussi.

LA PROPRIETAIRE: Ah, vous *avez remarqué*.

LE CLIENT: Oui, le progrès coûte cher! Ne faites pas de travaux pour l'année prochaine, s'il vous plaît!

At the hotel: The owner answers the client

OWNER: Yes, we added a wing in 1978. My husband worked a lot (did a lot of the work) himself. We changed the decor of the other bedrooms and our clientele has increased. CLIENT: Last year I paid fifty francs, and this year I'm going to pay sixty-five francs. The price of the rooms has increased too. OWNER: Ah, you noticed. CLIENT: Yes, progress is expensive! Don't do any more work for next year, please!

1. Qu'est-ce que la propriétaire dit à propos de la nouvelle aile et du décor des chambres?
2. Qu'est-ce que le propriétaire a fait?
3. Qu'est-ce que le client dit à propos du prix?
4. Quelles sont les deux choses qui ont augmenté?

A. The *passé composé*

In English, a number of different tenses are used to express the past. Here are examples of a few of them.

I *noticed* the hotel in the guide-book.

We *have stayed* at this hotel before.

Did you *notice* it too?

I always *used to stay* here.

There are several past tenses in French, also. The **passé composé,** the compound past tense, is the most commonly used to indicate simple past actions. It describes events that began and ended at some point in the past. The **passé composé** of most verbs is formed with the present tense of the auxiliary verb **avoir** plus a past participle.*

PASSE COMPOSE OF **VOYAGER** *(to travel):* **avoir + voyagé**	
j'ai voyagé	nous avons voyagé
tu as voyagé	vous avez voyagé
il, elle, on a voyagé	ils, elles ont voyagé

The **passé composé** has several equivalents in English. For example, **j'ai voyagé** can mean *I traveled, I have traveled,* or *I did travel.*

B. Formation of the past participle

1. To form regular past participles of **-er** and **-ir** verbs, the final **-r** is dropped from the infinitive. For **-er** verbs, an **accent aigu (´)** is added to the final **-e.** For regular past participles of **-re** verbs, the **-re** is dropped and **-u** is added.

*Some verbs form the **passé composé** with **être** plus the past participle; they are treated in Chapter 9.

acheter → **acheté**	J'**ai acheté** de nouvelles valises pour les grandes vacances.	I *bought* some new suitcases for summer vacation.
choisir → **choisi**	Tu **as choisi** la date de ton départ?	*Have* you *chosen* your departure date?
perdre → **perdu**	Nous **avons perdu** nos manteaux.	We *lost* our overcoats.

2. Some verbs have irregular past participles. Here are the irregular past participles of the verbs you have learned so far. Verbs with similar past participles are grouped together.

Verbs with past participles ending in **-u:**

Presentation: Model pronunciation of past participles.

avoir:	**eu**	pleuvoir:	**plu**
boire:	**bu**	pouvoir:	**pu**
devoir:	**dû**	venir:	**venu**
lire:	**lu**	vouloir:	**voulu**

Verbs like **venir:** devenir **(devenu),** obtenir **(obtenu),** revenir **(revenu),** tenir **(tenu)**

Nous avons eu chaud.	We *were* hot.
Il **a plu** toute la semaine.	It *rained* all week.
Jeanne **a voulu** aller à la plage.	Jean *wanted* to go to the beach.
Ils **ont tenu** à camper avec nous.	They *insisted* on camping with us.

Verbs with past participles ending in **-t:**

décrire:	**décrit**	écrire:	**écrit**
dire:	**dit**	faire:	**fait**

Nous **avons dit** oui.	We *said* yes.
Tu **as écrit** à l'hôtel?	*Did* you *write* to the hotel?

Verbs with past participles ending in **-s:**

mettre:	**mis**	prendre: **pris**

Verbs like **prendre:** apprendre **(appris),** comprendre **(compris)**

Hier nous **avons pris** le soleil.	We *sat in the sun (sunbathed)* yesterday.
J'**ai mis** une chemise rouge.	I *put on* a red shirt.

The past participle of **être: été**

Mes vacances **ont été** formidables.	My vacation *was* wonderful.

C. Negative and interrogative sentences in the *passé composé*

In negative sentences, the negative words surround the auxiliary verb **(avoir).**

Nous **n'avons jamais** voyagé en Suisse.	We *have never traveled* to Switzerland.
Vous **n'avez pas** porté de chandail?	*Didn't* you *wear* a sweater?

In questions with inversion, only the auxiliary verb and the subject are inverted. In *negative* questions with inversion, the negative words (**ne. . . pas, ne. . . plus,** and so on) surround the inverted auxiliary and subject.

Marie **a-t-elle demandé** le prix de la robe?	*Did* Mary *ask* the price of the dress?
Pourquoi **n'as-tu pas apporté** notre valise?	Why *didn't* you *bring* our suitcase?

Maintenant à vous

A. A l'hôtel.

1. Vous allez dans les montagnes? Oui, *nous* avons trouvé un excellent hôtel. *(je, Marc, il, les autres, elle)* 2. Avez-vous choisi une chambre? Oui, j'ai choisi une chambre. *(Marie, nos cousins, vous, nous, Michel et Paul, il)* 3. Que cherchez-vous? *Marie* a perdu la clef *(key). (Marc, nous, je, vous, Marc et Paul, tu)*

B. Tourisme. Qu'est-ce qu'ils ont fait pendant les vacances? Faites des phrases complètes au passé composé.

1. Thibaut / faire / bicyclette 2. vous / prendre le soleil / au bord *(edge)* de / mer 3. nous / prendre / beaucoup / photo / paysage *(scenery)* 4. je / dormir / sous / tente 5. tu / nager / dans / fleuve 6. ils / perdre / clefs 7. Sylvie / camper / dans / forêt 8. Michèle et Vincent / finir / visite / Paris

C. Une carte postale de l'été dernier *(last).* Mettez la carte postale de Marie au passé composé.

Chère Claudine,

Je finis mes études de médecine au mois de mai. Puis je quitte Rouen avec Christine et nous voyageons jusqu'à Nice. Nous finissons notre voyage le 2 juin. Nous passons deux semaines à Nice sur la plage et puis nous rendons visite à quelques amis de Christine à Lyon. Amitiés, *Marie*

Suggestion. Listening comprehension: Read the following sentences. Students will indicate whether they hear the **passé composé** or the **présent:** (1) Il a plu hier. (2) **Martine a mis un imperméable.** (3) Georges lit un livre. (4) Il écrit une lettre. (5) **Nous avons vu Jeanne au cinéma.** (6) **Tu l'as vue aussi?** (7) **Je fais la sieste.**

Exercise B. Suggestion: Give students a few minutes to write out sentences and have volunteers write them on the board.

D. Jours de pluie. Racontez ce week-end au passé. Commencez par *Hier.* . . .

1. Certains week-ends, il pleut.   2. Alors, je lis un bon livre.
3. Paula écrit à ses amis.   4. Jean prend les journaux de la semaine.
5. Thierry et Jean-Claude boivent l'apéritif.   6. Chantal, tu fais la sieste.   7. Vous avez beaucoup de choses à faire.   8. Nous sommes contents de rester à la cité universitaire.

Exercise D.   Suggestion: May be done as writing in class. Dictate sentences in present and have students put them in the past.

E. A Aix-en-Provence. Thierry donne des conseils à ses cousins Chantal et Jean-Claude. . . mais trop tard. Avec deux camarades, jouez les rôles selon le modèle.

MODELE: visiter Aix-en-Provence →
                    Thierry: Visitez Aix-en-Provence.
     Chantal ou Jean-Claude: Nous avons déjà visité Aix-en-Provence!

1. faire une promenade dans la vieille ville   2. prendre une photo de l'amphithéâtre romain   3. boire l'eau de la fontaine sur la place
4. dire bonjour au patron du Café Fleur   5. lire les inscriptions romaines sur les monuments   6. apprendre l'histoire de France
7. acheter des cartes postales   8. décrire la ville à vos parents

Exercise E.   Suggestion: Do in groups of three. One student asks questions and the other two alternate answering.

F. Une journée à la plage. Mettez cette histoire au passé composé.

Il fait beau. Paul décide d'aller à la plage. Il prend l'autobus. Il fait chaud là. Il met son maillot de bain. Il prend le soleil. Il fait du ski nautique. Il lit le journal. Il écrit une carte postale. L'après-midi il pleut. Il doit quitter la plage. Il attend dans un bar. Il a soif. Il boit une eau minérale. Il veut rentrer. Il peut rentrer en autobus, mais il prend un taxi. Il est à la maison avant six heures.

Exercise F.   Suggestions: (1) May be done as writing in class. (2) With students at board, dictate sentences and ask students to change to the past.

A Cannes

Exercise G. Follow-up: Ask students to imagine that some French people are taking a trip to the United States. They make up sentences such as: **Vous avez écrit: A New York il fait très chaud. Vous avez écrit: A Chicago il pleut.** Other students respond as in exercise.

G. Le beau temps et le mauvais temps. Vos amis, les Moreau, viennent de faire un long voyage. Voici leurs cartes postales. A leur retour, ils viennent vous rendre visite. Vous parlez ensemble du temps qu'il a fait. Avec un(e) camarade, jouez les rôles. Ajoutez une activité qui correspond au temps.

MODELE: A Cannes il fait beau. →

> *Vous:* Vous avez écrit: "A Cannes il a fait beau."
>
> *M. Moreau:* Ah, oui. A Cannes il a fait beau. Nous avons fait une promenade sur la plage.

1. Dans les montagnes, il fait froid. 2. A Chamonix il neige. 3. A Nice il fait très chaud. 4. A Carcassonne il fait du soleil. 5. A Bordeaux il fait frais. 6. A la plage il fait du vent. 7. A Paris il pleut. 8. A Lyon il fait mauvais.

Exercise H. Suggestion: Give students a few minutes to make up sentences before they describe their weekend to the class.

H. Le week-end dernier. Quel temps a-t-il fait et qu'est-ce que vous avez fait? Décrivez votre week-end et utilisez les suggestions suivantes.

Le matin	*L'après-midi*	*Le soir*
dormir tard	pique-niquer	étudier une leçon
faire du sport	faire de la bicyclette	finir les devoirs
regarder la télévision	nager	regarder un film
lire un livre	faire du bateau	danser
boire beaucoup de café	skier	dîner dans un grand restaurant
prendre un petit déjeuner copieux *(large)*	travailler	lire un livre
	rendre visite à des amis	inviter des amis
	jouer aux cartes	sortir avec _____ ?
	écrire des lettres	_____ ?
_____ ?	_____ ?	

Exercise I. Suggestion: May be done in two or three groups so that all students have the opportunity to talk. Groups may compete to see which one can get the most items in the suitcase during a three minute time limit.

I. Un jeu *(game).* Qu'est-ce que vous avez mis dans la valise? Une première personne met un objet dans la valise. Une deuxième personne met un deuxième objet dans la valise sans oublier d'ajouter *(to add)* le premier objet. . . . . Faites attention! La personne qui oublie un objet a perdu le jeu.

MODELE: J'ai fait ma valise et j'ai mis *mon chapeau.* →

J'ai fait ma valise et j'ai mis *mon chapeau et des billets.*

→ ???

32. AGREEMENT OF THE PAST PARTICIPLE

Départ en vacances

HENRI: Voyons, les passeports . . . nous les avons emportés.
JOSETTE: L'appareil-photo, tu l'as mis dans la valise?
HENRI: Oui, il ne reste qu'une chose. . . et nous l'avons oubliée!
JOSETTE: Qu'est-ce que c'est? La valise. . . bien sûr!

1. Les passeports, est-ce qu'ils les ont emportés ou oubliés?
2. L'appareil-photo, l'ont-ils emporté ou oublié?
3. La valise, est-ce qu'ils l'ont emportée ou oubliée?

A. Agreement of past participle in the *passé composé*

In the **passé composé,** the past participle is generally used in its basic form. However, when a direct object—noun or pronoun—precedes the auxiliary verb **avoir** plus the past participle, the participle agrees with the preceding direct object in gender and number.

J'ai choisi un complet.	J'ai choisi les complets.
Je l'ai **choisi.**	Je **les** ai **choisis.**
J'ai choisi une jupe.	J'ai choisi les jupes.
Je l'ai **choisie.**	Je **les** ai **choisies.**
Quels **chemisiers** avez-vous **achetés**?	Which *blouses* have you *bought*?
Quelles **amies** avez-vous **rencontrées**?	Which *friends* did you *meet*?

The agreement of the past participle is essentially a spelling rule. It can be heard only when the past participle ends in a consonant and the agreement is with a preceding feminine direct object: **Elle a mis** [mi] **la robe. Elle l'a mise** [miz].

Grammaire et prononciation

Going on vacation
HENRI: Let's see, the passports . . . we've brought them.   JOSETTE: The camera, did you put it in the suitcase?   HENRI: Yes, there's only one thing left . . . and we forgot it!   JOSETTE: What is it? The suitcase . . . of course!

lost objects (*literally:* found objects)

Note: Point out that the past participle used as an adjective could follow **être,** as in the passive voice construction, treated in Chapter 17.

Exercises A and B.   Suggestions: (1) May be done as rapid response drills. (2) Write these exercises on the board so that the agreement of the past participle can be easily seen. (3) If doing orally, you may want to number endings on the board so that students may indicate the number corresponding to the correct past participle: (1.) no change (2.) **s** (3.) **e** (4.) **es.**

B. Past participle used as adjective

The past participle can be used as an adjective. Like all other adjectives, it agrees in gender and number with the noun modified.

un prix **donné** par le propriétaire | a price *given* by the owner
des sacs **achetés** hier | some purses *bought* yesterday
une semaine **passée** en Italie | a week *spent* in Italy
des vacances **prises** en avril | a vacation *taken* in April

Maintenant à vous

A. Croisière *(Cruise).* Remplacez le mot en italique par un pronom complément d'objet direct. Attention à l'accord *(agreement)* du participe passé!
MODELE: J'ai choisi la *chambre.* → Je l'ai choisie.

1. J'ai réservé les *places (seats).*
2. J'ai acheté les *billets.*
3. J'ai fait ma *valise.*
4. J'ai attendu les *bateaux.*
5. J'ai pris le *bateau.*
6. J'ai pris cette *photo.*
7. J'ai mangé le *poisson.*
8. J'ai admiré la *mer.*
9. J'ai décrit le *paysage* dans mes lettres.
10. J'ai aimé le *voyage.*

B. En voyage.

1. Vous avez perdu votre *sac?* Oui, je l'ai perdu. *(billets, parapluie, valises, manteau, clef, chandails)*
2. Avez-vous écrit cette *lettre?* Oui, je l'ai écrite. *(télégramme, adresses, numéros de téléphone, histoire)*
3. As-tu loué la *chambre?* Oui, je l'ai louée. *(appartements, voitures, places, bateau, bicyclettes, maison)*
4. Où as-tu mis la *clef?* Je l'ai mise sur la table. *(passeport, valises, billets, carte, sac, lettres)*

C. Trop de vêtements! Jeanne va sortir. Il fait très froid. Sa mère l'interroge *(interrogates).* Suivez le modèle.
MODELE: Ton manteau? → Oui, je l'ai mis.

1. Tes chaussures?
2. Ton pantalon?
3. Ton chapeau?
4. Ton tee-shirt?
5. Ta jupe?
6. Tes chandails?
7. Ton imperméable?
8. Tes chemisiers?

D. Préparatifs de départ. Répondez aux questions selon le modèle.
MODELE: Qui a fait les réservations? (je) → Je les ai faites.

1. Qui a envoyé le télégramme? (la patronne) 2. Qui a fait ta valise? (mon frère) 3. Qui a perdu vos clefs? (mes frères) 4. Qui a loué

l'appartement? (Martine et Paul) 5. Qui a mis la chemise bleue dans ta valise? (nous) 6. Qui a trouvé les chapeaux? (elles) 7. Qui a écrit ton adresse sur la valise? (vous) 8. Qui a emporté ton passeport? (l'employé) 9. Qui a appelé les propriétaires? (tu) 10. Qui a appris les heures de départ et d'arrivée? (ils)

E. Photos de voyage. Jean et Paula montrent (*are showing*) des photos de leur voyage en France. Transformez les phrases selon le modèle.

MODELE: Paula trouve un chien sur la plage. → Voici le chien trouvé sur la plage.

1. Dans ma lettre, je décris cet hôtel. 2. Jean, tu prends des photos à Marseille. 3. Nous rencontrons des amis à Pau. 4. Jean mange des pommes à Nice. 5. Paula rencontre des amis à Saint-Malo. 6. Nous achetons un souvenir à Brest. 7. Nous visitons un musée. 8. Je visite la cathédrale.

F. Conversation. Répondez à ces questions personnelles avec des phrases complètes et utilisez un pronom complément d'objet direct dans chaque réponse.

1. Avez-vous toujours aimé l'école? les vacances? les week-ends en famille? les voyages? l'aventure? Quelle sorte d'aventure? 2. L'année dernière avez-vous passé vos vacances à la montagne? à l'étranger (*abroad*)? en famille? 3. Avez-vous déjà essayé le camping? l'alpinisme? le bateau? le ski? 4. Avez-vous déjà pris l'avion? Pour aller où? Avez-vous déjà fait votre valise cette année? Avez-vous déjà perdu vos bagages pendant un voyage? 5. Avez-vous jamais visité la France? le Canada? 6. Avez-vous lu, en anglais ou en français, les romans de Camus? les livres de St. Exupéry? Avez-vous entendu les disques d'Edith Piaf? Avez-vous jamais entendu Jacques Brel?

33. INDIRECT OBJECT PRONOUNS

A l'hôtel: problèmes d'accents

JIM: Je *lui* ai dit "bonjour," elle *m'*a répondu "non merci."
BILL: Nous *leur* avons demandé l'heure, ils *nous* ont répondu "demain."
LESLEY: Mais quand tu *leur* as dit: "Combien vous devons-nous? ils *t'*ont tout de suite donné la note!

At the hotel, problems with accents
JIM: I said "hello" to her, and she answered me "no thank you." BILL: We asked them for the time, and they answered us "tomorrow." LESLEY: But when you said to them: "How much do we owe you?" they gave you the bill right away!

> Retrouvez la phrase correcte dans le dialogue.
> 1. J'ai dit "bonjour" à la patronne.
> 2. Nous avons demandé l'heure au patron et à la patronne.
> 3. Tu as dit au patron et à la patronne: "Combien vous devons-nous?"

Presentation: Point out that indirect object pronouns refer only to people.

A. Indirect objects

As you know, direct object nouns and pronouns answer the questions *what?* or *whom?* Indirect object nouns and pronouns usually answer the questions *to whom?* or *for whom?* In English the word *to* is frequently omitted: I gave the book *to Paul.* → I gave *Paul* the book. In French, the preposition **à** is always used before an indirect object noun.

J'ai donné le livre **à** Paul.	I gave the book *to* Paul.
Elle a écrit une lettre **à** son ami.	She wrote a letter *to* her friend.
Nous montrons le château **aux** touristes.	We show the chateau *to the* tourists.
Elle prête de l'argent **à** sa famille.	She lends money *to* her family.

If a sentence has an indirect object, it usually has a direct object also. Some French verbs, however, take only an indirect object. These include: **téléphoner à, parler à,** and **répondre à.**

Je téléphone (parle) **à** mes amis.	I telephone (speak) *(to)* my friends.
Elle a répondu **à** ma lettre.	She has answered *(to)* my letter.

B. Indirect object pronouns

Note: Point out the [ɥ] sound in **lui.**

1. Indirect object pronouns replace indirect object nouns. They are identical in form to direct object pronouns, except for the third-person forms, **lui** and **leur.**

INDIRECT OBJECT PRONOUNS			
me	(to/for) me	nous	(to/for) us
te	(to/for) you	vous	(to/for) you
lui	(to/for) him, her	**leur**	(to/for) them

2. The placement of indirect object pronouns is identical to that of direct object pronouns. They immediately precede the conjugated verb or infinitive of which they are the indirect object. In the **passé composé,** they precede the auxiliary verb, just as direct object pronouns do. However, the past participle does not agree with a preceding indirect object.

Je **lui** ai montré la réception.	I showed *him (her)* the (front) desk.
On **m'**a demandé l'adresse de l'auberge de jeunesse.	They asked *me* for the address of the youth hostel.
Marcel **nous** a envoyé une carte postale.	Marcel sent *us* a postcard.
Nous n'allons pas encore **leur** téléphoner.	We're not going to telephone *them* yet.
Je **leur** ai emprunté la voiture.	I borrowed the car from *them.*
Ils *m'*ont prêté de l'argent.	They loaned *me* some money.

3. In negative sentences, the object pronoun immediately precedes the conjugated verb.

Je **ne** t'ai **pas** donné les billets.	I did*n't* give you the tickets.
Elle **ne** lui a **pas** téléphoné.	She has*n't* telephoned him.

Maintenant à vous

A. Echanges. Jean-Michel et ses amis échangent souvent leurs vêtements. Transformez les phrases suivantes pour décrire ces échanges.

Exercises A and B. Suggestion: Can be done as rapid response drills, using individual and choral responses.

1. A qui Jean-Michel prête-t-il son manteau? Il *me* prête son manteau (*te, nous, leur, vous, lui*) 2. A qui donne-t-il son imperméable? Il *me* donne son imperméable. (*nous, leur, vous, lui, te*) 3. A qui a-t-il emprunté ce chandail? Il *t'*a emprunté ce chandail. (*me, nous, lui, leur, vous*) 4. A qui vend-il son complet? Il *te* vend son complet. (*lui, leur, vous, me, nous*)

B. De grands voyageurs. Changez les phrases selon le modèle. N'oubliez pas que *téléphoner* prend un objet indirect et qu'*appeler* prend un objet direct.

MODELE: En hiver je les appelle à Chamonix. → En hiver je leur téléphone à Chamonix.

1. Au printemps je l'appelle en Bretagne. 2. En été je l'appelle sur la Côte d'Azur. 3. Quand il fait froid je les appelle à la maison. 4. En automne je les appelle à Paris. 5. Quand il pleut je l'appelle dans son appartement. 6. Pendant les vacances je les appelle sur leur bateau.

Exercise C. Suggestion: Elicit
several responses for each
statement.

C. Des prêts *(loans)* Qu'est-ce que vous allez prêter aux personnes suivantes? Suivez le modèle, et suggérez quelque chose qui correspond à la situation.

MODELE: Jean est à la montagne. Il fait très froid. → Je lui prête mon chapeau. Je lui prête aussi mon manteau. . . .

Situations:

1. Marie est en ville. Il fait du vent, et elle a perdu son chapeau. Il pleut aussi. 2. Pierre et Marie sont au bord d'un lac. Il fait très chaud. 3. Vos parents font une promenade à la campagne. Ils sont fatigués. 4. Marc et Christine font du camping. Ils ont tout oublié. 5. Claudine va dîner dans un grand restaurant avec son fiancé et ses parents. Elle veut faire une très bonne impression. 6. Jacques va faire un long voyage. Il ne veut emporter que les choses les plus importantes *(most important)*.

Exercise D. Suggestions: (1) May
be done as writing in class. (2)
Dictate sentences and ask
students to replace the indirect
object nouns with pronouns.

D. Retour de vacances. Qu'est-ce que Marc a fait pendant les vacances? Suivez le modèle.

MODELE: J'ai parlé à un cycliste. → Je lui ai parlé.

1. J'ai montré des photos à des amis. 2. J'ai trouvé une belle chambre pour Claudine et moi *(me)*. 3. J'ai prêté mon appareil-photo à Paul et à toi *(you)*. 4. J'ai montré le paysage à Claudine et à Paul. 5. J'ai envoyé des cartes postales à ma mère. 6. J'ai emprunté une bicyclette à des amis.

Exercise E. Suggestion: May be
done in pairs or choose a pair of
students to do each sentence for
the whole class.

E. Recommandations. Imaginez le dialogue entre Jean-Michel et ses parents avant son départ en vacances. Jouez les rôles selon le modèle.

MODELE: devoir / rendre / livres / Simon →
Les parents: Tu dois rendre les livres à Simon.
Jean-Michel: Non, je ne vais pas lui rendre les livres.

1. devoir / téléphoner / ton professeur de français 2. devoir / parler / ta propriétaire 3. devoir / dire au revoir / nos voisins 4. ne. . . pas / devoir / emprunter / argent / tes amis 5. devoir / rendre visite / nous 6. devoir / écrire / nous

F. En français, s'il vous plaît. Marc parle de ses vacances à la plage.

1. My French friends and I are spending our vacation at the beach. 2. I showed them the countryside. 3. I spoke to them about the region. 4. I sent postcards to my parents. 5. I explained the trip to them. 6. I telephoned a friend **(une amie)**. 7. I talked to her about my vacation. 8. I bought her a gift. 9. I sent her a telegram, too. 10. My friends needed money, so I lent them some francs. 11. They lent me some clothes. 12. I haven't yet had the time to go **(le temps d'aller)** to the beach!

Un hôtel à Paris

G. Etes-vous généreux(euse)?. Employez un pronom complément d'objet indirect dans votre réponse.

1. Aimez-vous prêter vos affaires *(personal effects)* à vos amis?
2. Aimez-vous emprunter des affaires à vos amis? 3. Rendez-vous ces affaires très vite à vos amis? 4. Montrez-vous souvent vos nouvelles affaires à vos amis? 5. Donnez-vous parfois des choses à votre frère? à votre soeur? à votre ami? à vos amis? 6. Apportez-vous toujours un cadeau à votre hôte quand vous êtes invité(e)? 7. Donnez-vous toujours des cadeaux à vos amis pour leur anniversaire?

Interprétation: Avez-vous répondu oui aussi souvent que *(as often as)* non? plus souvent *(more frequently)*? beaucoup plus souvent? moins souvent? Etes-vous généreux(euse)? Très généreux(euse)? Peut-être pas généreux(euse)?

Comparez vos réponses avec les réponses de vos camarades. Qui est la personne la plus généreuse de la classe? Qui a besoin d'une petite leçon de générosité?

Exercise G. Note: Tell students to choose *either* the direct object pronoun or the indirect object pronoun. They will learn how to use both in one sentence in Chapter 11.

Exercise G. Suggestion: May be done in pairs with each student interviewing his/her partner and taking notes. On the basis of the notes, each student interprets his/her partner's answers, using the guide below.

34. THE VERBS *VOIR* (TO SEE) AND *CROIRE* (TO BELIEVE)

Promenade en bateau

GISELE: *Croyez*-moi, emportez un chandail!
RAOUL: Je ne *vois* pas pourquoi, il fait si beau.
GISELE: Vous avez *vu* le brouillard arriver hier après-midi?
RAOUL: D'accord, je te *crois*. Surtout, n'oublie pas ta boussole. S'il y a du brouillard. . . .

Trouvez dans le dialogue les synonymes des expressions suivantes:

1. Faites-moi confiance.
2. Je ne comprends pas pourquoi.
3. Je te fais confiance.

Boat trip
GISELE: Believe me, take your sweater with you! RAOUL: I don't see why, the weather is so nice. GISELE: Did you see the fog come in yesterday afternoon? RAOUL: Okay, I believe you. Above all, don't forget your compass. If it's foggy (if there is some fog). . . .

The verbs **voir** *(to see)* and **croire** *(to believe)* are irregular in form.

VOIR: *to see*	**CROIRE:** *to believe*
je vois nous voyons tu vois vous voyez il, elle, on voit ils, elles voient	je crois nous croyons tu crois vous croyez il, elle, on croit ils, elles croient
Past participle: vu	*Past participle:* cru

Nous **voyons** souvent nos amis. We often *see* our friends.
J'*ai vu* Michèle à la plage la I *saw* Michele at the beach last
  semaine passée.   week.
Est-ce que tu **crois** cette Do you *believe* this story?
  histoire?

Revoir *(to see again)* is conjugated like **voir.**

Je les **revois** au mois d'août. I'm *seeing* them *again* in August.

Croire à means *to believe in* a concept or idea.

Nous **croyons** à la chance. We believe in luck.

Maintenant à vous

A. **Une rencontre.** Transformez les phrases suivantes.

1. *Je* vois une jeune fille sur la plage. *(nous, tu, Paul, elles, vous, mon frère)* 2. *Je* crois à la chance. *(nous, elles, vous, tu, Marie et Paul, ma mère)* 3. *Je* la revois demain. *(ma soeur, nous, tu, ils, vous, Marie)* 4. Et maintenant *je* ne vois qu'elle. *(elle, ils, nous, mes frères et soeurs, tu)*

B. **Alpinisme dans le brouillard.** Changez les phrases du singulier au pluriel ou vice versa.

1. Tu vois cette montagne? 2. Je ne la vois pas mais je te crois. 3. Croyez-vous la carte *(map)*? 4. Non, mais nous croyons le guide. 5. Le guide ne voit pas de problèmes. 6. Il ne croit pas la carte non plus? 7. Tu as vu le guide? 8. Non, je ne crois pas. . . .

C. **Une bonne affaire** *(A bargain).* Répondez aux questions. Utilisez un pronom complément d'objet direct.

1. Avez-vous vu le magasin? (oui) 2. Crois-tu le vendeur? (non) 3. A-t-elle vu les nouveaux tee-shirts? (oui) 4. Voyez-vous le prix? (non) 5. Vois-tu la solution? (oui) 6. As-tu vu les autres tee-shirts? (non)

D. Conversation avec une Française. Jacqueline a visité les Etats-Unis. Elle parle de son voyage. Imaginez comment elle a terminé les phrases suivantes.

J'ai vu _____ .
Je voudrais revoir _____ .
Les Américains croient à _____ . Ils ne croient pas à _____ .

Et vous? Avez-vous fait des voyages aux Etats-Unis? Comment terminez-vous ces phrases?

Exercise D. Suggestion: Give students a minute to devise their own completions before soliciting answers.

Exercise D. Follow-up: **John a visité le Québec. Il parle de son voyage.** Complete the sentences, making necessary changes.

ETUDE DE PRONONCIATION

Stress

In French, each syllable of a sentence receives about equal stress. A French word or sentence sounds like a string of even syllables (somewhat like a word or sentence that is being typed). This is in marked contrast to the English language, in which syllables are highly stressed and unstressed. Compare the pronunciation of these words in French and English:

université	*university*
u-ni-ver-si-té	*u-ni-ver-si-tȳ*

Suggestion: You may ask students to tap out rhythm with their pencils.

In English, two of the syllables (*-ni-, -si-*) are barely heard and are given very little emphasis. In French, all the syllables are approximately equal. When you are speaking French, imagine that you are typing the words you are saying. This should help you to space them out evenly.

Maintenant à vous

A. Prononcez avec le professeur.

l'imperméable   le correspondant   la poissonnerie   l'eau minérale les pommes de terre   le dictionnaire   le propriétaire   l'appartement la réservation   le supermarché   le petit déjeuner   les petits enfants la salle à manger   la bibliothèque   la bicyclette   le calendrier   la spécialité   l'après-midi

B. Prononcez avec le professeur.

1. Bonjour, Madame. Avez-vous encore de la place, par hasard? 2. Vous êtes du côté du jardin, avec vue sur la mer.   3. Cela vous a pris du temps! J'ai cru l'hôtel complet.   4. Il fait si beau aujourd'hui.

C. **Pour rire.**

1. abracadabra   2. turlututu   3. perlimpimpin   4. barbapapa
5. taratata 6. tralalalalala 7. supercalifragilistique

CONVERSATION ET CULTURE

Un Hôtel en Provence

there

Trois jeunes, un Français (Jean-Marc) et deux Américains (Jane et Frank), cherchent un hôtel. Ils aiment bien cette région parce qu'il y fait chaud en été. Ils ont remarqué dans leur guide l'Hôtel Paradou et l'ont finalement trouvé. Jane reste dans la voiture, les deux jeunes gens vont à la réception de l'hôtel.

JEAN-MARC: Tu vas leur parler?
FRANK: Non, je préfère te laisser cette responsabilité. . . ton accent est si bon!
JEAN-MARC: Merci, trop aimable!

Ils entrent dans l'hôtel.

by chance
almost full
people

JEAN-MARC: Bonjour, Madame. Nous avons vu le nom de votre hôtel dans ce guide. Avez-vous encore de la place *par hasard*?
LA PROPRIETAIRE: Bonjour, Messieurs. L'hôtel est *presque complet*. Au mois d'août, il y a toujours beaucoup de *monde*. Vous êtes combien?
JEAN-MARC: Trois. Nous avons besoin de deux chambres.

single bed
would want
private

LA PROPRIETAIRE: Je ne peux pas vous donner deux chambres, mais voulez-vous une grande chambre avec un grand lit et un *lit à une place*?
JEAN-MARC: Hum, je ne crois pas. . . notre amie Jane *voudrait* une chambre *à part*.
LA PROPRIETAIRE: Pour une nuit, je peux lui offrir une chambre chez nous, pour soixante francs.
JEAN-MARC: Parfait. Et l'autre chambre fait combien?
LA PROPRIETAIRE: Cent francs, petit déjeuner et service compris. Gérard, tu veux leur montrer le vingt-cinq, s'il te plaît? Voici la clef.
GERARD: Le vingt-cinq. Par ici, Messieurs.

Dans la chambre: quelques minutes plus tard.

view

GERARD: Vous voyez, vous êtes du côté du jardin avec *vue* sur les montagnes et la mer.

Ils redescendent dans le hall d'entrée de l'hôtel.

LA PROPRIETAIRE: Alors Messieurs, la chambre est-elle à votre goût?
JEAN-MARC: Oui, Madame. Nous la prenons.

Jean-Marc et Frank ressortent.

JANE: Cela vous a pris du temps! J'ai cru l'hôtel complet.

JEAN-MARC: Nous avons eu de la chance. On nous a donné une grande chambre et nous t'avons même trouvé une chambre pas chère, chez l'*habitant*!

owner

JANE: Vous êtes formidables. Maintenant, venez vite, je veux aller tout de suite à la plage. Il fait si beau aujourd'hui! L'eau doit être bonne.

Questions et opinions

1. Qui va parler à la propriétaire? 2. Est-ce qu'il y a beaucoup de monde à l'Hôtel Paradou? Pourquoi? 3. Quelle chambre la propriétaire offre-t-elle aux jeunes gens? Et pour Jane? 4. Quel va être le prix total des deux chambres par nuit? 5. Qu'est-ce qui est inclus dans le prix? 6. Qu'est-ce que les trois jeunes vont faire maintenant? 7. Quel temps fait-il en Provence, l'été? 8. Quelle région américaine est comparable à la Provence? 9. En vacances, préférez-vous rester dans un hôtel pas cher ou faire du camping? 10. Prenez-vous vos vacances de préférence à la plage ou à la montagne? 11. Préférez-vous faire des réservations à l'avance ou partir à l'aventure?

Commentaire culturel

If you go to France in late summer, you will witness an amazing French custom: **les vacances.** Most French people get a minimum of four weeks paid vacation **(congé payé),** and 70 percent of them take it in August. For this reason, more than half of all French businesses shut down during that month, and there are terrible traffic jams on the highways. It has been said that the **congé** is to the French what **Carnaval** is to the Brazilians: a social phenomenon that contains an element of revolution, a breakdown in the rhythm of society that results in a kind of mass shutdown.

Some people stay at home during their vacation weeks, but they are a minority. Most go away to resorts, take organized tours, go camping,

Une colonie de vacances

or stay in **villages de vacances** (vacation towns) or at a **maison familiale** (an inexpensive hotel with child-care facilities). Hotels are packed.

If *you* need a hotel in France, you might go to a local **syndicat d'initiative,** where you'll find information on hotels, free maps, and lists of places of interest. Or you might purchase the **Guide Michelin,** which provides a reliable rating of hotels and restaurants. In two short lines per entry, the symbols in the **Guide Michelin** tell you everything you need to know about prices, facilities, whether there are views, beaches, tennis courts, and so on.

For young people, of course, the whole summer is sometimes vacation time. Children may go to a **colonie de vacances** (summer camp) for a month or more, and young adults may travel the whole summer, camping or staying in **auberges de jeunesse.** Staying in a hostel is an excellent way to meet people of various ages and nationalities. Hostels are inexpensive because they are subsidized by the government, but they are usually spartan, and everyone is expected to do some sort of chore each day to help with upkeep. To obtain a list of hostels, write to the **Fédération unie des auberges de jeunesse, 11, rue de Milan, 75009 Paris.** For names of other places where young people can stay—with families or in summer camps where you can work for room and board—write to the **Centre d'information et de documentation jeunesse (CIDJ), 101, quai de Branly, 75740 Paris.**

RECAPITULATION

A. Vacances d'été. Formez des phrases complètes selon les indications.

MARC: Où / passer / tu / vacances d'été ? *(passé composé)*
PAULE: Je / voyage / à la Guadeloupe . *(passé composé)*
MARC: Je / ne. . . pas / te / croire ! *(présent)*
PAULE: Ce / être / vrai . *(présent)* Nous / camper . *(passé composé)*
MARC: Nager / vous / beaucoup ? *(passé composé)*
PAULE: Oui, il y a / plages magnifiques / et / gens sympathiques . Paysage / être / vraiment / beau . *(présent)*
MARC: Manger / vous / bien ? *(passé composé)*
PAULE: Oui, / nous / manger / petit / restaurants / et nous / essayer / plats exotiques . *(passé composé)*

B. Arrivée à Québec. Remplacez les mots en italique par un pronom complément d'objet indirect ou direct selon le cas.

1. Est-ce que vous avez vu *la chambre d'hôtel de Denis?* 2. Non, mais il a montré sa chambre *à Martine.* 3. Denis a apporté *les valises,* n'est-ce pas? 4. Non, mais il a donné deux dollars *au porteur.* 5. Nous avons téléphoné *à nos amis québecois, Jean et Martine.* 6. Ils ont réservé *les places au théâtre.* 7. Nous allons voir *la ville de*

Québec. 8. Nous avons acheté *les guides de la ville.* 9. Denis a parlé *à Monique.* 10. Elle va apporter *le dictionnaire anglais-français.*

C. Les vacances d'hiver. Sylvie parle de ses vacances. Mettez son histoire au passé. Commencez par: *L'hiver passé.* . . .

Exercise C. Suggestion: May be done orally or in writing.

Aujourd'hui je finis mes cours à l'université. Je les finis à trois heures. Puis je quitte le campus avec Paul, Jeannine et Jean-Louis, et nous prenons le train pour partir en vacances! Nous choisissons la montagne. Je fais du ski et Paul, Jeannine et Jean-Louis apprennent à faire du ski. Nous louons trois petites chambres avec une belle vue sur le lac. Quelles vacances magnifiques!

D. Vos vacances. Parlez de vos vacances les plus *(most)* intéressantes. Répondez aux questions suivantes ou interviewez un(e) camarade de classe.

Exercise D. Suggestion: (1) Students may share responses with class. (2) Have students write a short composition using questions as guide. Collect and use for dictation or listening comprehension.

1. Où avez-vous passé vos vacances? 2. Avez-vous choisi la campagne, la mer, la montagne ou la ville? 3. Avez-vous pris une chambre d'hôtel? 4. Quelle sorte de chambre avez-vous trouvée? 5. Avez-vous campé? Avez-vous loué une maison? Avez-vous logé chez des parents *(relatives)*? chez des amis? 6. Qu'est-ce que vous avez fait pendant la journée? 7. Quels vêtements avez-vous mis? 8. A-t-il fait chaud? froid? A-t-il plu? 9. Avez-vous vu quelque chose d'intéressant? 10. Avez-vous acheté des choses intéressantes? Expliquez. 11. Retournez-vous au même endroit l'année prochaine? Pourquoi ou pourquoi pas?

> **Le Français par les gestes: J'ai eu chaud!**
> A sudden shock or scare often causes a person to feel very hot and to perspire. "That was a close call," we might say. The French express the same idea with a gesture: that of wiping imaginary sweat from the forehead.

VOCABULAIRE

VERBES

camper	to camp, to go camping
croire (à)	to believe (in)
emprunter	to borrow
mettre	to put on (clothing)
montrer	to show
nager	to swim
porter	to wear
prêter	to lend

VERBES

rencontrer	to meet, to encounter
revoir	to see again
voir	to see
voyager	to travel

NOMS

le cadeau	gift, present
la campagne	country(side)

NOMS

la chance	luck
la clef	key
le départ	departure
le fleuve	river
la forêt	forest, woods
le lac	lake
la mer	sea
la montagne	mountain
le parapluie	umbrella
le passeport	passport
le paysage	scenery
la photo	photo(graph)
la place	seat; space; square (of a town)
la plage	beach
le/la propriétaire	owner; landlord
le retour	return
la route	road
les vacances (f)	vacation(s)

ADJECTIFS

dernier (ière)	autumn
passé (e)	past, last

LES SAISONS ET LE TEMPS

l'automne (m)	autumn
l'été (m)	summer
faire beau	to be nice (weather)
faire chaud	to be warm, hot
faire du soleil	to be sunny
faire du vent	to be windy
faire frais	to be cool
faire froid	to be cold
faire mauvais	to be bad weather
l'hiver (m)	winter
neiger	to snow

LES SAISONS ET LE TEMPS

pleuvoir	to rain
le printemps	spring
Quel temps fait-il?	What's the weather like?

LES VETEMENTS

le chandail	sweater
le chapeau	hat
les chaussures (f)	shoes
la chemise	shirt
le chemisier	blouse
le complet	suit
l'imperméable (m)	raincoat
les jeans (m)	(blue) jeans
la jupe	skirt
le maillot de bain	swimsuit
le manteau	overcoat
le pantalon	pants
la robe	dress
le sac	purse
le short	shorts
le tee-shirt	T-shirt

MOTS DIVERS

entre	between, among
faire de la bicyclette	to ride a bicycle, to go biking
faire du bateau	to ride a boat, to go boating
faire la valise	to pack one's suitcase
hier	yesterday
prendre le soleil	to sun-bathe, to sit in the sun
tout de suite	immediately
vraiment	really, truly

A Propos

Here are some phrases to use when looking for a hotel room in France.

Avez-vous une chambre pour deux personnes?

Oui, Mademoiselle (Monsieur, Madame).

Quel est le prix de la chambre?

Elle fait soixante francs la nuit.

Est-ce que le service et le petit déjeuner sont compris?*

Oui, ils sont compris.

Il y a une salle de bains dans la chambre?

Il y a un lavabo. Les toilettes et la douche sont dans le couloir.

*If service is not included, add 20 to 25 percent. Breakfast (coffee, tea, or chocolate with croissants or bread and butter) is included in the price of the room at many French hotels.

Presentation: Model pronunciation.

A. Problèmes de touristes. Vous avez écrit à l'Hôtel Thibaud pour réserver une chambre à deux lits. Ils ont répondu qu'ils vous ont réservé une chambre pour deux avec douche, à un prix de cent francs, petit déjeuner compris. Mais à votre arrivée ils n'ont qu'une petite chambre à un lit, sans douche, qui coûte quatre-vingt-dix francs, petit déjeuner compris. Jouez les rôles du touriste et du (de la) propriétaire de l'hôtel. Commencez par: Bonjour, Monsieur (Madame). Je suis _____ . J'ai réservé. . . .

Exercise A. Suggestion: Some students may want to perform their dialog for the class after a short preparation time.

B. Pour vous amuser. M. et Mme Magnan sont prêts à partir en vacances. Décrivez leurs vêtements.

MODELE: M. Magnan porte une chemise à rayures. . . .

à rayures   à pois   à carreaux   à fleurs

Que portez-vous pendant vos vacances? Décrivez votre garde-robe
(wardrobe). Ressemblez-vous aux Magnan?

Exercise C.   Suggestion: Have
students discuss their choices with
a partner. Take tally of
preferences. **Qui préfère un hôtel
très confortable, mais avec
cuisine médiocre?,** etc.

C. En vacances.   Quelle sorte d'hôtel préférez-vous?

un hôtel moderne   un hôtel ancien

A   *B*

1. un hôtel très confortable, avec cuisine médiocre — un hôtel peu confortable, avec cuisine excellente
2. un hôtel moderne, avec vue sur le parking — un hôtel ancien, avec vue sur la plage
3. un hôtel magnifique, avec service lamentable — un hôtel sombre, avec service excellent
4. un hôtel calme et tranquille — un hôtel avec loisirs (activities) organisés
5. un hôtel à clientèle âgée et gentille — un hôtel à clientèle jeune et très snob

Choisissez un hôtel (*A* ou *B*) dans chacune des cinq catégories. Ensuite trouvez un(e) camarade avec des goûts différents et comparez vos idées sur l'hôtel idéal. Justifiez vos choix.

D. **Vacances en Amérique.** Un groupe de Français vient de visiter les cinq régions suivantes: Disneyworld, Big Sur, l'Arkansas, le Wyoming, et le Cap Cod. Imaginez les histoires qu'ils vont raconter (*tell*) quand ils vont rentrer en France. Ils vont certainement parler du temps, des saisons, du paysage de chaque région et peut-être aussi des Américains qu'ils ont rencontrés.

Exercise D. Suggestion: May be done as written assignment.

1. **Disneyworld:** le parc d'attractions, le royaume (*kingdom*) de Mickey, les visiteurs, le Monde de la frontière, les attractions, les restaurants, le Monde de l'avenir (*future*), les enfants, les adultes
2. **Big Sur:** les montagnes, l'océan Pacifique, la terre (*earth*) primitive, le vent, le paysage, les fleurs, les forêts, les campeurs, le retour à la nature
3. **Arkansas:** les fermes (*farms*), la « country music », la forêt, un festival folk, la cuisine du sud (*south*), les montagnes Ozarks
4. **Wyoming:** l'ouest sauvage (*wild west*), les cow-boys, le rodéo, les montagnes Rocheuses, un ranch, les chevaux (*horses*), les vallées, les déserts.
5. **Le Cap Cod:** La Nouvelle-Angleterre, les arbres, les dunes, les villages, la plage, les forêts, un cap, une île, la cuisine

SPÉCIAL ÉTATS-UNIS

Et vous? Avez-vous jamais passé des vacances extraordinaires? des vacances que vous n'allez jamais oublier? Quand? Avec qui? Pourquoi ces vacances ont-elles été extraordinaires?

Lecture: Le Club Méd

Les voyages organisés existent *depuis longtemps*. Quand Marcel Trigano a eu l'idée d'organiser les vacances, il a *créé* "Les Clubs Médíterranée." Les premiers sont situés au sud de la France, comme le nom l'indique. Soleil et *loisirs:* voilà la formule. Vous donnez votre argent, le Club fait le reste.

for a long time
created

leisure

Aujourd'hui, il existe des Clubs Méditerranée dans le monde entier. *L'un*, à la porte des Etats-Unis, *attire* la clientèle française et américaine: il est à la Guadeloupe. Imaginons une journée typique au Club.

Près de la plage, les *palmiers* balancent leurs palmes. La matinée a passé très vite. Les "gentils membres" (c'est leur nom!) ont nagé, ils ont fait du bateau, ils ont fait du ski nautique ou ils ont joué au tennis. Ensuite pour le déjeuner ils ont trouvé un énorme buffet sur la terrasse de l'hôtel avec pain et vin "à volonté" (sans limite).

Maintenant les "vacanciers" font la sieste. Hier soir, ils ont dansé très tard et la nuit a été courte. Pas de temps à perdre au Club! Les vacances ne *durent* qu'une ou deux semaines.

Pour les Français, le changement est grand. La Guadeloupe c'est encore la France, mais à 10 000 kilomètres de la France, tout près de l'Amérique. Pour les Américains, c'est la France, mais à leur porte. Avant de venir, ils ont pratiqué leur français. Les Français essaient leur anglais. . . . Pour tout le monde, l'*évasion* est garantie: voilà l'idée géniale des Clubs. Du soleil, la mer, des activités et des sports à la carte. Maintenant, amusez-vous. Même l'argent n'existe plus. Des *boules de collier* servent à payer l'eau Perrier et le Dubonnet.

Compréhension et expression

A. Complétez les phrases suivantes.

1. Marcel Trigano a fondé _____ . 2. Les premiers clubs sont _____ . 3. Les Clubs Méditerranée existent _____ . 4. Pour le déjeuner il y a _____ . 5. A la Guadeloupe on parle _____ . 6. L'évasion est assurée grâce à (*thanks to*) _____ . 7. On paie avec _____ .

B. Les Américains et les vacances. Complétez le paragraphe suivant pour décrire les vacances aux Etats-Unis.

Les évasions préférées des Américains sont _____ . Les Américains aiment/n'aiment pas les vacances organisées parce que _____ . Ils préfèrent aller _____ et ils partent en vacances quand _____ . J'aime/je n'aime pas les vacances parce qu'(e) _____ . Je prends mes vacances quand _____ .

C. Des vacances désastreuses. Nous avons beaucoup parlé de vacances idéales. Maintenant pour vous amuser, racontez des vacances horribles.

Voyages et transports

Chapitre **9**

OBJECTIFS

Conversation et culture   In this chapter, you will learn vocabulary and expressions related to travel and transportation by land, sea, and air, as well as the names of continents, countries, and cities. You will learn how to form the **passé composé** of a group of verbs that use **être** as an auxiliary. Since many of these are verbs of motion, you will be able to describe in more detail trips and vacations you have taken in the past.

Grammaire   You will learn to use the following aspects of French grammar:

35. how to form the **passé composé** of verbs that take **être**

36. how to use prepositions with geographical names

37. the uses of **y** (often meaning *there*) to replace a prepositional phrase

38. how to form sentences with the relative pronouns **qui, que, dont,** and **où,** the French equivalents of *who, that, which,* and so on

See facing page for lesson plan.

259

ETUDE DE VOCABULAIRE

Le Monde en avion

Exercise A. Suggestion: Encourage the use of short sentences in answers. Examples: **Elle est française.** or **C'est une Française.**

Exercise A. Continuation: (7) **une hôtesse de l'air de Japan Airlines** (8) **un pilote d'Air Canada** (9) **une employée de Mexicana Aerolineas**

Exercise A. Note: Aeroflot is the national airline of the USSR.

Follow-up. Listening comprehension: Have students jot down the flight numbers and countries of origin of each of the following fights: (a) vol no. 93/Montréal (b) vol no. 76/Rio de Janeiro (c) vol no. 80/Ankara (d) vol no. 68/Puerto Vallarta (e) vol no. 37/Nagasaki (f) vol no. 73/Londres (g) vol no. 82/Rome. Then call on individual students to read out the flights and countries, as in the model for C.

A. A votre service. De quelle nationalité est le personnel des compagnies aériennes suivantes?

1. une hôtesse de l'air d'Air France   2. un steward de British Airways   3. un pilote de Pan American   4. un steward d'Air Canada   5. une hôtesse de l'air d'Ibéria   6. une pilote d'Aéroflot

B. Vols internationaux. Quels sont les pays de départ et d'arrivée des vols suivants?

MODELE: Rabat—Paris → C'est un vol entre le Maroc et la France.

1. Pékin—New York
2. Alger—Moscou
3. Rio—Ottawa
4. Chicago—Paris
5. Mexico—Tokyo
6. Montréal—Acapulco

C. A l'aéroport. De quels pays arrivent les vols suivants?

MODELE: vol nº 93 / Rabat → Le vol numéro quatre-vingt-treize arrive du* Maroc.

1. vol nº 81 / Moscou
2. vol nº 31 / Brasilia
3. vol nº 88 / Pékin
4. vol nº 61 / Tokyo
5. vol nº 74 / Washington D.C.
6. vol nº 66 / Alger
7. vol nº 99 / Acapulco
8. vol nº 79 / Ottawa

*To express *from*, use **du** with masculine countries and **de** with feminine countries.

D. Leçon de géographie. Quels pays trouve-t-on _____ ?

MODELE: à l'ouest de l'Algérie? → A l'ouest[†] de l'Algérie on trouve le Maroc.

1. à l'est du Maroc? 2. au nord du Mexique? 3. au sud du Canada? 4. à l'ouest du Japon? 5. à l'est de la Chine? 6. au nord des Etats-Unis? 7. à l'est de la Russie? 8. à l'ouest de la Chine?

Exercise D. Suggestion: Have students answer questions and fill in country names on a blank map, or point to countries named as they do the activities orally.

L'Europe en train

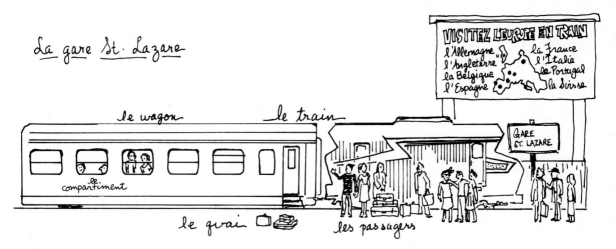

A. Définitions.

1. Quel véhicule de transport trouve-t-on dans une gare? 2. Comment s'appelle chaque voiture d'un train? 3. Comment s'appellent les personnes qui voyagent? 4. Comment s'appelle la partie du wagon où les passagers sont assis (*seated*)? 5. Où est-ce que les passagers attendent l'arrivée d'un train?

Exercise A. Follow-up: Have students create simple definitions of the vocabulary in the drawings. Example: **Ce sont les personnes qui voyagent. (passagers)** This can also be done in small groups, each student getting a card with a word on it. Students create definitions in French while others try to identify the word.

B. Capitales. Les villes suivantes sont des capitales. Quels sont les pays? Suivez le modèle.

MODELE: Paris → Paris est la capitale de la France.

1. Londres 2. Madrid 3. Bruxelles 4. Berne 5. Bonn 6. Rome 7. Lisbonne

Exercise C. Suggestion: Have students answer while identifying place names on a blank map or on a map of Europe with French place names.

C. Leçon de géographie. Quels pays trouve-t-on _____ ?

1. au nord de l'Espagne? (On trouve _____) 2. à l'ouest de l'Allemagne? 3. à l'est de la Belgique? 4. au sud de l'Angleterre? 5. au sud-ouest de la France? 6. à l'est de la France? 7. à l'est du Portugal?

[†]In the words **est**, **ouest**, and **sud**, the final consonant is pronounced.

ETUDE DE VOCABULAIRE

261

La France en voiture

il conduit sa
voiture

le
camion

la
moto

l'autobus

l'autoroute

la route
nationale

Toutes les routes mènent à Paris

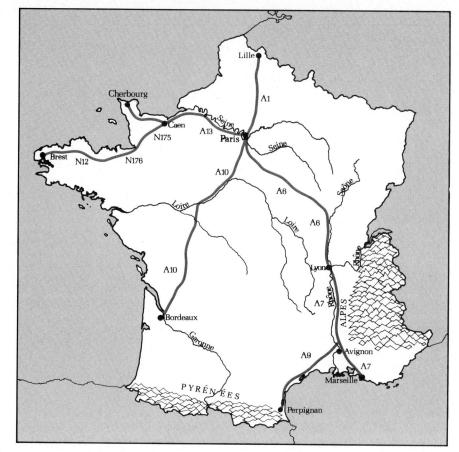

A. Itinéraire. Trouvez la route selon le modèle.

MODELE: de Paris à Cherbourg → Je peux prendre l'autoroute A13
jusqu'à Caen et la route nationale N13 jusqu'á Cherbourg.

1. de Paris à Perpignan
2. de Caen à Bordeaux
3. de Marseille à Lyon
4. de Cherbourg à Lille
5. d'Avignon à Caen
6. de Paris à Avignon

B. Moyens de transport. Quel véhicule conduit-on dans les situations suivantes?

1. Votre famille déménage (*moves*). 2. La classe fait une excursion.
3. Vous êtes sportif. 4. Vous aimez conduire vite. 5. Vous passez
le week-end avec votre famille. 6. Vous arrivez à l'aéroport d'une
ville.

*The verb **conduire** (*to drive*) is irregular in form: **conduis, conduis, conduit, conduisons,
conduisez, conduisent;** past participle: **conduit.**

C. Conversation.

1. Avez-vous une bicyclette? une moto? une voiture? Préférez-vous voyager en autobus ou conduire une voiture? Faites-vous souvent de l'auto-stop *(hitchhiking)*? 2. Comment venez-vous en classe? à pied *(on foot)*? en voiture? en autobus? 3. Aimez-vous les voitures de sport? les camions? Aimez-vous conduire vite? Aimez-vous voyager en voiture? 4. Quel est à votre avis un moyen de transport très économique? très rapide? très dangereux? très polluant? très agréable? 5. Avez-vous déjà voyagé en train? Avez-vous mangé dans un wagon-restaurant? Avez-vous dormi dans un wagon-lit?

Exercise C. If done in pairs, have students report partners' answers orally or in a written summary, which they may then read to the class. If done with the whole class, have students remember their classmates' answers.

ETUDE DE GRAMMAIRE

35. THE *PASSE COMPOSE* WITH *ETRE*

Accident de voiture

JEAN-FRANÇOIS: . . . et tout à l'heure, je *suis arrivé* au carrefour Magnan, et un camion *est passé* au feu rouge juste devant moi. Je n'ai pas pu l'éviter: je *suis rentré* dedans. Alors, avec l'autre conducteur, nous *sommes descendus* de voiture et nous avons. . . euh. . . discuté de priorité. . . .

MICHELE: Mais Jean-François, pourquoi n'*es*-tu pas encore *reparti*?

JEAN-FRANÇOIS: Parce que les automobilistes derrière nous *sont restés* aussi pour donner leur avis et puis. . . eh bien, il y a un petit embouteillage ici maintenant.

Retrouvez la phrase correcte dans le dialogue.

1. Je viens d'arriver au carrefour.
2. Le camion vient de passer au feu rouge.
3. Je viens de rentrer dedans.
4. Nous venons de descendre.
5. Les automobilistes derrière nous sont encore ici.

Presentation: Model pronunciation of past tense forms of **aller** using simple sentences. Examples: **Je suis allé en France l'année dernière. Tu es allé en France. Il est allé au Portugal.** etc.

Note: Most of the verbs presented have already appeared in the chapter vocabularies. Note the new verbs: **monter, tomber, naître,** and **mourir.**

Automobile accident
JEAN-FRANÇOIS: . . . and a moment ago I got to the Magnan crossroad, and a truck went through the red light in front of me. I couldn't avoid it: I bumped into it. So, with the other driver, we got out of our cars and we . . . well . . . discussed the right of way. MICHELE: But Jean-François, why haven't you left yet? JEAN-FRANÇOIS: Because the drivers of the cars behind us also stayed to give their opinions, and then . . . well, there is a small traffic jam here now.

Discussion entre deux
automobilistes

A. The auxiliary verb *être*

Most French verbs use a form of **avoir** as an auxiliary verb in the **passé composé.** However, the **passé composé** of some verbs is generally formed with **être;** many of these are verbs of motion.

PASSE COMPOSE OF ALLER *(to go):* **être + allé(e)(s)**	
je suis allé(e)	nous sommes allé(e)s
tu es allé(e)	vous êtes allé(e)(s)
il, on est allé	ils sont allés
elle est allée	elles sont allées

In the **passé composé** with **être,** the past participle always agrees with the subject in gender and number. The following verbs take **être** in the **passé composé.** They are grouped according to meaning. The drawing on page 265 also lists all of these verbs, organized around the "house of **être.**"

aller: allé	*to go*	**partir: parti**	*to leave*
sortir: sorti	*to go out*		
venir: venu	*to come*	**passer (par): passé**	*to pass (by)*
arriver: arrivé	*to arrive*	**entrer: entré**	*to enter*

revenir: revenu	*to come back*	**retourner: retourné**	*to return,*
			to go back
		rentrer: rentré	*to return,*
			to go home
monter: monté	*to go up,*	**descendre: descendu**	*to go down,*
	to climb		*to get off*
tomber: tombé	*to fall*		
naître: né	*to be born*	**devenir: devenu**	*to become*
mourir: mort	*to die*	**rester: resté**	*to stay*

Mme Bernard **est née** en France.

Mrs. Bernard *was born* in France.

Elle **est allée** aux Etats-Unis en 1940.

She *went* to the United States in 1940.

Elle **est arrivée** à New York.

She *arrived* in New York.

Elle **est partie** en Californie.

She *left* for California.

Elle **est restée** dix ans à San Francisco.

She *stayed* in San Francisco for ten years.

Ensuite elle **est rentrée** en France.

Then she *returned* to France.

Elle **est morte** à Paris en 1952.

She *died* in Paris in 1952.

Note: With the whole class, talk about all the characters' actions in the **passé composé.** Explain what a mnemonic device is and how the house serves as a memory aid by providing a total picture showing all the verbs using **être.** You might also present the mnemonic ''MRS. VANDERTRAMPP,'' where each letter represents a verb conjugated with **être.**

B. Negative and interrogative sentences in the *passé composé*

Word order in negative and interrogative sentences in the **passé composé** with **être** is the same as that for the **passé composé** with **avoir**: **ne. . . pas** surround the auxiliary verb, **être** and the subject are inverted in questions, and **ne. . . pas** surround the inverted auxiliary and pronoun in negative questions.

Je **ne suis pas** allé en Allemagne.	I *did not* go to Germany.
Sont-ils arrivés à l'heure?	*Did they* arrive on time?
Ne sont-ils pas arrivés à l'heure?	*Didn't they* arrive on time?

Maintenant à vous

Exercise A. Suggestion: Conduct as rapid response drill, or use for transformation practice in writing at the board.

A. Une bonne soirée.

1. *Jean-Pierre* est arrivé à sept heures. *(Madeleine, les Dupont, des copines, vous, tu, je, nous)* 2. *Marie-Louise* est passée dire bonjour. *(des amis, je, vous, tu, Frédéric, des copines, nous)* 3. *René et Annie* sont venus à huit heures. *(Monique, mes amies, nous, tu, vous, Paul, je)* 4. *Nous* sommes sortis ensemble. *(je, tu, Patrick et René, Annie, vous, elles)* 5. *Nous* sommes allés au restaurant. *(Madeleine, mes parents, Paul, vous, je, elles, tu)* 6. *Nous* sommes rentrés tard. *(tu, mes amies, Frédéric, je, Monique, vous, ils)*

Exercise B. Suggestion: Have students put sentences in the past in succession, orally or in writing, so that the exercise forms a story. May be done as a short composition, with students embellishing the story as they wish.

B. Voyage en train. Mettez les phrases au passé composé.
MODELE: Vous allez à Toulouse. → Vous êtes allés à Toulouse.

1. Le train arrive à la gare. 2. Les passagers viennent de Lyon. 3. Vous montez dans le train. 4. Je monte après vous. 5. Deux passagères descendent. 6. Une passagère tombe sur le quai 7. Elle ne meurt pas. 8. Je descends pour l'aider. 9. Elles sortent de la gare. 10. Nous entrons dans le compartiment. 11. Le train part. 12. Michèle, tu restes sur ton siège *(seat)*. 13. Claude et Jacques vont dans le couloir. 14. Nous allons au wagon-restaurant. 15. Tu retournes dans le compartiment. 16. Claude et Jacques, revenez-vous plus tard? 17. Le contrôleur *(ticket collector)* passe. 18. Le paysage devient pittoresque. 19. Nous arrivons tôt *(early)* le matin.

C. Départ en vacances. Les Dupont, vos voisins, sont partis en vacances ce matin. Vous les avez vu partir et vous racontez maintenant la scène à vos amis (au passé, bien sûr!). Commencez par: *Ce matin, mes voisins les Dupont sont partis en vacances. . . .*

Mes voisins, les Dupont, partent en vacances. Aujourd'hui ils vont au bord de la mer. A huit heures Monsieur Dupont et son fils montent chercher les valises. Ils entrent et sortent de la maison plusieurs fois *(many times)*. Madame Dupont retourne cinq fois dans la maison pour des objets oubliés. Enfin, trois heures plus tard, toute la famille monte dans la voiture et ils partent. Bien sûr une des valises tombe de la galerie *(rack)* de la voiture. Ils reviennent la chercher et repartent. Moi, je rentre à la maison. Ma famille et moi, nous restons à la maison cet été.

D. **Projets de voyage.** Alice prépare un voyage en Europe. Elle vous pose des questions sur les activités de vos amis. Répondez à la forme négative.

1. Marianne est-elle jamais montée dans le Concorde? 2. Son vol n'est-il pas arrivé à l'heure? 3. Sont-ils déjà partis en vacances en train? 4. Etes-vous allé(e) en France récemment *(recently)*? 5. Sont-ils restés longtemps en Espagne? 6. Es-tu passé(e) par la Suisse? N'es-tu pas rentré(e) en bateau? 8. Ne sont-elles pas revenues à San Francisco en septembre?

E. **Week-end en Suisse.** Utilisez le passé composé d'un des verbes suivants pour compléter les phrases.

   aller, arriver, descendre, devenir, entrer, monter, naître, partir, rentrer, rester, sortir, tomber

1. Hier le train de Grenoble _____ en retard *(late)*. 2. Bernard et Brigitte _____ du train à sept heures. 3. Nous _____ les chercher en voiture. 4. Je _____ avec Bernard et Brigitte hier soir. 5. Aujourd'hui, Brigitte _____ à la maison. 6. J'ai montré ma maison natale à Bernard, la maison où je _____ . 7. Nous _____ assez tard *(late)* à la maison. 8. Bernard _____ rouge quand ma soeur lui a parlé.

F. **En français, s'il vous plaît.**

Mathieu and Carinne arrived last night. They passed through Paris and came to our house. They stayed with us. I came down with their suitcases this morning at eight o'clock. My sister came down at nine. She went out with her friends, and Mathieu and Carinne left. I went up to my room to **(pour)** *study.*

G. **Conversation.** Décrivez vos vacances de l'année passée. Employez les questions comme guide.

1. Où êtes-vous allé(e)? Qu'avez-vous fait? 2. Etes-vous monté(e) en avion? Avez-vous pris le train? 3. Etes-vous resté(e) aux Etats-Unis? Etes-vous entré(e) au Canada? 4. Etes-vous allé(e) à l'étranger? Etes-vous allé(e) voir l'endroit où vos parents sont nés? 5. Etes-vous rentré(e) par bateau? Etes-vous mort(e) de fatigue et préparez-vous déjà vos vacances de l'année prochaine?

36. USING PREPOSITIONS WITH GEOGRAPHICAL NAMES

L'aéroport Charles de Gaulle

Note: Another common exception to the rule that countries ending in **-e** are feminine is **le Zaïre**.

> A l'aéroport Charles de Gaulle, *à Paris*
>
> VOIX: Attention, attention! Embarquement immédiat pour les passagers en transit *de Rabat* et à destination *de Washington,* vol Air France n°82 avec escale *à Ottawa.*
> JEAN-LUC: Voilà, c'est pour nous.
> MARYVONNE: Tu es sûr?
> JEAN-LUC: Mais oui, elle vient de parler de nous: nous venons *d'Afrique, du Maroc;* nous sommes restés en transit *en France* quelques heures et nous partons maintenant *en Amérique du Nord, au Canada* et ensuite *aux Etats-Unis!*
>
> Répondez aux questions selon les indications.
>
> 1.   D'où viennent Jean-Luc et Maryvonne? (continent, pays)
> 2.   Où sont-ils en transit? (pays, ville)
> 3.   Quelle est leur destination? (continent, pays)
> 4.   Où vont-ils faire escale? (pays, ville)

A. Gender of geographical names

In French, most place names that end in **-e** are feminine; most others are masculine. One important exception is **le Mexique.** The names of most states in the U.S. are masculine: **le Kentucky, le Connecticut.** The names of eight states end in **-e** in French and are feminine: **la Californie, la Caroline du Nord et du Sud, la Floride, la Géorgie, la Louisiane, la Pennsylvanie,** and **la Virginie.**

The choice of which preposition to use with a place name depends in large part on its gender.

Note: (1) Mention the alternative use of **dans** with place names for states or provinces beginning with a vowel sound: **dans l'Oregon;** also use of dans for masculine states: **dans le Texas.** (2) Point out the contracted forms **au Caire** and **au Havre** as well as the use of **à** with cities taking the feminine definite article: **à La Nouvelle-Orléans, à La Rochelle, à La Haye.**

B. *To* and *in* with geographical names

The equivalent of *to* or *in* with geographical names is **à, au,** or **en. A** is used with the names of cities.

At Charles de Gaulle Airport, in Paris
VOICE: Attention, attention! Immediate boarding for passengers going from Rabat to Washington, Air France flight number 82, via (with a stopover in) Ottawa.   JEAN-LUC: Listen (there), it's for us.   MARYVONNE: Are you sure?   JEAN-LUC: Of course, she just talked about us: we're coming from Africa, from Morocco; en route, we stayed in France for a few hours; and now we're leaving for North America, to Canada and then to the United States!

Mlle Dupont habite **à Paris.**	Miss Dupont lives *in Paris.*
Ils vont **à New York.**	They're going *to New York.*

Au is used for masculine countries and states, except those starting with a vowel sound. The plural form **aux** is used with plural nouns: **aux Etats-Unis.**

Vous allez faire un voyage **au Portugal?**	Are you going to take a trip *to Portugal?*
Ils habitent **au Connecticut.**	They live *in Connecticut.*

En is used for feminine countries* and states and for masculine countries and states starting with a vowel sound.

Nous avons passé l'été **en France.**	We spent the summer *in France.*
J'habite **en Californie.**	I live *in California.*
Elle voyage **en Israël.**	She is traveling *to Israel.*
Portland est **en Oregon.**	Portland is *in Oregon.*

C. *From* with geographical names

The equivalent of *from* with geographical names is **de (d')** or **du.**

de (d') : with city names
du   : with masculine countries and states, except those starting with a vowel sound
de (d') : with feminine countries and states and with masculine countries and states starting with a vowel sound

The following examples contrast the uses of prepositions with place names:

de = *from*	**à** = *to/in*
Ils sont **de Carcassonne.**	J'ai trouvé un hôtel **à Carcassonne.**

du = *from*	**au** = *to/in*
Ils sont partis **du Portugal.**	Je suis allé **au Portugal.**
Ils ont envoyé des cartes postales **du Nevada.**	Cette semaine elles sont **au Nevada.**
Ils sont revenus **des Etats-Unis.**	Beaucoup de touristes vont **aux Etats-Unis.**

de = *from*	**en** = *to/in*
Je viens **de Belgique.**	Je suis allé **en Belgique.**
Nous sommes partis **de Californie.**	Elle a voyagé **en Californie.**
Les Smith viennent **d'Oregon.**	Je suis né **en Oregon.**

*The names of all continents are feminine. They follow the rules for feminine countries: **en Australie, d'Australie.**

Maintenant à vous

A. Avez-vous le sens de l'orientation? Dans quelle partie des Etats-Unis est-ce que ces touristes voyagent? Suivez le modèle avec un(e) camarade.

Exercise A. Note: Drill **au nord du** versus **dans le nord**, etc.

MODELE: Gainesville → *Un ami:* Ils vont à Gainesville?
Vous: Oui, ils voyagent dans le sud-est, en Floride.

1. New York
2. San Francisco
3. Little Rock
4. New Haven
5. Minnéapolis
6. Portland
7. Mobile
8. Miami

B. Un jeune globe-trotter.

1. Jean-Paul fait le tour du monde. Vous discutez de ses destinations avec un(e) camarade. Utilisez les noms ci-dessous *(below)* selon le modèle.

MODELE: *Un ami:* Est-ce que Jean-Paul va en Asie?
Vous: Oui, il va en Chine. (au Japon, . . .)

Continents: l'Afrique, l'Amérique du Nord, l'Amérique du Sud, l'Asie, l'Europe

Pays: l'Algérie, l'Allemagne, le Brésil, le Canada, la Chine, le Danemark, l'Egypte, les Etats-Unis, la France, la Grèce, l'Inde, l'Italie, le Japon, le Maroc, le Mexique, la Norvège, la Russie

Exercise B. Follow-up. Listening exercise: Students write "Il va + name of the continent" for each sentence given below. Pause between sentences to give students time to write. At the end of the passage, read each sentence again and solicit answers orally: (1) **Jean-Paul va au Canada demain.** (2) **Ensuite il voyage en Italie.** (3) **De là, il va en Algérie.** (4) **Puis, il voyage au Danemark, où il a des cousins,** (5) **Après sa visite, il va à Moscou en train.** (6) **De Moscou, il va au Mexique.** (7) **Après son voyage au Mexique, il voyage au Zaïre. (C'est une semaine fatigante!)**

2. Maintenant, dites d'où viennent les cartes postales de Jean-Paul.

MODELE: Afrique / Maroc → *Un ami:* Cette carte-ci vient-elle d'Afrique?
Vous: Oui, elle vient du Maroc. Jean-Paul est au Maroc.

a. Asie / Japon
b. Amérique du Nord / Mexique
c. Asie / Russie
d. Afrique / Egypte
e. Europe / Norvège
f. Asie / Inde
g. Amérique du Sud / Brésil
h. Europe / Suisse

3. Enfin, dites où il se trouve quand il écrit les cartes suivantes.

MODELE: "On parle allemand ici." → Il doit être en Suisse ou en Allemagne.

a. "On parle anglais ici."
b. "Je parle espagnol avec les habitants."
c. "On parle français dans ce pays."
d. "Les gens parlent portugais ici."
e. "On parle japonais."
f. "J'ai entendu beaucoup de grec."
g. "J'ai essayé de parler italien aujourd'hui."

C. Par excellence. Chaque pays du monde excelle dans un ou plusieurs produits. A votre avis, quel est le pays qui excelle dans les produits suivants?

MODELE: les grandes marques *(great brands)* de chocolat →
Les grandes marques de chocolat viennent de Suisse.

1. les grands vins
2. les grandes marques de voiture
3. les grandes marques de vêtements
4. la grande musique
5. les grandes marques de café
6. les grandes marques d'appareils-photo
7. le grand art
8. les grandes marques de moto

Exercise C. Suggestion: May be done in whole-class format or in pairs. Solicit a variety of answers from various individuals.

D. Une interview. Posez les questions à vos voisins de droite *(right)* et de gauche *(left)*.

1. D'où viens-tu? de quelle ville? de quel état? et tes parents? 2. Où habitent tes parents? Et le reste de ta famille? 3. De quel pays est venue ta famille? 4. Dans quels états as-tu voyagé? 5. Est-ce qu'il y a un état que tu préfères? Pourquoi? 6. Est-ce qu'il y a un état que tu n'aimes pas? Pourquoi? 7. Dans quel état est-ce qu'il y a de beaux parcs? de beaux lacs? de belles montagnes? de grandes villes? de grands déserts? 8. A ton avis, où dans le monde y a-t-il de jolies montagnes? de belles plages? des villes pittoresques? d'excellentes autoroutes? 9. Tu es riche. Où vas-tu passer tes vacances? 10. Tu n'as pas d'argent. Où vas-tu passer tes vacances?

D'où viennent la majorité des étudiants de la classe? Quels sont leurs états préférés?

Exercise D. Suggestion: Students ask questions and take brief notes on their classmates' answers. Exercise may be done in groups of three.

Exercise D. Follow-up: Each group reports information about the states they come from and the states they prefer. Answers are added up to answer the final question of the activity.

Aimez-vous voyager en train?

37.　USES OF Y

Le métro: on achète un billet.

Presentation: Refer to metro map provided in the **Intermède** for this chapter.

Voyager en métro

PHILIPPE:　Marianne, je dois aller au Quartier Latin. Comment fait-on pour y aller en autobus?

MARIANNE:　Vas-y plutôt en métro: Tu prends la ligne Vincennes-Neuilly dans la direction Château de Vincennes. Tu descends au Châtelet et tu y prends ta correspondance: la ligne quatre dans la direction Porte d'Orléans. Tu descends à la station Saint-Michel et tu y es!

PHILIPPE:　Cela doit être simple d'y aller comme ça. Mais tu vois, j'ai essayé, et je n'y ai encore jamais réussi!

Retrouvez la phrase correcte dans le dialogue.

1.　Comment fait-on pour aller au Quartier Latin en autobus?
2.　Va plutôt au Quartier Latin en métro.
3.　Au Châtelet, tu prends ta correspondance.
4.　Tu es au Quartier Latin!
5.　Cela doit être simple d'aller au Quartier Latin comme ça.
6.　Je n'ai encore jamais réussi à aller au Quartier Latin comme ça!

The word **y** can refer to a place that has already been mentioned. It replaces a prepositional phrase, and its English equivalent is *there*.

Presentation: Model sentences in grammar sections and have students repeat the transformations with **y**.

Jean est-il né **en France**?	Was Jean born *in France*?
Oui, il y est né.	Yes, he was born *there*.
Martine est-elle allée **à l'aéroport**?	Did Martine go *to the airport*?
Non, elle n'y est pas allée.	No, she didn't (go *there*).
On va **chez les Martin**?	Are we going *to the Martins' house*?
Oui, on y va.	Yes, we are (going *there*).

Traveling by subway

PHILIPPE: Marianne, I have to go to the Latin Quarter. How do you get there by bus?　MARIANNE: Take the metro there instead. You take the Vincennes-Neuilly line toward Château de Vincennes. You get off at Châtelet and you transfer (take your connection for) there: line four toward Porte d'Orléans. You get off at the Saint-Michel station, and you're there!　PHILIPPE: It must be simple to get there that way. But you see, I've tried, and I haven't been able to do it yet!

After some verbs that take the preposition **à** before a noun (**répondre à, réfléchir à, réussir à, penser à**), the word **y** can replace the **à** plus noun when the noun refers to a place or to a thing. **Y** cannot replace **à** plus a noun that refers to a person; a direct or indirect object pronoun is used instead.

As-tu répondu **à la lettre**?	Did you answer *the letter*?
Oui, j'y ai répondu.	Yes, I answered *it*.
Vouz pensez **au voyage**?	Are you thinking *about the trip*?
Non, je n'y pense pas.	No, I'm not thinking about **it**.

but:

As-tu déjà répondu **à ta mère**?	Have you already answered *your mother*?
Oui, je **lui** ai répondu.	Yes, I answered *her*.

The placement of **y** is identical to that of object pronouns: it precedes a conjugated verb, an infinitive, or an auxiliary verb in the **passé composé**.

Nice? Nous **y cherchons** une maison.	Nice? We're looking for a house *there*.
Le bateau va **y arriver** jeudi.	The boat will arrive *there* on Thursday.
Tu **y es allé** en train ou en avion?	Did you go *there* by train or by plane?

Maintenant à vous

A. Sorties. Qui accompagne Brigitte? Suivez le modèle.
MODELE: *Brigitte* fait du ski à Grenoble. *(Marc)* → Marc y fait du ski aussi.

1. *Brigitte* voyage aux Etats-Unis. *(Jean, nous, Claudine, elles, je)*
2. *Brigitte* va en Espagne. *(Paul et Sylvie, je, nous, tu, elles)*
3. *Brigitte* est allée au Danemark. *(nous, je, Carine et Bruno, vous, ses voisins)*
4. *Brigitte* a fait de l'alpinisme dans les Alpes. *(son frère, ses amies, nous, tu, vous, je)*

Exercise A. Suggestion: Do as rapid response drill, with choral repetition as desired.

B. Vacances. Remplacez les expressions introduites par une préposition par le mot *y*.

1. Nous pensons beaucoup au voyage. 2. L'hôtel a répondu à sa carte. 3. Gérard est parti pour l'Espagne. 4. Le nageur est allé nager dans la rivière. 5. Elle adore faire des promenades dans la forêt. 6. Le cycliste aime circuler sur les routes de campagne. 7. Le campeur n'aime pas beaucoup camper en montagne.

Exercise B. Suggestion: Use for oral response drill or dictate stimulus sentences at board and have students do the transformation in writing.

8. L'étudiante est restée longtemps au musée. 9. Claudine et Philippe réfléchissent aux plaisirs des vacances.

Exercise C. Suggestion: Do as rapid response drill. To strengthen students' short-term memory and understanding skills, have them do drill with books closed. They then open books to do the same exercise in the past tense.

C. Roman policier. Paul Marteau est détective. Il file *(trails)* une suspecte, Pauline Dutour. Doit-il aller partout *(everywhere)* où elle va?

MODELE: Pauline Dutour va à Paris. → Marteau y va aussi.

ou Marteau n'y va pas.

1. La suspecte entre dans un magasin de vêtements. 2. Elle va au cinéma. 3. Elle entre dans une cabine téléphonique. 4. Pauline reste longtemps dans un bistro. 5. La suspecte monte dans un taxi. 6. Elle retourne au magasin. 7. Elle va chez le coiffeur *(hairdresser)*. 8. Elle entre dans un hôtel. 9. La suspecte va au bar de l'hôtel. 10. Maintenant elle va en prison.

Maintenant, racontez les actions de Marteau au passé composé.

Exercise D. Suggestion: Give students a few minutes to write out descriptions of the country of their choice. Encourage them to use y in each sentence, as in the model.

D. Enigme. Décrivez à vos camarades un pays où vous désirez passer vos vacances. Ils doivent deviner *(guess)* le nom du pays. Suivez le modèle.

MODELE: *Vous:* Je veux y aller parce qu'il y fait du soleil. On y trouve la mer, des oranges et des danseurs de Flamenco.

Un ami: Tu veux aller en Espagne! Tu penses à l'Espagne.

Vous: Oui, j'y pense.

cares, worries

Penser que je ne dois plus penser à mes *soucis*, ça m'y fait penser!

I.M.P.

38. RELATIVE PRONOUNS

A la gare de Cannes

SYLVIE: Pardon, Monsieur, où est le train *qui* va à Nice, s'il vous plaît?

LE CHEF DE GARE: Quai numéro deux, Mademoiselle.

SYLVIE: C'est bien le train *que* je dois prendre pour aller à Toulon, n'est-ce pas?

LE CHEF DE GARE: Mais non, Mademoiselle, ce n'est pas le train *dont* vous avez besoin! Vous devez prendre le train à destination de Marseille, quai numéro un. Bonne chance, et n'oubliez pas de descendre à Toulon!

1. Quel train Sylvie cherche-t-elle?
2. Pourquoi cherche-t-elle ce train?
3. De quel train a-t-elle besoin, selon le chef de gare?

A relative pronoun *(who, that, which, whom, whose)* links a relative (dependent) clause to an independent clause. A dependent clause is one that cannot stand by itself, for example, the italicized parts of the following sentences: The suitcase *that he is carrying* is mine; there is the store *in which we met.* In French, there are two sets of relative pronouns: those used as the subject or direct object of a relative clause and those used after a preposition.

Presentation: After modeling sample sentences have students repeat them.

Note: Stress that relative pronouns are never omitted in French as they often are in English.

A. Relative pronouns used as subject or direct object of a relative clause

The relative pronoun used as the subject of a relative clause is **qui** *(who, that, which).* The relative pronoun used as the direct object of a relative clause is **que** *(who, whom, that, which).* Both can refer to people and to things.

Note: An object pronoun can come between the relative pronoun **qui** and the verb. Example: **Le voyageur a envoyé le paquet. Le voyageur qui l'a envoyé est de Paris.**

SUBJECT: Je cherche le train. **Le train** arrive de Cannes.

Je cherche le train   **qui**   arrive de Cannes.*

OBJECT: L'avion vient de Paris. Je prends **l'avion.**

L'avion   **que**   je prends vient de Paris.

At the Cannes train station

SYLVIE: Excuse me, sir, where is the train that goes to Nice, please? STATIONMASTER: Platform number two, miss. SYLVIE: It is the train that I should take to go to Toulon, isn't it? STATIONMASTER: No, miss, that's not the train (that) you need! You should take the train going to Marseilles, platform number one. Good luck, and don't forget to get off in Toulon!

*****Qui** never elides with a following vowel sound: **qui arrive. Que** does elide: **qu'elle arrive.**

Suggestion. "Grammatical sensitivity" exercise. Have students number from 1-7. They write **S** for **sujet** when they hear the relative pronoun **qui**, and **O** for **objet** when they hear the relative pronoun **que** in the following sentences: (1) **Voici les voyageurs qui arrivent.** (2) **Les valises qu'ils apportent sont lourdes.** (3) **Le train qui les a amenés ici est déjà au quai.** (4) **Le touriste américain qui a cette valise verte est mon ami.** (5) **C'est la valise que je lui ai donnée.** (6) **Sa femme qui l'accompagne est gentille.** (7) **C'est le premier voyage qu'ils font ensemble.** As a follow-up activity, put sentences on board and underline and explain function of the relative pronouns.

Qui replaces the subject (**le train**) in the dependent clause in the first sentence above. Since it is the subject of the clause, **qui** will always be followed by a conjugated verb (**qui arrive**).

Que replaces the direct object (**l'avion**) in the second sentence above. **Que** is not followed by a conjugated verb, but rather by a subject plus verb (**que je prends**).

qui + *conjugated verb*	**que** + *subject* + *verb*
Les voyageurs **qui sont arrivés** à huit heures viennent du Maroc.	Les voyageurs **que j'ai vus** à la gare vont en Allemagne.
Les villes **qui sont** près de la mer sont touristiques.	Les villes **que les touristes préfèrent** ont souvent de belles plages.

Note the agreement of the past participle in relative clauses containing the **passé composé**: in the sentence with **être**, it agrees with the plural subject **qui**, and in the sentences with **avoir**, the past participle agrees with the preceding plural direct object **que**.

B. Relative pronouns used as objects of prepositions

1. The relative pronoun **qui** can be used as the object of a preposition to refer to people.

La personne **avec qui** je voyage est agréable.	The person *with whom* I am traveling is pleasant.
L'amie **à qui** j'écris cette lettre est en vacances.	The friend *to whom* I'm writing this letter is on vacation.

2. The word **dont** is used to replace **de** plus an object.* It can refer to both people and things and is also frequently used instead of **de qui. Dont** means *of whom, of which,* or *whose.*

C'est la passagère. Ses valises sont à la douane.	That's the passenger. Her suitcases are at the customs office.
C'est la passagère **dont** les valises sont à la douane.†	That's the passenger *whose* suitcases are at the customs office.
Où est le billet? J'ai besoin du billet.	Where is the ticket? I need the ticket.
Où est le billet **dont** j'ai besoin?	Where is the ticket *that* I need (*of which* I have need)?

3. **Où** is the relative pronoun of time and place. It means *in, on, when, which,* or *where.*

*The relative pronoun **lequel (laquelle, lesquels, lesquelles)** is also used as an object of a preposition to refer to things. Its use is treated in Chapter 16.

†Note that the possessive (**ses**) is replaced by the definite article (**les**) in the sentence with **dont**. The sense of possession is conveyed by **dont** (*whose*).

Le guichet **où** vous achetez vos billets est là-bas.	The (ticket) window *where* you buy your tickets is over there.
Janvier—c'est le mois **où** je suis né.	January—that's the month *when* I was born.
L'aéroport d'**où** vous êtes venus est maintenant fermé.	The airport *(where)* you came *from* is closed now.

Maintenant à vous

A. **Dans le métro.** Jean-Claude raconte son week-end. Reliez *(Link)* les phrases suivantes avec le pronom relatif *qui*.

1. Ce week-end, je suis sorti avec une amie américaine. Elle adore prendre le métro.
2. Nous sommes descendus dans une station. La station est près de chez elle.
3. Nous avons mis nos tickets dans des portillons *(gates)*. Ils sont automatiques.
4. Elle a cherché notre direction sur une carte. La carte est près des guichets.
5. J'ai donné de l'argent à des étudiants. Ils ont joué de la musique.
6. Nous avons pris le métro. Il nous a emmenés *(took)* jusqu'au nord de Paris.
7. L'après-midi, nous sommes revenus par la station des Halles. C'est aussi un centre commercial.

Exercise A. Suggestion: (1) Do as rapid response drill, or have students write out new sentences first and then give orally. (2) Have students write the two stimulus sentences as a dictation at board and then link them, as in the model.

B. **A l'aéroport.** Philippe et Françoise sont à l'aéroport. Ils observent les gens. Avec un(e) camarade, imaginez leur dialogue selon le modèle. Les phrases encadrées *(framed)* deviennent phrases relatives. Vous pouvez combiner les phrases comme vous voulez.

Exercise B. Suggestion: Do this exercise first with the whole class so that students may hear sample conversations; then divide class into pairs for further practice.

MODELE: *Philippe:* Regarde la femme qui prend l'avion d'Air-Inter.
   Françoise: Tu veux dire la femme qui porte de grosses valises?
   Philippe: Oui, la femme à qui je pense porte de grosses valises.

Les gens	Les phrases relatives	
la femme	lire le journal	prendre l'avion d'Air-Inter
l'homme	porter une moustache	travailler pour une compagnie française
le pilote	avoir l'accent américain	chercher une agence de voyages
le steward	chercher son passeport	perdre son journal
l'hôtesse de l'air	écrire une carte postale	acheter un billet d'avion pour Paris
	acheter un billet	vendre un appareil-photo
les passagers	porter de grosses valises	porter des bagages

ETUDE DE GRAMMAIRE

277

Exercise C. Suggestion: Go over the model sentences with whole class. Then have students do exercise in pairs.

Exercise D. Suggestion: Dictate model sentences and stimulus sentences to students at board. Then ask them to link both sentences, as in the model.

C. **A la gare de Lyon.** Vous travaillez à la consigne *(baggage room)* de Lyon. Avec un(e) camarade, imaginez un dialogue avec les passagers selon le modèle.

MODELE: *Le/la passager(ère):* Je cherche ma valise.
               Vous: Est-ce que c'est la valise que vous cherchez?
      Le/la passager(ère): Ah oui, voilà la valise que je cherche.

Voici les phrases des passagers:

1. Je cherche mes clefs. 2. J'ai perdu ma valise. 3. Avez-vous trouvé un sac de voyage? 4. Avez-vous une grande enveloppe beige? 5. Je cherche mes billets de train pour Cologne. 6. Avez-vous trouvé mes bagages? 7. J'ai perdu mon parapluie. 8. Avez-vous trouvé un passeport?

D. **Une femme pilote.** Les Dubois sont très fiers de leur fille Paulette, qui est pilote. Ils montrent des photos à leurs amis. Transformez les phrases selon le modèle.

MODELE: Voilà l'avion. Paulette le pilote. → Voilà l'avion que Paulette pilote.

1. Voilà l'hôtesse de l'air. Nous la voyons souvent. 2. Regardez l'uniforme. Paulette le porte. 3. Regardez cette photo. Paulette l'a prise de l'avion. 4. Voilà un livre sur les avions. Je l'ai acheté. 5. Voilà les autres pilotes. Paulette les admire beaucoup.

E. **Sur quel continent?** Où sont les pays que Jeanne visite et quelle langue y parle-t-on? Suivez le modèle.

MODELE: le Maroc → Le Maroc, le pays qu'elle visite maintenant, est en Afrique. Les gens qui habitent au Maroc parlent arabe.

1. le Japon	5. l'Italie	8. l'Allemagne
2. le Portugal	6. le Mexique	9. le Brésil
3. la Chine	7. l'Argentine	10. le Canada
4. l'Egypte		

F. **Promenade sur la Seine.** Marie-Claude et Gérard visitent Paris en bateau-mouche* entre deux cours à la Sorbonne. Complétez leurs commentaires avec les pronoms *que* ou *qui.*

GERARD: Marie-Claude, quels sont ces bâtiments *(buildings)* _____ je vois sur la rive gauche?

MARIE-CLAUDE: C'est la Conciergerie, _____ a été une prison autrefois.

GERARD: Et là, cette tour *(tower)* _____ les touristes prennent en photo?

Un bateau-mouche

*The **bateaux-mouche** are well-known tourist boats that travel up and down the Seine.

MARIE-CLAUDE: C'est Notre-Dame. Tu vois cette statue _____ ressemble à la Statue de la liberté? C'est l'original de la statue _____ la France a donnée aux Américains.

GERARD: J'aime bien le bateau _____ cet homme pilote sous le pont (bridge).

MARIE-CLAUDE: Tu as vu les vêtements _____ il porte? Ils sont de style américain!

GERARD: Et ici, qui est ce jeune homme _____ l'on filme? C'est un artiste _____ tu as vu au cinéma?

MARIE-CLAUDE: Je ne l'ai pas bien vu. C'est possible. Les quais (banks) de la Seine sont pleins (full) de gens _____ viennent de tous les coins (corners) du monde.

GERARD: Regarde ces jeunes _____ jouent de la guitare. Ce sont sans doute des étudiants _____ viennent de la Sorbonne entre les cours . . . comme nous.

G. Présentations. Jeannine présente ses amis à ses parents. Suivez le modèle.

MODELE: Voici une jeune femme. Son mari est pilote. → Voici la jeune femme dont le mari est pilote.

1. C'est un étudiant. Vous avez vu sa photo.   2. Ce sont des voisins. Nous vous avons parlé de ces voisins.   3. Michel est un jeune artiste. J'aime beaucoup ses peintures.   4. Voici un professeur. J'aime ses cours.   5. M. Dupont est un ami. Son fils est en France.   6. Voici le propriétaire. Je suis son amie.   7. Voici Paula. Nous avons besoin d'elle.   8. Voici une commerçante. Son magasin est à côté d'ici.

Exercise G.   Suggestion: Do as a rapid response oral drill, or use for dictation and board work.

H. Photos de voyage. Transformez les phrases selon le modèle.

MODELE: Nous sommes arrivés à ce port. → Voici le port où nous sommes arrivés.

1. Nous sommes allés dans ces pays.   2. Nous avons visité des musées dans ces villes.   3. On nous a attendus dans cette aérogare (terminal).   4. Nous sommes restés dans cet hôtel.   5. Nous avons fait des courses dans ces boutiques.   6. Nous avons mangé dans ces restaurants.   7. Nous avons fait des promenades dans cette forêt.   8. Nous avons voyagé tout l'après-midi sur cette route nationale.

I. Enigme. Décrivez un objet, une personne ou un endroit à vos camarades. Utilisez des pronoms relatifs. Vos camarades vont essayer de trouver la chose dont vous parlez.

MODELE: *Vous:* Je pense à un gâteau qui est français et dont le nom commence par un *e*.

Un ami: C'est un éclair!

Catégories suggérées: une ville, un pays, un plat, une personne, un livre, une classe, un moyen de transport

Exercise I.   Suggestion: Give students a few minutes to create **énigmes** before soliciting individual responses. Or have students create one or two **énigmes** as a homework assignment to be presented orally during the next class period.

ETUDE DE PRONONCIATION

Intonation

Stress is the length and emphasis given to a syllable. Pitch is the rise and fall of the voice. The variation of the pitch of the voice inside a sentence is called intonation. Intonation conveys our intention when we say something; it indicates whether we are forming a statement, asking a question, or giving an order. It can also convey our emotions: fear, anger, surprise, and so on. Here are three basic French intonational patterns.

1. In *declarative sentences,* French intonation rises within each sense group (words that go together), and falls at the end of the sentence, starting with the last sense group.

    La plume de ma tante est sur la table de mon oncle.

    Je prends le métro.

2. In yes/no questions, the intonation rises at the end of the question.

    Tu prends le métro?   Est-ce que tu prends le métro?

3. In *information questions,* the intonation starts high and falls at the end of the question.

    Qui prend le métro?   Où est-ce qu'on prend le métro?

Maintenant à vous

Exercise A. Suggestion: Use hand gestures to simulate the intonation lines as students repeat the sentences.

A. Prononcez les phrases. Attention à l'intonation.

1. Mireille habite en Belgique.
2. Le chef de gare est sur le quai.
3. Les passagers montent dans le train.
4. Une voiture est passée au feu rouge.

B. Posez les questions. Attention à l'intonation.

Premier groupe: 1. Mireille habite en Belgique? 2. Le chef de gare est sur le quai? 3. Les passagers montent dans le train? 4. Une voiture est passée au feu rouge?

Deuxième groupe: 1. Mireille voyage-t-elle en Europe? 2. Est-ce que vous allez en Australie? 3. Prenez-vous l'autoroute de Paris à Lyon? 4. Est-ce que vous avez pris le métro?

Troisième groupe: 1. Qui a manqué le vol pour Rome? 2. Où est-ce que je prends ma correspondance? 3. A quelle station dois-je descendre? 4. Pourquoi est-ce qu'il y a un embouteillage?

En voiture, s'il vous plaît!

Michel, étudiant parisien, est allé faire de l'alpinisme dans les Pyrénées, dans le sud-ouest de la France. Voici la lettre qu'il a adressée à une camarade restée à Paris et avec qui il reste en contact.

Tarbes, le 26 juin

Salut, Pascale!

Comme promis, voici des nouvelles de mon voyage. Je suis arrivé à l'heure à Pau lundi soir. Mais avant, j'ai fait un *arrêt* à Tours où j'ai beaucoup d'amis. (J'y ai habité plusieurs années.) C'est une ville très agréable. Je suis allé au *lycée* Choiseul, dont les *murs* sont du dix-septième siècle. (C'est un ancien monastère.) J'ai revu mon copain André qui y travaille. Ensemble nous sommes allés faire une promenade au bord de la rivière. Il m'a montré la faculté des lettres où il est étudiant. Elle est située dans le vieux Tours et j'ai presque *manqué* mon train *car* je suis retourné voir les rues que j'aime: la rue de la Rôtisserie, la rue de la Monnaie, la place des Carmes. . . .

Je suis parti *à regret.* Crois-tu pouvoir passer quelques jours en septembre en Touraine et dans les pays de la Loire? Les villes que j'ai traversées, Orléans, Blois et Poitiers, m'ont donné envie de te montrer les trésors d'art et d'histoire de la région.

Les copains du *CAF* sont venus me chercher à la gare de Pau. Ils ont fait un *bruit* terrible sur le quai. Les *panneaux* de la gare sont presque tombés sur nous et les voyageurs *endormis* dans la *salle d'attente* sont sortis furieux. Personne n'a entendu l'annonce au *haut-parleur.*

En bref, j'ai passé de bonnes vacances. Et les Pyrénées, ce n'est pas mal! Je suis content d'être resté en France et de passer quelques jours ici *au lieu de* faire un voyage en Allemagne, aux Etats-Unis ou au Brésil comme ces dernières années.

J'espère que tu ne m'oublies pas.

A bientôt à Paris. Amitiés.

Michel

As promised
stop

high school / walls

missed / for

with regret

Club alpin français
noise / signs
asleep / waiting room
loudspeaker

instead of

Questions et opinions

1. Qui écrit cette lettre, et à qui est-elle adressée? 2. Où Michel a-t-il fait un arrêt et pourquoi? 3. Qu'est-ce qu'il fait à Tours et avec qui? 4. Qui est venu le chercher à la gare de Pau? 5. Pourquoi les autres passagers sont-ils devenus furieux? 6. De quoi Michel est-il content à propos de ses vacances? 7. Que pensez-vous des vacances de Michel? 8. Préférez-vous visiter des pays étrangers ou votre pays natal? Pourquoi? 9. Aimez-vous retrouver des amis pendant vos vacances, comme Michel? 10. Aimez-vous, comme Michel, écrire à vos amis?

Suggestion: Have students find and explain the use of the relative pronouns in the reading.

— Pourquoi sont-ils tous partis en même temps que nous ? (Tetsu)

Commentaire culturel

The private automobile is a popular means of transportation in France, which is third in Europe (after Sweden and West Germany) in the number of private cars in relation to population. The French "race-and-chase" driving style is due partly to high speed limits (120 kilometers or almost 75 miles per hour on main highways, and 90 kilometers or 55 miles an hour on other roads). Roads are generally kept in good condition, because for many years road improvement has been a government priority. France has 82,000 kilometers of national highways, compared to 35,000 in West Germany, and 14,000 in Great Britain. Gasoline prices are higher in France than in North America, but there is no lack of demand—the auto is a priority in the budget of the typical French family.

Trains are another popular form of transportation. Since 1938 French railroads have been controlled by the **Société nationale des chemins de fer français (SNCF),** a government-regulated monopoly. SNCF's ads to attract passengers emphasize that trains save energy and are environmentally clean; safety and comfort are also stressed. The number of train passengers is steadily increasing.

In Paris, **SNCF** lines connect with the **métro.** One Paris subway station, **la gare Saint-Lazare,** handles about 1300 travelers a minute between six and seven P.M. **SNCF** has calculated that transporting the same number of passengers in automobiles would require a forty-lane freeway.

Travel by air is not as popular in France as in the United States. Only five out of every one hundred French people have ever flown, partly because distances within France are so short that driving to and from the airport can take longer than the flight itself. However, air traffic is increas-

Une station-service

ing. **Air France** is the largest airline in Europe and third largest in the world in terms of the number of international passengers it carries.

Visitors to France need not worry about how to get around. Besides planes, railroads, and subways, there is also a large bus network. For foreign visitors, walking and using public transportation are excellent ways to get a glimpse of everyday French life.

Suggestion: Give the word **embouteillage** to accompany cartoon, showing the root word **bouteille** and explaining its similarity to the English expression *bottleneck*.

RECAPITULATION

A. **Tout le monde voyage.** Répondez aux questions suivantes selon le modèle.

MODELE: Où voyagez-vous? *(Canada)* → Je voyage au Canada. J'y voyage.

1. Où passez-vous vos vacances? *(Floride)* 2. Où Suzanne est-elle allée cet été? *(Portugal)* 3. Où va Marc cet automne? *(Afrique)* 4. Où voyagent Paul et Carine? *(Etats-Unis)* 5. Où Martine passe-t-elle le week-end? *(Chicago)* 6. Où veux-tu aller? *(Suisse)* 7. Où va Félix? *(Mexique)* 8. Où est Philippe? *(Espagne)*

Exercise A. Suggestion: Do as rapid response drill, with choral repetition as desired.

B. **Voyage au soleil dans la France des tropiques.** Mettez les phrases au passé composé.

1. Nous quittons New York pour aller à la Guadeloupe. 2. Ensuite, nous allons à la Martinique. 3. Les plages de ces îles sont repo-

Exercise B. Suggestion: For oral or written practice.

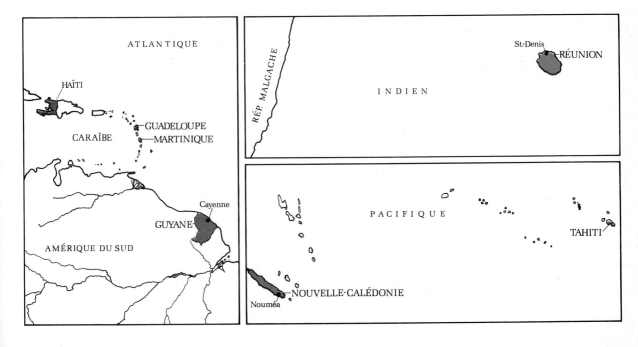

santes *(relaxing)*.   4. Ensuite nous partons pour la Réunion.   5. On arrive à Tahiti et on y passe une semaine.   6. Nous avons envie d'y rester parce qu'il fait très beau.   7. Je visite aussi la Nouvelle-Calédonie.   8. Mes amis restent à Tahiti.   9. Nous passons aussi par la Guyane.   10. On descend les grands fleuves de la Guyane. 11. Nous retournons aux Etats-Unis très fatigués mais contents.

Exercise C.   Suggestion: Do orally or in writing. Ask students to justify their choices.

C. Voyage au Canada. Choisissez le mot juste.

Claudette, *(qui, que, qu')* est une jeune Parisienne, est *(allé, allée)* passer ses vacances *(à, en, au)* Canada. Elle a rendu visite aux Regimbault *(qui, que, qu')* sont des amis de ses parents et chez *(qui, dont, que)* ses parents sont *(resté, restés, restées)* quand ils *(ont, sont)* passés par Québec l'année dernière. Leur maison est *(à, au, à la)* nord de la ville. Le jour *(que, qu', où)* elle est *(arrivé, arrivée)*, la famille est *(venu, venue, venus)* la chercher à l'aéroport. Son avion, *(que, qui, qu')* est parti en retard, *(est, a)* passé par New York. Ses valises, *(dont, où)* elle a eu beaucoup de vêtements, sont *(arrivé, arrivés, arrivées)* à la consigne. Elle *(y, là)* est allée les chercher. M. et Mme Regimbault, *(qui, dont)* le père de Claudette lui a beaucoup parlé, ont été très gentils.

D. Les vacances. Reliez les deux phrases avec un pronom relatif. Le symbole † indique le début *(beginning)* de la phrase relative.

1. Je vais prendre des vacances. † J'ai vraiment besoin de vacances. 2. Ma camarade de chambre † vient avec moi. Le nom de ma camarade de chambre est Elise.   3. Elise a une nouvelle voiture. † Elle a acheté sa voiture en février.   4. Nous allons à Neufchâtel. † Les parents d'Elise ont une maison à Neufchâtel.   5. Le père d'Elise † nous a invitées. Elise a téléphoné à son père la semaine dernière. 6. Elise a envie de voir sa mère. † Elle pense souvent à sa mère. 7. J'ai acheté une nouvelle valise. † Je vais placer tous mes vêtements dans cette valise.   8. La voiture † est petite. Nous plaçons nos valises dans la voiture.   9. La route † est très mauvaise. Nous prenons cette route.   10. Nous allons rester deux jours à Strasbourg. † Les gens de Strasbourg parlent français et allemand.

Le Français par les gestes: Oh la la!

The French expression **Oh la la!** was made famous in the United States by Maurice Chevalier's popular version of the Cole Porter song "C'est magnifique." It indicates amazement at something unusual. As one says **Oh la la,** one shakes a hand rapidly from a limp wrist, in front of the chest.

VOCABULAIRE

VERBES

conduire	to drive
monter (dans)	to go up, to climb
mourir	to die
naître	to be born
penser (à)	to think (about)
raconter	to tell (about)
rentrer	to return, to go home
repartir	to leave again
retourner	to return, go back
tomber	to fall

NOMS

l'aéroport *(m)*	airport
l'autobus *(m)*	bus
l'autoroute *(f)*	expressway
l'avion *(m)*	plane
le camion	truck
le compartiment	compartment
la destination	destination
l'endroit *(m)*	place
l'est *(m)*	east
la fois	time, occasion
la gare	station
le guichet	(ticket) window
l'hôtesse de l'air *(f)*	airline hostess
la marque	brand, make
le métro	subway
le monde	world
la moto	motorcycle
le moyen	means, method
le nord	north
l'ouest *(m)*	west
le passager (la passagère)	passenger
le/la pilote	pilot
le quai	platform; bank
la route nationale	highway
le steward	airline host
le sud	south
le train	train

NOMS

le voisin (la voisine)	neighbor
le vol	flight
le wagon	car (on a train)

ADJECTIFS

plusieurs	several

PAYS

l'Algérie *(f)*	Algeria
l'Allemagne *(f)*	Germany
l'Angleterre *(f)*	England
la Belgique	Belgium
le Brésil	Brazil
le Canada	Canada
la Chine	China
l'Espagne *(f)*	Spain
les Etats-Unis *(m)*	United States
la France	France
l'Italie *(f)*	Italy
le Japon	Japan
le Maroc	Morocco
le Mexique	Mexico
le Portugal	Portugal
la Russie	Russia
la Suisse	Switzerland

MOTS DIVERS

à l'étranger	abroad
à l'heure	on time
dont	of whom, of which, whose
en retard	late
ensemble	together
où	in, on, when, which, where
plus tard	later
presque	almost
que	who, that, which
qui	who, that, which
y	there

Intermède 9

Activités

A. Etes-vous un grand voyageur? Où allez-vous pour voir les choses suivantes?

MODELE: les fontaines de Tivoli → On va à Rome en Italie pour voir les fontaines de Tivoli.

1. Carnac   2. le Pont-du-Gard   3. les Pyramides   4. Big Ben
5. l'Amazone   6. le Mont Everest   7. le Sahara   8. le Danube
9. la Grande Muraille *(wall)*

a. la Bretagne (France)
b. l'Egypte
c. Londres
d. l'Afrique
e. l'Asie
f. l'Amérique du Sud
g. l'Allemagne, l'Autriche *(Austria)*
h. la Provence (France)
i. la Chine

Faites le total des réponses correctes. Dans quelle catégorie êtes-vous?

9-8 Très bien! Vous êtes très bien informé(e) et vous aimez les voyages.

7-5 Pas mal, mais vous n'êtes pas un voyageur(euse) très passionné(e).

4-0 Restez à la maison et lisez un livre de géographie avant de partir en voyage.

Maintenant, nommez d'autres choses à voir dans d'autres pays et mettez à l'épreuve *(test)* les connaissances *(knowledge)* géographiques de vos camarades de classe.

B. Conversation. Quel moyen de transport préférez-vous? Considérez le confort, le prix, la rapidité, la possibilité de travailler en route. Donnez les avantages et les inconvénients de chaque moyen de transport.

Mots utiles:

En train: la gare, marcher, voyage monotone *(monotonous)*, paysage

En voiture: la circulation *(traffic)*, journée fatigante, le parking, la liberté

En avion: l'aéroport, voyage court, les taxis, le prix

C. **Sur les routes de France.** Pour être un bon conducteur, on doit reconnaître les panneaux. Devinez ce que *(Guess what)* ces panneaux représentent.

1.   2.   3.   4.   5.   6.   7.   8.

a. sens interdit *(wrong way; do not enter)*

b. défense de stationner *(no parking)*

c. vitesse maximum

d. virage *(curve)* dangereux

e. défense de passer *(no passing)*

f. passage pour piétons *(pedestrians)*

g. terrain de camping pour tentes et caravanes *(trailers)*

h. attention aux animaux sauvages

D. **Pour ou contre.** Organisez un débat. Prenez parti *pour* ou *contre* et défendez votre opinion.

1. Etes-vous pour ou contre la limitation de vitesse à cinquante-cinq miles à l'heure? Est-ce qu'elle permet d'économiser l'essence *(gas)*? Est-ce qu'en général les gens respectent cette limitation? 2. Etes-vous pour ou contre les petites voitures? Sont-elles confortables? Permettent-elles d'économiser l'essence? Sont-elles sûres *(safe)*? 3. Etes-vous pour ou contre l'idée de limiter la circulation des voitures particulières *(private)* dans le centre des villes? A votre avis, est-il nécessaire de développer les transports publics (autobus, métro, trains)?

Lecture: Le Métropolitain

Le métro de Paris est vieux. D'accord! Mais il est *propre*. Et il est *sûr*.   clean / safe
Excepté *juste avant* la *fermeture* (une heure du matin) quand les voyageurs   right before / closing
y sont rares et que les employés commencent à partir.

    Pour les Parisiens, qui sont fiers de leur métro avec ses stations "art nouveau,"* le métro fait partie de la vie *quotidienne*. Comme le *réseau* est   daily / system

*Artistic style popular at the turn of the century.

dense et les stations nombreuses, on dit souvent, "Où habitez-vous? Quel métro?"

Seuls les touristes utilisent le plan. Les Parisiens connaissent leur métro. Pas de problème: le voyageur doit seulement faire attention à la dernière station, la "porte." Il change de direction en suivant ces lignes.

Une fois que le voyageur est entré dans le métro, un ticket suffit pour tout le réseau. Comme il existe maintenant des boutiques souterraines et même un Centre Commercial complet, il est possible de passer toute la journée *sous terre*.

Mais pour les personnes qui veulent voir la ville, nous *conseillons* le *dernier "jouet"* de Parisiens: la carte orange. Elle donne droit à un nombre illimité de voyages (en métro et en bus) dans toute la ville.

Donc, avec le métro, Paris est à vous! Mais attention aux *heures d'affluence*. Alors, n'oubliez pas qu'il existe deux classes: la première classe est située au centre du train. Elle est moins *encombrée*, mais plus chère.

Compréhension et expression

A. Comprenez-vous?

1. Quelles sont les caractéristiques du métro français?
2. Qu'est-ce que le métro représente pour les Parisiens?
3. Comment trouve-t-on sa destination dans le métro?
4. Combien de temps peut-on voyager en métro avec un seul ticket?
5. Pourquoi doit-on faire attention aux heures d'affluence?

B. Vos moyens de transport. Ecrivez quatre paragraphes sur les moyens de transport. Employez les questions suivantes comme guide.

1. Préférez-vous le métro ou le bus pour circuler dans une grande ville? Pourquoi? Aimez-vous prendre le taxi? Expliquez pourquoi.
2. Prenez-vous souvent le train? Combien de fois avez-vous pris le train? Où êtes-vous allé(e)? Combien de temps y êtes-vous resté(e)?
3. Avez-vous souvent pris l'avion? Pourquoi avez-vous pris l'avion? Où êtes-vous allé(e) en avion? Quelle ligne aérienne préférez-vous? Pourquoi?
4. Quelle marque de voiture préférez-vous? Quelle marque de voiture avez-vous?
5. Conduisez-vous bien ou mal? A quel âge avez-vous eu votre permis de conduire (*driver's license*)? Combien d'accidents avez-vous eus?

La Vie urbaine

OBJECTIFS

Communication et culture   In this chapter, you will learn vocabulary and expressions related to cities and to city life. You will read about Paris and about other major French cities. In addition, you will learn about another past tense, the **imparfait,** which will enable you to describe past situations or events.

Grammaire   You will learn to use the following aspects of French grammar:

39. the **imparfait,** a past tense used to describe actions or situations that continued for an indefinite period of time in the past

40. how to know whether to use the **passé composé** or the **imparfait**

41. the pronoun **en,** which is used to replace a noun preceded by a partitive or indefinite article or a prepositional phrase beginning with **de**

42. **savoir** and **connaître,** two verbs that both mean *to know* but are used in different contexts

See facing page for lesson plan.

ETUDE DE VOCABULAIRE

Une Petite Ville

Exercise A. Suggestion: May be done in small groups.

Exercise A. Follow-up: (1) For listening exercise, give directions, all starting from one point to see if students arrive at the same place. Students may give directions too. (2) For writing practice, ask students to write out a set of directions to read to the others. You may also wish to use written directions as a **dictée** first and then have students follow them.

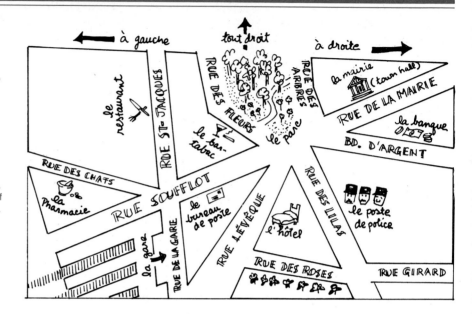

A. **Trouvez votre chemin** *(way)*. Regardez le plan de la ville. Imaginez que vous êtes à la gare. Un(e) touriste vous demande où est le bureau de poste; vous lui indiquez la direction selon le modèle.

MODELE: *Le/la touriste:* Excusez-moi, voulez-vous bien me dire où est le bureau de poste?

Vous: Vous tournez à gauche, vous prenez la rue Soufflot à droite et vous y êtes.

Le/la touriste: Je tourne à gauche, je prends la rue Soufflot à droite et j'y suis.

1. le bar-tabac
2. le Restaurant du Cheval Blanc
3. l'Hôtel des Roses
4. la Banque Nationale
5. le poste de police
6. le parc
7. la mairie
8. la pharmacie

Paris et sa banlieue

Les vingt arrondissements de Paris

1er	le premier	8^e	le huitième	15^e	le quinzième
2^e	le deuxième	9^e	le neuvième	16^e	le seizième
3^e	le troisième	10^e	le dixième	17^e	le dix-septième
4^e	le quatrième	11^e	le onzième	18^e	le dix-huitième
5^e	le cinquième	12^e	le douzième	19^e	le dix-neuvième
6^e	le sixième	13^e	le treizième	20^e	le vingtième
7^e	le septième	14^e	le quatorzième		

Ordinal numbers (first, second, and so on) are formed by adding **-ième** to cardinal numbers. Note the irregular form **premier(ière)**, and the spelling of **cinquième** and **neuvième. Le/la** do not elide before **huitième** and **onzième: le huitième.** The superscript abbreviation **ᵉ** indicates that a number should be read as an ordinal: 7 = **sept;** 7ᵉ = **le septième.**

Note: Point out to students that a **ville universitaire** is a city with a university campus. Parts of the University of Paris have moved to new **villes universitaires** in the suburbs, such as Nanterre.

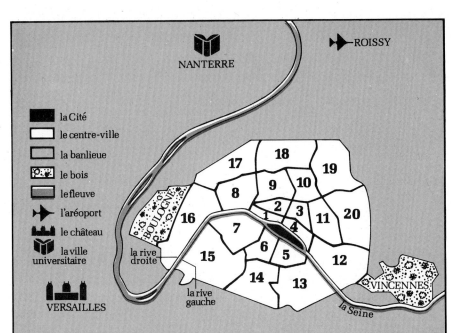

Presentation: Model pronunciation. Give other numbers in English and ask students to form ordinals: 22nd, 45th, 88th, 36th, 57th, 63rd, etc.

Note: Point out the spelling and pronunciation of **vingt-et-unième.**

A. Les arrondissements de Paris. Répondez aux questions.

1. Quels arrondissements trouve-t-on sur la rive *(bank)* gauche de la Seine? sur la rive droite? 2. Quels arrondissements constituent le centre-ville? 3. Quels arrondissements constituent les beaux-quartiers résidentiels, Paris-Ouest? 4. Quels arrondissements constituent le quartier des affaires *(business)* sur la rive droite, dans le centre-ville? 5. Quels arrondissements constituent Paris-Est?

Exercise A. Follow-up: **Votre ville. Quelles rues constituent le centre-ville? Quelles rues constituent le quartier des affaires? Où sont les beaux quartiers résidentiels?**

B. La carte de Paris. Suivez le modèle.

MODELE: Versailles → C'est un château. Il est dans la banlieue de Paris.

1. Roissy
2. la Seine
3. Boulogne
4. Vincennes
5. Nanterre
6. la Cité

*The **Cité** is the historical center of Paris, on the **Ile de la Cité** in the **Seine.**

Paris—centre

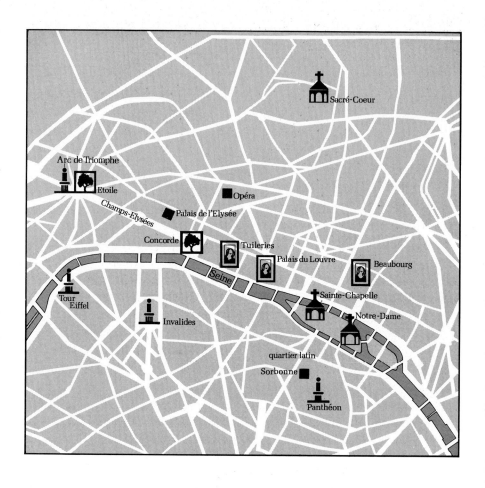

l'église   le musée   la place   le monument

Exercise B.   Follow-up: Name
places and buildings and ask
students to tell what they are and
where they are located. For
example: **Qu'est-ce que c'est que
le Guggenheim? Réponse: C'est**

A. Les attractions de Paris. Dans l'Ile de la Cité, la rive gauche ou la rive droite? Suivez le modèle.

MODELE: l'Etoile → C'est une place sur la rive droite.

1. la Sorbonne
2. le Palais du Louvre
3. la Place de la Concorde
4. les Champs-Elysees
5. la Tour Eiffel
6. le Centre Beaubourg
7. les Tuileries
8. l'Arc de Triomphe
9. la Sainte-Chapelle
10. Notre-Dame

un musée à New York. Other possibilities: *Bourbon Street, O'Hare, Washington Monument, Central Park, Fisherman's Wharf, Yellowstone National Park,* etc.

ETUDE DE GRAMMAIRE

39. THE *IMPARFAIT*

Un test d'amitié!

VINCENT: Michèle, j'aime bien ton nouveau studio. Où *habitais*-tu avant?

MICHELE: J'*habitais* dans une mansarde avec Paul. Nous la *trouvions* si romantique!

VINCENT: Pourquoi changer, alors? Vous n'*aimiez* plus vivre sous les toits?

MICHELE: Qu'est-ce que tu veux, nos amis ne *venaient* plus nous voir. Il n'y *avait* pas d'ascenseur et nous *habitions* au huitième étage!

Retrouvez la phrase correcte dans le dialogue.

VINCENT: 1. Où étais-tu avant?
2. Vous n'étiez plus contents de vivre sous les toits?

MICHELE: 1. Nous habitions dans une mansarde.
2. Je la trouvais si romantique.
3. Nos amis ne nous rendaient plus visite.
4. Nous étions au huitième étage.

The **passé composé** is used for actions or situations that began and ended in the past. In contrast, the **imparfait** is used for continuous or habitual past actions or situations.

Presentation: You may want to review formation of the **passé composé.**

A. Formation of the *imparfait*

The formation of the **imparfait** is identical for all French verbs except **être**. To find the regular imperfect stem, drop the **-ons** ending from the present tense **nous** form. Then add the imperfect endings.

A test of friendship!
VINCENT: Michèle, I really like your new studio. Where were you living before?   MICHELE: I lived in a garret with Paul. We found it so romantic!   VINCENT: Why change then? Didn't you like living right under the roof any more?   MICHELE: You see, our friends no longer came to see us. There was no elevator, and we lived on the eighth floor!

| nous parlóns | —— | **parl-** | nous vendóns | —— | **vend-** |
| finissóns | —— | **finiss-** | nous avóns | —— | **av-** |

IMPARFAIT OF PARLER *(to speak):* **parl** + *imperfect endings*	
je parl**ais**	nous parl**ions**
tu parl**ais**	vous parl**iez**
il, elle, on parl**ait**	ils, elles parl**aient**

Le guide **parlait** de Notre-Dame.

The guide *was talking* about Notre-Dame.

Le week-end, nous aim**ions** bien pique-niquer dans le Bois de Boulogne.

On weekends, we *loved* to picnic in the Boulogne Forest.

Hier à dix heures je t'attend**ais** sur les Champs-Elysées.

Yesterday at ten o'clock, I *was waiting* for you on the Champs-Elysées.

Avant, vous habit**iez** en banlieue.

You *lived* in the suburbs before.

Beaucoup d'ouvriers y habi**taient** aussi.

A lot of workers also *lived* there.

Grammaire et prononciation

Note: Point out that **changer, déranger, nager, juger,** and **voyager** are conjugated like **manger** in the imperfect.

Verbs with an imperfect stem that ends in **-i (étudier: étudi-)** have a double **i** in the first and second persons plural of the **imparfait: nous étudiions, vous étudiiez.** The **ii** is pronounced as a long *i* sound [i:], to distinguish the **imparfait** from the present tense forms **nous étudions** and **vous étudiez.**

Verbs with stems ending in **ç** [s] or **g** [ʒ] have a spelling change when the **imparfait** endings start with **a: je mangeais, nous mangions; elle commençait, nous commencions.** In this way, the pronunciation of the infinitive is preserved.

The **imparfait** has several equivalents in English. For example, **je parlais** can mean: *I talked, I was talking, I used to talk,* or *I would talk.*

B. *Imparfait* of *être*

The verb **être** has an irregular stem in the **imparfait: ét-.** The endings used, however, are the regular **imparfait** endings.

IMPARFAIT OF ETRE *(to be)*	
j' **étais**	nous **étions**
tu **étais**	vous **étiez**
il, elle, on **était**	ils, elles **étaient**

J'**étais** très heureux quand j'**habitais** à Paris.

I *was* very *happy* when I *lived* in Paris.

Mon appartement **était** sur le boulevard Saint-Michel, dans Le Quartier Latin.

My apartment *was* on Saint-Michel Boulevard, in the Latin Quarter.

Suggestion: Model pronunciation of sentences. Point out the pronunciation of **faisait** [fəzɛ].

C. Uses of the *imparfait*

In general, the **imparfait** is used to describe continuous actions or situations that existed for an indefinite period of time in the past. There is usually no mention of the beginning or end of the event. The **imparfait** is used:

1. in descriptions, to set a scene:

    C'**était** une nuit tranquille à Paris.

    It *was* a quiet night in Paris.

    Il **pleuvait** et il **faisait** froid.

    It *was raining* and (it *was*) cold.

    M. Cartier **lisait** le journal.

    Mr. Cartier *was reading* the newspaper.

    Mme Cartier **regardait** la télévision, et Achille, le chat, **dormait.**

    Mrs. Cartier *was watching* television, and Achille, the cat, *was sleeping*.

2. for habitual or repeated past actions:

    Quand j'étais jeune j'**allais** chez mes grands-parents tous les dimanches.

    When I was young, I *went* to my grandparents' home every Sunday.

    Nous **faisions** de belles promenades aux Tuileries.

    We *would take (used to take)* lovely walks in the Tuileries.

3. to describe feelings and mental or emotional states:

    Claudine **était** très heureuse— elle **avait** envie de chanter.

    Claudine *was* very happy—she *felt* like singing.

4. to tell time of day or to express age in the past:

    Il **était** cinq heures et demie du matin.

    It *was* 5:30 A.M.

    C'était son anniversaire; il **avait** douze ans.

    It was his birthday; he *was* twelve years old.

ETUDE DE GRAMMAIRE

295

5. to describe an action or situation that was happening when another event (usually in the **passé composé**) interrupted it:

Jean **lisait** le journal quand le téléphone a sonné.

Jean *was reading* the paper when the phone rang.

Maintenant à vous

A. Activités urbaines.

1. Qui avait la voiture hier? *Je l'avais. (Marie-Thérèse, nous, Henri, tu, vous, Michelle et Philippe)* 2. Qui parlait à l'agent de police dans l'ascenseur ce matin? *Monique* lui parlait. *(Jean-Pierre, je, elles, vous, tu, nous)* 3. Qui visitait les monuments de Paris chaque week-end? *Patrice* visitait les monuments de Paris. *(tu, nous, ma soeur, je, vous, les étudiants)*

B. Métro, boulot, dodo.* Une journée chez les Dufour. Faites des phrases complètes selon le modèle.

MODELE: les Dufour / habiter en banlieue → Les Dufour habitaient en banlieue.

1. le matin, Mme Dufour / sortir à sept heures pour aller au travail 2. M. Dufour / préparer le petit déjeuner 3. il / manger avec ses deux fils et sa fille 4. M. Dufour et ses enfants / prendre le métro 5. son fils Paul / être guide au Musée du Louvre 6. sa fille Marie / travailler au poste de police 7. son jeune fils / aller à l'école 8. Mme Dufour / faire les courses après le travail 9. le soir, les autres / rentrer en métro 10. ils / manger tous devant la télévision

C. Sorties. L'an dernier, vous sortiez régulièrement avec les amis. Faites des phrases complètes selon le modèle.

MODELE: dîner ensemble → Nous dînions ensemble.

1. jouer aux cartes au café. 2. aller au Louvre tous les samedis 3. faire des promenades sur les boulevards 4. pique-niquer à la campagne 5. visiter le Centre Beaubourg 6. écouter de la musique à l'Opéra 7. partir en vacances ensemble 8. monter à la Tour Eiffel

D. Créez une atmosphère. Imaginez que vous êtes romancier(ière) *(novelist)* et que vous commencez un nouveau livre. Vous avez d'abord composé le paragraphe suivant: "Il est huit heures du matin. De ma fenêtre, je vois la place Daudet. Un groupe d'hommes attend l'autobus. Dans le café de la place, les garçons servent du café et des croissants chauds. Les trottoirs *(sidewalks)* sont pleins de gens qui vont au travail. Il fait chaud; la journée commence. Je suis heu-

*This phrase—which literally means *subway, work, sleep*—is the French equivalent of the English expression *the rat race*.

reux(euse)." Mais non! Vous n'êtes pas satisfait(e). Recommencez. D'abord, mettez le paragraphe à l'imparfait: "Il était. . . ." Mais vous n'êtes toujours pas satisfait(e). Essayez encore une fois. Créez une atmosphère sombre et mystérieuse cette fois-ci. Commencez par: "Il était onze heures du soir. . . ."

E. Conversation. En 1970 _____ ?

1. Quel âge aviez-vous? 2. Habitiez-vous à la campagne? dans une petite ville ou dans une grande ville? Avec qui habitiez-vous? 3. Comment était votre maison? 4. Aviez-vous beaucoup d'ami(e)s? Quelles étaient vos activités favorites? 5. Etiez-vous à l'école? Quelles étaient les matières *(subjects)* que vous étudiiez? 6. Etiez-vous content(e) de votre vie?

Exercise C. Continuation: (10) **manger dans des restaurants chers.** (11) **conduire à la campagne.** (12) **nager à la piscine.** (13) **boire des cocas au café.**

Exercise D. Suggestion: May be assigned as written work. Ask students to read their mysterious stories to the others.

Exercise E. Suggestion: May be done in groups. Students report answers they recall to the whole class.

40. THE *PASSE COMPOSE* VERSUS THE *IMPARFAIT*

Retour de France

ALAIN: Dites-moi, en France, *avez*-vous *trouvé* une différence entre le Nord et le Midi?

FRANÇOISE: Oh oui. A Roubaix, les rues *étaient* très propres et très animées, mais les gens ne *faisaient* que passer dans la rue.

JEAN-PIERRE: Quand nous *sommes arrivés* à Marseille, il nous *a semblé* que les gens *passaient* leur vie dans la rue!

FRANÇOISE: Alors, nous *avons fait* comme les autres. . . et nous *avons passé* des heures à boire du pastis* à la terrasse des cafés et à flâner sur l'avenue de la Canebière.

Complétez les phrases pour retrouver le sens du dialogue.

1. En France, _____ .
   a. Jean-Pierre et Françoise n'ont pas trouvé de différence entre le Nord et le Midi.
   b. Jean-Pierre et Françoise ont trouvé une différence entre le Nord et le Midi.

Back from France
ALAIN: Tell me, in France, did you find a difference in the way of life in the North and in the South? FRANÇOISE: Oh, yes. In Roubaix [city in northern France], the streets were very clean, but the people only passed through them. JEAN-PIERRE: When we arrived in Marseille, it seemed that the people lived in the street! FRANÇOIS: So we did as they do . . . and we spent hours drinking **pastis*** on the terraces of the cafés and strolling along Canebière Avenue!

***Pastis** is a licorice-flavored alcoholic beverage that is very popular in the south of France.

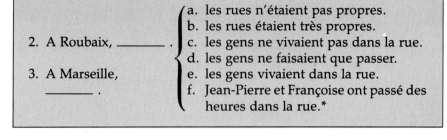

2. A Roubaix, _____ .

a. les rues n'étaient pas propres.
b. les rues étaient très propres.
c. les gens ne vivaient pas dans la rue.
d. les gens ne faisaient que passer.

3. A Marseille, _____ .

e. les gens vivaient dans la rue.
f. Jean-Pierre et Françoise ont passé des heures dans la rue.*

When speaking about the past in English, you choose which past tense forms to use in a given context: *I wrote letters, I did write letters, I was writing letters, I used to write letters,* and so on. Usually only one or two of these options will convey exactly the meaning you want to express. Similarly in French, the choice between the **passé composé** and the **imparfait** depends on the speaker's perspective: how does the speaker view the action or state of being?

The **passé composé** is used to indicate a single completed action, something that began and ended in the past. *It does not consider the duration of that action.*

The **imparfait** usually indicates an ongoing or habitual action in the past. It does not consider the end of that action, but *it does place emphasis on the duration of that action.* Compare these sentences:

J'**écrivais** des lettres. — I *was writing* letters. *(ongoing action)*

J'**ai écrit** des lettres. — I *wrote (have written)* letters. *(completed action)*

Je **commençais** mes devoirs. — I *was starting* my homework. *(ongoing)*

J'**ai commencé** mes devoirs. — I *started (have started)* my homework. *(completed)*

Elle **allait** au parc le dimanche. — She *went (used to go)* to the park on Sundays. *(habitual)*

Elle **est allée** au parc dimanche. — She *went* to the park on Sunday. *(completed)*

Note: Review the differences between **lundi** and **le lundi**.

Can you contrast the basic difference between the two tenses by translating these sentences?

Imparfait	Passé composé
1. *Ongoing action with no specific end*	*Completed action with no specific duration*
Je **visitais** des monuments.	J'**ai visité** des monuments.
J'**étais** en France.	J'**ai été** en France.

*****Passer** is conjugated with **avoir** when it has an object.

2. *Habitual or repeated action*

Je **visitais** souvent Beaubourg.
J'**allais** en France tous les ans.

A single event

Un jour j'**ai visité** Beaubourg.
Je **suis allée** en France l'année dernière.

3. *Description: background information, how things were or what was happening when . . . a single event occurred*

Je **visitais** Beaubourg. . .

J'**étais** à Paris. . .

quand on **a annoncé** le numéro des jongleurs.
quand une lettre **est arrivée**.

Time expressions such as **souvent, parfois, de temps en temps, d'habitude** (*usually*), **toujours,** and **le lundi (le mardi, . . .)** are frequently used with the **imparfait: Nous** *étudiions toujours* à la bibliothèque. Time expressions such as **lundi (mardi, . . .), hier, l'année passée, ce jour-là,** and **soudainement** are frequently used with the **passé composé:** *Ce jour-là* **nous** *avons étudié* à la bibliothèque.

Maintenant à vous

A. Changement d'habitudes. Quand Marc Dufort était votre voisin, il faisait certaines choses régulièrement. Mais un jour, il a changé d'habitudes. Faites des phrases pour décrire ses activités.

MODELE: le samedi / aller danser → Le samedi, Marc allait danser.
un samedi / aller au cinéma → Mais un samedi, il est allé au cinéma.

Exercise A. Suggestion: May be done in pairs.

1. souvent / aller au musée
   un jour / aller au théâtre
2. parfois / regarder le match de football à la télévision
   un jour / aller voir un match au stade
3. d'habitude le dimanche / rendre visite à des amis
   dimanche dernier / rester à la maison
4. chaque été / aller à la plage
   l'été dernier / faire du camping
5. le soir / étudier les maths
   hier soir / jouer aux cartes

B. Interruptions. Annie était à la maison hier soir. Elle a voulu étudier. Mais il y a eu toutes sortes d'interruptions. Décrivez-les selon le modèle.

MODELE: étudier. . . téléphone / sonner → Annie étudiait quand le téléphone a sonné.

Exercise B. Suggestion: May be done in writing so that students can see the tenses.

1. parler au téléphone / un ami. . . l'employé / couper la ligne *(to cut the line)* 2. écouter / disques. . . son voisin / commencer à faire / bruit 3. lire / journal. . . la propriétaire / venir demander / argent 4. étudier / leçon de français. . . un ami / arriver 5. regarder / informations. . . son frère / changer / chaîne 6. dormir. . . téléphone / sonner de nouveau *(again)*

Exercise C.   Suggestion: May be done as written assignment.

C. **Une année à l'université de Caen.** Marc a passé un an à Caen, une des principales villes de Normandie. Il raconte son histoire, au passé bien sûr. Donnez le temps correct du verbe, *l'imparfait* ou le *passé composé.*

Je *(étudier)* tous les jours à la bibliothèque. Les cours *(être)* le matin de huit à onze heures. En octobre nous *(faire)* une excursion à Rouen. Chaque dimanche nous *(aller)* à la campagne. A Noël je *(rentrer)* chez mes parents. En février je *(aller)* faire du ski dans les Alpes. De temps en temps je *(manger)* chez les Levergeois. Le jeudi je *(perfectionner)* mon français avec un groupe d'étudiants. Finalement, un jour de mai je *(devoir)* quitter Caen. Je ne *(être)* pas content de partir.

Exercise D.   Suggestion: May be done as written work at board.

D. **En français, s'il vous plaît.**

1. *It was late and it was raining.*   2. *There was nobody on the streets.* 3. *We were going home, along* **(le long de)** *the Saint-Michel Boulevard.* 4. *Suddenly we heard a noise on our right.*   5. *Someone was coming* **(arriver).**   6. *We couldn't see anything.*   7. *I was scared.*   8. *Then I saw a friend from the office.*   9. *He was bringing my keys, forgotten on my desk.* 10. *We were so happy that* **(que)** *we invited him to dinner.*

Exercise E.   Suggestion: Give students a few minutes to write answers, then have them read sentences orally. Ask students why they chose **passé composé** or **imparfait.**

E. **Au marché d'Uzès.** Marie a visité le marché d'Uzès, une ville de province dans le sud de la France. Voici son histoire. Mettez-la au passé.

Uzès *(être)* une ville charmante. Le marché *(avoir)* lieu *(to take place)* tous les samedis. Je *(arriver)* à deux heures. Il y *(avoir)* beaucoup de monde. La place du marché *(être)* très animée. Les marchands *(vendre)* des produits de toutes sortes. Je *(acheter)* des souvenirs, je *(prendre)* des photos, je *(voir)* des choses intéressantes. Les gens *(être)* gentils. Je *(être)* contente de ma visite.

Exercise F.   Suggestion: May be done as a class composition, orally or in writing.

F. **Un an à Paris.** Imaginez que vous venez de passer un an à Paris. Racontez votre histoire. Employez un élément de chaque groupe. MODELE: Le matin je prenais le petit déjeuner dans ma chambre.

1. **Expressions temporelles:** le samedi soir, un jour, souvent, le dernier jour, le premier jour, tous les soirs, au début de mai, en hiver, à cinq heures du matin, de temps en temps, d'habitude, parfois

2. **Verbes:** étudier, visiter, voir, admirer, manger, aller voir, danser, monter, regarder, prendre le petit déjeuner, dîner, dormir, partir
3. **Endroits:** le centre-ville, Beaubourg, Chez Maxim's, le Louvre, les boîtes de nuit *(night clubs)*, la Tour Eiffel, la Sorbonne, Notre-Dame, le Bois de Boulogne, la Seine, les Champs-Elysées, Versailles, ma chambre, un petit restaurant, la banlieue, Roissy, l'Ile de la Cité

G. Conversation. L'année dernière _____ ?

1. Où étiez-vous? Où avez-vous étudié? Qu'est-ce que vous avez étudié? 2. Qu'est-ce que vous faisiez pendant vos vacances? Avez-vous fait un voyage intéressant? Etes-vous allé(e) à l'étranger? en France? Comment était le voyage? 3. Et vos amis? Où étaient-ils l'année dernière? Qu'est-ce qu'ils ont fait?

Exercise G. Suggestion: Elicit several responses for each question.

H. Une histoire. Racontez une histoire originale au passé. Utilisez les questions suivantes comme guide et attention au choix entre l'imparfait et le passé composé.

1. Dans votre histoire, quel est le mois? 2. Quelle heure est-il? 3. Quel temps fait-il? 4. Où êtes-vous? Avec qui? 5. Qui arrive? Décrivez la personne. 6. Que fait cette personne? Que faites-vous? 7. Comment réagit votre camarade? 8. Décrivez la fin de votre histoire.

Exercise H. Suggestions: (1) Ask students to write out story and read it to a small group or to the class. (2) Use their stories as listening comprehension passages or as dictation.

41. THE PRONOUN *EN*

Les trésors du bouquiniste*

JEAN-MARC: Tu as de vieux timbres? J'*en* fais collection.
VERONIQUE: J'*en* ai trouvé de très beaux chez un bouquiniste au quai du Louvre.
JEAN-MARC: Tu crois qu'il lui *en* reste?
VERONIQUE: Oh oui, je pense. . . il n'*en* avait pas beaucoup mais ils *étaient hors de prix!*

1. Est-ce que Véronique fait collection de vieux timbres?
2. Où est-ce que Véronique a trouvé de beaux timbres?
3. Est-ce que le bouquiniste avait beaucoup de timbres?
4. Est-ce qu'elle pense qu'il reste des timbres chez le bouquiniste? Pourquoi?

The pronoun **en** can replace a noun that is preceded by a partitive article **(des, de la, de l')** or by the plural indefinite article **des. En** is then equivalent to English *some* or *any.* Like other object pronouns, **en** is placed directly before the verb of which it is the object.

Y a-t-il **des musées intéressants** à Avignon?	Are there *any* interesting museums in Avignon?
Oui, il y **en** a.	Yes, there are *(some).*
Avez-vous **des tickets de métro?**	Have you *any* subway tickets?
Non, je n'**en** ai pas.	No, I don't have *any.*

En can also replace a noun that is modified by a number or by an expression of quantity, such as **beaucoup de, un kilo de, trop de, deux,** and so on. The noun is dropped, but the number or expression of quantity (minus **de**) remains. The English equivalent of **en** in this case is *of it* or *of them.* While these phrases are often omitted in English, **en** cannot be omitted in French.

Avez-vous **une chambre?**	Do you have *a room?*
Oui, j'**en** ai une.[†]	Yes, I have *one.*

The bookseller's treasures
JEAN-MARC: Do you have (some) old stamps? I collect them.   VERONIQUE: I found some very beautiful ones at a bookstall on the Quai du Louvre.   JEAN-MARC: Do you think he has some left?   VERONIQUE: Oh yes, I think so . . . he didn't have many (of them), but they were outrageously expensive.

*Les bouquinistes** are booksellers who set up their stalls along the Seine.
[†]In a negative answer to a question containing **un(e),** the word **un(e)** is not repeated: **Je n'en ai pas.**

Y a-t-il **beaucoup de parcs**?   Are there *many parks*?

Oui, il y **en a beaucoup**.   Yes, there are *many (of them)*.

Combien de places voulez-vous?   *How many seats* would you like?

J'**en** voudrais **cinq**.   I would like *five (of them)*.

En is also used to replace **de** plus a noun and its modifiers (unless the noun refers to people) in sentences with verbs or expressions that use **de: parler de, avoir envie de,** and so on.

Avez-vous **besoin de ce guide**?   Do you *need this guide*?

Oui, j'**en ai besoin**.   Yes, I *need it*.

Parliez-vous **des ruines**?   *Were* you *talking about the ruins*?

Oui, nous **en parlions**.   Yes, we *were talking about them*.

Maintenant à vous

A. Paris. Avec un(e) camarade, posez les questions et donnez les réponses avec *en*.

MODELE: des églises →   *Vous:* Est-ce qu'il y a des églises?
                      Un ami: Oui, il y en a.

Exercises A-E. Suggestion: Do as rapid response drills, using individual and choral response.

1. des boulevards
2. du bon théâtre
3. du charme
4. des pharmacies
5. des bâtiments (*buildings*) anciens
6. des statues

B. Un dîner Chez Maxim's. Un ami vous interroge sur votre choix Chez Maxim's.

MODELE: de pâté (oui) → *Un ami:* Tu as envie de pâté?
                            Vous: Oui, j'en ai envie.

1. de hors-d'oeuvre (oui)
2. de soupe (non)
3. d'escargots (oui)
4. de viande (oui)
5. de légumes (oui)
6. de vin (oui)
7. de dessert (non)
8. de café (non)

C. Problème d'étages. Avec un(e) camarade, imaginez un dialogue selon le modèle.

MODELE: votre maison (2) → *Un ami:* Combien d'étages a votre maison?
                             Vous: Elle en a deux.

1. l'école de Paul (1)
2. l'Hôtel de Ville (5)
3. la Tour Montparnasse (30)
4. le poste de police (2)
5. le musée (3)
6. la mairie (6)
7. la Tour Eiffel (3)
8. les grands magasins (4)

D. Au bar-tabac. Avec un(e) camarade, jouez les rôles selon le modèle.

MODELE: revues (3) → *L'employé:* Combien de revues voulez-vous?
Vous: J'en veux trois.

1. cartes postales (2)
2. timbres (6)
3. films *(rolls of film)* (2)
4. tasses de café (4)
5. verres de vin (3)
6. glaces (2)
7. journaux (1)
8. cigares (3)

E. Toujours au bar-tabac. Répétez l'Exercice D selon le modèle.

MODELE: revues (3) → *L'employé:* Avez-vous besoin de revues?
Vous: Oui, j'en ai besoin de trois.

Exercise F. Suggestion: May be done as dictation with some students at board.

F. Correspondance. Debbie va visiter la France. Elle pose des questions aux amis qui l'ont invitée. Répondez *oui* aux questions, selon le modèle.

MODELE: Est-ce qu'on vend de la bonne moutarde à Dijon? → Oui, on en vend à Dijon.

Exercise F. Note: Encourage the use of **y** where appropriate.

1. Est-ce que les Marseillais boivent du pastis? 2. Est-ce qu'ils mangent beaucoup de pizza à Nice? 3. Est-ce qu'on trouve des ruines romaines à Arles? 4. Est-ce que les gens de Toulouse ont un accent du sud? 5. Est-ce qu'on trouve des châteaux près de Tours? 6. Est-ce que nous pouvons faire du bateau à Quimper? 7. Est-ce qu'on fait du vin à Bordeaux?

Exercise G. Suggestions: (1) Ask students to report back to class, if doing interview. (2) Elicit several responses for each question.

G. Conversation. Répondez aux questions suivantes, ou utilisez ces questions pour interviewer une autre personne de la classe. Employez *en* dans les réponses.

Habitations modernes à Grigny

1. Louez-vous un appartement? une maison? un studio? une mansarde? 2. Y a-t-il un ascenseur? un garage privé? Combien d'étages y a-t-il? 3. Avez-vous une bicyclette? une moto? une voiture? des patins à roulette *(roller skates)*? 4. Combien de personnes y a-t-il dans votre famille? dans votre maison? dans votre classe de français? 5. Combien de disques français avez-vous? Combien de livres français avez-vous lus?

Note: One of the **Récapitulation** exercises will require students to choose among the direct object pronouns, indirect object pronouns, **y** and **en**.

42. THE VERBS *SAVOIR* AND *CONNAITRE*

Labyrinthe

MARCEL: Taxi! Vous *connaissez* la rue Vaucouleurs?
LE CHAUFFEUR: Mais bien sûr, je *sais* où elle est! Je *connais* Paris comme ma poche!
MARCEL: Je ne *sais* pas comment vous faites. Je me suis perdu hier dans l'Ile de la Cité.
LE CHAUFFEUR: Je *connais* mon métier et puis, vous *savez*, avec un plan de Paris, ce n'est pas si difficile!

Faites des phrases complètes pour décrire ce qui se passe *(what happens)* dans le dialogue.

	sait	la rue Vaucouleurs
Marcel	ne sait pas	où est la rue Vaucouleurs
le chauffeur	connaît	Paris
	ne connaît pas	comment le chauffeur fait son métier

Note: Mention to students that **l'île de la Cité** is where **Notre Dame, la Sainte-Chapelle** and **le Palais de Justice** are located. If a map of Paris is available, point out the location.

The irregular verbs **savoir** and **connaître** both correspond to the English verb *to know,* but they are used differently.

SAVOIR: *to know*		**CONNAITRE:** *to know*	
je sais	nous savons	je connais	nous connaissons
tu sais	vous savez	tu connais	vous connaissez
il, elle, on sait	ils, elles savent	il, elle, on connaît	ils, elles connaissent
Past participle: su		*Past participle:* connu	

Labyrinth

MARCEL: Taxi! Are you familiar with Vaucouleurs Street?   DRIVER: But of course, I know where it is! I know Paris like the back of my hand (like my pocket).   MARCEL: I don't know how you do it. I got lost yesterday on the Ile de la Cité.   DRIVER: I know my job and, besides, you know, with a map of Paris, it's not all that difficult!

Savoir means *to know* or *to have knowledge of* a fact, *to know by heart*, or *to know how to* do something. It is frequently followed by an infinitive or by a subordinate clause introduced by **que, quand, pourquoi,** and so on.

Sais-tu l'heure qu'il est?	*Do you know* what time it is?
Sait-elle parler français?	*Does* she *know* how to speak French?
Je **sais** qu'il va en France cet été.	*I know* that he's going to France this summer.

In the **passé composé, savoir** means *to learn* or *to find out*.

J'**ai su** hier qu'il allait à Paris.	I *found out* yesterday that he was going to Paris.

Connaître means *to know* or *to be familiar (acquainted) with* someone or something. **Connaître**—never **savoir**—means *to know a person*. **Connaître** is always used with a direct object; it cannot be followed directly by an infinitive or by a subordinate clause.

Connais-tu Marie-Françoise?	*Do* you *know* Marie-Françoise?
Non, je ne la **connais** pas.	No, I *don't know* her.
Ils **connaissent** très bien Dijon.	They *know* Dijon very well.

In the **passé composé, connaître** means *to meet for the first time*. It is the equivalent of **faire la connaissance de.**

J'**ai connu** Jean à l'université.	I *met* Jean at the university.

Maintenant à vous

Exercises A and B. Suggestion: Do as rapid response drills, using individual and choral responses.

A. Martine est perdue. Elle cherche le boulevard Jourdan. Personne ne sait où c'est.

1. *Marc* ne sait pas où c'est. *(nous, ses amis, tu, vous, Christine, Paul et Elizabeth, il)* Maintenant Martine cherche son amie Jacqueline. Personne ne la connaît. 2. *Nous* ne la connaissons pas. *(ses amis, je, elles, il, vous, les enfants, elle)*

B. Qui est-ce? Suivez le modèle.
MODELE: je $\rightarrow$ *Je ne sais pas son nom. Je ne le connais pas.*

1. tu
2. Paul
3. nous
4. Marianne

5. vous
6. mes amis
7. Georges et Suzanne

Exercise C. Suggestion: Give students a short time to fill in the blanks. Ask for volunteers to read each sentence. Ask another student why the answer is correct or incorrect.

C. Questions d'un touriste. Posez des questions à quelqu'un qui connaît le pays. Utilisez *connaître* ou *savoir*.

1. _____ -vous Paris, Monsieur? 2. Je _____ seulement que c'est la capitale. 3. _____ -vous quelle est la distance entre Paris et Marseille? 4. Non, mais je _____ une agence de voyages où

on doit le _____ . Ils _____ très bien le pays.   5. _____ -vous s'il y a d'autres villes intéressantes à _____ ?   6. Comme j'ai dit je ne _____ pas bien ce pays, mais hier j'ai _____ un homme qui _____ où aller pour passer de bonnes vacances.   7. Je voudrais _____ cet homme. _____ -vous où il travaille?

D. Et vous? Connaissez-vous Paris? Avec un(e) camarade, posez des questions et répondez selon le modèle.

MODELE: l'Opéra →   *Vous:* Connaissez-vous l'Opéra?
  Un ami: Oui, je le connais. Je sais qu'on y va pour écouter de la musique.

Exercise D. Suggestion: Slides or pictures would help this exercise be more meaningful to students.

Exercise D. Continuation: **la Sorbonne, la Sainte-Chapelle, Notre-Dame, le Louvre, le Jeu de Paume, l'Arc de Triomphe, Montmartre**

Endroits	*Définitions*
l'Opéra	C'est le quartier des étudiants, à Paris.
le Panthéon	Le Président y habite.
le Palais de l'Elysée	On y va pour écouter de la musique.
la Bourse	On y trouve presque tous les livres
la Bibliothèque Nationale	du monde.
les Invalides	Napoléon y est enterré *(buried)*.
le Quartier Latin	D'autres grands hommes de France y sont enterrés.
	C'est le centre des affaires *(business)*.

E. Une ville. Donnez le nom d'une ville que vous connaissez bien. Ensuite racontez ce que *(what)* vous savez sur cette ville.

MODELE: Je connais New York. Je sais qu'il y a d'immenses gratteciel *(sky-scrapers)*.

Exercise E. Suggestions: (1) Give students a moment to reflect. (2) Can be done as a game. Student gives hints: **Je sais qu'il y a d'énormes gratte-ciel dans cette ville. Je sais que elle est dans l'est.** Others guess which city it is.

Exercise F. Continuation: (5) **Nommez trois villes que vous connaissez bien. (6) Nommez trois personnes que vous ne voulez pas connaître et dites pourquoi. (7) Nommez trois personnes que vous ne voulez pas connaître et dites pourquoi. (8) Nommez trois villes que vous voulez connaître et dites pourquoi.**

— Il m'a demandé de rester une petite heure pour réfléchir... Il ne sait pas encore s'il va prendre les rouges ou les noires !... (Tetsu)

Vos connaissances. Utilisez ces phrases pour interviewer un(e) ami(e). Dans les réponses, utilisez les verbes *savoir* ou *connaître*.

1. Nomme trois choses que tu sais faire. 2. Nomme trois choses que tu veux savoir un jour. 3. Nomme trois domaines où tu es plus ou moins incompétent(e). *(Je ne sais pas. . . .)* 4. Nomme trois domaines où tu es particulièrement fort(e). *(Je sais très bien. . . .)*

ETUDE DE PRONONCIATION

Liaison

A consonant that occurs at the end of a word is often "linked" to the next word if that word begins with a vowel sound: les amis [le za mi]. This linking is called **liaison.** It occurs between words that are already united by meaning or syntax: Ils ont un ami. [il zɔ̃ tɛ̃ na mi]

Liaison is compulsory in the following cases:

1.	between a pronoun and a verb	ils ont
2.	between a verb and a pronoun	ont-ils
3.	between a preceding adjective and noun	de beaux hommes
4.	between short adverbs and adjectives	très intéressant
5.	between articles and nouns	un exercice
6.	between articles and following adjectives	les autres pays
7.	between a preposition and its object	sans argent
8.	after numbers	huit étudiants
9.	after **est**	c'est évident.

Liaison does not take place in the following cases:

1.	after a singular noun	un étudiant / intéressant
2.	after **et**	il parle français et / anglais
3.	before an aspirate **h**	un / Hollandais

Liaison produces the following sound changes:

1.	a final **s** is pronounced [z]	les étudiants
2.	a final **x** is pronounced [z]	dix étudiants
3.	a final **z** is pronounced [z]	chez elle
4.	a final **d** is pronounced [t]	un grand homme
5.	a final **f** is pronounced [f] or [v]*	neuf heures

*Final **f** is pronounced [v] before the words **an** and **heure** only.

Note that **liaison** and its uses vary according to language level. For example, in a poetic or dramatic reading, or in other, very formal situations, all possible **liaisons** are made. Fewer and fewer are made as the level of language becomes more informal.

Maintenant à vous

A. Prononcez avec le professeur.

1. un grand appartement 2. les écoles américaines 3. le jardinier anglais 4. les hors-d'oeuvre 5. les deux églises 6. Il est ouvrier et artisan. 7. Elles étaient à la mairie. 8. Vous êtes sans intérêt. 9. Vont-elles dans le centre-ville? 10. Tu ne m'as pas écouté. 11. C'est horrible. 12. C'est un quartier ancien.

Exercise A. Suggestion: Model pronunciation. Use choral and individual responses.

B. Prononcez les phrases suivantes.

1. Les deux auto-écoles sont à côté des pâtisseries hollandaises.
2. Trois ascenseurs étaient en panne (*out of order*) au premier étage.
3. Mon arrondissement est un quartier intéressant. 4. Les nouveaux appartements ont changé de propriétaire.

C. Pour rire.

1. Mes amies américaines ont-elles entendu ces cinq ouvrières italiennes et anglaises parler avec l'accent hollandais dans les escaliers étroits de mon appartement?
2. A deux heures et onze minutes, l'agent est arrivé sans imperméable sous une forte pluie pour écouter les histoires impossibles des huit étudiants qui avaient entendu l'accident.

CONVERSATION ET CULTURE

Dans un autobus parisien

Une jeune fille, Monique, parle avec sa grand-mère.

MONIQUE: Mamie, quel autobus allons-nous prendre?
GRAND-MERE: Le 94, la ligne qui va à Levallois.* Il y a un *arrêt* près de l'endroit où habite la *couturière*. Ah! Le voilà. Montons vite.

      stop
      dressmaker

Elles montent dans l'autobus.

GRAND-MERE: (au chauffeur) Voilà 10F, un *carnet* s'il vous plaît.
CHAUFFEUR: Non Madame, pas 10F, 12F.
GRAND-MERE: Comment 12F? La dernière fois c'était 10F!

      book of ten tickets

*Levallois est dans la banlieue. C'est un centre industriel.

	CHAUFFEUR: Les tarifs ont augmenté.
my word	GRAND-MERE: *Par exemple*, ils exagèrent à la RATP!*
loud	MONIQUE: Pas si *fort*, Mamie! Tu vois bien que c'est le prix. Est-ce que tu as assez d'argent?
robbery	GRAND-MERE: Oui, j'en ai assez, mais c'est du *vol*!
seated	*Assises* dans l'autobus.
when	MONIQUE: Mamie, *lorsque* tu étais jeune tu payais combien?
	GRAND-MERE: Je n'ai pas oublié—pour aller de Saint-Lazare à Levallois, on donnait cinq centimes.
earned	MONIQUE: Oui, mais tu *gagnais* combien?
not much	GRAND-MERE: *Pas grand-chose*, c'est vrai. Lorsque je suis arrivée
factory	d'Auvergne,† en 38, j'ai travaillé comme ouvrière dans une *usine*. Je ga- gnais 20F par mois, je crois. J'y suis restée un an, ensuite j'ai été vendeuse
ready-made clothes / I still have	dans la *confection*. *J'en garde* un bon souvenir; j'aimais bien la clientèle.
	MONIQUE: Que penses-tu de Paris maintenant? Est-ce que les choses ont changé?
workshops	GRAND-MERE: Oui, beaucoup. Par exemple, le quartier où tu habites était autrefois comme un village. Il y avait des boutiques et des *ateliers*. Les rues étaient animées. Maintenant les habitants vont travailler loin, on a
day-care centers	construit des H.L.M.‡ et des *crèches*, et pendant la journée on n'y voit plus personne.
	MONIQUE: Mais le quartier était très pauvre, non?
	GRAND-MERE: Sans doute, mais il y avait de l'animation, on voyait des
faces	*visages* familiers. Maintenant c'est impersonnel.
we're there / say	MONIQUE: *Nous y voilà*, mamie. *Dis donc*, après la couturière, on va au supermarché?
	GRAND-MERE: Non, non, on va sur les grands boulevards.§
	MONIQUE: D'accord, ça va être amusant.

Questions et opinions

1. Quelle surprise la grand-mère de Monique a-t-elle eue quand elle est montée dans l'autobus? 2. Combien payait-on pour prendre le bus en 38? 3. Combien la grand-mère gagnait-elle comme ouvrière? 4. Où la grand-mère a-t-elle travaillé? 5. Quels changements la grand-mère trouve-t-elle à Paris? 6. Où votre grand-mère et votre grand-père ont-ils travaillé? 7. Est-ce que votre ville a changé depuis que *(since)* vous êtes né(e)? Est-elle plus impersonnelle? 8. Est-ce que les prix augmentent toujours? 9. Avez-vous jamais travaillé comme vendeur(euse)? 10. Avez-vous jamais travaillé dans une usine?

*La RATP est la Régie *(administration)* autonome des transports parisiens.

†Auvergne est une région du Massif Central.

‡Habitation à loyer modéré *(moderately priced housing)*.

§Les grands boulevards sont les boulevards près de l'Opéra, etc.

Commentaire culturel

Because nearly three-fourths of all French people live in cities—and the proportion is increasing—you can expect to encounter an active city life in France. Visitors to France from America will be surprised by the individuality of French cities. Each town has a distinct personality. Through the centuries, French towns have been influenced by many cultures and have acquired a variety of street patterns, monuments, types of housing, and buildings. There are tall towns and low towns; new industrial towns and towns established in the time of the Gauls (the inhabitants of France at the time of the Roman invasion); there are ochre, yellow, black, or grey towns, depending on the type of material used in construction. Even the names of French towns give an idea of their diversity: **Paris** was originally Parisi, the name of the Celtic tribe that founded it; **Marseille** was Massalia, a Greek city-state, and **Lyon** was the Roman colony of Lugdunum.

Suggestion: If possible, show slides or pictures of towns described.

Older French towns provide a historical record of the past in their architecture and monuments. There may be remains of Gallic temples or Roman baths, aqueducts, bridges, or arenas. In some cities, there are catacombs from the early Christian days, and the cathedrals built in later eras are a splendid monument to the building styles of their times. Some towns grew up around castles or monasteries. Towns like **Carcassonne,** in the south, still have the medieval ramparts built to protect them; in others, boulevards replaced the early walls, which were torn down to

Lyon

Angers

make room for expansion. From the seventeenth and eighteenth centuries, narrow, winding streets and the beautiful old town houses of the nobility remain. In the nineteenth century, new railroad stations were constructed, as were many parks and public gardens. In **Paris,** the work of nineteenth-century city architect Georges-Eugène Haussmann is especially obvious. Under his direction, slum areas were torn down and city blocks were defined by a network of wide, straight boulevards. Many of the parks and public gardens of **Paris** were constructed in the time of Haussmann. Finally, there are the representatives of our own time, the skyscrapers of some modern cities.

The diversity and individuality of the French city is especially notable in **Paris,** home of one-fifth of the French people. (The greater **Paris** area has nine times the population of the two second-largest French cities, **Lyon** and **Marseille.**) One of the world's most elegant and beautiful capital cities, **Paris** has a rare vitality and animation. The pace is brisk, the climate mild, and the streets are usually filled with people.

RECAPITULATION

Exercise A. Suggestion: May be done in writing during class. Dictate the sentences and ask students to answer using **y, en,** a direct object pronoun, or an indirect object pronoun.

A. En ville. Remplacez les noms par un complément d'objet direct ou indirect, ou par *y* ou *en*. Répondez *oui* et ensuite *non*.

MODELE: Allez-vous en ville aujourd'hui? → Oui, j'y vais aujourd'hui. Non, je n'y vais pas aujourd'hui.

1. Visitez-vous le centre-ville?   2. Visitez-vous des musées?
3. Connaissez-vous la banlieue?   4. Y a-t-il beaucoup d'autobus?
5. Y a-t-il des pharmacies en ville?   6. Connaissez-vous l'agent de
police?   7. Avez-vous envie de voir de grands bâtiments?   8. Allez-
vous en ville ce soir?

B.   Votre enfance (*childhood*). Décrivez votre vie quand vous aviez huit
ans. Répondez aux questions suivantes avec *peu, assez, beaucoup* ou
trop. Utilisez *en* dans les réponses.

Exercise B.   Suggestion: May be
done as interview.

1. Voyiez-vous des films quand vous aviez huit ans?   2. Y avait-il
des animaux à la maison? des chats? des chiens?   3. Aviez-vous des
amis? Invitiez-vous vos amis à la maison?   4. Aviez-vous des
livres?   5. Aviez-vous des devoirs à faire après les cours?   6. Aviez-
vous de bonnes notes à l'école?

C.   La grande ville. Formez des phrases complètes et mettez les verbes
au *passé composé* ou à l'*imparfait*.

Exercise C.   Suggestion: May be
done as written homework and
checked at board during class.

1. je / aimer / la grande ville / quand / je / être / jeune   2. il y avoir /
toujours / beaucoup / choses / à voir   3. les gens / être / intéressant /
et / les bâtiments / être / impressionnant   4. un jour / je / être / la
banque / et je / voir / un hold-up   5. le voleur (*robber*) / avoir / un
revolver / et il / le / montrer / gens   6. nous / avoir / peur / et nous /
ne . . . pas / devoir bouger (*to move*)   7. le voleur / prendre / argent
8. il / partir / et dire / que nous / ne . . . pas / devoir bouger / pendant
dix minutes   9. enfin quelqu'un / téléphoner / à la police   10. la
police / trouver / voleur / en dix minutes / parce qu'il / avoir / difficultés / avec / voiture

D.   Un journal du passé. Un jour vous trouvez le journal de votre tante.
Elle avait dix-huit ans à ce moment-là. Mettez l'extrait suivant au
passé. Utilisez le *passé composé* ou l'*imparfait*, selon le cas.

Exercise D.   Suggestion: Have
students rewrite the passage in
pairs.

le 15 mars 1955

Je travaille à la confection comme d'habitude. Je veux rentrer tôt
parce que je vais sortir avec Catherine. Mon trajet maison-travail est
long et fatigant, comme toujours.

   Catherine et moi nous allons au cinéma et nous voyons un film
d'Yves Montand. On me dit que ce film est excellent. Nous prenons
le métro—c'est plus rapide. Je veux aller au café après le film.
J'espère y connaître des gens intéressants.

E.   Un deuxième extrait du journal. Imaginez que votre oncle a écrit un
journal. Il a fait la connaissance de votre tante au café après le film.
Qu'est-ce qu'il a écrit?

Exercise E.   Suggestion: Have
students write out individually or in
pairs to share with class.

Le Français par les gestes: Au poil!
Appreciation of good things is expressed by forming a circle with the thumb and index finger and moving the hand toward the side of the face and then away, to convey the idea "perfectly done."

VOCABULAIRE

VERBES

commencer	to begin
connaître	to know, to be familiar with
constituer	to constitute, to form
gagner	to earn; to win
savoir	to know (how)
sonner	to ring
tourner	to turn

NOMS

l'arrondissement *(m)*	district, ward
l'ascenseur *(m)*	elevator
l'avenue *(f)*	avenue
la banlieue	suburbs
la banque	bank
le bar-tabac	bar-tobacconist
le bâtiment	building
le bois	woods
le boulevard	boulevard
le bruit	noise
le centre-ville	downtown
la Cité	historical center of Paris
l'école *(f)*	school
l'église *(f)*	church
l'étage *(m)*	floor (of a building)
le guide	guide; guidebook
l'île *(f)*	island
la mairie	town hall

NOMS

la mansarde	garret
le monument	monument
le musée	museum
la nuit	night
l'ouvrier(ière)	worker
le parc	park
la pharmacie	drugstore
le poste de police	police station
la rive	bank (of a river)
la tour	tower

ADJECTIFS

animé(e)	animated, lively
plein(e)	full
propre	clean

MOTS DIVERS

à droite	to the right
à gauche	to the left
de temps en temps	from time to time, occasionally
d'habitude	usually
lorsque	when
parfois	sometimes
soudainement	suddenly
tôt	soon; early
tout droit	straight (ahead)

Activités

A. Dialogue entre touristes. Regardez le plan de Paris à la page 292. Demandez à un(e) camarade de classe ce que *(what)* vous devez visiter. Il/Elle raconte ce qu'il(elle) a visité. Regardez les dessins et employez les mots utiles.

> MODELE: Hier j'étais à Beaubourg. J'ai visité une exposition de Picasso. Il y avait beaucoup de monde parce que c'était le week-end.

Exercise A. Suggestion: May be done as whole-class activity.

Mots utiles: nouveau musée, beaucoup d'animation, fontaines, rues animées, musée célèbre, sculpture, objets d'art, peinture, petites rues, touristes, cathédrale gothique, bâtiments importants dans l'histoire, musique, enterrer, Président, étudiants, rive gauche, rive droite

B. Les problèmes urbains. Dans cette liste, choisissez les quatre problèmes urbains les plus graves *(most serious)*. Mettez-les dans l'ordre de vos priorités.

Exercise B. Suggestion: May be done in small groups or as a whole-class activity.

_____ 1. la pollution de l'air
_____ 2. le bruit
_____ 3. les taudis *(slums)*
_____ 4. le centre-ville dépeuplé *(depopulated)*
_____ 5. la criminalité (le hold-up, par exemple)
_____ 6. le chômage *(unemployment)*
_____ 7. le trajet banlieue–centre-ville
_____ 8. le gaspillage *(waste)* d'énergie
_____ 9. les rues sales *(dirty)*
_____ 10. _____ ?

Expliquez pourquoi vous avez choisi ces problèmes. Ensuite répondez aux questions suivantes.

1. Quels problèmes concernent l'individu? toute la société? 2. Quels problèmes sont une question de vie ou de mort? 3. Quels problèmes touchent l'avenir (future) de nos enfants? 4. Quels problèmes touchent notre santé? 5. Quels problèmes touchent la tranquillité de notre vie quotidienne (daily)? 6. Quels sont les problèmes les plus faciles (easiest) à résoudre (resolve)? les plus difficiles à résoudre?

Exercise C. Follow-up: Ask other questions to stimulate discussion. (1) **Pourquoi les personnes âgées parlent-elles du bon vieux temps?** (2) **Allez-vous parler du bon vieux temps un jour? Pourquoi ou pourquoi pas?**

C. **Le bon vieux temps.** Voici des phrases qu'on entend à propos du bon vieux temps. A votre avis, sont-elles justes? Evaluez-les selon les catégories suivantes. Ensuite, interviewez un(e) camarade pour voir ce qu'il/elle répond. Etes-vous d'accord?

☐ oui, tout à fait ☐ oui, mais avec certaines réserves ☐ plus ou moins ☐ pas du tout
Au bon vieux temps. . .

1. il n'y avait pas de crimes. 2. il n'y avait pas de pollution. 3. il n'y avait pas de conservateurs chimiques dans la nourriture. 4. la vie était moins compliquée. 5. la famille était importante. 6. les femmes savaient quelle était leur place. 7. tout était bon marché.

Maintenant expliquez vos réponses.
MODELE: Il y avait des crimes mais on n'en parlait pas.
Mots utiles: plus d'industrie, rythme de vie moins rapide, vie dure (hard), les inventions, salaires bas, le rôle de l'homme, le rôle de la femme, les loisirs, gaspiller (to waste), polluer (to pollute), les média

Exercise D. Suggestions: (1) If done in pairs, students may present résumé of discussion to class. (2) Debate may be organized around **vivre en banlieue, pour ou contre.** (3) May be done as whole-class discussion.

D. **Vit-on heureux en banlieue?** La banlieue est dépendante de la ville. Interviewez un(e) camarade de classe sur ses préférences. Employez les questions suivantes comme guide.

1. Vivre en banlieue plutôt que (rather than) dans le centre-ville, est-ce un avantage ou un inconvénient?

   ☐ avantage   ☐ inconvénient   ☐ sans opinion

2. Quels sont les avantages de la vie en banlieue? Expliquez.
   Mots utiles: le calme, on peut avoir un jardin, la proximité de la campagne, il y a moins de (less) pollution, on peut avoir un logement plus grand, le prix moins élevé (lower) des logements, les gens se connaissent (know each other), la possibilité de faire plus de sport
3. Quels sont les inconvénients de la vie en banlieue? Expliquez.
   Mots utiles: temps et argent perdus en transport, éloignement (distance) des commerces et des services, manque (lack) de distractions et de spectacles, difficulté de trouver un travail sur place (nearby), problèmes de violence et de sécurité, isolement (isola-

tion), on reçoit plus rarement des visites, les gens se connaissent moins, la laideur *(ugliness)*

4. Quelles sont les personnes qui ont les plus d'avantages à vivre en banlieue? Pourquoi?

   Mots utiles: les enfants, les personnes âgées, les gens qui restent au foyer *(at home)*, les adolescents, les cadres *(management personnel)*, les ouvriers, les femmes qui travaillent

5. Aimez-vous le quartier où vous habitez?

   ☐ beaucoup ☐ assez ☐ pas beaucoup ☐ pas du tout

Lecture: Les Monuments de Paris

1.
   Notre-Dame, l'église des navigateurs de la Seine, domine son île. Paris est né ici *au croisement* des routes (nord-sud, est-ouest).

   at the crossroads

2.
   St. Louis, le roi juste, *a bâti* la Sainte-Chapelle dans la *cour* de son palais. Le Palais de Justice *a grandi* autour de cette église qu'il *enferme* aujourd'hui dans ses murs gris et froids.

   built
   courtyard
   grew
   encloses

3.
   La Place des Vosges était la Place Royale au temps des mousquetaires. Les nobles dames y venaient pendant la journée. La nuit les *épées* brillaient pour des duels prohibés.

   swords

4.
   Les rois ont quitté le vieux palais de la Cité. Ils ont occupé le Louvre, sur la rive droite. *Au fil des siècles*, la forteresse a été modernisée. Cinq cents ans ont passé quand Louis XIV l'abandonne, pour aller à Versailles. Le Louvre est aujourd'hui un musée de renommée internationale.

   Century after century

5.  A l'origine, le Panthéon était une église au sommet de la "montagne Sainte-Geneviève." La République en a fait un monument pour ses grands hommes. Voltaire, Rousseau, Hugo et beaucoup d'autres grands hommes y reposent.

6.  Napoléon voulait un Arc de Triomphe pour honorer la Grande Armée. Situé sur une *hauteur*, il devait être vu de partout. Voilà comment sont nées les avenues de l'*Etoile*.

7.  La Tour Eiffel n'était qu'un chef-d'oeuvre de la technique du XIXe siècle, une immense construction temporaire en *fer* bâtie pour l'Exposition internationale de 1889. Elle est restée et elle est même devenue le symbole de Paris.

hill

star

iron

Compréhension et expression

A. Comprenez-vous?

1. Où est Notre-Dame? 2. Qui a construit la Sainte-Chapelle? 3. Qui fréquentait la Place des Vosges? 4. Qui habitait le Louvre autrefois? 5. A l'origine, qu'est-ce que c'était que le Panthéon? 6. Pourquoi Napoléon a-t-il construit l'Arc de Triomphe? 7. Pourquoi la Tour Eiffel a-t-elle été construite?

Exercise B. Suggestion: Give students a few moments to fill in the blanks. Ask several to read their compositions.

B. Votre ville. Complétez le paragraphe suivant et décrivez la ville où vous habitez maintenant ainsi que *(as well as)* la ville où vous habitiez dans votre enfance.

J'habite _____ . C'est une ville _____ . La vie y est _____ . Les gens sont _____ . J'aime/Je n'aime pas habiter cette ville parce que _____ .

Quand j'étais jeune, j'habitais _____ . C'était une ville _____ . La vie y était _____ . Les gens étaient _____ . J'aimais/Je n'aimais pas habiter cette ville parce que _____ .

Suggested five day lesson plan for **Chapitre 11:**

Day 1: **Vocabulaire**
  Stressed pronouns
Day 2: Order of object pronouns
  Commands with object
  pronouns
Day 3: Commands with object
  pronouns, continued.
  Adverbs
Day 4: **Prononciation**
  Conversation et culture
  Récapitulation
Day 5: **Intermède**
  Optional quiz

C. Les villes américaines. Ecrivez un paragraphe sur les villes américaines. Employez les questions suivantes comme guide.

1. Quels sont les plus graves *(most serious)* problèmes des villes américaines? 2. Modernise-t-on les villes américaines? le centre-ville? la banlieue?

Vivent les études!

Chapitre **11**

OBJECTIFS

Communication et culture   In this chapter, you will
learn vocabulary and expressions related to fields of
study and to life at the university. You will be able to talk
about your major, your courses, and your daily schedule,
as well as about academic life in general.

Grammaire   You will learn to use the following aspects
of French grammar:

43.   the stressed pronouns, those used as objects of
      prepositions or for clarity or emphasis

44.   how to use more than one object pronoun in a
      sentence

45.   how to use object pronouns with commands

46.   how to form and use adverbs: **vraiment** *(really)*,
      absolument *(absolutely)*, and so on

See facing page for lesson plan.

ETUDE DE VOCABULAIRE

L'Enseignement

Les écoles	Les diplômes	Les disciplines
l'école primaire		
le lycée ——————→	le baccalauréat	
l'université ——————→	la licence ——————→	les sciences humaines
	la maîtrise	les lettres
	le doctorat	
		la pharmacie
		la médecine
		les sciences naturelles
		les sciences physiques
		le droit

Presentation: Model prononciation and have students repeat, using individual and/or choral response.

Suggestion: Ask personalized questions about the vocabulary items. Example: **Quel était le nom de votre école primaire? Aimez-vous les sciences? Que préférez-vous: les lettres ou les sciences humaines? etc.** This serves as a quick warm-up activity and integrates the new vocabulary into a context.

Exercises A-C. Do as rapid response drills, with choral and individual response as desired.

A. Quelle école?

1. Françoise a huit ans. A quelle école va-t-elle? 2. Jean a dix-sept ans. A quelle école va-t-il? 3. Marie-Pierre a vingt-quatre ans. A quelle école va-t-elle?

Exercise B. Suggestion: Expand list of courses with cognates.

B. Matières (*Subjects*). Suivez le modèle.
MODELE: l'anglais → L'anglais est une des matières de la section lettres.

1. l'anatomie
2. la biologie
3. la sociologie
4. les sciences politiques

5. la littérature
6. l'hygiène

7. l'astronomie
8. la géologie

C. Définitions. Trouvez la définition correcte selon le modèle.

MODELE: médecine → La médecine est une discipline.

1. la pharmacie
2. le doctorat
3. la maîtrise
4. les sciences humaines

5. le baccalauréat
6. le droit
7. la licence
8. le lycée

SUIVRE: *to follow*		VIVRE: *to live*	
je suis	nous suivons	je vis	nous vivons
tu suis	vous suivez	tu vis	vous vivez
il, elle, on suit	ils, elles suivent	il, elle, on vit	ils, elles vivent
Past participle: suivi		*Past participle:* vécu	

Deux Verbes irréguliers

Suivre (*to follow*) and **vivre** (*to live*) have similar conjugations in the present tense. **Suivre un cours** means *to take a course.*

Combien de **cours suis**-tu?

How many *courses are* you *taking*?

Suivez mes conseils!

Follow my advice!

Vivre means *to live* in a general sense. **Habiter,** which also means *to live,* is usually linked to a place.

On **vit** bien en France.
Nous **habitons** à la **cité universitaire.**

One *lives* well in France.
We *live* in the *dormitory.*

A. Etudes ou vacances?

1. Qui suit le cours de sociologie? *Jean le suit. (nous, Marie, vous, les Dupont, tu, je, nos amies)*
2. Qui ne vit que pour les vacances? *Chantal ne vit que pour les vacances. (ils, je, Marie et Françoise, vous, tu, Jacques et moi, ton frère)*

B. Conversation.

1. Quels cours suivez-vous ce semestre? Avez-vous suivi d'autres cours de langue avant ce cours-ci? Lesquels (*Which ones*)?
2. Où habitez-vous maintenant? Avez-vous toujours vécu dans cette ville? dans ce pays? dans ce type de logement? Où viviez-vous avant de venir à l'université?

Presentation: Model pronunciation of new verbs, using short sentences. Have class repeat after model. Examples: **Je suis un cours de français, tu suis un cours, etc.** . . .

Note: Explain the difference between **vivre** and **habiter** in more detail. Explain that **vivre** can also mean *to exist* while **habiter** usually implies *to inhabit,* to live at a location. **Vivre** is used when one talks about living conditions, existence on a day-to-day basis, or the fact that someone existed at a certain time in the past.

Le Calendrier universitaire

septembre: On prend une inscription.

octobre à mai: On suit les cours. On assiste aux conférences.

décembre, mars, juin: On prépare les examens. On révise. On passe les examens.*

juin: $\left\{\begin{array}{l}\text{On réussit. On obtient un diplôme.} \\ \quad ou \\ \text{On échoue. On n'obtient pas de diplôme.}\end{array}\right.$

juillet: $\left\{\begin{array}{l}\text{On part en vacances.} \\ \quad ou \\ \text{On prépare un deuxième examen.}\end{array}\right.$

septembre: $\left\{\begin{array}{l}\text{On reprend les études.} \\ \quad ou \\ \text{On passe le deuxième examen et si on réussit, on continue ses études.}\end{array}\right.$

Presentation: Have students repeat sentences after your model. Then, as optional follow-up, have students revise the calendar to reflect that of their own university.

A. Calendrier. Répondez aux questions.

1. Que fait-on avant de suivre les cours? avant de préparer les examens? avant de réussir aux examens? avant de préparer le deuxième examen? avant de partir en vacances? 2. Que fait-on en septembre?

B. Conversation.

Exercise B. Suggestion: For whole-class conversational practice. Solicit answers to each question from a variety of individuals.

1. Est-ce qu'il y a un diplôme à la fin des études au lycée en France? aux Etats-Unis? Quel est son nom? Quel est l'équivalent américain de la licence? de la maîtrise? du doctorat? Quel diplôme doit-on avoir aux Etats-Unis pour devenir professeur? 2. Quelle est votre discipline? Quelles sont vos matières préférées? Avez-vous jamais échoué à un examen? 3. Avez-vous déjà reçu un diplôme? Lequel *(which one)*? Quel diplôme voulez-vous obtenir? Combien d'années sont nécessaires pour l'obtenir? Quelle carrière voulez-vous poursuivre? 4. Avez-vous déjà passé un examen ce semestre? Dans quelle matière? Avez-vous bien préparé cet examen? Avez-vous beaucoup révisé? Quel était le sujet de l'examen? Avez-vous réussi? 5. Avez-vous dû passer un deuxième examen? Pendant quel trimestre avez-vous passé cet examen? Avez-vous peur des examens? Les aimez-vous? Pourquoi? 6. Aimez-vous assister aux conférences? Préférez-vous les travaux pratiques?[†]

---

*Note that **passer un examen** means *to take an exam*, not *to pass an exam*. With exams, **réussir à** means *to pass*.

[†]**Les travaux pratiques** include work in the language lab or science lab, interaction with other students in small groups, and other similar individualized educational experiences.

43. STRESSED PRONOUNS

Un classique à lire: Astérix

MIREILLE: *Moi*, j'adore lire Astérix. . . pas *toi*?
SIMON: Chez *nous*, on ne lit que ça!
MIREILLE: Par contre, Paulette et René ne l'ont jamais lu, *eux*.
SIMON: Remarque, *lui*, je le comprends, il travaille trop.
Mais *elle*, quand même, elle n'a pas d'excuse.
MIREILLE: Eh oui. . . ne pas lire Astérix. . . quel trou dans une culture!

1.   Est-ce que Mireille lit Astérix?
2.   Est-ce que Simon lit Astérix, lui?
3.   Est-ce que la famille de Simon lit Astérix?
4.   Est-ce que Paulette et René lisent Astérix, eux?
5.   Est-ce que René a une excuse, lui?
6.   Est-ce que Paulette a une excuse, elle?
7.   D'après Mireille, pourquoi faut-il lire Astérix?

Presentation: Make sure *not* to unduly stress the pronouns in the mini with your voice, but rather, show how the use of the form itself creates the emphasis in French.

Note: In many cases English uses intonation to obtain the same effect of clarity or emphasis.

Stressed pronouns are used as objects of prepositions or for clarity or emphasis.

A. Forms of stressed pronouns

The forms of the stressed pronouns are:

Presentation: Use pronouns in short sentences to illustrate their use. Have students repeat after your model. Examples: **Moi j'aime le français. Robert, lui, le déteste. Et toi? Que penses-tu du français?** etc.

moi	I, me	nous	we, us
toi	you	vous	you
lui	he, him, it	**eux**	they, them (*m*)
elle	she, her, it	elles	they, them (*f*)

Note that several of the stressed pronouns (**elle, nous, vous, elles**) are identical in form to subject pronouns.

A classic to read: Astérix
MIREILLE: I love to read Astérix . . . don't you?   SIMON: At our house, that's all we read!   MIREILLE: On the other hand, Paulette and René have never read it.   SIMON: Mind you, in *his* case, I can understand why, he works too much. But really, *she* doesn't have any excuse.   MIREILLE: That's right . . . not to read Astérix . . . what a gap in anyone's culture!

B. Use of stressed pronouns

Stressed pronouns are used:

1. as objects of prepositions

   Nous allons étudier chez *lui* ce soir.

   We're going to study at *his* house tonight.

   Le prof de chimie parlait de *toi* hier.

   The chemistry prof mentioned *you* yesterday.

2. as part of compound objects

   Martine et elle* ont eu une bonne note à l'interrogation écrite.

   Martine and she got a good grade on the written test.

   Claude et moi avons vécu un an en France.

   Claude and I spent a year living in France.

3. with subject pronouns, to emphasize the subject

   Lui, a-t-il un doctorat?

   He has a doctorate?

   Eux, ils ont de la chance.

   They are lucky.

   Tu es brillant, **toi.**

   You are brilliant.

   The stressed pronouns can be placed at the beginning or the end of the sentence.

4. after **ce + être**

   C'est *vous*, M. Lemaître? Oui, c'est **moi.**

   Is it *you*, Mr. Lemaître? Yes, it's *me* (it is I).

   C'est **lui** qui faisait le cours de philosophie.

   It's *he* who was teaching the philosophy course.

5. in sentences without verbs, such as one word answers to questions and tag questions

   Qui a échoué à l'examen? **Toi!**

   Who failed the exam? *You!*

   As-tu pris mon livre? **Moi?**

   Did you take my book? *Me?*

   Nous allons au théâtre. **Et lui?**

   We're going to the theatre. *What about him?*

6. in combination with **même(s)** for emphasis.

   Préparent-ils la conférence **eux-mêmes**?

   Are they preparing the lecture *by themselves*?

   Allez-vous donner les résultats *vous-même*?

   Are you going to give the results *yourself*?

---

*The plural subject is sometimes expressed in addition to the compound subject: ***Martine et elle, elles** ont eu une bonne note.*

Note that the stressed pronouns plus **même(s)** are the equivalent of English pronouns plus *self/selves*.

Maintenant à vous

A. **Des secrets.** Savais-tu qu'il n'a pas réussi aux examens? Réponds selon le modèle.

MODELE: tu / je → Oui, mais c'est entre toi et moi.

1. il / elle
2. elle / je
3. vous / ils
4. nous / elles
5. je / il
6. ils / tu

Exercises A-D. Suggestion: After doing model with students repeating individually or in chorus, have students identify the function of the stressed pronoun for each exercise: i.e., A = use of pronoun after prepositions; B = use of pronoun after **chez;** C = stressing the subject, etc. Do as rapid response drills, with individual and choral repetition.

B. **Tempête de neige** (*Snowstorm*). Il neigeait hier soir et les personnes suivantes ont dû rester chez elles. Décrivez ce qu'elles ont fait, selon le modèle.

MODELE: vous → Vous faisiez les devoirs chez vous.

1. nous
2. je
3. Marie et toi
4. Pierre et Marie
5. tu
6. mon ami Marc
7. les étudiantes en médecine
8. les étudiants de mon cours

C. **Bachotage** (*Cramming*). La nuit après la tempête de neige la bibliothèque est pleine de monde. On étudie pour les examens qu'on va passer demain. Décrivez les personnes qui travaillent en suivant le modèle.

MODELE: nous / occupé → Nous, nous sommes occupés.

1. je / fatigué
2. tu / attentif
3. ils / bavard (*talkative*)
4. vous / sérieux
5. elle / travailleur
6. elles / paresseux
7. il / calme
8. ils / content

D. **Une thèse* sur Sartre.** Remplacez les mots en italique par des pronoms qui correspondent aux mots entre parenthèses.

1. Qui doit écrire une thèse sur Sartre? C'est *moi* qui dois le faire. (*il, Jacques, elles, Mireille et Chantal, Marc et son ami, nous, tu, ton amie et toi*)
2. Vous faîtes la thèse vous-même? Oui, *je* la fais moi-même. (*elle, Marie, ils, Paul et Robert, Annick et son amie, nous, tu, ton ami et toi*)

Exercise E. Suggestion: You may want to give students a minute or two to do the exercise silently. Then select two students to read the rôles with the appropriate pronouns.

E. **Après l'interrogation** (*exam*). Complétez le dialogue avec les pronoms corrects.

CAMILLE: Claude et _____ avons choisi le sujet sur Sartre. Et _____ ?

***Thèse** is the equivalent of *thesis* or *dissertation*.

ROBERT: _____ , j'ai fait comme _____ .

CAMILLE: Et Jacques?

ROBERT: _____ ! Il a rendu feuille blanche *(blank page)*.

CAMILLE: C'est _____ qui a rendu cette feuille blanche? Mais c'est _____ qui révise depuis dix jours!

ROBERT: Oui, mais _____ a dit ce matin qu'il n'était pas prêt.

Exercise F. Suggestion: Give students a few minutes to do exercise in writing, or assign for written homework. Follow up with oral presentation, with several students taking rôles.

F. Quelle aventure! Tout d'un coup *(Suddenly)* il n'y a plus d'électricité à la bibliothèque. On n'y voit plus rien. Chacun essaie de trouver ses camarades dans le noir. En français, s'il vous plaît.

THERESE: *Nicole, is that you?*

NICOLE: *Yes, it's me. Where are you?*

THERESE: *Me? I'm here, next to Jean-Michel.*

UNE VOIX: *I'm not Jean-Michel!*

JEAN-MICHEL: *I'm near the window. Where's Christophe?*

NICOLE: *I don't know. Is that him over there next to the door?*

THERESE: *I think that's him. Claude is next to him, isn't he?*

JEAN-MICHEL: *No, that's not Claude. It's a coatrack* (un portemanteau). *He was studying with Marlène.*

NICOLE: *With her? Why is he studying with her?*

JEAN-MICHEL: *You know why. She always passes the exams.*

Exercise G. Suggestions: (1) May be done first in writing, with oral answers given by individuals as follow-up. Have someone in the class respond to each **"Et toi?"** with a personal answer. (2) Have students complete the activity in pairs and compare answers.

G. Toi et moi. Avec un(e) camarade de classe, complétez les phrases suivantes.

1. Moi, je ne peux pas vivre sans _____ . Et toi? 2. _____ et moi, nous allons _____ . Et toi? 3. Moi, j'ai _____ . Et toi? 4. Moi, je suis _____ . Et toi? 5. Quand je vais à _____ , j'apporte _____ avec moi. Et toi?

44. ORDER OF OBJECT PRONOUNS

Une surprise-partie pour Michèle

MARIE: Et Bernard, tu *le lui* as dit?
JEAN: Oui, nous *lui en* avons parlé hier.
CATHERINE: Et il *m'en* a reparlé ce matin.
MARIE: Bon, alors si vous *l'y* avez invité, je le marque sur la liste.

1.   Est-ce que les copains ont invité Bernard à une soirée?
2.   Les copains en ont-ils parlé à Michèle?

Suggestion: For each of the pronouns in the mini have students guess what the noun referents probably are.

When several object pronouns are used in a declarative sentence, they occur in a fixed sequence. If the sentence has both a direct object pronoun and an indirect object pronoun, the direct object pronoun is usually **le, la,** or **les.** The indirect object pronouns **me, te, nous,** and **vous** precede **le, la,** and **les. Lui** and **leur** follow them. The pronouns **y** and **en,** in that order, come last.

Indirect object	*Direct object*	*Indirect object*	*Y/en*	
me	le	lui	y / en	
te	la	leur		verb
nous	les			
vous				

Presentation: Explain that the forms within circles often occur together, and that the circles show what forms are likely to be found together and in what order. Note that y or **en** can also occur in the same sentence with one of the circled pronouns. Three object pronouns in a row are avoided in French.

Le prof vous a-t-il expliqué le système de notation? Oui, il **nous** l'a expliqué.

Did the professor explain the grading system to you? Yes, he explained *it to us.*

Avez-vous montré la traduction aux autres? Oui, je **la leur** ai montrée.

Did you show the translation to the others? Yes, I showed *it to them.*

Y a-t-il de bonnes lectures dans ce livre? Oui, il **y en** a.

Are there some good readings in that book? Yes, *there* are *(some).*

Est-ce qu'il a donné les livres à ses amis? Oui, il **les leur** a déjà donnés.

Has he given the books to his friends? Yes, he has already *given them to them.*

Suggestion: Have students explain the use and forms in the model sentences, finding the appropriate antecedent for each pronoun. Have students repeat the sentences with pronouns after your model.

In negative sentences with object pronouns, **ne** precedes the object pronouns and **pas** follows the conjugated verb or inverted verb/subject.

A surprise party for Michèle
MARIE: And Bernard, did you tell him about it?   JEAN: Yes, we talked to him about it yesterday.   CATHERINE: And he talked about it again to me this morning.   MARIE: Fine, then if you've invited him to it, I'll put him down on the list.

Je **ne** le leur enseigne **pas** maintenant.

I'm *not* teaching it to them now.

Les horaires? **Ne** nous les ont-
ils **pas** envoyés?

The schedules? *Didn't* they send
them to us?

Maintenant à vous

Exercise A.   Suggestion: Do as
rapid response drill.

A.   Réussite. Frédéric a réussi à un examen difficile. A qui montre-t-il
sa note? Répondez selon le modèle.

MODELE: sa soeur → Il la lui montre.

1. ses parents
2. moi
3. son amie
4. nous

5. son frère
6. toi
7. son camarade de chambre
8. vous

Exercise B.   Suggestion: Do as
rapid response drill. You might
want to reinforce appropriate
answers by writing the model
sentence on the board, then
underline the part being
substituted, and insert the
appropriate pronouns. Have
students repeat the new sentences
individually and/or in chorus.

B.   Travail d'équipe *(team)*. Gisèle aide ses camarades de chambre,
Christine et Yvonne, à réviser pour l'examen de français. Transformez les phrases selon le modèle.

MODELE: Gisèle donne son cahier à Christine. → Elle le lui donne.

1. Gisèle prête la correction du devoir à Christine.   2. Elle prête le
texte de la conférence à Christine et à Yvonne.   3. Elle donne ses
notes sur le cours d'histoire à Yvonne.   4. Elle donne ses cahiers à
ses camarades de chambre.   5. Elle explique la conférence à Christine.   6. Elle explique les réponses à Yvonne.

Exercises C and D.   Suggestion:
Do exercise with students at board.
Ask the questions provided in the
exercise; students write answers at
board, using appropriate pronouns.
Use choral repetition to reinforce
written answers.

C.   Détails pratiques. A l'université, où faites-vous les choses suivantes? Répondez par *oui* ou *non* selon le modèle.

MODELE: Achetez-vous vos livres de classe à la librairie? → Oui,
je les y achète. (Non, je ne les y achète pas.)

1. Prenez-vous vos repas au café?   2. Passez-vous vos examens
dans l'amphithéâtre?   3. Achetez-vous vos cahiers à la librairie
universitaire?   4. Obtenez-vous votre carte d'étudiant au
secrétariat?   5. Suivez-vous vos cours de français dans un
amphithéâtre?   6. Mettez-vous un devoir en retard dans le casier
(mailbox) du professeur?   7. Etudiez-vous les sciences naturelles
dans le laboratoire?   8. Prenez-vous vos inscriptions aux cours dans
le bâtiment administratif?   9. Rencontrez-vous vos amis sur le
campus?

D.   Premier contact. Eric vient d'arriver à l'université. Il pose des questions à son camarade de chambre, Jérôme. Répondez *oui* ou *non*,
selon le modèle.

MODELE: Trouve-t-on beaucoup de livres français à la bibliothèque? → Oui, on y en trouve beaucoup. (Non, on n'y
en trouve pas beaucoup.)

1. A-t-on besoin d'une carte d'étudiant à la bibliothèque? 2. Doit-on avoir des tickets de repas au restaurant universitaire? 3. A-t-on souvent des desserts au restaurant universitaire? 4. Les professeurs donnent-ils beaucoup d'interrogations orales dans le cours de littérature? 5. Doit-on faire beaucoup d'expériences de laboratoire en section sciences naturelles? 6. Voit-on de bons films au ciné-club?

45. COMMANDS WITH OBJECT PRONOUNS

A la douane

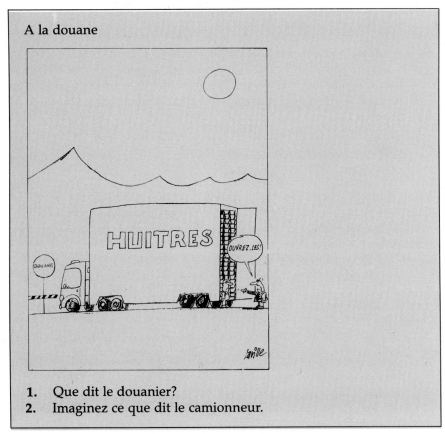

1. Que dit le douanier?
2. Imaginez ce que dit le camionneur.

A. Negative commands with one or more object pronouns

The order of object pronouns in a negative command is the same as the order in declarative sentences. The pronouns precede the verb.

Ne me le donnez pas.	*Don't give it to me.*
Ne le leur dites pas.	*Don't tell it to them.*
Ne m'en parle pas.	*Don't talk to me about it.*
N'y allons pas.	*Let's not go there.*

At the customs office
Open them!

B. Affirmative commands with one object pronoun

In affirmative commands, object pronouns follow the verb and are attached with a hyphen. The stressed forms **moi** and **toi** are used instead of **me** and **te**.

Presentation: Model sentences and have students repeat in chorus.

La lettre? **Ecrivez-la!**	The letter? *Write it!*
Tes amis? **Ecris-leur!**	Your friends? *Write (to) them!*
Voici du papier. **Prends-en!**	Here's some paper. *Take some!*
Parlez-moi des examens!	*Tell me* about the exams!

Grammaire et prononciation

As you know, the final **-s** is dropped from the **tu** form of regular **-er** verbs and of **aller** to form the **tu** imperative: **Parle! Va tout de suite!** However, to avoid pronouncing two vowels together, the **-s** is *not* dropped before **y** or **en** in the affirmative imperative: **Parles-*en*!** [parl zã], **Vas-*y*** [va zi] **tout de suite!**

C. Affirmative commands with more than one object pronoun

When there is more than one pronoun in an affirmative command, all direct object pronouns precede indirect object pronouns, followed by **y** and **en,** in that order. All pronouns follow the command form and are attached by hyphens. The stressed pronouns **moi** and **toi** are used except before **y** and **en,** where **m'** and **t'** are used.

	Direct object	Indirect object		Y/en
	le	moi (m')	nous	y/en
verb	la	toi (t')	vous	
	les	lui	leur	

Voulez-vous ma carte d'étudiant? Oui, **donnez-la-nous.**	Do you want my student ID card? Yes, *give it to me.*
Je t'apporte du papier? Oui, **apporte-m'en.**	Shall I bring you some paper? Yes, *bring me some.*
Tu veux que je tape ton curriculum vitae? Oui, **tape-le-moi.**	Do you want me to type your résumé? Yes, *type it for me.*
Est-ce que je dis aux autres que l'entrevue est à cinq heures? Oui, **dites-le-leur.**	Shall I tell the others that the interview is at five o'clock? Yes, *tell them (it).*

Maintenant à vous

A. **Une carrière.** Solange vient de réussir au baccalauréat. Elle a besoin de conseils pour l'an prochain. Vous hésitez. D'abord vous donnez une réponse positive et ensuite une réponse négative. Suivez le modèle.

MODELE: continuer les études de langue et littérature françaises?
→ *Solange:* Est-ce que je dois continuer les études de langue et littérature françaises?
Vous: Oui, continue-les. Ah, non, ne les continue pas.

Exercise A. Suggestion: Break class into two halves. Ask one half of the class to give positive advice and the other half to give negative advice to each question you ask.

1. entrer à l'université?   2. entrer dans une école de langues étrangères?   3. étudier les sciences humaines?   4. étudier le droit?   5. passer ma licence d'histoire?   6. passer ma licence de français?   7. commencer les études de sciences physiques?   8. choisir des matières qui m'intéressent?   9. suivre les cours de sociologie?   10. suivre les cours de pharmacie?

B. **Pour devenir un étudiant modèle.** Dans les phrases suivantes remplacez les mots en italique par des pronoms.

Exercise B. Suggestion: May be done as board work, with students taking down the model sentences as a dictation and then transforming them, using appropriate pronouns.

1. N'ouvrez pas *vos livres* pendant l'examen.   2. Ne parlez pas *à vos camarades dans la bibliothèque.*   3. Ne posez pas *de questions inutiles à votre professeur.*   4. Ne donnez pas *vos devoirs* en retard aux professeurs.   5. N'oubliez pas *vos notes en classe.*   6. Ne donnez pas *de réponses stupides à vos professeurs.*   7. Ecrivez *les mots français* au tableau.   8. Etudiez *vos conjugaisons* chez vous.   9. Aidez *vos amis* à faire leurs devoirs.   10. A la fin de l'année, invitez *votre professeur* à dîner.

C. **Pour étudier on doit bien manger.** Jean-Paul et Etienne préparent un examen dans la chambre de Jean-Paul. Ils ont faim et Jean-Paul offre les choses suivantes à son ami. Avec un(e) camarade, jouez les rôles selon le modèle.

MODELE: *Jean-Paul:* Voilà une portion de fromage. . . la veux-tu?
Etienne: Oui, donne-la-moi.

Déjeuner à la cité universitaire

Voici ce que *(what)* dit Jean-Paul:

1. Voilà un peu de gâteau. . . .   2. Ah, j'ai trouvé une banane!   3. Il y a trois pommes dans le frigo.   4. Cette glace à la vanille est formidable!   5. Il y a un peu de poulet froid.

Maintenant, Etienne n'a plus faim. Donnez ses réponses à la forme négative.

D. **Les études.** Quels conseils donnez-vous à un ami qui a besoin d'étudier ce soir? Répondez avec *Oui, vas-y!* ou *Non, n'y va pas!* selon le cas.

1. Est-ce que je dois aller à la discothèque ce soir?   2. Est-ce que mes camarades m'attendent à la salle des sports?   3. Est-ce que je dois aller à la bibliothèque?   4. Sais-tu si la librairie est ouverte?

ETUDE DE GRAMMAIRE
331

5. Tu crois que c'est une bonne idée d'aller jouer au volley-ball?
6. Est-ce que je dois étudier au restaurant universitaire ce soir?

E. Trouver du travail. Jean-Luc cherche du travail pour l'été. Demain il va rendre visite au directeur d'une agence de travail temporaire. Donnez-lui des conseils pour cette entrevue. Avec un(e) camarade, jouez les deux rôles.

MODELE: arriver à l'entrevue en avance →
            Jean-Luc: Est-ce que je dois arriver à l'entrevue en avance?
            Vous: Oui, arrives-y en avance. (Non, n'y arrive pas en avance.)

1. donner son curriculum vitae au directeur   2. porter des vêtements bizarres   3. dire bonjour à tous les employés du bureau   4. apporter des fleurs pour la femme du directeur   5. inventer des histoires fausses sur son expérience professionnelle   6. inviter la secrétaire de l'agence à dîner   7. donner des cigarettes au directeur   8. lui demander combien coûte sa cravate   9. lui parler de son expérience et de ses études   10. lui dire qu'il est très sympathique

F. Situations. Vous entendez des fragments de conversation. Imaginez la situation.

MODELE: N'y touche *(touch)* pas! → La mère de Jean vient de faire un gâteau. Jean essaie d'en manger un morceau.

1. Vas-y!
2. N'y touche pas!
3. Ne m'en donne pas!
4. Ne les touchez pas!
5. Donne-la-lui!
6. Ne lui parle pas si fort!
7. Montre-les-moi!
8. Ne le lui dis pas!

46. ADVERBS

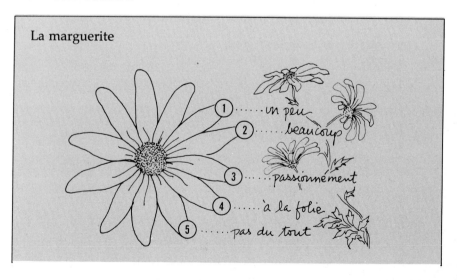

La marguerite

1 ..... un peu
2 ..... beaucoup
3 ..... passionnément
4 ..... à la folie
5 ..... pas du tout

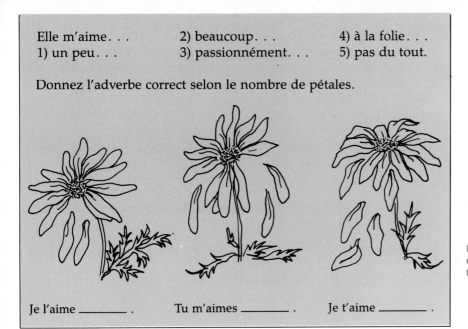

Elle m'aime. . . 2) beaucoup. . . 4) à la folie. . .
1) un peu. . . 3) passionnément. . . 5) pas du tout.

Donnez l'adverbe correct selon le nombre de pétales.

Je l'aime _____ . Tu m'aimes _____ . Je t'aime _____ .

A. Adverbs: function and position

Adverbs qualify a verb or an adjective: She learns *quickly.* He is *very* hard-working. You have already learned a number of adverbs, such as **souvent, bien, mal, beaucoup, trop, peu, très, vite,** and so on. When adverbs qualify adjectives, they usually precede them. Adverbs follow verbs, coming after **pas** in negative constructions.

Elle est **très intelligente.**	She is *very intelligent.*
J'**aime beaucoup** les langues étrangères.	I *like* foreign languages *a lot.*
Elle **ne l'explique pas bien.**	She *doesn't explain* it *well.*

Adverbs of time and place usually come at the beginning or end of a sentence.

Je vais à Lyon **demain. (Demain** je vais à Lyon.)	I'm going to Lyon *tomorrow.*
Ici on dîne **tard. (**On dîne **tard ici.)**	*Here* we eat *late.*

In the **passé composé,** short adverbs usually follow the auxiliary, coming after **pas** in a negative construction.

The daisy
She loves me . . . 1) a little . . . 2) a lot . . . 3) passionately . . . 4) madly . . .
5) not at all.

J'**ai trop** étudié ce semestre!	I've studied *too much* this semester.
Jean **a vite** répondu.	Jean *answered quickly.*
Elle **ne m'a pas beaucoup** parlé de cette conférence.	She *didn't* say *much* to me about that lecture.

B. Formation of adverbs

Many adverbs are formed from adjectives by adding the ending **-ment,** which often corresponds to *-ly* in English.

Note: Mention the irregular adverbs **précisément** and **énormément.**

1. If the masculine form of the adjective ends in a vowel, **-ment** is usually added directly to the masculine adjective.

Masculine adjective	*Adverb*	
admirable	**admirablement**	*admirably*
absolu	**absolument**	*absolutely*
poli	**poliment**	*politely*
vrai	**vraiment**	*truly, really*

2. If the masculine form of the adjective ends in a consonant, **-ment** is usually added to the feminine form of the adjective.

Masculine adjective	*Feminine adjective*	*Adverb*	
actif	active	**activement**	*actively*
franc	franche	**franchement**	*frankly*
heureux	heureuse	**heureusement**	*happily, fortunately*
lent	lente	**lentement**	*slowly*

3. If the masculine form of the adjective ends in **-ent** or **-ant,** the corresponding adverbs have the endings **-emment** and **-amment** respectively.

Masculine adjective	*Adverb*	
différent	**différemment**	*differently*
évident	**évidemment**	*evidently, obviously*
constant	**constamment**	*constantly*
courant	**couramment**	*fluently*

4. **Brièvement** *(briefly)* and **gentiment** *(nicely)* are two irregular adverbs.

5. Adverbs ending in **-ment** usually follow a verb in the present or imperfect tense. They follow the past participle when the verb is in the **passé composé.**

Tu **parles couramment** français.	You *speak* French *fluently.*
Il **était vraiment** travailleur.	He *was really* hard-working.
Paul **a répondu intelligemment.**	Paul *responded intelligently.*

Maintenant à vous

A. Ressemblances. Donnez l'équivalent adverbial de chacun des adjectifs suivants.

1. heureux
2. actif
3. long
4. vrai
5. différent
6. rapide
7. certain
8. constant
9. absolu
10. admirable
11. poli
12. gentil
13. bref
14. courant
15. intelligent

Exercise A.   Suggestion: Do as rapid response drill, with choral repetition as desired.

B. Carrières. Complétez les paragraphes suivants avec les adverbes indiqués.

1. Le linguiste. Adverbes: *ensuite, couramment, vite, bientôt (soon), naturellement, évidemment, probablement*

Jean-Luc parle _____ anglais. Il a vécu aux Etats-Unis. Il est allé au lycée aux Etats-Unis et il a très _____ appris la langue pendant son séjour. _____, à l'université il a choisi la section langues étrangères. Il va _____ passer sa licence d'anglais. _____, il doit _____ choisir entre la recherche *(research)* et l'enseignement. Ses parents sont professeurs et je pense qu'il va _____ choisir de devenir professeur.

Exercise B.   Suggestion: For written homework or in-class activity. If done in class, give students a few minutes to work out answers individually. Then have them complete sentences orally, explaining their choices.

2. La doctoresse. Adverbes: *exactement, beaucoup, absolument, fréquemment, seulement, constamment, souvent, bien, très*

Marie-Hélène veut _____ devenir médecin. Elle travaille _____ pour y arriver: en général, le matin, elle arrive à l'hôpital à six heures _____ et elle y reste _____ jusqu'à neuf heures du soir. Dans la journée, elle travaille _____ et prend _____ quinze minutes pour déjeuner. _____, elle est fatiguée le soir. Mais je pense qu'elle va réussir parce qu'elle est _____ travailleuse et ambitieuse.

C. Opinions. Posez les questions à un(e) camarade. Dans sa réponse il/elle doit employer des adverbes.

1. A ton avis, doit-on beaucoup travailler pour réussir? 2. Doit-on suivre l'actualité politique? 3. Comment doit-on parler à un directeur pendant une entrevue? 4. Comment doit-on parler à un professeur en classe? 5. Est-ce que l'argent fait le bonheur *(happiness)*? 6. Est-ce que l'amitié est plus *(more)* importante que la réussite? 7. Sors-tu souvent avec tes amis? 8. Aimes-tu faire de longs voyages?

Exercise C.   Suggestion: For whole-class or paired conversation practice.

D. Histoire collective. Décrivez la journée normale d'un étudiant. Chacun donne une phrase de l'histoire. Le voisin (la voisine) répète la phrase avec un nouvel adverbe, et donne ensuite une nouvelle phrase.

ETUDE DE GRAMMAIRE

335

—Evidemment, toi, tu ne fais pas de fautes d'orthographe, c'est ta secrétaire qui écrit! . . . (Gad)

> *Vous:* Le matin, je pars de chez moi à huit heures. . . .
>
> *Votre voisin(e):* Le matin, je pars de chez moi à huit heures exactement. Ensuite, je vais au café prendre mon petit déjeuner. . . .
>
> *Le suivant:* Ensuite, je vais vite au café prendre mon petit déjeuner.

Mots utiles: absolu, bref, certain, constant, courant, évident, franc, fréquent, gentil, heureux, indépendant, intelligent, lent, long, malheureux, poli, seul, simple, tranquille, vrai

ETUDE DE PRONONCIATION

Final consonants

Final consonants are generally silent in French.

le candidat̸ le progrès̸ le choix̸ le riz̸ le printemps̸
Exceptions: est ouest sud

However, **c, r, f,** and **l** at the end of a word are usually pronounced.

l'échec le devoir le chef l'oral

Exceptions:

1. **c** is usually silent in words ending in **-nc:** blanc̸ franc̸
2. **r** is usually silent in words of two or more syllables ending in **-er:** le cahier̸ le quartier̸ le dîner̸
3. **f** is silent in the plural form of **oeuf** and **boeuf:** un oeuf → des oeufs̸
4. A few words do not follow the rules: porc̸ tabac̸ clef gentil̸

Words of foreign origin tend to retain the pronunciation of final consonants.

le tennis le short le curriculum

Maintenant à vous

A. Prononcez avec le professeur.

le boeuf	l'hôtel	le short	le tennis
la mer	l'échec	le port	attentif
le loyer	le passager	le vert	exact
le lac	le concours	la clef	gentil
le porc	le dîner	le sud	normal

B. Prononcez les phrases suivantes.

1. Neuf gentils chats noirs dorment sur le grand tapis blanc et gris.
2. Monsieur Leblanc aime les oeufs, le bifteck, le porc et le boeuf au déjeuner. 3. Ce week-end, ma soeur et son fils vont faire du jogging et du tennis. 4. Je mange beaucoup de sandwichs et d'escargots en apéritif avant le dîner.

C. Pour rire.

1. Le gentil chef cuisinier, avec son grand sac neuf chic et très sportif, prend le dernier vol normal pour le Portugal.
2. Au printemps, je vais à l'Hôtel du Lac, dans le quartier chic et cher de l'Hôpital Lafleur.

CONVERSATION ET CULTURE

Une Discussion

Deux étudiants, Olivier et Claire, voyagent en train. Ils reprennent leurs études à la fin des vacances de Noël. Olivier est étudiant en sociologie dans une université plutôt *contestataire*. Claire est *élève* à l'Ecole nationale des *travaux publics* de l'état.

<small>radical / student</small>
<small>public works</small>

CLAIRE: Tu es étudiant?

OLIVIER: Oui, en sociologie. Tu es étudiante, toi aussi? Tu as des cours intéressants?

CLAIRE: Moi, je suis *élève-ingénieur*. Disons que les profs sont compétents *plutôt qu'* intéressants. Nous écrivons des pages de devoirs et de projets. J'en ai un pour la semaine prochaine. Je le leur prépare *depuis longtemps*.

<small>engineering student</small>
<small>rather than</small>
<small>for quite a while</small>

OLIVIER: L'un de nos profs est *épouvantable*; il récite constamment son cours *par coeur*, le même depuis dix ans. Il ne connaît ni le nom ni le *visage* de ses étudiants. Heureusement nous avons des *polycopiés*, alors je ne vais même plus à son cours. Les autres profs sont bien, non seulement ils savent beaucoup de choses mais ils savent aussi enseigner!

<small>terrible</small>
<small>by heart</small>
<small>face / Xerox copies (of lectures)</small>

CLAIRE: Alors tu fais de la sociologie, toi? Cela t'intéresse? Moi, je trouve que c'est un bon moyen d'être au *chômage*.

<small>unemployment</small>

OLIVIER: Possible, mais moi, l'argent ne m'intéresse pas.

CLAIRE: Moi, par contre, entre le chômage des jeunes et le chômage des femmes j'ai préféré choisir un *métier* bien défini.

<small>craft</small>

OLIVIER: Tu es élève-ingénieur, dis-tu? En effet, toi, tu es tranquille. Mais moi, ce ne sont pas les études à l'université qui vont me donner du travail.

CLAIRE: Dis-moi alors pourquoi tu as choisi d'y étudier.

OLIVIER: Je te le dis. Les sociologues sont vraiment indispensables—ce sont eux qui réfléchissent à votre place! Nous vivons malheureusement dans une société de technocrates. Sans des gens comme nous, le progrès est impossible. Je refuse de vivre au service des patrons, *tout en suivant l'indice* de productivité.

CLAIRE: Je te trouve bien prétentieux, *mon vieux.* Reconnais que mon travail à moi aussi est utile: construire des routes sûres, rapides, faciliter la *circulation:* tout cela fait partie de la qualité de la vie. Je vais être, comme toi, au service du public.

OLIVIER: Bon, nous faisons chacun notre devoir. C'est peut-être ça, le bonheur. . . .

Questions et opinions

Presentation: See *Teacher's Edition Manual* for presentation ideas for long dialog.

Suggestion: Have students locate all the adverbs, object pronouns, and other grammatical features of the conversation commenting on the use of appropriate forms.

1. Où Olivier est-il étudiant? et Claire? 2. Décrivez le professeur d'Olivier. 3. Quel est le travail des sociologues selon Olivier? 4. Selon Claire, le travail d'un ingénieur est-il important pour la société? 5. Avec qui êtes-vous d'accord, avec Olivier ou avec Claire? 6. Vos professeurs sont-ils compétents? Sont-ils intéressants? 7. Est-ce que l'argent est important dans le choix d'une profession? 8. Est-ce que vous allez choisir une profession qui fait progresser la qualité de la vie? quelle profession?

Commentaire culturel

Only about twenty-five percent of French young people attend a university, although tuition is free. The differences between university students and young workers are greater than in North America for two reasons. First, after the age of sixteen those who do not plan to go to college enter a separate trade or technical school, because most high schools do not offer courses in typing, auto repair, or other vocational education. Second, university students rarely work because part-time work is hard to find. There are scholarships based on economic need, but they are difficult to get and are usually not enough to live on.

Much is expected of those young people who do go to college, and competition is intense. The average student spends twenty hours a week studying, and another twenty to thirty hours a week in class (lectures and labs). Students have longer hours than the average French worker, although the time required varies with the field of study.

Until 1968 French students did not have obligatory coursework throughout the year; the entire year's work depended upon whether one passed or failed the exam at the end of the year. This system created tremendous pressure and intense cramming in the spring. In 1968 student demonstrations led to reforms, one of which was the **contrôle continu** system: work is required of students on a regular basis, and there are four or five papers spaced through the year, plus a more important written and oral final exam. Lectures are still not compulsory, and many students skip them.

A la bibliothèque

The degrees awarded by French universities are the **licence,** roughly equivalent to a bachelor's degree; the **maîtrise** (master's); and the **doctorat** (doctorate). The **Certificat d'aptitude au professorat des enseignements du secondaire (C.A.P.E.S.)** and the **agrégation** are teaching certificates gained after passing very competitive exams; those who earn their **C.A.P.E.S.** and the **agrégation** are guaranteed teaching jobs for the rest of their lives.

French students enjoy endless conversations that deal mainly with world problems and politics. It is often said that they build a new society in every conversation. The tone is earnest, aggressive, often discontented. Young Americans, seeing students in France always discussing, think: "They are just standing around doing nothing." On the other hand, young French people visiting the United States say of U.S. students: "Why don't they ever talk seriously? Don't they have opinions about anything?" Nowhere is **l'esprit critique,** the French critical attitude, more evident and encouraged than in universities. Students are expected to think for themselves, to form personal opinions rather than to repeat a professor's ideas. The quality of thought is deemed as important as the quality of reading done. For the French, especially students, nothing is sacred, everything can be questioned, doubted, and of course discussed.

Suggestion: Have students compare and contrast American and French university systems. Help them evaluate their impressions and opinions. You might design a set of discussion questions in French based on the reading in which you ask for their opinions about the cultural contrasts given. Examples: **Qui va à l'université aux Etats-Unis? et en France? Décrivez le système universitaire privé aux Etats-Unis vis-à-vis du système universitaire public. et le système français? Lequel préférez-vous?**

RECAPITULATION

A. Une soirée studieuse. Complétez l'histoire. Choisissez la réponse correcte parmi les réponses suggérées.

Pierre veut emprunter le livre d'histoire de Marc. Mais Marc a besoin de son livre. Donc *(for that reason)* Marc ne *(la lui, le leur, le lui)* donne pas.

Marc va étudier chez Michèle. Il demande à Pierre s'il veut étudier avec *(elles, eux, lui)*. Marc veut appeler Michèle. Pierre et lui cherchent son numéro dans l'annuaire. Enfin, ils *(l'y, lui en, le lui)* trouvent.

Quand Pierre et Marc arrivent chez Michèle, elle prépare du café pour tout le monde. Puis elle *(leur en, le lui, la leur)* offre.

Michèle demande à Marc de lire un passage à Pierre et à elle. Marc *(les leur, le lui, le leur)* lit. Enfin, tout le monde essaie de répondre aux questions à la fin du chapitre. Ils prennent leurs cahiers et ils *(y, lui, leur)* écrivent leurs réponses.

B. Les devoirs. Remplacez les noms en italique par le pronom correct.

RENAUD: Est-ce que nous prêtons *les cahiers à ta soeur?*
NATHALIE: A *ma soeur?* Pourquoi donnez-vous *vos cahiers à ma soeur?*

Exercise A.   Suggestion: Solicit responses orally, or ask students to do as written homework.

Exercise B.   Suggestion: Have students do exercise first in writing, and then solicit answers orally. Have a volunteer write the new dialog on the board.

RENAUD: *Ta soeur et son ami Marc* ont besoin *de ces cahiers.*

NATHALIE: Ils préparent *leurs devoirs* pour la classe de maths?

RENAUD: Oui, et selon *Marie-Claude et Marc,* le prof donne trop de travail *à ses élèves.*

NATHALIE: Quand est-ce que Marie-Claude va vous rendre *vos cahiers?*

RENAUD: Pourquoi? Tu veux emprunter *nos notes* après *Marie-Claude et Marc?*

NATHALIE: Pourquoi pas? Au moins vous pouvez me montrer *vos devoirs* avant l'examen, n'est-ce pas?

Exercise C. Suggestion: For pair work, the whole class first having gone over the model with several examples. Encourage partners to switch rôles for each sentence practiced.

C. Il a séché *(cut)* **le cours.** Marc a séché le cours de philosophie hier matin. Il vous demande de lui prêter votre cahier, vos notes de classe, etc. Vous voulez bien l'aider. Avec un(e) camarade de classe, jouez les deux rôles. Suivez le modèle.

MODELE: *Marc:* Tu me prêtes tes notes de classe?
Vous: Oui, je te les prête.
Marc: Alors, prête-les-moi.

1. Tu me prêtes ton cahier? 2. Tu me donnes ta copie de la conférence? 3. Tu prêtes tes notes de classe à mon ami Olivier aussi? 4. Tu me montres tes devoirs? 5. Tu donnes la copie de l'examen à tes camarades? 6. Tu donnes les feuilles d'inscription à Solange aussi?

Exercise D. Suggestion: Can be done in groups of three. Have students switch rôles during practice. Model several items first so students understand exercise.

D. Contre-ordres. Xavier est le représentant des étudiants de première année. Pendant la réunion des étudiants, personne n'est d'accord sur les choses à faire. Avec deux camarades, jouez les rôles de Xavier et de ses deux assistants. Suivez le modèle.

MODELE: envoyer les invitations du bal de fin d'année aux professeurs → *Xavier:* Est-ce que je dois envoyer les invitations du bal de fin d'année aux professeurs?
Un assistant: Mais oui, envoie-les-leur vite.
Un autre assistant: Mais non, ne les leur envoie pas!

1. recopier les résultats d'examen pour les assistants 2. afficher la liste de lectures pour les étudiants d'histoire 3. donner les horaires de laboratoire aux étudiants de langues 4. faire la liste des bourses *(scholarships)* de séjours à l'étranger pour les étudiants de deuxième année 5. préparer les polycopiés du cours pour la secrétaire 6. afficher les horaires du ciné-club 7. envoyez les feuilles d'inscription aux étudiants

VOCABULAIRE

VERBES

afficher	to fix, to affix
assister	to attend
continuer	to continue
échouer	to fail
enseigner	to teach
intéresser	to interest, to be of interest
réviser	to review
suivre	to follow; to take (a course)
taper	to type
vivre	to live

NOMS

le baccalauréat	high school diploma
le bonheur	happiness
la carrière	career
la carte d'étudiant	student ID card
la conférence	lecture
le conseil	advice
le diplôme	diploma
la discipline	discipline, area of study
le doctorat	doctorate, Ph.D.
le droit	law
l'école primaire	elementary school
l'élève *(m, f)*	student, pupil
l'enseignement *(m)*	teaching, education
l'entrevue *(f)*	interview
l'étude *(f)*	study (of a subject)
la feuille	sheet, leaf
l'horaire *(m)*	schedule
la langue étrangère	foreign language

NOMS

les lettres *(f)*	arts, liberal arts
la licence	bachelor's degree
le lycée	high school
la maîtrise	master's degree
la matière	subject (in school)
la médecine	medicine
la pharmacie	school of pharmacy
la réponse	answer, response
le résultat	result
la réussite	success
les sciences humaines *(f)*	social sciences
les sciences naturelles *(f)*	natural sciences
les sciences physiques *(f)*	physical sciences
le sujet	subject, topic
la traduction	translation

ADJECTIFS

courant(e)	fluent
franc(he)	frank
lent(e)	slow
ouvert(e)	open
poli(e)	polite

MOTS DIVERS

après	after
brièvement	briefly
depuis	for (a period of time)
prendre une inscription	to enroll, register
gentiment	nicely
passer les examens	to take exams

(OPTIONAL)

Intermède **11**

Activités

A. **Paperasses** *(paperwork)*. Chaque étudiant(e) en France doit remplir beaucoup de formulaires pour s'inscrire *(to enroll)* à l'université et pour constituer un dossier. Par exemple, on remplit: une fiche analytique, une fiche administrative, un imprimé *(printed form)* de sécurité sociale, un imprimé de paiement des droits d'inscription, un imprimé de la bibliothèque et un imprimé du C.R.O.U.S. (Centre régional des oeuvres universitaires et scolaires), une organisation qui offre aux étudiants des services sociaux et médicaux.

Avec un(e) camarade, jouez les rôles d'étudiant(e) et de secrétaire à l'université et remplissez la demande de carte des oeuvres universitaires du C.R.O.U.S., qui se trouve à la page 343 Le/la secrétaire pose des questions de la fiche et l'étudiant(e) donne les réponses.

B. **Gagner de l'argent.** Vous avez votre licence. Vous êtes fatigué(e) d'être pauvre. Vous voulez gagner de l'argent. En groupes, choisissez la meilleure *(best)* profession. Pensez aux avantages et aux inconvénients de chaque possibilité. Justifiez votre choix devant la classe.

Questions utiles:

1. Quelle carrière vous donne le plus *(the most)* d'argent? 2. Quelle carrière est très facile? 3. Laquelle *(which)* est ennuyeuse? 4. Laquelle est intéressante?

Professions et carrières:

1. inventer quelque chose 2. aller à Hollywood et essayer de devenir acteur/actrice 3. faire un hold-up dans une banque 4. chercher une situation *(position)* dans les affaires 5. faire un travail manuel 6. vendre des encyclopédies 7. devenir mendiant(e) *(beggar)* 8. écrire un livre 9. travailler dans un restaurant chic 10. devenir chanteur/chanteuse de rock 11. ???

DEMANDE DE CARTE
DES OEUVRES UNIVERSITAIRES

**CENTRE REGIONAL DES OEUVRES
UNIVERSITAIRES ET SCOLAIRES
59, rue de la Madeleine 69365 LYON CEDEX 2**

**CENTRE LOCAL DES OEUVRES
UNIVERSITAIRES ET SCOLAIRES**
Service des cartes
**25, rue du Docteur Paul Michelon
42023 SAINT-ETIENNE Cedex**

NOM	CELIBATAIRE - MARIE (1) .	PRENOMS

(Une lettre majuscule par case)

Nom de jeune fille _____

Date et lieu de naissance _____

Nationalité _____ Sexe : Masculin - Féminin (1)

Adresse des parents : _____

_____

Profession du père : _____ de la mère : _____

Adresse de l'étudiant (s'il ne réside pas chez ses parents) :

_____

_____

Date d'obtention du Baccalauréat : _____

Date d'obtention d'une équivalence du Baccalauréat : _____

Date et nature du dernier examen passé avec succès : _____

Logement actuel
(mettre une croix) ⟶

Cité universitaire _____
HLM du CROUS _____
dans la famille _____
chez un logeur _____
en internat _____
en foyer privé _____
location _____

SCOLARITE

Années scolaires	Etablissements	Examens	Résultats
1974 / 1975			
1975 / 1976			
1976 / 1977			
1977 / 1978			
1978 / 1979			

ANNEE 1979 - 1980

Etablissement	Examens préparés

RETARD OU INTERRUPTION DANS LES ETUDES

DATES	MOTIFS (Service national, Travail, Maladie, Handicap physique, etc.....)
	Fournir pièces justificatives

(1) Barrer les mentions inutiles   **NE PAS PLIER CETTE FICHE**

C. Le rôle de l'université. Quel est le rôle de l'université? Choisissez les quatre rôles les plus importants *(most important)*. Classez-les dans l'ordre de vos préférences.

L'université est _____ .

_____ 1. un centre de promotion sociale

_____ 2. un centre de recherche scientifique

_____ 3. un centre de formation professionnelle

_____ 4. un centre de développement personnel

_____ 5. une institution qui permet de gagner de l'argent

_____ 6. ?????

Qui n'est pas d'accord avec vous? Discutez les différents rôles et essayez de définir la fonction principale d'une université aux Etats-Unis. Croyez-vous qu'il existe des différences fondamentales entre les universités américaines et les universités en France?

D. Carrières: un débat.

professeur au lycée   professeur à l'université   journaliste   diplomate

avocat   interprète   chef d'entreprise   conseiller d'orientation   médecin

1. Quelle carrière pensez-vous poursuivre *(to pursue)*? Est-ce une carrière utile surtout pour la société? ou utile surtout pour vous? Est-ce une carrière qui stimule le progrès? Justifiez votre choix et parlez-en à la classe.
2. Qui n'est pas d'accord avec votre choix? Demandez-lui ses raisons et quel choix de carrière il/elle a fait. Pourquoi son choix est-il meilleur *(better)* que le vôtre *(yours)*? Commencez un débat et essayez de rallier vos amis à votre point de vue.

E. La lecture. Que lisent les Français? Voici le résultat d'une enquête sur les préférences des lecteurs français. Qu'indique cette liste sur le goût des lecteurs français?

Maintenant répondez aux questions suivantes seul(e) ou avec un(e) camarade de classe.

1. Quelle sorte de livres achetez-vous? 2. Quels livres lisez-vous pendant l'année scolaire? pendant les vacances? 3. Quelle sorte de livres l'Américain typique lit-il? 4. Quels traits de personnalité indique le choix d'un livre?

Quelle sorte de livres vos camarades préfèrent-ils?

Sur 100 livres achetés, il y a:
36 romans
14 livres d'enseignement
12 romans policiers et d'aventures
9 livres d'histoire
7 livres d'enfants
6 ouvrages scientifiques et techniques
5 livres de philosophie, politique, religion
5 livres de poésie, art, théâtre
5 livres de voyage
1 divers

Lecture: La Sorbonne

Aujourd'hui la Sorbonne est *partagée* entre plusieurs universités de Paris (Paris I, Paris II, Paris III. . . .). Autrefois, c'était l'*Université* de Paris, la seule, l'unique. C'est pourquoi elle est aussi célèbre qu'Oxford ou Heidelberg.

divided

Dans le monde entier, on connaît la Sorbonne, mais qui connaît le nom de Robert de Sorbon, le confesseur de Saint Louis, Roi de France? En 1257, il a créé ce collège pour permettre aux étudiants pauvres de faire des études théologiques. C'était le collège de Sorbon. Quand, à partir de 1557, les réunions générales se tenaient dans le collège de Sorbon, on l'a appelé *La* Sorbon*ne (La* Maison de Sorbon).

Comment expliquer le destin fabuleux de ce petit collège de religion? Le Cardinal de Richelieu l'a entièrement reconstruit. (Son tombeau est dans la Chapelle.) Napoléon en a fait la mère des autres universités de l'Empire. Elle est restée la plus prestigieuse université française et au dix-neuvième siècle elle a été à nouveau reconstruite (de 1885 à 1901). La Sorbonne, l'ancienne faculté de théologie, est alors devenue le temple du rationalisme, la *citadelle de la laïcité.*

citadel of secular thought

La révolte des étudiants en mai 1968 et les événements de cette période ont mis fin à cette hégémonie. La grande réforme de l'université a en principe supprimé *La* Sorbonne: dix universités parisiennes sont alors nées. Mais la tradition est obstinée: tout le monde parle encore de *La* Sorbonne, tout le monde veut étudier à *La* Sorbonne. La Sorbonne est morte plusieurs fois, mais elle vit encore et toujours.

Compréhension et expression

A. Comprenez-vous?

1. Pourquoi Robert de Sorbon a-t-il fondé la Sorbonne? 2. Qu'est-ce que Richelieu a fait à la Sorbonne? 3. Qu'est-ce que Napoléon a fait ensuite? 4. Quelle a été la réputation de la Sorbonne au dix-neuvième siècle? 5. Combien d'universités sont nées après mai 1968? 6. Est-ce que la Sorbonne existe toujours?

B. Mes études. Complétez les phrases pour décrire vos études.

J'étudie maintenant _____ . Je suis à la faculté de _____ . J'ai _____ "crédits" et j'aurai *(will have)* mon diplôme en _____ . Je suis un cours de français parce que _____ . Ce trimestre, je suis des cours de _____ . Je préfère mon cours de _____ parce que _____ . Après l'université, je vais _____ .

C. Les diplômes et les débouchés *(job openings)*. Les diplômes de lettres offrent peu de débouchés en France. Répondez aux questions et écrivez une composition au sujet des diplômes et des débouchés aux Etats-Unis.

1. Etudiez-vous une matière qui va vous permettre de trouver un travail? L'avez-vous choisie pour cette raison? Pourquoi l'avez-vous choisie? Etes-vous content(e) de votre choix? 2. Connaissez-vous des gens qui ont un diplôme et qui travaillent dans un domaine très différent? Que font-ils? Sont-ils contents? 3. Est-ce que les étudiants américains qui ont des diplômes de lettres trouvent du travail? 4. Quelle est la meilleure discipline si on veut trouver du travail?

Suggested five day lesson plan for
Chapitre 12

Day 1: **Etude de vocabulaire**
Reflexive verbs
Day 2: Reflexive verbs in **passé composé**
Day 3: Reciprocal verbs
Day 4: Comparative and superlative
Day 5: Optional quiz
Intermède

oserais-je
dare I (literary usage)

les plus grands palais
the greatest palates

son bac "A"
high school degree in humanities

La Routine de tous les jours

OBJECTIFS

Communication et culture   In this chapter, you will learn vocabulary and expressions related to your daily routine, as well as vocabulary to indicate parts of the body. You will also read about the life of some typical French people—about love, marriage, personal values, and expectations in life.

Grammaire   You will learn to use the following aspects of French grammar:

47.   reflexive verbs, verbs used with pronouns that refer to the subject: I enjoy myself, he hurt himself, and so on

48.   the reciprocal reflexive, used to express a mutual or reciprocal action: they write to each other, we see each other, and so on

49.   how to use reflexive verbs in the **passé composé** and in the imperative

50.   comparative and superlative forms, which will enable you to compare persons, things, ideas, and actions

See facing page for lesson plan.

347

ETUDE DE VOCABULAIRE

L'Amour et le mariage

Presentation: Model pronunciation.

Ils se rencontrent.   **Ils se marient.**   **Ils s'installent.**

Les amoureux: le coup de foudre*   Le couple: la lune de miel   Les nouveaux mariés: parfois, une petite scène de ménage

A. Ressemblances. Quels verbes de la colonne de droite correspondent aux différentes étapes *(stages)* d'un mariage?

1. la rencontre
2. le coup de foudre
3. les rendez-vous
4. les fiançailles
5. la cérémonie
6. le premier voyage
7. l'installation

    a. Ils vont en lune de miel.
    b. Ils se marient.
    c. Ils sortent ensemble.
    d. Ils tombent amoureux.
    e. Ils se rencontrent.
    f. Ils s'installent.
    g. Ils se fiancent.

Exercise B. Follow-up: **Couples célèbres. Pouvez-vous nommer un couple. . . . (1) tragique? (2) légendaire? (3) comique? (4) admirable? (5) détestable? (6) idéal? (7) aventureux?**

B. Seul ou ensemble? D'après vous, quels sont les avantages et les inconvénients _____ ?

1. des fiançailles?
2. du mariage?
3. du célibat *(bachelorhood)*?
4. du divorce?

Mots utiles: être indépendant, solitaire, en sécurité, responsable, irresponsable, bourgeois, ennuyeux, patient, libre *(free)*, scène de ménage

Exercise C. Follow-up: Have students pretend they're at **une agence matrimoniale.** Directions: **Vous interviewez un jeune homme ou une jeune fille qui veut se marier. Quelles questions allez-vous lui poser pour pouvoir lui trouver le partenair idéal. Modèle: Quels sont vos défauts? Quelles sont vos qualités? Décrivez le partenair idéal.**

C. Conversation.

1. Sortez-vous souvent seul(e)? avec un(e) ami(e)? avec d'autres couples? 2. Etes-vous déjà tombé(e) amoureux(se)? Tombez-vous souvent amoureux(se)? 3. Est-ce que le coup de foudre est une réalité? Qui en a fait l'expérience? 4. Est-ce que tout le monde doit se marier? Pourquoi? Quand? 5. Les scènes de ménage sont-elles, à votre avis, utiles? stupides? Est-il possible de les éviter *(to avoid)*?

*Literally, *the clap of thunder* = *love at first sight.*

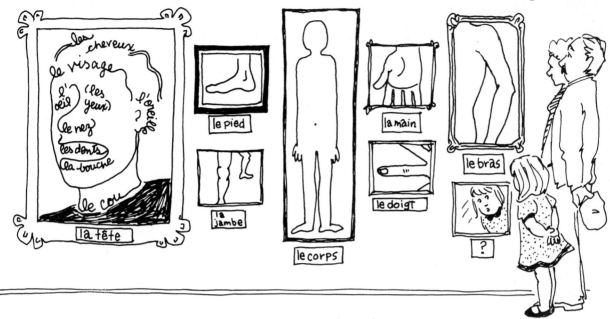

A. Caractéristiques. Quelle est la caractéristique essentielle des personnages suivants?

MODELE: un géant → Il a un très grand corps.

1. un vampire
2. une girafe
3. un cyclope
4. un éléphant
5. Cléopâtre
6. le loup *(wolf)* du Petit Chaperon Rouge

Presentation: Model pronunciation, using choral and individual response.

Exercise A. Follow-up: Give students a minute to think of another animal or person with an outstanding physical characteristic. Examples: Jimmy Durante, Samson, **un lion**.

B. Enigme. Trouvez la partie ou les parties du corps définie(s) par chaque phrase.

1. Elle sert à parler. 2. Elles servent à écouter. 3. Ils servent à faire une promenade. 4. Ils servent à regarder. 5. Elles servent à toucher. 6. Elles servent à manger. 7. Il sert à sentir. 8. Ils servent à jouer du piano.

C. Exercice d'imagination. Où ont-ils mal?

MODELE: Il y a beaucoup de bruit chez Martine. → Elle a mal à la tête.

1. Vous portez des paquets très lourds *(heavy)*. 2. Les nouvelles chaussures d'Henri sont trop petites. 3. J'ai mangé trop de sucre. 4. Vous apprenez à jouer de la guitare. 5. Patricia a marché très longtemps. 6. La cravate de Patrice est trop serrée *(tight)*. 7. Ils

Exercise C. Continuation: (9) **Martine a lu un livre pendant neuf heures.** (10) **Marc apprend à faire du ski et il est tombé.** (11) **Vous êtes à un concert de Rock et la musique est très fort** *(loud)*.

Exercise D. Follow-up: Ask students to hand in their **auto-portraits**. Read them randomly and students will guess whose they are.

font du ski et il y a beaucoup de soleil. 8. Il fait extrêmement froid dehors et vous n'avez pas de gants *(gloves)*.

D. Auto-portrait. Décrivez-vous selon le modèle.

MODELE: Je suis de (petite, grande) taille *(size)*. J'ai les yeux (bleus, gris, verts, bruns) et les cheveux (courts, longs) et (roux, blonds, bruns).

La Vie de tous les jours

Ils se réveillent et ils se lèvent.

Ils se brossent les dents.

Ils s'habillent.

Ils s'en vont au travail.

Ils s'amusent.

Ils se couchent.

A. Et votre journée? Décrivez-la. Employez le vocabulaire du dessin.

MODELE: A _____ heures, je me _____ . → A sept heures, je me réveille.

B. Habitudes quotidiennes *(daily)*. Dites dans quelles circonstances on utilise les objets suivants.

1. un réveil
2. une brosse à dents
3. des vêtements
4. la porte ouverte
5. une chaîne stéréo
6. un lit

47. REFLEXIVE VERBS

Rencontre

DENIS: Madeleine! Comment vas-tu?

VERONIQUE: Vous *vous trompez*, je ne *m'appelle* pas Madeleine.

DENIS: Je *m'excuse*, je *me demande* si je ne vous ai pas déjà rencontrée. . . .

VERONIQUE: Je ne *me souviens* pas de vous avoir rencontré. Mais ça ne fait rien. . . je *m'appelle* Véronique. Comment *vous appelez*-vous?

Retrouvez la phrase correcte dans le dialogue.

1. Vous avez tort, mon nom n'est pas Madeleine.
2. Pardon, je pense que je vous ai déjà rencontrée.
3. Je ne pense pas vous avoir rencontré. Mon nom est Véronique. Quel est votre nom?

Suggestion: Have students read in pairs substituting their real names.

A. The reflexive construction

In reflexive constructions, the action of the verb "reflects back" to the subject. For example: The child dressed *himself*. Did you hurt *yourself*? She talks to *herself*! I bought *myself* a new coat. In these examples, the subject and the object are the same person. The object pronouns shown in italics are called reflexive pronouns. They can be either direct object pronouns (as in the first two sentences) or indirect object pronouns (as in the last two sentences).

In French, the reflexive pronouns are **me, te, se, nous, vous,** and **se.** They precede the verb.

Presentation: Model pronunciation, using short sentences. Example: **Je me réveille à six heures,** etc.

SE REVEILLER: *to awaken, to wake up*		S'AMUSER: *to have a good time, to have fun*	
je me réveille	nous nous réveillons	je m'amuse	nous nous amusons
tu te réveilles	vous vous réveillez	tu t'amuses	vous vous amusez
il, elle, on se réveille	ils, elles se réveillent	il, elle, on s'amuse	ils, elles s'amusent

Meeting

DENIS: Madeleine! How are you? VERONIQUE: You're mistaken, my name isn't Madeleine. DENIS: I'm sorry, I wonder if I haven't met you before. . . . VERONIQUE: I don't remember having met you before. But it doesn't matter . . . my name is Veronique. What's yours?

A quelle heure **te réveilles-tu**?
Nous nous amusons au café
avec des amis.

What time do you get up?
We have fun with our friends at
the café.

B. Reflexive verbs

Some common reflexive verbs include:

s'appeler	to be called, to be	**s'installer**	to settle down
	named	**se laver**	to wash oneself
s'arrêter	to stop	**se lever**	to get up
se baigner	to bathe; to swim	**se marier**	to get married
se brosser	to brush	**se préparer**	to get ready
se coucher	to go to bed	**se promener**	to take a walk
s'endormir	to fall asleep	**se regarder**	to look at one's self
s'ennuyer	to be bored	**se rencontrer**	to meet
s'excuser	to excuse oneself	**se souvenir de**	to remember
s'habiller	to get dressed		

Je **m'appelle** Mimi.
L'autobus ne **s'arrête** pas devant
la maison.
Pierre **se brosse** les cheveux.
Vont-ils **se marier** la semaine
prochaine?

My *name is* Mimi.
The bus *doesn't stop* in front of
the house.
Pierre *is brushing* his hair.
Are they *getting married* next
week?

Note that word order in the negative, infinitive, and question forms follows the usual word order for pronouns: the reflexive pronoun precedes the verb.

Many reflexive verbs can also be used nonreflexively, but they often take on a different meaning.

J'**appelle** ma fiancée au
téléphone.
Le bruit **réveille** tout le monde.
Pierre **lave** la voiture.

I*'m calling* my fiancée to the
phone.
Noise *wakes up* everyone.
Pierre *is washing* his car.

However, the verb **se souvenir de** can only be used reflexively.

C. Reflexive verbs with two objects

Some reflexive verbs can have two objects, one direct and one indirect. This frequently occurs with the verbs **se brosser** and **se laver** plus a part of the body. The definite article—not the possessive article, as in English—is used with the part of the body.

Chantal **se brosse les dents.**
Je **me lave les mains.**

Chantal *is brushing her teeth.*
I*'m washing my hands.*

Note: (1) Stress the need to memorize the meanings of all these verbs. (2) Remind students of spelling changes in **s'appeler**, **se lever**, **s'ennuyer**, and **se promener**.

Note: If desired, discuss reflexive verbs in the present tense where there can be both a direct and indirect object pronoun. Example: **Elle se les brosse.**

Suggestion. Listening comprehension: Have students indicate whether they hear a reflexive or non-reflexive verb. Ask them to write the verb they hear. (1) **Les jeunes mariés s'en vont à la plage.** (2) **Ils la trouvent magnifique.** (3) **Ils s'entendent très bien.** (4) **Martine se met à nager.** (5) **Marc met son maillot de bain.** (6) **Il se demande où est Martine.** (7) **Il entend sa voix.** (8) **Il la voit dans l'eau.** (9) **Il se lève pour aller se baigner avec elle.**

D. Idiomatic reflexives

When some nonreflexive verbs are used reflexively, their meaning changes.

aller	to go	→	**s'en aller**	to go away
demander	to ask	→	**se demander**	to wonder
entendre	to hear	→	**s'entendre**	to get along
mettre	to place, put	→	**se mettre à**	to begin
tromper	to deceive	→	**se tromper**	to be mistaken
trouver	to find	→	**se trouver**	to be located

Les jeunes mariés **s'en vont** bientôt en lune de miel.

The newlyweds are soon *going away* on their honeymoon.

Véronique va bientôt **se mettre** à chercher un appartement.

Veronique is going *to start* looking for an apartment soon.

Tu **te trompes**! Elle en a déjà trouvé un.

You*'re wrong*! She's already found one.

Où **se trouve**-t-il?

Where *is* it *located*?

Maintenant à vous

A. La famille Martin. Tous les membres de la famille se couchent à une heure différente. A quelle heure se couchent-ils?

MODELE: Sylvie Martin / 8 h. 30 → Sylvie Martin se couche à huit heures et demie.

1. les grands-parents / 10 h.
2. vous / 9 h. 30
3. tu / 10 h. 45
4. je / 11 h.
5. nous / 11 h. 15
6. Mme Martin / 11 h. 30
7. M. Martin / minuit
8. Bernard Martin / 1 h. du matin

Exercise A. Suggestions: (1) Do as rapid response drill. (2) Substitute other verbs such as **se réveiller, se laver, se lever, se préparer, s'habiller, se baigner.**

B. Habitudes matinales. Chacun a ses habitudes le matin. Faites des phrases complètes pour les décrire.

1. Sylvie / se regarder / longtemps / dans / le miroir 2. tu / se brosser / dents / avec / dentifrice 3. nous / se lever / du pied gauche* 4. je / se réveiller / toujours / très tôt 5. Bernard et Monsieur Martin / s'habiller / très rapidement 6. vous / se préparer / tard / le matin

Exercise B. Suggestion: May be done as written homework and checked at board during class.

C. Lune de miel à Tahiti. Racontez l'histoire de Mireille et de Max. Où vont-ils? Que font-ils? Employez les verbes *s'endormir, s'amuser, se réveiller, se préparer, se coucher, se baigner, s'en aller* et *s'installer.*

*Se lever du pied gauche** is the equivalent of *to get up on the wrong side of the bed.*

1.   2.   3.   4.

5.   6.   7.   8.

Maintenant imaginez que vous allez seul(e) à Tahiti. Décrivez votre journée.

Exercise D. Suggestion: May be done in pairs.

D. Synonymes. Racontez l'histoire suivante. Remplacez l'expression en italique par un verbe pronominal *(reflexive)*.

A sept heures du matin, Sylvie *ouvre les yeux*, elle *sort de son lit*, *fait sa toilette* et *met ses vêtements*. A huit heures, elle *quitte la maison*. Au travail, elle *commence à* parler au téléphone. Sylvie *finit de* travailler vers six heures; elle *fait une promenade* et parfois ses amies et elle vont *nager* à la piscine *(pool)*. Le soir, elle *va au lit* et elle trouve le sommeil très vite!

Exercises E and F. Suggestion: Give students time to write and ask some students to read their **horaire** or **anti-horaire** to the class. Have students tell who they think has the most interesting day or vacation.

E. Une journée normale. Décrivez une journée typique de votre vie. Employez les verbes *se réveiller, se lever, s'habiller, se laver, se brosser les cheveux, s'en aller, s'amuser, s'ennuyer* et *se coucher*. Comparez votre journée typique avec la journée d'un(e) de vos camarades.

F. Une journée de vacances. En vacances vous essayez autant que *(as much as)* possible de ne pas suivre la même routine quotidienne *(daily)*. Décrivez ce que vous ne faites pas en vacances. Employez des verbes de l'Exercice E à la forme négative.

G. Conversation.

1. Est-ce que vous vous entendez bien avec vos camarades de classe? avec vos professeurs? avec vos parents? 2. Est-ce que vous vous souvenez pourquoi vous avez décidé d'aller à l'université? d'étudier le français? 3. Est-ce que vous vous demandez parfois pourquoi vous étudiez? pourquoi vous existez? pourquoi il y a de la pauvreté dans le monde? 4. Vous mettez-vous à travailler dès que (*as soon as*) vous vous réveillez? dès que vous arrivez à l'université? 5. Vous trompez-vous souvent? Quand et comment? Vous excusez-vous quand vous vous trompez? Vos professeurs se trompent-ils souvent? S'excusent-ils? 6. Venez-vous de rencontrer une personne qui vous a beaucoup impressionné(e)? Comment s'appelle cette personne? De quels traits physiques—les yeux, le visage, etc.—vous souvenez-vous? 7. Voulez-vous vous marier un jour? à quel âge? Où voulez-vous vous installer avec votre mari/femme? Allez-vous bien vous entendre avec lui/elle? 8. Où se trouve votre université? votre salle de classe? la bibliothèque? 9. A quelle heure vous arrêtez-vous de travailler le soir?

Ne commence pas déjà à te demander où tu vas bien pouvoir garer ta voiture! (Bellus)

garer
to park

Exercise G. Suggestion: May be used as whole-class conversation, eliciting several responses to each question. At the end, ask students to recall some of their classmates' answers.

48. THE RECIPROCAL REFLEXIVE

Le coup de foudre

Ils s'aiment!

1. Est-ce qu'ils s'embrassent (*kiss*)?
2. Est-ce qu'ils se détestent?
3. Est-ce qu'ils se regardent?
4. Est-ce qu'ils s'adorent?
5. Est-ce qu'ils se disputent?

Note: **l'un l'autre** may be introduced here.

Love at first sight
  They love each other!

Paris: Au café de Flore

Exercise A.   Suggestion: Do as
rapid response drill, using choral
and individual response.

Exercise B.   Suggestions:
(1) May be assigned as written
homework with some stories read
later to the class. (2) May be done
as a game where each student
writes the first sentence, using **se
voir,** on a piece of paper and then,
after folding the paper to cover his/
her sentence, passes the sheet to
the student at the right. The
students write the second
sentence (**se rencontrer**) on that
sheet and pass it on. This is
repeated with every sentence until
the end. At the end, students may
read the stories to each other.

The plural reflexive pronouns **nous, vous,** and **se** can be used with first-, second-, or third-person plural verbs respectively, to show that an action is reciprocal or mutual. Grammatically these reciprocal reflexives act like reflexives. The difference is that almost any verb that can take a direct object can be used reciprocally with **nous, vous,** and **se,** whereas the regular reflexives are independent verbs with their own special meaning.

Ils **s'aiment.**	They *love each other.*
Nous **nous détestons.**	We *detest each other.*
Ils ne **se quittent** pas.	They *are inseparable* (never *leave each other*).

Maintenant à vous

A. De grands amis. Racontez l'amitié des Marnier et des Chabot.

1. *Nous* nous voyons surtout pendant les vacances. *(les enfants, nos filles, vous)*   2. *Pierre et Marcel* se connaissent depuis longtemps. *(Denise et Eugénie, nous, vous)*   3. Est-ce que *Denise et Eugénie* s'entendent très bien? *(vous, les enfants, Martine et Béatrice)*   4. *Nous* nous retrouvons chaque jour à la plage. *(les deux familles, vous)* 5. *Nos enfants* ne se quittent pas. *(vous, nous, nos filles)*   6. *Martine et Béatrice* s'aiment bien. *(vous, les garçons, nous)*   7. *Yves et Gérard* se rencontrent tous les jours. *(vous, Denise et moi, les filles)*   8. *Pierre et toi* vous vous téléphonez souvent pendant l'année. *(les fils, nous, les enfants)*   9. *Nous* nous écrivons aussi régulièrement. *(Martine et Béatrice, les enfants, vous)*   10. *Nous* ne nous disputons jamais. *(Pierre et toi, Denise et moi, les enfants, les filles)*

B. Une brève rencontre. Racontez au présent l'histoire un peu triste *(sad)* d'un jeune homme et d'une jeune fille qui n'étaient peut-être pas le couple idéal. Dites quand et où chaque action a lieu *(takes place)*.

1. se voir
2. se rencontrer
3. s'admirer
4. se donner rendez-vous
5. se téléphoner
6. s'écrire souvent
7. se revoir
8. se disputer
9. ne plus se comprendre
10. se détester
11. se quitter

C. Les amis et les ennemis. Complétez les phrases suivantes pour décrire vos amis et vos ennemis.

Exercise C. Suggestion: May be done in pairs.

1. _____ et moi nous nous téléphonons souvent. 2. _____ et moi nous nous détestons! 3. _____ et moi nous nous aimons bien. 4. _____ et moi nous nous voyons souvent. 5. _____ et moi nous ne nous entendons pas! 6. _____ et moi nous nous _____ .

49. REFLEXIVE VERBS IN THE *PASSE COMPOSE* AND IN THE IMPERATIVE

Un mariage d'amour

MARTINE: Comment *vous êtes-vous rencontrés*?
DENIS: *Nous nous sommes vus* pour la première fois à Concarneau.
VERONIQUE: Souviens-toi! Il pleuvait, tu es entré dans la boutique où je travaillais et. . . .
DENIS: Et ç'a été le coup de foudre! *Nous nous sommes mariés* cette année-là.

1. Véronique et Denis se sont-ils rencontrés par hasard?
2. Où se sont vus Véronique et Denis pour la première fois?
3. Quand se sont-ils mariés?

Note: Point out that **ç'a** is used to replace **ce** before certain forms of the verb **être** (see Section 53) and in rapid conversation to replace **ça** or **cela** + verb beginning with **a**.

A. *Passé composé* of reflexive verbs

All reflexive verbs are conjugated with **être** in the **passé composé.** The past participle usually agrees with the preceding direct object (the reflexive pronoun), which agrees with the subject.

A love match
MARTINE: How did you two meet?   DENIS: We saw each other for the first time in Concarneau.   VERONIQUE: Remember! It was raining, you came into the shop where I worked, and. . . .   DENIS: And it was love at first sight! We got married that same year.

PASSE COMPOSE OF SE BAIGNER: *to bathe; to swim*	
je me suis baigné(e)	nous nous sommes baigné(e)s
tu t'es baigné(e)	vous vous êtes baigné(e)(s)
il s'est baigné	ils se sont baignés
elle s'est baignée	elles se sont baignées
on s'est baigné(e)(s)	

Nous **nous sommes mariés** en octobre.

We *got married* in October.

Se sont-ils **promenés**?

Did they *go for a walk*?

B. Imperative of reflexive verbs

Reflexive pronouns follow the rules for the placement of object pronouns. In the affirmative imperative, they follow and are attached to the verb with a hyphen. The stressed form **toi** is used instead of **te**. In the negative imperative, reflexive pronouns precede the verb.*

Habillez-*vous*. Ne **vous** habillez pas.

Get dressed. Don't get dressed.

Lève-**toi**. Ne **te** lève pas.

Get up. Don't get up.

Maintenant à vous

A. Avant la soirée dansante. Hier, il y avait une soirée dansante à la Maison des Jeunes. Décrivez les préparatifs de ces jeunes gens. Faites des phrases complètes au passé composé.

1. Christine / se reposer *(to rest)* 2. Roger / s'habiller / avec soin *(care)* 3. Gérard / se préparer / pendant longtemps 4. Valérie / s'amuser / à passer des disques *(to play records)* 5. Sylvie / s'endormir / sur son lit 6. Christian / s'installer / devant la télévision

B. Après la soirée dansante. Chacun s'est couché à une heure différente. Suivez le modèle.

MODELE: Sylvie / 11 h. → Sylvie s'est couchée à onze heures.

1. vous / 11 h. 30	4. Christine / 12 h. 35
2. nous / 11 h. 45	5. je / 1 h. 15
3. tu / 12 h.	6. Roger et Christian / 1 h. 20

C. Souvenirs. Racontez cette histoire au passé composé.

1. Elle s'installe pour regarder son album de photos. 2. Elle s'arrête à la première page. 3. Elle se souvient de son premier

*Note the imperative forms of **s'en aller: va-t'en! ne t'en va pas! allez-vous-en!** and **ne vous en allez pas!**

amour. 4. Elle ne se souvient pas de son nom. 5. Elle se trompe de personne. 6. Elle se demande où il est aujourd'hui. 7. Elle imagine qu'il s'en va au Brésil. 8. Elle s'endort sur la page ouverte.

Exercise C. Suggestion: May be expanded by having students replace objects.

Exercise C.6. Note: Point out that **Elle s'est demandé. . .** does not show agreement of the past participle.

D. Un rendez-vous difficile. Réagissez *(React)*! Utilisez l'impératif du verbe selon le modèle.

MODELE: Je ne *me suis* pas *préparé(e)*. *(vite)* → Prépare-toi vite!

1. A quelle heure est-ce que je dois *me trouver* chez elle? (à cinq heures) 2. J'ai envie de *m'habiller*. (ne . . . pas encore) 3. Je ne *me souviens* pas de la rue. (rue Mirabeau) 4. J'ai peur de *me tromper*. (ne . . . pas) 5. Je dois *m'en aller* vers six heures. (ne . . . pas) 6. Je *me demande* si je vais y arriver. (ne . . . pas) 7. Je veux *me lever* tard demain matin. (ne . . . pas)

E. Ne bougez plus! Vous êtes photographe: dites au jeune couple comment poser. Suivez le modèle.

MODELE: se préparer → Préparez-vous!

1. ne pas se disputer 2. se rapprocher *(to draw close together)* 3. se regarder 4. se sourire *(to smile at each other)* 5. ne pas se parler 6. s'embrasser

Suggestion. Listening comprehension: Ask students to indicate whether they hear a reflexive or a non-reflexive verb in the following sentences. Ask them to write the verb they hear. (1) **Marie et Marc se parlent pendant leurs vacances à la plage.** (2) **Marie dit: Dépêche-toi, Marc.** (3) **Marc: Je me brosse les dents.** (4) **Il continue: Tu t'es déjà habillée?** (5) **Marie: Oui, je me prépare vite!** (6) **Marc: Je m'excuse. Je suis en retard.** (7) **Marie: Embrasse-moi.** (8) **Elle continue: Ne nous disputons pas.** (9) **Ils se sourient.**

F. Hier. Racontez votre journée d'hier. Utilisez autant de *(as many)* verbes réfléchis et réciproques que possible.

50. THE COMPARATIVE AND SUPERLATIVE

Problèmes de fin de mois

VERONIQUE: Tu sais, Denis, *la plus grande* de nos dépenses en ce moment c'est l'alimentation.

DENIS: Eh, bien, achetons tout à Carrefour*—leurs prix sont *les meilleurs*.

VERONIQUE: Nous pouvons aussi manger *moins souvent* au restaurant. . . .

DENIS: Comme ça, on va peut-être pouvoir faire *plus d'économies qu'*avant.

1. Quelle est la plus grande de leurs dépenses?
2. Où est-ce que les prix sont les meilleurs?
3. Comment peuvent-ils réduire *(to lower)* leurs dépenses?
4. Que vont-ils pouvoir faire s'ils diminuent leur budget alimentaire?

Exercise F. Suggestion: Make a list on the board of possible reflexive verbs in order to facilitate conversation. After they are corrected, compositions may be used for dictation or listening comprehension practice.

Problems at the end of the month
VERONIQUE: You know, Denis, the greatest of our expenses right now is food.   DENIS: Well, let's buy everything at Carrefour—their prices are the best.   VERONIQUE: We can also eat out less often . . .   DENIS: Maybe that way we can save more than before.
*Supermarché très populaire.

Presentation: (1) Magazine pictures or drawings which can be easily compared are useful in presenting these notions. (2) Use names of famous people to further engage students' interest. Examples: **Les Rockefeller ont plus d'argent que nous. Farrah Fawcett a les cheveux plus blonds que moi,** etc.

A. Comparisons with adjectives and adverbs

In French, the following constructions can be used with adverbs or adjectives to express a comparison. It is not necessary to state *both* elements being compared.

1. **plus. . . que** *(more . . . than)*

   Les amoureux se promènent **plus** lentement (**que** les autres gens).

   The lovers are walking *more* slowly (*than* the others).

   Marina est **plus** intelligente (**que** sa soeur).

   Marina is *more* intelligent (*than* her sister).

2. **moins. . . que** *(less . . . than)*

   Gisèle parle **moins** rapidement (**que** moi).

   Gisèle speaks (*less rapidly*) (*than* I do).

   Gaston est **moins** sérieux (**que** Louis).

   Gaston is *less* serious (*than* Louis).

3. **aussi. . . que** *(as . . . as)*

   Nous nous écrivons **aussi** souvent **que** possible.

   We write to each other *as* often *as* possible.

   Jean-Paul a les cheveux **aussi** blonds **que** sa soeur.

   Jean-Paul's hair is *as* blond *as* his sister's.

Stressed pronouns are used after **que** when a pronoun is required.

   Elle est plus amoureuse que **lui**.   She is more in love than *he* is.

B. Comparisons with nouns

Plus de. . . (que), moins de. . . (que), and **autant de. . . (que)** express comparisons with nouns.

   Ils ont **plus d'**argent (**que** nous), mais nous avons **moins de** soucis (**qu'**eux).

   They have *more* money (*than* we do), but we have *fewer* worries (*than* they do).

   J'ai **autant d'**amis **que** toi.

   I have *as many* friends *as* you do.

C. Superlative form of adverbs

To form the superlative of an adverb, place **le** in front of the comparative adverb. Since there is no direct comparison, **que** is not used.

Pierre s'en va tard. → Louis s'en va plus tard. → Michel s'en va **le** plus tard.

D. Superlative form of adjectives

To form the superlative of an adjective, use the appropriate definite article (agreeing with the modified noun in gender and number) with the comparative adjective.

Monique est frisée. → Solange est plus frisée que Monique. → Alice est **la** plus frisée des trois.

Superlative adjectives normally follow the nouns they modify, and the definite article is repeated.

Alice est la jeune fille **la plus frisée** des trois.	Alice is the girl with *the curliest* hair of the three.
Bernard a le caractère **le** moins patient de la famille.	Bernard has *the* least patient temperament in the family.

Adjectives that usually precede the nouns they modify can either precede or follow the noun in the superlative construction. If the adjective follows the noun, the definite article must be repeated.

la plus grande bouche	*ou*	**la** bouche **la** plus grande
les plus longues jambes	*ou*	**les** jambes **les** plus longues
le plus petit pied	*ou*	**le** pied **le** plus petit

The preposition **de** expresses *in* or *of* in a superlative construction.

Voilà le couple le plus jeune **du** groupe.	There's the youngest couple *in* the group.
Ce sont les nouvelles les plus intéressantes **de** la semaine.	That's the most interesting news *of* the week.

E. Irregular comparative and superlative forms

Some adjectives and adverbs have irregular comparative and superlative forms.

	COMPARATIVE		SUPERLATIVE
Adjective	bon(ne)	meilleur(e)	le (la) meilleur(e)
Adverb	bien mal	mieux pire	le mieux le pire

Ma santé est **bonne,** mais ta santé est **meilleure.**

Tu t'habilles **mieux que** moi.

Ah, c'est **le pire.**

My health is *good,* but your health is *better.*

You dress *better than* I do.

Ah, that's *the worst (of all).*

Maintenant à vous

A. **Espirit de contradiction.** Juliette et Claude ne sont pas d'accord sur les qualités des gens. Avec un(e) camarade, jouez les rôles selon le modèle.

MODELE: *Claude:* Anne est si gentille! (Denise)

Juliette: Oui, mais Denise est plus gentille qu'elle.

Claude: Non, moi je la trouve moins gentille qu'elle.

1. Ton frère est vraiment intelligent. (Pierre) 2. Tes parents sont très sympathiques. (tes parents) 3. Michèle est extrêmement jolie. (ta soeur) 4. Catherine et Suzanne sont très ambitieuses. (Marie) 5. Pierre est si élégant. (Jean-Jacques) 6. Paul et Vincent sont vraiment intéressants. (ton père) 7. Marie-Thérèse est travailleuse. (Paul)

B. **Un homme et une femme.** Voici un extrait d'un journal de jeunes. Cet article exprime des opinions sur les hommes et les femmes. Répétez la phrase qui correspond à votre point de vue et corrigez l'autre selon le modèle.

MODELE: *L'article dit:* "Les hommes sont plus courageux que les femmes."

Vous dites: Oui, c'est vrai.

ou: Non, les hommes sont moins courageux que les femmes.

ou: Non, les femmes sont plus courageuses que les hommes.

ou: Non, les hommes sont aussi courageux que les femmes.

Voici les phrases de l'article.

1. "Les femmes sont plus sincères que les hommes." 2. "Les hommes sont plus méticuleux que les femmes." 3. "On remarque que les femmes sont toujours plus patientes." 4. "En général, un homme est toujours plus calme qu'une femme dans un moment critique." 5. "Les hommes sont toujours plus indiscrets que les femmes. Ne leur dites pas vos secrets!" 6. "En général, les hommes sont plus cruels, et les femmes plus naïves." 7. "D'après mon expérience, les hommes sont toujours plus capricieux en amour que les femmes." 8. "Les femmes sont peut-être plus impulsives, mais les hommes sont plus fous."

Caractérisez la vision qu'a l'auteur des femmes et des hommes en général. A-t-il des préjugés contre les hommes? contre les femmes? Faites le portrait d'une femme typique ou d'un homme typique selon le point de vue de cet auteur. Choisissez au moins trois adjectifs pour les décrire.

C. Deux couples. Les Trystram sont riches; les Pascal sont pauvres. Comparez ce qu'ils ont. Utilisez *plus de. . . que, moins de. . . que* et *autant de. . . que.* Suivez le modèle.

MODELE: Les Trystram ont plus de. . . que les Pascal.
Les Pascal ont moins de. . . que les Trystram.

Mots utiles: Argent, maisons, voitures, domestiques, vêtements, enfants, soucis, problèmes, moments heureux, moments amoureux, dépenses, scènes de ménage

D. Comparisons. Comparez selon le modèle.

MODELE: arriver tard (Françoise, Bill, Henri) → Françoise arrive
tard. Bill arrive plus tard. Henri arrive le plus tard.

1. réussir souvent (l'étudiant intelligent, l'étudiant travailleur,
l'étudiant brillant) 2. marcher lentement (le vieil homme, la tortue
[*turtle*], l'escargot) 3. se réveiller tôt (l'ouvrier, le paysan [*farmer*],
le coq) 4. parler habilement (le professeur, le prêtre [*priest*], le philosophe) 5. écrire mal (Paul, Marie, Jeanne) 6. chanter bien (le
gondolier, le chanteur de rock, la chanteuse d'opéra) 7. tomber
fréquemment amoureux (les adultes, les jeunes, Don Juan) 8. aller
vite (la bicyclette, la voiture, l'avion)

E. Georges et ses amis. Georges a toujours tendance à exagérer. Que
dit-il au sujet de ses amis? Suivez le modèle. (> = plus < = moins)

MODELE: Nathalie / étudiante / > / brillante / classe → Nathalie est
l'étudiante la plus brillante de la classe..

1. Jean-Paul / ami / > / fidèle / monde 2. Anne-Marie / camarade
/ < / sympathique / section 3. Mlle Lebrun / l'assistante / > / sympathique / faculté 4. Leroux / professeur / > / indifférent / université 5. Brigitte / l'étudiante / < / bonne / classe 6. M. Michaux /
homme / bavard / monde

F. Contrastes. Comparez l'aspect physique et la personnalité de ces
jeunes gens.

1. Qui a le plus joli nez? le moins joli nez? le plus joli visage? 2. Qui a le plus grand nez? les plus grandes oreilles? le plus petit nez? les moins grandes oreilles? le cou le plus élégant? 3. Qui a les cheveux les plus longs? les moins longs? les plus frisés? les moins frisés? 4. Qui a les vêtements les plus/les moins chers? élégants? simples? 5. Comparez l'expression du visage, l'âge, la taille des diverses personnes du groupe. 6. Comparez l'aspect physique, la taille, le caractère des membres de votre famille avec les vôtres *(yours)*.

G. **Distinction.** Vous êtes dans une classe exceptionnelle, n'est-ce pas? Trouvez les qualités et les talents qui distinguent les étudiant(e)s de votre classe des autres. Est-ce que dans votre classe, il y a: le/la meilleur(e) musicien(ne)? Qui est-ce? le/la meilleur(e) acteur/actrice? l'étudiant(e) le/la plus intelligent(e)? le/la plus sympathique, séduisant(e), sportif/sportive, contestataire, doué(e) *(gifted)* pour les langues?

Exercise G. Continuation: **Qui est le plus grand? le plus petit? Qui a les cheveux les plus frisés? les plus longs? les plus courts? Qui écrit bien? Qui écrit le pire? Qui arrive le plus tard en classe? Qui vient le moins en classe?**

ETUDE DE PRONONCIATION

Open and closed vowels

The same vowel or combination of vowels often has two different pronunciations: **vol** and **gros; Paul** and **beau, chaîne** and **j'ai; cher** and **chez; bleu** and **fleur; oeuf** and **oeufs.**

As a rule, a vowel is *open* (pronounced with the lips open) if it is followed by a pronounced consonant: **vol, Paul, chaîne, cher, fleur, oeuf.**

Closed vowels (pronounced with the lips only slightly open) are generally followed by a silent consonant or are found at the end of a word: **gro$, beau, cle$, che$, bleu, oeuf$.**

Maintenant à vous

A. **Prononcez avec le professeur.**
jaune robe rose vol note gros chaud pomme pauvre poste corps gauche short drôle beau porte veau homme l'eau jeune vieux fleur bleu neveu soeur boeufs boeuf feu heure oeufs beurre oeil yeux meuble oeuf feuille deux chaise chef nez mer pied cher lait thé neige chez télé vert café fier recette été chaîne sujet tête

Suggestion. Listening comprehension: Ask students to indicate on a piece of paper whether they hear a closed or an open vowel in the following words: (1) **thé** (2) **café** (3) **rose** (4) **beurre** (5) **veau** (6) **heure** (7) **cher** (8) **chez** (9) **soeur** (10) **robe**

B. **Prononcez les phrases.**

1. J'ai deux beaux yeux bleus et de beaux cheveux propres. 2. Paule porte une jolie robe rose et jaune à la mode. 3. Aimez-vous ces grosses fleurs jaunes ou préférez-vous ces belles fleurs bleues? 4. Mes deux jeunes soeurs aiment le boeuf et les oeufs très frais avec du beurre.

C. Pour rire.

1. En automne, les propriétaires détestaient réserver les mauvaises pièces de l'hôtel Prévert derrière l'aéroport du Tréport.
2. A neuf heures, hier, près des quais de la Seine, ces deux jeunes célibataires très sérieux fêtaient d'heureuses nouvelles avec des hors-d'oeuvre très chers et des verres de bière.

CONVERSATION ET CULTURE

Une Interview avec un jeune couple

opinion poll

Une journaliste fait une *enquête* pour une revue sur l'importance de la famille dans la vie des jeunes. Elle interroge Denis, vingt et un ans, et sa femme, Véronique, vingt ans. Ils habitent à Lyon, une agglomération de plus d'un million d'habitants.

LA JOURNALISTE: Quel âge aviez-vous, Véronique, lorsque vous avez rencontré Denis?

VERONIQUE: J'avais dix-huit ans. Denis, lui, avait dix-neuf ans et demi.

a year ago

Nous nous sommes mariés *il y a un an.*

LA JOURNALISTE: Comment vous êtes-vous rencontrés?

DENIS: Nous nous sommes vus pour la première fois à Concarneau, en Bretagne.

LA JOURNALISTE: Que faisiez-vous à Concarneau, Véronique?

VERONIQUE: J'allais encore au lycée. En juillet et août, j'aidais ma mère; elle tient une boutique d'objets d'art contemporains.

DENIS: Oui, je me souviens, je suis entré dans cette boutique par hasard, parce qu'il pleuvait. Ç'a été le coup de foudre!

joke

VERONIQUE: Quelle *blague!* Pas le premier jour!

DENIS: Disons la deuxième fois, si tu veux. En tout cas, nous nous sommes revus, et voilà!

LA JOURNALISTE: Travaillez-vous tous les deux?

oil refinery

VERONIQUE: Denis est ouvrier dans une *raffinerie de pétrole.* C'est lui qui paie mes études: je prépare un diplôme de secrétariat dans une école privée.

count

LA JOURNALISTE: Est-ce que la famille *compte* beaucoup pour vous?

VERONIQUE: Ma famille est loin et chez nous on n'aime pas les grandes réunions familiales.

to get along without

DENIS: Moi, au contraire, je ne peux pas *me passer de* la famille et la famille ne peut pas se passer de moi! Lorsque nous sommes fauchés,* nous allons déjeuner chez mes parents le dimanche et même parfois en semaine; ma mère dit que nous mangeons mal.

LA JOURNALISTE: Combien dépensez-vous pour la nourriture?

*Etre fauché(s) is a slang expression meaning *to be broke.*

DENIS: Pas grand-chose! Nous achetons tout à Carrefour . . . et nous mangeons plus simplement que chez les parents!

LA JOURNALISTE: Sortez-vous beaucoup?

VERONIQUE: Pas beaucoup. Avant notre mariage, nous sortions plus. *Tu te rappelles*, Denis, en Bretagne, le cinéma et les crêpes? Do you remember

LA JOURNALISTE: Est-ce que vous *équilibrez* votre budget sans difficulté? balance

VERONIQUE: *Heu*. . . disons sans grande difficulté. Well . . .

LA JOURNALISTE: Cela veut dire que Denis ne gagne pas beaucoup?

VERONIQUE: En effet, mais *nous nous débrouillons*. C'est difficile de trouver un premier emploi. Mais avant Denis était *apprenti-plombier:* un jour nous allons peut-être avoir notre propre affaire. *Ne vous en faites* pas pour nous! we manage
apprentice plumber
don't worry

LA JOURNALISTE: Bonne chance, Véronique et Denis, et merci.

Questions et opinions

A. Avez-vous compris?

1. D'où viennent Denis et Véronique? 2. Comment se sont-ils connus? 3. Quel type de travail font-ils? 4. Qui passe le plus de temps avec sa famille? 5. Que font Denis et Véronique maintenant pour s'amuser? et avant leur mariage, que faisaient-ils? 6. Où achètent-ils la nourriture? 7. Qu'est-ce que Denis espère faire un jour?

B. Maintenant la journaliste vous pose des questions. Elle vous demande:

1. Avez-vous un emploi? Où travaillez-vous? 2. Est-ce que la famille compte beaucoup pour vous? 3. Combien dépensez-vous pour la nourriture? 4. Sortez-vous souvent? 5. Est-ce que vos amis vivent comme vous? 6. Est-ce que vous équilibrez votre budget sans difficulté?

Commentaire culturel

The majority of the older generation in France tended to live in the same town throughout their lives, knew their social roles from the beginning, married, and never contemplated divorce.

Denis and Véronique, however, face a much less well-defined future. To make a living, they will stay in a large industrial city, where they will be subject to all the stress and anxiety that life in a city entails. For them, money plays a more important role in the making of a "good life" than it did for the previous generation, partly because of the existence of so many goods and services in a city, partly because of a desire for more expensive leisure-time pursuits, and partly because of the influence of advertising. They will probably move and change jobs several times. Family ties (including marriage) are somewhat less strong than in the past, and social roles are less well defined. The lack of certainty about the future that Véronique and Denis express is typical of many of the younger generation in France.

Like other young French couples, Denis and Véronique would like to start their own business. Denis has finished his apprenticeship as a plumber and is working in an oil refinery only temporarily. Since school is compulsory in France only until age sixteen, some young people, like Denis, leave and become apprenticed to a tradesman—a baker, butcher, chef, carpenter, and so on. During their apprenticeship, they are paid room and board and a small salary. This gives them enough to live on until they become established, and it also ensures a supply of trained people in the vocations. However, most young people learn their trade in a **Lycée d'enseignement professionel (L.E.P.)** or in a technical **lycée** if they want a career in industry.

RECAPITULATION

Exercise A. Suggestion: May be done as written work in class or as written homework to be checked in class.

A. Monologues. Faites des phrases complètes. Utilisez le temps du verbe qui convient, selon les indications.

1. Le dimanche, nous / se réveiller / tard. Mais le week-end passé, nous / se lever / assez tôt / et nous / se promener / le parc.
2. Autrefois ma soeur / se coucher / avant minuit. Maintenant elle / se préparer / pour / examen. Elle / se mettre / travailler / semaine passée / et maintenant / elle / travailler / tout le temps.
3. Tu / se brosser / cheveux / ce matin? Préparer / toi / plus vite. Tu / s'habiller / trop lentement. Rappeler / toi / l'entrevue / neuf heures.
4. Je / se demander / si les voisins / s'amuser / hier chez nous. Ils / partir / vers dix heures / soir. Ils / se regarder / plusieurs fois / avant de partir.

Exercise B. Continuation: Ask students to make up questions and others to identify the person in the class. Example: **Qui est le plus sportif? la plus sportive? Qui est le/la plus âgé(e)?**

B. Qui est-ce? Regardez vos camarades de class et décidez . . .

1. qui a les cheveux les plus longs de la classe. 2. qui est la personne la plus petite de la classe. 3. qui a le nom le plus long. 4. qui se réveille le plus tôt. 5. qui se couche le plus tard. 6. qui se lave les dents le plus souvent. 7. qui se promène le plus. 8. qui est le plus jeune.

Exercise D. Suggestions: (1) Assign one of the ideas for written homework. (2) Divide students into small groups and have them discuss the questions. Later, have the groups share their thoughts in whole-class discussion. (3) Divide class into two groups and have one half take the **pour** side and the other the **contre** side of the debate.

C. Votre meilleur(e) ami(e). Faites le portrait de votre meilleur(e) ami(e). Utilisez au moins dix adjectifs pour le/la décrire. Décrivez sa personnalité aussi complètement que possible. Quelles sont ses meilleures qualités? ses défauts? Puis, faites une comparaison entre vous et votre ami(e). Qui est plus âgé? qui est moins ambitieux? etc.

D. Débat. Discutez les idées suivantes. Dites si vous êtes d'accord ou si vous n'êtes pas d'accord.

1. L'union libre *(living together)* est la meilleure manière de se préparer au mariage.
2. Le divorce est une institution nécessaire.

Suggestion: Have students answer: **A quelle occasion peut-on dire "mon oeil" à quelqu'un?**

Mots utiles: pratiquer, le mariage à l'essai *(trial marriage)*, la famille, la fidélité, le bonheur, s'entendre bien/mal, les enfants, les difficultés, aimer, se disputer, rendre quelqu'un malheureux/heureux, vivre avec quelqu'un, partager *(to share)*.

Le Français par les gestes: Mon oeil!

To refute an unconvincing argument, the French pull down their lower eyelid with the index finger, as if to say: "I dare you to look me in the eye and say that again!" But all one needs to say is **"Mon oeil!"**

VOCABULAIRE

VERBES	
s'amuser	to have a good time, to have fun
s'appeler	to be called, to be named
s'arrêter	to stop
se baigner	to bathe; to swim
se brosser	to brush
se coucher	to go to bed
se demander	to wonder
se disputer	to argue
s'embrasser	to kiss each other
s'en aller	to go away
s'endormir	to fall asleep
s'ennuyer	to be bored
s'entendre	to get along
s'excuser	to excuse oneself
s'habiller	to get dressed
s'installer	to settle down or in
se laver	to wash oneself
se lever	to get up
se marier	to get married
se mettre à	to begin
se préparer	to get ready
se promener	to take a walk
se rappeler de	to remember
se regarder	to look at each other
se rencontrer	to meet

VERBES	
se réveiller	to awaken, wake up
se souvenir de	to remember
se tromper	to be mistaken
se trouver	to be located

NOMS	
l'amoureux(euse)	lover, sweetheart
la bouche	mouth
le bras	arm
les cheveux *(m)*	hair
le corps	body
le cou	neck
le coup de foudre	love at first sight
le couple	couple
la dent	tooth
la dépense	expense
le doigt	finger
la jambe	leg
les jeunes mariés *(m)*	newlyweds
la lune de miel	honeymoon
la main	hand
le mariage	marriage
le nez	nose
l'oeil *(m)* (les yeux)	eye

NOMS

l'oreille *(f)*	ear
le pied	foot
la rencontre	meeting
la scène de ménage	domestic quarrel
le souci	concern, worry
la taille	size
la tête	head
le visage	face

ADJECTIFS

amoureux(euse)	loving, in love
frisé(e)	curly
meilleur(e)	better

MOTS DIVERS

autant (de) . . . que	as (much, many) . . . as
avoir mal (à)	to have pain (in)
bientôt	soon
d'après	according to
longtemps	a long time
mal	badly, bad
mieux	better
moins (de) . . . que	less . . . than
pire	worse
plus (de) . . . que	more . . . than
tomber amoureux (euse)	to fall in love

Activités

A. Le travail. Quelles sont vos priorités en ce qui concerne le travail? Choisissez les trois choses les plus importantes pour vous. Puis, expliquez vos raisons aux autres personnes de la classe. Discutez vos priorités.

Exercise A. Suggestion: May be discussed in small groups in class.

MODELE: La chose la plus importante pour moi est _____ parce que _____ . La deuxième chose est _____ parce que _____ .

1. un bon patron 2. un bon salaire 3. un travail intéressant
4. l'indépendance dans mon travail 5. la responsabilité 6. le succès 7. la possibilité d'une promotion 8. l'occasion de voyager
9. un travail facile 10. des vacances 11. _____?

B. La journée typique d'un ouvrier. Vous avez beaucoup parlé de votre journée dans ce chapitre. Regardez maintenant ces deux images qui montrent les activités d'un ouvrier pendant une journée de vingt-quatre heures, à Paris et à Bordeaux en province. Comparez leurs journées. Employez les questions suivantes comme guide.

Exercise B. Follow-up: Give students a few minutes to write a short comparison to be shared with the class.

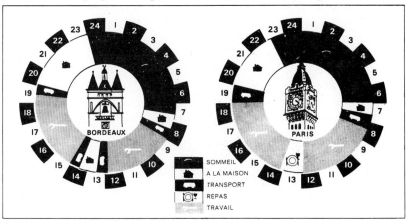

371

Exercise E.   Suggestions: (1) May
be discussed in small groups. (2)
Ask **Quels films et livres parlent
des ennemis de l'amour?**

1. A quelle heure se lèvent-ils? 2. Pendant combien d'heures vo-yagent-ils pour aller au travail? 3. Pendant combien de temps dor-ment-ils? 4. Combien d'heures passent-ils à la maison? 5. Combien de temps passent-ils à manger? 6. A quelle heure se couchent-ils?

Maintenant comparez votre journée à celle *(that)* d'un ouvrier français.

C.   **Les ennemis de l'amour.** Parlez avec vos camarades de classe des ennemis de l'amour. Quelles sortes de problèmes se posent dans les relations entre les gens qui s'aiment?
Mots utiles: la profession, les enfants, les animaux, la colère *(anger)*, la fierté *(pride)*, le temps, le moi *(ego)*, le manque de communication, la télévision, les sports, l'ennui *(boredom)*.
Quels sont les "ingrédients" selon vous d'un amour durable et heureux? Comparez vos idées avec les idées de vos camarades de classe.

Lecture: L'Apprentissage

dressed

apprentice

according to

fed

shop window

disappeared

En France, l'école est obligatoire jusqu'à seize ans. Que font donc dans les boutiques—chez le boulanger, chez le boucher, chez le charcutier—ces jeunes garçons ou ces jeunes filles *vêtus* de l'uniforme du métier? Par exemple, bleu et blanc chez les bouchers?

Ils sont *apprentis*. L'apprentissage (du verbe apprendre) est un système original et proprement français. Pendant deux ou trois ans, *suivant* le métier (charpentier, plombier, cuisinier, pâtissier), les jeunes tra-vaillent chez un "patron" qualifié. Deux jours par semaine, ils vont à l'école, pour recevoir une formation générale ou théorique. Ils sont sou-vent logés et *nourris* par leur patron et ils reçoivent un petit salaire. Ce salaire augmente chaque année.

A la fin de leur apprentissage, les jeunes passent un examen. La plupart réussissent et obtiennent un Certificat d'aptitude professionnelle (C.A.P.) qui va leur permettre d'exercer leur métier et plus tard de devenir patron à leur tour.

Souvent, dans la rue, on peut lire cette annonce dans la *vitrine* d'un magasin: "On cherche apprenti(e)s." Même si le chômage des jeunes est élevé, les apprentis sont rares; deux ou trois ans sans gagner d'argent, c'est long. Mais les jeunes gens qui ont le courage de persévérer ont, comme on dit, "un métier dans les mains."

Ce système d'apprentissage permet à la France de conserver des techniques professionnelles (cuisine, couture, coiffure, par exemple) qui ont parfois *disparu* dans d'autres pays.

Compréhension et expression

A. Comprenez-vous?

1. Jusqu'à quel âge doit-on aller à l'école en France? 2. Qu'est-ce que c'est qu'un apprenti? 3. Un apprenti va-t-il toujours à l'école? 4. Où un apprenti est-il logé? 5. Que fait-on avec un C.A.P.? 6. Quel est l'avantage de ce système d'apprentissage? 7. Pourquoi les apprentis sont-ils rares?

B. La journée typique d'un enfant. Décrivez les images suivantes et racontez la journée d'un enfant. Ajoutez d'autres activités.

Exercises B and C. Suggestion: May be done as oral work in class or as written homework.

C. Comment rendre une vie plus intéressante? Complétez les phrases suivantes pour expliquer ce que vous faites pour rendre votre vie plus intéressante.

Pour rendre ma vie plus intéressante le week-end, je _____ . , Le soir pendant la semaine, je _____ . Les jours de fête, je _____ . En été, je préfère _____ et en hiver je _____ . Mes passetemps favoris sont en général _____ . Les gens avec qui j'aime passer mon temps sont _____ . Ils sont _____ que moi. Je suis content(e)/Je ne suis pas content(e) de ma vie parce qu(e) _____ .

Suggested five day lesson plan for
Chapitre 13:

Day 1: **Vocabulaire**
Review of numbers and
dates
Day 2: The future and future
perfect
Day 3: **Ce** versus **il(s)/elle(s)** with
être
Demonstrate pronouns.
Day 4: **Prononciation**
Conversation et culture
Récapitulation
Day 5: **Intermède**
Optional quiz

Cherchons une profession!

Chapitre **13**

OBJECTIFS

Communication et culture   In this chapter, you will learn words and expressions related to professions and occupations. And you will learn about the changing role of women in France.

Grammaire   You will learn to use the following aspects of French grammar:

51.   more about numbers and dates, as well as a review

52.   the future tense, which will enable you to discuss future actions and plans

53.   more about when to use **ce** and when to use **il(s)/elle(s)** with **être**

54.   the forms and uses of demonstrative pronouns **(celui, celle, ceux, celles, ceci, cela, ça)**, the French equivalents of *this one, that one,* and so on

See facing page for lesson plan.

ETUDE DE VOCABULAIRE

Les Français au travail

un agriculteur   un ouvrier agricole   un agent   une douanière   un facteur   une institutrice
(une ouvrière agricole)   de police   (un douanier)   (une factrice)   (un instituteur)

1. La profession agricole: 3 millions de Français

2. Les fonctionnaires: 4 millions de Français

un artisan   une avocate   une femme médecin*   un banquier   une employée   un cadre   un ouvrier
(une artisane)   (un avocat)   (un médecin)   (une banquière)   (un employé)   (une ouvrière)

3. Les travailleurs indépendants: 4 millions de Français

Autres: les architectes, les peintres

4. Les travailleurs salariés: 11 millions de Français

Autres: les ingénieurs, les interprètes, les comptables, les infirmiers(ières)

Presentation: Model pronunciation of new vocabulary, with choral repetition

*Since many occupations traditionally associated with males do not have a feminine form, the word **femme(s)** is often used to indicate gender.

A. Nombres. Il y a trois millions d'agriculteurs en France. Combien y a-t-il _____ ?

1. de fonctionnaires? 2. de travailleurs indépendants? 3. de travailleurs salariés?

Quels sont les travailleurs les plus nombreux? Quels sont les travailleurs les moins nombreux?

Note: Feminine forms of some of these professions include: **une femme agent de police; une femme facteur** or **une factrice; une doctoresse; une femme cadre.**

B. Etudes. Qu'ont-ils étudié?

MODELE: les avocats → Les avocats ont étudié le droit.

1. les médecins	4. les ingénieurs
2. les architectes	5. les peintres
3. les banquiers	6. les interprètes

Exercise B. Continuation: (7) **les agriculteurs** (8) **les agents de police** (9) **les institutrices** (10) **les comptables** (11) **les infirmières** (12) **les ingénieurs.**

C. Définitions. Quelle est la profession des personnes suivantes?

MODELE: Elle enseigne à l'école primaire. → C'est une institutrice.

1. Elle vend des bijoux (_jewelry_) qu'elle a faits elle-même. 2. Il travaille à la campagne. 3. Il règle la circulation automobile. 4. Elle vérifie les valises à la douane. 5. Il s'occupe de la santé de ses patients. 6. Il distribue les lettres.

Exercise C. Suggestion: Encourage students to give definitions after practicing those in drill. You may want to put names of professions on 3 × 5 cards and have individuals choose cards, describing the profession without naming it while others guess the profession described.

D. Ressemblances. Trouvez la profession.

MODELE: la pompe → le pompier (_firefighter_)
coiffer → le coiffeur

Exercise D. Continuation: l'enseignement; infirme; les beaux-arts; la médecine; l'architecture.

1. la banque	3. la douane	5. pêcher	7. danser
2. le jardin	4. la cuisine	6. sculpter	8. chanter

E. Collègues. Trouvez les collègues de travail des personnes suivantes.

MODELE: Juliette est infirmière. → Elle travaille à l'hôpital avec un médecin et une dentiste.

1. Jean-Pierre est libraire. 2. Eugénie est serveuse. 3. Serge est cadre. 4. Denise est comptable. 5. Claude est ouvrier. 6. Francine est ouvrière agricole.

F. Embauche (_hiring_). Vous louez les services de professionnels pour les activités suivantes. Suivez le modèle.

MODELE: pour ouvrir une banque → Je cherche des secrétaires, des comptables, un directeur.

1. pour construire une maison 2. pour créer une entreprise 3. pour installer une ferme (_farm_) 4. pour publier un journal 5. pour donner un spectacle 6. pour ouvrir un restaurant 7. pour ouvrir une école

Exercise F. Note: Feminine forms are **chanteuse; coiffeuse; cuisinière; danseuse; directrice; employée; journaliste; libraire;** (no **maître d'hôtel** in feminine); **musicienne; ouvrière;** (no **professeur** in feminine, may hear une femme professeur); **secrétaire; serveuse.** You may want to put these forms on board while students are doing the activity.

ETUDE DE VOCABULAIRE

Des professionnels: agriculteur, chanteur, coiffeur, cuisinier, danseur, directeur, employé, ingénieur, journaliste, libraire, maître d'hôtel, musicien, ouvrier, ouvrier agricole, professeur, secrétaire, serveur

Exercise G. Suggestion: For pair work or whole-class discussion. May also be used to generate short written composition with questions used as guide.

G. Conversation.

1. Qu'est-ce que vous vouliez devenir quand vous étiez enfant? Pourquoi?   2. Que voulez-vous devenir maintenant? Pourquoi?   3. Quelle qualité est essentielle dans la profession que vous avez choisie? Pensez-vous avoir cette qualité?   4. Quelles études suivez-vous? Combien d'années d'études vous reste-t-il à faire?   5. Cherchez-vous du travail? quel genre?   6. Quelles sont les professions que vous admirez particulièrement? Pourquoi?   7. Y a-t-il des professions qui ne vous intéressent pas? Pourquoi?   8. Selon vous, est-ce que l'ambition est une bonne chose? Pourquoi?

L'Argent français

Les billets

Presentation: Update the values of currency if necessary.

Les pièces

1 franc (F) = 100 centimes (c)
Valeur approximative:
   1 franc français = 20 cents américains
   1 dollar = 5 francs français

A. Dans votre porte-monnaie *(change purse).* Comptez vos pièces de monnaie selon les modèles.

MODELE: 5F + 50c → cinq francs cinquante
10c + 5c + 1c → seize centimes

1. 50c + 20c + 10c + 5c + 1c
2. 50c + 20c + 20c + 5c + 1c
3. 50c + 10c + 1c
4. 20c + 10c + 5c + 1c + 1c

5. 5F + 1F + 50c + 20c + 5c
6. 5F + 1F + 1F + 50c + 10c
7. 1F + 1F + 1F + 10c + 10c
   + 5c + 1c
8. 5F + 5F + 1F + 20c + 5c

B. Salaires. Combien gagnent-ils par mois?

	Minimum	Maximum	En moyenne
1. les cadres supérieurs	4 000F	17 000F	9 850F
2. les cadres moyens	2 000F	12 000F	4 850F
3. les fonctionnaires	750F	10 000F	3 800F
4. les employés	1 000F	9 000F	2 900F
5. les ouvriers	500F	8 000F	2 750F

Exercise B. Suggestion: Ask students what salary levels are associated with similar jobs in the U.S., first converting amounts given to dollars. Have them discuss which jobs they prefer.

ETUDE DE GRAMMAIRE

51. MORE NUMBERS AND DATES

Un anniversaire peu ordinaire

FRANCINE: Chouette, l'année *1984* sera bissextile!
JEAN-PIERRE: Pourquoi est-ce important?
FRANCINE: Parce que je suis née *le 29 février 1964.*
JEAN-PIERRE: Je ne vois pas le rapport. . .
FRANCINE: Il y a un *29 février* seulement les années bissextiles: en *1968,* en *1972,* en *1976,* en *1980* et en *1984!*

1. Quelle est la date de naissance de Francine?
2. Quel âge Francine a-t-elle aujourd'hui?
3. Quelles sont les années bissextiles entre 1968 et 1984?

Presentation: Use mini-dialog as a point of departure to review dates.

An unusual birthday
FRANCINE: Great, the year 1984 will be a leap year! JEAN-PIERRE: Why is it important? FRANCINE: Because I was born on February 29, 1964. JEAN-PIERRE: I don't see the connection. . . . FRANCINE: There is a 29th of February only in leap years: in 1968, 1972, 1976, 1980, and 1984!

A. Cardinal numbers

Presentation: Review rules for pronunciation of numbers in various phonetic environments throughout section, e.g.: **dix heures/dix livres.**

1. Numbers from one to nineteen:

un deux trois quatre cinq six sept huit neuf dix onze douze treize quatorze quinze seize dix-sept dix-huit dix-neuf

2. Numbers from twenty to sixty-nine:

vingt trente quarante cinquante soixante

Suggestion: Have students repeat numbers for review, using some of the exercise types presented in **Chapitre préliminaire** and **Chapitre 6.**

Et is used before **un** in each group of ten.

vingt *et un* **cinquante** *et un*

The next eight numbers of each group of ten are hyphenated.

vingt-deux trente-quatre cinquante-six

3. Numbers from seventy to ninety-nine:

soixante-dix quatre-vingts quatre-vingt-dix

Et is used in 71 but not in 81 or 91. The **s** in **quatre-vingts** is omitted before another number.

soixante *et onze* **quatre-***vingt-un* **quatre-***vingt-onze*

4. Numbers from 100 to 999:

cent cent un deux cents deux cent un trois cents trois cent un

No article is used with **cent.** The word **cent** takes an **s** in the plural unless it is followed by another number.

5. Numbers from 1000 to 9,999:

mille mille trois sept mille trois

No article is used with **mille.** The word **mille** is invariable in form.

6. One million and above:

un million deux millions *de* **francs deux millions trois cent mille francs**

Million is generally used with an indefinite article, as in English. Note the use of **de** when the word **million** is directly followed by a noun.

In French numbers, a period is used where English uses a comma, and vice versa: **1.000.000,00.** In current usage, the period is omitted and a space left: 1 000 000,00.

B. Ordinal numbers

Ordinal numbers are formed by adding **-ième** to the cardinal number. Note the irregular form **premier(ère)** and the spelling of **cinquième** and **neuvième**.

> **le premier (la première) le/la deuxième le/la troisième le/la quatrième le/la cinquième le/la sixième le/la septième le/la huitième le/la neuvième le/la dixième le/la trentième le/la quatre-vingtième le/la centième**

Suggestion: Have students repeat ordinal numbers after your model. Use concrete examples as you model pronunciation, e.g.: **"Patrick est le cinquième étudiant de cette rangée."**

C. Dates

Dates are expressed with the definite article plus the day (expressed in cardinal numbers, except for **le premier**).

> **le 1er (premier) mars   le 11 (onze) juin   le 18 (dix-huit) septembre**

Years are expressed with a multiple of **cent** or with **mille**.

> 1982: *dix-neuf cent* **quatre-vingt-deux** or *mille neuf cent* **quatre-vingt-deux**
> 1603: *seize cent* **trois** or *mille six cent* **trois**

Note: Point out that "**le quart**" and "**la moitié**" are used to specify portions of noncountable nouns, or to signify 1/4 and 1/2 of a countable quantity (e.g., **un quart de cette classe; la moitié de nos étudiants**).

When written in numbers, the day of the month precedes the month.

> **2.9.1980 (le 2 septembre 1980)**   *9-2-80 (9/2/80) (September 2, 1980)*

Maintenant à vous

A. Dans votre porte-feuille *(wallet)*. Comptez vos billets selon le modèle.
MODELE: 100 + 50 = cent cinquante francs

1. 500 + 50 + 10
2. 500 + 100 + 100 + 50
3. 100 + 100 + 50 + 50 + 10
4. 500 + 500 + 50 + 10 + 10
5. 500 + 500 + 10
6. 500 + 500 + 100 + 100 + 50

Exercise A.   Suggestion: Bring in any examples you may have of French money (or Canadian, Belgian, Swiss, etc.) and use exercise for discussing features of paper money and coins. Use "Monopoly" money as a visual aid for additional problems. Give individual students various amounts. Ask them to count the bills, equating them with franc notes or converting from Monopoly "dollars" to francs.

B. Statistiques. Voici la France en chiffres. Donnez les statistiques en français. En 1980 il y avait en France _____ .

1. 53 373 000 habitants
2. 27 000 000 de touristes étrangers
3. 20 000 000 de téléspectateurs
4. 38 908 917 citadins *(city dwellers)*
5. 8 895 500 habitants à Paris
6. 1 000 000 d'étudiants
7. 20 000 000 de voitures
8. 1 300 000 chômeurs *(unemployed workers)*

C. Quel est votre numéro? En groupes donnez les numéros suivants.

1. votre numéro de sécurité sociale 2. le numéro d'une carte de crédit 3. votre adresse 4. le numéro de votre permis de conduire

5. votre code postal 6. le numéro de téléphone de votre meilleur(e) ami(e) 7. le numéro de votre carte d'étudiant 8. un autre numéro

D. Jours de fête. Maryse Delain vient travailler aux Etats-Unis. Elle veut savoir la date des jours de fête américains. Aidez-la selon le modèle.

MODELE: l'anniversaire de Lincoln → L'anniversaire de Lincoln est le 12 février.

1. le Jour de l'An 2. la Saint-Valentin 3. la Saint-Patrick 4. le Jour de l'Indépendance Américaine 5. la Fête du Travail 6. Halloween 7. la Toussaint 8. Noël

E. Anniversaire. Vincent Labeyrie est né le 30 mai 1980. A quelle date va-t-il avoir _____ ?

MODELE: 2 ans? → Il va avoir 2 ans le 30 mai 1982.

1. 5 ans?	4. 18 ans?	7. 67 ans?
2. 7 ans et demi?	5. 25 ans et demi?	8. 78 ans?
3. 9 ans?	6. 30 ans?	

F. Un peu d'histoire. Michèle veut devenir professeur d'histoire. Elle doit connaître beaucoup de dates historiques. Devinez celles-ci (*guess these*). Elles sont dans l'ordre chronologique.

1. Charlemagne est couronné (*crowned*) empereur d'Occident. 2. Guillaume, Duc de Normandie, conquiert (*conquers*) l'Angleterre. 3. Jeanne d'Arc bat (*beats*) les Anglais à Orléans. 4. Louis XIV, le roi soleil, construit Versailles. 5. Les Français perdent le Canada. 6. Prise de la Bastille. 7. Napoléon est couronné empereur des Français. 8. Alexandre-Gustave Eiffel construit la Tour Eiffel. 9. Débarquement (*landing*) anglo-américain en France. 10. Le Concorde arrive à Washington.	a. 1763 b. 1944 c. 1804 d. 1889 e. 1066 f. 1429 g. 1979 h. 1789 i. 800 j. 1661–1686

52. THE FUTURE AND FUTURE PERFECT

Son avenir

LE PERE: Il *sera* écrivain. Il *écrira* des romans. Nous *serons* célèbres.
LA MERE: Il *sera* homme d'affaires. Il *dirigera* une société. Nous *serons* riches.
L'ENFANT: On *verra* . . . je *ferai* ce que je *pourrai*. . . . .

His future
FATHER: He'll be a writer. He'll write novels. We'll be famous. MOTHER: He'll be a businessman. He'll direct a company. We'll be rich. CHILD: We'll see . . . I'll do what I can. . . .

1. D'après son père, quelle sera la profession de l'enfant? Que fera-t-il?
2. D'après sa mère, quelle sera la profession de l'enfant? Que fera-t-il?
3. D'après l'enfant, quelle sera sa profession? Que fera-t-il?

Presentation: Remind students that they already know a type of future tense—the compound future with **aller**. Explain how the simple future and the **futur proche** are used differently, with the latter used in casual style to talk about immediate future events, and the simple future used as explained in section C.

A. The future tense

In English, the future is a compound tense, formed with *shall/will* plus the base form of the verb: *to write → I shall/will write*. In French, the future is a simple tense, formed with the infinitive as the stem plus the endings **-ai, -as, -a, -ons, -ez, -ont**—the same as the present tense endings of **avoir**. The final **-e** of the infinitive of **-re** verbs is dropped.

Presentation: Model pronunciation of verb forms for students, using short sentences: **Je parlerai français demain. Je finirai mes devoirs ce soir. Je vendrai mes livres en mai.** etc.

PARLER: to speak		FINIR: to finish, to end		VENDRE: to sell	
je	parler**ai**	je	finir**ai**	je	vendr**ai**
tu	parler**as**	tu	finir**as**	tu	vendr**as**
il, elle, on	parler**a**	il, elle, on	finir**a**	il, elle, on	vendr**a**
nous	parler**ons**	nous	finir**ons**	nous	vendr**ons**
vous	parler**ez**	vous	finir**ez**	vous	vendr**ez**
ils, elles	parler**ont**	ils, elles	finir**ont**	ils, elles	vendr**ont**

Demain nous **parlerons** avec le conseiller d'orientation.	Tomorrow we *will talk* with the job counselor.
Il te **donnera** des conseils.	He *will give* you some advice.
Ces conseils t'**aideront** peut-être à trouver du travail.	Maybe this advice *will help* you to find a job.

B. Verbs with irregular future stems

The future endings are always regular. Some verbs, however, have either minor spelling changes in the future stem or have entirely irregular future stems.

Note: Explain changes in pronunciation that accompany spelling changes.

1. Verbs with spelling changes:
   Most verbs that have spelling changes in the present tense **(acheter: j'achète)** have the same spelling change in the stem of all persons of the future.*

*Verbs like **préférer** and **espérer** are an exception. Although they have changes in accents in the present tense, they are regular in the future: **je préférerai, tu préféreras,** and so on.

A gauche, un apprenti qui un jour sera chef de cuisine

E becomes **è** when a mute **e** is the final vowel of the future stem:

acheter → j'ach**è**terai

Y becomes **i** before a mute **e** that is the final vowel of the future stem:

payer → je pa**i**erai

A consonant is doubled before a mute **e** that is the final vowel of the future stem:

appeler → j'appe**ll**erai

Il t'**appellera** demain.	He'*ll call* you tomorrow.
Elle le **jettera** dehors s'il ne paie pas le loyer.	She'*ll throw* him out if he doesn't pay the rent.

2. Verbs with completely irregular future stems include:

aller: **ir-**	faire: **fer-**	venir: **viendr-**
avoir: **aur-**	pleuvoir: **pleuvr-**	voir: **verr-**
devoir: **devr-**	pouvoir: **pourr-**	vouloir: **voudr-**
être: **ser-**	savoir: **saur-**	

J'**aurai** un poste bientôt.	I *will have* a position soon.
On **devra** leur demander une brochure d'information.	We *will have to* ask them for an information brochure.
Croyez-vous qu'il **pleuvra**?	Do you think it *will rain*?

C. Uses of the future tense

In most cases, the use of the future tense in French parallels that of English. Note that in time clauses (dependent clauses following words like **quand, lorsque, dès que** [*as soon as*], or **aussitôt que** [*as soon as*]), the future tense is used in French if the action is expected to occur at a future time. English uses the present tense in this case.

Je te **téléphonerai** dès que j'**arriverai**.	I'*ll phone* you as soon as I *arrive*.
Nous **pourrons** en discuter lorsque l'avocat **sera** là.	We'*ll be able to* discuss it when the lawyer *arrives*.
La construction **commencera** dès que les ingénieurs **seront** prêts.	Construction *will begin* as soon as the engineers *are* ready.

D. The future perfect

The future perfect in French is expressed by the future of the auxiliary verbs **avoir** or **être** plus the past participle of the main verb: **j'aurai parlé, elle sera partie.**

Note: Remind students that verbs like **venir (obtenir,** etc.) have the same type of future stem as **venir.**

Suggestion: Model future tense stems by giving students short sentences to repeat in which the verbs listed are used: **Nous *irons* en France l'année prochaine. Il *fera* si beau là-bas. Il ne *pleuvra* pas,** etc.

Note: Explain that the **futur proche** cannot be used interchangeably in time clauses with the simple future.

384

The future perfect is frequently used to express a future action that will already have taken place when another future action (always expressed by the simple future) occurs.

Notes: (1) Discuss the French term **futur antérieur** and its meaning. Draw students' attention to the use of time clauses in these examples, as in section C, above.

Quand j'**aurai terminé** mes études, je **chercherai** du travail.

When I've *finished* my studies, I'll *look* for work.

Quand nos visiteurs **seront partis,** je m'**occuperai** des problèmes du bureau.

When our visitors *have left,* I'll *take care* of the office problems.

Maintenant à vous

A. Au bureau d'orientation professionnelle.

Exercise A. Suggestion: Conduct as a rapid oral response drill, or use part or all of the drill material for board work.

1. *Je* passerai une série de tests d'aptitude. *(toi et moi, Henri, les étudiants, tu, vous)* 2. *Tu* discuteras avec le conseiller. *(nous, Michel et Pascale, vous, je, mon père)* 3. *Vous* lirez les brochures d'information. *(tu, elle, nous, je, ils)* 4. *Nous* essaierons de choisir une carrière. *(vous, Pierre et Henri, tu, Pascale, je)*

B. Notre avenir économique.

Exercise B. Suggestion: Do as rapid response drill.

1. Qui gagnera beaucoup d'argent? *Je* gagnerai *1 580*F par mois. *(elle / 4 800, ils / 9 870, tu / 2 750, vous / 3 520)* 2. Qui paiera beaucoup d'impôts *(taxes)*? *Nous* paierons *415*F par mois. *(il / 256, elles / 570, tu / 2 000, vous / 1 500, je / 2 001)* 3. Qui économisera beaucoup d'argent? *Tu* économiseras *100*F par mois. *(nous / 400, ils / 250, vous / 1 000, je / 100, elle / 500)* 4. Qui vendra son entreprise? *Vous* vendrez votre entreprise pour *45 000 000*F *(nous / 12 000 000, elle / 32 000 000, ils / 3 000 000, je / 1 000 000)*

Exercise B. Follow-up: Ask several students to give personal answers to the questions in the drill (questions 1-3). Other possible questions: **Qui achètera une nouvelle voiture? Pour combien d'argent? Qui achètera une maison un de ces jours? Pour combien? Est-ce que vos parents vendront leur maison? Combien paiera-t-on la maison, à votre avis?**

C. Stratégie. Mettez les verbes au futur.

1. Je cherche du travail pour quatre mois. 2. Mon frère m'aide à chercher. 3. Il en parle à son chef de service. 4. Mes parents m'offrent leur aide. 5. Nous mettons une petite annonce. 6. Tu m'aides à préparer une interview. 7. Je vais au rendez-vous. 8. L'entrevue se passe bien. 9. Je trouve un poste. 10. Nous fêtons ce succès ensemble.

Exercise C. Suggestion: For oral or written practice. Can be done as a rapid response drill, or students can write a short paragraph in the future using the sentences given.

D. Carrières. Ces étudiants parlent de leur avenir.

1. *J'*aurai une profession intéressante. *(Thierry, nous, tu, Jeannine et Suzanne)* 2. *Juliette* sera avocate. *(nous, tu, je, Jean-Pierre et Francis, vous)* 3. *Tu* iras travailler en France. *(nous, je, Claudine, mes amies, vous)* 4. *Nous* devrons beaucoup travailler. *(vous, Sylvain, tu, je, elles)*

Exercise F.   Suggestion: Use
questions for pair work, whole
class question/answer, or dictate
questions at board and have
students answer in writing.

Exercise G.   Suggestion: For oral
or written practice. This type of
activity is interesting when done
with many students at board
completing the sentences in a
variety of ways.

E.   La boule de cristal. Savez-vous prédire l'avenir? Suivez le modèle.

MODELE: Je veux devenir médecin. (non) → Non, tu ne deviendras pas médecin.

1. Nous voulons avoir beaucoup d'argent. (oui) 2. Pascal veut faire de grands voyages. (oui) 3. Tu veux aller dans une grande firme d'avocats. (non) 4. Ils veulent savoir où travailler. (oui) 5. Vous voulez être agriculteurs. (non) 6. Je veux voir mes amis de l'université. (non) 7. Nous voulons obtenir notre licence. (oui) 8. Francine veut pouvoir réussir en tout. (non)

F.   Conversation.

1. Qu'est-ce que vous ferez quand l'année scolaire sera terminée? Continuerez-vous vos études ou travaillerez-vous? 2. Qu'est-ce que vous ferez quand vous aurez fini vos études? Choisirez-vous une profession indépendante? salariée? agricole? 3. Serez-vous fonctionnaire? agriculteur? artisan(e)? commerçant(e)? 4. Travaillerez-vous dans une entreprise internationale? Voyagerez-vous souvent? Dans quels pays? Pour quelles raisons? 5. Gagnerez-vous beaucoup d'argent? Est-ce que cela sera important? 6. Où vivrez-vous si vous en avez le choix?

G.   Rêves d'avenir. Complétez les phrases.

1. Dès que j'aurai terminé mes études, je _____ . 2. Lorsque j'aurai examiné toutes les carrières possibles, je _____ . 3. Quand j'aurai trouvé du travail, je _____ . 4. Aussitôt que nous aurons terminé ce cours, nous _____ . 5. Dès que je me serai marié(e), je _____ . 6. Quand les gens du monde auront appris à vivre ensemble, le monde _____ .

Notre émission de demain vous montrera comment terminer cette recette!

Note: This is a review of material
from Chapter 2 with more detail.

53.   *CE* VERSUS *IL(S)/ELLE(S)* WITH *ETRE*

Une qualité exceptionnelle

FRANCINE: Et qui *est-ce*, cette dame-là? *C'est* une journaliste?
CLAUDE: Non, *c'est* Denise Chabot. *Elle est* architecte.
FRANCINE: *C'est* une bonne architecte?
CLAUDE: Oui, *elle est* excellente; elle a beaucoup de talent. Et puis, *c'est* ma cousine!

An exceptional quality
FRANCINE: And who's that lady over there? Is she a journalist?   CLAUDE: No, that's Denise Chabot. She's an architect.   FRANCINE: Is she a good architect?   CLAUDE: Yes, she's excellent; she's very talented. And besides, she's my cousin!

> Répétez le dialogue et substituez Francis Legrand, qui est avocat, à Denise Chabot.

Suggestion: Since students have already been introduced to this concept, they should be able to tell you why **ce** and **il/elle** are used in each particular instance in the mini-dialog: Have them explain in English or French.

A. Uses of *ce*

Ce is normally used as the subject of the verb **être** when a modified noun, a pronoun, or a proper name follows **être**.

C'est ma cousine.	*It's my cousin.*
Regarde, **c'est lui!**	Look, *it's him (he)!*
C'est Jean-Paul Belmondo!	*It's Jean-Paul Belmondo!*

Ce is also used with **être** plus an adjective to refer to a general idea or situation: **C'est difficile!**

Note: Point out that **ce** becomes **ç'** in affirmative forms of the verb **être** which start with the letter **a**: **Ç'a été difficile. Ç'aurait été fantastique.**

B. Uses of *il(s)* or *elle(s)*

The subject pronouns **il(s)/elle(s)** are generally used when an adjective, adverb, or prepositional phrase follows **être**.

Voilà une infirmière. **Elle est ambitieuse.**	There's a nurse. *She*'s ambitious.
Les Garneau sont commerçants. **Ils sont très** travailleurs.	The Garneaus are shopkeepers. *They* are *very* hard-working.
Où est l'artiste peintre? **Elle** n'est pas **à côté de** la journaliste.	Where is the painter? *She*'s not next to the journalist.

C. *Ce* or *il(s)/elle(s)* with professions, nationalities, or religions

With nouns of profession, nationality, or religion, either **ce** or a subject pronoun can be used, depending on whether the noun is modified. If the noun is *not* modified, **il(s)** or **elle(s)** are used. If the noun *is* modified, **ce** is used. Compare these sentences.

Il est **employé de banque,** n'est-ce pas?	**C'est un** employé de banque, n'est-ce pas?
Elle est **douanière.**	**C'est une** douanière.
Ils sont **catholiques.**	**Ce sont de bons** catholiques.
Elle est **ingénieur.**	**C'est une** femme ingénieur.
Ils sont **français.**	**Ce sont des** Français.

Note: Explain that when the noun is unmodified, it acts as a predicate adjective in the sentence. Nationalities are *not* capitalized when used as adjectives: hence the lower-case "**Ils sont français.**" But when the noun *is* modified (and **ce** is used), it serves as a predicate noun. Nationalities are capitalized in this instance: hence, "**Ce sont des Français.**"

Maintenant à vous

A. Exercice de contradiction. Jacques et Françoise ne sont pas d'accord sur la valeur professionnelle de leurs voisins. Jouez les deux rôles selon le modèle.

Qui est-ce? C'est un peintre agréable, n'est-ce pas?

Exercise A. Follow-up: Make statements about current political or other personalities and have students react with **C'est** + article + noun + adjective. (Example: **Le Président des Etats-Unis, est-il compétent? Oui, *c'est un homme compétent.*)** Another student might want to contradict any given point of view, as in the exercise.

MODELE: *Jacques:* M. Dupont est un bon médecin. (mauvais)
           Françoise: Tu crois? A mon avis, c'est un mauvais médecin.

1. Mme Dupont est un écrivain intéressant. (ennuyeux) 2. Georges est un artiste peintre excellent. (médiocre) 3. Mlle Durand est un médecin incompétent. (compétent) 4. Frédéric est un ingénieur prudent. (imprudent)

B. Salaires. Décrivez les personnes et leur salaire selon le modèle.

MODELE: instituteur / 4 500F → C'est un instituteur. Il gagne 4 500F par mois. Il n'est pas très riche.

1. ouvrier / 2 750F   5. architecte / 15 800F
2. chirurgien *(surgeon)* / 17 000F   6. banquière / 25 750F
3. employé de banque / 2 940F   7. cadre moyen / 4 850F
4. fonctionnaire / 3 800F   8. cadre supérieur / 12 900F

C. Descriptions. Décrivez ce que font les personnes suivantes et où elles sont maintenant. Suivez le modèle.

MODELE: Philippe / étudiant → Voici Philippe. Il est étudiant. Il est à l'école.

1. Marina / infirmière   7. mes cousines / employées
2. Isabelle / institutrice   de banque
3. M. Martin / pompier   8. Mme Matthieu / comptable
4. mes amis / commerçants   9. les Dupont / Canadiens
5. Charles / agriculteur   10. mes voisins / catholiques
6. M. LeBrun / ouvrier agricole

D. Encore des descriptions. Changez les phrases de l'Exercice C d'après ce modèle:

MODELE: Voilà Philippe. C'est un étudiant. Il est à l'école.

Exercise E. Follow-up: Have students think of a person in the class or of a public personality and write short descriptions such as those in the model. Others in the class can guess the identity of the person described in the "portrait."

E. Portraits. Décrivez les personnes suivantes selon le modèle.

MODELE: journaliste (excellent) → C'est une femme. Elle est journaliste. Elle est excellente. C'est une journaliste excellente.

1. pompier (courageux)   4. interprète (célèbre)
2. agent de police   5. commerçante (pauvre)
   (incompétent)   6. infirmière (active)
3. institutrice (patiente)

F. Opinions. Que pensez-vous des personnes suivantes? Utilisez un adjectif de votre choix. Suivez le modèle.

MODELE: Aimez-vous votre professeur de maths? → Oui, c'est un professeur intéressant (brillant, amusant, compétent). (Oui, il est intéressant.)

ou: Non, c'est un professeur ennuyeux (médiocre, etc.). (Non, il n'est pas intéressant.)

1. Aimez-vous votre dentiste? 2. Que pensez-vous de votre médecin? 3. Aimez-vous les constructions de Frank Lloyd Wright? 4. Que pensez-vous de Jacques Brel? d'Edith Piaf? 5. Aimez-vous la peinture de Picasso? 6. Avez-vous un écrivain (chanteur, acteur, etc.) préféré? Que pensez-vous de lui ou d'elle?

Exercise F. Suggestion: Have students do exercise in pairs or small groups and compare answers.

54. DEMONSTRATIVE PRONOUNS

Un test décisif

LE CHEF DU PERSONNEL: Monsieur le Directeur, voici la liste des candidats: *ceux-ci* ont été convoqués; *ceux-là* ont reçu une réponse négative.
LE DIRECTEUR: *Celui de Nîmes a un excellent dossier.*
LE CHEF DU PERSONNEL: Oui, mais *celle* de l'Ecole des Mines est plus qualifiée.
LE DIRECTEUR: Faites-les entrer: nous choisirons *celui*—ou *celle*—qui sera le moins impressionné par nous.

Retrouvez la phrase correcte dans le dialogue.

1. Ces candidats-ci ont été convoqués.
2. Ces candidats-là ont reçu une réponse négative.
3. Le candidat de Nîmes a un excellent dossier.
4. La candidate de l'Ecole des Mines est plus qualifiée.
5. Nous choisirons le candidat ou la candidate qui sera le moins impressionné par nous.

A. Forms of the demonstrative pronouns

Demonstrative pronouns such as *this one, that one*, and so on refer to a person, thing, or idea that has been mentioned previously. They agree in gender and number with the nouns they replace.

Presentation: Review briefly with students the demonstrative adjectives before presenting demonstrative pronouns to show them the relationship between the two.

	SINGULAR	PLURAL
Masculine	**celui** *this one, that one, the one*	**ceux** *these, those, the ones*
Feminine	**celle** *this one, that one, the one*	**celles** *these, those, the ones*

A decisive test
PERSONNEL MANAGER: Boss, here's the list of applicants. These have been sent for; those have received a negative answer. DIRECTOR: The one from Nîmes has an excellent dossier. PERSONNEL MANAGER: Yes, but the woman from the School of Mines is more qualified. DIRECTOR: Have them come in. We'll chose the one—male or female—who is the least impressed by us.

B. Uses of demonstrative pronouns

Demonstrative pronouns cannot stand alone. They must be used in one of the following ways:

1. with the suffix **-ci** (to indicate someone or something located fairly close to the speaker) or **-là** (for someone or something that is more distant from the speaker)

Il y a plusieurs bureaux libres. Préférez-vous **celui-ci** ou **celui-là**?	There are several empty offices. Do you prefer *this one* or *that one*?
Ces documents sont dans quel classeur? **Celui-ci** or **celui-là**?	These documents are in which file? *This one* or *that one*?

2. followed by a prepositional phrase (often a construction with **de**)

Quel secteur t'intéresse? **Celui** de l'informatique ou **celui** de l'aéronautique?	Which sector is interesting to you? *That* of the computer industry or *that* of aeronautics?
Notre entreprise désire embaucher de jeunes cadres dans deux branches: **celle** de la gestion et **celle** du marketing.	Our company wishes to hire young executives in two fields: *that* of management and *that* of marketing.

3. followed by a dependent clause introduced by a relative pronoun.

J'ai trois soeurs. **Celle** qui est interprète habite à Lyon; **celles** qui vivent à Paris sont femmes d'affaires.	I have three sisters. *The one* who is an interpreter lives in Lyon; *the ones* who live in Paris are business women.
Cet ingénieur est très intelligent, mais **celui** qui parle ne m'impressionne pas beaucoup.	*That* engineer is very intelligent, but *the one* who is speaking doesn't impress me very much.

C. Indefinite demonstrative pronouns

Ceci (*this*), **cela** (*that*), and **ça** (*that*, informal) are indefinite demonstrative pronouns; they refer to an idea or thing with no definite antecedent. They do not show gender or number.

Cela (ça) n'est pas important.	*That's* not important.
Regarde **ceci** de près.	Look at *this* closely.
Qu'est-ce que c'est que **ça**?	What's *that*?

Maintenant à vous

A. Après l'interview. Monsieur Legrand et Mademoiselle Chabot parlent des candidats interviewés. Jouez les rôles selon le modèle.

MODELE: secrétaire → *M. Legrand:* Je préfère ce secrétaire-ci.
Mlle Chabot: Je crois que celui-là est plus qualifié.

1. interprète
2. avocat
3. cadre
4. infirmières
5. comptable
6. ingénieurs
7. ouvrière
8. employées

Exercise A. Suggestion: Do as rapid response drill, or have students do in pairs, after repeating the model and one or two sentences with the whole class.

B. Un nouveau décor. Monsieur Renaud meuble son nouveau bureau. Il compare les prix. Jouez les rôles selon le modèle.

MODELE: ce bureau / 2 400F / 3 000F →
Le vendeur: Ce bureau-ci coûte 2 400F.
M. Renaud: Et celui-là?
Le vendeur: Celui-là coûte 3 000F.

1. ces chaises / 1 800F / 2 100F   2. ce téléphone / 1 150F / 800F
3. ces tapis / 4 310F / 9 000F   4. ces étagères / 2 050F / 1 201F
5. cette machine à écrire / 3 200F / 1 720F   6. cette corbeille à papier
(wastepaper basket) / 70F / 110F

Exercise B. Suggestion: Go over model sentence and one other example with the whole class repeating. Then have students do in pairs, or ask two students to play the rôle for each sentence for the whole class.

C. Exercice d'imagination. Pouvez-vous imaginer la société de l'avenir? Comparez ce que sont les choses suivantes à ce qu'elles seront dans vingt ans.

MODELE: les avions → Les avions seront beaucoup plus rapides que ceux d'aujourd'hui.

1. les universités
2. les ordinateurs *(computers)*
3. la nourriture
4. la connaissance scientifique
5. les robots
6. les villes
7. le métro
8. le travail

Exercise C. Suggestion: Have students write out sentences first, then compare responses orally.

D. La banque Goujon. Monsieur Goujon compare ses agences. Jouez les rôles selon le modèle.

MODELE: le chef de service (de Nîmes, d'Arles) / sérieux →
Le comptable: Le chef de service de Nîmes est très sérieux.
M. Goujon: Celui qui vient d'Arles est encore plus sérieux.

1. la directrice (de Paris, de Bordeaux) / consciencieuse   2. les employés (du Nord, du Midi) / travailleurs   3. les bureaux (à Nice, à Lille) / modernes   4. le comptable (de Grenoble, de Lyon) / compétent   5. les clients (des villes, de la campagne) / nombreux   6. l'atmosphère (à Paris, à Marseille) / agréable

Exercise D. Suggestion: Go over model sentence with whole class repeating. Then have two students play the rôles for each sentence for the whole class, or have students do exercises in pairs.

En France, l'informatique est un secteur à débouchés nombreux dans l'avenir.

Exercise E. Suggestion: Have individuals supply answers orally or give students a few minutes to do in writing. Then solicit oral answers.

Exercise G. Suggestion: Dictate the stimulus sentences to students at board, books closed for dictation practice. Then have students respond orally or in writing, according to the model. Encourage students to make their own predictions and present them to the class.

E. **Secteurs à débouchés** (*openings*) **nombreux dans l'avenir.** Voici les résultats d'une enquête sur les débouchés pour l'avenir. Complétez avec les pronoms démonstratifs corrects.

1. Les secteurs d'avenir sont _____ de l'informatique, de l'aéronautique et _____ de la distribution. _____ qui embaucheront (*will hire*) le plus sont _____ de la production d'énergie et de la distribution. 2. Beaucoup d'entreprises préféreront les jeunes que sont diplômés des Ecoles d'Ingénieurs à _____ qui sont diplômés de l'université. 3. Les branches de la recherche et _____ de l'informatique et de la gestion se développeront. _____ du marketing baissera (*will fall off*). 4. La meilleure formation scientifique sera _____ que donneront les Grandes Ecoles d'Ingénieurs. La moins bonne sera _____ que donneront les études de biologie-chimie. 5. Les qualités les plus importantes seront la capacité d'innovation et _____ de communication. Autrefois, c'était _____ d'adaptation.

F. **En français, s'il vous plaît.**

1. *Do this! Don't do that!* 2. *This is going to be important some day.* 3. *I can't understand this.* 4. *This is only* (**ne . . . que**) *the beginning.* 5. *Henri didn't do that, but he did this!* 6. *That's not true!* 7. *That will never happen to me.*

G. **Prédictions: dans cinquante ans.** Utilisez ces prédictions pour interviewer un(e) camarade de classe, selon le modèle.

MODELE: *Vous:* Tout le monde aura un écran (*screen*) attaché au téléphone qui permettra de voir l'interlocuteur.
     Un ami: Cela est (c'est) bien possible (logique, ridicule, impossible, etc.).

1. L'énergie nucléaire sera la principale source d'énergie à l'avenir. 2. La recherche médicale réussira à trouver un remède définitif contre le cancer. 3. Les aérotrains remplaceront tous les trains. 4. L'ordinateur (*computer*) dominera la vie quotidienne de tous les Américains. 5. Nous n'aurons plus besoin d'argent. 6. Le progrès médical nous assurera à tous une vie sans maladies. 7. Personne ne mourra plus. 8. Nous coloniserons la lune.

ETUDE DE PRONONCIATION

The Sound [j]

The sound [j] is pronounced like the *y* in *yes*. It is a short sound immediately preceded or followed by another vowel sound within the same syllable. It is called a semi-vowel. The vowel sound which comes before or after [j] should always be carefully and clearly pronounced.

The sound [j] has several spellings:

1. *i* + vowel: **radio**
2. *y* + vowel: **yeux**
3. vowel + *y* + vowel: **employé**
   In this instance, the letter *y* stands for the sounds [i] + [j]. The [i] and the preceding vowel combine: **crayon** [krɛjɔ̃]. There are some exceptions: **pays** [pei], **mayonnaise** [majonɛz].
4. vowel + **il** or **ille: travail, travailler, Marseille**
5. consonant + **ille: fille**

There are three exceptions: **mille,** [mil], **ville,** [vil], **tranquille** [trɑ̃kil].

A. Prononcez avec le professeur.

1. bien mieux fier nièce chien kiosque pied science 2. payer envoyer moyenne voyage s'ennuyer yeux 3. travail vieil chandail conseil sommeil appareil 4. vieille meilleur cuillère taille bouteille feuille 5. fille gentille billet brillant 6. télévision émission pharmacien profession version ancien

B. Prononcez les phrases suivantes.

1. Ce vieil infirmier est bien qualifié. 2. Les clients de l'ingénieur ont oublié de payer. 3. Ce brillant étudiant travaille en banlieue. 4. Nous envoyons cette feuille d'inscription à Lucienne.

C. Pour rire.

1. L'ancien pompier s'est marié avec une gentille fille aux yeux violets. 2. La fille de cette fière famille parisienne a mieux étudié que la nièce du banquier canadien. 3. Ce client a payé sa première bouteille de bière avec un vieux billet oublié derrière son siège.

CONVERSATION ET CULTURE

A Propos de métiers

Jim (un jeune Américain, étudiant en art) et Isabelle (une jeune Française, étudiante en mathématiques) sont devenus amis. Jim parle à Isabelle de sa surprise face à un aspect particulier de la vie professionnelle en France.

JIM: Vous avez beaucoup de femmes dans les professions médicales en France. Tu te rappelles, lorsque j'ai eu un accident de *mobylette,* le médecin *de garde* était une femme; et c'est une pharmacienne qui m'a

type of Moped
on duty

vendu les médicaments. Hier encore, je suis allé chez un ophtalmologiste: une femme. Je suis entré dans le magasin d'un opticien, il s'appelait Claude *Quelquechose*; j'ai commencé: "Bonjour, Monsieur". . . .

ISABELLE: Et c'était une femme! *Ne te plains pas.* Dis plutôt: elles m'ont admirablement *soigné*! N'est-ce pas vrai?

JIM: Tout à fait exact. Mais explique-moi. . . .

ISABELLE: C'est une coïncidence, bien sûr. Mais il est certain qu'en France beaucoup de femmes intelligentes choisissent une profession libérale pour être indépendantes. Elles organisent ainsi plus facilement leur vie familiale. Dans l'industrie, en particulier dans les grosses entreprises, les hommes préservent jalousement leurs prérogatives. Ils n'aiment ni *recevoir* d'ordres d'une femme, ni en embaucher une dans leur service. Alors, les femmes deviennent médecins, avocates, écrivains, infirmières *à domicile*; elles ont leur commerce ou parfois leur propre entreprise. La compétition devient ainsi indirecte.

JIM: Et toi? Que feras-tu? Tu iras forcément travailler dans une grande banque ou une grosse compagnie d'*assurances*, comme comptable.

ISABELLE: Je saurai me faire respecter, je te le *jure*.

JIM: Je ne serai pas parmi vous, Dieu merci! Les chiffres m'intéressent si peu. Pendant ce temps, je vivrai dans un milieu artistique, *entouré* de peintres, d'écrivains. . . . J'aurai peut-être des collègues femmes, mais la plupart seront des hommes.

ISABELLE: Cela ne doit pas t'*étonner*. On *exige* des femmes toutes les petites choses quotidiennes et insignifiantes. Ensuite, si elles ne peuvent pas suivre une carrière artistique, *personne dans leur entourage ne* s'inquiète!

JIM: Tu exagères. Une femme aussi peut *s'échapper*: elle suit des cours, travaille dans un atelier.

ISABELLE: Jeune, oui, mais plus tard, quand elle aura des enfants, elle *sera coincée* à la maison. J'espère qu'un jour la société changera et qu'il y aura autant de femmes que d'hommes artistes peintres, sculpteurs, *cinéastes*, écrivains.

JIM: Oui, et ce jour-là il y aura certainement parmi les femmes la même proportion de grands artistes.

ISABELLE: Bravo, Jim! Très bien exprimé. Et finalement tu m'as suivie sur mon terrain: c'est une question de chiffres!

Questions et opinions

1. Dans quels métiers médicaux Jim a-t-il rencontré des femmes? 2. Quelles sortes de professions les femmes cherchent-elles selon Isabelle? Pourquoi? 3. Traditionnellement qu'est-ce qu'on demande aux femmes selon Isabelle? 4. Quand est-ce que nous verrons de grands artistes femmes? 5. Quelle sorte de travail Isabelle choisira-t-elle? 6. Y a-t-il beaucoup de femmes qui pratiquent la médecine aux Etats-Unis? 7. Y a-t-il beaucoup de femmes dans l'industrie aux Etats-Unis?

Margin glosses:
Something or other
don't complain
taken care of

receive

with a private practice

insurance
promise

surrounded

surprise / requires

no one close to them

to escape

will get stuck

moviemakers

Commentaire culturel

The traditional role of women is more highly valued and appreciated in France than in Anglo-Saxon countries. One reason for this, perhaps, is that success and money used to be considered (and still are, to a certain extent) less important in France than in North America. For most French people, a job that paid well was usually less desirable than one that afforded prestige or social influence. In that context, motherhood was more highly respected. This respect is reflected even today in the legal system: women who are heads of households are entitled to legal help and economic protection.

In France as in North America, however, the traditional role of women is changing. In 1974 the working population was 38.4 percent female. A high proportion of working women are married and have children, in spite of the heavy demands motherhood places on them. Women today are entering many occupations and professions traditionally held by men. In independent professions, things seem to be easier for women. There are proportionately more women dentists, physicians, lawyers, and pharmacists than engineers or business executives—perhaps because private employers are not yet willing to pay a woman as much as a man for the same job. In France, the traditional family with the mother at home is fast disappearing, and surveys of girls in high school show that the vast majority plan to have a career as well as a family.

Le Jour de la Femme: une réunion

RECAPITULATION

A. **Qu'est-ce que vous préférez?** Vous avez beaucoup travaillé cette semaine. Vous voulez bien vous amuser ce week-end. Qu'est-ce que vous ferez? Où irez-vous? Suivez le modèle.

MODELE: Quel musée visiterez-vous? (d'art moderne, de sculpture)
→ Je visiterai celui d'art moderne. (Je visiterai celui de sculpture.)

1. Dans quel restaurant mangerez-vous? (qui se trouve au coin de la rue, qui se trouve près de l'université) 2. Quel film irez-vous voir? (de Truffaut, de Woody Allen) 3. Dans quel magasin ferez-vous vos courses? (qui est tout près, qui est plus loin) 4. Quelle exposition verrez-vous? (de photographie, de sculpture)

B. **L'avenir.** Reliez les phrases selon le modèle.

MODELE: Charles étudie. Après cela, il sort. (dès que) → Dès que Charles aura étudié, il sortira.

1. Mes amis trouvent un bon restaurant pour un repas d'affaires. Puis ils mangent bien. (quand)

Exercise B.   Suggestion: For oral or written practice. Shorter sentences might be dictated at board, students then linking them using the time expression given, as in the model.

2. Nous allons au magasin acheter des livres. Puis nous rentrons les lire. (dès que) Tu achètes le journal du 3.6.82. Puis tu l'apportes à la maison. (lorsque) Je regarde le journal. Puis je me couche. (quand) Ma soeur lit le journal. Après cela, elle étudie. (aussitôt que)

3. Claire prépare ses devoirs. Puis elle voit un film. (lorsque) Elle rend ses livres à la bibliothèque. Puis elle va au travail. (dès que)

4. Marie réussit à ses examens. Après elle a un diplôme. (dès que) Elle obtient un diplôme. Puis elle devient médecin. (lorsque) Elle devient médecin. En 1991 elle est riche. (quand)

Exercise C. Suggestion: Have students prepare the dialog in pairs. Then ask several pairs of students to play the rôles aloud, or ask two students to play the rôles for half of the dialog and two others to finish it.

C. Dialogue entre amies. En français, s'il vous plaît. Utilisez le futur.

SIMONE: *Will you travel to Europe next summer?*
THERESE: *Yes. As soon as my vacation starts, I'll leave.*
SIMONE: *Who will you go with?*
THERESE: *With Claudine Rousseau. She'll surely have the time.*
SIMONE: *Claudine? Is she a lawyer?*
THERESE: *No, she's a journalist. She's probably one of the best journalists in the city.*
SIMONE: *Well, you're one of the best professors in the city.*
THERESE: *Yes, but my vacations aren't as flexible as Claudine's (those of Claudine).*

Exercise D. Suggestion: Give students a few minutes to compose their statements according to the model. Then solicit individual answers orally. May be done in small groups of four or five students who then report the information discussed.

D. Un poste pour l'été. Vous cherchez un poste pour l'été. Voilà une liste de postes possibles. Choisissez celui que vous préférez (ou un autre qui vous intéresse) et imaginez la vie que vous aurez.

MODELE: Je serai _____ .
Je travaillerai à/en/ dans _____ .
Je gagnerai _____ par mois.
Je serai content(e) parce que _____ .

Métiers et professions: serveuse/serveur, secrétaire, chauffeur de taxi, femme/homme de ménage, caissier(ière) *(cash register operator)* dans un supermarché, vendeur/vendeuse, animateur/animatrice *(camp counselor)*, donner des leçons particulières *(private)*, charpentier

> **Le Français par les gestes: C'est fini.**
> This gesture emphasizes the finality of the statement **c'est fini** *(that's it)*. The hands, palms facing down, cross in front of the chest and swing out to the sides in one quick, controlled, forceful movement.

VOCABULAIRE

VERBES

aider	to help, assist
diriger	to direct
embaucher	to employ
se passer	to happen, occur (to someone)

NOMS

l'affaire *(f)*	business
l'avenir *(m)*	future
le billet	bill (money)
le bureau	office
le centime	centime (French money)
le chiffre	figure, number
le débouché	job opening
l'entreprise *(f)*	business, firm, company
le poste	position, job
le salaire	salary

ADJECTIFS

agricole	agricultural
catholique	Catholic
(in)compétent(e)	(in)competent
indépendant(e)	independent
moyen(ne)	middle; average
quotidien(ne)	daily
salarié(e)	salaried
supérieur(e)	higher up; superior

PROFESSIONS ET METIERS

l'agent de police *(m)*	police officer
l'agriculteur *(m)*	farmer
l'architecte *(m, f)*	architect
l'artisan(e) *(m, f)*	craftsperson
l'avocat(e) *(m, f)*	lawyer
le/la banquier(ière)	banker

PROFESSIONS ET METIERS

le cadre	executive
le/la chanteur(euse)	singer
le/la comptable	accountant
le/la conseiller(ère)	counselor
le/la directeur(trice)	director
le/la douanier(ère)	customs official
l'écrivain *(m)*	writer
l'employé(e) *(m, f)*	employee
le/la fonctionnaire	civil servant
l'infirmier(ière) *(m, f)*	nurse
l'ingénieur *(m)*	engineer
l'instituteur(trice) *(m, f)*	school teacher
l'interprète *(m, f)*	interpreter
le/la journaliste	journalist
le médecin/la femme médecin	doctor
le peintre	painter
le pompier	firefighter
le/la secrétaire	secretary
le/la travailleur (euse)	worker

MOTS DIVERS

aussitôt que	as soon as
dès que	as soon as

(OPTIONAL)

Intermède 13

Activités

Exercise A. Note: Before doing this drill, compare the use of the near future and the simple future

A. Conversation. Répondez aux questions suivantes seul(e) ou avec un(e) camarade de classe.

Ce soir _____ ?

1. qu'est-ce que vous allez manger? 2. qu'est-ce que vous allez étudier? 3. à quelle heure allez-vous vous coucher?

L'été prochain _____ ?

4. qu'est-ce que vous écrirez? 5. qu'est-ce que vous lirez? 6. qu'est-ce que vous achèterez? 7. qui verrez-vous? 8. où irez-vous? 9. quel temps fera-t-il?

Dans cinq ans, _____ ?

10. où aurez-vous voyagé? 11. aurez-vous terminé vos études? 12. quelle sera votre profession? 13. aurez-vous des enfants?

B. Quelques Françaises importantes. Connaissez-vous ces Françaises célèbres? Trouvez leur profession.

1. Simone de Beauvoir
2. Agnès Varda
3. Colette
4. Françoise Giroud
5. Simone Veil
6. Edith Piaf
7. Isabelle Adjani
8. Mme de Staël

a. écrivain du début du vingtième siècle
b. ministre de la culture
c. philosophe
d. actrice
e. présidente du Parlement Européen
f. chanteuse
g. cinéaste
h. écrivain de la fin du dix-huitième siècle

Maintenant pensez à une Américaine célèbre. Décrivez à vos camarades les raisons pour lesquelles elle est célèbre. Vos camarades doivent deviner qui c'est.

C. Choisir un métier. Vous parlez avec le conseiller d'orientation. Expliquez quelles sont les trois raisons les plus importantes pour vous dans le choix d'un métier et pourquoi.

Exercise C. Suggestion: Have students do discussion in groups of four or five. Designate a strong student in each group as leader who will ask the others to respond to each of the statements. The group leader should solicit reasons from each person for his/her reactions and ask follow-up questions whenever possible.

Mots utiles: l'argent, le temps libre, l'aspect social, la sécurité, le respect des autres, la puissance *(power)*, la possibilité de trouver du travail, les débouchés, le service rendu aux autres, l'aspect créatif, les difficultés à vaincre *(to overcome)*, l'intérêt

Maintenant, jouez le rôle du conseiller. Quels sont les avantages et les inconvénients des métiers suivants?

artiste	avocat(e)	comptable	commerçant(e)
écrivain	coiffeur(euse)	chanteur(euse)	professeur
interprète	pompier	journaliste	médecin/femme médecin

D. Un homme et une femme. Sont-ils vraiment si différents? Quelle est votre attitude envers l'évolution du rôle de l'homme et de la femme? Réagissez face aux affirmations suivantes: *tout à fait (completely) d'accord, ça dépend, jamais d'accord.* Expliquez vos réponses.

1. Pour développer son intelligence une femme doit travailler.
2. L'homme doit faire vivre *(support)* la famille. 3. L'homme doit

Exercise D. Suggestion: For practice in pairs. You might want to put some expressions on the board relating to giving advice e.g.:
Je vous conseille. . . à mon avis . . . Si c'était à moi de décider. . . J'estime que. . . Je suis convaincu(e) que. . . Pour ma part. . . Mon point de vue est le suivant. . .

Expressions for conveying one's desires might include . . . **Je préfère. . . Je voudrais. . . J'aimerais bien. . . J'aimerais mieux. . . Je choisis. . . Cela me convient. . . Ceci n'est pas mal . . . (or) Je n'aime pas. . . Je déteste. . . Ceci ne me plaît pas . . . Pouah! Je trouve. . . affreux . . . Bof, je ne vois rien qui me plaît. . . or Je ne peux pas me décider. . . Je ne peux pas décider entre les deux. . . Je n'arrive pas à choisir** etc.

protéger la femme.   4. Dans un ménage la femme doit s'occuper des enfants.   5. La femme doit rester jeune physiquement. Cependant *(however)*, l'homme devient plus séduisant avec l'âge.   6. Il n'y a pas de métiers réservés aux femmes ou aux hommes. Tout le monde peut exercer les mêmes professions.   7. L'indépendance financière est une garantie de liberté pour la femme.   8. Une femme intelligente représente une menace pour les hommes.   9. Il est plus important pour une femme de s'habiller à la mode que pour un homme.   10. Les femmes ne peuvent pas faire de politique.

Formez maintenant des groupes de discussion et discutez les thèmes suivants.

1. Dans le temps *(formerly)* on pensait que la femme était capable seulement de s'occuper de la cuisine, du ménage et des enfants. Est-ce différent aujourd'hui?   2. Est-ce que les femmes de votre âge choisissent des métiers difficiles? Que font-elles? Qu'est-ce que cela indique?   3. Est-ce qu'on paie les femmes autant que les hommes? Est-ce juste?   4. Y a-t-il toujours *(still)* des métiers réservés aux hommes? Que peut-on faire pour en ouvrir l'accès aux femmes?

Lecture: Une femme Ecrivain française

Les encyclopédies présentent Simone de Beauvoir comme "disciple de Jean-Paul Sartre." Les encyclopédies sont trop discrètes. Simone de Beauvoir a été en effet, pendant près de cinquante ans, la *compagne* du philosophe existentialiste. Ils habitaient séparément, mais ils se voyaient tous les jours ou presque, et partageaient ainsi leur vie. Ils s'étaient *voués* l'un à l'autre une grande fidélité intellectuelle. Ces relations—audacieuses dans les années trente—étaient une préfiguration du couple moderne, égalité des droits et des responsabilités.

companion

vowed

Après avoir écrit des romans où l'on retrouve les *données* de sa vie avec Sartre *(L'Invitée)* ou avec Sartre et son groupe *(Les Mandarins)*, Simone de Beauvoir a *abordé* ensuite directement les problèmes de la condition féminine. Son livre *Le Deuxième sexe* a obtenu un succès mondial et se trouve à la base de plusieurs *revendications* féministes.

facts

approached

demands
in search of

En quête de vérité, comme tous les philosophes, Simone de Beauvoir a d'abord poursuivi cette recherche à l'intérieur d'elle-même. On trouve dans une série de livres, qui commence avec *Les Mémoires d'une jeune fille rangee°* et se termine par *La Vieillesse* en passant par *La Force de l'âge*, la trace de cet itinéraire obstiné.

steady

Compréhension et expression

A. Comprenez-vous?

1. Qui est Simone de Beauvoir? 2. Citez *(mention)* quelques livres qu'elle a écrits. 3. Quelle est l'importance de son livre *Le Deuxième sexe*? 4. Quels sujets a-t-elle traités?

B. L'avenir. Vous rendez visite à une voyante *(fortune teller)*. Qu'est-ce qu'elle vous dit sur votre avenir professionnel? Utilisez les phrases suivantes pour écrire une composition. Employez le futur.

MODELE: Vous rencontrerez le cadre idéal dans plusieurs mois.

Phrases utiles: trouver un nouvel emploi, recevoir un héritage, finir vos études, savoir beaucoup de choses, trouver beaucoup de débouchés, dépenser *(to spend)* de l'argent

C. Les Américains et les professions. Ecrivez un paragraphe sur les attitudes des Américains dans leur vie professionnelle. Employez les questions comme guide.

1. Quelle profession les Américains admirent-ils? Pourquoi? 2. Et vous, quelle profession admirez-vous? Pourquoi? 3. Quelle profession admirez-vous le moins? Expliquez. 4. En Amérique dans quelles professions gagne-t-on le plus d'argent? 5. Dans quelles professions ne gagne-t-on pas beaucoup d'argent? 6. Est-ce que les Américains prennent leur travail au sérieux? 7. Est-ce que la plupart des Américains travaillent beaucoup? Pourquoi ou pourquoi pas?

Suggested six day lesson plan for
Chapitre 14:

Day 1: **Vocabulaire**
Concept of mood
Day 2: Irregular verbs in
subjunctive
Prononciation
Day 3: Subjunctive with verbs of
volition
Day 4: Subjunctive with
expressions of emotion,
doubt, and uncertainty
Day 5: **Conversation et culture**
Récapitulation
Day 6: Optional quiz
Intermède

La Vie politique

Chapitre **14**

OBJECTIFS

Communication et culture   In this chapter, you will learn words and expressions related to politics. You will also read about political institutions and social legislation in France.

Grammaire   You will learn to use the following aspects of French grammar:

55. the concept of mood with verbs—indicative, imperative, subjunctive—and the forms and general uses of the subjunctive mood in French

56. the forms of verbs that are irregular in the present subjunctive

57. how to use the subjunctive in the dependent clause with verbs of volition in the independent clause

58. how to use the subjunctive with expressions of emotion, doubt, and uncertainty

See facing page for lesson plan.

ETUDE DE VOCABULAIRE

La République française: liberté, égalité, fraternité

le tricolore:
le drapeau français†

L'organisation des pouvoirs en France

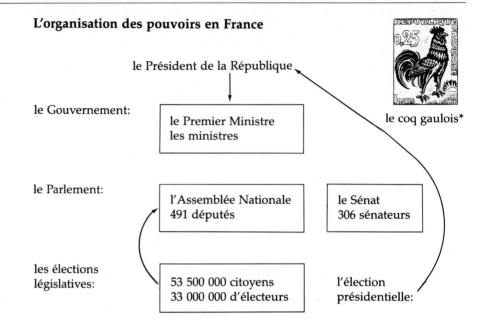

le coq gaulois*

A. **Définitions.** Trouvez le mot qui correspond à chacune des définitions suivantes.

1. Il a un passeport français. 2. Il vote. 3. Ils sont nommés par le Président de la République. 4. Il travaille à l'Assemblée Nationale. 5. Il préside le Gouvernement. 6. Il travaille au Sénat.

Presentation: Model pronunciation, using choral and individual responses.

Exercises A and B. Suggestion: May be done in pairs or as whole-class work.

B. **Les pouvoirs en France.** Décrivez le système politique français. Répondez aux questions suivantes.

1. De quoi se compose le pouvoir politique en France? 2. De quoi se compose le Gouvernement? 3. Quelles sont les deux assemblées du Parlement? 4. Combien y a-t-il d'électeurs en France? de citoyens? 5. Qui élit‡ le Président de la République? Au cours de quelle élection? 6. Qui élit les députés de l'Assemblée Nationale? Au cours de quelles élections? 7. Qui nomme le Premier Ministre et les autres ministres du Gouvernement? 8. Quel est l'emblème de la République française: le lion, le coq ou l'aigle? 9. Quelles sont les couleurs du drapeau français? 10. Quels sont les trois grands principes de la Révolution française?

*The rooster is one of the symbols of France.

†**Tricolore = trois couleurs** (bleu, blanc, rouge)

‡The verb **élire** (*to elect*) is conjugated like **lire.**

C. Comparaisons. Décrivez le système politique aux Etats-Unis. Répondez aux questions suivantes.

1. Quel est le nom du Président des Etats-Unis actuel *(present)*?
2. Quel est le nom du Secrétaire d'Etat?   3. De quoi se compose le Gouvernement américain?   4. Quelles assemblées trouve-t-on dans le Parlement américain?   5. Qui élit le Président américain? au cours de quelles élections?   6. Comment s'appellent les députés des deux assemblées?   Qui les élit?   7. Qui nomme les ministres?   8. En quelle année aura lieu *(will take place)* la prochaine élection présidentielle américaine?

Exercise C.   Suggestion: **Qui connaît le système politique aux Etats-Unis?** Have students close their books while you read the questions orally. Ask students to give the answers.

Quelques Partis politiques français

l'opposition		les petits partis	la majorité	
1	2	3	4	5
PC	PS	ME	PR	RPR
Parti Communiste	Parti Socialiste	Mouvement Ecologiste	Parti Républican	Rassemblement pour la République

Presentation: Model pronunciation.

A. Sigles politiques. Quels partis correspondent aux sigles suivants? Est-ce que ce sont des partis de la majorité ou de l'opposition?

1. PS   2. PR   3. ME   4. PC   5. RPR

Exercise A.   Follow-up: Ask students to give the **sigles** for some American organizations in French. Other students will guess the organization. For example: AFL-CIO, CBS, TVA, etc.

B. Ressemblances. Quel est l'adjectif correspondant au nom?

1. la commune
2. la république
3. le président
4. la législation
5. la nation
6. l'écologie
7. le socialisme

Trouvez un nom qui correspond à chaque verbe. Donnez l'article indéfini de chaque nom.

1. élire
2. opposer
3. gouverner
4. parler
5. présider
6. pouvoir

C. Deux systèmes différents. Comparez le système politique aux Etats-Unis et en France.

Exercise C.   Suggestion: May be done in pairs, one student asking the question; the other answering, using complete sentences.

	France	*Etats-Unis*
1. A quel âge peut-on voter?	à 18 ans	_____
2. Pendant combien de temps le Président gouverne-t-il?	7 ans	_____

	France	Etats-Unis
3. Qui élit le Président?	les électeurs	_____
4. Combien de grands partis y a-t-il?	4	_____
5. Existe-t-il un parti communiste? un parti écologiste?	oui / oui	_____
6. Quel parti a aujour-d'hui la majorité?	_____	_____

D. Conversation.

Exercise D. Suggestion: Elicit several answers for each question so that students can compare and comment on their classmates' answers.

1. Avez-vous déjà voté? Dans quelles élections? 2. Etes-vous inscrit à un parti politique? Lequel? Pourquoi? 3. Avez-vous déjà participé à une campagne électorale? Laquelle? Est-ce que votre candidat préféré a gagné l'élection? 4. Suivez-vous attentivement la vie politique de votre pays? Est-ce que chaque citoyen doit voter aux élections présidentielles? 5. Aimez-vous le Président américain actuel? D'après vous, quels sont les aspects positifs et négatifs de son gouvernement? 6. Quel homme ou femme politique actuel admirez-vous particulièrement? 7. Avez-vous des activités ou responsabilités politiques dans votre université? Lesquelles? Avez-vous déjà participé à une grève (*strike*) d'étudiants? Pour quelles raisons?

ETUDE DE GRAMMAIRE

55.   THE REGULAR SUBJUNCTIVE

Votez pour Jean-Michel!

JEAN-MICHEL: Vous voulez que je *pose* ma candidature au Conseil de l'université!

SIMONE: Oui, nous voulons que le Conseil *sorte* de son inertie, que ses délégués *prennent* conscience de leurs responsabilités politiques.

JEAN-MICHEL: Je veux que vous vous *rappeliez* que je me suis présenté sans succès l'an dernier.

LUC: Cette année, Jean-Michel, nous voulons que tu *réussisses*. Et nous te soutiendrons jusqu'au bout.

Vote for Jean-Michel!
JEAN-MICHEL: You want me to run for the University Council!   SIMONE: Yes, we want the council to overcome (come out of) its inertia; we want its delegates to become aware of their political responsibilities.   JEAN-MICHEL: I want you to remember that I ran for this office unsuccessfully last year.   LUC: This year, Jean-Michel, we want you to succeed. And we will support you all the way.

A. The subjunctive mood

All of the verb tenses you have learned so far have been in the indicative mood (past, present, and future) or in the imperative mood, which is used for commands or requests. In this chapter, you will begin to learn about the subjunctive mood.

The indicative is used to state facts and to ask questions. The subjunctive is used to express the opinions or attitudes of the speaker about an action. It expresses such personal feelings as uncertainty, doubt, emotion, possibility, and volition rather than fact.

The subjunctive is used infrequently in English. Compare the use of the indicative and the subjunctive in the following examples.

Indicative	*Subjunctive*
He *goes* to Paris.	I insist that he *go* to Paris.
We *are* on time.	They ask that we *be* on time.
She *is* the president.	She wishes that she *were* the president.

In French, the subjunctive is used more frequently. As in English, it usually occurs in a dependent clause beginning with **que** *(that)*. The independent clause contains a verb that expresses volition, emotion, uncertainty, or some other subjective view of the action to be performed. Usually, the subjects of the independent and dependent clauses are different.

Independent Clause: **Indicative**	**Dependent Clause:** **Subjunctive**	
Je veux	**que**	vous **partiez.**

B. The meaning of the subjunctive

The French subjunctive has many possible English equivalents.

que je parle → *that I speak, that I'm speaking, that I do speak, that I may speak, that I will speak, me to speak*

Meaning depends on context. For example:

De quoi veux-tu que **je parle**?   What do you want *me to talk about*?

Il exige que **je** lui **parle**.   He demands that *I speak* to him.

C. Forms of the present tense of the subjunctive

1. For **-er, -re,** and **-ir** verbs and verbs conjugated like **dormir,** the subjunctive stem is the same as the imperfect stem. It is formed by dropping the **-ons** ending from the **nous** form of the present indicative:

	nous	nous	nous	nous
	parlóns	vendóns	finissóns	dormóns
Subjunctive stem	parl-	vend-	finiss-	dorm-

The subjunctive endings are the same for all French verbs except **être** and **avoir.** They are **-e, -es, -e, -ions, -iez,** and **-ent.**

Presentation: Model pronunciation of verbs in short sentences. For example: **Il veut que je parle français, que je finisse la leçon,** etc.

	PARLER	VENDRE	FINIR	DORMIR
. . . que je	parle	vende	finisse	dorme
tu	parles	vendes	finisses	dormes
il, elle, on	parle	vende	finisse	dorme
nous	parlions	vendions	finissions	dormions
vous	parliez	vendiez	finissiez	dormiez
ils, elles	parlent	vendent	finissent	dorment

Il veut que nous **parlions** au Président.

He wants us *to speak* to the president.

Mes parents veulent que je *finisse* mes études de sciences politiques.

My parents want me *to finish* my studies in political science.

2. Verbs like **acheter, se rappeler,** and **voir** have spelling changes in all forms except the **nous** and **vous** forms of the present subjunctive.

Indicative
j'ach**è**te, nous achetons

je me rappelle, vous vous rappelez

je vois, nous voyons

Subjunctive
que j'ach**è**te, que nous achetions

que je me rappelle, que vous vous rappeliez

que je voie, que nous voyions

A spelling change also occurs in the present subjunctive of verbs like **venir** and **prendre.**

que je **vienn**e, que nous venions
que tu **vienn**es, que vous veniez
qu'il **vienn**e, qu'ils **vienn**ent

que je **prenn**e, que nous prenions
que tu **prenn**es, que vous preniez
qu'il **prenn**e, qu'ils **prenn**ent

Les étudiants veulent que le Président **se rappelle** leurs problèmes.

The students want the president *to remember* their problems.

Elle veut que je **vienne** à la manifestation.

She wants me *to come* to the demonstration.

Maintenant à vous

A. Dictature. M. Lamoureux dirige son entreprise en véritable dictateur. Voici des ordres qu'il a donnés ce matin. Exprimez-les avec *je veux que* selon le modèle.

MODELE: Vous devez *écouter* votre chef de service. → Je veux que vous **écoutiez** votre chef de service.

1. Vous devez *travailler* mieux. 2. Elle doit *arriver* à l'heure. 3. Ils doivent *trouver* une solution. 4. Nous devons *envoyer* ce télégramme. 5. Tu dois m'*expliquer* les problèmes actuels. 6. Il doit s'*excuser* de son erreur. 7. Nous devons *convoquer* les employés. 8. Ils doivent *taper* plus vite à la machine. 9. Vous devez *appeler* un inspecteur. 10. Tu dois te *rappeler* le nouvel horaire.

Exercise A. Suggestion: May be done as rapid response drill.

B. Stratégie. Un groupe d'étudiants préparent la campagne pour élire leur candidat au Conseil de l'université. Que dit leur chef, Jean-Michel?

1. Jean-Michel veut que *vous* choisissiez un candidat. *(les étudiants, nous, tu, le secrétaire)* 2. Il veut que *nous* agissions très vite. *(les étudiantes, Pierre, tu, vous, je)* 3. Il veut que *Michel* finisse les affiches. *(Martine et Paulette, tu, nous, vous, je)* 4. Il veut que *tu* réfléchisses à notre budget. *(vous, la trésorière, nous, elles)* 5. Il veut qu'*elles* réussissent à obtenir des votes. *(tu, je, nous, vous)*

Exercise B. Suggestion: May be done as written transformation drill.

C. Reportage. Le directeur d'une agence d'informations télévisées organise le reportage politique de ce soir. Exprimez ses ordres selon le modèle.

MODELE: tu / rendre visite au Premier Ministre → Je veux que tu rendes visite au Premier Ministre.

Exercise C. Suggestion: May be done as rapid response drill.

Des électeurs attendent, l'air pensif.

1. vous / écouter les revendications (*demands*) des ouvriers   2. les photographes / prendre des photos de la manifestation   3. nous / connaître très vite la décision du Gouvernement   4. elle / se rendre à la Place de la Bastille   5. Fabre / ne. . . pas perdre de vue (*to lose sight of*) les délégués   6. vous / attendre la sortie des membres du cabinet   7. nos spectateurs / comprendre clairement la situation

Exercise D.   Suggestion: May be done in pairs.

D. Dissensions. Les membres du parti ne sont pas d'accord avec leur chef. Imaginez le dialogue, selon le modèle.

MODELE: Nous refusons de tenir une conférence à quatorze heures. → Je veux que vous teniez une conférence à quatorze heures.

1. Nous refusons de suivre tes ordres.   2. Nous refusons d'écrire nos revendications.   3. Je refuse de sortir du meeting à dix-huit heures.   4. Je refuse de revenir au quartier général ce soir.   5. Dubois refuse de venir directement ici.   6. Elles refusent de distribuer de nouveaux tracts (*leaflets*)   7. Les membres du parti refusent de partir.

Exercise E.   Suggestion: Give students a few minutes to complete sentences and then elicit several answers for each question.

E. Opinions. Complétez les phrases suivantes et donnez vos opinions politiques personnelles. Commencez avec *Je voudrais que* _____ .

1. le Gouvernement (choisir de) _____ .   2. le Gouvernement (essayer de) _____ .   3. les électeurs et les électrices (élire)

_____ . 4. les étudiants (manifester plus/moins/pour) _____ .
5. nous (apprendre à) _____ . 6. nous (ne pas oublier que)
_____ . 7. les politiciens (se rappeler que) _____ . 8. le Président (agir) _____ . 9. le monde (comprendre que) _____ .
10. tous (voir que) _____ .

56. IRREGULAR SUBJUNCTIVE VERBS

Revendications politiques

LE REPORTER: Vous voulez que l'administration *fasse* certaines réformes. . . lesquelles?

JEAN-MICHEL: Nous voulons, avant tout, que les étudiants *sachent* quelles études offrent des débouchés sur le marché de l'emploi.

LE REPORTER: C'est-à-dire, vous voulez que les étudiants *puissent* consulter une liste des débouchés actuels avant de se spécialiser?

JEAN-MICHEL: C'est ça. D'autre part, nous voulons que les universités *soient* autonomes, que les étudiants n'*aient* pas besoin d'aller à Paris pour passer leurs concours.

MARIANNE: C'est pour soutenir ces deux revendications que nous voulons que les étudiants *aillent* demain, en masse, à la Place Jules Ferry pour participer à notre manifestation.

1. Qu'est-ce que les étudiants demandent à l'administration de l'Université?
2. Quelles sortes de réformes veulent-ils?
3. Qu'est-ce que Marianne et Jean-Michel veulent que les étudiants fassent?

Some verbs have irregular subjunctive stems. Except for the endings of the **nous** and **vous** forms of **avoir** and **être,** the endings are all regular.

Political demands

REPORTER: You want the administration to make certain reforms . . . which ones? JEAN-MICHEL: First of all, we want students to know which fields of study offer opportunities in the job market. REPORTER: You mean, you want students to be able to consult a list of present job opportunities before they specialize? JEAN-MICHEL: That's right. We also ask that the universities be autonomous, that students not have to go to Paris to take their competitive exams. MARIANNE: It is to support these two demands that we want students to go tomorrow, all together, to Jules Ferry Square to take part in our demonstration.

	aller: *aill- / all-*	avoir: *ai-*	être: *soi-*	faire: *fass-*
. . . que je/j'	aille	aie	sois	fasse
tu	ailles	aies	sois	fasses
il, elle, on	aille	ait	soit	fasse
nous	allions	a**yons**	so**yons**	fassions
vous	alliez	a**yez**	so**yez**	fassiez
ils, elles	aillent	aient	soient	fassent

	pouvoir: *puiss-*	savoir: *sach-*	vouloir: *veuill-/voul-*
. . . que je/j'	puisse	sache	veuille
tu	puisses	saches	veuilles
il, elle, on	puisse	sache	veuille
nous	puissions	sachions	voulions
vous	puissiez	sachiez	vouliez
ils, elles	puissent	sachent	veuillent

Presentation: Model pronunciation using short phrases. Example: **Le chef veut qu'il soit à l'heure, . . . que nous sachions la vérité.**

Suggestion. Listening comprehension: Ask students to listen for the subjunctive or the indicative form of the irregular verbs. They are to imagine that they are talking long distance and that there is a lot of static. (1) . . . **que j'aille à la réunion.** (2) . . . **que Marc a aussi le temps.** (3) **que tu sois présente.** (4) . . . **que nous pouvons poser des questions.** (5) . . . **que vous sachiez la vérité.** (6) . . . **que la candidate fasse le nécessaire.**

Le prof veut que nous **allions** au laboratoire.

The professor wants us *to go* to the laboratory.

Tout le monde veut que le Parlement **fasse** des réformes.

Everyone wants parliament *to make* reforms.

Le Président veut que les sénateurs **soient** présents.

The president insists that the senators *be* there.

Maintenant à vous

A. Revendications. Les délégués du Conseil de l'université donnent leurs directives aux étudiants.

Exercise A. Suggestions: (1) Do as rapid response drill. (2) Do as written transformation at board.

1. Nous voulons que *les étudiants* aillent à la manifestation. *(vous, il, tu, Marianne)* 2. Nous ne voulons pas que *vous* alliez en classe. *(tu, Jean-Michel, les étudiants, elle)* 3. Jean-Michel veut que *vous* fassiez la grève. *(les étudiants, nous, je, tu)* 4. Jean-Michel veut que *tu* fasses de bonnes affiches. *(je, vous, les étudiants, nous)*

B. Engagement politique. Les Legrand ont des opinions libérales. Quels conseils donnent-ils à leurs enfants? Suivez le modèle.

MODELE: Patrick—tu/être réactionnaire → Patrick, nous ne voulons pas que tu sois réactionnaire.
Fabrice / être courageux → Nous voulons que Fabrice soit courageux.

Une manifestation
d'étudiants à Paris en 1968

1. Thierry / être actif politiquement   2. Corinne et Thierry / avoir le courage de leurs opinions   3. Vous / avoir des amis anarchistes   4. Patrick / être bien informé   5. Sylvain—tu / être violent   6. Vous / être intolérant   7. Fabrice—tu / avoir une ambition politique   8. Patrick et Sylvain / avoir un idéal pacifiste

Exercise B.   Suggestion: Do as rapid response drill.

C. **Regrets.** Simone n'aime pas l'agitation politique. Elle regrette que les événements se passent ainsi. Jouez le rôle de Simone et exprimez ses sentiments. Commencez chaque phrase par *Je regrette que* suivi du sujet et du verbe au subjonctif.

MODELE: Le Gouvernement ne veut pas y répondre. → Je regrette que le Gouvernement ne veuille pas y répondre.

Exercise C.   Suggestion: Do as rapid response drill.

1. Les autorités ne veulent pas nous écouter.   2. Le doyen *(dean)* ne veut pas nous voir.   3. Nous ne voulons plus attendre.   4. Vous voulez faire la grève.   5. Tu veux participer à la grève.

D. **Confrontation.** Avant les élections législatives, Monsieur Chabot, candidat à l'Assemblée nationale, discute avec les électeurs. Faites des phrases complètes.

Exercise D.   Suggestion: May be done in pairs: one student playing the role of the **électeurs** and the other of M. Chabot.

Les électeurs: D'une façon générale, nous voulons que notre député

_____ .

1. pouvoir / étudier les problèmes   2. savoir / défendre nos intérêts   3. savoir / parler avec éloquence

Les électeurs: En particulier, M. Chabot, nous voulons que vous

_____ .

4. pouvoir / passer trois jours par semaine ici   5. pouvoir / souvent rencontrer vos électeurs   6. savoir / répondre clairement à nos questions

M. Chabot: Je voudrais que les électeurs _____ .

7. savoir / me parler avec confiance   8. pouvoir / soutenir mes efforts

M. Chabot: Je voudrais aussi que nous _____ .

9. savoir / travailler ensemble   10. pouvoir / garder le contact

Exercise E.   Suggestion: Give students a moment to write slogans. Ask some students to read their slogans and have the class choose the most interesting ones.

E. **Slogans.** Composez votre propre slogan politique selon le modèle. Utilisez *Vous voulez que* _____ ? et les verbes suivants: *avoir, être, faire, pouvoir, savoir, choisir, réformer, réussir à, servir à, vivre, perdre, comprendre, changer, préparer, s'unir, écouter, gagner, apporter, élire, voter.*

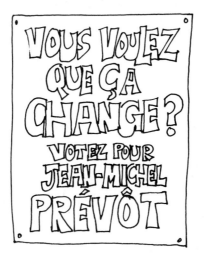
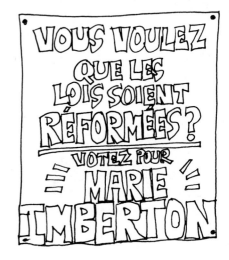

57.   THE SUBJUNCTIVE WITH VERBS OF VOLITION

Sagesse politique

M. ANCELLIN: Jean-Pierre, ta mère et moi *désirons* que tu *sois* engagé politiquement. Nous *avons souhaité* que tu *deviennes* délégué au Conseil. Nous *avons bien voulu* que tu *milites*, que tu *participes* aux manifestations. Mais maintenant, tu veux t'inscrire au Parti Socialiste. Nous *exigeons* que tu *réfléchisses* aux conséquences de cet engagement.

JEAN-PIERRE: Vous *avez* toujours *préféré* que j'*aille* jusqu'au bout de mes convictions. Ne m'arrêtez pas aujourd'hui!

Political wisdom

M. ANCELLIN: Jean-Pierre, your mother and I want you to be politically involved. We wanted you to become a Council delegate. We were willing for you to be militant and to take part in demonstrations. But now you want to become a member of the Socialist Party. We demand that you think about the consequences of this commitment.   JEAN-PIERRE: You've always preferred to see me follow my convictions to the end. Don't stop me today!

1. Que désirent les parents de Jean-Pierre?
2. Qu'ont-ils souhaité?
3. Qu'ont-ils bien voulu?
4. Qu'exigent-ils maintenant?
5. Qu'ont-ils toujours préféré, selon Jean-Pierre?

When a verb expressing preference, desire, will, or a wish is in the main clause, the subjunctive is used in a dependent clause if there is a change of subject: *Je veux que tu ailles au cinéma.* If there is no change of subject, an infinitive construction is used: *Je veux aller au cinéma.*

Je veux que **vous gagniez** l'élection.	*I want you to win* the election.
La loi exige que **nous payions** des impôts.	*The law demands* that *we pay* taxes.
Je veux bien qu'**elle fasse** le discours.	*I am willing* for *her to make* the speech.
Tout le monde désire que **la presse soit** libre.	*Everyone wants the press to be free.*
Nous souhaitons que **le candidat** nous **parle** de l'économie.	*We wish the candidate would talk about the economy.*

Verbs of volition include: **désirer, exiger** *(to demand)*, **préférer, souhaiter** *(to wish)*, **vouloir,** and **vouloir bien.**

Maintenant à vous

A. Une discussion politique. Que peut-on dire à propos du Président, des sénateurs, des députés et de la politique en général? Suivez le modèle.

Exercise A. Suggestion: May be assigned as written homework and checked in class.

MODELE: M. Leclerc / souhaiter / que / partis de gauche / être / plus / agressif → M. Leclerc souhaite que les partis de gauche soient plus agressifs.

1. Mme Leclerc / vouloir / les députés / supprimer *(to eliminate)* / impôts 2. M. Lévêque / exiger / sénateurs / obéir / à / la loi 3. Mlle Deneuve / préférer / Président / parler / intelligemment 4. les Duval / désirer / Président / prendre / électeurs / au sérieux 5. Mme D'Aubigny / exiger / sénateurs / devenir / plus / honnête 6. M. Duchamp / vouloir bien / nous / agir / de façon / plus / libéral 7. nous / exiger / vous / voter / ce / année

B. Opinions. Monsieur Dupont vote à gauche. Madame Dupont appartient à la droite conservatrice. Quelles sont leurs positions face aux questions suivantes? Avec un(e) camarade, jouez les deux rôles. Commencez avec *M. Dupont veut / ne veut pas que* ou *Mme Dupont veut / ne veut pas que.*

Exercise B. Suggestion: May be done as whole-class exercise with half of the class as **Madame** and the other half as **Monsieur**.

1. les Français / élire un Président communiste 2. les femmes / devenir une force politique 3. il y a / plus d'entreprises nationalisées 4. le Gouvernement / agir pour aider les pays pauvres 5. on / intensifier l'armement nucléaire 6. les citoyens / obtenir plus de libertés individuelles

Exercise C. Suggestion: Give students a few minutes to make up as many sentences as possible. Ask several students to read two of their sentences.

C. **Le sénateur.** Après son élection, le nouveau sénateur propose des changements. Comment le public réagit-il à ses idées? Suivez le modèle.

MODELE: faire des réformes → Le sénateur veut faire des réformes.
Les citoyens veulent bien qu'il fasse des réformes.

Les actions proposées	*Les réactions des citoyens*
faire la guerre	(ne. . . pas) exiger
augmenter les impôts	(ne. . . pas) vouloir
agir contre le terrorisme	(ne. . . pas) désirer
avoir plus de contrôle sur le peuple	vouloir bien
aller en vacances	(ne. . . pas) souhaiter
augmenter son salaire	préférer

Exercise D. Suggestion: May be assigned as written homework and shared in class.

Exercise D. Continuation: Have students form more sentences using **je, les étudiants, mes parents,** etc. as subjects.

D. **Attitudes politiques.** Parlons un peu de la politique américaine. Nos deux grands partis politiques, les démocrates et les républicains, diffèrent sur beaucoup de points de vue. Employez une phrase de chaque colonne pour décrire un de ces deux partis. N'oubliez pas d'utiliser *que.*

les démocrates	(ne. . . pas)	les citoyens	choisir les lois
les républicains	préférer	les hommes	rester dans la cuisine
	vouloir	les femmes	être élu
	souhaiter	les ouvriers	être indépendant
	exiger	les industriels	avoir le pouvoir
	désirer	les riches	avoir une presse libre
		les pauvres	connaître la vérité
		les jeunes	augmenter leur pouvoir d'achat (*buying power*)
		?	?

58. THE SUBJUNCTIVE WITH EXPRESSIONS OF EMOTION, DOUBT, AND UNCERTAINTY

Après les élections

M. Lebrun *est content* que les citoyens lui *fassent* confiance.

M. Dupont *est désolé* que le pays ne *vote* pas pour lui.

Mme Lenoir *a peur* que son programme n'*ait* pas de succès.

Mlle Martin *est furieuse* que les électeurs ne la *prennent* pas au sérieux.

M. Levergeois *doute* que les résultats de l'élection *soient* corrects.

Complétez les phrases selon le dialogue.

1. M. Lebrun: "Je suis content que les citoyens me _____ ."
2. M. Dupont: "Je suis désolé que le pays ne _____ ."
3. Mme Lenoir: "J'ai peur que mon programme n'_____ ."
4. Mlle Martin: "Je suis furieuse que les électeurs ne me _____ ."
5. M. Levergeois: "Je doute que les résultats de l'élection _____ ."

After the election
Mr. Lebrun is pleased that the citizens have confidence in him. Mr. Dupont is very sorry that the country doesn't (didn't) vote for him. Mrs. Lenoir fears that her program is not successful. Miss Martin is furious that the voters do not take her seriously. Mr. Levergeois doubts that the election results are correct.

A. Expressions of emotion

The subjunctive is frequently used after expressions of emotion, such as **avoir peur, être content/désolé/furieux/heureux/surpris,** and **regretter.** As with verbs of volition, there must be a different subject in the dependent clause.

Le Président est content que **les électeurs aient** confiance en lui.	*The president is pleased* that *the voters have* confidence in him.
Les électeurs ont peur que **l'inflation soit** un problème insoluble.	*The voters are afraid* that *inflation is* an insurmountable problem.
Les écologistes sont désolés que **les forêts et les rivières soient** polluées.	*The ecologists are distressed* that *the forests and rivers are* polluted.

B. Expressions of doubt and uncertainty

The subjunctive is also used—with a change of subject—after expressions of doubt and uncertainty, such as **je doute, je ne suis pas sûr(e),** and **je ne suis pas certain(e).**

Beaucoup de femmes ne sont pas sûres que **leur position soit** égale à celle des hommes.	*Many women aren't sure* that *their position is* equal to that of men.
Les jeunes doutent souvent que **les hommes et les femmes politiques soient** honnêtes.	*Young people* often *doubt* that *politicians are* honest.

C. *Penser* and *croire*

In the affirmative, verbs such as **penser** and **croire** are followed by the indicative. In the negative and interrogative, they express a degree of doubt and uncertainty and can then be followed by the subjunctive. In spoken French, however, the indicative seems to be more commonly used.

	Je **pense** que la presse **est** libre.	I *think* the press *is* free.
	Pensez-vous que la presse **soit** libre?	*Do you think* the press *is* free?
or	**Pensez-vous** que la presse **est** libre?	
	Je **ne crois pas** que la démocratie **soit** en danger.	I *don't think* that democracy *is* in danger.
or	Je **ne crois pas** que la démocratie **est** en danger.	

Maintenant à vous

A. Une élection. Comment les personnes suivantes réagissent-elles à la dernière élection? Suivez le modèle.

MODELE: je / être content / il → Je suis content qu'il soit sénateur.

1. les ouvriers / être furieux / il 2. nous / préférer / il 3. nos amis / être désolé / il 4. ma soeur / être surpris / il 5. les autres sénateurs / regretter / il 6. M. Dupont / être désolé / il

Exercise A.   Suggestion: May be done as rapid response drill, using individual and group repetition as necessary.

B. Réactions. Votre ami Henri fait son autoportrait. Réagissez à ce qu'il dit. Suivez le modèle.

MODELE: *Henri:* Je suis fort en mathématiques. (je suis content que) →

Vous: Je suis content(e) que tu sois fort en mathématiques.

Voici les phrases d'Henri.

1. Je finirai les examens avant toi. (je suis furieux que) 2. Je vais à la réunion politique ce soir. (je ne suis pas content que) 3. Je suis socialiste. (je suis surpris que) 4. J'apprends l'histoire de la Révolution Française. (je suis heureux que) 5. Je ne vais pas à la manifestation cet après-midi. (je suis désolé que) 6. Mes parents ne sont pas contents de mes activités écologistes. (je regrette que) 7. Il y a toujours un conflit politique chez nous. (j'ai peur que)

Exercise B.   Suggestion: May be done in pairs.

C. Pas trop sûr. Faites les substitutions indiquées.

1. Je doute que *ces gens* soient compétents. *(ce sénateur, vous, tu, nous, les électeurs)* 2. Je ne suis pas certain qu'*il* fasse de graves fautes. *(nous, tu, ces femmes, vous, le ministre)* 3. Je ne pense pas qu'*ils* aient envie de nous aider. *(vous, elle, le Président, les délégués, elles, tu)* 4. Je *ne suis pas sûr* qu'il ait besoin de nos votes. *(suis certain, doute, suis sûr, crois, ne pense pas, ne suis pas certain)*

Exercise C.   Suggestion: May be done as written transformation drill.

D. Un grand sceptique. Marc doute pratiquement de tout ce qu'on lui dit. Que pense-t-il quand ses amis lui disent les choses suivantes? Jouez le rôle de Marc. Suivez le modèle.

MODELE: La faculté des lettres est en grève! → Je doute que la faculté des lettres soit en grève.

1. Le doyen vient à notre meeting! 2. Il y a des barricades Boulevard Saint-Michel! 3. Les enfants d'ouvriers peuvent rarement continuer leurs études. 4. Le pape arrive à Paris demain! 5. L'Assemblée européenne se réunit *(meets)* en août. 6. Une Française est Présidente du Parlement européen. 7. Nous allons à une manifestation ouvrière. 8. Pierre et moi, nous distribuons des affiches politiques ce soir. 9. Maryse et Bernard votent pour le Parti Républicain. 10. Je veux voter RPR.

Exercise D.   Suggestion: May be done in pairs or as rapid response drill.

Exercise E. Suggestion: May be
done as whole-class discussion:
one student makes up a sentence
and several others react.

E. **Discussion politique.** Avec un(e) camarade, discutez les phrases de la colonne de gauche. Choisissez une phrase et faites-en une question. Votre camarade répond, selon sa conviction.

MODELE: Le Président est honnête. →

Vous: Croyez-vous que le Président soit honnête?

Un ami: Oui, je crois qu'il est honnête. (Non, je ne crois pas qu'il soit honnête.)

Exercise E. Follow-up: Ask
students working in pairs to make a
brief statement about their political
ideas using the sentences as
guides. They may also wish to add
political slogans.

Les phrases à discuter

Le Président des Etats-Unis est compétent (honnête).

Les sénateurs veulent représenter les intérêts des citoyens de leurs états (leurs propres intérêts).

Les lois sont toujours justes (injustes).

Il y a beaucoup d'espionnage politique dans le Gouvernement (corruption dans le Gouvernement).

Nous avons besoin d'une armée plus forte (de plus de programmes sociaux).

Le public américain sait voter intelligemment.

Les Américains veulent aider les pays pauvres (les pauvres aux Etats-Unis).

Le gouverneur de votre état a de bonnes idées (des idées progressistes).

Le pouvoir doit être dans les mains du peuple (dans les mains d'un dictateur).

Les législateurs font de bonnes choses la plupart du temps (*most of the time*).

Réponses possibles

Je crois _____ .
Je ne crois pas _____ .
Je pense _____ .
Je ne pense pas
_____ .
Je suis sûr _____ .
Je doute _____ .
Je suis certain _____ .
Je ne suis pas certain
_____ .

ETUDE DE PRONONCIATION

The front, rounded vowels [y], [ø], and [oe]

The sounds [y], [ø], and [oe] are pronounced with rounded lips and the tongue pushed toward the front of the mouth. These three sounds—called front, rounded vowels—are used in French and need careful practice. Note that the lips protrude more and that the teeth are closer together for [y] than for [ø], for [ø] than for [oe].

A. Prononcez avec le professeur.

	[y]	[ø]	[oe]
1.	fut	feu	fleur
2.	eu	eux	heure
3.	pu	peux	peur
4.	vu	veux	veule
5.	plu	pleut	pleure
6.	bu	boeufs	boeuf
7.	sur	ceux	soeur
8.	nu	noeud	neuf
9.	du	deux	deuil
10.	jus	jeu	jeune

B. Prononcez les phrases suivantes.

1. Une russe rousse joue d'une flûte rouge.   2. L'autre neveu de Claude veut trop peu de choses.   3. La soeur de Paul sort avec un jeune acteur snob.

C. Pour rire.

1. Jules donne douze bols bleus neufs au jeune couple d'amoureux.
2. Georges et Paule trouvent toujours beaucoup de grosses fleurs bleues et jaunes sur leur route en automne.

CONVERSATION ET CULTURE

Les Français et la politique

Jim fait un séjour d'un an en France. *Boursier* d'une fondation, il doit envoyer à la fin de chaque trimestre un rapport sur son expérience. Il a choisi un aspect de la vie du pays qui l'amuse et le fascine: la politique. *(on a scholarship)*

"Dans mes cours on exige que je lise des journaux et que je parle autant que possible avec tout le monde. Mais comme je suis en France depuis seulement quelques mois, je voudrais que vous considériez ce que j'ai à dire comme mes toutes premières impressions.

"Je crois bien que chacun ici a son idée sur la politique. C'est un sujet de conversation fréquent et *brûlant*. Certains parents *redoutent* même que leurs enfants, adultes ou adolescents, se mettent à parler politique, *car* ils ont peur qu'une dispute *éclate* et que cela finisse mal. *(burning / fear)* *(for / will explode)*

"*Pourtant*, je ne pense pas que beaucoup de Français soient inscrits à un parti, et je ne crois pas que beaucoup manifestent. La politique est plus souvent un jeu intellectuel et verbal qu'un motif d'action, *sauf* pour les individus qui en font profession et qu'on appelle ici "la classe politique." *(even so)* *(except)*

"Les deux grands pôles sont la majorité (de tendance libérale ou conservatrice) et l'opposition (socialiste et communiste), autrement dit, la "droite" et la "gauche," deux mots qui reviennent sans cesse dans les conversations privées et dans les média. Pour désigner les trois ou quatre grands partis qui composent la droite et la gauche, plus ceux du centre, les journalistes emploient le plus souvent des sigles, c'est-à-dire les premières lettres des mots qui symbolisent ces partis.

sharing

"Je suis surpris qu'il y ait parfois ici une grande différence entre les opinions et la réalité. Il est bien vu d'avoir des idées généreuses d'égalité et de *partage,* de tenir par exemple des discours sur l'harmonie socialiste. Mais ces mêmes gens sont furieux qu'un ministre fasse un projet de loi sur les héritages ou qu'il propose d'augmenter les impôts sur les hauts salaires ou le capital. On m'avait dit que sous la IIIᵉ République les Français avaient "le *cœur* à gauche mais le portefeuille à droite": je ne crois pas que les choses aient beaucoup changé!

heart

"Pourtant beaucoup de Français sont sincèrement inquiets et tourmentés. L'argent, le pouvoir, le succès leur donnent parfois mauvaise conscience. Beaucoup de Français m'ont dit qu'ils s'étonnent qu'en Amérique nous parlions tous d'argent et de succès personnel. Et puis, disent-ils, les Américains ne parlent jamais de politique. "Crois-tu qu'ils soient vraiment indifférents? Comment peut-on vivre sans réfléchir sur nos sociétés et sur le monde?" Je doute fort qu'*au fond* le matérialisme soit moins présent en France que chez nous ou que la politique soit moins importante chez nous. Mais, extérieurement, les attitudes devant la politique et l'argent sont si différentes dans nos deux pays qu'elles sont une des causes principales d'incompréhension."

ultimately

Questions et opinions

1. Quel sujet Jim a-t-il choisi pour son rapport? 2. Comment a-t-il appris, en quelques mois, tant de choses sur la politique en France? 3. Est-ce que les Français s'intéressent à la politique? 4. Quels sont les deux grands groupements de partis politiques en France? 5. Qu'est-ce que c'est qu'un sigle? 6. Pouvez-vous expliquer la phrase: "Les Français ont le cœur à gauche mais le portefeuille à droite"? 7. Pensez-vous que les Américains s'intéressent seulement à l'argent et au succès personnel? 8. Croyez-vous que la politique soit peu importante aux Etats-Unis?

Commentaire culturel

Le grand Charles

In 1958 with a new constitution, drafted by General Charles de Gaulle, the Fifth Republic came into being. De Gaulle had the full support of the people, who were plagued by crises in Algeria and tired of the paralysis in government brought about by rival political parties. The new constitution gave the president more power, especially in international affairs. The president appoints ministers (including the prime minister), signs important decrees, heads the armed forces, can negotiate and ratify treaties, and can dissolve the National Assembly. Since 1962 the president has been elected in a general election, which makes the system in some ways similar to a presidential system. The people also elect members of the National Assembly and, of course, their local officials. The Senate, the other national legislative assembly, is elected by a board of electors.

Note: Comment on how the election of François Mitterand in 1981 breaks with the tradition of voting to the right in the last round.

There are many political parties in France, a situation that makes French politics quite different from the two-party system in the United States. The major parties have traditionally been the gaullists (members of the party created by de Gaulle), the communists (who usually get around fifteen percent of the vote), the noncommunist left (mainly socialists), and various centrist groups (some with liberal tendencies), some of which ally themselves with the gaullists to form what is called "la majorité."

Politics is very important to the average French person. Radio and television networks devote a considerable amount of programming time to debates between politicians and announcements concerning various parties. Although few French people are party members and only twenty percent belong to a trade union, political parties and unions have tremendous influence. Feelings run high during campaigns, and debates are often fierce.

Suggestion: Consult current newspapers or magazines for the present political composition of the **Parlement.** If possible, give students a résumé of changes since the presidential election in 1981.

Strong unions and the socialist and communist parties are largely responsible for the social legislation that the French people enjoy. During the past fifty years, the French have won for themselves social security benefits (retirement, family benefits paid for dependent children, and reimbursement of seventy-five percent of medical and hospital expenses), five weeks of paid vacation a year, day-care centers, laws protecting the working mother, and health centers for mothers and children. But there are still strong barriers in France between social classes—the managers versus employees and workers. The idea of class struggle still exists, and many workers feel that the benefits they have won are a result of a "rapport de force" with employers and government.

RECAPITULATION

A. Un cours politique. Faites des phrases complètes des éléments donnés.

1. Nous / vouloir / que / université / donner / cours / sur / politique nationale 2. je / ne. . . pas / être / sûr que / Madame Landau / pouvoir / faire / cours 3. mon / camarades / souhaiter / que / elle / faire / ce / cours 4. elle / être / sûr / que / nous / vouloir / le suivre 5. nous / ne. . . jamais / s'ennuyer / dans / son / cours 6. Marceline / souhaiter / que / son / candidate / gagner / élection 7. nous / être / content / que / elle / s'intéresser / à / politique 8. elle / douter / que / gens / avoir / le temps 9. tu / ne. . . pas / être / certain / que / ton / amies / vouloir / voter 10. je / avoir / peur / que / ils / ne. . . pas / être d'accord

Exercise A. Suggestion: May be done as written homework and checked in class.

Exercise B. Suggestion: Have students translate the dialog in pairs and then play the rôles. You may then wish to distribute copies of the correct translation.

B. **La réunion du Club de Ski ou le film?** Chantal et son amie Christine parlent de ce qu'elles vont faire ce soir. En français, s'il vous plaît.

CHANTAL: *I'm happy that we have that meeting this evening!*
CHRISTINE: *I think there will be a lot of people there.*
CHANTAL: *Yes, is your friend Michel coming with us?*
CHRISTINE: *I doubt that he's coming this evening. He wants Paul to go with him to the movies.*
CHANTAL: *Do you think we can go with them?*
CHRISTINE: *What? I thought that you wanted to go to the meeting? Do you want me to call him?*
CHANTAL: *Let's call him! I hope we can find his number!*

Exercise C. Suggestion: Have several students read their answers.

C. **Emotions.** Complétez les phrases sous chaque dessin. Choisissez la phrase que vous préférez comme légende.

1. Pierre est content que _____ .
   a. sa / soeur / être élu au Sénat b. ses impôts / ne. . . pas / être augmenté c. vous / être / candidat d. _____

2. Chantal est triste que _____ .
   a. conservateurs / gagner / élections b. nous / ne. . . pas / voter / pour son candidat c. son / candidat / perdre / élection d. _____

3. Jacques est furieux que _____ .
   a. nous / ne. . . pas / apprendre / son nom b. tu / ne . . . pas / le prendre / au sérieux c. personne / ne / comprendre / son / idées d. _____

4. Mme Imberton doute que _____ .
   a. le Gouvernement / éliminer / injustices b. les femmes / devenir / égal / à / hommes c. nous / voir / véritable / personnalité / candidats d. _____

5. Marianne est sûre que _____ .
   a. le Président / aller lire / son / lettre b. les électeurs / le / choisir c. personne / ne. . . pas / pouvoir / le / battre *(to defeat)* / ce / fois d. _____

Exercise D. Suggestion: After a student reads a sentence, ask **Etes-vous d'accord**? and have students change the sentence to conform to their beliefs.

D. **Qu'est-ce que vous pensez?** Donnez votre réaction aux idées suivantes. Commencez vos réponses avec les phrases de la colonne droite.

1. Les impôts augmentent.
2. Les femmes sont plus libérées.
3. La société change.

a. Je suis sûr que _____ .
b. Je ne pense pas que _____ .
c. Je regrette que _____ .
d. Je suis content que _____ .

4. Les salaires augmentent.
5. L'avenir d'un pays dépend de ses chefs.
6. La droite devient plus populaire.
7. La presse reste toujours libre.

e. Je veux que _____ .
f. Je doute que _____ .
g. ___?___

Le Français par les gestes: Que veux-tu que j'y fasse!
The French express powerlessness—what can I do about it?—by slightly raising their shoulders and showing the palms of their hands, fingers pointing down, to the person they are addressing.

VOCABULAIRE

VERBES

augmenter	to increase
douter	to doubt
élire	to elect
exiger	to require
réagir	to react
regretter	to regret
souhaiter	to hope
voter	to vote

NOMS

l'assemblée *(f)*	assembly
le/la candidat(e)	candidate
le chef	head, leader
le/la citoyen(ne)	citizen
le/la délégué(e)	delegate
le député	deputy; member of the **Assemblée nationale**
l'égalité	equality
l'électeur(trice)	elector
l'élection *(f)*	election
la fraternité	brotherhood
le gouvernement	government
la grève	strike
l'impôt *(m)*	tax
la liberté	liberty
la loi	law
la majorité	majority
la manifestation	demonstration, rally
le ministre	minister, government official

NOMS

l'opposition *(f)*	opposition, opposing side
le parlement	parliament
le parti	party
le pouvoir	power
le/la président(e)	president
la réforme	reform
la république	republic
la réunion	meeting
la revendication	demand
le sénat	senate
le sénateur	senator
le sigle	abbreviation

ADJECTIFS

actuel(le)	present, current
certain(e)	certain
communiste	communist
content(e)	content
désolé(e)	sad
écologiste	ecological
honnête	honest
législatif(tive)	legislative
national(e)	national
politique	political
présidentiel(le)	presidential
socialiste	socialist, socialistic
sûr(e)	sure
surpris(e)	surprised

(OPTIONAL)

Intermède 14

Activités

Exercise A. Follow-up: Ask several students the results of the survey and have them explain why they received the score they did.

Exercise B. Suggestion: May be done in small groups. You may want to ask students to share their discussion with the class. This may be done by asking students to write a résumé of their partner's comments.

A. Vous intéressez-vous à la politique? Avec un(e) camarade de classe ou seul(e), répondez aux questions suivantes pour déterminer si vous vous intéressez à la politique ou non.

1. Avez-vous voté aux dernières élections? Pourquoi ou pourquoi pas? 2. Appartenez-vous *(do you belong)* à un parti politique? Quel parti? 3. Avez-vous déjà contesté *(demonstrated)*? Quand et pourquoi? 4. Avez-vous déjà fait campagne pour un(e) candidat(e)? Pour qui? 5. Avez-vous déjà donné de l'argent pour une cause politique? Pour quelle cause? 6. Etes-vous abonné(e) à une revue politique? A laquelle? 7. Assistez-vous à des réunions politiques? Auxquelles? 8. Avez-vous jamais fait un discours politique? Quand? 9. Avez-vous jamais distribué des tracts? Où?

Comptez combien de fois vous avez répondu oui.

8–9: Vous serez un jour candidat(e) à une fonction politique.
7–4: Vous vous intéressez à la politique et vous êtes bon(ne) citoyen(ne).
3–0: Vous n'êtes pas très actif(ve) politiquement.
      Vous devez expliquer à la classe pourquoi vous ne pensez pas qu'il soit important de s'intéresser à la politique.

B. Feriez-vous *(Would you make)* **un(e) bon(ne) Président(e)?**
Quelles sont les qualités d'un(e) bon(ne) Président(e)? Est-ce qu'il/elle doit être _____ ?

honnête?	gentil?	libéral?	conservateur?
beau?	bon orateur?	intelligent?	riche?
pauvre?	sage?	spirituel *(witty)*?	compétent?

426

Nommez un Président que vous avez beaucoup admiré. Expliquez pourquoi. Avez-vous les qualités nécessaires pour être un(e) bonn(e) Président(e)? Imaginez que vous êtes Président(e) pour une journée. Selon vous, quelles sont les premières mesures à prendre?

Croyez-vous qu'il y ait des femmes capables de devenir Présidentes? Pensez-vous qu'une femme puisse devenir Présidente? Expliquez pourquoi.

Exercise C. Suggestion: Ask several students to give what they believe to be the two most important answers. Have other students react to these answers. After the discussion of possible solutions to these problems, have students share their solutions with the whole class. Ask them to name people or groups working towards these solutions.

C. **Nos réussites et nos problèmes.** Nous voulons tous vivre dans une société juste et bonne. Mais comment faire? Voici une liste d'aspects positifs de notre société actuelle. Classez les éléments selon l'importance qu'ils ont pour vous.

_____ la liberté individuelle _____ la libre entreprise _____ la richesse _____ la possibilité d'améliorer *(to better)* sa vie _____ le droit de voter

Comparez vos choix avec ceux d'un(e) camarade de classe.

Pensez maintenant aux problèmes sociaux. Regardez la liste suivante et choisissez les problèmes les plus graves.

_____ l'inflation _____ le chômage _____ la censure _____ l'intrusion du Gouvernement dans la vie privée _____ la crise de l'énergie _____ la pauvreté _____ la violence _____ la guerre _____ les impôts injustes _____ la pollution de l'environnement

Seul(e) ou avec d'autres étudiants, proposez des solutions à nos problèmes.

Mots utiles: voter, le travail, l'éducation, l'individu, la législation, l'industrie, l'attitude, la santé, augmenter, la presse, la sécurité sociale, manifester, les relations internationales, les réformes

D. **Campagne électorale.** Imaginez que vous observez une élection en France. Voici les candidats.

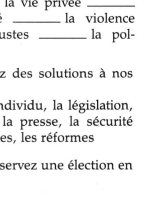

Exercise D.   Suggestion: Ask students to make posters for their political party and to carefully plan their campaign speech. A debate could also be organized between the top two candidates.

1. Catherine Monchovet, Parti Républicain. Thèmes de campagne: l'Europe unie, plus de pouvoirs aux régions françaises, développement économique de la France.   2. Jacques Charpentier, Rassemblement pour la République. Thèmes de campagne: centralisation du pouvoir gouvernemental, intervention de l'Etat dans la vie sociale et économique.   3. Pierre Sarreau, Parti Socialiste. Thèmes de campagne: participation des citoyens à toutes les décisions, nationalisation de grosses entreprises seulement.   4. Maryse Delain, Parti Communiste. Thèmes de campagne: nationalisation des entreprises, défense des ouvriers face à la crise économique.   5. Denis Lefèvre, Parti Ecologiste. Thèmes de campagne: offrir une alternative au système productiviste et technocratique, protéger l'environnement.

Maintenant un étudiant va représenter chaque parti politique devant la classe. Les représentants présentent les thèmes de leurs candidats en commençant par *Je crois que* ou *Je ne crois pas que*.

Quel candidat gagne l'élection? Votez!

Exercise E.   Follow-up: Ask groups to share part of their discussion with other class members. If they wish to continue the discussion, they may compare France and the United States to other countries.

E.   Deux systèmes. Lequel préférez-vous? La France et les Etats-Unis sont des pays démocratiques et capitalistes. Mais le rôle de l'Etat dans la vie des citoyens est très différent dans les deux pays.

En France l'Etat fournit *(supplies)* aux citoyens des biens qui aux Etats-Unis sont du domaine de l'entreprise privée. Par exemple: les allocations prénatales, une allocation de maternité, les allocations familiales, la sécurité sociale qui rembourse 75 à 80 pour cent des frais médicaux *(medical expenses)*, la pension de retraite *(retirement)* et les allocations de vieillesse. De plus, l'Etat est le premier patron de France. Les secteurs de l'énergie, du crédit, des chemins de fer *(trains)* sont nationalisés. L'Etat s'occupe aussi de l'éducation.

Avec un(e) camarade ou dans un petit groupe, discutez les avantages et les inconvenients des deux systèmes.

Mots utiles: autoritaire, socialiste, pouvoir de l'Etat, l'égalité, les gens pauvres, l'aide, la médecine, les impôts, les prix, la liberté

Lecture: Le Marché commun

Un marché de 250 millions d'habitants qui réunit dix pays qui pendant plus de dix siècles se sont fait la guerre: c'est le miracle moderne du Marché commun.

Il est né modestement après la Deuxième Guerre mondiale, à l'époque de la "guerre froide," du rapprochement des industries du *char-bon* et de l'*acier* de six pays ex-belligérants (la France, l'Allemagne, l'Italie, la Belgique, la Hollande et le Luxembourg). Le charbon et l'acier étaient alors symboles de puissance militaire.

coal
steel

Réunion des pays du Marché commun

La seconde étape, celle de l'ouverture d'un Marché commun industriel et agricole, a coïncidé avec l'*avènement* en France de la Ve République, et l'arrivée au pouvoir du général de Gaulle. Beaucoup ont pensé alors que la réalisation du Marché commun *serait* incompatible avec les objectifs de de Gaulle, l'ancien chef de la France libre pendant la Deuxième Guerre mondiale. Mais quand il a accordé l'indépendance aux anciennes colonies (notamment à l'Algérie), le général de Gaulle *ramenait* en fait la France en Europe. "L'empire colonial" disparu, son nouvel objectif était de réaliser une politique française d'indépendance à travers l'Europe.

coming to power

would be

drew back

Depuis *lors*, les six sont devenus les dix; la Grande-Bretagne, le Danemark, l'Irlande et récemment la Grèce sont devenus membres. Cela n'a d'ailleurs pas simplifié les problèmes qui se posent aux membres du Marché commun (politique commerciale, organisation de la production agricole) mais ce sont des problèmes essentiellement économiques. L'espoir *belliqueux* a entièrement disparu de l'Europe occidentale. Est-ce le miracle du Marché commun? Ou bien le Marché commun n'est-il pas plutôt la prise de *conscience* de l'absurdité des *luttes* locales dans un monde dominé par les "super-grands"?

then

war-like

awareness / struggle

Résultat récent de ce besoin de coopération politique: l'établissement du Parlement européen à Strasbourg dont la première présidente, Simone Veil, est française.

Compréhension et expression

A. Comprenez-vous?

1. Pourquoi les six pays se sont-ils réunis à l'origine? 2. Combien de pays font partie du Marché commun actuellement? 3. La France a-t-elle perdu son indépendance quand elle est devenue membre du

Marché commun? 4. Quels problèmes dominent dans le Marché commun? 5. Pourquoi le Marché commun est-il important pour les Européens?

Exercise B. Suggestion: May be assigned as written homework. Later, several students may read their answers or put them on the board.

B. **A propos de politique.** Que pensez-vous de la vie politique américaine? Complétez les phrases suivantes.

1. Je suis étonné(e) que les électeurs _____ . 2. Je ne pense pas que le Président _____ . 3. Je regrette que le Parlement _____ . 4. Les étudiants préfèrent que les candidats _____ . 5. J'espère que la guerre _____ . 6. Le peuple est désolé que _____ . 7. Le peuple est content que _____ .

Exercise C. Suggestion: Compositions may be collected and used for dictation or listening comprehension exercises.

C. **L'économie américaine.** Ecrivez un paragraphe pour décrire l'économie américaine. Employez les questions suivantes comme guide. Employez des phrases comme *il est évident, il est naturel, je crois, je ne crois pas,* etc.

1. Etes-vous content(e) que les Américains importent beaucoup de produits? Expliquez votre réaction. Quelles sont les conséquences de l'importation de ces produits? 2. Il y a beaucoup de gens qui sont aux Etats-Unis illégalement. De quelle manière leur présence influence-t-elle l'économie? Que pensez-vous de cette influence? 3. Comment le droit de grève *(the right to strike)* influence-t-il l'économie? Doit-on étendre *(to extend)* ce droit à toutes les professions? Expliquez.

Suggested six day lesson plan for
Chapitre 15:

Day 1: **Etude de vocabulaire**
Subjunctive after certain
conjunctions (begin)
Day 2: Subjunctive after certain
conjunctions
Subjunctive after impersonal
expressions (begin)
Day 3: Subjunctive after
impersonal expressions
The past subjunctive
Day 4: Alternatives to subjunctive
Etude de prononciation
Day 5: **Conversation et culture**
Récapitulation
Day 6: **Intermède**
Optional quiz

Les Français en Amérique du Nord

Chapitre **15**

OBJECTIFS

Communication et culture   In this chapter, you will learn vocabulary and expressions related to the French presence in North America. You will read about French Canada in particular and about aspects of contemporary Canadian life, language, and politics.

Grammaire   You will learn to use the following aspects of French grammar:

59. how to use the subjunctive after certain conjunctions: **afin que** *(so that)*, **bien que** *(although)*, and so on

60. how to use the subjunctive after impersonal expressions such as **il est impossible que, il est bon que, il est nécessaire que,** and so on

61. the forms and uses of the past subjunctive

62. how to use several constructions as alternatives to the subjunctive

Louisiane: la Nouvelle-Orléans

See facing page for lesson plan.

431

ETUDE DE VOCABULAIRE

Pionniers et explorateurs français en Amérique du Nord

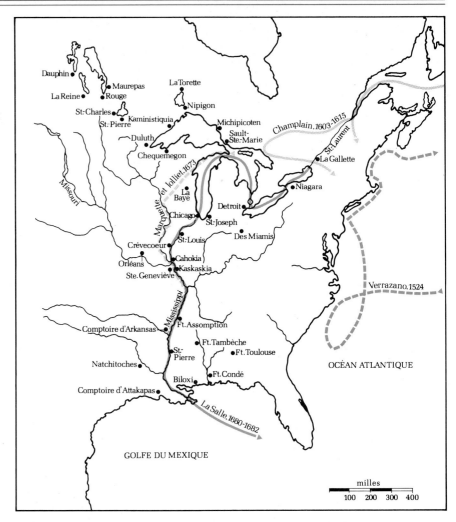

A. Qui sont-ils? Répondez selon la carte.

1. Il découvre* de nouvelles régions. 2. Il établit des villes et des forts dans les nouvelles régions. 3. Il explore les fleuves, les lacs et les côtes. 4. Il enseigne une nouvelle religion. 5. Il attrape des animaux pour vendre leur peau *(skin)*.

B. Explorateurs. Ces Français ont exploré le Nouveau Monde. Les reconnaissez-vous?

*Découvrir is conjugated like regular **-er** verbs: **découvre, découvres, découvre, découvrons, découvrez, découvrent.**

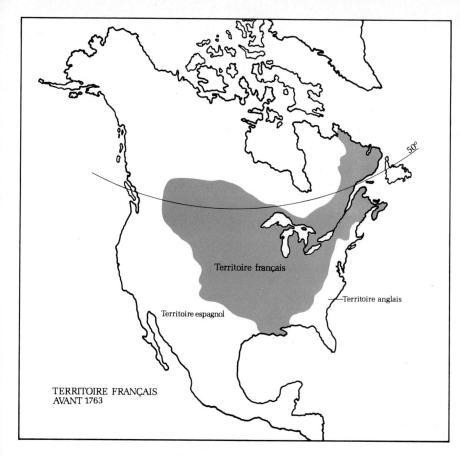

TERRITOIRE FRANÇAIS
AVANT 1763

Territoire français

Territoire espagnol

Territoire anglais

50°

Exercise B.   Suggestion: With the map use these questions to review dates in French.

Exercise B.   Continuation: Have students explain the following moments in Franco-American history: (1) **Comment la Louisiane a-t-elle été annexée aux Etats-Unis?** (2) **Entre 1756 et 1763, les Indiens et les Français se sont battus contre les Anglais. Quelles ont été les conséquences?** (3) **En 1776 Benjamin Franklin était ambassadeur à Paris. Pourquoi? Que voulait-il obtenir du roi de France?** (4) **Quel général français a participé avec son armée à la guerre d'indépendance américaine? Que savez-vous de lui?** (Suggest sources; you may want to assign questions to individuals for oral reports.)

1. Qui a exploré les Grands Lacs et a donné son nom à une ville du Minnesota? 2. Qui a exploré la côte canadienne? 3. Qui a exploré le fleuve Hudson et a donné son nom à une ville de l'état de New York? 4. Qui a exploré les lacs Ontario, Erié, Huron et Michigan? 5. Qui a suivi le Mississippi des Grands Lacs jusqu'au Golfe du Mexique? 6. Quel Italien, au service des Français, a exploré la côte-est des Etats-Unis et a donné son nom à un pont *(bridge)* de New York?

C. Nouveaux mondes. Répondez aux questions suivantes.

1. Dans quelles régions trouve-t-on de nombreux forts français? des comptoirs de fourrure *(fur posts)*? Pourquoi? 2. Quelles routes les explorateurs suivaient-ils en général? 3. Quel est le commerce qui a attiré *(attracted)* les trappeurs français en Amérique du Nord? 4. Pourquoi les navigateurs et les explorateurs français ont-ils exploré le Nouveau Monde? 5. Pouvez-vous nommer d'autres explorateurs de différentes époques et nationalités? 6. Quelles qualités un explorateur doit-il avoir? Possédez-vous ces qualités? 7. Accepterez-vous un jour, si on vous en donne l'occasion, de partir en exploration spatiale? Expliquez votre réponse.

Colons français en Amérique du Nord

A. **L'Amérique francophone.** Trouvez sur la carte des villes américaines portant *(bearing)* un nom français. Savez-vous ce que ces noms veulent dire?

B. **Racines** *(roots)* **françaises?** Répondez aux questions suivantes.

1. Avez-vous un nom d'origine française? des ancêtres français? un prénom *(first name)* français? 2. Avez-vous des amis français qui

vivent aux Etats-Unis? Connaissez-vous des francophones? des Canadiens français? des Québecois? des Américains d'origine française? 3. Habitez-vous dans une ville portant un nom français? Quelle est l'origine de ce nom? 4. Avez-vous déjà visité la Louisiane? le Québec? Terre-Neuve?

ETUDE DE GRAMMAIRE

59. THE SUBJUNCTIVE AFTER CERTAIN CONJUNCTIONS

Des îles françaises près du Canada

MONIQUE: Je vais rendre visite à mes cousins français à St. Pierre et Miquelon *avant que* mes vacances ne* *se terminent*.
GERARD: Je n'ai aucune idée où c'est. . . *à moins que* ce ne* *soient* ces îles au sud de Terre-Neuve?
MONIQUE: C'est ça! *Quoique* ces îles *soient* très petites, on y trouve plus de cinq mille Français.

Exercise A.   (above) Continuation: Other place names include: Delaware: Louisville; Florida; Mascotte; Georgia: Macon; Hawaii: La Pérouse; Iowa: Des Moines; Rhode Island: Lafayette; Utah: Corinne; Virginia: Claudville; Wyoming: Gros Ventre; New Mexico: Raton; Minnesota: Lac Qui Parle.

Exercise B.   (above) Suggestion: Use for whole-class or small group discussion. Have students recall responses of classmates when appropriate.

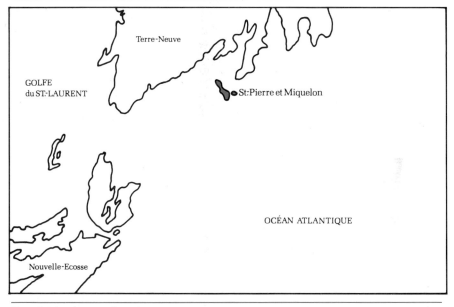

Terre-Neuve

GOLFE du ST-LAURENT

St:Pierre et Miquelon

OCÉAN ATLANTIQUE

Nouvelle-Ecosse

French islands near Canada
MONIQUE: I'm going to visit my French cousins in St. Pierre and Miquelon before my vacation ends.   GERARD: I have no idea where that is . . . unless they're those islands south of Newfoundland.   MONIQUE: That's right. Although those islands are very small, more than 5,000 French people can be found there.   BERNARD: And even though Cartier discovered them more than 440 years ago, they have remained French territory until our time. French islands at the door of the United States!

*The word **ne** (the pleonastic **ne**) is frequently used in noncolloquial French after **avant que** and **à moins que**. It has no translatable meaning in English.

Presentation: Stress throughout this section the presence of *two different* subjects in these sentences: one for the main clause and one for the subordinate clause.

In French, certain conjunctions are always followed by the subjunctive.

1. conjunctions of purpose:

    afin que, pour que   in order that, so that
    Nous lirons des pièces   We will read some Quebecois
        québecoises **afin que tu con-**   plays *so that you will be* some-
        naisses un peu l'argot franco-   what *familiar* with French-
        canadien avant ton voyage.   Canadian slang before your
                                                trip.

2. conjunctions of concession:

    bien que, quoique   although, even though
    Bien que vingt-huit pour cent   *Although* twenty-eight percent
        des Canadiens **soient** franco-   of Canadians *are* French-
        phones, il y a seulement   speaking, there are only
        douze quotidiens français au   twelve daily French newspa-
        Canada.   pers in Canada.

3. conjunctions of limitation or time restriction:

    à condition que   on the condition that
    à moins que   unless
    avant que   before
    jusqu'à ce que   until
    pourvu que   provided that
    sans que   without
    Nous irons au carnaval de   We'll go to the Mardi Gras *pro-*
        Mardi Gras **pourvu qu'il**   *vided that the weather is* nice.
        fasse beau.
    Nous allons partir **sans qu'elle**   We're going to leave *without her*
        le **sache.**   *knowing* it.
    Je vais rester ici **jusqu'à ce que**   I'll stay here *until you call* me.
        tu me **téléphones.**

Note that most of these conjunctions express contingency or conjecture. They introduce something that may or may not take place, or something that will take place only if certain conditions are met.

Maintenant à vous

A. Visite du Canada. Complétez les phrases suivantes pour décrire vos vacances au Canada. Suivez le modèle.

Exercises A and B. Suggestion: Do as oral response drill, with choral repetition as desired.

MODELE: Nous allons au Canada afin que _____ .
elle / voir / pays → Nous allons au Canada afin qu'elle voie le pays.

Nous allons au Canada afin que _____ .

1. ils / apprendre / français 2. vous / voir / enfin / Montagnes Rocheuses 3. elle / pouvoir / visiter / grandes villes 4. vous / perfectionner / votre français 5. nos enfants / pouvoir / suivre / route / pionnier 6. vous / nous / montrer / trappeur / moderne

Nous y allons bien que _____ .

7. voyage / être / cher 8. nos amis canadiens / venir / ici 9. vous / connaître / déjà ce pays 10. vacances / être / court *(short)* 11. je / ne pas parler / français

Nous irons à Montréal pourvu que _____ .

12. billets d'avion / ne pas être / trop cher 13. tu / avoir / envie d'y aller 14. vous / trouver / hôtel bon marché 15. il / faire / beau 16. elle / avoir / encore / argent 17. nos amis / être / là

B. Une journée à Québec. Reliez les deux phrases avec la conjonction entre parenthèses. Suivez le modèle.

MODELE: Je viens. Tu es là. (à condition que) → Je viens à condition que tu sois là.

Notre-Dame-de-Bonsecours à Montréal

Exercise B. Suggestion: Dictate two simple sentences to students at board. Then have students link sentences with a meaningful conjunction of their choice or with conjunction given.

1. Je m'occupe de la voiture. Marie-Claire peut lire le guide de Montréal. (afin que) 2. Nous quittons l'hôtel. Les magasins ferment *(close)*. (avant que) 3. J'achète ce roman canadien. Vous l'aimez. (pourvu que) 4. Je te donne le guide. Tu essaies de trouver la rue Soufflet. (pour que) 5. Nous ne voulons pas partir. Vous voyez la ville de Québec. (sans que) 6. Les gens de Québec semblent sympathiques. Nous ne les connaissons pas. (quoique) 7. Nous restons ici. Vous arrivez. (jusqu'à ce que) 8. Marc ne veut pas parler aux Dupont. Vous les lui présentez. (à moins que)

Exercise C. Suggestion: Solicit oral responses for each sentence from various students. May be done at the board, with students taking down the sentence stem as a dictation and completing as desired. Compare responses.

C. Cours d'été à l'Université Laval. Complétez les phrases suivantes pour décrire ce que vous ferez dans cette université canadienne.

1. J'irai à l'Université Laval à condition que les cours _____ . 2. Je suivrai des cours de français bien qu'ils _____ . 3. Je réussirai aux examens à moins qu'ils ne _____ . 4. J'irai danser à la disco tous les soirs sans que cela _____ . 5. J'aurai beaucoup de nouveaux amis avant que les cours d'été ne _____ . 6. Je parlerai beaucoup français à moins que mes amis ne _____ . 7. Je resterai à Laval jusqu'à ce que mon université américaine _____ . 8. Je reviendrai aux Etats-Unis en avion pourvu qu'il y _____ . 9. Je vous téléphonerai avant mon départ du Canada afin que vous _____ . 10. Je vous verrai à l'aéroport à moins que le vol ne _____ .

Exercise D. Suggestion: Have student do activity orally, in pairs taking the two rôles. You may want to ask students to write out the dialogue, or distribute copies of a correct translation as a follow-up to the oral practice.

D. Une semaine à Laval. En français, s'il vous plaît.
CLAIRE: *What do you want to do this week?*
ANDRE: *I would like to go to the hockey match on Saturday provided that I don't have too much work to do.*
CLAIRE: *Me, too, and I'd like to go to the Woody Allen movie, even though it's the same day as the hockey match.*
ANDRE: *So that we can do both* **(les deux),** *we should study on Friday.*
CLAIRE: *That's a good idea. The lecture on astronomy seems* **(avoir l'air)** *interesting, unless it's too technical* **(technique).**
ANDRE: *I'll go with you on the condition that you go to the Ecology Party meeting with me.*
CLAIRE: *Oh, no, not that! I'll leave without your knowing it and I'll do it even* **(même)** *before the meeting starts!*

Exercise E. Suggestion: Solicit a variety of answers orally or do as partial dictation having students write out completions as desired. Compare responses.

Exercise E. Continuation: **Le prof me donnera une bonne note pourvu que je. . . Les Français vont me comprendre bien que. . . J'irai blentôt en France a moins que. . . Quand j'aurai mon diplôme mes parents m'achèteront un cadeau à condition que. . .**

E. De bonnes intentions. Complétez les phrases suivantes.

1. J'étudie le français afin que mes amis français _____ . 2. Je continuerai mes études à l'université à condition que mes parents _____ . 3. J'obtiendrai un diplôme bien que les études _____ . 4. Je terminerai mes cours avant que les vacances _____ . 5. J'étudierai beaucoup ce soir à moins qu'il y _____ . 6. Je suivrai un cours de français le trimestre prochain pourvu que l'examen de français de ce trimestre ne _____ .

La Nouvelle-Orléans:
Jackson Square

60. THE SUBJUNCTIVE AFTER IMPERSONAL EXPRESSIONS

Les Français de Louisiane

GILES: Yvonne, explique-moi: Qu'est-ce que c'est qu'un "Cajun"?

YVONNE: Pour le comprendre, *il est important que tu saches* qu'en 1713 les Anglais prennent possession de l'Acadie française, une province canadienne. *Il faut* alors *que les Acadiens*—ou Cajuns, des paysans normands ou bretons—*aillent* jusqu'en Louisiane pour retrouver leur liberté. *Il était préférable* pour eux *qu'ils s'installent* dans les bayous de la Louisiane où ils ont gardé intacts jusqu'à nos jours leurs coutumes et leurs patois.

1. Qu'est-ce qu'il est important de savoir pour comprendre ce que c'est qu'un "Cajun"?
2. Que faut-il que les Acadiens fassent pour retrouver leur liberté?
3. Qu'est-ce qui était préférable pour les Acadiens?

The French in Louisiana

GILES: Yvonne, explain to me what a "Cajun" is.   YVONNE: In order to understand, it's important that you know that in 1713 the British took possession of French Acadia, a Canadian province. The Acadians—or Cajuns, peasants from Normandy and Brittany—then had to go to Louisiana to regain their freedom. It was preferable for them to settle in the bayous of Louisiana, where they have kept their customs and dialects intact until today.

A. The subjunctive with impersonal expressions

An impersonal expression is one in which the subject does not refer to any particular person or thing. In English, the subject of an impersonal expression is usually *it: **It** is important that I go to class.* In French, many impersonal expressions—especially those that express will, necessity, emotion, or doubt—are followed by the subjunctive in the dependent clause.

Presentation: Go over expressions in chart, using short sentences to model each one. Have students repeat after your model.

Suggestion: Have students make up short completions for selected expressions from chart.

IMPERSONAL EXPRESSIONS USED WITH THE SUBJUNCTIVE		
Will or necessity	*Emotion*	*Possibility or doubt*
il est essentiel que	il est stupide que	il est normal que
il est important que	il est bizarre que	il est peu probable que
il est indispensable que	il est bon que	il est possible/impossible que
il est nécessaire que	il est dommage que *(it's too bad that)*	il se peut que *(it's possible that)*
il faut que *(it's necessary that)*	il est étrange que	il semble que *(it seems that)*
	il est juste/injuste que	
	il est préférable que	
	il est utile/inutile que	
	il vaut mieux que *(it's better that)*	

Il est peu probable que les séparatistes gagnent l'élection.

It's not likely that the separatists will win the election.

Il se peut qu'elle étudie le français en Louisiane l'an prochain.

It's possible that she will study French in Louisiana next year.

Il est dommage qu'elle ait du mal à comprendre l'argot québecois.

It's too bad that she's having trouble understanding Quebecois slang.

Il est important que tu apprennes le français.

It's important that you learn French.

Est-il bon que nous préservions notre identité nationale?

Is it good that we preserve our national identity?

Il faut que vous visitiez La Nouvelle-Orléans.

You must (it's necessary that you) visit New Orleans.

B. The infinitive with impersonal expressions

When no specific subject is mentioned, the infinitive is used with impersonal expressions instead of the subjunctive. Compare the following sentences.

Il vaut mieux attendre.	*It's better to wait.*
Il vaut mieux que nous atten-dions.	*It's better that we wait.*
Il est important de voter.	*It's important to vote.*
Il est important que vous votiez.	*It's important that you vote.*

Note that the preposition **de** is used before the infinitive after impersonal expressions that contain **être.**

C. The indicative with expressions of certainty or probability

Note: Throughout these exercises note all cases where subjunctive is **not** used. Remind students why in each case.

When impersonal expressions imply certainty or probability, they are followed by the indicative in the dependent clause.

IMPERSONAL EXPRESSIONS USED WITH THE INDICATIVE	
il est certain que	il est probable que
il est clair que	il est sûr que
il est évident que	il est vrai que

Il est probable qu'ils sont québecois.	*It's probable that they are* from Quebec.
Il est clair que l'influence française restera importante au Canada.	*It's clear that the French influence will remain* important in Canada.
Il est vrai que la spécialité de ce restaurant **est** la cuisine créole.	*It's true that the speciality* of that restaurant *is* creole cuisine.

The subjunctive, however, can be used in negative or interrogative sentences with these expressions to express uncertainty, doubt, or conjecture.

Il n'est pas certain que nous allions à Québec cet été.	*It's not certain that we'll go* to Quebec this summer.
Est-il vrai que les Québecois soient d'origine française?	*Is it true that the Quebecois are* of French origin?

Maintenant à vous

A. Francophilie. Le 28 mars 1980 une assemblée de francophiles a voté pour la création d'une assemblée nationale des Franco-Américains. Qu'ont-ils dit?

Exercise A. Suggestion: Do as rapid oral response drill, or use for dictation and transformation at board.

1. Il est dommage que *nous* oubliions nos racines françaises. *(vous, on, nos enfants, je, tu)* 2. Il est essentiel que *nous* ayons une assemblée nationale. *vous, on, les Franco-Américains, nous)* 3. Il est

nécessaire que *nous* maintenions la langue et la culture française des Etats-Unis. *(une organisation, les Américains, vous, les francophiles)* 4. Il est possible que *nous* puissions offrir des renseignements *(information)* généalogiques. *(tu, vous, notre assemblée, ils)* 5. Il est bon que *nous* prenions la défense de la culture américaine d'ascendance française. *(je, l'assemblée, les Franco-Américains, vous)*

Exercise B. Suggestion: Do as whole-class format or have students do exercise as interview in pairs. As follow-up, have students write a résumé of partner's comments to present to the class.

B. Possibilités et probabilités. Quelle sera votre vie? Répondez aux questions suivantes. Dans chaque réponse, employez une de ces expressions: *il est certain que, il se peut que, il est peu probable que, il est impossible que.*

MODELE: Ferez-vous une découverte importante? → Il est peu probable que je fasse une découverte importante.
(Il est certain que je ferai une découverte importante.)

1. Vous marierez-vous? 2. Apprendrez-vous une langue étrangère? 3. Voyagerez-vous beaucoup? 4. Visiterez-vous le Québec? 5. Deviendrez-vous célèbre? 6. Serez-vous riche? 7. Saurez-vous jouer du piano? 8. Ecrirez-vous un roman? 9. Connaîtrez-vous un Président des Etats-Unis? 10. Irez-vous en Chine? 11. Vivrez-vous jusqu'à l'âge de cent ans?

Maintenant, employez ces questions pour interviewer un(e) camarade de classe. Commencez les questions avec une de ces expressions: *Est-il certain que. . . ? Est-il probable que. . . ? Est-il sûr que. . . ?* N'oubliez pas d'employer *tu* dans les questions.

MODELE: Ferez-vous une découverte importante? →
Vous: Est-il probable que tu fasses une découverte importante?
Un ami: Oui, il est probable que je ferai une découverte importante. (Non, il n'est pas probable que je fasse une découverte importante.)

Exercise C. Suggestion: Do as rapid oral drill, with choral repetition as desired.

Exercise C. Continuation: Have students "brainstorm" in pairs or small groups to come up with a few more **conseils** of their own, following the model of the exercise. Compare group contributions.

C. Longévité. Il y a beaucoup de centenaires *(100-year-old persons)* dans la province de Québec. Quel est leur secret? Jouez le rôle de Jean Laviolette, un centenaire canadien, et donnez des conseils aux gens qui veulent vivre longtemps. Suivez le modèle.

MODELE: Il est important de bien manger. → Il est important que vous mangiez bien!

1. Il faut prendre un peu de vin à chaque repas. 2. Il est essentiel de ne pas fumer. 3. Il est nécessaire de rester calme en toutes circonstances. 4. Il est bon de faire de la gymnastique régulièrement. 5. Il faut s'intéresser aux autres. 6. Il est indispensable d'avoir envie de vivre.

D. Problèmes contemporains. Donnez une réaction personnelle aux problèmes suivants. Employez une de ces expressions: *il est normal* que, *il est dommage que, il est vrai que, il semble que, il est juste que, il est clair que, il est étrange que.*

1. Le monde est de plus en plus pollué. 2. Aux Etats-Unis nous gaspillons (*waste*) trop d'énergie. 3. L'exploration spatiale est peut-être la solution à tous nos problèmes. 4. La pauvreté est le problème le plus important du monde. 5. Il y a toujours des réfugiés qui sont à la recherche d'une nouvelle vie. 6. La vie contemporaine est très compliquée.

Offrez des solutions à certains de ces problèmes. Employez une des expressions suivantes: *il est important que, il faut que, il est néccessaire que, il est indispensable que, il est essentiel que, il est préférable que.*

Exercise D. Suggestion: With the whole class, solicit several individual reactions to statements. For the second part, where students propose solutions to the problems, have students brainstorm in pairs or in small groups. Compare group contributions.

E. **Explorateurs modernes.** L'espace est la frontière du vingtième siècle. Est-il possible que nous y rencontrions des extra-terrestres? Comment seront-ils? Formez des phrases complètes pour exprimer vos opinions. Commencez avec *il est sûr que, il est probable que, il est dommage que, il est utile que, il est certain que, il faut que, il est évident que,* et employez une expression de chaque colonne.

MODELE: Il est possible que nous y rencontrions des extra-terrestres dangereux.

Exercise E. Suggestion: For oral or written work. If done orally, give students a few minutes to compose several sentences according to the model. For written work, have students generate sentences to share with the class.

les explorateurs	rencontrer	êtres (*beings*)	bizarre
nos descendants	découvrir	petits hommes	vert
les Américains	se battre	à oreilles	laid (*ugly*)
les navigateurs	(*to fight*)	pointues	grotesque
(trices) des	contre	(*pointed*)	gigantesque
astronefs	connaître	robots	minuscule
(*space ships*)	faire la guerre	extra-terrestres	dangereux
les missionnaires	(*war*) contre	colons	intelligent
de la science	voir	villes	
moderne	explorer		
les Russes			
les Français			
nous			
?			

61. THE PAST SUBJUNCTIVE

Aventuriers français du Nouveau Monde

CORINNE: Parfois, j'envie les aventures des coureurs des bois français avant que l'Amérique du Nord n'*ait été* entièrement explorée.

JACQUES: Imagine! Il n'y avait pas un seul Européen dans le Saint-Laurent avant que Cartier n'y *ait amené* ses hommes. . . .

CORINNE: Tu sais que, bien que la Nouvelle Amsterdam *ait eu* un peuplement néerlandais dès 1626, c'est un Français, Pierre Minuit, qui en a été le premier gouverneur et qui a acheté Manhattan aux Indiens.

JACQUES: J'admire encore plus ce coureur des bois Toussaint Charbonneau, qui a guidé Lewis et Clark jusqu'à ce qu'ils *soient arrivés* au Pacifique!

1. Quand y avait-il des coureurs des bois français en Amérique du Nord?
2. A cette époque-là y avait-il des hommes blancs dans le Saint-Laurent?
3. En dépit de quelle circonstance y avait-il un gouverneur français à New York?
4. Jusqu'où est-ce que Toussaint Charbonneau a guidé Lewis et Clark?

Coureurs des bois au Canada

French adventurers in the New World

CORINNE: Sometimes I envy the adventures of the French trappers before North America was entirely explored. JACQUES: Just imagine! There hadn't been a single European in the Saint Lawrence before Cartier took his men there. CORINNE: You know that although New Amsterdam had Dutch settlers as early as 1626, it's a Frenchman, Peter Minuit, who was its first governor and who bought Manhattan from the Indians. JACQUES: I admire even more the woodsman Toussaint Charbonneau, who guided Lewis and Clark until they reached the Pacific!

A. Formation of the past subjunctive

The past subjunctive is formed with the present subjunctive of **avoir** or **être** plus a past participle.

PAST SUBJUNCTIVE OF **PARLER**		PAST SUBJUNCTIVE OF **VENIR**	
que j'**aie parlé**	que nous **ayons parlé**	que je **sois venu(e)**	que nous **soyons venu(e)s**
que tu **aies parlé**		que tu **sois venu(e)**	
qu'il, elle, on **ait parlé**	que vous **ayez parlé**	qu'il, elle, on **soit venu(e)**	que vous **soyez venu(e)s**
	qu'ils, elles **aient parlé**		qu'ils, elles **soient venu(e)s**

Je suis content que **tu aies parlé** avec Claudette.

Il est dommage qu'**elle** ne **soit** pas encore **venue.**

I'm glad *you've spoken* with Claudette.

It's too bad that *she has*n't *come* yet.

Note: You may want to explain to students that the *present* subjunctive may be used in a sentence in which the main clause is in the *past* indicative when the subjunctive clause took place at the *same time or later* than the action of the main clause: **J'étais étonné que vous veniez avec nous à Paris. Il était dommage qu'elle quitte la ville une semaine plus tard, mais nous ne pouvions pas la retenir.**

B. Use of the past subjunctive

The past subjunctive is used for the same reasons and in the same situations as the present subjunctive except that it indicates that the action or situation described in the dependent clause occurred or may have occurred *before* the action or situation described in the main clause. Compare these sentences:

Je suis content que **tu viennes.**

Je suis content que **tu sois venu.**

I'm happy that *you are coming.*

I'm happy that *you came.*

Je doute qu'**ils** le **comprennent.**

Je doute qu'**ils** l'**aient compris.**

I doubt that *they understand* it.

I doubt that *they have understood* it.

Est-il possible que **vous** me **prêtiez** ce livre?

Est-il possible que **vous** m'**ayez déjà prêté** ce livre?

Is it possible for *you to lend* me this book?

Is it possible that *you* already *loaned* me this book?

Maintenant à vous

Exercise A. Suggestion: Do as rapid oral response drill.

A. Visite du Canada. Que faut-il voir avant de partir?

MODELE: Nous ne partons pas sans que _____ . vous / voir / les Chutes du Niagara → Nous ne partons pas sans que vous ayez vu les Chutes du Niagara.

1. vous / visiter / St. Pierre 2. tu / aller / à Montréal 3. ils / voir / la ville de Vancouver 4. vous / prendre / le train en direction du

nord-est 5. elle / rendre visite / amis à Toronto 6. je / voir / le Carnaval d'hiver

Exercise B. Suggestion: Do as rapid response drill, with choral repetition as needed.

B. Départ du Canada. A l'aéroport, les touristes rentrent de leurs vacances au Canada. Quelles sont leurs réactions?
MODELE: Je suis très content que _____ . nous / voir / Ottawa
→ Je suis très content que nous ayons vu Ottawa.

1. nous / venir / au Canada 2. vous / être / si aimable 3. les Canadiens / être / si gentils 4. il / faire / si beau 5. nous / passer / vacances ici 6. nous / partir / ensemble

Exercise C. Suggestion: Do as rapid response drill, with choral repetition as needed.

C. Impressions de France. Diane et Jean, tous deux québecois, sont allés en France pour la première fois. Voici leurs réactions. Reliez les deux phrases selon le modèle.
MODELE: Diane est surprise. On a parlé anglais à l'hôtel. →
Diane est surprise qu'on ait parlé anglais à l'hôtel.

1. Jean est content. Ils ont enfin découvert Paris! 2. Jean est surpris. On n'a pas bien compris leur accent! 3. Diane est heureuse. Les Français ont été très gentils! 4. Diane est désolée. Leur voyage s'est terminé trop tôt! 5. Ils sont malheureux. Il a fait si mauvais pendant leur séjour à Paris.

Exercise D. Suggestion: Do as oral drill, or dictate two short sentences at board and have students link them by writing a new sentence using past subjunctive.

D. Retour du Canada. On ne fait jamais tout ce que l'on veut pendant un voyage. Quels sont les regrets des touristes qui rentrent de leurs vacances au Canada?
MODELE: Il est dommage que _____ . nous / manquer *(to miss)* / le Carnaval → Il est dommage que nous ayons manqué le Carnaval.

1. je / ne pas pouvoir / rester plus longtemps 2. le voyage / être / si court 3. vous / ne pas voir / les Chutes du Niagara 4. mes amis / ne pas visiter / l'Université Laval 5. tu / ne pas venir / en hiver 6. nous / ne pas prendre / plus de photos

Exercise E. Suggestion: Have students write a letter expressing reactions, using the expressions given. Encourage students to make the letter sound as natural as possible. Have students read their letters aloud. Collect them for use as dictations, creating cloze passages etc.

E. Une lettre. Une amie vous a écrit. Comment réagissez-vous à ses nouvelles? Lisez sa lettre. Chaque fois que vous voyez un astérisque (*), faites une phrase qui exprime votre réaction. Utilisez une de ces expressions: *je suis content(e) que, je suis surpris(e) que, je suis heureux(euse) que, il est dommage que, je suis désolé(e) que, je doute que, je ne crois pas que.*
MODELE: J'ai fini mes examens tôt*. . . . → Je suis content(e) qu'elle ait fini ses examens tôt!

Cher (Chère) ami(e),

J'ai de bonnes nouvelles!* J'ai fini mes examens tôt* et je viendrai vous rendre visite mardi prochain.* J'ai acheté un billet de train* et j'ai déjà réservé une place.* Malheureusement, Michel n'a pas fini son travail au bureau* et il ne peut pas venir avec moi.*

Tu sais, j'ai raté *(failed)* mon examen de français.* Je suis devenue si paresseuse à la fin du trimestre.* En tout cas, je serai très heureuse de te voir.

Amitiés,

Annick

p.s. Je viens de recevoir mes notes. Il y a eu une erreur.* J'ai reçu un A en français!*

F. **Souvenirs de vacances.** Après vos dernières vacances, quelles étaient vos impressions? Complétez les phrases suivantes et racontez vos souvenirs.

1. J'ai été content(e) que _____ . 2. J'ai été malheureux(euse) que _____ . 3. J'ai été surpris(e) que _____ . 4. J'ai été content(e), bien que _____ .

Exercise F. Suggestion: For oral or written work. May be dictated at the board for students to complete as desired.

62. ALTERNATIVES TO THE SUBJUNCTIVE

Séparatisme au Canada

GILLES: Nous Québecois, nous sommes fiers, mais *il est bon de se rappeler* que nous avons de bonnes raisons de l'être.
MARIANNE: Tu veux dire que *vous avez* toujours *dû vivre* entourés d'Anglais mais que vous avez pu garder votre langue intacte.
GILLES: Nous avons gardé intactes notre langue, notre culture et notre identité collective. *J'espère que nous saurons* regagner la force politique que nous méritons.

Répétez le dialogue et substituez les expressions nouvelles aux expressions suivantes.

1. il est bon de → il est bon que nous
2. vous avez toujours dû → il a fallu* que vous
3. J'espère → Je souhaite

René Lévesque, chef du Parti Québecois

Canadian separatism
GILLES: We Quebecois are proud, but it is good to remember that we have reason to be.   MARIANNE: You mean that you have always had to live surrounded by the British, yet you were able to keep your language intact.   GILLES: We have kept our language, our culture, and our collective identity intact. I hope that we will know how to gain back the political power we deserve.

*Il a fallu is the **passé composé** of **il faut.**

A. Infinitive as alternative to the subjunctive

An infinitive is generally used instead of the subjunctive if the subject of the dependent clause is the same as that of the independent clause, or if the subject is not specified.

Note: Explain that when the subject of the main clause would be the *same* as the subject of the subordinate clause, the conjunctions become prepositions followed by infinitives in these cases:

afin que
pour que
avant que
sans que $\Big\}$ + subjunctive

afin de
pour
avant de
sans $\Big\}$ + infinitive

Examples: *Je lis des pièces afin que tu connaisses l'argot.* (Two different subjects) but *Je lis des pièces afin de connaître l'argot.* (One subject.) *Nous allons partir sans qu'elle le sache.* BUT *Nous allons partir sans dire au revoir.*

1. conjugated verb + infinitive VERSUS conjugated verb + que + subjunctive:

   Je veux le **savoir.** · *I want to know it.*
   Je veux que tu le **saches.** · *I want you to know it.*

2. preposition + infinitive VERSUS conjunction + subjunctive:

   Nous t'appelons **avant de partir.** · We'll call you *before we leave.*
   Nous t'appelons **avant que tu ne partes.** · We'll call you *before you leave.*

   Prepositions with a corresponding conjunction include: **à moins de, afin de, avant de, pour,** and **sans.**

3. impersonal expression + infinitive VERSUS impersonal expression + subject + subjunctive:

   Il est bon de faire ce voyage. · *It's a good idea to take* this trip.
   Il est bon que vous fassiez ce voyage. · *It's good for you to take* this trip.

B. *Espérer* plus indicative

The verb **espérer,** which is followed by the indicative, can frequently be used instead of the verb **souhaiter** or other constructions that express a wish or desire. When **espérer** is in the independent clause, the verb in the dependent clause is in the future tense if the action is expected to occur in the future.

   Je souhaite que ton voyage **soit** intéressant. · *I hope* that your trip *is (will be)* interesting.
   J'espère que ton voyage **sera** intéressant. · *I hope* that your trip *will be* interesting.

C. *Devoir* plus infinitive

The verb **devoir,** which is followed by an infinitive, can sometimes be used instead of **il faut que** or **il est nécessaire que.** There is a slight difference in meaning, however, since **devoir** does not convey as strong a sense of obligation as **il faut que** and **il est nécessaire que.**

Je dois aller en classe.
Il faut que j'aille en classe.
Il est nécessaire que j'aille en classe.

I must (should) go to class.
I have to go to class.
It's necessary for me to go to class.

Maintenant à vous

A. Vie québecoise. Qu'est-ce qui est important pour les Québécois? Substituez l'infinitif au subjonctif.

MODELE: Il est important que nous conservions notre héritage français. → Il est important de conserver l'héritage français.

1. Il est important que nous soyons fiers d'être canadiens-français. 2. Il est essentiel que nous continuions à parler français. 3. Il est nécessaire que nous maintenions nos traditions. 4. Il est essentiel que nous protégions (*protect*) notre identité. 5. Il est important que nous restions unilingues. 6. Il est nécessaire que nous ayons des échanges avec la France.

B. Un étudiant modèle. Jean-Paul est un étudiant modèle. Jouez le rôle de Jean-Paul et complétez les phrases suivantes avec des infinitifs.

1. Ce soir, je vais beaucoup étudier afin de _____ . 2. Je ne vais pas regarder la télévision avant de _____ . 3. Je ne vais pas me coucher sans _____ .

Mots utiles: apprendre tout le vocabulaire, terminer mes devoirs, avoir appris toute la leçon, bien étudier le Chapitre 15, perfectionner mon français

C. Cours d'été à Montréal. La classe de Thierry va suivre des cours d'été dans une université canadienne. Exprimez leurs espoirs (*hopes*). Employez *espérer* au lieu de *souhaiter*.

MODELE: Je souhaite que mes amis puissent me rendre visite!
→ J'espère que mes amis pourront me rendre visite!

1. Nous souhaitons que le campus soit agréable. 2. Je souhaite que les cours soient intéressants. 3. Mes camarades souhaitent qu'on aille danser tous les soirs. 4. Tu souhaites qu'il y ait un bon restaurant à la faculté. 5. Notre professeur souhaite que nous apprenions beaucoup de français. 6. Vous souhaitez que nous perfectionnions notre français.

D. Vie européenne. Les Canadiens francophones et anglophones apprennent à vivre ensemble. En Europe, la diversité linguistique et culturelle est encore plus prononcée. Qu'est-ce qui est important pour les Européens? Donnez l'équivalent de chaque phrase suivante. Utilisez *devoir + infinitif* au lieu de l'expression *il faut que.*

MODELE: Il faut que nous nous respections mutuellement. →
Nous devons nous respecter mutuellement.

1. Il faut que l'Europe soit unie politiquement.   2. Il faut que nous développions nos échanges culturels.   3. Il faut que le Marché commun s'étende *(extend)* à tous les domaines.   4. Il faut que les nations européennes travaillent ensemble.   5. Il faut que les Anglais achètent des Renault.   6. Il faut que les Français achètent des Rolls Royce.   7. Il faut que les Suisses passent leurs vacances en Espagne!   8. Il faut que les Italiens passent leurs vacances en Belgique!

E.   Des conseils. Jouez le rôle d'un(e) conseiller(ère) et renseignez *(give advice to)* les personnes qui veulent accomplir les choses suivantes. Utilisez des expressions comme *il faut, il est nécessaire de, vous devez, j'espère que.*

1. Je veux vivre longtemps. Qu'est-ce que je dois faire?   2. Je veux perfectionner mon français. Qu'est-ce que je dois faire?   3. Je veux être riche un jour. Qu'est-ce que je dois étudier?   4. Je veux m'amuser beaucoup cet été. Où est-ce que je dois voyager?   5. Je veux connaître beaucoup de francophones. Qu'est-ce que je peux faire aux Etats-Unis? et à l'étranger?

ETUDE DE PRONONCIATION

Final French Vowels

English vowel sounds are generally longer than the corresponding French sounds and tend to be prolonged into a diphthong, especially at the end of a word. In contrast, French vowels at the end of a word are usually pronounced as short sounds and without any glide. The sounds [i], [e], and [ɛ] need special attention since their English equivalents are usually long in final position: *see, say* as opposed to **ci, ces.**

A.   Prononcez avec le professeur.

1. le chat   le cinéma   le plat   le tabac   le bras   2. le stylo   la photo   l'eau   la moto   le veau   3. la revue   le menu   la rue   la laitue   salut   4. le neveu   le feu   les yeux   le mieux   la banlieue

B.   Contrastez.

[i]	[e]	[ɛ]
1. ni	né	nait
2. rie	ré	raie
3. mis	mémé	mais

4. fit   fée   fait
5. Annie   année   Annel
6. dit   des   dès
7. si   ces   c'est

8. prix pré prêt   9. j'y j'ai jet

C. Prononcez les phrases suivantes.

1. Les six petits chats gris aux yeux bleus nés en été ont pris tout le pâté! 2. Les amis de Sylvie ont mangé du filet très frais et un café parfait chez René Maigret.

CONVERSATION ET CULTURE

Entre gens d'Amérique du Nord

Jim a rencontré en France d'autres étudiants étrangers, et *parmi* eux un couple de Québecois, charmant et *chaleureux*, Diane et Jean. A la faculté, ceux-ci parlent un français ordinaire, semblable à celui des autres jeunes. Mais un soir, ils ont invité Jim chez eux pour rencontrer un groupe d'amis francophones, et là Jim a parfois eu du mal à suivre la conversation! La voici. Les mots d'argot québecois sont indiqués par un°.

among

warm, friendly

JEAN (à sa femme): Est-ce que vous êtes allées faire les *commissions*,° toi et ton *amie de fille°*? Qu'est-ce qu'on mange?

errands

girl friend

DIANE: Des *cretons°*, *pis°* des *blés d'Inde°*.

charcuterie / et puis / corn on the cob

LOUISE: Je suis contente que tu aies trouvé des blés d'Inde.

DIANE: J'ai pas eu* le temps de cuisiner.

JEAN: Tu as oublié nos invités, alors?

DIANE: Je les ai pas oubliés *pantoute°*! J'ai de la bonne tarte *à farlouche°* et du *sucre à la crème°* mais tu sais, Jean, j'ai peur que la petite ait *poigné°* un *rhume*. Promène-la donc dans son *carrosse°* pour l'endormir.

at all / mincemeat

very sweet dessert / **attrapé** (caught) cold / baby carriage

JIM: Arrête, Diane, je ne te comprends plus! Il vaut mieux que tu parles comme d'habitude!

DIANE: *On le fait exprès*, pour rire. Est-ce que cela *t'étonne* qu'il y ait d'aussi grandes différences entre le français de chez nous et celui d'ici?

We're doing it on purpose / surprise

JIM: J'aime bien vous entendre mais je ne crois pas *saisir* un mot sur deux.

understand

DIANE: *Remarques-tu* notre accent?

Do you notice

JIM: Je ne crois pas avoir l'oreille assez fine. Mais je remarque les "R"; cela me rappelle des accents régionaux entendus à la campagne.

DIANE: Tu sais, nos *parents* n'étaient pas des princes. Deux *tiers* d'entre eux étaient des paysans ou des artisans.

relatives / thirds

JIM: Se peut-il que ce patois s'entende encore?

DIANE: Mais oui. Ils étaient complètement isolés et n'allaient même pas à l'école.

*__Ne__ is often dropped in colloquial French: __j'ai pas eu__ = je n'ai pas eu.

to contain

scarcely / square mile / seemed
crowded

JIM: Quelle impression avez-vous eue, Jean et toi, quand vous êtes arrivés en France?

JEAN: La province de Québec seule peut *contenir* la France, la Belgique, la Suisse, les deux Allemagnes, l'Espagne et le Portugal réunis. Et nous avons *à peine* dix habitants au *mille carré*. Alors, la France nous *paraît* souvent petite et *surpeuplée*.

DIANE: C'est un pays étranger, comme pour toi. Nous l'aimons à cause des différences. Nous avons rêvé de la France: maintenant, il faut que nous la découvrions et que nous la comprenions.

Questions et opinions

1. Où est Jim?   2. Comprend-il toujours le français des Québecois? 3. Qu'est-ce qu'on va manger?   4. En quoi l'accent de Diane est-il différent de l'accent des Français?   5. Les parents de Diane étaient-ils des princes?   6. La province de Québec est-elle grande?   7. Pour un Canadien français, est-ce que la France est un pays étranger? Pourquoi? 8. Avez-vous jamais entendu le français du Québec?   9. Avez-vous entendu de la musique québecoise?   10. Avez-vous visité le Canada? le Québec?

Commentaire culturel

The French heritage of the United States and Canada is highly visible. Many U.S. cities were named by French settlers: Baton Rouge, Terre Haute, Des Moines, Presque Isle, Montpelier, Eau Claire, and Detroit, for example. Places named for French explorers include Marquette, Joliet, La Salle, Juneau, Fremont, Duluth **(Du Luth),** Dubuque, and Champlain. The word Ozark is probably a corruption of **Aux Arcs,** the name of a French trading post established in the Ozark Mountains.

Nowhere in the United States is French influence so obvious as in Louisiana. In 1682 the explorer La Salle claimed the Louisiana Territory for Louis XIV and named it for him. By 1718 **La Nouvelle-Orléans** was established. The number of French settlers grew rapidly with the arrival of the Acadians, French Canadians who had settled in **Acadie** (Nova Scotia) and who were expelled when that province was ceded to the British. Although the Acadians settled in many areas of the United States, most of them went to the Louisiana bayous where they became known as Cajuns, a corruption of the word Acadian. In Louisiana, the Cajuns preserved their French language and customs. In fact, French and English spoken with a French accent are still heard in some areas of Louisiana today. In addition, the Louisiana French developed a distinctive style of architecture and a type of cooking known as *creole:* a mixture of French, Spanish, Black, and Indian cuisine. The **joie de vivre** of the Cajuns is still expressed in their custom of dancing all night to the music of accordions and violins, and in festivals such as the famous Mardi Gras, celebrated before the religious season of Lent.

In Canada, twenty-eight percent of the population is French-speaking, with much of it concentrated in the province of Quebec, where the five million French Canadians (**Québecois**) make up eighty percent of the population. The rivalry between French and English in Quebec is well known. By the 1960s, the French Canadians had intensified their demands for self-government to include an attempt to separate Quebec entirely from Canada. In 1967 the separatists received unexpected support from General Charles de Gaulle (then president of France) who, during an official state visit to Canada, ended a speech with the cry **"Vive le Québec libre!"** His encouragement contributed to the growth of the **Parti Québecois.** In 1974 French alone became the official language of Quebec, instead of both French and English, as in the rest of Canada. Before the passage of the law, English was often a prerequisite for employment, and many French-speaking people, especially new immigrants, were obliged to merge with the English-speaking community for economic reasons. The new law declared that workers could speak French on the job, that students could be taught in French, and that the general public could receive information and assistance in the French language. The **Office de la langue française** was created to promote the French language throughout the province, particularly in the business world. Nonetheless, separatist feelings remain strong in Quebec, even in spite of the defeat in 1979 of a bill in the Canadian Parliament that sought to make Quebec a separate entity.

Charles de Gaulle en 1967: «Vive le Québec libre!»

RECAPITULATION

A. L'avenir. Comment sera la société de l'avenir? Exprimez vos opinions. Commencez chaque phrase par une des expressions de la colonne de droite.

Exercise A. Suggestion: Solicit a variety of answers orally, or give students a few moments to write out responses and solicit individual answers as follow-up.

1. Il y aura des colons sur la lune.
2. Il n'y aura qu'une seule nation.
3. L'anglais sera la langue universelle.
4. Les robots auront remplacé les gens dans beaucoup de domaines.
5. Les robots parleront anglais.
6. Les fleurs auront disparu *(will have disappeared).*
7. On fera tout par ordinateur *(computer).*
8. Les villes seront sous terre.

Il est possible que
Il se peut que
Il est peu probable que
Il est sûr que
J'espère que
Il est préférable que
Il est probable que

B. Les francophones d'Amérique. Reliez les deux phrases avec la conjonction entre parenthèses.

Exercise B.   Suggestion: Can be done orally, or as dictation at board, with dictation consisting of two short sentences. Students then link the two sentences as shown, orally or at the board.

1. Certaines familles acadiennes ont émigré jusqu'en Louisiane. On les laisse tranquilles. (pour que)   2. D'autres familles se sont installées dans le Maine. Le climat y est très rude *(harsh)*. (bien que)   3. Certains Acadiens sont restés au Canada. La coexistence avec les Anglais n'a pas été facile. (bien que)   4. De nos jours, les jeunes Cajuns peuvent apprendre le français. Ils vont dans une école sous l'égide de CODOFIL.* (pourvu que)   5. La cuisine et la culture créoles sont devenues célèbres. De nombreux Américains ne les connaissent pas. (bien que)   6. Il y a peu de programmes bilingues dans le nord du Maine. Neuf pour cent de la population se compose de francophones. (bien que)   7. Une loi sur les langues officielles a été créée en 1975. Les Québecois francophones peuvent travailler sans devoir connaître l'anglais. (afin que)   8. A Québec, on emploie beaucoup de mots anglais. Quatre-vingts pour cent des Québecois parlent français. (bien que)

Exercises C and D.   Suggestions: Can be done orally or in writing. If written, solicit a variety of answers orally from individuals.

C.   Voyage au Québec. En français, s'il vous plaît.

1. *It is essential that we try to learn French.*   2. *I want to learn it before we go to Montréal.*   3. *It is better for us to speak French to each other when we go to Quebec.*   4. *It's not likely that we'll take the train to Quebec.*   5. *We're happy that we're taking the plane.*   6. *Is it true that the trip is expensive?*   7. *I don't know what the trip costs.*   8. *I'll pay provided that I learn some French.*   9. *I'm glad that my friends have gone to Quebec before.*   10. *I'm sure that the stay* **(séjour)** *will be interesting!*

D.   Visite de La Nouvelle-Orléans. Imaginez que vous avez visité La Nouvelle-Orléans. Regardez la liste suivante et racontez votre visite. Commencez les phrases avec les expressions à droite.

La Nouvelle-Orléans: le Café du Monde

*Council for the development of French in Louisiana. The state of Louisiana sponsors this council for the revival of the French language and culture. A similar association, CODO-FINE, exists in New England.

écouter l'orchestre de Preservation
 Hall
se promener dans Bourbon Street
visiter les vieux hôtels célèbres
dîner chez Antoine
manger un gumbo créole
manger des huîtres
prendre du poulet à la créole
boire du café à la chicorée
écouter de la musique acadienne

J'ai été content(e) de/que
 nous
J'ai voulu
Il a fallu que
Il a été possible de/que
Il a été impossible de/que
Il a été intéressant de/que

E. **Discussion avec une séparatiste.** Imaginez que vous parlez avec Martine, une séparatiste. Exprimez vos opinions chaque fois que Martine décrit un aspect du séparatisme au Québec. Commencez vos phrases avec des expressions comme: *il est essentiel de/que, il est stupide de/que, il est bon de/que, il est préférable de/que, il est normal de/que, il faut, vous devez, j'espère que.*

Exercise E. Suggestion: Have students develop their own dialogs in pairs. Then have several pairs of students present their dialogs to the class. This can also be used for written practice, with oral follow-up.

	Martine		*Vous*
1.	Je suis québecoise et j'en suis fière.	2.	_____
3.	Je suis membre du Parti Québecois.	4.	_____
5.	Je veux que mon pays soit séparé du reste du Canada.	6.	_____
7.	Nous Québecois nous sommes différents des autres Canadiens: notre langue, notre passé, nos habitudes.	8.	_____
9.	Nous sommes une province très riche.	10.	_____

> **Le Français par les gestes: Il est rond.**
> Drunkenness is indicated by French-speaking people with a gesture that imitates the act of taking a cork out of a bottle . . . the neck of the bottle being one's nose! The fist is rotated around the tip of the nose.

VOCABULAIRE

VERBES	
découvrir	to discover
explorer	to explore
exprimer	to express

VERBES	
maintenir	to maintain
remarquer	to notice

NOMS

l'argot *(m)* — slang
le colon — colonist
l'explorateur (trice) — explorer
le missionnaire — missionary
le/la navigateur (trice) — navigator
le nom — name
le pionnier — pioneer
la racine — root
le trappeur — trapper

ADJECTIFS

acadien(ne) — Acadian, Cajun
court(e) — short
francophone — French-speaking
malheureux(euse) — unhappy
québecois(e) — Quebecois, of Quebec

EXPRESSIONS IMPERSONNELLES

il est bizarre que — it is strange that
il est bon que — it is good that
il est certain que — it is certain that
il est clair que — it is clear that
il est dommage que — it is too bad that
il est essentiel que — it is essential that
il est étrange que — it is strange that
il est évident que — it is obvious that
il est important que — it is important that
il est (im)possible que — it is (im)possible that
il est indispensable que — it is indispensable that

EXPRESSIONS IMPERSONNELLES

il est (in)juste que — it is (un)just that
il est (in)utile que — it is useless/useful that
il est nécessaire que — it is necessary that
il est normal que — it is normal (usual) that
il est peu probable que — it is unlikely that
il est préférable que — it is preferable that
il est probable que — it is probable that
il est stupide que — it is stupid that
il est sûr que — it is certain that
il est vrai que — it is true that
il faut que — it is necessary that
il semble que — it seems that
il se peut que — it is possible that
il vaut mieux que — it is better that

CONJUNCTIONS

à condition que — on the condition that
afin que — in order that, so that
à moins que — unless
avant que — before
bien que — although, even though
jusqu'à ce que — until
pour que — in order that, so that
pourvu que — provided that
quoique — although, even though
sans que — without

MOTS DIVERS

ne. . . aucun — no, none, not any

Intermède **15**

A. Racines. Nous avons beaucoup parlé des Français en Amérique. Pensez maintenant à vos propres racines. Seul(e) ou avec un(e) camarade de classe, répondez aux questions suivantes pour décrire votre héritage national.

1. De quelle nationalité êtes-vous? 2. D'où viennent vos parents? et leurs parents et grands-parents? 3. Quand vos ancêtres sont-ils venus en Amérique? 4. Quelle a été, croyez-vous, la réaction de vos ancêtres quand ils sont arrivés aux Etats-Unis? 5. Avez-vous visité le pays de vos ancêtres? 6. Parlez-vous leur langue? 7. Chez vous, conserve-t-on les traditions ethniques? 8. Selon vous, est-il important qu'on connaisse ses racines?

B. Les influences réciproques.

Vous savez que le français a influencé notre langue. Il y a par exemple des villes américaines qui portent des noms français. Connaissez-vous d'autres mots français que nous employons dans le langage de tous les jours? Quels mots lisez-vous dans les journaux et quels mots entendez-vous dans la conversation? Qui peut trouver le plus grand nombre de mots?

Catégories: la cuisine, la politique, les affaires internationales, l'économie, les mathématiques, les vêtements, les sports, la musique, la danse

L'influence de l'anglais a été si grande en France qu'il existe depuis quelque temps une loi qui cherche à interdire *(to forbid)* l'emploi d'anglicismes dans les journaux et sur les enseignes *(street signs)*. Le mélange de français et d'anglais s'appelle "le franglais" et beaucoup de Français déplorent son utilisation.

what flavor is your soup du jour today?

On va au snack bar?

457

Voici un texte en franglais. Quelles sortes de mots est-ce que les Français ont empruntées aux Anglais? Regardez les catégories précédentes et classez ces mots.

Marc est allé à un match de football avec sa girlfriend, Isabelle. Après le match ils sont allés au café où ils ont pris un sandwich et un Coca. Il y avait beaucoup de teenagers aussi, quelques-uns habillés en tee-shirt ou en pullover et en jeans.

Pour le dîner Marc et Isabelle sont allés manger au self-service. Ensuite ils sont rentrés et ils ont lu quelques magazines où il y avait des pages de publicité pour un nouveau shampooing, un after-shave et de nouvelles cigarettes filtres. Ils ont beaucoup aimé aussi des articles sur la jet-set américaine.

C. **La musique.** "Tout le Québec est musique" dit un guide culturel québecois. Cette tradition musicale des Québecois a ses origines dans les vieilles chansons (*songs*) de France et dans la musique de récents exilés canadiens-français. Elle a été influencée aussi en partie par la musique irlandaise, par les chants religieux et par le jazz américain. Ses grands thèmes sont l'amour, la vie, l'espérance, la nostalgie.

Voici une chanson de Gilles Vigneault, célèbre chanteur canadien.

Je m'ennuie d'un pays
Qui n'est pas un pays
Je m'ennuie d'un pays qui n'est
   pas
Je m'ennuie d'un pays
Qui n'est pas aujourd'hui
Je m'ennuie d'un pays qui sera.

s'ennuyer de = *to worry about*

Que dit Vigneault dans cette chanson? Quelles techniques a-t-il utilisées pour exprimer ses sentiments? Selon vous, réussit-il à les exprimer?

Est-ce qu'il y a des chanteurs américains qui utilisent les mêmes thèmes et les mêmes techniques que Gilles Vigneault? Est-ce qu'il y a une ressemblance entre cette chanson et les chansons de certains groupes américains?

Exercise D. Suggestion: Have groups of three present their expedition plans to the class. Class members may vote on which expedition they'd like to go on.

D. **Chef d'expédition.** Vous allez bientôt partir explorer une région inconnue de l'Amazone. Avec trois camarades, préparez votre voyage. Employez les phrases et questions suivantes comme guide.

1. Choisissez vos vêtements. 2. Choisissez votre équipement. 3. Choisissez les personnes dont vous avez besoin pour cette expédition. Quelles sont leurs professions? Quelles sont leurs qualités? 4. Comment financez-vous le voyage? 5. Quels seront les résultats de votre expédition? 6. Quels sont les dangers de ce voyage? Comment pensez-vous surmonter ces difficultés?

Il vous reste seulement une décision à prendre: Est-ce que vous allez faire partie de cette expédition? Avez-vous le profil d'un(e) explorateur/exploratrice? Répondez oui ou non aux questions suivantes.

1. Aimez-vous être seul(e)? 2. Aimez-vous vous habiller d'une façon originale? 3. Aimez-vous beaucoup voyager? 4. Aimez-vous vivre dans des conditions difficiles? 5. Aimez-vous essayer quelque chose de nouveau? 6. Aimez-vous défendre une idée que les autres ne partagent pas?

Si vous avez une seule fois répondu non, restez chez vous!

Lecture: Le Québec

Bien que Giovanni Caboto, navigateur italien au service des Anglais, *ait atteint* le Canada en 1497, c'est Jacques Cartier qui a pris possession de la "Nouvelle-France" au nom de son roi, François Ier, et qui *a remonté* le Saint-Laurent.   *reached*   *went up*

Au début du XVIIe siècle, la ville de Québec a été fondée par Samuel de Champlain, gouverneur de la nouvelle colonie. Le Canada est devenu le point de départ d'expéditions qui *ont repoussé* les limites de la Nouvelle-France jusqu'aux Montagnes Rocheuses et jusqu'au Golfe du Mexique.   *pushed*

Comme la compétition entre colonisateurs français et anglais *demeurait* vive, il était inévitable que la guerre *éclate* en 1689. En 1713, le roi a abandonné l'Acadie, et *vers* le milieu du siècle, a commencé la déportation des Acadiens dans les colonies britanniques des futurs Etats-Unis. (Les Cajuns de Louisiane sont les descendants de ces réfugiés acadiens.) La guerre s'est terminée par la défaite des Français, et par le Traité de Paris (1763) la France a abandonné la Nouvelle-France. Il fallait alors que le Québec maintienne seul sa langue et sa religion *malgré* une histoire *mouvementée* et plusieurs révoltes. Les Québecois sont aujourd'hui environ cinq millions. Quatre-vingts pour cent des habitants de la province parlent français, la langue déclarée officielle dans cette province.   *since / remained*   *broke out*   *around*   *in spite of*   *eventful*

Le Parti Québecois demande l'indépendance du Québec mais souhaite qu'il soit associé aux autres provinces canadiennes—un peu comme la France est associée aux pays du Marché commun européen. Il est possible qu'un jour la question de l'indépendance soit résolue par un référendum. *Parions* pourtant que ce n'est pas pour demain.   *Let's bet*

Compréhension et expression

A. Comprenez-vous?

1. Qui a pris possession de la Nouvelle-France pour son roi? 2. Qu'a fondé Samuel de Champlain? 3. Où sont allés les Français après ces événements? 4. Qu'est-ce qui s'est passé sous le règne de Louis XIV? 5. Quelle est la langue officielle du Québec? 6. Qu'est-ce que le Parti Québecois représente?

B. **Les langues et vous.** Ecrivez une composition et exprimez vos opinions sur l'étude des langues étrangères. Employez les questions suivantes comme guide.

1. Est-il préférable que les gens parlent deux langues? Pourquoi ou pourquoi pas? 2. Est-il probable que vous parlerez bien français dans trois mois? Expliquez. 3. Est-il essentiel que vous étudiiez le français chaque jour? Pourquoi ou pourquoi pas? 4. Est-il essentiel que vous alliez au laboratoire de langues tous les jours? Expliquez. 5. Est-il important que vous visitiez un pays francophone un jour? Pourquoi ou pourquoi pas?

C. **La France chez vous.** Sentez-vous l'influence française autour de vous? Répondez aux questions suivantes pour décrire les aspects "français" de votre vie.

1. Y a-t-il un restaurant français dans votre ville? Comment s'appelle-t-il? 2. Quelle nourriture ou boisson françaises prenez-vous de temps en temps? 3. Vend-on des produits français quelque part (*somewhere*) dans votre ville? des pneus Michelin? des vêtements? 4. Vend-on des voitures françaises dans votre ville? Quelle marque? 5. Vend-on des revues françaises? Où? Comment s'appellent-elles? 6. Y a-t-il des produits français dans votre maison? un stylo Bic? du parfum? 7. Est-ce qu'on montre de temps en temps des films français dans votre ville? En avez-vous vu un? L'avez-vous aimé? Pourquoi ou pourquoi pas?

Suggested five day lesson plan for
Chapitre 16:

Day 1: **Vocabulaire**
    Questions with
    interrogative pronouns
Day 2: Conditional
    Time expressions
Day 3: Relative pronouns
    Prononciation
Day 4: **Conversation et culture**
    Récapitulation
Day 5: Optional quiz
    Intermède

Vivent les loisirs!

Chapitre 16

OBJECTIFS

Communication et culture   In this chapter, you will learn vocabulary and expressions related to leisure activities. You will also read about sports and leisure activities in France.

Grammaire   You will learn to use the following aspects of French grammar:

63.   how to form questions with interrogative pronouns

64.   the forms and uses of the conditional: *I would speak, he would read,* and so on

65.   how to use time expressions such as **il y a. . .** *(ago),* **depuis** *(since),* and so on

66.   the uses of the relative pronouns **ce qui** and **ce que** and of the forms of **lequel** that are used after prepositions

See facing page for lesson plan.

461

ETUDE DE VOCABULAIRE

Les Loisirs préférés des Français

Les spectacles

La chanson de variété*

Les activités de plein air

La pétanque

Les manifestations sportives

Le cyclisme

Les jeux de hasard

Les jeux de société

Le bricolage

Le jardinage

Les passe-temps

Les collections

*Une chanson de variété is a popular song, frequently associated with a particular singer—Edith Piaf, Jacques Brel—and sung in a large stadium such as **l'Olympia** or in a small night club.

A. Catégories. La chanson de variété est un spectacle. Dans quelle catégorie de distractions classez-vous _____ ?

Exercise A. Continuation: 13. **le base-ball** 14. **l'Opéra** 15. **la réparation d'une porte** 16. **la sculpture**

1. un match de football?
2. une collection de timbres?
3. la fabrication de nouvelles étagères?
4. une pièce de théâtre?
5. la loterie nationale?
6. la lecture?
7. le football américain?
8. la réparation de votre bicyclette?
9. un pique-nique?
10. un concert de jazz?
11. la pétanque?
12. le cyclisme?

B. Loisirs. Le jardinage et la construction d'un barbecue sont deux formes de bricolage. Nommez deux formes de loisirs dans chaque catégorie suivante.

Exercise B. Suggestion: May be done as an association game where you ask students to name the first thing they think of.

1. manifestations sportives
2. jeux de société
3. bricolage
4. spectacles
5. activités de plein air
6. passe-temps

C. Conversation.

Exercise C. Suggestion: Use for whole-class or small-group discussion. Have students recall responses of classmates so that they will make an effort to listen to each other.

1. Quelles sortes de chansons aimez-vous? les chansons d'amour? les chansons folkloriques? les chansons politiques? A quels autres spectacles allez-vous souvent? Quel est votre spectacle préféré? 2. Préférez-vous faire du sport ou regarder une manifestation sportive? Quel est votre sport préféré? Quelle est votre manifestation sportive préférée? Aimez-vous la regarder au stade ou chez vous, à la télévision? 3. Aimez-vous la vie en plein air? Pique-niquez-vous souvent? Jouez-vous au frisbee? Aimez-vous vous promener? camper? 4. Est-ce que vous aimez jouer aux cartes avec vos amis? A quels autres jeux de société aimez-vous jouer? Quand y jouez-vous? Avez-vous déjà joué à un jeu de hasard? Lequel? Avez-vous gagné? 5. Aimez-vous bricoler? Que bricolez-vous? Savez-vous réparer une machine? des objets cassés (*broken*)? Avez-vous un atelier (*work area*) chez vous? Aimez-vous jardiner? 6. Comment vous occupez-vous les jours de pluie? Préférez-vous lire, écouter de la musique ou regarder la télévision? Quel est votre passe-temps favori? Collectionnez-vous quelque chose? Qu'est-ce que vous collectionnez? 7. Pensez-vous que nous ayons trop de loisirs? trop de temps libre? Pourquoi ou pourquoi pas?

vive la détente!

Trois Verbes irréguliers

Presentation: Model pronunciation of verbs using short sentences. Examples: **Je cours vite; Nous rions pendant le film; Elle nous offre un cadeau.**

	COURIR: *to run*	RIRE: *to laugh*	OFFRIR: *to offer, give*
	je cours	je ris	je offre
	tu cours	tu ris	tu offres
	il, elle, on court	il, elle, on rit	il, elle, on offre
	nous courons	nous rions	nous offrons
	vous courez	vous riez	vous offrez
	ils, elles courent	ils, elles, rient	ils, elles offrent
Past participle:	couru	ri	offert
Future stem:	courr-	rir-	offrir-

Ouvrir *(to open)* is conjugated like **offrir.**

Exercises A-C. Suggestion: (1) May be used for whole-class discussion, soliciting several answers for each question. (2) You may dictate some questions and then have students write answers. (3) Some questions may be put on conversation cards. (See Teacher's Manual.)

A. Sport et détente.

1. Que fait-on quand on fait du jogging? 2. Avez-vous déjà couru dans une compétition? Laquelle? 3. Courez-vous parfois pour arriver à l'heure en classe? 4. Dans quelle(s) profession(s) les travailleurs courent-ils un danger?

B. Humour et détente.

1. Riez-vous facilement? Quand? Pourquoi? 2. Vos amis et vous, riez-vous souvent dans une journée? Vos amis rient-ils de vos plaisanteries? 3. Que faites-vous quand vous recevez une tarte à la crème sur la figure *(face)*? 4. Est-ce que vous avez ri pendant un film que vous avez vu dernièrement *(lately)*?

C. Fêtes et détente.

1. Quand vos amis vous offrent-ils des cadeaux? Aimez-vous les ouvrir? Qu'est-ce que vous faites quand vous les ouvrez? Quelle est votre réaction? 2. Que vous a-t-on offert cette année pour votre anniversaire? 3. Qu'offre-t-on aux enfants pour Halloween aux Etats-Unis? 4. Quand on vous invite à dîner, qu'est-ce que vous offrez à vos hôtes?

Exercise D. Suggestion: May be used as a written assignment, then collected, corrected, and used as dictation.

D. Projets. Décrivez vos projets de loisirs pour le week-end, la semaine, le mois, les vacances ou l'année prochaine. Commencez avec *Il est possible que.*

MODELE: Ce week-end, il est possible que je coure dans un marathon.

63. INTERROGATIVE PRONOUNS

Un jeu dangereux

L'AGENT DE POLICE: Allô, oui, *qu'est-ce qui* s'est passé?
. . . . *Qui* a renversé Madame Robert? . . . . *Qui* Madame
Robert a-t-elle renversé? . . . . *Lequel* a renversé l'autre?
. . . . Alors, *qu'est-ce que* Madame Robert a renversé?
. . . . *Quoi? Qu'est-ce qui* a renversé Madame Robert?

Retrouvez la question correcte dans le dialogue.

1. Est-ce que quelqu'un a renversé Madame Robert?
2. Est-ce que Madame Robert a renversé quelqu'un?
3. Qui a renversé qui?
4. Est-ce que Madame Robert a renversé quelque chose?
5. Est-ce que quelque chose a renversé Madame Robert?

Interrogative pronouns—*who? whom? which? what?*—can be used as the subject in a question, as the object of the verb, or as the object of a preposition. You already know some of the interrogative pronouns: **qui, qu'est-ce que,** and **quoi.** Here is a list of French interrogative pronouns. Note that several have both a short form and a long form that is based on **est-ce que.**

USE	PEOPLE	THINGS
Subject of a question	qui	
	qui est-ce qui	qu'est-ce qui
Object of a question	qui	que
	qui est-ce que	qu'est-ce que
Object of a preposition	qui	quoi

A dangerous game
POLICEMAN: Hello, yes, what happened? Who knocked down Mrs. Robert? Who did Mrs. Robert knock down? Which one knocked the other down? Then what did Mrs. Robert knock down? What? What knocked down Mrs. Robert?

Une station de ski dans les
Alpes

Presentation: Model pronunciation
of sentences, using individual and
group repetition.

A. Interrogative pronouns as the subject of a question

As the subject of a question, the interrogative pronoun that refers to people has both a short and a long form. The pronoun that refers to things has only one form. Note that the last element in all forms is the word **qui.**

People
Qui fait du jogging ce matin?
Qui est-ce qui fait du jogging ce matin?

Things
Qu'est-ce qui se passe ce soir?

B. Interrogative pronoun as the object of a question

As the object of a question, both interrogative pronouns referring to people and those referring to things have a short and a long form.

1. *Long forms:* The following word order is used in French when the long forms of the interrogative pronouns are used as the object of question.

   People: **Qui est-ce que**
   Things: **Qu'est-ce que** + subject + verb + other elements?

Qui est-ce que tu as vu sur le court de tennis ce matin?	*Whom* did you see on the tennis court this morning?
Qu'est-ce que Marie veut faire ce soir?	*What* does Mary want to do this evening?

   Remember that **qu'est-ce que c'est que** is a set phrase used to ask for a definition: *What is* _____ ? **Qu'est-ce que c'est que la pétanque?**

2. *The short form* **qui:** When **qui** is the object of a question, the pronoun subject and verb are inverted. If the subject is a noun, it is retained.

   Qui (+ noun subject) + verb-pronoun + other elements?

Qui as-tu vu à la salle des sports?	*Whom did you see* at the gym?
Qui Marie a-t-elle vu sur le court de tennis?	*Whom did Marie see* on the tennis court?

3. *The short form* **que:** When **que** is the object of a question, the subject and verb are inverted. This is true for both noun and pronoun subjects.

   Que + verb + subject (noun or pronoun) + other elements?

Que cherches-tu?	*What are you looking for?*
Que cherche Jacqueline?	*What is Jacqueline looking for?*

C. Use of *qui* and *quoi* after prepositions

After a preposition or as a one-word question, **qui** is used to refer to people, and **quoi** is used to refer to things (including things that are indefinite or unknown).

De qui parles-tu?	*Whom* are you talking *about*?
As-tu vu mon ami? **Qui?**	Have you seen my friend? *Who?*
De quoi parlez-vous?	*What* are you talking *about*?
Est-ce que tu m'entends? **Quoi?**	Do you hear me? *What?*

D. The interrogative pronoun *lequel*

Lequel (laquelle, lesquels, lesquelles—*which one[s]?*) are used to ask about a person or thing that is known and specified. These pronouns agree in gender and number with the nouns to which they refer.

Je doute que tu aies vu cet opéra.	I doubt that you've seen this opera.
Lequel?	*Which one?*
Vous rappelez-vous cette pièce de théâtre?	Do you remember this play?
Laquelle?	*Which one?*

The forms **lequel, lesquels,** and **lesquelles** combine with **à** and **de.**

Tu penses à un roman de Ionesco.	You're thinking of an Ionesco novel.
Auquel?	*Which one?*
Vous avez besoin de livres d'anglais.	You need some English books.
Desquels?	*Which ones?*

But:

Tu penses à une pièce de théâtre de Ionesco.	You're thinking of an Ionesco play.
A laquelle?	*Which one?*

Maintenant à vous

A. **Sujet ou objet?** Remplacez le pronom interrogatif *qui* par *qui est-ce qui* ou par *qui est-ce que.*

1. Qui a ri au cinéma hier soir? 2. Qui est venu avec nous? 3. Qui a le temps? 4. Qui voit-on souvent aux matchs de boxe? 5. Qui trouve-t-on toujours en train de *(in the process of)* jouer aux cartes? 6. Qui préfère le bricolage? 7. Qui peut-on rencontrer aux manifestations sportives? 8. Qui as-tu voulu inviter au pique-nique? 9. Qui nous offre des tickets pour l'opéra? 10. Qui court chaque matin? 11. Qui Jean a-t-il vu faire de la bicyclette? 12. Qui a envie d'aller au théâtre? 13. Qui nos amis cherchaient-ils dimanche au match de football? 14. Qui préfère rester à la maison?

B. **Qu'est-ce qui se passe à la MJC*?** Remplacez les pronoms interrogatifs longs par une forme brève, si possible.

1. Qu'est-ce qui se passe à la MJC? 2. Qu'est-ce qu'on a fait dans la classe de poterie? 3. Qu'est-ce qu'on a fait dans la classe de guitare? 4. Qu'est-ce que Jean a préparé dans l'atelier? 5. Qu'est-ce que Marie a appris pendant le cours de tennis? 6. Qu'est-ce qui est nouveau au labo-photo? 7. Qu'est-ce que Sylvie préfère comme activités? 8. Qu'est-ce qui est important dans la classe de yoga?

*The **MJC (Maison des jeunes et de la culture)** are recreational centers created by the French government in 1961 at the request of André Malraux, the Minister of Culture. There are now **MJC**s all over France. They offer work areas **(ateliers)** and courses in many hobbies and sports.

C. Posons des questions. Remplacez le(s) mot(s) en italique par un pronom interrogatif.

MODELE: Claire invite *le professeur.* → Qui Claire invite-t-elle? (Qui est-ce que Claire invite?)

1. Marie court après *le bus.*
2. Jean court après *Marie.*
3. *Marie* court après sa soeur.
4. Mme DuLac fabrique *des étagères.*
5. *M. DuLac* fabrique une table.
6. M. LeRoux a ouvert *la bouteille.*
7. *Jean* a ouvert la porte.
8. *Gautier* rit de Jean.
9. Paulette a appris à faire de *la poterie.*
10. *Jean-Paul* a étudié la peinture.

Exercise C. Suggestion: Dictate sentences and ask students to change them into questions, substituting interrogative pronouns for the words you ask them to underline.

D. Une fête mouvementée *(action-packed).* Posez des questions à vos camarades pour savoir qui a regardé quoi ou qui pendant la scène décrite sur l'image. Voici les personnages: le chat, le chien, l'oiseau *(bird)*, l'enfant, la jeune femme, le jeune homme, la mère. Vous pouvez en ajouter d'autres.

Exercise D. Suggestion: You may want to put the correct answers on the board or overhead.

MODELE: Qu'a regardé le chat? (Qu'est-ce que le chat a regardé?)

E. Hésitations. Henri n'est pas très sûr de lui. Jouez le rôle d'Henri et posez des questions avec *qui* ou *quoi.* Suivez le modèle.

MODELE: Avec _____ sors-tu ce soir? → Avec *qui* sors-tu ce soir?

Exercise E. Suggestion: Give the students a moment to do the exercise and then check it in class.

1. Avec _____ peut-on pratiquer ce sport, avec Annick? 2. A _____ préfères-tu que je pense—à la pièce de théâtre ou au dîner? 3. Avec _____ souhaites-tu que nous dînions ce soir? 4. De _____ est-ce que vous avez ri hier soir, de la conversation ou de la pièce? 5. Avec _____ souhaites-tu que nous jouions au tennis? 6. De _____ désirez-vous qu'elles parlent, des spectacles ou de cyclisme? 7. A _____ avez-vous offert une place au théâtre? 8. A_____ pensez-vous maintenant—à vos amis de Nice?

Exercise F. Suggestion: Do in pairs and ask students to recall some of their partner's answers for the whole class. You may want to encourage them to add different answers.

Exercise F. Follow-up: You may wish to do a tally of class preferences with students to see what most preferred or to see what other answers were added.

F. Une interview. Avec un(e) camarade de classe, posez des questions selon le modèle.

MODELE: acteurs comiques: Steve Martin, Richard Pryor →

  Vous: Lequel de ces acteurs comiques préfères-tu, Steve Martin ou Richard Pryor?

  Un ami: Je préfère Richard Pryor. Et toi, lequel préfères tu?

  Vous: Je préfère _____ .

1. actrices comiques: Carol Burnett, Lily Tomlin 2. peintres: les Français Monet et Degas, les Espagnols Picasso et Dali 3. chanteuses: Linda Ronstadt, Barbra Streisand 4. loisirs: le bricolage, le jardinage 5. spectacles: les manifestations sportives, les chansons de variété 6. cours: les cours de langues, les cours de sciences 7. restaurants: McDonald's, Burger King 8. chansons: les chansons romantiques de Frank Sinatra, les chansons folkloriques de Peter, Paul et Mary

Exercise G. Suggestion: May be done as dictation followed by transformation into questions.

G. Bricoleurs du dimanche. Jean et Paula bricolent chez eux. Paula n'est jamais sûre de ce que veut Jean. Posez les questions de Paula selon le modèle.

MODELE: *Jean:* J'ai besoin d'une chaise. →

   Paula: De laquelle as-tu besoin?

Voici les phrases de Jean.

1. Je veux que tu ailles chercher un de ces miroirs. 2. Il faut que tu me passes les clous *(nails).* 3. J'ai besoin d'un marteau *(hammer).* 4. Il faut que tu tiennes le clou. 5. Je crois que j'ai perdu le clou. 6. J'ai besoin d'un de ces pansements *(bandages).* 7. Il faut que nous allions à la pharmacie.

Exercise H. Suggestions: (1) Have students work in pairs later giving a **résumé** of their conversation. (2) You may wish to distribute copies of the correct translation after students have done the questions orally.

H. Questions indiscrètes. Posez les questions suivantes à un(e) camarade de classe. En français, s'il vous plaît.

1. *Who is the first person you saw today? What did you talk about?* 2. *What are you doing tonight? What must you do before class tomorrow?* 3. *What did you do last weekend? What do you like to do on weekends? What do you like to do as a hobby?* 4. *Whom did you invite to your house for dinner recently? What did you eat?* 5. *Which of your friends do you see the most? With which one do you talk most frequently on the phone?*

With which one do you laugh the most?   6. *Which one do you write to the most?*

64.   THE CONDITIONAL

Les loisirs sont parfois fatigants.

FRANÇOIS: Qu'est-ce que vous *aimeriez* qu'on fasse aujourd'hui?

VINCENT: S'il faisait beau, nous *pourrions* aller au match de football.

FRANCINE: Si nous étions libres ce soir, Paul et Yvette *aimeraient* nous emmener dîner Chez Marcel.

VINCENT: Si vous aviez le temps, on *pourrait* aller au cinéma voir un western.

FRANÇOIS: Vous ne trouvez pas que ça *serait* formidable si nous ne faisions rien pendant tout un week-end?

1. Quelle est la suggestion de Francine, s'ils sont libres ce soir?
2. Quelles sont les suggestions de Vincent?
3. Quelle est la suggestion de François?

A. Forms of the conditional

In English, the conditional is a compound verb form consisting of *would* plus the infinitive: *he would travel, we would go.* In French, the **conditionnel** is a simple verb form. The imperfect tense endings **-ais, -ais, -ait, -ions, -iez, -aient** are added to the infinitive. The final **-e** of **-re** verbs is dropped before the endings are added.

Presentation.   Suggestion: Model pronunciation using short sentences. Examples: **Je parlerais français; Nous finirions la leçon; Ils vendraient le livre.**

PARLER: *to speak*	FINIR: *to finish, to end*	VENDRE: *to sell*
je parler**ais**	je finir**ais**	je vendr**ais**
tu parler**ais**	tu finir**ais**	tu vendr**ais**
il, elle, on parler**ait**	il, elle, on finir**ait**	il, elle, on vendr**ait**
nous parler**ions**	nous finir**ions**	nous vendr**ions**
vous parler**iez**	vous finir**iez**	vous vendr**iez**
ils, elles parler**aient**	ils, elles finir**aient**	ils, elles vendr**aient**

Leisure is sometimes tiring.
FRANÇOIS: What would you like us to do today?   VINCENT: If the weather were good, we could go to the soccer game.   FRANCINE: If we were free tonight, Paul and Yvette would like to take us to dinner at Chez Marcel.   VINCENT: If you had the time, we could go to the movies to see a western.   FRANÇOIS: Don't you think it would be wonderful if we did nothing for a whole weekend?

Grammaire et prononciation

Note the difference in pronunciation between the first person of the future tense and the first person of the conditional: **parlerai** [parləre] vs. **parlerais** [parlərɛ].

J'aimerais vous accompagner au match de football.	*I'd like* to go with you to the soccer game.
Nous, entre un match de boxe et une soirée à l'opéra, **nous choisirions** le match de boxe.	For us, between a boxing match and an evening at the opera, *we would choose* the boxing match.
Il a dit qu'**il** nous **attendrait** à la piscine.	He said that *he would wait* for us at the pool.

Verbs that have irregular stems in the future tense (section 52) have the same irregular stems in the conditional.

J'ai promis aux enfants que **nous irions** tous à la pêche.	I promised the children that *we would* all *go* fishing.
Elle voudrait que nous passions la chercher.	*She would like* us to pick her up.

B. Uses of the conditional

1. The conditional is used to express wishes or requests. It lends a tone of deference or politeness that makes a request seem less abrupt. Compare these sentences.

Je **veux** un billet.	I *want* a ticket.
Je **voudrais** un billet.	I *would like* a ticket.
Voulez-vous me suivre?	*Do* you *want* to follow me?
Voudriez-vous me suivre?	*Would* you *like* to follow me?
Pouvez-vous m'indiquer ma place?	*Can* you show me my seat?
Pourriez-vous m'indiquer ma place?	*Could* you show me my seat?

2. The conditional expresses a projected or future action as seen from a point in the past.

Les Labreton ont dit qu'**ils voyageraient** en Suisse en juin.	The Labretons said that *they would travel* to Switzerland in June.
Je savais qu'**il irait** au théâtre ce week-end.	I knew that *he would go* to the theatre this weekend.

3. The conditional is used in the main clause of some sentences containing **si-** *(if-)* clauses. In English and in French, an if-clause in the present expresses a condition that, if fulfilled, will result in a certain action (stated in the future).

Si **j'ai** le temps, **je jouerai** au tennis.

If *I have* time, *I will play* tennis.

Note: Stress that neither the future nor the conditional can appear after the "conditional" **si.**

An if-clause in the past expresses a condition, a conjecture, or a hypothetical situation that may or may not come true. The conditional is used in the main clause to express what would happen if the condition of the if-clause (expressed with the **imparfait**) were met.

Si **j'avais** le temps, **je jouerais** au tennis.

If *I had* time, *I would play* tennis.

Si **je pouvais** pique-niquer tous les jours, **je serais** content.

If *I could* go on a picnic every day, *I would* be happy.

J'irais avec vous au bord de la mer si **je savais** nager.

I would go to the seashore with you if *I knew* how to swim.

Ils joueraient à la pétanque s'**ils avaient** des boules.

They would play pétanque if *they had* some bowling balls.

The **si**-clause containing the condition is sometimes understood but not directly expressed.

Je viendrais avec grand plaisir . . . (si tu m'invitais, si j'avais le temps, etc.).

I would like to *come* . . . (if you invited me, if I had the time, etc.).

Suggestion. Listening comprehension: Ask students to indicate whether they hear the verb in the conditional or the future. Ask them to imagine that the conversation is with a travel agent. (1) **Pourriez-vous m'aider?** (2) **Nous irons au Québec au mois de juillet.** (3) **Mon ami Marc voudrait l'adresse d'une école de langues.** (4) **Monique préférerait aller aux musées.** (5) **Nous aurons tous envie de visiter la campagne.** (6) **Monique et Marc reviendront après un mois.** (7) **Mais moi, je passerai une semaine de plus là-bas si j'ai le temps.**

Maintenant à vous

A. **Préférences.** Qu'est-ce que les amis voudraient faire ce soir?

1. je / vouloir / voir / pièce de théâtre 2. Robert / préférer / travailler / atelier 3. tu / choisir / match de boxe 4. nous / vouloir / parler / amis / café 5. Anne et Annick / vouloir / nous / emmener / cinéma 6. vous / aller / piscine

Exercise A. Suggestion: Give students a few minutes to write complete sentences before doing the exercise orally.

B. **Une leçon de politesse.** Vous avez un(e) ami(e) qui donne des ordres au lieu de *(instead of)* demander poliment ce qu'il désire. Donnez-lui deux façons de dire la même chose, mais poliment. Commencez avec *pourriez-vous. . .* et *je voudrais. . . .* Jouez les rôles avec deux camarades, selon le modèle.

MODELE: *Un ami:* Dites-moi à quelle heure le spectacle commence.
Vous: Non! Pourriez-vous me dire à quelle heure le spectacle commence?
Un autre ami: Tu peux dire aussi: Je voudrais savoir à quelle heure le spectacle commence.

1. Donnez-moi un billet pour l'opéra jeudi soir! 2. Indiquez-moi quand commence le premier acte! 3. Dites-moi où sont les places! 4. Dites-moi qui joue le rôle principal! 5. Expliquez-moi pourquoi les places sont si chères! 6. Donnez-moi des places moins chères! 7. Dites-moi à quelle heure le spectacle se termine! 8. Vendez-moi quatre billets!

Exercise B. Suggestion: Have students do this exercise in groups of three and then call on each group to do one **ordre** for the whole class.

ETUDE DE GRAMMAIRE

473

C. **Changements.** Les projets de vos amis ont changé un peu. Exprimez ce qu'ils voulaient faire et ce qu'ils ont fait. Suivez le modèle.

MODÈLE: Maurice / arriver / sept heures (huit) → Maurice a dit qu'il arriverait à sept heures. En fait, il est arrivé à huit heures.

1. tu / faire du cyclisme (aller au match de boxe) 2. Marie / faire du bricolage (jardinage) 3. nous / travailler / atelier (chez nous) 4. ils / préférer / jeux de hasard (jeux de société) 5. Paul / vouloir / rester / maison (aller à la MJC) 6. elles / nous / emmener / opéra (pièce de théâtre)

D. **Jour de pluie.** Que ferait-on s'il ne pleuvait pas?

MODÈLE: Elisabeth / aller / parc → S'il ne pleuvait pas, Elisabeth irait au parc.

1. Berthe / jouer / tennis 2. les jardiniers / faire / pique-nique 3. je / conduire / ma voiture de sport 4. nous / finir / travail / dans le jardin 5. nos amis / faire / du bricolage 6. Jeanne et Marc / jouer / cartes 7. nous / pouvoir / jouer / pétanque 8. tu / devoir / jardiner 9. vous / passer / temps / en plein air 10. les étudiants / jouer / football

Et vous? s'il pleuvait, qu'est-ce que vous feriez?

Exercise E. Follow-up: Ask students to complete the sentences with personal choices.
**Si j'ai de l'argent, j'achèterai . . .;
Si j'avais de l'argent, j'achèterais. . . .**

E. **Passe-temps.** Claude et Pascal ont des idées différentes sur leurs passe-temps. Avec un(e) camarade, jouez les deux rôles.

MODÈLE: Si j'ai le temps, je lirai un roman. (un livre sur le yoga) →
  Claude: Si j'ai le temps, je lirai un roman.
   Pascal: Moi, si j'avais le temps, je lirais un livre sur le yoga.

1. Si j'ai de l'argent, j'achèterai des tableaux. (une sculpture) 2. Si je vais au théâtre, je prendrai l'autobus. (un taxi) 3. Si je visite Paris, je verrai tous les musées. (salles de sport) 4. Si je le peux, je suivrai un cours de danse folklorique. (allemand) 5. Si je finis mes devoirs avant six heures, j'irai au cinéma. (café)

F. **Problèmes de loisir.** Un(e) ami(e) vous confie qu'il/elle a des difficultés à décider de ce qu'il/elle va faire pendant son temps libre. Donnez-lui des conseils. Commencez par: *Si j'étais toi, je* _____ .

MODÈLE: *Un ami:* J'ai envie de danser!
   Vous: Si j'étais toi, j'irais dans une boîte de nuit *(nightclub).*

1. J'aime les sports. 2. J'aime les timbres exotiques. 3. J'ai envie de lire quelque chose d'intéressant. 4. J'aime réparer les objets cassés. 5. J'ai besoin de tranquillité. 6. J'admire les tableaux des impressionnistes français.

Mots utiles: faire du bricolage, commencer une collection de timbres, apprendre à faire de la peinture, aller dans une boîte de nuit, devenir membre d'une association sportive, faire du yoga, lire des romans, jouer au volley-ball

G. Imaginez. Complétez les phrases suivantes.

1. Si j'étais riche, je _____ . 2. Si j'avais un mois de vacances, je _____ . 3. Si je parlais parfaitement français, je _____ . 4. S'il faisait beau ce week-end, je _____ . 5. Si j'étais libre de voyager, je _____ . 6. Si j'étais le président de l'université, je _____ .

Exercise G.   Suggestion: May be done as a partial dictation with students completing sentences as they wish.

65.   TIME EXPRESSIONS

Question d'entraînement

MONIQUE: *Depuis quand* fais-tu de la planche à roulettes?
FRANÇOISE: Je ne sais plus *depuis combien de temps* j'en fais mais *depuis* mars 1979, je participe à des compétitions. Et toi, *il y a* long-temps *que* tu en fais?
MONIQUE: J'en fais *depuis* deux semaines. Ça commence à aller mieux. Hier j'ai pu rester dessus pendant au moins quatre mi-nutes. . . .

1. Depuis quand Monique fait-elle de la planche à roulettes?
2. Depuis quand Françoise fait-elle de la planche à roulettes?
3. Depuis quand Françoise participe-t-elle à des compétitions?
4. Pendant combien de temps Monique peut-elle rester sur la planche à roulettes?

Presentation. Suggestion: Model pronunciation of sentences. You may want to give personal examples and ask students to give some too. Examples: **Il y a sept ans que j'étudie le français. Voilà trois ans que je suis à l'université de X. Nous étudions le français depuis septembre.**

Suggestion. Listening comprehension: Ask students to indicate whether the action took place in the past or whether it is still going on. (1) **J'étudie le français depuis quatre ans.** (2) **Je suis allée à Paris il y a deux ans.** (3) **J'ai passé un mois là-bas.** (4) **Je corresponds avec des amis français depuis mon retour.** (5) **Voilà déjà deux ans que nous nous écrivons.** (6) **Ils ont vécu à Paris pendant dix ans.** (7) **Depuis le mois de mai ils habitent à Lyon.**

A. Time expressions with the present tense

1. **depuis quand. . . ? depuis combien de temps . . . ?**
   These expressions are used with a verb in the present tense to ask how long something has been going on—how long an action that began in the past has continued. Note that English uses a past tense.

Depuis quand est-elle ici?	*How long has* she *been* here?
Depuis combien de temps jouez-vous aux cartes?	*How long have* you *been playing* cards?

A matter of practice
MONIQUE: How long have you been skateboarding? FRANÇOISE: I don't recall how long I've been doing it, but I've been participating in competitions since March 1979. How about you? Have you been doing it long?   MONIQUE: I've been doing it for two weeks. It's starting to go better. Yesterday I managed to stay on it for four minutes at least. . . .

Questions with these expressions are answered in the present tense with **depuis** + a period of time.

Elle **est** ici depuis vingt minutes.	She's *been* here *for twenty minutes.*
Je **joue** aux cartes **depuis deux ans.**	I*'ve been playing* cards for two years.

2. **il y a. . . que, voilà. . . que**
   When used with the present tense, these expressions have the same meaning as **depuis** and the present tense. Note the different word orders.

Il y a deux ans **que** je vais à la MJC.
Voilà deux ans **que** je vais à la MJC.
Je vais à la MJC **depuis** deux ans.

I've been going to the MJC *for* two years.

3. **depuis** + specific point in time
   When **depuis** is used with a specific point in time—rather than with a period of time—it means *since.*

Je lis ce roman **depuis vendredi.**	I've been reading this novel *since Friday.*
Nous vous téléphonons **depuis deux heures de l'après-midi**!	We've been calling you *since two o'clock in the afternoon!*
Ils font du cyclisme **depuis 1975**.	They've been bicycling *since 1975.*

B. Time expressions with a past tense

1. **pendant combien de temps. . . + passé composé**
   This expression asks about an action or situation that began and ended in the past. The answer is also in the past.

Pendant combien de temps ont-ils vécu à Paris?	*How long did they live* in Paris?
Ils **ont vécu** à Paris **pendant** cinq ans.	They *lived* in Paris *for* five years.

2. **il y a. . .** + *past tense*
   When **il y a** is used with a verb in a past tense, it means *ago.*

Je **suis allé** à l'opéra **il y a trois ans.**	I *went* to the opera three years ago.
Il y a quatre ans j'**étais** encore au lycée.	*Four years ago,* I *was* still in high school.

Maintenant à vous

A. Passe-temps. Transformez les phrases selon le modèle.

Exercise A. Suggestion: Do as rapid response drill.

MODELE: Il y a deux ans que je collectionne des timbres. (depuis) →
Je collectionne des timbres depuis deux ans.

1. Nous faisons du cyclisme depuis quelques mois. (voilà. . . que)
2. Il y a trois ans que Michel joue du violon. (depuis) 3. Voilà un an que Marie-Hélène fait de la peinture. (il y a. . . que) 4. Mes amies vont au club de yoga depuis plusieurs années. (voilà. . . que)
5. Je fais de la photo d'art depuis quelques années. (il y a. . . que)
6. Il y a cinq mois que j'apprends à jouer de la guitare. (depuis)
7. Voilà deux étés que je fais du jardinage. (il y a. . . que) 8. Vous faites de l'alpinisme depuis quatre ans. (voilà. . . que) 9. Elle enseigne des danses folkloriques depuis longtemps. (il y a. . . que)
10. Il y a neuf mois que nous faisons du théâtre. (depuis)

B. Activités. Dominique a beaucoup de talents et d'intérêts différents. Vous voulez savoir depuis combien de temps elle fait toutes ces choses. Avec un(e) camarade, jouez les deux rôles.

Exercises B and C. Suggestion: After students do this exercise in pairs, do a few of the questions with the whole class in order to check accuracy.

MODELE: Je vais jouer du piano au concert vendredi soir. (dix ans) →
Dominique: Je vais jouer du piano au concert vendredi soir.
Vous: Depuis quand joues-tu du piano? (Depuis combien de temps joues-tu du piano?)
Dominique: Je joue du piano depuis dix ans.

1. Il faut que je répare ma bicyclette. (quelques mois) 2. Ah, voilà un nouveau timbre pour ma collection! (cinq ans) 3. Voici une peinture que j'ai faite récemment. (un an) 4. Je vais à la piscine cet après-midi. (plusieurs semaines) 5. Je préfère les activités de plein air, comme la pétanque. (deux ans) 6. Je vais jouer un rôle dans une pièce de théâtre à l'université. (un trimestre)

C. Encore une fois. Répétez l'Exercice B avec les indications temporelles suivantes.

1. 1975
2. l'année dernière
3. le trimestre passé
4. mon enfance
5. mon voyage en France
6. 1979

D. En français, s'il vous plaît.

Exercise D. Suggestion: Have students translate and play the rôles of **Jean** and **Sylvie.** You may wish to distribute the correct translation.

JEAN: *A few days ago, I received a letter from the Smiths, from Nice.*
SYLVIE: *Oh? How long have they been there?*
JEAN: *They've been living there for two years.*
SYLVIE: *You know, I lived in Nice for a year.*
JEAN: *How long did you live in France altogether* (**en tout**)?
SYLVIE: *For three years. In fact, two years ago, I was still studying at the* **lycée** *in Laval.*

E. Evolution. Interviewez un(e) étudiant(e) sur ses activités passées et présentes. Posez quatre questions sur chaque activité et commencez ainsi: 1. *Il y a dix ans. . .?* 2. *Pendant combien de temps. . .?* 3. *Maintenant. . .? et* 4. *Pendant combien de temps. . .?* Suivez le modèle.

MODELE: vivre (où) →

    1) Il y a dix ans, où vivais-tu?
    2) Pendant combien de temps as-tu vécu là?
    3) Maintenant, où vis-tu?
    4) Depuis quand vis-tu là?

1. vivre (où, avec qui, _____) 2. étudier (où, quoi, _____)
3. jouer (de/à _____) 4. aller en vacances (où, avec qui, _____)

66. THE RELATIVE PRONOUNS *CE QUI, CE QUE,* AND *LEQUEL*

Coup de chance

BENOIT: Marianne t'a dit *ce qui* est arrivé à Jean-François?

ISABELLE: Non, tout *ce que* je sais c'est qu'il n'est pas venu à l'entraînement de judo, la semaine dernière.

BENOIT: Figure-toi qu'il a gagné à la loterie nationale, *ce qui* veut dire qu'il est parti hier aux Antilles. . . .

ISABELLE: Tu sais, *ce que* je trouve abominable dans cette histoire, c'est que c'est moi qui lui ai acheté son billet!

BENOIT: Alors, écris-lui à l'hôtel dans *lequel* il s'est installé! Peut-être qu'il t'invitera!

1. Qu'est-ce que Marianne devait dire à Benoît?
2. Isabelle sait-elle ce qui est arrivé à Jean-François?
3. Qu'est-ce qu'Isabelle trouve abominable?
4. Où Isabelle doit-elle écrire à Jean-François et pourquoi?

Stroke of luck

BENOIT: Marianne told you what happened to Jean-François? ISABELLE: No, all I know is that he didn't come to our judo practice last week. BENOIT: Imagine! He won the national lottery, which means he left yesterday for the Antilles. . . . ISABELLE: You know, what I find abominable about this story is that I'm the one who bought his ticket for him! BENOIT: Well, write to him at the hotel where he's staying! Maybe he'll invite you!

A. *Ce qui* and *ce que*

Ce qui is an indefinite relative pronoun similar in meaning to **la chose qui** or **les choses qui.** Like **qui** (*who, whom, that*), it is used as the subject of a dependent clause. It refers to an idea or a subject that is unspecified and has neither gender nor number. It is often the equivalent of *what*.

Dites-moi **ce qui** est arrivé au cours du spectacle hier.	Tell me *what* happened during the performance yesterday.
Je ne sais pas **ce qui** l'intéresse.	I don't know *what* interests him.

Ce que also refers to something indefinite or unspecified. Like **que,** it is used as the object of a dependent clause. It is similar in meaning to **la chose que** or **les choses que.**

Dites-moi **ce que** vous avez fait hier.	Tell me *what* you did yesterday.
Je ne sais pas **ce qu'**on va voir ce soir.	I don't know *what* we're going to see this evening.

B. Indirect questions with *ce qui* and *ce que*

Ce qui and **ce que** are used in indirect questions, where the corresponding direct questions would require **qu'est-ce qui?** or **qu'est-ce que?**

Direct question		*Indirect question*
Qu'est-ce qui est arrivé?	→	Sais-tu **ce qui** est arrivé?
Qu'est-ce que Pierre a dit?	→	Sais-tu **ce que** Pierre a dit?

Ce que c'est que is used in indirect questions where the corresponding direct question is **qu'est-ce que c'est que?**

Sais-tu **ce que c'est que** la pétanque?	Do you know *what* pétanque is?

C. *Lequel*

Lequel (laquelle, lesquels, lesquelles) are the relative pronouns used as an object of a preposition to refer to things. **Lequel** and its forms contract with **à** and **de.**

Où est le cinéma **devant lequel** il attend?	Where is the movie *in front of which* he is waiting?
L'hôtel **auquel** j'écris est en Provence.	The hotel *to which* I am writing is in Provence.

Remember that **dont** is frequently used to replace **de** plus an object.

Où est le livre **duquel** j'ai besoin? ⎫	Where is the book (that) I need?
Où est le livre **dont** j'ai besoin? ⎭	

Note: Suggest to students that they make the distinction between the interrogative pronoun **lequel** (section 64) and the relative pronoun **lequel** presented here. Give examples of both.

Maintenant à vous

Exercises A and B. Suggestion: Do as rapid response drills, using choral and individual repetition.

A. Une pièce peu intéressante? Jean-Paul s'est endormi au théâtre hier soir. Quand ses amis lui posent des questions sur la pièce, il ne sait que répondre. Jouez le rôle de Jean-Paul selon le modèle.

MODELE: Qu'est-ce qui est arrivé dans la première scène? →
Je ne sais pas ce qui est arrivé.

1. Qu'est-ce que l'orchestre a joué en ouverture? 2. Qu'est-ce qui s'est passé dans le deuxième acte? 3. Qu'est-ce que l'actrice principale portait comme costume? 4. Qu'est-ce que le héros a dit à l'héroïne sur leur tragédie? 5. Qu'est que l'héroïne lui a répondu? 6. Qu'est-ce qui est arrivé pendant l'entracte *(intermission)*? 7. Qu'est-ce qui s'est passé à la fin? 8. Qu'est-ce que les critiques ont dit au sujet de la pièce?

B. Encore quelques questions sur la pièce. Répétez l'Exercice A mais cette fois-ci jouez le rôle d'un(e) ami(e) de Jean-Paul et posez-lui des questions selon le modèle.

MODELE: Qu'est-ce qui est arrivé dans la première scène? →
Sais-tu ce qui est arrivé dans la première scène?

Exercise C. Suggestion: Dictate the two sentences and ask students to link them.

C. Au théâtre. Jean-Luc et Marie-Thérèse sont allés au théâtre, avec Annie, une autre amie. Marie-Thérèse n'entend pas bien ce que dit Jean-Luc. Avec un(e) camarade, jouez les deux rôles, selon le modèle.

MODELE: *Jean-Luc:* Voilà le taxi. J'ai téléphoné à ce taxi.
Marie-Thérèse: C'est le taxi auquel tu as téléphoné?

Voici ce que dit Jean-Luc:

1. Voilà le théâtre. Annie nous attend devant ce théâtre. 2. Voilà un groupe de jeunes gens. Annie arrive avec ce groupe d'amis. 3. Voilà le grand chapeau. Annie porte toujours ce grand chapeau. 4. Voilà les places. Nous avons obtenu une réduction pour ces places. 5. Voilà l'auteur. Nous avons beaucoup parlé de cet auteur.

Exercise D. Follow-up: Have students make up true or false statements about the instructor based on the questions they asked. Other students listen to these statements and indicate whether they are true or false. Ask students to correct the false statements.

D. Une interview. Posez des questions à votre professeur pour mieux le connaître. Puis faites un résumé de ses réponses.

MODELE: les choses qu'il/elle aime faire → Dites-nous ce que vous aimez faire.

1. les choses qui l'amusent 2. les choses qui l'ennuient 3. les choses qu'il/elle admire 4. les choses qu'il/elle déteste 5. les choses qu'il/elle veut voir 6. les choses qu'il/elle trouve intéressantes 7. les choses qu'il/elle trouve choquantes 8. la chose dont il/elle a le plus besoin 9. ???

ETUDE DE PRONONCIATION

The sounds [ã], [õ], and [ɛ̃]

American English has a set of nasal vowel sounds just like French. Compare the pronunciation of English *cap* and *camp*: *Camp* has a nasal vowel sound. However, while *n* or *m* following a vowel is normally pronounced in English, it is not normally pronounced in French: **camp** [kã]. In French, *n* and *m* following a vowel is pronounced only if the vowel sound is *not* nasal: **Jean** [ʒã] **Jeanne** [ʒan].

A. Prononcez avec le professeur.

	Nasal	Non-nasal		Nasal	Non-nasal
1.	an	Anne	7.	flan	flâne
2.	saint	Seine	8.	bonbon	bonbonne
3.	bon	bonne	9.	nom	nomme
4.	Jean	Jeanne	10.	chien	chienne
5.	mien	mienne	11.	roman	romane
6.	non	nonne	12.	vin	vaine

B. Prononcez avec le professeur. →

[ã] cent banc temps pan lent ment faon
[õ] son bon ton pont long mon font
[ɛ̃] sain bain teint peint lin main faim

C. Prononcez les phrases suivantes. Contrast nasal and non-nasal vowels carefully.

1. Ces anciens clients aiment encore mon jambon de Bayonne.
2. Cet enfant blond de cinq ans attend sa chienne blanche.
3. Nous pensons donner ce prénom à notre prochain enfant.
4. La tante de Jeanne prend souvent de ces bonnes oranges.

CONVERSATION ET CULTURE

Un Pique-nique

Florence et ses parents décident d'aller pique-niquer et d'emmener Linda, une étudiante américaine. Dimanche matin, huit heures.

FLORENCE: Maman, regarde comme il fait beau! Nous n'allons pas rester à la maison. Nous pourrions faire un pique-nique.

LA MERE: Oui, c'est vraiment une journée à passer en plein air.

FLORENCE: Et si nous demandions à Linda de venir? Je suis sûre que cela lui plairait.

LE PERE: Excellente idée. Téléphone-lui.

picnic basket
spot, corner

LA MERE: Pendant ce temps, nous allons préparer le *panier*. Henri, n'oublie pas les boules, il y aura sûrement un *coin* tranquille pour faire une partie de pétanque.

LE PERE: Je vais les chercher.

Plus tard, dans la voiture.

wheel

LE PERE: Florence, je te laisse le *volant*.

FLORENCE: Chic! Merci! Tu verras, je conduis de mieux en mieux.

LA MERE: Tourne tout de suite à droite; nous allons chercher Linda.

LINDA: Salut à tous! Comme c'est gentil de venir me prendre! Je suis si contente!

so much
angry

FLORENCE: Cela nous fait *tellement* plaisir. Si tu n'étais pas là, Papa passerait son temps à me donner des conseils et nous serions *fâchés* à la fin de la journée.

LINDA: Sans vous, je serais plutôt seule. Je pensais visiter un musée.

LA MERE: Linda, si tu étais en Amérique, que ferais-tu aujourd'hui?

LINDA: C'est difficile à dire. Je jouerais peut-être au tennis—je joue presque tous les dimanches.

LA MERE: Florence, pas si vite! Quelle peur tu viens de me faire!

(Ils arrivent à la forêt.)

to argue

LE PERE: Allons, vous n'allez pas vous *battre*! Arrête-toi donc ici, Florence. Cela suffit, n'allons pas plus loin.

LINDA: Quel joli coin!

LA MERE: Cela te plaît? Je suis bien contente.

bet / beat

LINDA: Ces arbres sont si beaux. Et nous pourrions jouer à la pétanque dans le chemin. Je *parie* que je vous *bats*!

On joue à la pétanque.

LE PERE: Alors, tout le monde *dehors*! J'ai une de ces faims!	out
LA MERE: Il y a du poulet froid, une salade de riz et des fruits.	
LE PERE *(ouvrant le coffre)*: Zut alors!	opening the trunk (of the car)
FLORENCE: Qu'as-tu? Tu as oublié les boules?	
LE PERE: Non, j'ai les boules, mais j'ai oublié les provisions!	
(Linda, Florence, et sa mère rient *aux éclats*.)	very hard
FLORENCE: Quelle bonne farce! Si tu voyais ta *tête*, tu ne pourrais pas *t'empêcher de* rire! C'est trop drôle!	face / to stop

Questions et opinions

1. Qui participe au pique-nique? 2. Qu'est-ce qu'ils ont apporté? 3. Qui conduit? 4. Qu'est-ce que Linda ferait si elle était aux Etats-Unis? 5. Où est-ce qu'ils décident de pique-niquer? Pourquoi? 6. Qu'est-ce que la mère de Florence a préparé comme provisions? 7. Qu'est-ce que le père a oublié? 8. Aimez-vous pique-niquer? Où préférez-vous aller? 9. Si vous faisiez un pique-nique cet après-midi, qu'est-ce que vous emporteriez comme provisions? 10. Avez-vous jamais oublié quelque chose en partant *(when leaving)* pique-niquer? Quoi?

Suggestion: Dictate parts of the dialog, later asking students to indicate verbs in the conditional and to translate certain phrases.

Commentaire culturel

One of the favorite pastimes of the French is conversation—a glance at any café in France will confirm that fact. Cafés are especially popular among the older generation, who gather there to talk, smoke, or play chess, checkers, or **la belote** (a game similar to bridge).

There are also many popular active sports in France. One of the most popular is soccer—the **Fédération française de football** has 900,000 members. During international competitions, the streets are nearly empty because everyone is indoors watching the games on TV. Skiing is probably next in popularity. The **Fédération française de ski** has 700,000 members, and France now has some of the most extensive ski areas in the world. Other outdoor sports many people engage in include mountaineering and hiking, horseback riding, swimming, sailing, fishing, hunting, and the ever-popular cycling. During the **Tour de France,** the most famous professional bicycle race in the world, all France comes to a standstill while waiting for the winner to be announced. The French have used bicycles as a form of transportation for a long time, and today cycling along small, picturesque roads is a very popular activity.

Among typically French leisure activities is **la pelote basque** (jai alai), a game that originated in the **Pays basque** in the **Pyrénées.** It is played in a **fronton,** a court with walls on three sides and a net on the fourth where spectators watch. In this extremely fast-moving game, players use curved baskets strapped to their forearms to throw and catch the ball, which moves at very high speeds. Another popular game is **les**

Suggestion: You may wish to play memory games using question no. 9 as a beginning point. Have one student name what he or she would prepare, other students then repeating the item and adding another. Example: **Si nous faisions un pique-nique, je préparerais des sandwiches,** etc.

boules (bocce ball or lawn bowling), which requires only a simple patch of sandy ground and a pair of **boules** (heavy metal balls). Families play the game in their yards or in the park on Sundays. It is sometimes called **la pétanque,** and for French people the very name conjures up scenes of men in suspenders and caps playing in the shade of plane trees, with loud exclamations and laughter.

Another leisure activity is **le bricolage,** which occupies many French people on weekends and during vacations. It is as popular in France as in the United States to spend time decorating or fixing up one's home, or even to have a country house to fix up. Nearly every large store has a "do-it-yourself" department. Every year people who are fond of **le jardinage** spend large sums of money on gardening equipment—seeds, plants, and tools.

RECAPITULATION

Exercise A. Suggestion: Do as a whole-class activity, writing the correct completion on the board. Then have students play the rôles in pairs.

A. Les projets du soir. Complétez le dialogue suivant.

PAUL: _____ nous faisons ce soir?

MARIE: Nous avons invité des amis.

PAUL: _____ est-ce que nous avons invité?

MARIE: Martine et Jean-Luc.

PAUL: Nous _____ jouer aux cartes! Ils _____ ça.

MARIE: Oui, si c'est _____ tu veux faire. Tu _____ le risque de perdre.

PAUL: Cela ne fait rien. _____ compte c'est le jeu.

MARIE: _____ tu _____ si j'achetais une bonne bouteille de vin?

PAUL: Ça me _____ beaucoup.

MARIE: Et _____ penserais-tu si on leur _____ un beau gâteau?

PAUL: Je _____ très content.

MARIE: Heureusement, parce que je l'ai déjà préparé.

Mots utiles: ce que, ce qui, que, qui, qu'est-ce que, qui est-ce que, aimer, courir, dire, être, offrir, plaire, pouvoir

B. La première réunion du ciné-club. En français, s'il vous plaît.

Exercise B. Suggestion: Have students write out translation and perform in pairs. You may then wish to distribute the correct translation.

JEAN-FRANÇOIS: *How many years have you been a member of the Ciné-Club?*

MARTINE: *I've been coming to meetings for two years.*

JEAN-FRANÇOIS: *What do you talk about during the meetings?*

MARTINE: *The films we want to show* (**passer**) *during the school year.*

JEAN-FRANÇOIS: *Which one are you going to suggest for this year?*

MARTINE: *I've wanted to see "Jules et Jim" for quite a while.*

JEAN-FRANÇOIS: *I saw it three years ago and thought it was quite good.*
MARTINE: *If you had the choice, which films would you show?*
JEAN-FRANÇOIS: *I would choose "Harold and Maude."*
MARTINE: *What? Could you repeat that phrase? I didn't understand what you said.*
JEAN-FRANÇOIS: *"Harold and Maude." It's an American film.*
MARTINE: *Oh yes. I'd like to see an American film, too.*

Exercise B.   Follow-up: Have students create a new dialog, changing as many of the facts as they wish.

C. Nommez trois choses. . . . Donnez votre réaction spontanée aux questions suivantes. Puis, comparez vos réponses avec celles d'un(e) camarade de classe. Lesquelles de vos réponses sont identiques?

1. Nommez trois choses que vous feriez si vous étiez riche.
2. Donnez trois raisons pour lesquelles vous vous battriez *(you would fight)* si c'était nécessaire. 3. Nommez trois instruments de musique dont vous aimeriez jouer. 4. Nommez trois sports auxquels vous voudriez bien jouer. 5. Nommez trois choses qui vous plaisent. 6. Nommez trois personnes qui vous font souvent rire.

Exercise C.   Suggestion: Do as quickly as possible so that students do name the first three things that they think of. Ask them to think of other categories to name in threes.

D. Enquête sur les loisirs. Pour beaucoup de Français, le jardinage est le loisir numéro un. Répondez aux questions suivantes. Puis, avec vos camarades de classe, faites un résumé de toutes les réponses pour déterminer les loisirs préférés du groupe.

1. Quel est ton passe-temps préféré? 2. Depuis combien de temps t'y consacres-tu? 3. Pendant combien de temps le pratiques-tu chaque semaine? 4. Si tu avais plus de temps libre, comment le passerais-tu?

Exercise D.   Suggestion: Write the résumé of students' answers on the board and discuss why they think those **loisirs** are the most popular.

> **Le Français par les gestes: Doucement.**
> The French use this gesture to suggest that someone calm down or take it easy. The palms face out toward the other speaker, fingers pointing up, The hands move back and forth several times, as if gently pushing the other speaker away.

VOCABULAIRE

VERBES

collectionner	to collect
courir	to run
emmener	to take (someone somewhere)
offrir	to offer
ouvrir	to open
plaire	to please, to be pleasing

VERBES

renverser	to knock down
rire	to laugh

NOMS

l'activité *(f)*	activity
l'atelier *(m)*	work area, work shop
le bricolage	do-it-yourself

NOMS

la chanson	song
la chanson de variété	popular song
la collection	collection
le cyclisme	bicycling
la détente	relaxation; easing
le jardinage	gardening
le jeu	game
les jeux de hasard *(m)*	games of chance
les jeux de société *(m)*	social games, group games
les loisirs *(m)*	leisure activities
la loterie	lottery
le match	game, match (sports)
le passe-temps	pastime, hobby
la peinture	painting
la pétanque	bocce ball, lawn bowling
la pièce de théâtre	play (theatre)
la piscine	swimming pool
la poterie	pottery
le spectacle	show, performance

ADJECTIFS

cassé(e)	broken
libre	free

PRONOMS

ce que	what, that which
ce qui	what, which
lequel, laquelle, lesquels, lesquelles	which; which one?
que	what?
qu'est-ce qui	who?
qui est-ce que	whom?
qui est-ce qui	who?

EXPRESSIONS TEMPORELLES

depuis + *period of time*	for (period of time)
depuis + *point in time*	since (point in time)
depuis quand . . . ?	for how long . . . ? since when . . . ?
depuis combien de temps. . . ?	for how long . . . ?
il y a. . .	ago
il y a. . . que	for (period of time)
pendant combien de temps. . . ?	for how long . . . ?

MOTS DIVERS

de/en plein air	outdoors
en fait	in fact

A. Les distractions. Voici une comparaison entre les distractions préférées de différents pays européens.

FAÇONS DE SE DISTRAIRE	MARCHÉ COMMUN	ALLEMAGNE	BELGIQUE	FRANCE	HOLLANDE	ITALIE	LUXEM-BOURG	GRANDE-BRETAGNE
AU MOINS 3 FOIS PAR SEMAINE	°/o	°/o	°/o	°/o	°/o	°/o	°/o	°/o
S'asseoir devant la porte et regarder passer les gens	19	26	11	13	9	21	13	4
Lire des livres (autres que livres de classe)	33	34	20	42	45	21	41	45
Regarder la télévision	43	45	44	33	51	49	25	85
Lire un journal	72	83	71	76	89	48	89	93
AU MOINS UNE FOIS PAR SEMAINE								
Faire du jardinage	30	34	33	42	34	11	60	45
Faire des mots croisés	12	17	7	9	18	8	12	24
Aller à un club	6	10	3	3	11	2	17	21
Aller au café	17	13	18	14	7	27	35	26
Jouer aux cartes	20	17	23	18	29	23	21	22
Jouer aux échecs ou aux dames	5	5	2	5	7	4	5	11
Écouter de la musique chez soi	50	54	47	59	69	34	80	76
Jouer d'un instrument de musique chez soi	4	6	3	3	9	2	6	5
Pratiquer un sport	7	8	5	7	13	3	10	13
Pour les femmes: tricoter, broder, coudre	66	68	71	84	85	42	89	82
Pour les hommes: bricoler	25	20	34	21	37	29	57	41
Discuter avec des amis	39	33	23	49	37	40	43	67
Lire une revue	42	47	36	47	72	25	51	63
AU MOINS UNE FOIS PAR MOIS								
Assister à une manifestation sportive	16	16	19	16	23	14	28	20
Aller au cinéma	30	23	27	30	15	44	51	20
Lire des poésies	6	6	4	7	7	5	7	8
Se promener à pied ou à bicyclette	33	45	26	38	42	12	64	35
Aller danser	8	9	7	7	9	8	19	14
Inviter des gens ou être invité	27	28	7	55	20	5	32	20
Faire de la gymnastique, du judo, du yoga	4	5	2	3	9	2	7	3
AU MOINS UNE FOIS PAR AN								
Aller au théâtre, music-hall, concert, opéra	17	22	15	14	18	13	45	27
Visiter des musées, expositions, monuments	10	9	10	15	11	7	29	22
Assister à une réunion politique	4	6	3	3	5	4	15	5

Faites maintenant une enquête parmi vos camarades de classe sur leurs distractions préférées. Que font-ils au moins trois fois par semaine? Une fois par semaine? Une fois par mois? Une fois par an? Employez comme guide les phrases de la colonne de gauche, **Façons de se distraire** (*ways of entertaining oneself*).

Faites une synthèse des réponses de vos camarades et comparez-les avec celles des Français. Croyez-vous que les Américains et les Français soient vraiment différents? Pourquoi ou pourquoi pas?

B. Le jogging. Faites-vous du jogging?
Si vous avez répondu *oui:*

1. Combien de fois par semaine courez-vous? 2. Pendant combien de temps courez-vous chaque fois? 3. Combien de kilomètres faites-vous? (*1 mile = 1,6 kilomètres*) 4. Depuis quand faites-vous du jogging?

Si vous avez répondu *non:*

1. Pourquoi ne courez-vous pas? 2. Pratiquez-vous un autre sport? 3. Qu'avez-vous contre le jogging? 4. Que pensez-vous des gens qui courent souvent?

Maintenant, avec des camarades qui font du jogging et d'autres qui n'en font pas, organisez un débat sur les joies et les dangers de ce sport. Voici quelques arguments—pour et contre—pour le débat.

Exercise C. Suggestion: If you prefer not to use the debate format, have students make individual statements about jogging using these suggestions.

POUR: Le jogging est _____ .	CONTRE: Le jogging est _____.
bon pour la santé	dangereux pour la santé
un excellent exercice cardio-vasculaire	une vraie obsession pour trop de gens
bon pour la santé mentale	jugé dangereux pour les gens âgés ou qui ne sont pas en parfaite santé
bon pour la circulation du sang (*blood*)	un exercice qui peut provoquer des accidents cardiaques
un bon moyen de perdre des kilos	un sport d'une popularité passagère (*short-lived*)
excellent pour réduire la tension	un sport qui peut faire du mal aux jambes et aux pieds
un exercice qui donne un sentiment de bien-être	un sport dangereux pour les automobilistes
un sport très bon marché	

Exercise D. Suggestion: Give students a few minutes to write their answers and then ask them to share their story with the class. Ask students to give as many different endings to the story as they can.

C. Les passe-temps différents: une histoire. Racontez ce qui se passe dans le dessin à la page 489. Employez les questions suivantes comme guide.

1. Quel est le passe-temps de la dame? 2. Que fait le chien? Pourquoi? 3. Quel en est le résultat? 4. Que va faire la dame? 5. Que

feriez-vous dans la même situation?

Mots utiles: la clef, jeter *(to throw)*, ouvrir, la fenêtre

D. Le rire. Le rire est le loisir numéro un de beaucoup de gens. Pour-quoi les gens aiment-ils rire? Comment le sens de l'humour nous aide-t-il à vivre? Avec un(e) camarade, choisissez trois situations où le sens de l'humour nous aide, et expliquez pourquoi.

Le sens de l'humour nous aide quand _____ .

    _____ on a peur.

    _____ on est embarrassé.

    _____ on doit critiquer quelqu'un.

    _____ il y a de la tension.

    _____ on cache *(hides)* quelque chose.

    _____ ???

Et vous? Aimez-vous rire? Avec un(e) autre camarade, répondez aux questions suivantes. Chaque fois que vous répondez *oui*, donnez un exemple.

1. Racontez-vous des blagues *(jokes)*?
2. Faites-vous souvent des jeux de mots?
3. Aimez-vous jouer des tours *(tricks)*?
4. Inventez-vous des anecdotes?
5. Avez-vous un(e) comique préféré(e)?
6. Aimez-vous particulièrement un film ou une pièce amusants?
7. Aimez-vous lire des revues satiriques?

Lecture: Au théâtre ce soir

Chaque semaine *paraissent* à Paris des guides de spectacles donnant toutes les pièces de théâtre. Si vous passiez une semaine à Paris, comment choisiriez-vous devant ce "menu" copieux?

    D'abord, si vous étiez *soucieux de* culture, vous *jetteriez un coup d'oeil* sur les programmes des "salles *subventionnées*"; c'est-à-dire les théâtres comme l'Opéra, la Comédie-Française, l'Odéon, le Théâtre National Populaire (TNP) ou le Théâtre de la Ville. La Comédie-Française, créée par Molière, est l'ancêtre de ces théâtres, ce qui ne veut pas dire que ses pièces sont *forcément* comiques; on y joue des tragédies aussi bien que des comédies classiques.

    Et puis, il y a les "autres salles." On peut les diviser en deux catégories: les salles de boulevard et les salles de théâtre type "rive gauche" (c'est-à-dire, "intellectuelles", même quand elles sont situées sur la rive droite).

appear

interested in / would take a look at / subsidized

necessarily

Le théâtre de boulevard est d'un type conventionnel. Vous y allez pour rire. Regardez ce que dit l'affiche de la pièce que l'on joue à la Comédie Caumartin, *"Boeing, Boeing"*: "dix-neuvième année de rire!" Le théâtre de boulevard est fondé non seulement sur des pièces *légères* mais aussi sur des *vedettes:* des actrices et des acteurs célèbres.

Le théâtre "rive gauche" ou "intellectuel" n'est plus localisé seulement sur la rive gauche, on l'a déjà dit. Des troupes ont *surgi* dans la "lointaine banlieue." Un des centres privilégiés du nouveau théâtre est "la Cartoucherie de Vincennes" située au sud de Paris.

A ces catégories traditionnelles s'ajoute une nouvelle catégorie née ces dernières années: le café théâtre. C'est en général un spectacle joué dans une petite salle avec peu de décors et très peu d'acteurs, souvent un seul.

A Paris on a l'embarras du choix—on donne chaque soir de nombreuses pièces de théâtre. Laquelle choisiriez-vous?

Compréhension et expression

A. Comprenez-vous? Les affirmations suivantes sont-elles vraies ou fausses? Rectifiez celles qui sont fausses.

1. L'état paie en partie le théâtre en France. 2. La Comédie-Française est un théâtre où on peut voir des pièces comiques. 3. Le théâtre de boulevard a pris ce nom parce qu'on joue les pièces dans la rue. 4. Aux théâtres de boulevard on joue des pièces légères. 5. Les théâtres "rive gauche" sont situés exclusivement sur la rive gauche de la Seine. 6. Le théâtre "rive gauche" est un théâtre "intellectuel." 7. Le café théâtre date du dix-neuvième siècle.

B. Loisirs à la carte. Choisissez au moins deux des questions suivantes. Ecrivez un paragraphe pour répondre à chacune. Expliquez ce que vous feriez si vous aviez le choix.

1. Préféreriez-vous pratiquer un sport ou être simple spectateur/spectatrice? 2. A quel sport préféreriez-vous jouer: le basket-ball, le base-ball, le football américain, le football, le volley-ball, le racketball, le tennis? 3. Pendant les vacances, préféreriez-vous faire du camping, rester dans un hôtel ou dormir dans une auberge de jeunesse? 4. Préféreriez-vous conduire votre voiture, marcher, faire de la moto ou faire de la bicyclette? 5. Aimeriez-vous mieux jouer du violon ou de la guitare? 6. Aimeriez-vous mieux aller au théâtre, au cinéma, au concert, à l'opéra ou à un match de boxe?

A Paris on donne chaque soir de nombreuses pièces de théâtre.

Retour aux sources Chapitre 17

OBJECTIFS

Communication et culture   In this chapter, you will learn vocabulary and expressions related to the environment and to urban life and issues. You will read about how the French view these issues and about their concern for a "natural" way of life.

Grammaire   You will learn to use the following aspects of French grammar:

67.   how to form and use the past perfect tense: **j'avais parlé** *(I had spoken),* **j'étais sorti(e)** *(I had left),* and so on

68.   how to form and use the conditional perfect tense: **j'aurais parlé** *(I would have spoken),* **je serais sorti(e)** *(I would have left),* especially in if-clause sentences

69.   how to form and use the passive voice, in which the subject of the sentences receives the action instead of performing it

70.   a summary of the forms and uses of indefinite pronouns and adjectives, such as **tout** *(all),* **chacun(e)** *(each [one]),* and **le/la même** *(the same [one])*

See facing page for lesson plan.

491

ETUDE DE VOCABULAIRE

Notre Environnement

Quelques problèmes de la vie contemporaine

la circulation

l'atmosphère polluée

la violence, la tension

les déchets industriels

Des solutions pour l'avenir?

l'énergie solaire

LE RECYCLAGE

l'énergie nucléaire

Retour à une vie plus simple

l'air pur

la ferme

Presentation: Have students describe drawings using vocabulary given. Encourage use of complete sentences. You may want to have students write their descriptions first, then have a few of them presented to the class.

Exercise A. Suggestion: For whole-class discussion. Where appropriate, solicit a variety of answers to questions.

A. Notre avenir.

1. Est-ce que l'atmosphère est polluée là où vous vivez? 2. Croyez-vous que les sources alternatives d'énergie soient la solution aux problèmes d'énergie? Lesquelles en particulier? 3. Croyez-vous que nous pourrons réduire* la consommation d'énergie? 4. Croyez-vous que la solution se trouve plutôt dans le développement de l'énergie nucléaire? 5. Pensez-vous que les déchets nucléaires et industriels posent un grave problème? 6. Si c'était à vous de décider, que proposeriez-vous comme solution aux problèmes d'énergie? 7. Participez-vous au recyclage du papier? du verre? Quand et comment?

*Réduire *(to reduce)* is conjugated like **conduire**.

B. Et sur le plan personnel. . . .

1. Etes-vous influencé par votre environnement? De quelle façon (way)? 2. Si vous aviez le choix, où préféreriez-vous habiter, dans un appartement en ville ou dans une ferme à la campagne? Donnez vos raisons. 3. Y a-t-il des problèmes de violence là où vous habitez? Expliquez. 4. Est-ce que le principe de la non-violence est important pour vous? Pourquoi? 5. Quels sont les problèmes contemporains qui vous concernent le plus? la tension? la concurrence? l'air polluée? la circulation? d'autres problèmes? 6. Où trouve-t-on l'air pur et la vie simple près de chez vous? 7. Le "paradis sur terre" existe-t-il pour vous? Où et comment?

Exercise B. Suggestion: For whole-class or paired discussion. If done in pairs, have students report partner's answers orally or in writing.

La Philosophie écologiste

Il est temps que nous arrêtions de
   gaspiller des ressources naturelles
   urbaniser les campagnes
   développer l'énergie nucléaire
   utiliser l'automobile
   polluer l'environnement

Il est temps que nous commencions à
   conserver l'énergie
   transformer l'urbanisme
   développer l'énergie solaire
   encourager les transports publics
   protéger la nature

Presentation: Model pronunciation of slogans and have class repeat. Ask students to think of other French slogans for a poster on ecology.

A. Associations écologistes. Quels problèmes associez-vous aux verbes suivants?

1. gaspiller
2. développer
3. utiliser
4. polluer
5. conserver
6. transformer
7. protéger
8. urbaniser

Exercise A. Suggestion: Conduct as a rapid response drill. Solicit a variety of associations for each verb from several students.

B. Remèdes. Dites ce qu'il faut faire ou ne pas faire pour sauver le monde, selon la philosophie écologiste.

MODELE: le gaspillage d'énergie → Il ne faut pas que nous gaspillions l'énergie.

1. la pollution de l'environnement 2. la protection de la nature 3. l'utilisation de l'automobile 4. le développement de l'énergie solaire 5. l'utilisation de l'énergie nucléaire 6. la transformation de l'urbanisme 7. la conservation de l'énergie 8. le gaspillage des ressources naturelles 9. l'urbanisation des campagnes 10. le développement des transports en commun

Exercise B. Suggestion: Do as a rapid response drill, with choral response as desired.

Bienvenue!

PRESENT TENSE OF **RECEVOIR**: *to receive, to welcome*	
je reçois	nous recevons
tu reçois	vous recevez
il, elle, on reçoit	ils, elles reçoivent

Past participle: reçu

Future stem: recevr-

Other verbs conjugated like **recevoir** include **apercevoir** (*to perceive, to see*) and **s'apercevoir** (*to notice*).

Presentation: Model pronunciation of forms of **recevoir**, using short sentences. Examples: "**Je reçois mes amis. Tu reçois tes amis.**, etc. Have students repeat after your model.

Exercise A. Suggestion: Conduct
as rapid response oral drill.

A. La pollution. Répondez aux questions suivantes selon les indications entre parenthèses. Utilisez le verbe *recevoir*.

1. Est-ce qu'en été la ville de Cannes *voit arriver* de nombreux vacanciers? (oui) 2. Est-ce que les autorités *enregistrent (receive)* de nombreuses plaintes *(complaints)* au sujet de la pollution? (oui) 3. Est-ce que la mer *contient* trop de déchets industriels et nucléaires? (oui) 4. *Entendez*-vous parfois des informations sur la pollution des plages de la Côte d'Azur? (oui) 5. *Acceptons*-nous trop de bateaux dans nos ports? (oui) 6. Est-ce que les restaurants *trouvent* assez de poissons frais? (non)

Exercise B. Suggestion: Can be
done orally, or students can write
out answers first and then give
them orally as a follow-up.

B. La vie en banlieue. Complétez les phrases avec *recevoir*, *apercevoir* ou *s'apercevoir*.

1. Nous avons _____ des nouvelles de Mireille. 2. De sa nouvelle chambre, elle dit qu'elle _____ Notre-Dame. 3. Moi, de mon bureau, j'_____ une ferme ancienne. 4. Ma soeur et moi nous nous _____ que nous dormons mieux depuis que nous habitons en banlieue. 5. Vous êtes-vous _____ du bruit que l'on entend la nuit, en ville? 6. Les citoyens ne s'_____ même plus de ce bruit! 7. Venez nous rendre visite, nous vous _____ dans le jardin. 8. Vous vous _____ qu'il fait bon *(it's nice)* vivre en banlieue.

67. THE PAST PERFECT

Un hommé prévoyant

En 1950 je n'*avais* pas encore *pu* acheter de vélo. M. Dubaron, lui, *avait acheté* une bicyclette à quatre vitesses.

En 1960 j'*avais* enfin *acheté* un vélo. M. Dubaron, lui, *avait acheté* une voiture.

En 1970 j'*avais acheté* un vélomoteur, et lui une Rolls-Royce.

Cette année, j'ai acheté une voiture. Lui, il a acheté une bicyclette. . . .

1. Qu'est-ce que M. Dubaron avait acheté en 1950? en 1960? en 1970?
2. Qu'est-ce que son ami avait acheté en 1950? en 1960? en 1970?
3. Qu'est-ce qu'ils ont acheté cette année?

Presentation: Model pronunciation of verbs in chart, using them in short sentences. Have students repeat after your model.

The past perfect tense is used to indicate an action or event that occurred before another past action or event, either stated or implied: *I had left for the country (when my friends arrived in Paris).* Like the English past perfect, the French past perfect, **le plus-que-parfait,** is formed with the imperfect of the auxiliary **(avoir** or **être)** plus the past participle of the main verb.

PARLER	SORTIR	SE REVEILLER
j'avais parlé	j'étais sorti(e)	je m'étais réveillé(e)
tu avais parlé	tu étais sorti(e)	tu t'étais réveillé(e)
il, elle, on avait parlé	il, elle, on était sorti(e)	il, elle, on s'était réveillé(e)
nous avions parlé	nous étions sorti(e)s	nous nous étions réveillé(e)s
vous aviez parlé	vous étiez sorti(e)(s)	vous vous étiez réveillé(e)(s)
ils, elles avaient parlé	ils, elles étaient sorti(e)s	ils, elles s'étaient réveillé(e)s

A man with foresight
In 1950 I hadn't yet been able to buy a bicycle. Mr. Dubaron had bought a four-speed bike. In 1960 I'd finally bought a bicycle. Mr. Dubaron had bought a car. In 1970 I'd bought a moped, and he (had bought) a Rolls-Royce. This year, I've bought a car. He's bought a bicycle. . . .

Quand j'ai téléphoné aux Gervais, ils **avaient** déjà **décidé** d'acheter la ferme.

Nous étions pressés parce que les autres **étaient** déjà **partis** pour la réunion.

Marie **s'était réveillée** avant moi. Elle **était** déjà **sortie** à sept heures.

When I phoned the Gervais, they *had* already *decided* to buy the farm.

We were in a hurry because the others *had* already *gone* to the meeting.

Marie *had awakened* before me. She *had* already *left* by seven o'clock.

Maintenant à vous

Exercises A and B. Suggestion: Use for rapid response oral drill, or dictate to students at board for transformation.

A. **Préparatifs.** Décrivez les préparatifs nécessaires à une excursion d'observations écologiques à la campagne.

1. J'avais acheté des provisions. (*Thérèse, Germain et Philippe, tu, nous, vous*) 2. *Nous* avions étudié la carte de la région. (*je, tu, Marie-Claire, les copains, vous*) 3. *Vous* vous étiez réveillés tôt. (*nous, Pauline et Sylvie, tu, je, Gérard*) 4. *Tu* étais parti à l'heure. (*les Gervais, je, elle, nous, Paul et moi, vous*)

B. **Evénements de l'excursion.** Voici ce qui s'est passé pendant l'excursion. Transformez les phrases selon le modèle.

MODELE: Nous avons acheté une carte. Puis nous avons quitté la maison. → Nous avions acheté une carte avant de quitter la maison.

1. Jean-Pierre a étudié la carte. Puis il est parti. 2. Nous avons mangé. Puis nous nous sommes mis en route. 3. Tu as conduit jusqu'au Mont Blanc. Puis tu t'es arrêté. 4. J'ai admiré le panorama. Puis j'ai commencé l'excursion. 5. Juliette et Marion se sont reposées sous un arbre. Puis elles ont repris la route. 6. Vous avez aperçu les effets de la pollution. Puis vous êtes arrivés au camp. 7. Vincent a découvert des traces de déchets industriels. Puis il a pris beaucoup de photos. 8. Ils se sont aperçus qu'à cette élévation l'air était plus pur. Puis ils sont retournés à la pollution urbaine.

Exercise C. Suggestion: Do as a rapid response oral drill, with choral repetition as desired.

C. **Deux week-ends très différents.** Voici comment Marc et Marie-Claire Lesage ont passé le week-end dernier. Qu'avaient-ils fait le week-end précédent? Jouez les rôles des Lesage. Suivez le modèle.

MODELE: Ce week-end nous avons fait du jogging. (Marc, vélo)
Le week-end précédent, Marc avait fait du vélo.

1. Marie-Claire a visité une usine (*factory*). (nous, une ferme) 2. Nous nous sommes promenés dans le centre industriel. (Marc, la forêt de Milly) 3. La famille a acheté des produits de l'usine. (on,

la ferme) 4. On a vu beaucoup de circulation. (nous, d'animaux)
5. Marc a visité un centre d'énergie nucléaire. (Marie-Claire,
solaire) 6. Nous sommes rentrés très fatigués. (Marc, détendu
[*rested*])

68. THE CONDITIONAL PERFECT; SUMMARY OF IF-CLAUSE SENTENCES

Une aventure en pleine nature

MARC: Si tu n'*avais* pas *oublié* la boussole, nous ne *nous serions* jamais *perdus*.
YVETTE: Si je ne l'*avais* pas *oubliée*, notre randonnée* n'*aurait* pas *été* si palpitante. . . .
MARC: Tu veux dire que je n'*aurais* pas *attrapé* de rhume, sans doute!
YVETTE: Marc, pense à ce que nous *aurions manqué*: une journée de marche en pleine nature, le plaisir d'exercer notre sens pratique. C'est mieux que la télé, tu ne trouves pas?

Que serait-il arrivé si Yvette n'avait pas oublié la boussole? Complétez les phrases selon le dialogue.

1. Ils ne se _____ .   **3.** Marc _____ .
2. Leur randonnée ne   **4.** Ils auraient manqué

_____ .   _____ .

Presentation: Model pronunciation of forms in verb chart, using short sentences. Have class repeat after your model.

A. Forms of the conditional perfect

The conditional perfect is used to express an action or event that would have occurred if some set of conditions (stated or implied) had been present: *We **would have worried** (if we had known).* The French conditional perfect, **le conditionnel passé,** is formed, like the English conditional perfect, with the conditional of the auxiliary **(avoir** or **être)** plus the past participle of the main verb.

An adventure in the wilderness
MARC: If you hadn't forgotten the compass, we would never have gotten lost.   YVETTE: If I hadn't forgotten it, our hike wouldn't have been as exciting. . . .   MARC: You undoubtedly mean that I wouldn't have caught a cold!   YVETTE: Marc, think of the things we'd have missed: a day of hiking in the wilderness, the joy of using our common sense. It's better than TV, don't you think?

***La randonnée,** a form of hiking, is a popular outdoor activity in France. People use a compass and a detailed map to guide them through the countryside.

PARLER	SORTIR	SE REVEILLER
j'aurais parlé	je serais sorti(e)	je me serais réveillé(e)
tu aurais parlé	tu serais sorti(e)	tu te serais réveillé(e)
il, elle, on aurait parlé	il, elle, on serait sorti(e)	il, elle, on se serait réveillé(e)
nous aurions parlé	nous serions sorti(e)s	nous nous serions réveillé(e)s
vous auriez parlé	vous seriez sorti(e)(s)	vous vous seriez réveillé(e)(s)
ils, elles auraient parlé	ils, elles seraient sorti(e)s	ils, elles se seraient réveillé(e)s

B. Uses of the conditional perfect

The conditional perfect is used in the main clause of an if-clause sentence when the if-clause is in the past perfect.

Si j'**avais eu** de l'argent, j'**aurais installé** un système de chauffage solaire.	If I *had had* money, I *would have installed* a solar heating system.
Si j'**avais grandi** à la campagne, j'**aurais eu** un cheval et un chien.	If I *had grown up* in the country, I *would have had* a horse and a dog.
Si on ne nous **avait** pas tant **parlé** d'argent, nous nous **serions adaptés** à une vie plus simple.	If they *hadn't spoken* to us so much of money, we *would have adapted* to a simpler life.

The underlying set of conditions is frequently not stated.

A ta place, j'**aurais parlé** au propriétaire.	If I were you, I *would have spoken* to the owner.
Nous **serions allés** au lac.	We *would have gone* to the lake.
Aurais-tu **fait** une randonnée à bicyclette avec nous?	*Would* you *have taken* a bike trip with us?

C. The conditional perfect of *devoir*

The conditional perfect of the verb **devoir** means *should have* or *ought to have*.

J'**aurais dû prendre** l'autre chemin.	I *should have taken* the other road.
Nous **aurions dû acheter** de l'essence.	We *should have bought* some gasoline.

D. Time sequence in if-clause sentences

In French as in English, there are three tense sentences used in if-clause sentences.

If-clause		Main (result) clause
si + present	→	future
si + imperfect	→	conditional
si + pluperfect	→	past conditional

S'il ne **pleut** pas, nous **irons** en montagne demain.

S'il ne **pleuvait** pas, nous **irions** en montagne.

S'il n'**avait** pas **plu,** nous **serions allés** en montagne.

If it *doesn't rain,* we'*ll go* to the mountains tomorrow.

If it *weren't raining,* we'*d go* to the mountains.

If it *hadn't rained,* we *would have gone* to the mountains.

Maintenant à vous

A. **La crise d'énergie.** Si nous avions su qu'il y aurait une crise d'énergie, ———— .

1. *j'aurais acheté une petite voiture. (tu, nous, mes parents, vous, Hélène)* 2. *nous serions partis à bicyclette. (Georges et Paul, tu, je, nous, vous)* 3. *Georges et Jeannette ne se seraient pas disputés sur l'achat d'un vélo. (elles, nous, ils, vous, Paul et Marc)* 4. *nous n'aurions pas acheté cette grosse automobile. (ils, mes amis, vous, je, elle)*

B. **Changement d'habitudes.** Christine et Pierre n'aimaient plus leur travail en ville. Alors ils ont acheté une petite maison dans les Alpes et ils ont déménagé *(moved).* Leurs amis auraient fait autre chose. Qu'est-ce qu'ils auraient fait?

MODELE: Marie / choisir / nouveau / carrière → Marie aurait choisi une nouvelle carrière.

Exercise A. Suggestion: Conduct as rapid oral response drill, with choral repetition as desired. You may also dictate model sentences to students at board having them do the transformations according to your cues.

Exercise B. Suggestion: Conduct as rapid response drill.

Exercise B. Continuation: After completing sentences 7-10, ask students to suggest other **conseils.**

Manifestation anti-nucléaire à Flamanville

1. Paul et Georges / essayer / transformer / ville   2. nous / louer / ferme / campagne   3. vous / rester / chez vous   4. Claudette / faire / même chose   5. Marie-Claire / parler / patronne / bureau   6. cousines de Christine / aller / Canada

Et vous? Qu'est-ce que vous pensez de la décision de Christine et Pierre? Donnez-leur des conseils selon le modèle.
MODELE: rester / ville → Vous auriez dû rester en ville.

7. devenir / membre / Parti Ecologiste   8. chercher / transformer / conditions de vie / ville   9. chercher / nouveau travail   10. chercher / amis partageant *(sharing)* les mêmes idées

Exercise C.   Suggestion: Dictate sentences at board. Have students do transformation as in model.

C.   Une vie naturelle. Transformez les phrases selon le modèle.
MODELE: Elle n'aura plus l'air fatigué si elle fait du sport. →
      1) Elle n'aurait plus l'air fatigué si elle faisait du sport.
      2) Elle n'aurait plus eu l'air fatigué si elle avait fait du sport.

1. Nous serons heureux si nous pouvons nous arrêter de fumer.
2. Je me sentirai mieux si je deviens végétarien(ne).   3. Vous vivrez plus longtemps si vous mangez bien.   4. Ils seront plus détendus s'ils vont habiter à la campagne.   5. On se sentira tous mieux s'il n'y a pas le danger d'une guerre nucléaire.   6. Nous pourrons réduire la circulation si nous utilisons moins l'automobile.
7. On pourra protéger l'environnement si on gaspille moins d'énergie.   8. Nous pourrons conserver l'essence si nous encourageons les transports en commun.

Exercise D.   Suggestion: In groups of two or three have students brainstorm about possible consequences. Ask students to report results to others in class.

D.   Décisions et conséquences. Lisez les anecdotes suivantes. Ensuite, donnez les conséquences éventuelles de chaque décision suggérée. Suivez la formule proposée:

Si *(quelqu'un)* avait fait *(quelque chose)*, quelque chose d'autre serait arrivé.

1. Maurice faisait du camping dans la forêt. Tout d'un coup *(suddenly)*, il a entendu un bruit mystérieux et terrifiant. Il a eu peur, mais il était aussi très curieux. Que faire? Voici des décisions possibles:
   a. rester très silencieux dans la tente
   b. sortir de la tente avec une lampe de poche
   c. essayer de courir jusqu'à la voiture
MODELE: Si Maurice était resté très silencieux dans la tente, il n'aurait jamais su ce qui était arrivé.
Et vous? Qu'est-ce que vous auriez fait?

2. Catherine travaillait depuis plusieurs années dans une grande ville où elle avait un poste dans l'administration. Elle n'était pas contente de vivre dans une si grande ville, car elle s'inquiétait

beaucoup des problèmes urbains. Un jour, elle a vu une annonce pour un poste moins prestigieux mais plus intéressant dans une petite ville. Que faire? Voici quelques décisions possibles:

a. accepter le poste moins prestigieux
b. rester dans la grande ville
c. chercher des solutions aux problèmes urbains

Et vous? Qu'est-ce que vous auriez fait?

E. **Président pour un an.** Si vous aviez été Président l'année dernière, qu'auriez-vous fait pour résoudre les problèmes suivants? Suivez le modèle. Donnez surtout des solutions imaginatives!

MODELE: Problème: la circulation → Si j'avais été Président l'année dernière, j'aurais interdit *(forbid)* l'usage de l'automobile à tous les mauvais conducteurs!

Voici les problèmes.

1. la pollution 2. les déchets industriels 3. la violence dans les grandes villes 4. le gaspillage d'énergie 5. l'urbanisation des campagnes 6. les impôts élevés 7. la corruption du Gouvernement

Exercise E. Suggestion: Give students a few minutes to think about each of the problems given. Then solicit sentences from individuals. You may want students to write paragraphs. Example: **"Si j'avais été Président l'année dernière j'aurais interdit l'usage de l'auto à tous les conducteurs mauvais. J'aurais demandé que tout le monde rende les bouteilles au supermarché pour combattre la pollution. J'aurais ordonné aux grandes compagnies de ne pas polluer les fleuves. . . etc."**

69. THE PASSIVE VOICE

Slogans écologistes

JEAN-PIERRE: Ils disent "les usines polluent l'environnement."

JULIETTE: Ça, c'est vrai, la rivière d'ici *a été polluée* par l'usine sidérurgique.

JEAN-PIERRE: "La circulation automobile pollue l'atmosphère."

JULIETTE: Ça, c'est vrai aussi. Les bâtiments du centre-ville *ont été noircis* par les gaz d'échappement.

JEAN-PIERRE: "La croissance urbaine menace la vie animale."

JULIETTE: Là, aussi, ils ont raison. Ici, même les lapins *sont menacés* d'extinction! "Arrêtez le désastre: votez écologiste."

JEAN-PIERRE: Moi, je vais voter pour eux. Et toi, qu'est-ce que tu en penses?

Refer students back to the **Etude de vocabulaire** for ideas and necessary vocabulary. You may want to help students by writing some suggestions on the board.

Environmental slogans
JEAN-PIERRE: They say "factories pollute the environment." JULIETTE: That's true, the river has been polluted by the steel factory. JEAN-PIERRE: "Traffic pollutes the atmosphere." JULIETTE: That's true too. The buildings in the center of town have been blackened by exhaust fumes. JEAN-PIERRE: "Urban growth threatens wildlife." JULIETTE: They're right again. Here even the rabbits are threatened with extinction. "Stop the disaster: vote environmentalist." JEAN-PIERRE: I'm going to vote for them. What do you think?

FRANCE
ces animaux sont menacés
protégeons-les

Ministère de l'Environnement et du Cadre de Vie

1. Qu'est-ce qui a pollué l'environnement?
2. Qu'est-ce qui a été pollué par une usine?
3. Qu'est-ce qui a noirci les bâtiments?
4. Qu'est-ce qui a été noirci par les gaz d'échappement?
5. Qu'est-ce qui a menacé les lapins?
6. Qu'est-ce qui a été menacé d'extinction?

A. The passive voice

In passive voice constructions, the subject receives the action of the verb instead of performing it. Compare these sentences. The subjects are in italics.

Active voice
Madeleine conduit la voiture.

Les Cartier ont vendu leur maison.

Robert m'a invité.

Passive voice
La voiture est conduite par Madeleine.

La maison des Cartier a été vendue.

J'ai été invité par Robert.

The passive voice consists of a form of **être** plus a past participle, which agrees in gender and number with the subject. If the person or thing that causes the action is expressed, it is introduced by the word **par**. In the passive voice, the tense of **être** is the same as the tense of the verb in the corresponding active voice sentence.

Active voice

Jean-Paul **apporte** les provisions.

Jean-Paul **a apporté** les provisions.

Jean-Paul **apportera** les provisions.

Jean-Paul **aurait apporté** les provisions.

Passive voice

Les provisions **sont apportées** par Jean-Paul.

Les provisions **ont été apportées** par Jean-Paul.

Les provisions **seront apportées** par Jean-Paul.

Les provisions **auraient été apportées** par Jean-Paul.

B. Avoidance of the passive voice

The passive voice is not used very frequently in spoken French. The active voice or the subjects **on** or **ils** (*"they"*) are often used instead. Compare these sentences.

Passive voice

La maison **sera louée** facilement en été.

Construction with **on/ils**

On louera facilement la maison en été.

Ils loueront facilement la maison en été.

Section A. Presentation: Put model sentences on board, circling or boxing in the verbs in the active and passive voice. Show students how the tense of **être** is the same as the tense of the verb in the active voice so that they will not confuse this construction with the **passé composé** using **être** as the auxiliary.

Des cartes postales **sont vendues** ici.

{ **On vend** des cartes postales ici.
{ **Ils vendent** des cartes postales ici.

Une installation d'énergie nucléaire sur la Loire

Maintenant à vous

A. Effets de la pollution. Faites les substitutions indiquées.

1. La campagne sera bientôt *détruite. (pollué, transformé, développé, urbanisé)* 2. *L'air* a été pollué par les usines. *(la campagne, les rivières, l'atmosphère, le lac, la mer)*

B. Le temps passe. Mettez les phrases suivantes aux temps du verbe indiqué entre parenthèses.

1. La nature est protégée par les lois. *(futur, passé composé, imparfait, futur antérieur)* 2. La ferme a été transformée. *(plus-que-parfait, conditionnel passé, présent, conditionnel)*

Exercises A and B. Suggestion: For rapid oral response, or dictate stimulus sentences to students at board.

C. Transformations. Transformez les phrases selon le modèle.
MODELE: On vend la grosse automobile. → La grosse automobile est vendue.

1. On a vendu la ferme. 2. On avait commencé le travail hier. 3. On trouvera des déchets industriels dans le lac. 4. On construira une usine près du fleuve. 5. On a développé la campagne. 6. On avait gaspillé l'essence. 7. On encourage les transports en commun. 8. On s'aperçoit des effets de la concurrence.

D. Activités écologistes. Reformulez les phrases suivantes. Suivez le modèle.
MODELE: Ici des cartes de la région polluée sont vendues par les habitants. → Ici on vend des cartes de la région polluée. Ici les habitants vendent des cartes de la région polluée.

Exercise D. Suggestion: Can be done as oral drill or at board as dictation with transformation.

1. L'atmosphère a été polluée. 2. La consommation d'essence sera réduite. 3. Les ressources naturelles étaient protégées par le Gouvernement. 4. Le recyclage est choisi comme principale solution. 5. Le lac pollué est appelé "le Lac solitaire." 6. Des informations sur la protection de l'environnement seront données aux citoyens. 7. La philosophie écologiste sera acceptée par tout le monde. 8. L'utilisation des transports en commun était encouragée par le Gouvernement.

E. Un avenir heureux. Jouez le rôle d'une personne qui s'aperçoit des effets positifs de la philosophie écologiste et décrivez ses résultats. Suivez le modèle.

ETUDE DE GRAMMAIRE

503

MODELE: conserver les ressources naturelles → Les ressources naturelles ont été conservées. (On a conservé les ressources naturelles.)

Mots utiles: transformer l'urbanisme, développer l'énergie solaire, encourager les transports en commun, protéger la nature, retourner à une vie plus simple, réduire la tension et la violence de la vie urbaine

70. SUMMARY OF INDEFINITE ADJECTIVES AND PRONOUNS

Un petit village renaît

BENOIT: Voilà *plusieurs* mois que je n'ai pas vu Marion et Clément: *Tout* va bien chez eux?

VINCENT: Oui, ils font *quelque chose* de passionnant, avec *quelques* amis.

BENOIT: Tu parles de ce petit village abandonné qu'ils sont *tous* en train de reconstruire?

VINCENT: Oui, chacun y a acheté une maison en ruine. *Quelques-uns* travaillent à la construction, *d'autres* au jardinage. . . .

BENOIT: *Chaque* fois que j'entends parler d'eux, j'ai envie de *tout* laisser tomber ici et de les rejoindre!

VINCENT: Tu devrais peut-être terminer *quelques-uns* des projets de bricolage que tu as commencés l'année dernière!

1. Depuis combien de temps Benoît n'a-t-il pas vu Marion et Clément?
2. Est-ce que tout va bien chez eux?
3. Qu'est-ce qu'ils sont en train de faire?
4. Est-ce que d'autres amis travaillent avec eux?
5. Que devrait faire Benoît, selon Vincent?

A. Forms and uses of *tout*

1. the adjective **tout (toute, tous, toutes)**
   As an adjective, **tout** can be followed by an article, a possessive adjective, or a demonstrative adjective.

Nous avons marché **toute la** journée pour arriver au sommet.	We hiked *all* day to reach the summit.

A small village comes back to life

BENOIT: I haven't seen Marion and Clement for several months. Are things going well for them? VINCENT: Yes, they're doing something fascinating with some friends. BENOIT: Are you talking about that small abandoned village that they're all in the process of rebuilding? VINCENT: Yes, each of them bought a house in ruins there. Some are working in construction, others in gardening. . . . BENOIT: Every time I hear about them, I feel like dropping everything and joining them. VINCENT: Perhaps you should finish some of the do-it-yourself projects you started last year!

Voilà **tous mes** amis. Here are *all* of *my* friends.
Veux-tu apporter **toutes ces** pro- Do you want to bring *all those*
visions? supplies?

2. the pronoun **tout**
As a pronoun, the form **tout** means *all, everything.*

Tout va bien! *Everything* is fine!
Tout est possible dans ce *Everything* is possible in this
monde. world.

Tous and **toutes** mean *everyone, every one (of them), all of them.*

When **tous** is used as a pronoun, the final **s** is pronounced: **tous** [tus].

Tu vois ces jeunes gens? **Tous** Do you see those young peo-
veulent faire du camping. ple? *All of them* want to go
 camping.

Ces lettres sont arrivées hier. These letters arrived yesterday.
Dans **toutes,** il s'agit *All of them* deal with ecology.
d'écologie.

B. Other indefinite adjectives and pronouns

Indefinite adjectives and pronouns refer to unspecified things, persons, or qualities. They are also used to express sameness (the same one) and difference (another). Here are the most frequently used indefinite adjectives and pronouns in French.

Presentation: After chart has been studied and discussed, have students go back to mini-dialog to classify the indefinite adjectives and pronouns according to type.

ADJECTIVES		PRONOUNS	
quelque(s)	some, a few	**quelqu'un** **quelque chose** **quelques-uns/ unes**	someone something some, a few
plusieurs	several	**plusieurs**	several
chaque	each	**chacun(e)**	each one
un(e) autre **l'autre** **d'autres**	another some/the other other	**un(e) autre** **l'autre** **d'autres**	another some/the other others, some others
les autres	some/the other	**les autres**	the others
le (la) même **les mêmes**	the same	**le (la) même** **les mêmes**	the same one(s)

J'ai **quelques** amis à la campagne.

Quelqu'un m'a envoyé un livre sur l'écologie.

As-tu vu **quelque chose**?

Nous avons **plusieurs** choix.

Plusieurs sont extrêmement difficiles.

Chaque étudiant suit un cours d'alpinisme.

Chacun reçoit une appréciation (*evaluation*).

Chacune de mes amies parle français.

Veux-tu **une autre** tasse de thé?

J'ai reçu une carte postale aujourd'hui. **Une autre** est arrivée hier.

L'autre avion est parti.

L'autre est déjà parti.

Les autres passagers sont partis.

Les autres ne sont pas ici.

C'est **la même** date.

Les mêmes sont absents aujourd'hui.

The indefinite pronouns **quelqu'un** and **quelque chose** are singular and masculine. Remember that adjectives that modify these pronouns follow them and are introduced by **de**.

Je connais **quelqu'un d'intéressant**.

I know *someone interesting*.

Je veux **quelque chose de bon**.

I want *something good*.

Maintenant à vous

Exercise A. Suggestion: For rapid response drill, with oral repetition as desired. May be used as dictation with transformations done at board.

A. Excursion écologique. Faites les substitutions indiquées.

1. Jean-Paul a vu tout le *paysage. (déchets, campagne, usines, urbanisme, pollution)* 2. Tous mes *camarades* ont pris des photos. *(amis, professeurs, amies, enfants)* 3. Nous avons apporté tous ces *appareils-photo. (provisions, essence, tentes, vêtements)*

Exercise B. Suggestion: For oral or written practice.

B. Etes-vous d'accord? Faites des phrases complètes. Ensuite, décidez si à votre avis la phrase est vraie ou fausse. Si la phrase est fausse, remplacez-la par la bonne réponse.

1. tout / usines / polluer / atmosphère 2. tout / mon / amis / vouloir / conserver / énergie 3. tout / aller / bien / en ce qui concerne / environnement 4. je / utiliser / tout / mon / argent / si / je / pouvoir / protéger / nature 5. je / vouloir / passer / tout / mon / vie / à / campagne 6. tous / s'inquiéter / pour / avenir / notre / grand / villes 7. tout / mon / famille / vouloir / que / énergie / nucléaire / être / développer 8. tout / sénateurs / ne   pas / croire / que / énergie nucléaire / être / meilleur / solution

C. Marée noire *(oil spill)*. Un accident en mer a provoqué une grave marée noire en Bretagne. A la suite de *(after)* cette catastrophe, il y a eu une conférence sur la protection des océans.

1. *Plusieurs* pays étaient représentés à la conférence. *(quelques, mêmes, autres, chaque, autre)* 2. Les victimes de la marée noire ont affirmé quelque chose d'*intéressant*. *(scandaleux, inquiétant, important, sérieux)* 3. *D'autres* ont parlé d'une autre marée noire en Californie. *(quelqu'un, les autres, quelques-unes, plusieurs, chacun)* 4. C'est toujours la même *histoire*. *(problèmes, usines, dangers, discussions)*

D. La conférence continue. Transformez les phrases selon le modèle.
MODÈLE: Quelques étudiants ont téléphoné à l'ambassade. →
Quelques-uns ont téléphoné à l'ambassade.

1. Quelques plages ont échappé *(escaped)* à la marée noire. 2. Quelques femmes sont allées avec leurs maris à une manifestation écologiste. 3. Plusieurs chefs de gouvernement sont allés à la conférence. 4. Chaque pays y était représenté. 5. Chaque nation avait des intérêts différents. 6. Une autre conférence au sommet aura lieu *(will take place)* dans un mois. 7. Les mêmes pays y seront représentés. 8. D'autres problèmes écologiques y seront discutés.

E. La première chose qui vient à l'esprit. Avec un(e) camarade de classe, posez des questions—en français, s'il vous plaît—à partir des indications suivantes. Votre camarade doit donner la première réponse qui lui vient à l'esprit. Suivez le modèle.
MODÈLE: *someone boring* → Nomme quelqu'un d'ennuyeux.

1. *someone important* 2. *something important* 3. *something stupid* 4. *something red* 5. *someone amusing* 6. *all the female Senators in the U.S. government* 7. *all the male Spanish professors at the university* 8. *several French artists (authors, singers, _____)* 9. *another French artist (author, singer, _____)* 10. *??*

Marée noire en Bretagne

Exercise C. Suggestion: May be used as (1) rapid response drill; (2) dictation at board, with transformations indicated.

Exercise E. Suggestion: Students should do exercise in pairs. Encourage students to create their own questions.

CONVERSATION ET CULTURE

Retour aux sources

Marie-Christine et Pierre, 26 ans, mariés, parents d'un petit garçon, Sylvain, hésitent au moment de changer de *genre de vie*. Tous les deux sont pharmaciens et travaillent dans un laboratoire, près d'une grande ville. L'idée d'un départ à la campagne les *séduit* mais ils ont du mal à "sauter le pas."

lifestyle

appeals / to take the plunge

position	PIERRE: Si nous quittions la ville, nous n'aurions pas de grands besoins.
	MARIE-CHRISTINE: Si j'avais su, je n'aurais pas accepté la *situation* que j'ai maintenant.
hired for life	PIERRE: Tu n'as pas été *engagée à vie*!
it would have been better	MARIE-CHRISTINE: *Il aurait mieux valu* faire ce choix plus tôt. Nous avons acheté un logement, emprunté de l'argent, et maintenant. . . .
	PIERRE: Il n'est pas trop tard. Si nous n'avions pas essayé de vivre en ville, nous aurions eu des regrets; nous n'aurions jamais su si cette vie
suited	nous *convenait* ou non.
	MARIE-CHRISTINE: Moi, je croyais que nous pourrions être heureux ici.
	PIERRE: J'en ai assez de me sentir prisonnier. Pas toi? La hiérarchie, la
relationships	concurrence, la pollution dans les *rapports* humains comme dans l'atmosphère—non, non et non!
	MARIE-CHRISTINE: C'est vrai que si nous partons, Sylvain grandira dans un milieu sain et naturel. Mais pourra-t-il aller à l'école si nous achetons cette ferme en ruine dont tu rêves?
	PIERRE: Si nous arrivons à restaurer tout ce village abandonné de la Drôme, à attirer d'autres familles, ce serait *merveilleux*. Je ne voudrais
marvellous	pas non plus que Sylvain manque de compagnie, qu'il grandisse loin d'autres enfants.
	MARIE-CHRISTINE: Son éducation m'inquiète aussi. Si nous avions été
raised	*élevés* à la campagne, nous n'aurions probablement pas fait de longues études.
	PIERRE: Nous n'en sommes pas plus heureux. Nous aurions appris autre chose, à travailler de nos mains par exemple.
	MARIE-CHRISTINE: Oui, tu as raison. Nous aurions enfin du temps, un deuxième enfant peut-être. . . .
	PIERRE: Les amis viendraient nous voir en toute liberté, nous serions aidés par les voisins. . . .
	MARIE-CHRISTINE: Oui, depuis notre mariage, nous avons connu la
race	*course* à l'argent, la concurrence, la fatigue des fins de journées.
	PIERRE: Alors, refusons cette vie.
	MARIE-CHRISTINE: La région est-elle entièrement désertée, l'hiver?
	PIERRE: La région, non, mais le village lui-même a été abandonné il y a au moins cinquante ans.
to weave	MARIE-CHRISTINE: Tu imagines: j'apprendrais à *tisser,* nous aurions des
goats / preserves	*chèvres* et un chien. Je ferais des *confitures* "maison". . . et nous serions plus actifs dans le mouvement écologiste.
that's right	PIERRE: Oui, nous ferions enfin des choses intelligentes, *quoi*! Sans rire, tu crois vraiment que ce n'est pas de l'utopie, que nous ne sommes pas fous?
sensible	MARIE-CHRISTINE: Non, nous n'avons jamais été plus *sensés* et plus raisonnables, j'en suis sûre.

Questions et opinions

1. Où habitent Marie-Christine et Pierre? Quelle est leur profession?
2. Quel nouveau mode de vie envisagent-ils? 3. Quels sont les avantages de leur vie en ville? 4. Quels sont les inconvénients de la vie dans un village? 5. Pourquoi s'inquiètent-ils pour leur enfant? 6. Qu'est-ce qu'ils ont enfin décidé? 7. Que pensez-vous de leur décision? 8. Si vous aviez été Marie-Christine ou Pierre, qu'est-ce que vous auriez décidé? 9. Selon vous, quels sont les avantages de la vie en ville? et dans un village? 10. Quels sont les inconvénients de la vie dans un village? et en ville?

Commentaire culturel

Because France remained a rural country well into the 1930s, the back-to-nature movement is somewhat new. The French have always believed in buying fresh fruits and vegetables rather than frozen or canned products, in buying fresh bread daily, in taking regular walks, in drinking mineral water, and, of course, in the benefits of breathing **air pur.** Pushing open the shutters with outstretched arms is an early-morning breathing exercise for many French people, and their frequent use of the expressions **changer d'air, prendre l'air,** and **profiter du bon air** reflects their custom. Out-of-door activities—biking, skiing, and so forth—have always been popular.

But as an industrialized nation France has had to deal with the problems of industrialization while enjoying the benefits. There is now a **Ministre de l'environnement et du cadre de vie.** Millions of francs are spent each year in an attempt to control air and water pollution. Between 1970 and 1980, toxic gases decreased between thirty and seventy percent in towns like Rouen, Le Havre, Dunkerque, and Caen. National parks have been created in scenic areas to protect them from development. Conservation of energy is vital because the French must get most of their energy from abroad. In 1975 the energy consumed by one person in France was equivalent to 2.63 tons of oil, as compared with 7.33 for the average American. And in many elections, there are now political candidates who identify themselves as ecologists.

Signs of a back-to-nature movement are also apparent at the grass-roots level. Health-food stores have enjoyed increasing success, even though mixes and frozen foods were never very popular, and more and more people are turning to a vegetarian diet. **Les herboristeries** are more visible than ever, and the French continue to believe in herb teas as a remedy for a multitude of ills. Mineral water, bottled or obtained at the **ville d'eau,** is still popular, as are **les cures** and **le thermalisme** (bathing in hot springs), paid for by the national health program just like other medical treatment.

Handicrafts are increasingly popular, not just as leisure-time activities but because of the French interest in original, non–mass-produced

Un jardin urbain

Suggestions: (1) Use the long dialog as a point of departure for reviewing the grammar points of the lesson. Example: Have students search for all incidences of the past conditional (or of **si** clauses, indefinite adjectives and pronouns, etc.) and explain their use. (2) May be done as a listening activity, with students tallying all occurrences of the past conditional, etc. that they hear as the dialog is read.

items. Craftsmanship is an important part of the quality of French life, and there are still dedicated craftspeople who decorate Limoges porcelain by hand or meticulously weave three centimeters of fabric a day to repair antique furniture.

If there is one ideal that the French believe in wholeheartedly, it is in a "natural" way of life, in the escape from the industrial and artificial elements of modern living and, above all, in the necessity of preserving the beauty of the unspoiled French countryside.

RECAPITULATION

Exercise A. Suggestion: Give students a few minutes to write the paragraph in past tense. Then have someone read his/her composition aloud as follow-up. Discuss any problems that students encountered in choosing the appropriate tense. (You may also want to distribute copies of the story written in the past or put it on a transparency instead of having a student read a composition aloud.)

A. Automne à la campagne. Mettez l'histoire au passé.

1. C'est l'automne. 2. Quelques arbres ont commencé à perdre leurs feuilles. 3. Quelques animaux se sont déjà endormis pour l'hiver. 4. A la ferme les Tartampion font des confitures. 5. Ils commencent à remplir *(to fill)* les pots avec des fruits que les enfants sont allés cueillir *(to gather)*. 6. Si nous allons voir les Tartampion, ils nous donneront sûrement de la confiture et du miel. 7. S'ils vont en ville, ils iront à pied. 8. Mais en général ils restent chez eux, parce qu'ils n'ont jamais rêvé de vivre en ville. 9. Leurs enfants grandiront sans s'inquiéter des problèmes urbains.

B. Une aventure en montagne. En français, s'il vous plaît.

1. *Last year a friend and I went to the mountains* **(montagne)** *for a vacation.* 2. *We had decided to escape* **(échapper à)** *the pollution of the city.* 3. *The forest and the mountains are always so beautiful, we thought.* 4. *Our car would be left in town.* 5. *If we were lucky, we wouldn't see anyone.* 6. *The day we arrived, we only saw several insects.* 7. *The next day we saw a few campers and some more insects.* 8. *The same day, we were surprised by a big bear* **(ours).** 9. *If it had entered our tent at night. . . .* 10. *After that we couldn't sleep.* 11. *We also started thinking about something good to eat.* 12. *A big meal at home would have been wonderful.* 13. *Oh, if we had known all these things, we would have planned* **(organiser)** *a different vacation.* 14. *Next year we will plan something different!*

C. Si j'avais pu. . . . Qu'est-ce que vous auriez fait pour améliorer *(to improve)* les conditions de vie si vous en aviez eu l'occasion? Faites au moins six phrases complètes. Employez une phrase de chaque colonne.

Les occasions	Les actions
1. si je / être élu(e) Président(e)	(ne pas) augmenter / impôts
2. si je / être élu(e) au Congrès	(ne pas) augmenter / prix / essence
3. si je / avoir / argent	(ne pas) protéger / animaux
4. si je / avoir / courage	(ne pas) faire le tour du monde
5. si on / me / avoir écouter	(ne pas) organiser / manifestation / contre / centrales nucléaires *(nuclear power plants)*
6. si je / avoir / temps	(ne pas) interdire *(to forbid)* / voitures / dans le centre-ville
	(ne pas) parler / contre / entreprises / irresponsable

D. Si seulement. . . . C'est l'an 2025 et vous prenez votre retraite *(retirement)*. Vous repensez à votre vie et vous rêvez un peu de la vie que vous auriez pu avoir. Avec un(e) camarade, parlez des avantages et des inconvénients qu'un changement de vie aurait apportés. Suivez le modèle.

MODELE:　*Vous:* Moi, si seulement j'avais vécu dans une grande ville, j'aurais eu beaucoup de distractions.

Un ami: Mais non, si tu avais vécu dans une grande ville, tu aurais eu beaucoup de tension.

Situations	Avantages	Inconvénients
vivre dans une grande ville	beaucoup de distractions	tension, violence
vivre à la campagne	l'air pur, le silence	peu de distractions
beaucoup voyager	voir le monde	manque de stabilité
diriger une entreprise	être riche	être trop occupé(e)
avoir des enfants	amour, joie *(joy)*	problèmes d'argent, responsabilités
rester célibataire *(unmarried)*	liberté	solitude

> **Le Français par les gestes: Il me rase. Il me barbe.**
> These expressions are slang for "he bores me." The backs of the fingers of one hand rub against the cheek, as if shaving. The trick is not to get caught in the act by the person being described!

VOCABULAIRE

VERBES

apercevoir	to perceive, to see
s'apercevoir (de)	to notice
conserver	to conserve
développer	to develop
encourager	to encourage
gaspiller	to waste
grandir	to grow up
s'inquiéter	to worry
manquer	to need; to miss
polluer	to pollute
protéger	to protect
recevoir	to receive, to welcome
réduire	to reduce
rêver	to dream
transformer	to change, to transform
urbaniser	to urbanize
utiliser	to use

NOMS

l'air *(m)*	air
l'atmosphère *(f)*	atmosphere
l'automobile *(f)*	automobile, car
la carte	map
la circulation	traffic
la concurrence	competition
la confiture	preserves, jam
la consommation	consumption, use
le déchet	waste
l'écologie *(f)*	ecology
l'énergie *(f)*	energy
l'environnement *(m)*	environment
l'essence *(f)*	gasoline
la ferme	farm
la nature	nature
la philosophie	philosophy

NOMS

la pollution	pollution
la randonnée	hike
le recyclage	recycling
la ressource	resource
la solution	solution
la tension	tension
le transport	transportation
l'urbanisme *(m)*	town planning
l'usine *(f)*	factory
le vélo	bike
la violence	violence

ADJECTIFS

contemporain(e)	contemporary
d'autres	other
détendu(e)	rested, relaxed
industriel(le)	industrial
naturel(le)	natural
nucléaire	nuclear
pur(e)	pure
quelque(s)	some, a few
solaire	solar
tout(e), (tous, toutes)	all
urbain(e)	urban

PRONOMS

d'autres	others, some others
quelques-uns(unes)	some, a few
tous (toutes)	everyone, every one (of them), all of them
tout	all

MOTS DIVERS

en commun	in common, mass

Intermède 17

Activités

A. Imaginez. . . Répondez aux questions suivantes de façon aussi imaginative que possible. Ensuite, comparez les réponses données par la classe. Qui a donné _____ ?

> les réponses les plus écologistes?
> les réponses les plus bizarres?
> les réponses les plus politiques?
> les réponses les plus intellectuelles?

Voici les questions.

1. Si vous aviez eu beaucoup de temps le week-end dernier, qu'est-ce que vous auriez aimé faire?   2. Si vous aviez eu l'occasion de faire ce que vous vouliez l'été dernier, qu'est-ce que vous auriez fait?   3. Si vous étiez allé(e) en France pendant les dernières vacances, qu'est-ce que vous auriez vu?   4. Si vous aviez eu de l'argent l'année dernière, qu'est-ce que vous auriez acheté?   5. Pour échapper à la foule *(to get away from it all)*, où iriez-vous?   6. Si vous pouviez arrêter la pollution par une simple action, qu'est-ce que vous feriez?

B. Enquête sur les conditions de vie moderne. Etes-vous satisfait(e) des conditions de votre vie? Répondez *oui* ou *non* aux questions suivantes.

1. Est-ce que vous vous intéressez au retour à la terre?   2. Voulez-vous que vos enfants grandissent au contact de la nature?   3. Aimez-vous les promenades en forêt?   4. Faut-il protéger les animaux?   5. Achetez-vous des produits sains et naturels?   6. Vous êtes-vous arrêté(e) de fumer? (N'avez-vous jamais fumé?)   7. Pensez-vous qu'on doive recycler les bouteilles?   8. Doit-on faire des lois pour contrôler la pollution des océans?   9. Pensez-vous que le Gouvernement doive développer la recherche de nouvelles sources d'énergie?   10. Approuvez-vous la course *(race)* à l'argent?

Qu'est-ce que vos réponses suggèrent sur votre personnalité? Interprétez les réponses d'une personne qui a dit _____ .

oui 9–10 fois
oui seulement 2 fois
non 10 fois
oui 5 fois et non 5 fois

C. **Etes-vous écologiste?** Lisez le questionnaire à la page 515. Voici des définitions et des traductions pour vous aider.
Introduction: rayer *(to cross out)*

1. sensibiliser par *(to be sensitized to, aware of)*; Club de Rome *(un groupe écologiste)*; croissance *(growth)*; René Dumont *(économiste et écologiste français)*; Seveso *(Italian city where there was a nuclear plant leak)*
2. malsain *(unhealthy)*; béton *(concrete)*; voisinage *(neighborhood)*; tiers monde *(third world)*
3. attirer *(to attract)*; espoir *(hope)*
4. poursuivre *(to pursue)*
5. électroménager *(electric domestic appliance)*
6. apport *(contribution)*
7. prêt *(ready)*; s'engager dans *(to join)*
8. prendre en compte *(to take into account)*

Maintenant utilisez le questionnaire pour interviewer un(e) camarade. Il/Elle doit expliquer chaque réponse. Puis, faites un résumé des réponses aux questions trois à dix. Votre classe est-elle écologiste?

D. **Les vacances vertes.** Vous cherchez le calme et la tranquillité. En France, vous pourriez écrire à des agriculteurs et réserver un logement dans leur ferme. Voici des possibilités. . . à la ferme.

- louer une chambre à la ferme; repas compris; prix modéré
- louer une petite maison dans les champs; prix selon la région
- faire du camping à la ferme; vacances économiques sous la tente ou dans une caravane *(trailer)*
- confier vos enfants à une famille d'agriculteurs
- visiter les petits musées qui retracent la vie d'autrefois à la campagne
- séjourner chez un viticulteur *(wine grower)* et goûter son vin
- louer une ferme près de la mer; solution chère et difficile à trouver
- séjourner dans un chalet de montagne; solution chère mais vacances exceptionnelles

Lesquelles de ces possibilités vous conviennent? Posez les questions suivantes à deux camarades et puis donnez-leur des conseils sur ce qu'ils doivent faire pendant leurs vacances.

Etes-vous écologiste ?

Ce questionnaire s'adresse aux lecteurs de L'Express qui, disposés ou non à militer pour l'écologie, estiment, en tout cas, que le mouvement écologique pose clairement un certain nombre de problèmes importants de la civilisation industrielle. (Rayez les mentions inutiles.)

1 A quelle occasion avez-vous été sensibilisé par les problèmes écologiques ?
1. les cris l'alarme lancés en 1972 : Conférence mondiale sur l'environnement, à Stockholm, et premier rapport du Club de Rome sur les limites de la croissance.
2. la candidature de René Dumont à l'élection présidentielle de 1974.
3. les manifestations contre le programme de centrales nucléaires.
4. les manifestations contre un projet local d'urbanisme ou d'implantation industrielle.
5. le drame de Seveso.
6. autre circonstance.

2 Pouvez-vous classer de 1 à 15, selon l'importance qu'ils ont pour vous, les problèmes de civilisation que veulent résoudre les écologistes.
- [ ] les dangers de l'énergie nucléaire.
- [ ] la pollution de l'air et de l'eau.
- [ ] le bruit.
- [ ] l'alimentation malsaine.
- [ ] la prolifération du béton dans les villes.
- [ ] la destruction des terres agricoles.
- [ ] la tendance au gigantisme.
- [ ] le centralisme.
- [ ] la destruction des relations de voisinage.
- [ ] le règne de l'automobile.
- [ ] le gaspillage de l'énergie.
- [ ] la destruction du milieu marin.
- [ ] la disparition des espèces animales.
- [ ] le pillage des ressources du tiers monde.
- [ ] le monopole des partis politiques.

3 Ce qui vous attire, dans le mouvement écologique, est-ce l'espoir de sauvegarder ce qui peut l'être encore des charmes d'une « civilisation villageoise » ?

OUI   NON

4 Selon les écologistes, si les sociétés industrielles poursuivent leur développement selon les modalités économiques et technologiques qui ont prévalu depuis trente ans, elles courent à la catastrophe. Etes-vous d'accord avec cette analyse ?

OUI   NON

5 La solution, selon vous, est-elle dans un certain retour au passé qui bannisse la plupart des technologies développées depuis trente ans : produits synthétiques, électroménager, urbanisme en hauteur, avions supersoniques, développement des transports individuels ?

OUI   NON

6 Ou bien voyez-vous dans les propositions des écologistes l'espoir d'une civilisation postindustrielle qui concilie l'apport des technologies avec le respect de l'environnement et la satisfaction des besoins matériels et psychologiques des hommes ?

OUI   NON

7 Avez-vous participé à une action ou à une manifestation écologique ?

OUI   NON

8 Si vous ne l'avez déjà fait, seriez-vous prêt, maintenant, à vous engager dans une association écologique ?

OUI   NON

9 Avez-vous déjà voté pour un candidat écologiste ?

OUI   NON

10 Si les partis politiques ne prennent pas suffisamment en compte leurs propositions et revendications, les responsables du mouvement écologique ont annoncé qu'ils présenteraient des candidats aux prochaines élections législatives. Seriez-vous prêt à voter pour eux ?

OUI   NON

Découpez cette page et glissez vos réponses dans une enveloppe adressée à :

L'EXPRESS - QUESTIONNAIRE ECOLOGIE
25, rue de Berri - 75380 Paris Cedex 08

en indiquant, pour faciliter l'étude statistique :

Votre âge .... ans

Votre sexe .... M F

Votre profession ....

1. Avez-vous beaucoup d'argent? 2. Est-ce que le confort est très important pour vous? 3. Préférez-vous la mer, la montagne ou la campagne? 4. Aimez-vous le camping? 5. Aimez-vous les musées? 6. Est-ce que vous appréciez beaucoup le vin? 7. Si vous aviez des enfants, aimeriez-vous qu'ils passent leurs vacances à la campagne? 8. Est-ce que la qualité de la nourriture est très importante pour vous? 9. Aimez-vous la marche à pied? 10. Aimez-vous être isolé(e) ou préférez-vous être entouré(e) *(surrounded)* de monde?

Après avoir donné des conseils aux autres, expliquez votre propre choix pour les prochaines vacances.

E. **Les cartes de crédit et la vie moderne.** Aux Etats-Unis, il y a des gens qui croient que les cartes de crédit—Visa, Master-Card, Diners Club et American Express—sont une maladie de la vie moderne. En France, bien que l'on défende la vie naturelle, la vie «à la carte» a aussi commencé. Quels sont les avantages et les inconvénients de la vie «à la carte»? Avec un(e) camarade, faites deux listes: l'une en faveur des cartes de crédit et l'autre contre. Voici des phrases utiles:

Pour	*Contre*
payer tout en même temps	l'argent n'a plus de valeur
la facilité de payer avec une carte	le choc quand on reçoit les factures *(bills)*
acheter au lieu d'attendre	être seulement un numéro
	les intérêts

Laquelle de vos deux listes est la plus longue?

Lecture: Jean-Jacques Rousseau

drawn

thus / escaped / to relax
gathered

uncomfortable
wool / fur
made fun

self-taught

Il était persuadé que la civilisation dans laquelle il vivait corrompait l'homme. Ses goûts étaient simples: du pain, du vin, du fromage et des fruits—nourritures *tirées* de la terre. Il vivait modestement dans un logement de trois pièces. Pour vivre, il copiait de la musique—il ne dépendait *ainsi* de personne et il *échappait* au système économique. Pour *se détendre* il faisait de longues promenades à pied dans la nature. Il *ramassait* des herbes et il rêvait. Un jour, il a même décidé de ne pas porter les vêtements de tout le monde; il les jugeait *incommodes* et trop coûteux. Il s'est fait une grande robe de *laine* avec un bonnet de *fourrure*. Les gens *se sont moqués* de lui.

Un "hippie" des années 60? un "écologiste" des années 70? Non, Jean-Jacques Rousseau, né en 1712 et mort en 1777, a été le hippie écologiste avant les hippies et les écologistes. Originaire de Genève, vagabond, *autodidacte*, il s'est fait connaître comme musicien. Un jour il est tombé au cours de ses lectures sur une question posée par une académie littéraire de province qui l'a *frappé* comme une révélation: le développement des sciences et des arts a-t-il contribué au bonheur des hommes? Non! a répondu Rousseau—les hommes sont nés heureux, ils *ignoraient* la propriété et la rivalité. C'est la civilisation qui les a corrompus. L'académie a donné à Rousseau le premier prix. Cela a été la consécration de ses idées et pour lui, le début d'un profond changement dans son existence. Il a passé le reste de sa vie à militer pour sa cause à travers le roman *(Julie ou la Nouvelle Héloïse)*, l'essai *(Du contrat social, Emile)* et les mémoires *(Les Confessions)*.

Le Rousseauisme est d'abord un *retour sur soi-même*, chaque homme doit retrouver au fond de lui-même la vérité dissimulée sous vingt siècles de *dressage*. C'est aussi un système d'éducation. Rousseau a ouvert au *Moi* l'immense domaine de la littérature moderne.

struck

knew nothing about

consideration of one's self

conditioning
image of self

Compréhension et expression

A. Comprenez-vous?

1. A quel siècle Jean-Jacques Rousseau a-t-il vécu? 2. Quelles étaient ses occupations? 3. Que pensait-il de la civilisation? 4. Que faisait-il pour se détendre? 5. Pourquoi a-t-il gagné le premier prix de l'académie? 6. Qu'est-ce que c'est que le Rousseauisme? 7. Nommez quelques oeuvres de Rousseau.

B. C'est une question de goûts.
Avez-vous des goûts simples comme Rousseau? Décrivez vos goûts. Employez les questions comme guide.

1. Qu'est-ce que vous aimez manger? 2. Avez-vous un grand ou un petit logement? Expliquez. 3. Qu'est-ce que vous aimez porter comme vêtements? 4. Aimez-vous vous promener? Où? Quand? 5. Pendant vos vacances, où séjournez-vous? dans un hôtel? sous une tente? 6. Que voulez-vous faire dans la vie? 7. Pensez-vous avoir des goûts simples, comme Rousseau?

Suggested five day lesson plan for
Chapitre 18:

Day 1: **Vocabulaire**
      Present participle
Day 2: Possessive pronouns
      Causative **faire**
Day 3: Verbs followed by
      prepositions
      Prononciation
Day 4: **Conversation et culture**
      Récapitulation
Day 5: Optional quiz
      Intermède

Le Français dans le monde

Chapitre **18**

OBJECTIFS

Communication et culture In this chapter, you will learn vocabulary and expressions related to French as a world language. You will read about the importance of French culture all over the world and about francophone Africa.

Grammaire You will learn to use the following aspects of French grammar:

71. how to form and use the present participle—**parlant** *(speaking)*, **finissant** *(finishing)*, and so on—as adjectives and with the preposition **en**

72. the forms and uses of the possessive pronouns, for example, **le mien, la mienne, les miens, les miennes** *(mine)*

73. how to use the verb **faire** with an infinitive to indicate that something is being done to the object of the infinitive

74. which verbs can be directly followed by an infinitive and which verbs require a preposition before the infinitive

See facing page for lesson plan.

ETUDE DE VOCABULAIRE

Le Français, langue de communication internationale

Le français, langue de la diplomatie

Depuis le 17ᵉ siècle le français est la langue de la diplomatie.

Le français, langue officielle de l'ONU

Le français est une des six langues officielles de l'Organisation des Nations Unies (ONU).

Le français, langue officielle dans tous les coins du monde

Le français est la langue officielle de nombreux pays.

Le français, langue gastronomique

Le français est la langue de la haute cuisine.

Le français, langue culturelle

Le français est une des langues utilisées par l'élite intellectuelle et scientifique.

Conversation.

1. A quel siècle le français est-il devenu la langue de la diplomatie mondiale? Pourquoi? Connaissez-vous des personnages historiques français? Des personnages historiques américains qui parlaient français? 2. Qu'est-ce que c'est que l'ONU? Quelles sont les

langues officielles de l'ONU? Pourquoi, à votre avis, le français est-il une de ces langues? 3. Pourquoi est-ce que le français est la langue officielle de nombreux pays? Parle-t-on aussi français dans certaines régions des Etats-Unis? 4. Qu'est-ce que c'est que la haute cuisine? Dans votre ville, y a-t-il des restaurants qui offrent de la haute cuisine? Connaissez-vous des expressions gastronomiques françaises? 5. Pourquoi est-ce que le français est la langue de l'élite intellectuelle et scientifique? Pouvez-vous nommer des Français et des Françaises célèbres dans le domaine culturel? 6. Est-ce que le français est une langue de communication pour vous? Expliquez.

La langue et la culture françaises sont un moyen de communication pour une grande partie de l'Afrique, continent d'une immense diversité linguistique et culturelle.

L'Afrique francophone

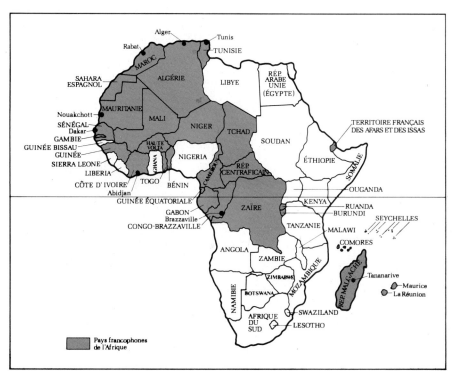

Presentation: Model pronunciation of countries.

Exercise A.   Suggestion: Do as rapid response drill, using choral and individual response as desired.

A.   Nationalités africaines. D'où viennent ces étudiants? Avec un(e) camarade, jouez les rôles selon le modèle.

MODELE: Marianne, Rabat, le Maroc →
         Vous: Marianne, d'où venez-vous?
     Marianne: Je viens de Rabat, au Maroc. Je suis marocaine.

1. Gisèle, Tananarive, la République Malgache `Michèle et Bernard, Dakar, le Sénégal 3. Patrick et Odile, Alger, l'Algérie *(f)* 4. Monique et Françoise, Brazzaville, le Congo-Brazzaville 5. Juliette et Jean-Pierre, Abidjan, la Côte d'Ivoire 6. Clément et Vincent, Tunis, la Tunisie.

Adjectifs: sénégalais(e); marocain(e); ivoirien(ne); malgache; tunisien(ne); algérien(ne); congolais(e).

Exercise B.   Suggestion: This may be done in pairs with one student playing the travel agent and the other the traveller. Later, take a tally to see what country most students want to visit.

B.   Splendeurs africaines. Vos camarades désirent aller en Afrique. Guidez-les! Répondez à leurs questions. Aidez-vous des affiches suivantes.

1. Quels paysages trouve-t-on dans chaque pays? 2. Quel est le climat de chaque pays? 3. Qu'est-ce qu'on peut y faire? 4. Combien coûte le voyage? 5. Quelle est la compagnie aérienne de chaque pays?

ETUDE DE GRAMMAIRE

71.   THE PRESENT PARTICIPLE

Poésie africaine d'expression française

MARIE-CHRISTINE: J'imagine, *en écoutant* ce poème de Léopold Senghor,* que la littérature africaine est très engagée.

African poetry in French
MARIE-CHRISTINE: I imagine, listening to this poem by Léopold Senghor, that African literature is very militant.   JEAN-PIERRE: Yes, two of the most important black poets, Aimé Césaire and Léopold Senghor, become famous while they were also great political figures. LAURENT: However, since Senegal has been independent, our contemporary poets, by speaking to their Senegalese public without being militant, by coming back to folklore, and to African roots, continue to produce an authentic poetry.

*Le poète Léopold Senghor a été le premier Président de la République sénégalaise.

JEAN-PIERRE: Oui, deux des poètes noirs, Aimé Césaire* et Léopold Senghor, sont devenus célèbres tout *en étant* aussi de grands hommes politiques.

LAURENT: Et pourtant, depuis que le Sénégal est indépendant, nos poètes contemporains, *en s'adressant* au public sénégalais sans militantisme, *en revenant* au folklore, et aux racines africaines, continuent à produire une poésie authentique.

Refaites les phrases suivantes selon le dialogue en utilisant le participe présent avec **en**.

1. J'écoute ce poème de Senghor et j'imagine que la littérature africaine est très engagée politiquement.
2. Césaire et Senghor sont des poètes célèbres et ce sont aussi de grands hommes politiques.
3. Nos poètes s'adressent au public sénégalais et reviennent aux racines africaines.

Léopold Sédar Senghor,
président du Sénégal

A. Forming the present participle

In English, the present participle ends in *-ing*. It is used to describe an action that is taking place simultaneously with the action of the main verb: *While **reading** a book about the Congo, John began to understand the problems of colonialism.*

The French present participle is formed by dropping the **-ons** ending from the nous form of the present indicative and adding **-ant.**

donner:	nous donn~~ons~~	→	donn-	→	**donnant**
finir:	nous finiss~~ons~~	→	finiss-	→	**finissant**
perdre:	nous perd~~ons~~	→	perd-	→	**perdant**

Three French verbs have irregular present participles:

avoir: **ayant**   être: **étant**   savoir: **sachant**

B. Uses of the present participle

1. The present participle is frequently used with the preposition **en**. In this construction, it expresses an action that is taking place at the same time as the main action of the sentence. **En** corresponds to the English prepositions *while* and *upon*.

Mehdi a obtenu une réduction sur le vol Rabat-Paris **en achetant** son billet.	Mehdi got a discount on the Rabat-Paris flight *upon buying* his ticket.
En étudiant la langue, nous avons aussi découvert la culture.	*While studying* the language, we've also learned about culture.

*Presentation: Give additional verbs and ask students to form present participles. Examples: **choisir, rentrer, partir, vendre, prendre.***

*Aimé Césaire est un grand poète et homme politique français originaire de la Martinique.

The present participle can also indicate a relationship of cause and effect between the present participle and the main verb. **En** then corresponds to the English prepositions *in* or *by.*

J'apprends le français **en parlant** souvent avec mes amis marocains.	I'm learning French *by speaking* often with my Moroccan friends.

2. The present participle of many verbs can be used as an adjective. It then agrees in gender and number with the noun it modifies.

Il y avait des coutumes **charmantes** au dix-septième siècle.	There were *charming* customs in the seventeenth century.
Alger est la ville la plus **intéressante** d'Algérie.	Algiers is the most *interesting* city in Algeria.

Maintenant à vous

Exercise A. Suggestion: Use for rapid response oral drill, using individual and choral repetition as desired.

A. Pour perfectionner son français. Jeff Stevens, un étudiant américain, a été invité à venir vivre dans la République Malgache. Il prépare son voyage en parlant français toute la journée. Qu'est-ce qu'il fait? Suivez le modèle.

MODELE: se lever → Il parle français en se levant.

1. se baigner
2. s'habiller
3. prendre son petit déjeuner
4. conduire sa voiture
5. aller aux cours
6. faire du jogging
7. promener son chien
8. préparer son dîner
9. regarder la télé
10. s'endormir

Exercise B. Suggestion: Use as whole-class exercise.

B. Le paradis antillais. Jean-Luc et Marie-José Chabanne vivent aux Antilles. Ils veulent convaincre *(to convince)* une amie française, Claudine, de venir leur rendre visite. Transformez les phrases, selon le modèle.

MODELE: Viens vivre à Haïti: tu apprendras à vivre plus librement. → En vivant à Haïti, tu apprendras à vivre plus librement.

1. Viens voir le Carnaval: tu découvriras la magie vaudou.   2. Viens visiter les villages créoles: tu verras le vrai visage d'Haïti.   3. Viens jouer au Casino international: tu deviendras peut-être riche.   4. Viens finir tes vacances à la Martinique: tu repartiras éblouie *(dazzled)*.   5. Viens faire de la pêche sous-marine: tu pourras te détendre pleinement.   6. Viens habiter chez nous, à la Guadeloupe: tu passeras des vacances merveilleuses.   7. Viens te promener dans notre île: tu décideras peut-être de déménager *(to move)*.   8. Viens nager dans la mer des Caraïbes: tu décideras peut-être de rester ici!

C. Activités actuelles et futures. Avec un(e) camarade, posez les questions suivantes. Répondez en utilisant un participe présent selon le modèle.

Exercise C. Suggestion: Have students do in pairs. Then do a few with the whole class.

MODELE: Comment apprends-tu le français? (étudier) → C'est en étudiant que je l'apprends.

1. Comment te prépares-tu pour tes examens de français? (étudier beaucoup, ___?___) 2. Que vas-tu faire pour réussir à ton examen? (travailler toute la semaine, ___?___) 3. Comment te détends-tu le mieux? (dormir, ___?___) 4. Quelles sont les activités qui t'amusent? (jouer au tennis, ___?___) 5. Quelles sont les activités qui t'ennuient? (lire des romans, ___?___) 6. Que fais-tu pour passer d'excellentes vacances? (voyager en France, ___?___) 7. Comment gagneras-tu de l'argent à l'avenir? (faire un hold-up, ___?___) 8. Quelles études fais-tu pour te préparer à une profession intéressante? (suivre les cours faciles, ___?___) 9. ???

72. POSSESSIVE PRONOUNS

Objets d'art

CHANTAL: Quel masque remarquable! Il t'*appartient*?
OUSMANE: Oui, il *est à moi*. C'était un masque d'initiation dans notre région.
LEON: Dans *la nôtre*, les masques d'initiation ressemblent à une antilope. Nous les utilisons toujours pour danser au cours des cérémonies traditionnelles.
OUSMANE: Mon masque me fait souvent penser au Cameroun, mon pays, *aux miens* et à mes amis qui sont encore là-bas.

Retrouvez la phrase correcte dans le dialogue.

1. Il est à toi?
2. Il m'appartient.
3. Dans notre région, les masques ressemblent à une antilope.
4. Je pense à ma famille et à mes amis.

Art objects
CHANTAL: What a remarkable mask! Does it belong to you? OUSMANE: Yes, it's mine. It was an initiation mask in our area.   LEON: In ours, initiation masks look like an antelope. We still use them in ceremonial dances.   OUSMANE: My mask often reminds me of Cameroun, my country, of my family, and of my friends who are still over there.

Possessive pronouns replace nouns that are modified by a possessive adjective or other possessive construction. In English, the possessive pronouns are *mine, yours, his, hers, its, ours,* and *theirs.*

Possessive adjective + noun		*Possessive pronoun*
They're my tickets.	→	They're *mine.*
Is that your book?	→	Is that *yours*?

A. Forms and use of the possessive pronouns

In French, the definite article is always used with the appropriate forms of the possessive pronoun.

	SINGULAR		PLURAL	
	Masculine	Feminine	Masculine	Feminine
mine	le mien	la mienne	les miens	les miennes
yours	le tien	la tienne	les tiens	les tiennes
his/hers/its	le sien	la sienne	les siens	les siennes
ours	le nôtre	la nôtre	les nôtres	les nôtres
yours	le vôtre	la vôtre	les vôtres	les vôtres
theirs	le leur	la leur	les leurs	les leurs

Grammaire et prononciation

Be careful to differentiate between the pronunciation of the letter **o** in the possessive adjectives *notre/votre* [ɔ], and the letter **ô** in the possessive pronouns **nôtre/vôtre** [o]. As with possessive adjectives, French possessive pronouns agree in gender and number with the noun to which they refer, not with the possessor as in English.

la voiture de Charles	→	sa voiture	→	**la sienne**	*his*
la voiture de Marie	→	sa voiture	→	**la sienne**	*hers*
le père d'Estelle	→	son père	→	**le sien**	*hers*
la mère de Marc	→	sa mère	→	**la sienne**	*his*

Compare these sentences, in which possessive constructions with nouns are contrasted with possessive pronouns.

Possessive construction + noun		*Possessive pronoun*
Où sont **leurs bagages**?	→	**Les leurs** sont ici.
C'est **mon frère** là-bas.	→	Ah oui? C'est **le mien** à côté de lui.
La **voiture de Frédérique** est plus rapide que **ma voiture.**	→	Ah oui? **La sienne** est plus rapide que **la mienne.**

The prepositions **à** and **de** contract with the definite article that precedes the possessive pronouns, just as they do when the definite article is used with nouns.

Nous parlons de nos coutumes et vous parlez **des vôtres.**

We're talking about our customs and you're talking *about yours.*

Si tu viens dans mon pays, je viendrai **dans le tien.**

If you come to my country, I'll come *to yours.*

B. Alternatives to possessive pronouns

The use of **être + à** + noun/pronoun is a frequent alternative to the use of possessive pronouns, as is the verb **appartenir** *(to belong)* plus an indirect object. Compare these sentences.

Possessive pronoun	**Etre à** + *noun/pronoun*	**Appartenir** *with indirect object*
Ce livre est **le mien.**	Ce livre **est à moi.**	Ce livre **m'appartient.**
Ce sont les livres de Paul. Ce sont **les siens.**	Ces livres sont à Paul. Ils **sont à lui.**	Ces livres appartiennent à Paul. Ils **lui appartiennent.**
Leurs lettres? Voici **les leurs.**	Ces lettres **sont à eux.**	Ces lettres **leur appartiennent.**

These alternatives to the possessive pronouns are generally not used to refer to people or to countries.

Maintenant à vous

A. Retour de voyage. Henri et Jean-François ont toutes leurs affaires dans la même valise.

1. Voilà un *portefeuille.* Est-ce que c'est le mien? *(passeport, raquette de tennis, cigarettes, appareil-photo, cartes postales)* 2. Voici un *chandail.* C'est le mien, n'est-ce pas? *(montre, journaux, paquet de chewing gum, photos, livres)*

Exercise A. Suggestion: Do as oral rapid response drill, using choral and individual response as desired.

B. Que de confusion! Il semble que des affaires appartenant à d'autres sont aussi dans la valise. Avec un(e) camarade, jouez les deux rôles selon le modèle.

MODELE: maillot de bain / Paul →

    Henri: Et ce maillot de bain, ce n'est pas le mien. Il est à Paul?

    Jean-François: Oui, je crois que c'est le sien.

Exercise B. Suggestion: If you prefer not to use pairs, call on a student to give the first response and have him or her call on the second person.

1. chaussures de tennis / Marie-Claire
2. masque / Jacques
3. chemise / Paulette
4. shorts / Sylvie
5. tee-shirt / Marc
6. pantalons / Chantal
7. chapeau / Jean
8. cravates / Paul

Exercise C. Suggestion: Do as whole-class exercise, calling on different students to give the responses.

C. Souvenirs d'Afrique. Répondez aux questions en essayant de donner trois réponses différentes. Suivez le modèle.

MODELE: Est-ce que c'est ton affiche du Cameroun? →
Oui, c'est la mienne.
Oui, elle est à moi.
Oui, elle m'appartient.

1. Est-ce que ce sont tes bracelets d'argent? 2. Est-ce que c'est le masque d'Amélan? 3. Est-ce que ce sont vos diamants du Congo? 4. Est-ce que c'est ta statue de Côte-d'Ivoire? 5. Est-ce que ce sont vos souvenirs tunisiens, Thérèse? 6. Est-ce que c'est une photo des parents de Tassou? 7. Est-ce que ce sont vos statues sénégalaises? 8. Est-ce que c'est le tambour *(drum)* congolais de tes amis?

Exercise D. Suggestion: May be done as a written assignment and corrected in class.

D. Madeleine et vous. Voici une description de Madeleine Traoré, une jeune Africaine.

Madeleine Traoré vient de Sendégué, un village sur le fleuve Niger au Mali. Elle a quatre frères et trois soeurs. Deux de ses frères ont des fermes prospères où ils cultivent du riz. Un de ses frères travaille au Musée national à Niamey au Niger.

Réunion des chefs du canal éducatif au Sénégal

Madeleine va à l'Université de Neuchâtel en Suisse où elle poursuit ses études de biologie. Son cours favori est pourtant celui de littérature française.

Les ancêtres de Madeleine étaient *griots*, musiciens des rois *(kings)* du Mali. Son instrument préféré est la flûte; elle en joue très bien. Elle a beaucoup de talent et beaucoup d'élégance.

Est-ce que vous avez quelque chose en commun avec Madeleine? Faites des comparaisons en suivant le modèle.

MODELE: vos noms → Le sien est Traoré. Le mien est _____ .

1. vos villes natales 2. vos familles (petite? grande?) 3. vos frères/ soeurs 4. le métier de chaque membre de votre famille 5. vos universités 6. vos études 7. vos cours préférés 8. vos ancêtres 9. votre instrument de musique préféré 10. vos talents

73. CAUSATIVE *FAIRE*

La décolonisation

Il y a 300 ans, les colons français des Antilles *faisaient venir* des esclaves d'Afrique pour les *faire travailler* dans leurs plantations. La Révolution française de 1789 *fait disparaître* cet esclavage qui est si contraire à ses principes humanitaires. Les esclaves deviennent citoyens français. Dans la deuxième moitié du XIXe siècle, des colons français s'implantent en Afrique et y *font venir* leurs familles. La politique de décolonisation des années 1960 *fait partir* ces colons sans *faire disparaître* l'esprit de coopération franco-africaine.

1. Que faisaient les colons français des Antilles?
2. Pourquoi avaient-ils besoin d'esclaves?
3. Qu'a fait la Révolution française?
4. Qu'ont fait les colons français pour s'implanter en Afrique?
5. Quel a été le résultat de la politique de décolonisation?

Decolonization
Three hundred years ago, French settlers in the Antilles brought slaves from Africa and made them work on their plantations. The French Revolution of 1789 brought an end to that slavery, which was so contrary to its humanitarian principles. The slaves became French citizens. In the second half of the 19th century, French settlers established colonies in Africa and brought their families. Decolonization policies caused these settlers to leave in the 1960s without causing the Franco-African spirit of cooperation to disappear.

A. Formation and meaning of causative *faire*

When a form of the verb **faire** is directly followed by an infinitive, it indicates that the subject of the sentence is causing something to be done to something or someone, or making someone do something. The word order is:

subject + **faire** + infinitive + noun object

Je **fais laver** ma voiture.   I'*m having* my car *washed.*

If the object is replaced by a pronoun, the word order is:

subject + pronoun object + **faire** + infinitive

Je **la fais laver.**   I'*m having it washed.*

Compare these sentences:

Le professeur **fait étudier** les étudiants.	The professor *makes* the students *study.*
Le professeur **les fait étudier.**	The professor *makes them study.*
L'acteur **fait rire** les spectateurs.	The actor *makes* the audience *laugh.*
L'acteur **les fait rire.**	The actor *makes them laugh.*

In negative sentences, **ne pas** surrounds **faire** in simple tenses. **Ne pas** surrounds the auxiliary in compound tenses.

Nous **ne faisons pas** attendre nos visiteurs.	We *don't make* our visitors wait.
Nous **n'avons pas** fait attendre nos visiteurs.	We *didn't* make our visitors wait.

Note: **Rendez-vous** will not treat the use of two object pronouns with the causative **faire**.

B. Affirmative imperative of causative *faire*

When the verb **faire** is in an imperative form, the word order is:

with a noun object: imperative of **faire** + infinitive + noun object
with a pronoun object: imperative of **faire** + pronoun object + infinitive

Fais laver la voiture!	*Have* the car *washed*!
Fais-la laver!	*Have it* washed.
Faites venir nos valises!	*Have* our suitcases *brought* here!
Faites-les venir!	*Have them brought* here!

Maintenant à vous

A. Un beau quartier de Tananarive. Les voisins de Jacques Chabot prennent grand soin (*care*) de leur maison. Décrivez leurs travaux selon le modèle.

MODELE: M. Grenier / construire / garage → M. Grenier fait construire un garage.

1. M. Girard / réparer / toit (*roof*)
2. les Coquard / repeindre (*to repaint*) / maison
3. nous / construire / mur
4. vous / planter / arbres
5. tu / réparer / porte d'entrée
6. M. Delorme / laver / fenêtres
7. je / réparer / garage
8. voisins / construire / piscine

Exercises A and B. Suggestion: Do as rapid response drills, using choral and individual response.

B. Encore des réparations. Répétez l'Exercice A en utilisant un pronom objet direct selon le modèle.

MODELE: M. Grenier / construire / garage → M. Grenier le fait construire.

C. Préparatifs. Des amis viennent bientôt rendre visite à Roger et Mireille Macouba, qui habitent la Martinique. Ils ne veulent pas écouter les suggestions de leurs parents pour préparer l'accueil (*reception*) de leurs amis. Avec un(e) camarade, jouez les deux rôles, selon le modèle.

MODELE: *Les parents:* Faisons laver la voiture!
   Roger et Mireille: Non, nous ne la ferons pas laver. Nous venons de la laver. . . .

Exercise C. Suggestion: After working in pairs, have students do a few for the whole class.

1. Faites préparer les chambres.   2. Faisons nettoyer (*to clean*) la maison.   3. Faisons venir un jardinier.   4. Faites décorer la terrasse. 5. Faisons planter des fleurs.   6. Faites laver les rideaux.   7. Faisons venir des amis.   8. Faisons préparer une grande fête.

D. Pour l'autonomie de la Martinique. Marion Carbet, qui parle avec son amie Chantal, aimerait que son pays ne soit plus un département (*territory*) français d'outre-mer mais un pays autonome. Avec un(e) camarade, jouez les deux rôles.

MODELE: Il faut que nous fassions voter les jeunes. →
   Marion: Faisons voter les jeunes!
   Chantal: Oui, faisons-les voter!

Exercise D. Suggestion: May also be done as whole-class rapid response drill.

1. Il faut que les touristes partent.   2. Il faut que nos jeunes travaillent ici.   3. Il faut que nos usines de canne à sucre (*sugar cane*) rouvrent (*reopen*).   4. Il faut que le chômage cesse.   5. Il faut que notre folklore renaisse.   6. Il faut que tous s'intéressent à la politique.

Exercise E. Continuation: (1) **La société me fait. . .** (2) **La loi** (*law*) **nous fait. . .** (3) **L'université nous fait. . .**

E. Toujours des obligations. Il semble que tout le monde nous fasse faire quelque chose. Complétez les phrases suivantes pour décrire les obligations de votre vie.

Exercise E. Follow-up: You may want to do additional practice through translation: (1) The professor makes us speak French. (2) I'm glad that she makes me practice. (3) Yesterday she made us study.(4) Tomorrow she'll make us laugh. (5) Let's make her laugh too.

1. Le Gouvernement nous fait _____ .   2. Les professeurs nous font _____ .   3. Mes parents me font _____ .   4. Mon/Ma camarade de chambre (mari/femme) me fait _____ .   5. Je voudrais faire _____ !

ETUDE DE GRAMMAIRE

531

74. THE USE OF PREPOSITIONS AFTER VERBS

La coopération

CLAUDE: Tu sais, je *dois* bientôt *partir* au service. J'ai *décidé de demander* la coopération.
FRANCINE: Qu'est-ce que c'est? Tu *vas faire* ton service à l'étranger?
DENISE: Oui, au lieu d'être soldat, on *demande à devenir* coopérant, on *accepte de résider* pendant deux ans dans un pays francophone et *d'aider* les autorités locales *à développer* leur enseignement culturel, scientifique ou technique.
CLAUDE: *J'espère obtenir* un poste d'enseignant dans la République Malgache. J'ai toujours *rêvé d'y vivre* un jour!

1. Qu'est-ce que Claude doit bientôt faire?
2. Qu'est-ce qu'il a décidé de faire?
3. Au lieu d'être soldat, que peut-on demander?
4. Qu'est-ce qu'un coopérant accepte de faire?
5. En quoi aide-t-il les autorités locales?
6. Qu'est-ce que Claude espère?
7. De quoi a-t-il toujours rêvé?

A. Verbs directly followed by an infinitive

Some verbs can be directly followed by an infinitive, without an intervening preposition. Among the most frequently used are:

aimer	détester	laisser	préférer	vouloir
aller	devoir	penser	savoir	
désirer	espérer	pouvoir	venir	

J'**espère devenir** diplomate un jour; je **pourrai voyager** comme je le voudrai.

I *hope to become* a diplomat some day; I'*ll be able to travel* as (much as) I want.

J'**aime parler** avec les habitants des pays que je visite.

I *like to talk* to the people in the countries I visit.

The cooperation service
CLAUDE: You know, I have to go into military service soon. I've decided to ask for the cooperation service. FRANCINE: What's that? Do you go abroad to do your training? DENISE: Yes, instead of becoming a soldier, you ask to become a cooperation trainee, you agree to live in a French-speaking country for two years, and to help the local authorities to develop their cultural, scientific or technical training programs. CLAUDE: I hope to obtain a position as a teacher in Madagascar. I've always dreamt of living there some day!

B. Verbs followed by *à* before an infinitive

Other verbs require that the preposition **à** come directly before the infinitive.

aider à	**commencer à**	**s'habituer à**	**se préparer à**
s'amuser à	**continuer à**	**inviter à**	**réussir à**
apprendre à	**enseigner à**	**se mettre à**	**tenir à**
chercher à			

Paul **apprend à faire** la cuisine, et il **s'est habitué à étudier** les expressions gastronomiques françaises.

Paul *is learning how to cook,* and he *has gotten used to studying* French cooking expressions.

Mes amis martiniquais m'**ont invitée à passer** quelques semaines chez eux à Fort-de-France.

My friends from Martinique *have invited* me *to spend* a few weeks with them in Fort-de-France.

C. Verbs followed by *de* before an infinitive

Other verbs require that the preposition **de** come directly before the infinitive.

accepter de	**décider de**	**oublier de**	**rêver de**
s'arrêter de	**demander de**	**permettre de**	**se souvenir de**
choisir de	**empêcher de**	**promettre de**	**venir de**
conseiller de	**essayer de**	**refuser de**	

Mireille **a accepté de travailler** comme interprète à l'ONU; cela ne l'**empêchera** pas **de voyager** souvent.

Mireille *has accepted a job* as a translator at the UN; it *won't keep* her *from traveling* often.

J'**ai choisi d'écrire** ma thèse sur l'influence de Sartre sur la jeunesse actuelle.

I'*ve chosen to write* my thesis on Sartre's influence on youth today.

Note the change in meaning that occurs when the verb **venir** is directly followed by an infinitive and when it is followed by **de**.

Ils **viennent dîner**.

They *are coming to dinner (to dine).*

Ils **viennent de dîner**.

They'*ve just had dinner (dined).*

Maintenant à vous

A. Une carrière. Clément vient de décider de la carrière qu'il va suivre. Faites des phrases complètes selon les modèles.

MODELE 1: je / aimer → *J'aime* voyager.

Exercises A-C. Suggestion: May
be used as rapid response drill or
as dictation with transformation at
board.

1. nous / aller   4. tu / pouvoir   7. elle / penser
2. ils / détester   5. Odile / espérer   8. vous / préférer
3. vous / devoir   6. je / vouloir   9. nous / désirer

MODELE 2:   je / apprendre → *J'apprends* à parler français.

1. tu / commencer   4. nous / réussir   7. elles / tenir
2. vous / s'habituer   5. je / s'amuser   8. vous / continuer
3. il / aider des amis 6. ils / enseigner à   9. je / inviter des
                          des étudiants   amis

MODELE 3:   je / décider → *J'ai décidé* de travailler aux Nations unies.

1. Patrick / choisir   6. tu / rêver
2. nous / accepter   7. Annick / promettre
3. je / demander   8. vous / ne pas refuser
4. vous / essayer   9. je / conseiller à Jacques
5. elles / s'arrêter

B.   Une carrière recommandée. Les parents de Michel lui donnent des
conseils. Faites des phrases complètes selon les modèles.

MODELE 1:   aimer → *Tu aimes* vivre à l'étranger.

1. s'habituer   4. venir   7. continuer   10. réussir
2. promettre   5. refuser   8. savoir   11. se préparer
3. pouvoir   6. décider   9. accepter   12. penser

MODELE 2:   vouloir → *Tu veux* faire de la politique.

1. espérer   4. réussir   7. penser   10. commencer
2. devoir   5. désirer   8. aller   11. venir
3. essayer   6. chercher   9. se mettre   12. tenir

MODELE 3:   conseiller → *Nous* te *conseillons* de devenir diplomate.

1. demander   3. laisser   5. permettre   7. inviter
2. empêcher   4. aider   6. enseigner

Exercise C. Suggestion: You may
want to give students a few
minutes to write the sentences
before doing them orally.

C.   Des carrières francophones. Comment utiliser ses connaissances en
français? Faites des phrases complètes selon le modèle.
MODELE: Jacques / espérer / devenir professeur de français →
              Jacques espère devenir professeur de français.

Exercise C. Follow-up: Solicit
several responses to the last,
"personalized" question or make a
list on the board of all the reasons
that students can suggest.

1. vous / préférer / travailler comme interprète à l'ONU   2. tu /
vouloir / devenir consul dans une ambassade française   3. Marie /
refuser / chercher un poste de secrétaire bilingue   4. nous / essayer /
être reporter en Europe   5. Paul / choisir / faire des études artis-
tiques à Paris   6. tu / décider / faire le tour du monde en bateau
7. ils / accepter / devenir professeur de littérature française
8. Claude et Francine / rêver / écrire des articles gastronomiques

9. Henri / commencer / acheter des vêtements en France pour un grand magasin américain   10. Paulette / se préparer / être chanteur d'opéra

Et vous? Comment allez-vous utiliser vos connaissances en français?

D. Une interview. Posez les questions suivantes—en français, s'il vous plaît—à un(e) camarade de classe. Puis faites un résumé de ses réponses. Demandez à votre camarade _____ .

1. *what he/she likes to do in the evening*   2. *what he/she hates to do in the house*   3. *if he/she is learning to do something interesting, and what it is*   4. *what he/she is eager to do soon*   5. *if he/she has decided to continue to study French*   6. *what he/she has to do after class*   7. *if he/she has fun going to museums*   8. *if he/she prefers going to a play or to a movie*   9. *if he/she has just read a good book, and what it was*   10. *what he/she knows how to do well*   11. *what he/she doesn't do well but likes to do*   12. *if he/she forgot to do something this morning, and what it was*   13. *if he/she has stopped doing something recently, and what it was*   14. *???*

CONVERSATION ET CULTURE

Amies de voyage

Deux jeunes filles, une Américaine et une Africaine, viennent de *s'asseoir*   to sit down
avec leurs *plateaux* à la même table dans un restaurant universitaire à   trays
Besançon. Elles sont noires toutes les deux, très jolies et très vives. Elles se parlent comme de vieilles amies.

ALINE: Bonjour, je ne t'ai jamais vue ici.

BARBARA: Pas *étonnant*, je viens d'arriver. Cela me fait plaisir de parler   surprising
avec quelqu'un. Je ne connais encore personne.

ALINE: D'où viens-tu? Tu n'es pas africaine, n'est-ce pas?

BARBARA: Non, je viens des Etats-Unis. J'ai appris le français à Montréal. En étudiant ici je me prépare à devenir professeur de français. Et toi? Pourquoi est-ce que tu es ici, en France?

ALINE: Mes parents me font faire mes études ici. Je voudrais être assistante sociale. Un de mes frères est en France aussi, et j'ai plusieurs cousins dans différentes villes. Heureusement, car sans eux, je m'ennuierais souvent.

BARBARA: Pourquoi est-ce que tu t'ennuierais ici?

ALINE: En France, il pleut trop souvent, je ne peux pas m'y habituer. Chez moi, il fait beau toute l'année. Je n'ai jamais besoin de porter des chaussures fermées. Alors, ici, j'ai mal aux pieds.

BARBARA: Connais-tu beaucoup de Français?

ALINE: En Afrique, oui, j'ai plusieurs amis français. Les Français qui viennent au Bénin sont tous sociables, heureux. . . .

BARBARA: Le Bénin? *J'ai honte. . .* je ne connais que quelques pays d'Afrique. On a fait venir mes ancêtres du Sénégal, mais je ne connais pas le Bénin.

ALINE: La plupart des gens que je rencontre n'ont jamais entendu parler du Bénin et n'ont aucune idée de l'endroit où il se trouve. C'est un petit pays, entre le Togo et le Nigeria. Autrefois il s'appelait "Dahomey." Mais c'était en fait le nom d'une région, et quelques années après l'indépendance, le Gouvernement a choisi un autre nom, celui d'un

ancien *royaume* et d'une vieille civilisation. Je pense que tu aimerais le Bénin. J'habite près d'une plage, dans une grande maison—nous y sommes nombreux. Ici, j'habite seule dans une chambre minuscule

. . . et *j'ai le mal du pays*!

BARBARA: Je te comprends. Moi aussi, j'adorerais voir tout cela, la

lumière, les couleurs chaudes. . . .

ALINE: Alors, en revenant en France la prochaine fois, tu sais ce que tu dois faire? Tu prends aussi un billet pour Abidjan. Mais, en attendant, ma chambre n'est pas loin. Veux-tu que je te la fasse visiter?

BARBARA: Avec plaisir.

ALINE: Alors, allons-y. Je te montrerai toutes les photos de ma famille et tu me parleras de la tienne. Ensuite je te ferai connaître beaucoup d'autres choses sur le Bénin et sur les pays d'Afrique que j'ai visités.

Questions et opinions

1. D'où viennent les deux jeunes filles qui parlent au restaurant? 2. Pourquoi sont-elles en France? 3. Où habite la famille d'Aline? 4. Aline est-elle contente d'habiter en France? Pourquoi? 5. Est-ce que Barbara connaît bien le Bénin? 6. Quelle est l'origine du nom Bénin? 7. Où vont les jeunes filles après leur déjeuner? 8. Avez-vous déjà voyagé en Afrique? 9. Avez-vous des amis africains francophones? 10. Voudriez-vous voyager au Bénin? Pourquoi?

Commentaire culturel

The southern coast of France faces the northern coast of Africa across the Mediterranean Sea. Beginning in the early nineteenth century, France competed with other European nations to create an empire in Africa. Three North African colonies—in Algeria, Morocco, and Tunisia—had very close ties with France, particularly Algeria, which won back its independence in the 1960s. South of the Sahara Desert, in black Africa, French colonies in western and equatorial Africa have also achieved independence in recent years.

Of all European nations, France appears to have succeeded best in preserving the good will of her former African colonies. She has remained the first economic and cultural partner of most French-speaking nations in Africa, including Mauritania, Senegal, Guinea, Mali, Upper Volta, the Ivory Coast, Niger, Togo, Benin, Chad, Cameroun,

Central African Empire, Gabon, the Congo, Zaïre, Rwanda, Burundi, the Comoro Islands, the Malagasy Republic, Réunion (a French **département**), the Seychelle Islands, and Mauritius. In all of these countries, French is either the official language or the most commonly used European language, taught at all levels in the schools, either along with the local language or by itself. Since some African nations have many dialects or a national language different from that of neighboring countries, the widespread use of the French language is a unifying force that enhances communication and the exchange of ideas among African nations as well as between Africa and other parts of the world.

Many young African men and women spend a few years studying or working in France or in other French-speaking countries such as Belgium or Canada. Often they do not wish to return home, and the exodus of highly educated Africans is one of the problems of modern African nations. Nevertheless, the bonds between France and French-speaking African nations provide benefits to both.

Visiteurs africains à Paris

RECAPITULATION

A. Exotisme en vacances. Les Français peuvent voyager sans passeport et sans visa en passant leurs vacances dans les départements et les territoires d'outre-mer. Faites des phrases complètes pour décrire ces vacances.

Exercise A. Suggestion: May be given as written assignment and checked in class.

1. si / on / espérer / trouver / soleil / mer / on / pouvoir / aller en Guyane, aux Antilles, en Polynésie, à la Réunion   2. les Français / pouvoir / s'amuser / en / fréquenter / petit / restaurants / de la Réunion   3. à la Réunion / on / vous / inviter / survoler / île / en avion   4. les plages / vous / permettre / goûter / à / plaisirs / soleil   5. on / apprendre / faire / de la pêche sous-marine / en Polynésie   6. à Tahiti / on / vous / faire / visiter / parcs / où / on / cultiver / perles noires   7. cela / vous / faire / rêver / acheter / perles / magnifique   8. on / vous / conseiller / prendre / bateau à fond de verre / en Polynésie   9. en / visiter / les Antilles / on / ne pas / pouvoir / s'empêcher / goûter / fruits / exotique   10. il / ne pas / faut / oublier / manger / cuisine créole / aux Antilles   11. on / pouvoir / s'amuser / en / descendre / grands fleuves / Guyane   12. en / choisir / voyages / organisé / vous / réussir / trouver / meilleur prix

B. Deux familles ivoiriennes. Tassou et Akissi, deux jeunes Africains, comparent leurs familles. Avec un(e) camarade, jouez les rôles. Suivez le modèle.

Exercise B. Suggestion: After students work in pairs, do a few examples with the whole class so that student work can be checked.

MODELE 1:   soeur / gagner la vie / organiser des safaris (travailler comme dentiste) →
    Tassou: Ma soeur gagne sa vie en organisant des safaris.
    Akissi: La mienne gagne sa vie en travaillant comme dentiste.

1. père / gagner la vie / travailler comme comptable (enseigner au lycée) 2. frère / gagner la vie / conduire un taxi (pratiquer la médecine) 3. mère / gagner la vie / donner des cours de langue (tenir une boutique) 4. autre soeur / gagner la vie / travailler comme ingénieur (faire des recherches) 5. oncle / gagner la vie / travailler pour l'Etat comme fonctionnaire (construire des autoroutes)

MODELE 2:   parents / décider / partir d'Abidjan (préférer / rester / Abidjan)

> *Tassou:* Mes parents ont décidé de partir d'Abidjan. Et les tiens?
>
> *Akissi:* Les miens préfèrent rester à Abidjan.

6. deuxième / frère / vouloir / partir pour la Tunisie (aimer / voyager / France) 7. soeur aînée *(older)* / penser / étudier la chirurgie aux Etats-Unis (chercher / obtenir / diplôme en chimie) 8. oncle / refuser / travailler (adorer / beaucoup / travailler) 9. tante / réussir / gagner beaucoup d'argent (promettre / mon oncle / arrêter / travailler) 10. petite soeur / nous / empêcher / étudier (commencer / apprendre / s'amuser / seule)

Exercise C.   Suggestion: Do as whole-class activity.

C.   Exigences. Suivez le modèle.

MODELE: Le professeur décide que Paul doit travailler. → Le professeur décide de faire travailler Paul.

1. Le professeur veut que les étudiants travaillent.   2. Les parents d'Akissi décident qu'elle doit voyager aux Etats-Unis.   3. Les parents de Léopold désirent qu'il étudie.   4. Le professeur veut que les étudiants lisent.   5. Le Gouvernement décide que les jeunes doivent aller à l'école.   6. Le Gouvernement veut que je parte pour l'Afrique.   7. Le Gouvernement veut que nous travaillions dans notre pays.

Exercise D.   Suggestion: Have students translate the dialog in pairs and play the rôles. You may want to distribute the correct translation or put it on the overhead.

D.   Vacances au Maghreb. Martine et Paul sont au Maghreb, une région qui comprend le Maroc, l'Algérie et la Tunisie. En français, s'il vous plaît.

MARTINE: *Can I borrow your guidebook? Mine is lost.*
PAUL: *Someone borrowed mine. Why don't you ask Louise if you can use hers?*
MARTINE: *Hers is very old. I'll try to remember to buy one tomorrow.*
PAUL: *We're having such a good time traveling, aren't we?*
MARTINE: *Yes, and by traveling, we're learning a lot, too. By reading, also. If I had that guidebook. . . .*
PAUL: *I want to see the great mosque* (**la grande mosquée**) *of Tunis.*
MARTINE: *And we must see the Roman ruins* (**les ruines romaines**) *in Algeria. The Romans also had beautiful mosaics* (**mosaïques**) *made.*
PAUL: *I'd rather take a hike in the desert.*
MARTINE: *Then we'd better buy a new guidebook . . . or find a good guide!*

E. Pourquoi étudier le français? Il y a beaucoup de bonnes raisons. En groupes, discutez de toutes les raisons possibles.

Mots utiles: s'amuser, permettre, se mettre à, savoir, pouvoir, la haute cuisine, une langue officielle, les Nations unies, la culture, les pays d'outre-mer, la diplomatie, la communication entre les nations

---

Les Français par les gestes: Viens ici.

This gesture expresses the command "Come here," but with many different shades of meaning: authoritative, friendly, seductive, conniving, and so on. The hand is palm up, with the fingers folded in. The index finger moves in and out, as if to draw toward you the person you are addressing.

VOCABULAIRE

VERBES

accepter	to accept
appartenir	to belong
conseiller	to advise, to give advice
décider	to decide
se détendre	to relax
empêcher	to hinder, to stop
permettre	to allow, to permit
promettre	to promise
refuser	to refuse

NOMS

les affaires *(f)*	possessions
l'Afrique *(f)*	Africa
l'ancêtre *(m,f)*	ancestor
le coin	corner
la communication	communication
le Congo	Congo
la Côte-d'Ivoire	Ivory Coast
la coutume	custom
la culture	culture
le diplomate	diplomate
la diplomatie	diplomacy
l'élite *(f)*	elite

NOMS

la haute cuisine	haute cuisine, gourmet cooking
le masque	mask
les Nations unies (l'ONU) *(f)*	United Nations
la pêche	fishing
le plaisir	pleasure
la République Malgache	Madagascar
le Sénégal	Senegal
le siècle	century
la Tunisie	Tunisia

ADJECTIFS

africain(e)	African
culturel(le)	cultural
gastronomique	gastronomical
ivoirien(ne)	from the Ivory Coast
officiel(le)	official
scientifique	scientific
sénégalais(e)	from Senegal, Senegalese

MOTS DIVERS

outre-mer	overseas

Intermède 18

Activités

A. **Les Français d'ailleurs** *(elsewhere)*. Bien des *(many)* Français ont décidé d'émigrer. Par conséquent, il y a des Français partout dans le monde.

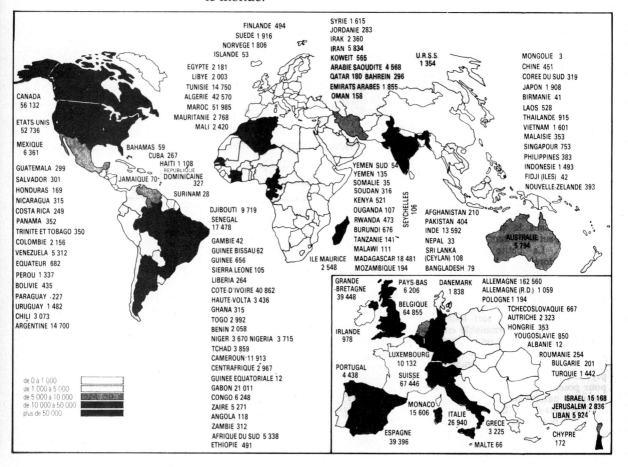

Pourquoi croyez-vous que tous ces gens aient quitté leur pays? Avec un(e) camarade de classe, lisez les raisons suivantes et classez-les par ordre d'importance.

Exercise A.   Follow-up: Ask more questions to continue discussion. **Selon vous, lesquelles de ces raisons sont valables? Lesquelles ne le sont pas? Expliquez.**

_____ exercer sa profession

_____ couper les liens (to break ties) avec sa famille

_____ changer de vie

_____ trouver une meilleure qualité de vie

_____ chercher la liberté d'opinion

_____ faire fortune

_____ se marier avec un(e) étranger(ère)

_____ étudier

_____ autres raisons

Et maintenant, quelles seraient les raisons les plus importantes qui vous pousseraient à émigrer?

B. **Le mal du pays.** Imaginez que vous avez émigré. Il est possible que vous ayez de temps en temps le mal du pays. Pourquoi? Avec un(e) camarade, classez les raisons suivantes selon l'importance qu'elles ont pour vous.

Exercise B.   Follow-up: Ask students: **Connaissez-vous des étrangers qui ont émigré aux Etats-Unis? Quelles difficultés ont-ils eues à leur arrivée?**

_____ Mes amis sont trop loin.

_____ Je souffre de la séparation d'avec ma famille.

_____ La nourriture est différente.

_____ Les habitants parlent une autre langue.

_____ Je suis physiquement différent(e) des habitants de ce pays.

_____ Le climat est différent.

_____ La routine quotidienne (acheter un timbre, téléphoner à quelqu'un, faire des achats) est difficile ici.

_____ L'humour est différent.

_____ Le système social est différent. Les gens sont plus (moins) agressifs (moins polis, etc.).

Choisissez la raison la plus importante pour vous et expliquez aux autres membres de la classe la raison de votre choix. Ils doivent vous donner des conseils. Que pouvez-vous faire à l'étranger pour améliorer votre situation? Devez-vous absolument retourner dans votre pays?

C. **L'Afrique en poésie.** La littérature négro-africaine fait partie intégrante de la civilisation africaine. Cette littérature appartenait à la tradition orale et était transmise à travers les générations par des poètes appelés griots. Par conséquent, la littérature écrite est une chose récente dans l'histoire littéraire de l'Afrique. C'est une littérature où les Africains expriment leur culture et où s'affirme la prise de conscience de leur situation socio-politique. Voici un poème de David Diop, né à Bordeaux, mais d'origine sénégalaise. Il rêve souvent de l'Afrique.

Afrique

	Afrique mon Afrique
warriors / savannahs	Afrique des fiers *guerriers* dans les *savanes* ancestrales
	Afrique que chante ma grand-mère
	Au bord de son fleuve lointain
	Je ne t'ai jamais connue
blood	Mais mon regard est plein de ton *sang*
fields / spread	Ton beau sang noir à travers les *champs répandu*
sweat	Le sang de ta *sueur*
	La sueur de ton travail
	Le travail de l'esclavage
	L'esclavage de tes enfants
	Afrique dis-moi Afrique
back / curves	Est-ce donc toi ce *dos* qui *se courbe*
weight	Et se couche sous le *poids* de l'humilité
stripes	Ce dos tremblant à *zébrures* rouges
whip	Qui dit oui au *fouet* sur la route de MIDI
answered *(literary form)*	Alors gravement une voix me *répondit*
	Fils impétueux cet arbre robuste et jeune
	Cet arbre là-bas
wilted	Splendidement seul au milieu des fleurs blanches et *fanées*
is growing	C'est l'Afrique ton Afrique qui *repousse*
	Et dont les fruits ont peu à peu
bitter taste	L'*amère saveur* de la liberté

Exercise D. Follow-up: If time allows, bring to class simple poems by Césaire or Senghor.

Quels sont les aspects de l'Afrique que le poète a accentués? Pourquoi dit-il que son "regard est plein de ton sang"? A quoi compare-t-il l'Afrique? Est-ce que "Afrique"est un poème d'espoir? Pourquoi ou pourquoi pas?

Maintenant complétez les phrases suivantes en exprimant vos propres sentiments.

1. Quand je pense à l'Afrique, je pense à _____ .
2. Pour moi, la liberté c'est quand je peux _____ .
3. Je suis pour/contre la colonisation parce qu(e) _____ .

Exercise D. Answer: 1. (b) 2. (g) 3. (d) 4. (f) 5. (e) 6. (a) 7. (h) 8. (c)

D. Etes-vous au courant? Connaissez-vous des Français célèbres dans les domaines scientifiques et intellectuels? Associez à chacun de ces personnages un élément de la colonne de droite.

1. Ampère	a. la philosophie
2. Cuvier	b. l'électricité
3. M. Curie	c. la comédie
4. Mme de Staël	d. le radium
5. Pasteur	e. le vaccin
6. Descartes	f. le romantisme
7. Degas	g. la géologie
8. Molière	h. la peinture

La France tient une place importante dans les domaines scientifiques. Par exemple, le train à grande vitesse qui roule à 260 kilomètres à l'heure et le Concorde, l'avion supersonique, sont des contributions françaises au monde des transports.

Pensez maintenant à un(e) Français(e) célèbre dans le domaine intellectuel. Décrivez à vos camarades les raisons de sa célébrité. Vos camarades doivent deviner qui c'est.

Lecture: L'Afrique francophone

Le français est la langue officielle de dix-huit pays africains et c'est la langue usuelle de plusieurs autres, comme l'Algérie, la Tunisie et le Maroc. L'usage du français est de plus en plus fréquent dans ces pays, même dans ceux où il ne sert que de seconde langue.

Il s'agit d'une part d'un phénomène historique. La colonisation de l'Afrique par les Européens s'est faite au XIXe siècle, mais il existait déjà des *comptoirs* français au Sénégal du XVIIe. Pendant l'époque coloniale, la République française, *éprise d'*un idéal de liberté et d'égalité, «a exporté» ses instituteurs et ses professeurs. C'est ainsi que des hommes comme Léopold Senghor, ancien député au Parlement et ancien Président de la République du Sénégal, a obtenu les plus hauts titres universitaires français. Léopold Senghor est aussi connu comme poète français.

Mais en fait le français est parlé en Afrique pour plusieurs raisons. Au Sénégal, par exemple, il existe une langue locale, le ouolof, parlé par *environ* quatre-vingts pour cent de la population. Pourtant la classe éduquée sénégalaise désire conserver le français comme langue officielle. C'est pour l'élite de ce pays une façon de maintenir une *ouverture* sur le monde extérieur.

Très souvent, cependant, c'est la nécessité qui a imposé le français. Dans la partie orientale de l'Afrique, autrefois colonisée par les Anglais, il existe des langues locales très *répandues*, comme le swahili. Mais en Afrique occidentale où les Français étaient plus nombreux, la multiplication des dialectes a nécessité l'usage d'une langue commune qui soit aussi une langue internationale.

Politiquement, l'Afrique francophone *partage* tous les problèmes du continent africain. La démocratie *a du mal* à y subsister, et rares sont les pays, comme le Sénégal, où existent des partis d'opposition.

Un seul pays de l'Afrique ex-française avait refusé l'intégration dans la "communauté" imaginée par le général de Gaulle en 1958. C'était la Guinée. Mais maintenant la communauté n'existe plus. Tous les pays de cet ensemble ont obtenu leur indépendance. Et après une longue séparation, de bonnes relations se sont rétablies entre la France et la Guinée.

outposts

enamoured of

about

opening

widespread

shares
has a hard time

Compréhension et expression

A. Comprenez-vous?

1. Dans combien de pays le français est-il la langue officielle?
2. Comment peut-on expliquer l'importance du français en Afrique aujourd'hui?
3. Qui est Léopold Senghor?
4. Comment s'appelle la langue que parlent la majorité des Sénégalais?
5. Pourquoi beaucoup de Sénégalais éduqués parlent-ils français?
6. Quelle était la philosophie des Français à l'époque coloniale?
7. L'Afrique francophone a-t-elle des problèmes politiques?
8. Expliquez les rapports entre la Guinée et la France.

Exercise B.   Suggestion: Solicit several answers for each question so that students may react to each other's ideas.

B. Problèmes du Tiers Monde. La colonisation du tiers monde est maintenant terminée mais il y a un autre problème. Les jeunes Africains éduqués quittent leur pays. Il y a, par exemple, plus de médecins togais à Paris qu'il y en a au Togo. Donnez vos réactions face à ce problème en répondant aux questions suivantes.

1. Pourquoi, selon vous, ces jeunes quittent-ils leur pays?
2. Doit-on leur interdire *(to forbid)* d'habiter ailleurs? Est-ce possible?
3. Que peut-on faire pour les encourager à rester dans leur pays?
4. Quels problèmes l'exode des cerveaux *(brains)* de ces pays pose-t-il?

Exercise C.   Suggestion: Encourage students to think of a humorous or bizarre invention. Ask them to draw their inventions if they wish.

C. Les découvertes et l'avenir. Les Français ont joué un rôle important dans les domaines scientifiques et intellectuels. Et vous? Aimeriez-vous contribuer d'une façon ou d'une autre au développement de votre pays? Répondez aux questions suivantes.

1. Dans quel domaine aimeriez-vous agir? Pourquoi?
2. Quels seraient les avantages de votre contribution?
3. Quels problèmes soulèverait sa réalisation?

LAURENCE WYLIE

Une invitation au monde français

Maintenant que vous avez bien étudié la langue française, il faut que vous arriviez à mieux comprendre les gens qui parlent cette langue. Pourquoi? Parce que le *but* de toute éducation est de permettre à chaque personne de se mieux comprendre elle-même. Les philosophes grecs déjà, puis Montaigne au seizième siècle, avaient *énoncé* le *principe* pédagogique: "Connais-toi toi-même!" La connaissance procède par comparaisons. Vous comprendrez mieus votre propre identité en vous comparant avec vos frères, vous soeurs, vos amis. . . *De même*, on ne peut comprendre les Américains et leur *mode* de vie qu'en les comparant avec les sociétés d'autres pays. Mieux nous connaissons la variété des cultures humaines, mieux nous apprécions le caractère spécifique de la nôtre. Ceci s'adresse particulièrement à nous, Américains. . . Nous avons tendance à croire que tous les gens du monde de ressemblent; et si certains peuples ont des *moeurs* différentes des nôtres, nous estimons qu'ils sont bizarres, ignorants ou de mauvaise *volonté*.

     Le contraste entre les Américains et les Esquimaux ou les Congolais est bien plus *frappant*, bien sûr, que le contraste entre nous et les Français. Mais, précisément parce que les Français nous ressemblent, nous nous *attendons à* ce qu'ils *se comportent* comme nous! Et quand nous apercevons des différences, nous sommes choqués ou du moins surpris.

     Ainsi, des touristes américains revenant de France disent souvent, "Les Français n'aiment pas les Américains." D'où vient cette impression? Sans doute, les Français sourient moins facilement aux étrangers que les Américains, plus expansifs. Pourtant des *enquêtes* d'opinion publique en France ont montré que les Français aiment les Américains.

     Les Français invitent les étrangers chez eux moins spontanément que nous; et quand un jeune Américain fait des études en France, il aura tendance à s'en plaindre. Mais s'il est invité dans un *foyer* et devient un ami intime de la famille, il doit savoir que c'est un privilège rare qui lui

goal

set forth / principle

Likewise
style

customs
will

striking

expect / behave

polls

home

est accordé. Il connaîtra la douceur d'une amitié profonde et percevra l'essence même de la vie française.

Réciproquement, il y a des habitudes américaines qui choquent les Français: nous téléphonons facilement mais écrivons peu. Une fois rentré en Amérique, cet étudiant *négligera* probablement d'écrire, même au nouvel an, à la famille qui l'aura accueilli. Celle-ci restée sans nouvelles, sera *déçue:* "Et nous qui croyions que ce gentil Américain était notre ami! Est-ce vrai que les Américains, ne connaissent pas l'amitié véritable?" N'est-il pas dommage que ces quelques différences puissent obscurcir les relations humaines?

J'espère que vous visiterez la France, maintenant que vous avez appris dans ce livre les éléments de la langue et de la culture. Quelle chance de pouvoir faire ce voyage sans complications! *De mon temps*, le voyage se faisait en bateau et durait dix jours. Il fallait attendre trois semaines avant de recevoir la réponse à une lettre envoyée aux parents "back in the states". Aujourd'hui, des institutions existent pour faciliter votre voyage, pour le rendre simple et agréable. Votre professeur sera *en mesure de* vous aider à le préparer.

Une fois là-bas, vous découvrirez la *Ville Lumière.* Comme je vous envie: monter les tours de Notre-Dame et contempler pour la première fois Paris tout entier. Vous pourrez voyager à l'intérieur de la France, visiter la cathédrale de Chartres, le Mont Saint-Michel, la vieille ville fortifiée de Carcassonne. . .

Mais avant de visiter ces monuments témoins des origines de la civilisation moderne, préparez-vous! Lisez l'histoire de la France, lisez des romans classiques! Surtout, *approfondissez* votre connaissance de la langue française. Cela vous aidera à lier *amitié* avec tous ceux qui la parlent: Français, Québecois, *Antillais,* Tahitiens, *Malgaches.* . . car vous ferez d'autres voyages. Au cours de ceux-ci, vous trouverez que le français est une langue internationale dont la connaissance vous aidera à comprendre les peuples du monde et donc à vous connaître vous-même. Bonne chance et bon voyage!

Compréhension et expression

A. Comprenez-vous?

1. D'après le professeur Wylie en quoi consiste la véritable connaissance humaine? 2. Le contraste entre les Américains et les Français est-il particulier? Comment, selon l'auteur? 3. Qu'est-ce qui choque les Américains en France? Et vice versa, qu'est-ce qui choque les Français aux U.S.A.? 4. Quand le professeur Wylie faisait ses études, était-il facile de voyager? 5. "Comme je vous envie!": que veut dire cette exclamation? 6. Que faut-il faire pour bien préparer un voyage en France, selon l'auteur?

Margin notes:

will neglect

disappointed

In my time

in a position to
City of Light

deepen, increase
friendship
West Indians / people of the Malagasy Republic

Note: Point out to students that when invited to a French home, it is proper to bring a small gift, such as flowers or candy.

Note: Mention to students various ways to travel less expensively: youth hostels, Eurailpass, and International Student Identification card. Tell them about charter flights organized by the Council on International Educational Exchange in New York and about study abroad programs with which you are familiar.

B. **Et vous? Répondez aux questions suivantes.**

1. Selon vous quel est le but de l'éducation? 2. Connaissez-vous beaucoup d'étrangers? Trouvez-vous que leur façon de vivre soit bizarre? 3. Avez-vous déjà voyagé en France? Trouvez-vous que les Français aiment les Américains? 4. Invitez-vous souvent les gens chez vous? Quand? Pourquoi? 5. Qu'aimeriez-vous voir à Paris? 6. Y a-t-il d'autres pays francophones que vous voudriez visiter? Lesquels?

C. **Activités.**

1. Voici une liste de raisons pour lesquelles il est important d'apprendre des langues étrangères (et surtout le français!). Avec un(e) camarade de classe, choisissez les raisons que vous considérez comme étant les plus importantes.

—pour se connaître mieux
—pour comprendre les gens d'autres pays
—pour apprendre la grammaire de notre langue maternelle
—pour pouvoir lire les livres et comprendre les films ou les chansons en version originale
—pour trouver du travail dans des compagnies internationales
—pour pouvoir suivre des cours de langues (qui sont différents des autres cours)
—pour cultiver son intelligence
—pour d'autres raisons??

2. Imaginez que vous préparez un voyage en France. Avec un(e) camarade de classe, préparez une liste des choses que vous devez faire avant de partir. . . se renseigner sur les voyages offerts par les différentes compagnies aériennes, comparer les prix d'hôtel, etc. N'oubliez pas votre passeport. Préparez soigneusement votre itinéraire et bon voyage!

Le Passé simple;
Conjugaison des verbes

Le Passé simple

A. The **passé simple** is a literary past tense that is almost never used in modern French except in literary or formal oratorical style. It is called the "simple" past because it needs no auxiliary verb (in contrast to the compound past, or **passé composé**). Like the **passé composé**, it is used for completed past actions; actions that would be in the **passé composé** in informal speech or writing are in the **passé simple** in literary or formal style. You should learn to recognize the forms of this tense. The forms of the **passé simple** of regular verbs consist of the verb stem plus the endings **-ai**, **-as**, **-a**, **-âmes**, **-âtes**, and **-èrent** for **-er** verbs and **-is**, **-is**, **-it**, **-îmes**, **-îtes**, and **-irent** for **-ir** or **-re** verbs:

	parler		**finir**
je parlai	nous parlâmes	je finis	nous finîmes
tu parlas	vous parlâtes	tu finis	vous finîtes
il, elle, on parla	ils, elles parlèrent	il, elle, on, finit	ils, elles finirent

	perdre
je perdis	nous perdîmes
tu perdis	vous perdîtes
il, elle, on perdit	ils, elles perdirent

B. There are many irregular verbs in the **passé simple**; two important ones are **avoir** and **être**:

	avoir			**être**	
j'eus	nous eûmes		je fus	nous fûmes	
tu eus	vous eûtes		tu fus	vous fûtes	
il, elle, on eut	ils, elles eurent		il, elle, on fut	ils, elles furent	

C. Many verbs that are irregular in the **passé simple** have a past stem that looks like the past participle:

INFINITIVE	PAST PARTICIPLE	PASSE SIMPLE	INFINITIVE	PAST PARTICIPLE	PASSE SIMPLE
boire	bu	je bus	pleuvoir	plu	il plut
connaître	connu	je connus	pouvoir	pu	je pus
courir	couru	je courus	prendre	pris	je pris
croire	cru	je crus	rire	ri	je ris
devoir	dû	je dus	savoir	su	je sus
dire	dit	je dis	suivre	suivi	je suivis
falloir	fallu	il fallut	valoir	valu	je valus
lire	lu	je lus	vouloir	voulu	je voulus
mettre	mis	je mis			
plaire	plu	je plus			

Nous connûmes ce monsieur à New York. — We met that gentleman in New York.

Il fallut lui parler très fort parce qu'il ne put guère entendre. — One had to speak loudly because he could hardly hear.

Nous dîmes que nous voulûmes le voir chez lui. — We said that we wanted to see him at his house.

D. Other irregular verbs include:

conduire	je conduisis		naître	je naquis
craindre	je craignis		ouvrir	j'ouvris
écrire	j'écrivis		tenir	je tins
faire	je fis		venir	je vins
mourir	je mourus			

Ils eurent tout d'un coup une idée formidable. — They suddenly had a great idea.

Napoléon naquit en Corse. — Napoleon was born in Corsica.

Conjugaison des verbes

A. Regular verbs

-er verbs: parler (speak) — present participle: parlant — past participle: parlé

INDICATIVE PRESENT	IMPERFECT	PASSE SIMPLE	FUTURE	CONDITIONAL	SUBJUNCTIVE PRESENT	SUBJUNCTIVE PAST	IMPERATIVE
parle	parlais	parlai	parlerai	parlerais	parle	aie parlé	
parles	parlais	parlas	parleras	parlerais	parles	aies parlé	parle
parle	parlait	parla	parlera	parlerait	parle	ait parlé	
parlons	parlions	parlâmes	parlerons	parlerions	parlions	ayons parlé	parlons
parlez	parliez	parlâtes	parlerez	parleriez	parliez	ayez parlé	parlez
parlent	parlaient	parlèrent	parleront	parleraient	parlent	aient parlé	

PASSE COMPOSE	PAST PERFECT	FUTURE PERFECT	CONDITIONAL PERFECT
ai parlé	avais parlé	aurai parlé	aurais parlé
as parlé	avais parlé	auras parlé	aurais parlé
a parlé	avait parlé	aura parlé	aurait parlé
avons parlé	avions parlé	aurons parlé	aurions parlé
avez parlé	aviez parlé	aurez parlé	auriez parlé
ont parlé	avaient parlé	auront parlé	auraient parlé

-ir verbs: finir (finish) — present participle: finissant — past participle: fini

INDICATIVE PRESENT	IMPERFECT	PASSE SIMPLE	FUTURE	CONDITIONAL	SUBJUNCTIVE PRESENT	SUBJUNCTIVE PAST	IMPERATIVE
finis	finissais	finis	finirai	finirais	finisse	aie fini	
finis	finissais	finis	finiras	finirais	finisses	aies fini	finis
finit	finissait	finit	finira	finirait	finisse	ait fini	
finissons	finissions	finîmes	finirons	finirions	finissions	ayons fini	finissons
finissez	finissiez	finîtes	finirez	finiriez	finissiez	ayez fini	finissez
finissent	finissaient	finirent	finiront	finiraient	finissent	aient fini	

INFINITIVE / PRESENT	INDICATIVE							CONDITIONAL		SUBJUNCTIVE		IMPERATIVE
PRESENT PARTICIPLE / PAST PARTICIPLE	PRESENT	PASSE COMPOSE	IMPERFECT	PAST PERFECT	PASSE SIMPLE	FUTURE	FUTURE PERFECT	CONDITIONAL	CONDITIONAL PERFECT	PRESENT	PAST	
		ai fini		avais fini			aurai fini		aurais fini			
		as fini		avais fini			auras fini		aurais fini			
		a fini		avait fini			aura fini		aurait fini			
		avons fini		avions fini			aurons fini		aurions fini			
		avez fini		aviez fini			aurez fini		auriez fini			
		ont fini		avaient fini			auront fini		auraient fini			
-re verbs perdre *(lose)* perdant perdu	perds	ai perdu	perdais	avais perdu	perdis	perdrai	aurai perdu	perdrais	aurais perdu	perde	aie perdu	
	perds	as perdu	perdais	avais perdu	perdis	perdras	auras perdu	perdrais	aurais perdu	perdes	aies perdu	perds
	perd	a perdu	perdait	avait perdu	perdit	perdra	aura perdu	perdrait	aurait perdu	perde	ait perdu	
	perdons	avons perdu	perdions	avions perdu	perdîmes	perdrons	aurons perdu	perdrions	aurions perdu	perdions	ayons perdu	perdons
	perdez	avez perdu	perdiez	aviez perdu	perdîtes	perdrez	aurez perdu	perdriez	auriez perdu	perdiez	ayez perdu	perdez
	perdent	ont perdu	perdaient	avaient perdu	perdirent	perdront	auront perdu	perdraient	auraient perdu	perdent	aient perdu	
2d class -ir verbs dormir *(sleep)* dormant dormi	dors	ai dormi	dormais	avais dormi	dormis	dormirai	aurai dormi	dormirais	aurais dormi	dorme	aie dormi	
	dors	as dormi	dormais	avais dormi	dormis	dormiras	auras dormi	dormirais	aurais dormi	dormes	aies dormi	dors
	dort	a dormi	dormait	avait dormi	dormit	dormira	aura dormi	dormirait	aurait dormi	dorme	ait dormi	
	dormons	avons dormi	dormions	avions dormi	dormîmes	dormirons	aurons dormi	dormirions	aurions dormi	dormions	ayons dormi	dormons
	dormez	avez dormi	dormiez	aviez dormi	dormîtes	dormirez	aurez dormi	dormiriez	auriez dormi	dormiez	ayez dormi	dormez
	dorment	ont dormi	dormaient	avaient dormi	dormirent	dormiront	auront dormi	dormiraient	auraient dormi	dorment	aient dormi	

-oir verbs

	PRESENT	IMPERFECT	PASSE SIMPLE	FUTURE	CONDITIONAL	PRESENT	PAST	
-oir verbs	reçois	recevais	reçus	recevrai	recevrais	reçoive	aie reçu	
recevoir	reçois	recevais	reçus	recevras	recevrais	reçoives	aies reçu	reçois
(*receive*)	reçoit	recevait	reçut	recevra	recevrait	reçoive	ait reçu	
recevant	recevons	recevions	reçûmes	recevrons	recevrions	recevions	ayons reçu	recevons
reçu	recevez	receviez	reçûtes	recevrez	recevriez	receviez	ayez reçu	recevez
	reçoivent	recevaient	reçurent	recevront	recevraient	reçoivent	aient reçu	

	PASSE COMPOSE	PAST PERFECT	FUTURE PERFECT	CONDITIONAL PERFECT
	ai reçu	avais reçu	aurai reçu	aurais reçu
	as reçu	avais reçu	auras reçu	aurais reçu
	a reçu	avait reçu	aura reçu	aurait reçu
	avons reçu	avions reçu	aurons reçu	aurions reçu
	avez reçu	aviez reçu	aurez reçu	auriez reçu
	ont reçu	avaient reçu	auront reçu	auraient reçu

B. Intransitive verbs of motion

INFINITIVE	PRESENT	IMPERFECT	PASSE SIMPLE	FUTURE	CONDITIONAL	PRESENT	PAST	
PRESENT PARTICIPLE	entre	entrais	entrai	entrerai	entrerais	entre	sois entré(e)	
	entres	entrais	entras	entreras	entrerais	entres	sois entré(e)	entre
PAST PARTICIPLE	entre	entrait	entra	entrera	entrerait	entre	soit entré(e)	
	entrons	entrions	entrâmes	entrerons	entrerions	entrions	soyons entré(e)s	entrons
entrer	entrez	entriez	entrâtes	entrerez	entreriez	entriez	soyez entré(e)(s)	entrez
(*enter*)	entrent	entraient	entrèrent	entreront	entreraient	entrent	soient entré(e)s	
entrant								
entré								

	PASSE COMPOSE	PAST PERFECT	FUTURE PERFECT	CONDITIONAL PERFECT
	suis entré(e)	étais entré(e)	serai entré(e)	serais entré(e)
	es entré(e)	étais entré(e)	seras entré(e)	serais entré(e)
	est entré(e)	était entré(e)	sera entré(e)	serait entré(e)
	sommes entré(e)s	étions entré(e)s	serons entré(e)s	serions entré(e)s
	êtes entré(e)(s)	étiez entré(e)(s)	serez entré(e)(s)	seriez entré(e)(s)
	sont entré(e)s	étaient entré(e)s	seront entré(e)s	seraient entré(e)s

C. Reflexive verbs

INFINITIVE
PRESENT PARTICIPLE
PAST PARTICIPLE

Reflexive verb (wash oneself)
se laver — se lavant — lavé

INDICATIVE

PRESENT	IMPERFECT	PASSE SIMPLE	FUTURE
me lave	me lavais	me lavai	me laverai
te laves	te lavais	te lavas	te laveras
se lave	se lavait	se lava	se lavera
nous lavons	nous lavions	nous lavâmes	nous laverons
vous lavez	vous laviez	vous lavâtes	vous laverez
se lavent	se lavaient	se lavèrent	se laveront

PASSE COMPOSE	PAST PERFECT	FUTURE PERFECT
me suis lavé(e)	m'étais lavé(e)	me serai lavé(e)
t'es lavé(e)	t'étais lavé(e)	te seras lavé(e)
s'est lavé(e)	s'était lavé(e)	se sera lavé(e)
nous sommes lavé(e)s	nous étions lavé(e)s	nous serons lavé(e)s
vous êtes lavé(e)(s)	vous étiez lavé(e)(s)	vous serez lavé(e)(s)
se sont lavé(e)s	s'étaient lavé(e)s	se seront lavé(e)s

CONDITIONAL

CONDITIONAL	CONDITIONAL PERFECT
me laverais	me serais lavé(e)
te laverais	te serais lavé(e)
se laverait	se serait lavé(e)
nous laverions	nous serions lavé(e)s
vous laveriez	vous seriez lavé(e)(s)
se laveraient	se seraient lavé(e)s

SUBJUNCTIVE

PRESENT	PAST
me lave	me sois lavé(e)
te laves	te sois lavé(e)
se lave	se soit lavé(e)
nous lavions	nous soyons lavé(e)s
vous laviez	vous soyez lavé(e)
se lavent	se soient lavé(e)s

IMPERATIVE

lave-toi
lavons-nous
lavez-vous

D. Auxiliary verbs

INFINITIVE
PRESENT PARTICIPLE
PAST PARTICIPLE

Auxiliary verb (have)
avoir — ayant — eu

PRESENT	IMPERFECT	PASSE SIMPLE	FUTURE	CONDITIONAL
ai	avais	eus	aurai	aurais
as	avais	eus	auras	aurais
a	avait	eut	aura	aurait
avons	avions	eûmes	aurons	aurions
avez	aviez	eûtes	aurez	auriez
ont	avaient	eurent	auront	auraient

PRESENT	PAST	CONDITIONAL	IMPERATIVE
aie	aie eu		
aies	aies eu		aie
ait	ait eu		
ayons	ayons eu		ayons
ayez	ayez eu		ayez
aient	aient eu		

Auxiliary verb

avoir (compound tenses)

PASSE COMPOSE	PAST PERFECT	FUTURE PERFECT	CONDITIONAL PERFECT
ai eu	avais eu	aurai eu	aurais eu
as eu	avais eu	auras eu	aurais eu
a eu	avait eu	aura eu	aurait eu
avons eu	avions eu	aurons eu	aurions eu
avez eu	aviez eu	aurez eu	auriez eu
ont eu	avaient eu	auront eu	auraient eu

être (be) — étant — été

PRESENT	IMPERFECT	PASSE SIMPLE	FUTURE	CONDITIONAL	PRESENT (subj.)	PAST (subj.)	IMPERATIVE
suis	étais	fus	serai	serais	sois	aie été	
es	étais	fus	seras	serais	sois	aies été	sois
est	était	fut	sera	serait	soit	ait été	
sommes	étions	fûmes	serons	serions	soyons	ayons été	soyons
êtes	étiez	fûtes	serez	seriez	soyez	ayez été	soyez
sont	étaient	furent	seront	seraient	soient	aient été	

PASSE COMPOSE	PAST PERFECT	FUTURE PERFECT	CONDITIONAL PERFECT
ai été	avais été	aurai été	aurais été
as été	avais été	auras été	aurais été
a été	avait été	aura été	aurait été
avons été	avions été	aurons été	aurions été
avez été	aviez été	aurez été	auriez été
ont été	avaient été	auront été	auraient été

E. Stem-changing verbs

INFINITIVE
PRESENT PARTICIPLE
PAST PARTICIPLE

commencer[1] (begin) — commençant — commencé	PRESENT	IMPERFECT	PASSE SIMPLE	PASSE COMPOSE	FUTURE	CONDITIONAL	PRESENT SUBJUNCTIVE	IMPERATIVE
	commence	commençais	commençai	ai commencé	commencerai	commencerais	commence	
	commences	commençais	commenças	as commencé	commenceras	commencerais	commences	commence
	commence	commençait	commença	a commencé	commencera	commencerait	commence	
	commençons	commencions	commençâmes	avons commencé	commencerons	commencerions	commencions	commençons
	commencez	commenciez	commençâtes	avez commencé	commencerez	commenceriez	commenciez	commencez
	commencent	commençaient	commencèrent	ont commencé	commenceront	commenceraient	commencent	

[1]Verbs like commencer: *dénoncer, menacer, prononcer, remplacer, tracer.*

INFINITIVE
PRESENT PARTICIPLE
PAST PARTICIPLE

PARTICIPLE	PRESENT	IMPERFECT	PASSE SIMPLE	PASSE COMPOSE	FUTURE	CONDITIONAL	PRESENT SUBJUNCTIVE	IMPERATIVE
manger[1] (eat) mangeant mangé	mange manges mange mangeons mangez mangent	mangeais mangeais mangeait mangions mangiez mangeaient	mangeai mangeas mangea mangeâmes mangeâtes mangèrent	ai mangé as mangé a mangé avons mangé avez mangé ont mangé	mangerai mangeras mangera mangerons mangerez mangeront	mangerais mangerais mangerait mangerions mangeriez mangeraient	mange manges mange mangions mangiez mangent	mange mangeons mangez
appeler[2] (call) appelant appelé	appelle appelles appelle appelons appelez appellent	appelais appelais appelait appelions appeliez appelaient	appelai appelas appela appelâmes appelâtes appelèrent	ai appelé as appelé a appelé avons appelé avez appelé ont appelé	appellerai appelleras appellera appellerons appellerez appelleront	appellerais appellerais appellerait appellerions appelleriez appelleraient	appelle appelles appelle appelions appeliez appellent	appelle appelons appelez
essayer[3] (try) essayant essayé	essaie essaies essaie essayons essayez essaient	essayais essayais essayait essayions essayiez essayaient	essayai essayas essaya essayâmes essayâtes essayèrent	ai essayé as essayé a essayé avons essayé avez essayé ont essayé	essaierai essaieras essaiera essaierons essaierez essaieront	essaierais essaierais essaierait essaierions essaieriez essaieraient	essaie essaies essaie essayions essayiez essaient	essaie essayons essayez
acheter[4] (buy) achetant acheté	achète achètes achète achetons achetez achètent	achetais achetais achetait achetions achetiez achetaient	achetai achetas acheta achetâmes achetâtes achetèrent	ai acheté as acheté a acheté avons acheté avez acheté ont acheté	achèterai achèteras achètera achèterons achèterez achèteront	achèterais achèterais achèterait achèterions achèteriez achèteraient	achète achètes achète achetions achetiez achètent	achète achetons achetez
préférer[5] (prefer) préférant préféré	préfère préfères préfère préférons préférez préfèrent	préférais préférais préférait préférions préfériez préféraient	préférai préféras préféra préférâmes préférâtes préférèrent	ai préféré as préféré a préféré avons préféré avez préféré ont préféré	préférerai préféreras préférera préférerons préférerez préféreront	préférerais préférerais préférerait préférerions préféreriez préféreraient	préfère préfères préfère préférions préfériez préfèrent	préfère préférons préférez

[1]Verbs like manger: bouger, changer, déganger, engager, juger, loger, mélanger, nager, neiger, obliger, partager, voyager
[2]Verbs like appeler: épeler, jeter, (se) rappeler
[3]Verbs like essayer: employer, payer
[4]Verbs like acheter: achever, amener, (se) lever, (se) promener
[5]Verbs like préférer: célébrer, considérer, espérer, (s')inquiéter, pénétrer, posséder, répéter, révéler, suggérer

F. Irregular verbs

INFINITIVE / PRESENT PARTICIPLE / PAST PARTICIPLE	PRESENT	IMPERFECT	PASSE SIMPLE	PASSE COMPOSE	FUTURE	CONDITIONAL	PRESENT SUBJUNCTIVE	IMPERATIVE
aller (go) allant allé	vais vas va allons allez vont	allais allais allait allions alliez allaient	allai allas alla allâmes allâtes allèrent	suis allé(e) es allé(e) est allé(e) sommes allé(e)s êtes allé(e)(s) sont allé(e)s	irai iras ira irons irez iront	irais irais irait irions iriez iraient	aille ailles aille allions alliez aillent	va allons allez
asseoir (seat) asseyant assis	assieds assieds assied asseyons asseyez asseyent	asseyais asseyais asseyait asseyions asseyiez asseyaient	assis assis assit assîmes assîtes assirent	me suis assis(e)[1] t'es assis(e) s'est assis(e) nous sommes assis(es) vous êtes assis(e)(s) se sont assis(es)	assiérai assiéras assiéra assiérons assiérez assiéront	assiérais assiérais assiérait assiérions assiériez assiéraient	asseye asseyes asseye asseyions asseyiez asseyent	assieds-toi asseyons-nous asseyez-vous
battre (beat) battant battu	bats bats bat battons battez battent	battais battais battait battions battiez battaient	battis battis battit battîmes battîtes battirent	ai battu as battu a battu avons battu avez battu ont battu	battrai battras battra battrons battrez battront	battrais battrais battrait battrions battriez battraient	batte battes batte battions battiez battent	bats battons battez
boire (drink) buvant bu	bois bois boit buvons buvez boivent	buvais buvais buvait buvions buviez buvaient	bus bus but bûmes bûtes burent	ai bu as bu a bu avons bu avez bu ont bu	boirai boiras boira boirons boirez boiront	boirais boirais boirait boirions boiriez boiraient	boive boives boive buvions buviez boivent	bois buvons buvez

INFINITIVE / PRESENT PARTICIPLE / PAST PARTICIPLE	PRESENT	IMPERFECT	PASSE SIMPLE	PASSE COMPOSE	FUTURE	CONDITIONAL	PRESENT SUBJUNCTIVE	IMPERATIVE
dire[1] (say, tell) disant dit	dis dis dit disons dites disent	disais disais disait disions disiez disaient	dis dis dit dîmes dîtes dirent	ai dit as dit a dit avons dit avez dit ont dit	dirai diras dira dirons direz diront	dirais dirais dirait dirions diriez diraient	dise dises dise disions disiez disent	dis disons dites
écrire[2] (write) écrivant écrit	écris écris écrit écrivons écrivez écrivent	écrivais écrivais écrivait écrivions écriviez écrivaient	écrivis écrivis écrivit écrivîmes écrivîtes écrivirent	ai écrit as écrit a écrit avons écrit avez écrit ont écrit	écrirai écriras écrira écrirons écrirez écriront	écrirais écrirais écrirait écririons écririez écriraient	écrive écrives écrive écrivions écriviez écrivent	écris écrivons écrivez
envoyer (send) envoyant envoyé	envoie envoies envoie envoyons envoyez envoient	envoyais envoyais envoyait envoyions envoyiez envoyaient	envoyai envoyas envoya envoyâmes envoyâtes envoyèrent	ai envoyé as envoyé a envoyé avons envoyé avez envoyé ont envoyé	enverrai enverras enverra enverrons enverrez enverront	enverrais enverrais enverrait enverrions enverriez enverraient	envoie envoies envoie envoyions envoyiez envoient	envoie envoyons envoyez
faire (do, make) faisant[1] fait	fais fais fait faisons faites font	faisais faisais faisait faisions faisiez faisaient	fis fis fit fîmes fîtes firent	ai fait as fait a fait avons fait avez fait ont fait	ferai feras fera ferons ferez feront	ferais ferais ferait ferions feriez feraient	fasse fasses fasse fassions fassiez fassent	fais faisons faites
falloir (be necessary) fallu	il faut	il fallait	il fallut	il a fallu	il faudra	il faudrait	il faille	
lire[3] (read) lisant lu	lis lis lit lisons lisez lisent	lisais lisais lisait lisions lisiez lisaient	lus lus lut lûmes lûtes lurent	ai lu as lu a lu avons lu avez lu ont lu	lirai liras lira lirons lirez liront	lirais lirais lirait lirions liriez liraient	lise lises lise lisions lisiez lisent	lis lisons lisez

[1] Verbs like dire: interdire (vous interdisez), prédire (vous prédisez)
[2] Verbs like écrire: décrire
[3] Verbs like lire: élire

INFINITIVE
PRESENT PARTICIPLE
PAST PARTICIPLE

INFINITIVE / PRESENT PARTICIPLE / PAST PARTICIPLE	PRESENT	IMPERFECT	PASSE SIMPLE	PASSE COMPOSE	FUTURE	CONDITIONAL	PRESENT SUBJUNCTIVE	IMPERATIVE
mettre[1] (put) mettant mis	mets mets met mettons mettez mettent	mettais mettais mettait mettions mettiez mettaient	mis mis mit mîmes mîtes mirent	ai mis as mis a mis avons mis avez mis ont mis	mettrai mettras mettra mettrons mettrez mettront	mettrais mettrais mettrait mettrions mettriez mettraient	mette mettes mette mettions mettiez mettent	mets mettons mettez
mourir (die) mourant mort	meurs meurs meurt mourons mourez meurent	mourais mourais mourait mourions mouriez mouraient	mourus mourus mourut mourûmes mourûtes moururent	suis mort(e) es mort(e) est mort(e) sommes mort(e)s êtes mort(e)(s) sont mort(e)s	mourrai mourras mourra mourrons mourrez mourront	mourrais mourrais mourrait mourrions mourriez mourraient	meure meures meure mourions mouriez meurent	meurs mourons mourez
naître (be born) naissant né	nais nais naît naissons naissez naissent	naissais naissais naissait naissions naissiez naissaient	naquis naquis naquit naquîmes naquîtes naquirent	suis né(e) es né(e) est né(e) sommes né(e)s êtes né(e)(s) sont né(e)s	naîtrai naîtras naîtra naîtrons naîtrez naîtront	naîtrais naîtrais naîtrait naîtrions naîtriez naîtraient	naisse naisses naisse naissions naissiez naissent	nais naissons naissez
ouvrir[2] (open) ouvrant ouvert	ouvre ouvres ouvre ouvrons ouvrez ouvrent	ouvrais ouvrais ouvrait ouvrions ouvriez ouvraient	ouvris ouvris ouvrit ouvrîmes ouvrîtes ouvrirent	ai ouvert as ouvert a ouvert avons ouvert avez ouvert ont ouvert	ouvrirai ouvriras ouvrira ouvrirons ouvrirez ouvriront	ouvrirais ouvrirais ouvrirait ouvririons ouvririez ouvriraient	ouvre ouvres ouvre ouvrions ouvriez ouvrent	ouvre ouvrons ouvrez
plaire (please) plaisant plu	plais plais plaît plaisons plaisez plaisent	plaisais plaisais plaisait plaisions plaisiez plaisaient	plus plus plut plûmes plûtes plurent	ai plu as plu a plu avons plu avez plu ont plu	plairai plairas plaira plairons plairez plairont	plairais plairais plairait plairions plairiez plairaient	plaise plaises plaise plaisions plaisiez plaisent	plais plaisons plaisez
pleuvoir (rain) pleuvant plu	il pleut	il pleuvait	il plut	il a plu	il pleuvra	il pleuvrait	il pleuve	

[1]Verbs like mettre: permettre, promettre

[2]Verbs like ouvrir: couvrir, découvrir, offrir, souffrir

INFINITIVE / PRESENT PARTICIPLE / PAST PARTICIPLE	PRESENT	IMPERFECT	PASSE SIMPLE	PASSE COMPOSE	FUTURE	CONDITIONAL	PRESENT SUBJUNCTIVE	IMPERATIVE
pouvoir (be able)	peux, puis	pouvais	pus	ai pu	pourrai	pourrais	puisse	
pouvant	peux	pouvais	pus	as pu	pourras	pourrais	puisses	
pu	peut	pouvait	put	a pu	pourra	pourrait	puisse	
	pouvons	pouvions	pûmes	avons pu	pourrons	pourrions	puissions	
	pouvez	pouviez	pûtes	avez pu	pourrez	pourriez	puissiez	
	peuvent	pouvaient	purent	ont pu	pourront	pourraient	puissent	
prendre[1] (take)	prends	prenais	pris	ai pris	prendrai	prendrais	prenne	
prenant	prends	prenais	pris	as pris	prendras	prendrais	prennes	prends
pris	prend	prenait	prit	a pris	prendra	prendrait	prenne	
	prenons	prenions	prîmes	avons pris	prendrons	prendrions	prenions	prenons
	prenez	preniez	prîtes	avez pris	prendrez	prendriez	preniez	prenez
	prennent	prenaient	prirent	ont pris	prendront	prendraient	prennent	
rire (laugh)	ris	riais	ris	ai ri	rirai	rirais	rie	
riant	ris	riais	ris	as ri	riras	rirais	ries	ris
ri	rit	riait	rit	a ri	rira	rirait	rie	
	rions	riions	rîmes	avons ri	rirons	ririons	riions	rions
	riez	riiez	rîtes	avez ri	rirez	ririez	riiez	riez
	rient	riaient	rirent	ont ri	riront	riraient	rient	
savoir[2] (know)	sais	savais	sus	ai su	saurai	saurais	sache	
sachant	sais	savais	sus	as su	sauras	saurais	saches	sache
su	sait	savait	sut	a su	saura	saurait	sache	
	savons	savions	sûmes	avons su	saurons	saurions	sachions	sachons
	savez	saviez	sûtes	avez su	saurez	sauriez	sachiez	sachez
	savent	savaient	surent	ont su	sauront	sauraient	sachent	
suivre (follow)	suis	suivais	suivis	ai suivi	suivrai	suivrais	suive	
suivant	suis	suivais	suivis	as suivi	suivras	suivrais	suives	suis
suivi	suit	suivait	suivit	a suivi	suivra	suivrait	suive	
	suivons	suivions	suivîmes	avons suivi	suivrons	suivrions	suivions	suivons
	suivez	suiviez	suivîtes	avez suivi	suivrez	suivriez	suiviez	suivez
	suivent	suivaient	suivirent	ont suivi	suivront	suivraient	suivent	
tenir (hold, keep)	tiens	tenais	tins	ai tenu	tiendrai	tiendrais	tienne	
tenant	tiens	tenais	tins	as tenu	tiendras	tiendrais	tiennes	tiens
tenu	tient	tenait	tint	a tenu	tiendra	tiendrait	tienne	
	tenons	tenions	tînmes	avons tenu	tiendrons	tiendrions	tenions	tenons
	tenez	teniez	tîntes	avez tenu	tiendrez	tiendriez	teniez	tenez
	tiennent	tenaient	tinrent	ont tenu	tiendront	tiendraient	tiennent	

[1] Verbs like prendre: apprendre, comprendre

[2] Verbs like savoir: apercevoir, décevoir

INFINITIVE PRESENT PARTICIPLE PAST PARTICIPLE	PRESENT	IMPERFECT	PASSE SIMPLE	PASSE COMPOSE	FUTURE	CONDITIONAL	PRESENT SUBJUNCTIVE	IMPERATIVE
valoir (be worth) valant valu	vaux vaux vaut valons valez valent	valais valais valait valions valiez valaient	valus valus valut valûmes valûtes valurent	ai valu as valu a valu avons valu avez valu ont valu	vaudrai vaudras vaudra vaudrons vaudrez vaudront	vaudrais vaudrais vaudrait vaudrions vaudriez vaudraient	vaille vailles vaille valions valiez vaillent	vaux valons valez
venir[1] (come) venant venu	viens viens vient venons venez viennent	venais venais venait venions veniez venaient	vins vins vint vînmes vîntes vinrent	suis venu(e) es venu(e) est venu(e) sommes venu(e)s êtes venu(e)(s) sont venu(e)s	viendrai viendras viendra viendrons viendrez viendront	viendrais viendrais viendrait viendrions viendriez viendraient	vienne viennes vienne venions veniez viennent	viens venons venez
vivre (live) vivant vécu	vis vis vit vivons vivez vivent	vivais vivais vivait vivions viviez vivaient	vécus vécus vécut vécûmes vécûtes vécurent	ai vécu as vécu a vécu avons vécu avez vécu ont vécu	vivrai vivras vivra vivrons vivrez vivront	vivrais vivrais vivrait vivrions vivriez vivraient	vive vives vive vivions viviez vivent	vis vivons vivez
voir (see) voyant vu	vois vois voit voyons voyez voient	voyais voyais voyait voyions voyiez voyaient	vis vis vit vîmes vîtes virent	ai vu as vu a vu avons vu avez vu ont vu	verrai verras verra verrons verrez verront	verrais verrais verrait verrions verriez verraient	voie voies voie voyions voyiez voient	vois voyons voyez
vouloir (wish, want) voulant voulu	veux veux veut voulons voulez veulent	voulais voulais voulait voulions vouliez voulaient	voulus voulus voulut voulûmes voulûtes voulurent	ai voulu as voulu a voulu avons voulu avez voulu ont voulu	voudrai voudras voudra voudrons voudrez voudront	voudrais voudrais voudrait voudrions voudriez voudraient	veuille veuilles veuille voulions vouliez veuillent	veuille veuillez

[1]Verbs like venir: devenir (elle est devenue), revenir (elle est revenue), maintenir (elle a maintenu), obtenir (elle a obtenu), se souvenir (elle s'est souvenue)

Lexique: français-anglais

This end vocabulary provides contextual meanings of French words used in this text. It does not include exact cognates or regular past participles if the infinitive is listed. Adjectives are listed in the masculine singular form, with irregular feminine forms included in parentheses. An asterisk (*) indicates words beginning with an aspirate *h*. Active vocabulary is indicated by the number of the chapter in which it is first listed or explained.

Abréviations

adj. adjective
adv. adverb
angl. Anglicism
conj. conjunction
contr. contraction
fam. familiar
f. feminine noun
indef. indefinite

int. interjection
m. masculine noun
pl. plural
p.p. past participle
prep. preposition
pron. pronoun
Q. Quebec usage

A

à *prep.* to, at, in, with (1)
abandonner to leave; to abandon
abonné(e) *m., f.* subscriber
abordable *adj.* affordable
aborder to approach; to attack
abscons *adj.* abstruse; mysterious
absolu *adj.* absolute
absolument *adv.* absolutely;
   completely
absurde *m.* the absurd; nonsense
absurdité *f.* absurdity
académie *f.* academy; society of
   learned people
Acadie *f.* Acadia
acadien(ne) *adj.* Acadian (15)
accentuer to accentuate; to emphasize
accepter to accept; to agree to (16)
accès *m.* access
accompagnement *m.* accompaniment
accompagner to accompany
accomplir to carry out; to effect
accord *m.* agreement; d'accord okay;
   être d'accord to agree
accordéon *m.* accordion
accorder to grant; to award
accueil *m.* reception; welcome
achat *m.* purchase; faire des achats to
   go shopping
acheter to buy (4)
acier *m.* steel
acte *m.* act; action
acteur *m.* (actrice *f.*) actor; actress
actif (active) *adj.* active; energetic
activement *adv.* actively
activité *f.* activity (16)
actualité *f.* actuality; current event or
   situation
actuel(le) *adj.* present (14)
adapter: s'adapter to adapt to
addition *f.* bill, check (6)
adjectif *m.* adjective
administratif (administrative) *adj.*
   administrative
administration *f.* government;
   management
admirablement *adv.* admirably;
   wonderfully
admirer to admire; to wonder at (2)
adopter to adopt
adorer to adore; to love (1)
adresse *f.* address (7)
adresser to address; s'adresser(à) to
   be directed; to appeal to
adulte *m., f.* adult
adverbe *m.* adverb

aérien(ne) *adj.* aerial; ligne aérienne
   airline
aérogare *f.* air terminal
aéronautique *adj.* aeronautic
aéroport *m.* airport (9)
aérotrain *m.* aerotrain; hover-train
affaire *f.* business; affair; bargain (13);
   pl. personal effects; business (18);
   femme (homme) d'affaires
   business woman or man
affiche *f.* poster; placard (3)
afficher to post; to publish (11)
affirmativement *adv.* affirmatively
affirmer to affirm; s'affirmer to grow
   stronger
affluence *f.* crowd; heure d'affluence
   rush hour
afin *conj.* so that; afin de (with
   infinitive); afin que (with subject)
   (15)
africain *adj.* African (18)
Afrique *f.* Africa (18)
âge *m.* age (3)
âgé *adj.* old
agence *f.* agency; bureau
agent(e) *m., f.* agent; agent de police
   policeman (13)
agglomération *f.* built-up area
agir to act (3); s'agir de to be a
   question of
agneau *m.* lamb
agréable *adj.* agreeable; pleasant
agréer to accept; prier d'agréer
   l'expression de . . . yours truly
agrégation *f.* examination for
   admission on secondary teaching
   staff
agressif (agressive) *adj.* aggressive
agricole *adj.* agricultural (13)
agriculteur *m.* farmer; farm worker
   (13)
aide *f.* support; relief
aider to help (13)
aigle *m.* eagle
aigu *adj.* acute; accent aigu (´)
aile *f.* wing
ailleurs *adv.* elsewhere; d'ailleurs
   besides
aimable *adj.* kind; amiable
aimer to like; to love (1); aimer mieux
   to prefer (1)
aîné *adj.* elder; eldest
ainsi *adv.* thus; so; ainsi que *conj.* as
   well as
air *m.* air; atmosphere (17); avoir l'air
   to look; en plein air in the open air
   (16)

ajouter to add
alarme *f.* alarm; uneasiness
alcool *m.* alcohol
alerte *adj.* alert; lively
Alger Algiers
Algérie *f.* Algeria (9)
aliment *m.* food
alimentaire *adj.* related to food
alimentation *f.* nourishment
Allemagne *f.* Germany (9)
allemand *adj.* German (1)
aller to go (4); aller mieux to go
   better; Comment allez-vous? How
   are you? (CP); s'en aller to go
   away
allô *int.* hello (telephone) (7)
allocation *f.* allowance
alors *adv.* then (4); in that case; zut
   alors! *int.* darn!
Alpes *f. pl.* the Alps
alpinisme *m.* mountaineering
altruiste *adj.* altruistic
Amazone *m.* Amazon River
Amazonie *f.* Amazon basin;
   Amazonia
ambassade *f.* embassy
ambitieux (ambitieuse) *adj.* ambitious
améliorer to improve
aménagé p.p. of aménager arranged;
   furnished
amener to lead
amer (amère) *adj.* bitter; harsh
américain *adj.* American (1)
Amérique *f.* America
ami(e) *m., f.* friend (1), amie de fille
   Q. girlfriend
amicalement *adv.* amicably; sincerely
amitié *f.* friendship; affection
amour *m.* love (1)
amoureux (amoureuse) *adj.* in love,
   amorous (12)
amphithéâtre *m.* lecture hall;
   amphitheatre
amusant *adj.* entertaining, amusing
amuser to entertain; s'amuser to have
   a good time (12)
an *m.* year (7); Jour de l'An New
   Year's Day
analytique *adj.* analytical
anarchiste *adj.* anarchist
anatomie *f.* anatomy
ancêtre *m., f.* ancestor (18)
ancien(ne) *adj.* former; old;
   ancient (3)
anglais *adj.* English, British (1)
Angleterre *f.* England (9)
anglicisme *m.* anglicism

anglophone *adj.* English-speaking

animal *m.* (**animaux** *pl.*) animal, beast (3)

animateur *m.* (**animatrice** *f.*) camp counselor

animé *adj.* animated (10); **dessin animé** cartoon

année *f.* year (7)

anniversaire *m.* birthday; anniversary (7)

annonce *f.* advertisement; sign (7); **annonce publicitaire** commercial; **petites annonces** want-ads

annoncer to announce

annonceur *m.* speaker; announcer

annuaire *m.* telephone directory (7)

antillais *adj.* West Indian

Antilles *f. pl.* West Indies

antilope *f.* antelope

antipathique *adj.* antipathetic; unpleasant (2)

antique *adj.* ancient

août *m.* August

apathie *f.* apathy

apercevoir to perceive (17); **s'apercevoir de** to become aware of (17)

aperçu *p.p. of* **apercevoir**

apéritif *m.* appetizer; aperitif (6)

appareil *m.* camera; telephone (7); **Qui est à l'appareil?** Who is speaking?

appartement *m.* apartment (1)

appartenir à to belong to (18)

appeler to call; to name (7); **s'appeler** to be called (12)

appétissant *adj.* appetizing, tempting

appétit *m.* appetite

appliquer to apply; to impose

appointement *m.* pier; boat dock

apport *m.* contribution

apporter to bring; to supply (6)

appréciation *f.* evaluation; rise in value

apprendre to learn; to teach (5)

apprenti(e) *m., f.* apprentice

apprentissage *m.* apprenticeship

appris *p.p. of* **apprendre**

approcher to approach; to draw near

approuver to sanction; to approve of

approximatif (approximative) *adj.* approximate; inexpert

appuyer to dwell on; to stress

après *prep.* after (11); **d'après** according to

après-midi *m.* afternoon (4)

arabe *adj.* Arabic

arbre *m.* tree (4)

arc *m.* arch

architecte *m., f.* architect (13)

argent *m.* money; silver (7)

argot *m.* slang (15)

armée *f.* army

armement *m.* armament; preparation for war

armoire *f.* closet; cupboard (3)

arrêt *m.* stop; pause

arrêter to stop (someone, something); **s'arrêter** to stop (oneself) (12)

arrière-plan *m.* background

arrivée *f.* arrival; landing

arriver to arrive; to reach (2); **arriver à** to manage

arrondissement *m.* district; ward (10)

artificiel(le) *adj.* artificial

artisan(e) *m., f.* craftsperson (13)

artiste *m., f.* artist

ascenseur *m.* elevator (10)

Asie *f.* Asia

asperge *f.* asparagus

assemblée *f.* assembly; meeting (14); **l'Assemblée nationale** one of the two houses of the French parliament

asseoir to seat; **s'asseoir** to sit down

assez *adv.* enough; rather

assiette *f.* plate (5)

assis *adj.* seated

assistant(e) *m., f.* assistant; **assistant social** welfare worker

assister à to attend; to look on (11)

associer to associate

assurance *f.* insurance

assurer to assure; to guarantee

astérisque *m.* asterisk

astronef *f.* spaceship

astronomie *f.* astronomy

atelier *m.* studio; workshop (16)

Atlantique *m.* Atlantic Ocean

atomique *adj.* atomic

attaché *adj.* attached

attendre to wait (for) (5)

attente *f.* waiting; **salle d'attente** waiting room

attentif (attentive) *adj.* attentive considerate

attention *f.* attention; *int.* look out!

attentivement *adv.* carefully

attirer to attract; to draw

attraper to catch

au *contr. of* **à le**

auberge *f.* inn; **auberge de jeunesse** youth hostel

aucun; ne . . . aucun *adj., pron.* no; no one; not any (15)

audacieux (audacieuse) *adj.* audacious; daring

augmenter to rise; to augment (14)

aujourd'hui *adv.* today (4)

auquel *contr. of* **à lequel**

aussi *adv.* also (1); **aussi . . . que** as . . . as

aussitôt *adv.* immediately; **aussitôt que** as soon as (13)

autant *adv.* much, many; **autant de** as much (many); **autant que** as much (many) as (12)

auteur *m.* author; creator

authentique *adj.* genuine

autobiographie *f.* autobiography

autobus *m.* bus (9)

autodidacte *m., f.* self-taught person

automatique *adj.* automatic

automne *m.* autumn (8)

automobiliste *m., f.* motorist; driver

autonome *adj.* autonomous

auto-portrait *m.* self-portrait

autoritaire *adj.* arbitrary; authoritative

autorité *f.* authority

autoroute *f.* highway, freeway (9)

auto-stop *m.* hitchhiking

autre *adj.* other (3)

autrefois *adv.* formerly; in the past

autrement *adv.* otherwise; in another way

Autriche *f.* Austria

aux *pl. of* **au**; *contr. of* **à les**

avance *f.* front part; **en avance** early, beforehand

avant *prep.* before (4); **avant tout** first of all

avantage *m.* advantage

avec *prep.* with; by means of (1)

avènement *m.* advent; coming to power

avenir *m.* the future (13)

aventure *f.* adventure; surprising event (1)

aventurier *m.* (**aventurière** *f.*) adventurer

avion *m.* airplane (9)

avis *m.* opinion; advice

avocat(e) *m., f.* lawyer; counsel (13)

avoir to have (3); **avoir besoin de** to need; **avoir chaud** to be hot (3); **avoir de la chance** to be lucky (3); **avoir (deux) ans** to be (two) years old (3); **avoir envie de** to want to (3); **avoir (une) faim (de loup)** to be ravenously hungry; **avoir froid** to be cold (3); **avoir honte** to be embarrassed, ashamed; **avoir l'air**

avoir (continued)

de to look; to appear (3); **avoir lieu** to take place (3); **avoir mal** to have a pain (12); **avoir peur** to be afraid; **avoir raison** to be right (3); **avoir soif** to be thirsty (3); **avoir sommeil** to be sleepy (3); **avoir tort** to be wrong (3)

B

bac(calauréat) *m.* French secondary school diploma (11)
bachotage *m.* cramming
bagage(s) *m. pl.* baggage
baguette *f.* thin loaf of French bread (6)
baigner to bathe; **se baigner** to go swimming (12)
bain *m.* bath; **maillot de bain** swimsuit; **salle de bains** bathroom
baisser to lower; to fall off
bal *m.* dance
balancer to swing to and fro
balcon *m.* balcony (4)
balle *f.* ball; bullet
ballon *m.* balloon; football; soccer ball
banane *f.* banana
banlieue *f.* suburbs (10)
bannir to banish; to dismiss
banque *f.* bank (10)
banquier *m.* (**banquière** *f.*) banker (13)
baquet *m.* tub; bucket
barbe *f.* beard
baril *m.* keg
baromètre *m.* barometer
bar-tabac *m.* bar-tobacconist (10)
bas *adj.* low; **à bas** down with; **là-bas** over there
basket-ball *m.* basketball (game) (1)
basquais *adj.* Basque
bassin *m.* basin; pond
bateau *m.* boat; **bateau-mouche** passenger riverboat; **faire du bateau** to go boating
bâtiment *m.* building (10)
bâtir to build
battre to beat; **se battre** to fight
bavard *adj.* talkative
bavardage *m.* chatter; meaningless talk
beau (bel, belle) *adj.* beautiful; good (3); **faire beau** to be good weather
beaucoup *adv.* many; much; a lot (1)

bébé *m.* baby
belge *adj.* Belgian
Belgique *f.* Belgium (9)
belle-mère *f.* mother-in-law; stepmother
belle-soeur *f.* stepsister
belligérant *adj.* belligerent
belliqueux (belliqueuse) *adj.* war-like
belote *f.* card game like pinochle
belvédère *m.* terrace; belvedere
besoin *m.* need; **avoir besoin de** to need; to want
béton *m.* beton; concrete
beurre *m.* butter (5)
bibliothèque *f.* library (1)
bicyclette *f.* bicycle
bien *m.* property; *adv.* well; very; completely (1); **bien que** although (15); **bien sûr** of course (6); **eh bien!** well! **ou bien** or else; **vouloir bien** to be willing
bien-être *m.* well-being; comfort
bientôt *adv.* soon (12); **à bientôt** see you soon (CP)
bienvenu *adj.* welcome
bière *f.* beer (5)
bifteck *m.* steak (5)
bijou *m.* jewel
bilingue *adj.* bilingual
billet *m.* ticket; bill (7)
biologie *f.* biology
bise *f. fam.* kiss
bissextile *adj.* **année bissextile** leap year
bistro(t) *m.* café; bar
blague *f.* joke, trick
blanc(he) *adj.* white (3)
blé *m.* corn; wheat; **blés d'Inde** *Q.* corn on the cob
bleu *adj.* blue (3)
boeuf *m.* beef (6)
bof! *int.*
boire to drink (5)
bois *m.* forest; wood (10); **coureur des bois** scout
boisé *adj.* wooded
boisson *f.* drink (5)
boîte *f.* box; can (6); **boîte aux lettres** mail box (7); **boîte de nuit** nightclub
bol *m.* bowl (5); **ras le bol!** I've had it!
bon(ne) *adj.* good (3); **bon courage** keep your chin up; **bon marché** cheap (6)
bonbon *m.* candy
bonheur *m.* happiness; prosperity (11)

bonjour *int.* hello; good day (CP)
bonnet *m.* cap
bonsoir *int.* good night; good evening (CP)
bord *m.* edge; shore
bordure *f.* edge; border
borné *adj.* limited; narrow-minded
bouche *f.* mouth (12)
boucher *m.* butcher
boucherie *f.* butcher's shop (6)
bouchon *m.* cork; stopper
bouger to stir; to budge
boulanger *m.* (**boulangère** *f.*) baker
boulangerie *f.* bakery (6)
boule *f.* ball; bowl; bead; **les boules** bocce ball
boulot *m. fam.* job; work
bouquiniste *m.* second-hand book dealer
bourse *f.* scholarship; stock exchange
boursier *m.* (**boursière** *f.*) scholarship recipient
boussole *f.* compass
bout *m.* end
bouteille *f.* bottle (5)
boutique *f.* shop
boxe *f.* boxing
branche *f.* branch; division
branchement *m.* branching
bras *m.* arm (12)
brasserie *f.* bar; restaurant
bref (brève) *adj.* brief, short; *adv.* in a word
Brésil *m.* Brazil (9)
breton(ne) *adj.* from Brittany
bricolage *m.* do-it-yourself work; puttering around (16)
bricoler to putter around
bricoleur *m.* (**bricoleuse** *f.*) handyman; jack-of-all trades
brie *m.* Brie cheese
brièvement *adv.* briefly (11)
brillant *adj.* brilliant; bright
britannique *adj.* British
brosse *f.* brush; **brosse à dents** toothbrush
brosser to brush (12)
brouillard *m.* fog; mist
bruit *m.* noise (10)
brûlant *adj.* burning; eager
brun *adj.* brown
Bruxelles Brussels
bureau *m.* office; desk (CP); **bureau de poste** post office (7); **employé(e) de bureau** white-collar worker

C

ça *pron.* it; that (6); **comme ci, comme ça** so-so

cabine *f.* cabin; **cabine téléphonique** telephone booth (7)

cacher to hide

cadeau *m.* gift (8)

cadre *m.* manager (13); *pl.* management; **cadre moyen** middle manager; **cadre supérieur** executive

café *m.* coffee; café (1)

cahier *m.* notebook (CP)

caissier *m.* (**caissière** *f.*) cashier

calculer to calculate

calendrier *m.* calendar

Californie *f.* California

calme *m.* calm; stillness (2)

camarade *m., f.* friend; companion; **camarade de chambre** roommate

camembert *m.* Camembert cheese

Cameroun *m.* Cameroon

camion *m.* truck (9)

camionneur *m.* truck driver

campagne *f.* countryside; the country (8)

camper to camp (8)

campeur *m.* (**campeuse** *f.*) camper

camping *m.* camping; campground

canadien(ne) *adj.* Canadian (2)

canard *m.* duck

candidat(e) *m., f.* candidate; applicant (14)

canne à sucre *f.* sugarcane

cap *m.* cape; headland

capacité *f.* ability

capricieux (capricieuse) *adj.* capricious

car *conj.* for; because

caractère *m.* character

caractériser to characterize; to distinguish

caractéristique *f.* characteristic

Caraïbes *f. pl.* Caribbean Islands

caravane *f.* trailer

cardiaque *adj.* cardiac

Carnaval *m.* Carnival; Mardi Gras

carnet *m.* notebook; book of tickets

carotte *f.* carrot

carré *adj.* square

carreau *m.* small square; **à carreaux** checked

carrefour *m.* crossroads

carrière *f.* career (11)

carrosse *m. Q.* baby carriage

carte *f.* map; card (2); **carte postale** postcard (7)

cas *m.* case; instance; **en tout cas** in any case; however

casier *m.* rack; pigeon hole

cassé *adj.* broken (16)

casse-croûte *m.* snack; sandwich

casse-tête *m.* din, uproar

catégorie *f.* category

cathédrale *f.* cathedral

cause *f.* cause; **à cause de** because of

caviar *m.* caviar

ce *pron.* it; **ce qui** what (16)

ce (cet, cette) *adj.* this; that (6)

ceci *pron.* this

cèdre *m.* cedar

cela *pron.* that

célèbre *adj.* famous (4)

célibat *m.* single life; celibacy

célibataire *adj.* unmarried

celui (celle) *pron.* the one; **celui-ci** this one; **celui-là** that one

Cendrillon Cinderella

censure *f.* censorship

cent *m.* one hundred; **pour cent** percent

centaine *f.* about a hundred

centenaire *m., f.* centenarian

centième *adj.* hundredth

centrale nucléaire *f.* nuclear power plant

centralisation *f.* centralization

centre *m.* center; **centre-ville** *m.* downtown (10)

cependant *adv.* meanwhile; *conj.* however; nevertheless

céréale *f.* cereal

cérémonie *f.* ceremony

certain *adj.* positive; certain (14)

certainement *adv.* certainly

certificat *m.* certificate; diploma

cerveau *m.* brain; intelligence

ces *adj.* these; those (6)

cesse *f.* respite; **sans cesse** unceasingly

cesser to cease; to stop

ceux (celles) *pron.* those; these; **ceux-ci** the latter; **ceux-là** the former

chacun(e) *pron.* each; each one

chaîne *f.* channel (7); **chaîne stéréo** stereo system (3)

chaise *f.* chair (CP); **chaise-longue** couch

chaleureux (chaleureuse) *adj.* warm; cordial

chambre *f.* room; bedroom (3);

camarade de chambre roommate

champ *m.* field

champignon *m.* mushroom

chance *f.* luck; fortune (8); **avoir de la chance** to be lucky

chandail *m.* sweater (8)

changement *m.* variation; change

changer to change (4)

chanson *f.* song (16); **chanson de variété** popular song (16)

chant *m.* song; melody

chanter to sing

chanteur *m.* (**chanteuse** *f.*) singer (13)

chapeau *m.* hat (8)

chapelle *f.* chapel

chaperon *m.* hood; **le Petit Chaperon Rouge** Little Red Riding Hood

chapitre *m.* chapter

chaque *adj.* each; every (4)

charbon *m.* coal

charcuterie *f.* pork butcher's shop (6)

charcutier *m.* (**charcutière** *f.*) pork butcher

charmant *adj.* charming; delightful

charme *m.* charm

charpentier *m.* carpenter

chasse *f.* hunting

chat *m.* cat (3)

châtaignier *m.* chestnut tree

château *m.* castle; mansion; palace (4)

Château-La-Pompe *m. fam.* tap water

chaud *adj.* hot; warm; **avoir chaud** to be hot; **faire chaud** to be hot weather (8)

chauffage *m.* heating

chauffeur *m.;* (**chauffeuse** *f.*) driver

chaussée *f.* embankment; **rez-de-chaussée** *m.* ground floor

chaussure *f.* shoe (8)

chef *m.* leader; head; chef (14)

chemin *m.* road; way

cheminée *f.* chimney; fireplace

chemise *f.* shirt (8)

chemisier *m.* blouse (8)

chèque *m.* check

cher (chère) *adj.* expensive; dear (2)

chercher to look for; to try (2)

cheval *m.* (**chevaux** *pl.*) horse

cheveux *m. pl.* hair (12)

cheville *f.* ankle

chèvre *f.* goat

chez *prep.* at the house of; with; about (4); **chez vous** where you live

chicorée *f.* chicory

chien *m.* dog (3)

chiffre *m.* number; figure (13)
chimie *f.* chemistry
chimique *adj.* chemical
Chine *f.* China (9)
chinois *adj.* Chinese (1)
chirurgie *f.* surgery
chirurgien(ne) *m., f.* surgeon
choc *m.* shock
chocolat *m.* chocolate (5)
choisir to choose (3)
choix *m.* choice (1)
chômage *m.* unemployment
chômeur *m.* (**chômeuse** *f.*)
unemployed person
choquant *adj.* offensive
choquer to shock
chose *f.* thing (6); **pas grand-chose**
not much
chouette *adj. fam.* neat; great
chronologique *adj.* chronological
chute *f.* fall; waterfall
cible *f.* target
ci-dessous *adv.* below
ciné-club *m.* film club
cinéaste *m., f.* film producer, movie
maker
cinéma *m.* cinema; movies (1)
cinq *adj.* five
cinquante *adj.* fifty
cinquième *adj.* fifth
circonflexe *m.* circumflex
circonstance *f.* circumstance
circulation *f.* traffic (17)
citadelle *f.* citadel
citadin(e) *m., f.* citizen; city-dweller
cité *f.* city; **la Cité** historical center of
Paris (10); **cité universitaire**
university living quarters;
dormitory (1)
citer to cite; to name
citoyen(ne) *m., f.* citizen (14)
citron *m.* lemon; **citron pressé**
lemonade
civilisation *f.* civilization
clair *adj.* clear; light
clairement *adv.* clearly
classe *f.* class; **en classe** at school
classer to classify; to sort
classeur *m.* file
classique *adj.* classical
clef *f.* key (8)
clientèle *f.* clientele
climat *m.* climate
climatique *adj.* climatic
clos *m.* field; enclosure
clôturer to enclose

clou *m.* nail; stud
cocher to notch; to check
coeur *m.* heart
coffre *m.* chest; trunk
coiffeur *m.* (**coiffeuse** *f.*) hairdresser
coin *m.* corner (18)
coincé *adj.* stuck; cornered
coïncider to coincide
collectionner to collect (16)
collectionneur *m.* (**collectionneuse** *f.*)
collector
collège *m.* college; secondary school;
lycée
collègue *m., f.* colleague
collier *m.* necklace; **boules de collier**
bead necklace
colombage *m.* timber framing
colon *m.* colonist; settler (15)
colonie *f.* colony; **colonie de vacances**
summer camp
colonisateur *m.* (**colonisatrice** *f.*)
colonizer
colonisation *f.* colonization
colonne *f.* column; row
combien *adv.* how much; how many
(CP)
combiner to combine
comédie *f.* comedy; theatre
comique *adj.* comical
commander to order (5)
comme *adv.* as; like (6); how; *conj.*
because; **comme ci, comme ça** so-
so (CP)
commencer to begin (10)
comment *adv.* how (CP)
commentaire *m.* commentary
commerçant(e) *m., f.* merchant;
storekeeper (5)
commis *m.* clerk
commission *f. Q.* errand
commode *f.* chest of drawers (3)
commodité *f.* convenience
commun *adj.* common; **Marché**
commun Common Market
communauté *f.* community
communiquer to communicate
communiste *adj.* communist (14)
compagne *f.* female companion;
consort
compagnie *f.* company
comparer to compare
compartiment *m.* compartment (9)
compétent *adj.* competent; qualified
compétition *f.* competition
complément *m.* object; complement
complet *m.* suit (8); *adj.* (**complète** *f.*)

full; complete
complètement *adv.* completely
compléter to complete
composé *adj.* compound; **passé**
composé past perfect tense
composer to compose; to make up (7)
compostage *m.* dating or cancelling
compréhension *f.* comprehension
comprendre to understand (5)
compris *p.p.* of **comprendre**; *adj.*
included (6)
comptabilité *f.* bookkeeping
comptable *m., f.* accountant (13)
compte *m.* account; **prendre en**
compte to take into account
compter to count
comptoir *m.* counter; **comptoir de**
fourrure fur trading post
concerner to concern; to regard
Conciergerie *f.* prison in Paris
concours *m.* competitive examination
concurrence *f.* competition (17)
condition *f.*: **à condition que** on
condition that
conditionnel *m.* conditional tense
conducteur *m.* (**conductrice** *f.*)
conductor; driver
conduire to drive (9); **permis de**
conduire driver's license
confection *f.* ready-made clothes
conférence *f.* conference; lecture (11)
confesseur *m.* confessor
confiance *f.* confidence; trust; **faire**
confiance to trust
confier to confide; to entrust
confiture *f.* preserve; jam (17)
conflit *m.* conflict
confluer to meet, join
(geographically)
conformisme *m.* conformity (1)
conformiste *adj.* conforming
confort *m.* comfort
confortable *adj.* comfortable
congé *m.* leave; vacation
congolais *adj.* Congolese
congrès *m.* conference; meeting
conjonction *f.* conjunction
conjugaison *f.* conjugation
connaissance *f.* acquaintance;
knowledge; **faire connaissance** to
make acquaintance
connaître to know; to understand; to
be familiar with (10)
connu *p.p.* of **connaître**
conquérir to conquer
consacrer to dedicate

conscience *f.* consciousness; awareness

consciencieux (consciencieuse) *adj.* conscientious

consécration *f.* consecration

conseil *m.* advice; council (11)

conseiller to advise; *m.* (**conseillère** *f.*) counselor (13)

conséquence *f.* consequence; result

conséquent *adj.* rational; **par conséquent** consequently

conservateur (conservatrice) *adj.* conservative

conserve *f.* preserve; canned food

conserver to preserve; to retain (17)

considérer to consider

consigne *f.* cloak room; baggage room

consommation *f.* consumption (17)

constamment *adv.* constantly; steadily

constituer to constitute (10)

construire to construct; to build

consulter to consult

contemporain *adj.* contemporary (17)

contenir to contain; to consist of

content *adj.* content; pleased (14)

contenter to satisfy

contestataire *adj.* controversial; radical

contester to protest; to dispute

continu *adj.* continuous

continuer to continue (11)

contradiction *f.* opposition; **esprit de contradiction** contrariness

contraire *m.* opposite; **au contraire** on the contrary

contraste *m.* contrast

contre *prep.* against; **par contre** *adv.* on the other hand

contre-ordre *m.* counter order

contribuer to contribute

contrôle *m.* control; **contrôle continu** continuous grading

contrôler to monitor; to inspect

contrôleur *m.* (**contrôleuse** *f.*) superintendent; inspector

convaincre to convince; to persuade

convenir to suit; to fit

conventionnel(le) *adj.* conventional

convoquer to call together; to summon

coopérant *m.* participant in French public service corps

coopération *f.* cooperation; cooperation service

copain *m.* (**copine** *f.*) pal; buddy (3)

copie *f.* copy

copier to copy

copieux (copieuse) *adj.* copious

coq *m.* cock; rooster

corbeille *f.* basket; **corbeille à papier** wastebasket

cordon bleu *m.* first-rate cook

corps *m.* body (12)

correspondance *f.* correspondence; change of trains

correspondant(e) *m., f.* correspondent

correspondre to correspond

corriger to correct

corrompre to corrupt

côte *f.* coast

côté *m.* side *prep.* **à côté de** next to; near

côtelette *f.* cutlet

cou *m.* neck (12)

coucher: se coucher to go to bed (12)

coude *m.* elbow

couleur *f.* color

couloir *m.* corridor; hallway (4)

coup *m.* blow; stroke; **boire un coup** to have a drink; **coup de foudre** thunderbolt; love at first sight (12); **coup de téléphone** telephone call; **coup d'oeil** glance; **tout d'un coup** suddenly

couper to cut; cut off; **couper avec** to sever relations with

cour *f.* courtyard

courage *m.* courage; **bon courage** keep your chin up

courageux (courageuse) *adj.* courageous; spirited (2)

couramment *adv.* fluently

courant *adj.* current; usual (11); **au courant de** informed about

courber to bend; to curve

coureur *m.* (**coureuse** *f.*) adventurer; **coureur des bois** scout

courir to run (16)

couronné *adj.* crowned

courrier *m.* mail

cours *m.* course (1); *prep.* **au cours de**; during

course *f.* race; **faire les courses** to go shopping

court *adj.* short (15)

cousin(e) *m., f.* cousin (4)

couteau *m.* knife (5)

coûter to cost (6)

coûteux (coûteuse) *adj.* expensive

coutume *f.* custom (18)

couture *f.* sewing

couturier *m.* (**couturière** *f.*) dressmaker; dress designer

cravate *f.* tie

créatif (créative) *adj.* creative

création *f.* creation; establishment

crèche *f.* day-care center (for infants)

crédit *m.* credit

créer to create

crème *f.* cream; custard

crêpe *f.* pancake

cretons *m. pl. Q.* **charcuterie**

cri *m.* cry; shout

crise *f.* crisis

cristal *m.* crystal

cristallin *adj.* crystalline

critique *adj.* critical; *m.* critic; *f.* critique; evaluation

croire to believe (8)

croisement *m.* crossroads

croiser to cross

croisière *f.* cruise

croissance *f.* growth

croissant *m.* crescent roll (5)

cru *p.p. of* **croire**

crudité *f.* crudity; *pl.* raw vegetables or fruit

cueillir to gather; to pick

cuillère *f.* spoon; **cuillère à soupe** tablespoon (5)

cuisine *f.* kitchen (4); cooking; **faire la cuisine** to cook

cuisiner to cook

cuisinier *m.* (**cuisinière** *f.*) cook

culinaire *adj.* culinary

cultiver to cultivate; to grow

culturel(le) *adj.* cultural (18)

curieux (curieuse) *adj.* curious

curiosité *f.* curiosity

cyclisme *m.* cycling (16)

cycliste *m., f.* cyclist

cyclope *m.* Cyclops

D

d'abord *adv.* first

d'après according to

dame *f.* lady

Danemark *m.* Denmark

dangereux (dangereuse) *adj.* dangerous

dans *prep.* in (1)

danse *f.* dance

danser to dance (1)

danseur *m.* (**danseuse** *f.*) dancer

de *prep.* from; of; about (1)

débarquement *m.* landing

débat *m.* debate
débouché *m.* job opening (13)
débrouiller: se débrouiller to manage
début *m.* beginning
décembre *m.* December
déchet *m.* waste; debris (17)
décider to decide; to determine (18)
décisif (décisive) *adj.* decisive
décision *f.* decision
déclaré *adj.* proclaimed
décolonisation *f.* decolonization
décontracté *adj.* relaxed
décor *m.* decoration
décorer to decorate
découper to cut out
découvrir to uncover; to discover (15)
décrire to describe (7)
décrocher to unhook; to lift (receiver)
dedans *adv.* within
défaite *f.* defeat
défaut *m.* fault; flaw
défendre to defend; to protect
défense *f.* defense; **défense de doubler** no passing
défini *adj.* definite
définir to define; to describe
définitif (définitive) *adj.* definitive; eventual
définition *f.* definition
dégoûtant *adj.* disgusting
degré *m.* degree
dehors *adv.* outside
déjà *adv.* already; previously (7)
déjeuner to lunch; *m.* lunch (5); **petit déjeuner** breakfast
délégué(e) *m., f.* delegate (14)
délibérément *adv.* deliberately
délinquance *f.* delinquency
délirant *adj.* delirious; ecstatic
déluge *m.* flood
demain *adv.* tomorrow (4)
demande *f.* request; application
demander to ask; to demand (3); **se demander** to wonder (12)
déménager to move
demeurer to remain; to live
demi *adj.* half
démocratie *f.* democracy
démonstratif (démonstrative) *adj.* demonstrative
démonter to undo, take apart
dent *f.* tooth (12); **brosse à dents** toothbrush
dentifrice *m.* toothpaste
dentiste *m., f.* dentist
départ *m.* departure (8)

département *m.* department; province
dépaysement *m.* being away from home; estrangement
dépêcher to do quickly; **se dépêcher** to hurry up
dépendance *f.* dependence; outbuilding
dépendant *adj.* dependent
dépendre to depend (on)
dépense *f.* expenditure; expense (12)
dépenser to spend
dépit *m.* spite; **en dépit de** in spite of
déplacement *m.* travel; commuting
déplorer to deplore
déportation *f.* transportation; deportation
depuis *prep.* since; for (11); **depuis longtemps** for a long time; **depuis que** since
député *m.* member of Parliament; representative (14)
déraisonnable *adj.* unreasonable (2)
déranger to disturb (7)
dernier (dernière) *adj.* last; past (8)
dernièrement *adv.* lately
derrière *prep.* behind (2)
des *contr. of* **de les**
dès que as soon as (14)
désagréable *adj.* disagreeable; offensive (2)
désastre *m.* disaster
désastreux (désastreuse) *adj.* disastrous; unfortunate
désavantage *m.* disadvantage
descendre to descend; to get off (5)
désert *m.* desert; *adj.* deserted
désigner to designate
désirer to want; to desire
désolé *adj.* very sorry; grieved (14)
désordonné *adj.* disorderly
désordre *m.* disorder
dessin *m.* drawing
dessiner to sketch; **jardin dessiné** planned garden
dessous *adv.* under; **ci-dessous** below
dessus *adv.* upon; **dessus-dessous** upside-down
destin *m.* destiny; fate
destiné *adj.* intended
détail *m.* detail
détective *m.* detective
détendre to relax (18)
détente *f.* relaxation (16)
déterminer to determine
détester to detest; to hate (1)
détruire to destroy

deux *adj.* two; **tous les deux** both
deuxième *adj.* second
devant *prep.* before; in front of (2)
développement *m.* development; growth
développer to develop; to expand (17)
devenir to become (7)
deviner to guess
devoir to have to (6); to be about to; to be obliged to; *m.* duty; homework
dialecte *m.* dialect
diamant *m.* diamond
dictateur *m.* (**dictatrice** *f.*) dictator
dictature *f.* dictatorship
dictionnaire *m.* dictionary (1)
dieu *m.* god
différemment *adv.* differently
différence *f.* difference
différent *adj.* different
difficile *adj.* difficult; hard (2)
difficulté *f.* difficulty
diffuser to diffuse
dimanche *m.* Sunday
diminuer to diminish
dîner to dine; *m.* dinner (4)
diplomate *m.* diplomat (18)
diplomatie *f.* diplomacy (18)
diplôme *m.* diploma (11)
diplômé(e) *m., f.* qualified person; graduate
dire to say; to tell (7); **c'est-à-dire** that is to say; **vouloir dire** to mean
directement *adv.* directly
directeur *m.* (**directrice** *f.*) director; manager (13)
direction *f.* address; direction
diriger to direct; to govern; to control (13)
discipline *f.* subject; discipline (11)
discorde *f.* discord; disagreement
discothèque *f.* discotheque
discours *m.* speech; discourse
discret (discrète) *adj.* discreet
discuter to discuss
disparaître to disappear
disparition *f.* disappearance
disparu *p.p. of* **disparaître**
disposé *adj.* inclined; disposed
disputer to argue; **se disputer** to quarrel; to dispute (12)
disque *m.* record (3)
dissimuler to conceal
distinguer to distinguish; to honor
distraction *f.* recreation; diversion

distraire: se distraire to entertain
oneself
dit *p.p. of* **dire**
divers *adj.* diverse; miscellaneous
diversité *f.* variety
divisé *adj.* divided
dix *adj.* ten
dixième *adj.* tenth
docteur *m.* doctor
doctorat *m.* Ph.D., doctorate (11)
doctoresse *f.* female doctor
documenter to document
dodo *m. fam.* sleep; bed
doigt *m.* finger (12)
domaine *m.* area; domain
domestique *m., f.* servant
domicile *m.* residence; **à domicile**
with a private practice
dominer to dominate; to rule
dommage *m.* harm; **il est dommage** it
is too bad
donc *conj.* therefore; then; **dis donc!**
say!
donner to give; to show (7); to
produce; **donner droit** to entitle
dont *pron.* whose; of which; of
whom (9)
dormir to sleep (7)
dos *m.* back
dossier *m.* record; dossier
douane *f.* customs
douanier *m.* (**douanière** *f.*) customs
officer (13)
doubler to double; to pass
douche *f.* shower
doué *adj.* gifted
doute *m.* doubt; **sans doute** doubtless
douter to doubt; to question (14)
douzaine *f.* dozen
douze *adj.* twelve
douzième *adj.* twelfth
doyen(ne) *m., f.* dean
drame *m.* drama
drapeau *m.* flag (3)
dressage *m.* training
droit *m.* right; law (11); *adj.* straight;
right; **à droite** to the right (10);
tout droit straight ahead (10)
drôle *adj.* funny (2)
du *contr. of* **de le**
dû *p.p. of* **devoir**
duquel *contr. of* **de lequel**
durant *prep.* during
durée *f.* duration
durer to last
dynamique *adj.* dynamic (2)

E

eau *f.* water (5)
éblouir to dazzle; to amaze
échange *m.* exchange
échappement *m.* leakage; **gaz
d'échappement** exhaust fumes
échapper to escape; **s'échapper** to get
away
échec *m.* failure; check (at chess)
échouer to fail (11)
éclair *m.* chocolate pastry; eclair (6)
éclat *m.* burst; **rire aux éclats** to roar
with laughter
éclater to break out
école *f.* school (10)
écologie *f.* ecology; environmentalism
(17)
écologique *adj.* ecological; ecology
écologiste *m., f.* ecologist;
environmentalist (14)
économie *f.* economy; *pl.* savings
économique *adj.* economic
économiser to economize
écouter to listen to (1)
écran *m.* screen
écrire to write (7); **machine à écrire**
typewriter
écrivain *m.* writer (13); **femme
écrivain** female writer
éducatif (éducative) *adj.* educational
éducation *f.* education; training
éduqué *adj.* educated
effet *m.* effect; **en effet** indeed
égal *adj.* equal
égalité *f.* equality (14)
égide *f.* aegis, sponsorship
église *f.* church (10)
égoïste *adj.* egotistical
Egypte *f.* Egypt
électeur *m.* (**électrice** *f.*) elector,
voter (14)
élection *f.* election (14)
électoral *adj.* electoral
électricité *f.* electricity
électroménager (appareil) *m.*
domestic appliance
électronique *adj.* electronic
élégance *f.* elegance; style
élégant *adj.* elegant; fashionable (6)
élément *m.* element
élémentaire *adj.* elementary
éléphant *m.* elephant
élévation *f.* elevation
élève *m., f.* student
élevé *adj.* high; raised (11)

élire to elect (14)
elle *pron.* she; her; it
éloquence *f.* eloquence
élu(e) *m., f.* the chosen or elected one
embarquement *m.* embarkation
embarras *m.* difficulty
embarrassé *adj.* embarrassed
embaucher to hire (13)
emblème *m.* emblem; symbol
embouteillage *m.* traffic jam
embrassade *f.* embrace, French
custom of kissing both cheeks
embrasser to embrace; to kiss (12)
émigrer to emigrate
émission *f.* broadcast; emission (1)
emmener to take along (16)
emmenthal *m.* Emmenthal cheese
émotion *f.* emotion
empêcher to prevent (18)
empereur *m.* emperor
emploi *m.* job; employment; use
employé(e) *m., f.* employee (13)
employer to use; to employ (4)
emporter to take along or away (4)
emprunter to borrow (8)
en *prep.* in; to; on; of (1); by; **de
temps en temps** from time to time;
s'en aller to go away (12); *pron.* of
him; of her; of it; some
encadré *adj.* bracketed; framed
encombré *adj.* congested
encore *adv.* still; yet; again; more (1)
encourager to encourage (17)
encyclopédie *f.* encyclopedia
endormir: s'endormir to fall
asleep (12)
endroit *m.* place; spot (9)
énergie *f.* energy; strength (17)
énergique *adj.* energetic
enfance *f.* childhood
enfant *m., f.* child (4)
enfermer to enclose
enfin *adv.* finally; at last
engagé *adj.* engaged; hired
engager: s'engager to get involved; to
join
énigme *f.* riddle; enigma
ennemi(e) *m., f.* enemy
ennui *m.* boredom
ennuyer to bore; **s'ennuyer (de)** to
have a bad time; to miss (12)
ennuyeux (ennuyeuse) *adj.* boring (3)
énorme *adj.* enormous
énormément *adv.* greatly
enquête *f.* inquiry; investigation
enregistrer to record

enrichir to enrich
enseigne *f.* street sign
enseignement *m.* teaching;
  education (11)
enseigner to teach (11)
ensemble *adv.* together (9); *m.* whole;
  vue d'ensemble general view
ensuite *adv.* after; then; next (4)
entendre to hear (5); to listen to;
  s'entendre to be heard; to get
  along with each other (12)
enterrement *m.* burial; funeral
enterrer to bury
enthousiasme *m.* enthusiasm
enthousiaste *adj.* enthusiastic (2)
entier (entière) *adj.* entire
entièrement *adv.* entirely; completely
entouré *adj.* surrounded
entracte *m.* intermission
entraînement *m.* training
entre *prep.* between; among (8)
entrée *f.* entry; first course (6)
entreprise *f.* enterprise; business (13)
entrer to enter; to step in
entrevue *f.* interview (11)
enveloppe *f.* envelope (7)
envers *prep.* toward; to
envie *f.* desire; **avoir envie (de)** to
  want
environ *adv.* about
environnement *m.* environment (17)
envisager to consider; to envisage
envoyer to send (4)
épatant *adj.* amazing; splendid
épaule *f.* shoulder
épée *f.* sword
épicé *adj.* spicy; hot
épicerie *f.* grocery store (6)
épinards *m. pl.* spinach
épisode *m.* episode
époque *f.* period; era
épouvantable *adj.* dreadful; appalling
épreuve *f.* test; contest
épris *adj.* taken with; in love with
équilibrer to balance
équipe *f.* team
équipement *m.* equipment
équiper to equip; to furnish
équivalent *adj.* equivalent
erreur *f.* error
escale *f.* port of call; stop
escalier *m.* stairs; staircase
escalope *f.* small piece (usually of
  veal); collop
esclavage *m.* slavery
esclave *m., f.* slave

espace *m.* space
Espagne *f.* Spain (9)
espagnol *adj.* Spanish (1)
espèce *f.* species; kind
espérance *f.* hope; trust
espérer to hope; to expect (4)
espoir *m.* hope
esprit *m.* spirit; mind
essai *m.* trial
essayer (de) to try; to try out (4)
essence *f.* gasoline (17)
essentiel(le) *adj.* essential
essentiellement *adv.* essentially;
  absolutely
est *m.* east (9)
estimer to estimate; to consider
et *conj.* and (1)
établir to set; to establish
établissement *m.* establishment
étage *m.* stage; story (10); **premier
  étage** second story
étagère *f.* set of shelves (3)
étape *f.* stage
état *m.* state; government; condition
États-Unis *m.pl.* United States (9)
été *p.p of* **être**; *m.* summer (8)
étendre to extend
ethnique *adj.* ethnic
étincelant *adj.* sparkling
étiquette *f.* ticket; etiquette
étoile *f.* star
étonnant *adj.* surprising
étonner; s'étonner to be astonished
étrange *adj.* strange
étranger *m.* **(étrangère** *f.*) foreigner; **à
  l'étranger** abroad (9)
être to be (2); **être d'accord** to agree;
  m. being
étroit *adj.* narrow
étude *f.* study (11)
étudiant(e) *m., f.* student (CP)
étudier to study (1)
eu *p.p. of* **avoir**
européen(ne) *adj.* European
eux *pron.* they; them; **eux-mêmes**
  themselves
évasion *f.* escape
événement *m.* event; occurrence
éventuel(le) *adj.* possible
évidemment *adv.* obviously
évident *adj.* obvious
éviter to avoid
évolution *f.* evolution
exactement *adv.* exactly
exagérer to exaggerate
examen *m.* examination (1)

examiner to examine
exceller to excel
excentrique *adj.* eccentric (2)
excepté *prep.* except
exceptionnel(le) *adj.* exceptional
excuser to excuse; **s'excuser** to
  apologize (12)
exemplaire *m.* copy
exemple *m.* example; **par exemple**
  int. my word
exercer to exercise; to practice
exercice *m.* exercise
exiger to require (14)
existentialiste *adj.* existentialist
exister to exist
exode *m.* exodus
exotique *adj.* exotic; foreign
expédition *f.* expedition
expérience *f.* experience
expliquer to explain
exploiter to cultivate; to make the
  most of
explorateur *m.* **(exploratrice** *f.*)
  explorer (15)
explorer to explore (15)
exporter to export
exposé *adj.* exposed; on view
exposition *f.* exhibition; show
exprès *adv.* expressly; on purpose
exprimer to express (15)
extérieur *adj.* exterior; external
extérieurement *adv.* outwardly
extrait *m.* extract
extraordinaire *adj.* extraordinary;
  unusual (2)
extrêmement *adv.* extremely

F

fabrication *f.* manufacture
fabriquer to make; to manufacture
fabuleux (fabuleuse) *adj.* fabulous;
  extraordinary
face *f.* front; face
fâcher to anger
facile *adj.* easy
facilement *adv.* easily
facilité *f.* ease; facility
faciliter to facilitate
façon *f.* manner; way
facteur *m.* **(factrice** *f.*) mailman;
  agent (7)
facture *f.* bill
faculté *f.* branch; college; **faculté des
  lettres** college of liberal arts

faible *adj.* weak; low

faim *f.* hunger; **avoir (une) faim (de loup)** to be (ravenously) hungry; **avoir une de ces faims** boy, am I hungry

faire to make (4); to do; **faire attention** to look out; **faire beau** to be good weather (8); **faire la connaissance de** to make the acquaintance of (4); **faire des économies** to save money; **faire du bateau** to go boating (8); **faire froid** to be cold (8); **faire la cuisine** to cook (4); **faire la grève** to go on strike; **faire la toilette** to dress; **faire le marché** to go the market; **faire le ménage** to clean house (4); **faire le numéro** to dial; **faire les commissions** Q. to do errands; **faire les courses** to go shopping (4); **faire partie** to belong; **faire peur** to frighten; **faire une promenade** to take a walk (4); **faire un voyage** to take a trip (4); **faire la vaisselle** to do the dishes; **faire venir** to send for; **s'en faire** to worry

fait *p.p. of* **faire**

falloir to be necessary; **il faut** it is necessary

fallu *p.p. of* **falloir**

familial *adj.* of the family

famille *f.* family (4); **en famille** with the family

faner to fade

fantastique *adj.* fantastic

farce *f.* joke; farce

farine *f.* flour

farlouche *f. Q.,* mincemeat

farouche *adj.* fierce; wild

fasciner to fascinate

fataliste *adj.* fatalistic

fatigant *adj.* tiring; wearisome

fatigué *adj.* tired; fatigued

fauché *adj. fam.* broke

faute *f.* mistake

faux (fausse) *adj.* false

faveur *f.* favor

favori *adj.* favorite

féminin *adj.* feminine

féministe *adj.* feminist

femme *f.* woman; wife (4); **femme d'affaires** businesswoman; **femme de ménage** cleaning woman

fenêtre *f.* window (CP)

fer *m.* iron; **chemin de fer** railroad

ferme *f.* farm (17)

fermer to shut; to close

fermeture *f.* closing

fervent *adj.* enthusiastic

fête *f.* holiday; festival (7); **Fête des Mères** Mother's Day; **Fête des Pères** Father's Day; **Fête du Travail** Labor Day

fêter to celebrate

feu *m.* fire; traffic light

feuille *f.* leaf; sheet of paper; form (11)

feuilleton *m.* serial; series (7)

février *m.* February

fiançailles *f. pl.* engagement

fiancer: se fiancer to become engaged

ficelle *f.* string

fiche *f.* card; form

fidèle *adj.* faithful

fidélité *f.* fidelity; loyalty

fier (fière) *adj.* proud (2)

fierté *f.* pride

figure *f.* face

figurer: se figurer to imagine; **figure-toi que?** would you believe that?

fil: au fil des siècles in the course of centuries

filer to trail; to track

fille *f.* daughter (4); **amie de fille** Q. girlfriend; **jeune fille** girl; **petite-fille** granddaughter

fils *m.* son (4); **petit-fils** grandson

filtre *m.* filter

fin *f.* end (7); **fin de semaine** weekend (1); *adj.* acute; sharp

finalement *adv.* finally

financier (financière) *adj.* financial

finir to finish; to end (3)

fixe *adj.* fixed; set (6)

flâner to stroll

fleur *f.* flower (3)

fleuve *m.* river (8)

Floride *f.* Florida

flûte *f.* flute; small, narrow French bread (2)

foie *m.* liver

fois *f.* time (9); **une fois que** once

folie *f.* madness; distraction

folklorique *adj.* folkloric; folk

fonction *f.* function

fonctionnaire *m., f.* official; civil servant (13)

fond *m.* bottom; **au fond** ultimately

fondamental *adj.* essential; fundamental

fondateur *m.* **(fondatrice** *f.)* founder

fonder to found

fontaine *f.* fountain; spring

football *m.* soccer

forcément *adv.* inevitably; necessarily

forêt *f.* forest (8)

formation *f.* education; training

forme *f.* form

formel(le) *adj.* formal

former to form

formidable *adj.* terrific

formulaire *m.* form; application

formule *f.* formula; formality

fort *adj.* strong; energetic; loud; *adv.* very; *m.* fort

fou (fol, folle) *adj.* mad, crazy

foudre *f.* lightning; **coup de foudre** love at first sight

fouet *m.* whip

foule *f.* crowd

fourchette *f.* fork (5)

fournir to furnish; to supply

fourrure *f.* fur; **comptoir de fourrure** fur trading post

foyer *m.* hearth; home; dormitory

frais (fraîche) *adj.* fresh; cool (6); **faire frais** to be cool (6); *m.pl.* expenses

fraise *f.* strawberry (5)

franc(he) *adj.* frank; honest (11)

français *adj.* French (1)

franchement *adv.* frankly; openly

francophone *adj.* French-speaking (15)

franglais *m.* French marked by borrowings from English

frapper to strike; to hit

fraternité *f.* fraternity; brotherhood (14)

fréquemment *adv.* frequently

fréquent *adj.* frequent

fréquenter to frequent; visit frequently

frère *m.* brother (4)

frigo *m. fam.* frig (refrigerator)

friser to curl; to frizz

frit *adj.* fried

froid *adj.* cold; **avoir froid** to be cold

fromage *m.* cheese (5)

frontière *f.* frontier; border

fronton *m.* high, broad wall

fruitier (fruitière) *adj.* fruit-bearing

fumée *f.* smoke

fumer to smoke (7)

furieux (furieuse) *adj.* furious (3)

fusil *m.* gun; rifle

futur *m.* future

G

gagner to earn; to gain (10)
gant *m.* glove
garantie *f.* guarantee
garçon *m.* boy; waiter (somewhat pejorative) (2)
garde *f.* guard; protection
garder to keep
gare *f.* (train) station (9)
garer to park
gaspillage *m.* waste
gaspiller to waste (17)
gastronomique *adj.* gastronomical (18)
gâteau *m.* cake (5)
gauche *adj.* left; *f.* the (political) left; **à gauche** to the left (10)
gaulois *adj.* Gallic
gaz *m.* gas; **gaz d'échappement** exhaust fumes
géant(e) *m., f.* giant
généalogique *adj.* genealogical
général *adj.* general; universal; *adv.* **en général** generally; *m.* general
génération *f.* generation
généreux (généreuse) *adj.* generous; liberal
générosité *f.* generosity
Genève Geneva
génial *adj.* inspired; brilliant
génie *m.* genius
genou *m.* knee
genre *m.* kind; sort
gens *m. pl.* people (2); **jeunes gens** young people; young men
gentil(le) *adj.* nice; pleasant (2)
gentiment *adv.* kindly (11)
géographie *f.* geography
géographiquement *adv.* geographically
géologie *f.* geology
Géorgie *f.* Georgia
geste *m.* gesture
gestion *f.* administration; management
gigantesque *adj.* gigantic
girafe *f.* giraffe
glace *f.* ice; ice cream (5)
glacé *adj.* frozen; iced
golfe *m.* gulf; bay
gourmand *adj.* greedy
gourmandise *f.* gluttony
gourou *m.* guru
goût *m.* taste; flavor
goûter to taste (6); *m.* snack (5)

gouvernement *m.* government (14)
gouverner to govern
gouverneur *m.* governor
grammaire *f.* grammar
grand *adj.* great; tall; large (3); **grandes vacances** summer vacation
grand-chose: *adv.* **pas grand-chose** not much
grandir to grow (up) (17)
grand-mère *f.* grandmother (4)
grand-père *m.* grandfather (4)
grands-parents *m. pl.* grandparents (4)
gras(se) *adj.* fat; **Mardi Gras** Shrove Tuesday
gratte-ciel *m.* skyscraper
grave *adj.* serious
gravement *adv.* seriously
grec (greque) *adj.* Greek
Grèce *f.* Greece
grève *f.* strike (14); **faire la grève** to go on strike
griot *m.* tribal oral historian
gris *adj.* gray (3)
gros(se) *adj.* big; fat; great (3); **le gros lot** first prize
grossir to get fat; to swell
groupe *m.* group
groupement *m.* grouping
guerre *f.* war; **Deuxième Guerre mondiale** World War II
guerrier *m.* **(guerrière** *f.*) warrior
guichet *m.* gate; box office; ticket window (9)
guider to guide
Guinée *f.* Guinea
guitare *f.* guitar (2)
Guyane *f.* Guiana
gymnastique *f.* gymnastics

H

habilement *adv.* skillfully
s'habiller to dress (12)
habitant(e) *m., f.* inhabitant; owner
habitation *f.* housing
habiter to live in; to inhabit (1)
habitude *f.* habit; custom; **d'habitude** usually (10)
habitué(e) *m., f.* regular
habituer: s'habituer à to get used to
***haie** *f.* hedge
Haïti *m.* Haiti
***halle** *f.* (covered) market
***hanche** *f.* hip

***handicapé** *adj.* handicapped
***haricot** *m.* bean (5)
harmonie *f.* harmony
harmonieux (harmonieuse) *adj.* harmonious
***hasard** *m.* chance; **par hasard** accidentally
***haut** *adj.* high; superior; *adv.* **en haut** upstairs
***hauteur** *f.* height
***Haute-Volta** *f.* Upper Volta
hégémonie *f.* hegemony
hélicoptère *m.* helicopter
herbe *f.* grass
herboristerie *f.* herbalist's shop
héritage *m.* heritage; inheritance
héroïne *f.* heroine
***héros** *m.* hero
hésitation *f.* hesitation
hésiter to hesitate
heure *f.* hour (6); o'clock; **heure d'affluence** rush hour; **tout à l'heure** just now
heureusement *adv.* happily
heureux (heureuse) *adj.* happy; fortunate (4)
hier *adv.* yesterday (8); **hier soir** last night
***hiérarchie** *f.* hierarchy
histoire *f.* story; history
historique *adj.* historic
hiver *m.* winter (8)
***hollandais** *adj.* Dutch
***Hollande** *f.* Holland; the Netherlands
homme *m.* man (1); **homme d'affaires** businessman; **homme politique** political figure; **jeune homme** young man
honnête *adj.* honest (14)
***honte** *f.* shame; **avoir honte** to be ashamed, embarrassed
hôpital *m.* hospital (1)
horaire *m.* schedule (11)
horloge *f.* clock
***hors** *prep.* out of; **hors de prix** outrageously expensive
hôte *m.* **(hôtesse** *f.*) host; hostess
hôtel *m.* hotel
huile *f.* oil (6)
***huit** *adj.* eight
***huitième** *adj.* eighth
huître *f.* oyster (6)
humain *adj.* human; humane; **les sciences humaines** social sciences
humanitaire *adj.* humanitarian

humilité *f.* humility
humoristique *adj.* humorous
humour *m.* humor
hydraulique *adj.* hydraulic
hygiène *f.* hygiene
hypocrite *adj.* hypocritical (2)

I

ici *adv.* here; now (1)
idéal *adj.* ideal
idéaliste *adj.* idealistic (2)
idée *f.* idea
identifier to identify
identité *f.* identity
ignorer to be ignorant of
il *pron.* he; it; there; **il y a** there is; there are (CP)
île *f.* island (10)
illégalement *adv.* illegally
illimité *adj.* unlimited
ils *pron.* they
image *f.* picture; image
imaginaire *adj.* imaginary
imaginatif (imaginative) *adj.* imaginary
imaginer to imagine; to suppose
imbécile *m., f.* imbecile
immédiat *adj.* immediate
immobilier (immobilière) *adj.* of property or real estate
imparfait *m.* imperfect (past) tense
impératif *m.* imperative
imperméable *m.* raincoat (8)
impétueux (impétueuse) *adj.* impetuous
implanter to implant; to plant
importer to import
imposer to impose
impôt *m.* tax; duty (14)
impressionner to impress
impressionniste *m., f.* impressionist
imprimé *m.* book; document
imprimerie *f.* printshop
incendie *m.* fire
inchangé *adj.* unchanged
inclus *adj.* included
incommode *adj.* inconvenient
incompétent *adj.* incompetent (13)
incompréhension *f.* lack of understanding
inconnu *adj.* unknown
inconvénient *m.* drawback; disadvantage
incroyable *adj.* incredible

Inde *f.* India; **blés d'Inde** corn on the cob
indéfini *adj.* indefinite
indépendance *f.* independence
indépendant *adj.* independent (13)
indien(ne) *adj.* Indian
indifférent *adj.* indifferent
indiquer to indicate; to show
indiscret (indiscrète) *adj.* indiscreet
individu *m.* individual
individualiste *adj.* individualistic
individuel(le) *adj.* individual
Indochine *f.* Indochina
industrie *f.* industry; business
industriel(le) *adj.* industrial (17)
industrieux (industrieuse) *adj.* industrious
inertie *f.* inertia
inférieur *adj.* lower
infinitif *m.* infinitive
infirmier *m.* (**infirmière** *f.*) nurse (13)
influençable *adj.* that can be influenced
influencer to influence
informations *f. pl.* news (7)
informatique *f.* data processing
informer to inform
ingénieur *m.* engineer (13)
ingrédient *m.* ingredient
initiative *f.* initiative; **syndicat d'initiative** tourist information bureau
injuste *adj.* unfair
inondation *f.* flood
inquiet (inquiète) *adj.* uneasy; worried
inquiéter: s'inquiéter to worry; to be anxious (17)
inscription *f.* registration; matriculation (11); **prendre une inscription,** to register
inscrire: s'inscrire to register
insignifiant *adj.* insignificant; trivial
inspecteur *m.* (**inspectrice** *f.*) inspector; superintendent
installer to install; **s'installer** to settle down; to stay at (12)
instituteur *m.* (**institutrice** *f.*) teacher (elementary school) (13)
intégrant *adj.* integral; **faire partie intégrante de** to be part and parcel of
intellectuel(le) *adj.* intellectual (2)
intelligemment *adv.* intelligently
intensifier to intensify
interdire to forbid; **sens interdit** wrong way

intéressant *adj.* interesting; attractive (2)
intéresser to interest (11); **s'intéresser** to take an interest in
intérêt *m.* interest
intérieur *adj., m.* interior
interlocuteur *m.* (**interlocutrice** *f.*) speaker
intermède *m.* interlude
interprétation *f.* interpretation
interprète *m., f.* interpreter (13)
interrogatif (interrogative) *adj.* interrogative
interroger to question; to interrogate
interviewer to interview
intolérant *adj.* intolerant
introduit *p.p. of* **introduire** to introduce
intrus(e) *m., f.* intruder
inutile *adj.* useless
inventaire *m.* inventory; evaluation
inventer to invent
inventeur *m.* (**inventrice** *f.*) inventor
investissement *m.* investment
inviter to invite
irlandais *adj.* Irish
Irlande *f.* Ireland
irrégulier (irrégulière) *adj.* irregular
irresponsable *adj.* irresponsible
irrévocable *adj.* irrevocable
isolé *adj.* isolated; solitary
Italie *f.* Italy (9)
italien(ne) *adj.* Italian (1)
italique *adj.* italic
itinéraire *m.* itinerary
ivoire *m.* ivory; **Côte d'Ivoire** *f.* Ivory Coast (18)
ivoirien(ne) *adj.* from the Ivory Coast (18)

J

jalousement *adv.* jealously
jamais *adv.* ever; never; **ne . . . jamais** never; not ever (7)
jambe *f.* leg (12)
jambon *m.* ham (5)
janvier *m.* January
Japon *m.* Japan (9)
japonais *adj.* Japanese
jardin *m.* garden (4)
jardinage *m.* gardening (16)
jardiner to garden
jardinier *m.* (**jardinière** *f.*) gardener

jaune *adj.* yellow (3)
je *pron.* I
jeter to throw
jeu *m.* game; play (16); **jeu de hasard** game of chance (16); **jeu de mots** pun; **jeu de société** parlor game (16); group game
jeudi *m.* Thursday
jeune *adj.* young (3); **jeune fille** girl (2); **jeunes gens** young people, young men
jeunesse *f.* youth; **auberge de jeunesse** youth hostel
joie *f.* joy
joindre to join
joli *adj.* pretty (3)
jongleur *m.* (**jongleuse** *f.*) juggler
jouer to play; to perform; **jouer un tour** to play a trick
jouet *m.* plaything; toy
jour *m.* day (7); **de nos jours** these days; **Jour de l'An** New Year's Day; **tous les jours** every day
journal *m.* newspaper; diary (7)
journaliste *m., f.* journalist (13)
journée *f.* day; daytime (5)
juger to judge
juillet *m.* July
juin *m.* June
jupe *f.* skirt (8)
jurer to swear
jus *m.* juice
jusque *prep.* until; as far as; up to (6)
juste *adj.* just; rightful; *adv.* exactly
justement *adv.* exactly
justifier to justify

K

kilo *m.* kilogram
kilomètre *m.* kilometer
kiosque *m.* kiosk; newsstand (1)

L

la *art. f.* the; *pron f.* it
là *adv.* there (6); **là-bas** over there
laboratoire *m.* laboratory
lac *m.* lake (8)
laïcité *f.* secular thought
laid *adj.* ugly
laine *f.* wool
laisser to leave; to let (6)
lait *m.* milk (5)

laitue *f.* lettuce (5)
lampe *f.* lamp (3); **lampe de poche** flashlight
lancer to throw; to emit
langage *m.* language; speech
langue *f.* language; tongue (2)
latiniser to latinize
lavabo *m.* wash basin; (public) toilet (3)
laver to wash (12)
le *art. m.* the; *pron. m.* it
leçon *f.* lesson
lecteur *m.* (**lectrice** *f.*) reader
lecture *f.* reading
légende *f.* legend
léger (**légère**) *adj.* light
législateur *m.* (**législatrice** *f.*) legislator
législatif (**législative**) *adj.* legislative (14)
législation *f.* legislation
légume *m.* vegetable (5)
lent *adj.* slow; sluggish (11)
lentement *adv.* slowly
lequel (**laquelle, lesquelles**) *pron.* which; who; whom; that (16)
les *pron. pl.* them; *art. pl.* the
lettre *f.* letter (7); *pl.* liberal arts; humanities (11)
leur *pron.* to them; *adj.* their
lever: se lever to get up (12)
liaison *f.* liaison, link(ing)
libéral *adj.* liberal; generous
libéré *adj.* liberated
liberté *f.* liberty; freedom (14)
libraire *m., f.* bookseller
librairie *f.* bookstore (1)
libre *adj.* free (16)
librement *adv.* freely
licence *f.* bachelor's degree (in France) (11)
lier to connect; to link
lieu *m.* place; **au lieu de** instead of; **avoir lieu** to take place
ligne *f.* line
limite *f.* limit; boundary
limiter to limit
linguiste *m., f.* linguist
linguistique *adj.* linguistic
lire to read (7)
liste *f.* list
lit *m.* bed (3); **lit à une place** single bed
littéraire *adj.* literary
littérature *f.* literature (1)
livre *m.* book (CP)

localisation *f.* localization
localiser to localize
locataire *m., f.* tenant (3)
logement *m.* housing; dwelling (3)
loger to live; to lodge
logique *adj.* logical
logiquement *adv.* logically
loi *f.* law (14)
loin *adv.* far
lointain *adj.* remote; distant
loisir *m.* leisure (16); *pl.* spare-time activities
Londres London
long(ue) *adj.* long; drawn out (3); **chaise-longue** lounge chair
longtemps *adv.* long; a long while (12)
lors *adv.* then; **depuis lors** since then
lorsque *conj.* when (10)
lot *m.* prize; **le gros lot** first prize
loterie *f.* lottery (16)
louer to rent (3)
Louisiane *f.* Louisiana
loup *m.* wolf; **J'ai une faim de loup!** I could eat a horse!
lourd *adj.* heavy
loyer *m.* rent
lu *p.p.* of **lire**
lui *pron.* he; it; to him; to her; to it; **lui-même** himself
lumière *f.* light; lamp
lundi *m.* Monday
lune *f.* moon; **lune de miel** honeymoon
lutte *f.* struggle; contest
lycée *m.* French high school (11)
Lyonnais(e) *m., f.* resident of Lyon

M

ma *adj. f.* my
machine *f.* machine; **machine à écrire** typewriter
madame *f.* madam (CP)
mademoiselle *f.* miss (CP)
magasin *m.* store (6)
magie *f.* magic
magnifique *adj.* splendid; magnificent
mai *m.* May
maigre *adj.* thin
maillot de bain *m.* swim suit (8)
main *f.* hand (12); **poignée de main** handshake
maintenant *adv.* now; at present (1)

maintenir to maintain; to uphold (15)
mairie *f.* town hall (10)
mais *conj.* but; why
maison *f.* house (3), **à la maison** at home; **maison de retraite** rest home
maître *m.* master; **maître d'hôtel** butler; head waiter
maîtresse *f.* mistress
maîtrise *f.* master's degree (in France) (11)
majorité *f.* majority (age or number) (14)
mal *adv.* poorly; badly (12); *m.* evil; **avoir mal** to have a pain; **mal du pays** homesickness
maladie *f.* illness
Malgache: République Malgache *f.* Madagascar (18)
malgré *prep.* in spite of
malheureusement *adv.* unfortunately
malhonnête *adj.* dishonest
malsain *adj.* unhealthy
maman *f.* mama
manger to eat (2); **salle à manger** dining room
manière *f.* manner; way
manifestation *f.* demonstration (14)
manifester to demonstrate (2)
manoir *m.* manor
manque *m.* lack
manquer to miss; to lack (17)
mansarde *f.* garret (10)
manteau *m.* overcoat (8)
manuel(le) *adj.* manual
marchand(e) *m., f.* merchant; trader
marchandage *m.* bargaining
marche *f.* walk
marché *m.* market (5); **bon marché** cheap; inexpensive; **faire le marche** to do shopping; **Marché commun** Common Market
marcher to walk; to go (well)
mardi *m.* Tuesday; **Mardi Gras** Shrove Tuesday
marée *f.* tide; **marée noire** oil spill
marguerite *f.* daisy
mari *m.* husband (4)
mariage *m.* marriage (12); **mariage à l'essai** trial marriage
marié(e) *m., f.* married person; bride; bridegroom (12)
marier: se marier to get married (12)
marin *adj.* marine
Maroc *m.* Morocco (9)
marque *f.* mark; brand (9)

marron *adj.* maroon; chestnut brown (3)
mars *m.* March
marteau *m.* hammer
martiniquais *adj.* from Martinique
mas *m.* farmhouse (in Provence)
masque *m.* mask (18)
masse *f.* mass
match *m.* match; game (16)
matérialisme *m.* materialism
matérialiste *adj.* materialistic
matériel *m.* material
maternité *f.* maternity
mathématiques (maths) *f. pl.* mathematics
matière *f.* subject; field (11)
matin *m.* morning; **du matin** a.m. (5)
matinal *adj.* morning; early
Mauritanie *f.* Mauritania
mauvais *adj.* bad; poor (3)
me *pron.* me; to me
médecin *m.* doctor (13); **femme médecin** *f.* female doctor (13)
médecine *f.* medicine (11)
média *m. pl.* media
médicament *m.* medicine
médiocre *adj.* mediocre
Méditerranée *f.* the Mediterranean
meilleur *adj.* better (12); **le meilleur** the best
mélange *m.* mixture
membre *m.* member
même *adj.* same (6); **moi-même** myself; *adv.* even; **quand même** even though
mémoire *f.* memory
menace *f.* threat
menacer to threaten
ménage *m.* household; housekeeping; **faire le ménage** to clean house; **femme de ménage** cleaning lady; **pain de ménage** household bread
mendiant(e) *m., f.* beggar
mener to lead
mensonge *m.* lie
mentionner to mention
mentir to lie (7)
menton *m.* chin
mer *f.* sea (8); **au bord de la mer** seashore; **outre-mer** overseas (18)
merci *m.* thanks (CP)
mercredi *m.* Wednesday
mère *f.* mother (4); **belle-mère** mother-in-law; stepmother; **Fête des Mères** Mother's Day; **grand-mère** grandmother

mériter to deserve
merveille *f.* wonder; marvel
merveilleux (merveilleuse) *adj.* wonderful
mes *adj. pl.* my
mesure *f.* measure
méticuleux (méticuleuse) *adj.* meticulous
métier *m.* trade; profession; job
métro *m.* subway **(métropolitain)** (9)
mettre to put (on) (8); to place (7); **se mettre à** to begin (12); **se mettre en route** to start out
meuble *m.* piece of furniture (4); **meuble ancien** antique
meublé *adj.* furnished
mexicain *adj.* Mexican
Mexique *m.* Mexico (9)
mi- combining form, half; semi
midi *m.* noon (6); **après-midi** afternoon (1)
miel *m.* honey; **lune de miel** honeymoon
mien(ne) *pron.* mine
mieux *adv.* better (12); **aimer mieux** to prefer; **de mieux en mieux** better and better; **le mieux** the best; **tant mieux** so much the better; **valoir mieux** to be better
milieu *m.* middle; environment; **au milieu** in the midst
militaire *adj.* military
militantisme *m.* being militant
militer to militate
mille *adj.* thousand; *m.* mile
minéral *adj.* mineral
ministère *m.* ministry
ministre *m.* minister (14); cabinet member; **premier ministre** prime minister
minuit *m.* midnight (6)
minuscule *adj.* tiny; small
miroir *m.* mirror (3)
mis *p.p.* of **mettre**
missionnaire *m.* missionary (15)
mobylette *f.* motorbike
modalité *f.* modality
mode *f.* fashion; **à la mode** fashionable
modelage *m.* modeling
modèle *m.* model; pattern
moderne *adj.* modern
moderniser to modernize
modeste *adj.* modest; simple
modestement *adv.* simply
moi *pron.* I; me; to me; *m.* ego

moins *adv.* less; fewer; **au moins** at least; **à moins que** unless (15); **le moins** the least

mois *m.* month (7)

moitié *f.* half

moment *m.* moment; instant; **au moment de** just as

mon *adj. m.* my

monastère *m.* monastery

monde *m.* world (9); **tout le monde** everyone; **le Nouveau Monde** the New World; **le Tiers Monde** the Third World

mondial *adj.* worldwide; **Deuxième Guerre mondiale** World War II

monnaie *f.* change; coin (5)

monopole *m.* monopoly

monopoliser to monopolize

monotone *adj.* monotonous

monsieur *m.* sir; mister (CP)

mont *m.* hill; mountain

montagne *f.* mountain (8)

montant *m.* sum; amount

monter to climb (up); to get in (9)

montre *f.* watch (6)

montrer to show (8)

mort *adj.* dead

Moscou Moscow

mot *m.* word

motif *m.* motive; incentive

moto *f. fam.* motorbike (9)

mourir to die (9)

mousquetaire *m.* musketeer

moustache *f.* mustache

moutarde *f.* mustard

mouvement *m.* movement

mouvementé *adj.* animated; action-packed

moyen *m.* means; way (9); *adj.* **(moyenne)** middle; average (13)

multiplier to multiply

mur *m.* wall (3)

muraille *f.* high wall

musée *m.* museum (10)

musicien(ne) *m., f.* musician

musique *f.* music (1)

mutuellement *adv.* mutually

mystérieux (mystérieuse) *adj.* mysterious

mythique *adj.* mythical

N

nager to swim (8)

nageur *m.* **(nageuse** *f.)* swimmer

naïf (naïve) *adj.* naive; simple (2)

naissance *f.* birth

naître to be born (9)

nationalisation *f.* nationalization

nationaliser to nationalize

nationalité *f.* nationality

naturel(le) *adj.* natural (17)

naturellement *adv.* naturally

naufrage *m.* shipwreck

nautique *adj.* nautical; **le ski nautique** water skiing

navigateur *m.* **(navigatrice** *f.)* navigator (15)

ne *adv.* no; not

né *adj.* born

nécessaire *adj.* necessary

nécessairement *adv.* necessarily

nécessité *f.* necessity

néerlandais *adj.* Dutch

négatif (négative) *adj.* negative

neige *f.* snow; **tempête de neige** snowstorm

neiger to snow (8)

nerveux (nerveuse) *adj.* nervous

nervosité *f.* performance (car, machine)

nettoyer to clean

neuf (neuve) *adj.* nine; new

neutralité *f.* neutrality

neuvième *adj.* ninth

neveu *m.* nephew (4)

nez *m.* nose (12)

ni *conj.* nor; **ni . . . ni** neither (7)

nièce *f.* niece (4)

Noé Noah

Noël *m.* Christmas

noir *adj.* black (3); **tableau noir** blackboard; *m.* darkness **la marée noire** oil spill

nom *m.* name (15)

nombre *m.* number

nombreux (nombreuse) *adj.* numerous

nommer to name

non *adv.* to; not; non- (CP)

nord *m.* north (9)

normand *adj.* Norman

Normandie *f.* Normandy

Norvège *f.* Norway

nos *adj. pl.* our

nostalgie *f.* nostalgia

notamment *adv.* notably; particularly

note *f.* grade (7); mark; bill

notre *adj.* our

nourrir to feed

nourriture *f.* food

nous *pron.* we; to us; ourselves

nouveau (nouvel, nouvelle) *adj.* new (3); **Nouveau Monde** the New World; *adv.* **à nouveau** freshly; **de nouveau** again

nouvelle *f.* (often *pl.*) news (7)

Nouvelle-Angleterre *f.* New England

Nouvelle-Orléans *f.* New Orleans

novembre *m.* November

nucléaire *adj.* nuclear (17)

nuit *f.* night (10)

numéro *m.* number

nutritif (nutritive) *adj.* nutritious

O

obéir to obey

objectif *m.* objective; aim

objet *m.* object; thing

obligatoire *adj.* obligatory

obligé *adj.* bound, compelled

observer to observe

obstiner to persist

obtenir to obtain; to get (7)

occasion *f.* opportunity; occasion

occuper to occupy; **s'occuper de** to look after; to occupy oneself

Océanie *f.* Oceania

océan *m.* ocean

octobre *m.* October

oeil *m.* eye **(yeux** *pl.)* (12)

oeuf *m.* egg (5)

oeuvre *f.* work; creation

offert *p.p.* of **offrir**

officiel(le) *adj.* official (18)

offrir to offer (16)

oignon *m.* onion

olivier *m.* olive tree

ombre *f.* shadow; shade

on *pron.* one; they; we; I; you; people; someone

oncle *m.* uncle (4)

onze *adj.* eleven

onzième *adj.* eleventh

opéra *m.* opera

opération *f.* operation

opthalmologiste *m.* opthalmologist

opticien(ne) *m., f.* optician

optimisme *m.* optimism

optimiste *adj.* optimistic (2)

or *m.* gold; *conj.* but; well

orateur *m.* **(oratrice** *f.)* orator; speaker

orchestre *m.* orchestra

ordinaire *adj.* ordinary

ordinateur *m.* computer

ordonné *adj.* orderly
ordre *m.* order; command
ordure *f.* filth; *pl.* garbage
oreille *f.* ear (12)
organe *m.* organ
organisation *f.* organization
organiser to organize
orienter to orient; to turn
origine *f.* origin; **à l'origine** originally
ornement *m.* ornament
orner to decorate
orthographe *f.* spelling
oublier to forget (5)
ou *conj.* or; either (1)
où *adv.* where (9)
ouest *m.* west (9)
oui *adv.* yes (CP)
ours *m.* bear
outre-mer *adv.* overseas
ouvert *adj.* open; *p.p.* of **ouvrir** (11)
ouverture *f.* opening
ouvrier *m.* (**ouvrière** *f.*) worker; laborer (10)
ouvrir to open; to expand (16)

P

pacifique *adj.* pacific
paiement *m.* payment
pain *m.* bread (5); **pain de ménage** household bread
palais *m.* palace
palme *f.* palm branch
palmier *m.* palm tree
palpitant *adj.* exciting
panier *m.* basket; picnic basket
panne *f.* breakdown; **en panne** out of order
panneau *m.* panel; sign
pansement *m.* bandage
pantalon *m.* trousers (8)
pantoute *Q.* **pas du tout** not at all
paperasse *f.* red tape; paperwork
papier *m.* paper
Pâques *m.* Easter
paquet *m.* package; bundle
par *prep.* by; through; out of; from; for; **par conséquent** consequently; **par contre** on the other hand; **par hasard** by chance
paradis *m.* paradise
paragraphe *m.* paragraph
paraître to appear; to seem
parapluie *m.* umbrella (8)
parc *m.* park (10)

parce que *conj.* because; as (3)
parcours *m.* road; route
parenté *f.* kin; relatives
parenthèse *f.* parenthesis
parents *m. pl.* relatives; parents (4); **grands-parents** grandparents
paresseux (**paresseuse**) *adj.* lazy; idle (2)
parfait *adj.* perfect; *m.* perfect tense (2)
parfois *adv.* sometimes; occasionally (10)
parfum *m.* perfume
parier to bet
parisien(ne) *adj.* Parisian (2)
parking *m.* parking place, lot
Parlement *m.* parliament (14)
parler to speak (1)
parmi *prep.* among
parole *f.* word
part *f.* part; portion; **à part** private; **d'autre part** on the other hand; **de la part de qui?** who's calling? **quelque part** somewhere
partage *m.* sharing; division
partager to share; to divide
parti *m.* party (14)
participer to participate
particulier (**particulière**) *adj.* private; particular
partie *f.* part (4); party; **faire partie** to belong
partir to leave; to set out (7)
partitif (**partitive**) *adj.* partitive
partout *adv.* everywhere
pas *adv.* no; not; not any
passager (**passagère**) *adj.* passing; short-lived; *m., f.* passenger (9)
passé *m.* past (8); *adj.* last; past
passeport *m.* passport (8)
passer to spend; to take (a test) (11); to pass (4); **se passer** to happen (13); **se passer de** to do without
passe-temps *m.* pastime (16)
passionnant *adj.* exciting; fascinating
passionné *adj.* passionate
passionnément *adv.* passionately; fondly
pastis *m.* aniseed alcoholic drink
patin *m.* skate; **patins à roulettes** rollerskates
pâtisserie *f.* pastry (shop) (6)
pâtissier *m.* (**pâtissière** *f.*) pastry cook
patois *m.* dialect
patron(ne) *m., f.* boss; patron; owner
pauvre *adj.* poor; unfortunate (3)

pauvrement *adv.* poorly
pauvreté *f.* poverty
payer to pay (for) (4)
pays *m.* country; native land; **mal du pays** homesickness; **vin du pays** local wine
paysage *m.* countryside; landscape (8)
paysan(ne) *m., f.* peasant; farmer
peau *f.* skin; hide
pêche *f.* fishing; peach (18)
pêcher to fish
peine *f.* pain; **à peine** scarcely
peintre *m.* painter (13)
peinture *f.* painting (16)
peler to peel; to pare
pelote *f.* ball; **pelote basque** pelota; jai alai
pendant *prep.* during; for (7)
penderie *f.* wardrobe
Pennsylvanie *f.* Pennsylvania
penser to think; to expect (9)
perdre to lose (5); **perdre la tête** to lose one's wits
père *m.* father (4); **Fête des Pères** Father's Day; **grand-père** grandfather
perfectionner to perfect
période *f.* period
permettre to permit; to allow (18)
permis *m.* licence; **permis de conduire** driver's license
perroquet *m.* parrot
persévérer to persevere; to persist
personnage *m.* character; person
personnalité *f.* personality; individuality
personne *f.* person (2); *indef. pron.* no one; anyone
personnel(le) *adj.* personal
personnellement *adv.* personally
persuader to convince
pessimisme *m.* pessimism
pessimiste *adj.* pessimistic (2)
pétale *m.* petal
pétanque *f.* bowling game; pétanque (16)
petit *adj.* small; little (3); **Petit Chaperon Rouge** Little Red Riding Hood; **petit déjeuner** breakfast (5); **petite annonce** classified ad; **petit-fils** grandson (4)
pétrole *m.* oil
peu *adv.* little; few; not very; *m.* bit
peuple *m.* people; nation
peuplement *m.* settlement

peur *f.* fear; **avoir peur** to be afraid; **faire peur** to frighten

peut-être *adv.* perhaps (7)

pharmacie *f.* drugstore (10)

pharmacien(ne) *m., f.* pharmacist

phénomène *m.* phenomenon

philosophe *m.* philosopher

philosophie *f.* philosophy (17)

photographe *m.* photographer

photographie *f.* photography

phrase *f.* sentence

physique *adj.* physical

physiquement *adv.* physically

pic *m.* pick; summit

pièce *f.* room (4); play; piece; coin (7)

pied *m.* foot (12); **à pied** on foot

piéton(ne) *m., f.* pedestrian

pile *f.* pile; heap

piloter to pilot

pin *m.* pine tree

pionnier *m.* **(pionnière** *f.*) pioneer (15)

pique-niquer to picnic

pire *adj.* worse; *m.* the worst (12)

pis *adv.* Q. **et puis**

piscine *f.* swimming pool (16)

pitié *f.* pity; compassion

pittoresque *adj.* picturesque

place *f.* place; position; seat; square (8); **à une place** single (bed) **sur place** installed

placer to place

plage *f.* beach (8)

plaine *f.* plain

plainte *f.* complaint

plaire to please (16); **s'il vous plaît** please

plaisanterie *f.* humor; joke

plaisir *m.* pleasure (18)

plan *m.* map; plane; plan; **arrière-plan** background

planche *f.* board; **planche à roulettes** skateboard

plané *adj.* soaring

planète *f.* planet

planter to plant

plaque *f.* plate; slab

plastique *adj.* plastic

plat *m.* dish (6); **plat du jour** special of the day (6)

plateau *m.* tray; plate

plein *adj.* full; complete (10); **en plein air** in the open air

pleuvoir to rain (8)

plombier *m.* **(plombière** *f.*) plumber

pluie *f.* rain

plume *f.* pen; feather

plupart *f.* most; the majority

pluriel *m.* plural

plus *adv.* more; most (5); **de plus** besides; **de plus en plus** more and more; **ne . . . plus** no longer (5); **non plus** either; *m.* the most

plusieurs *adj.* several; some (9)

plutôt *adv.* rather; sooner (6)

pneu *m.* tire

poche *f.* pocket; **lampe de poche** flashlight

poème *m.* poem

poésie *f.* poetry

poète *m.* poet

poigné *Q.* **attrapé**

poids *m.* weight

poignée *f.* handful; **poignée de main** handshake

poil *m.* hair; **au poil!** perfectly done!

point *m.* point; **à point** medium (steak); **point de vue** viewpoint

pointu *adj.* pointed; sharp

poire *f.* pear (5)

pois *m. pl.* peas; **à pois** dotted; spotted; **petits pois** green peas

poisson *m.* fish (5)

poissonnerie *f.* fish market (6)

poivre *m.* pepper (5)

pôle *m.* pole

poli *adj.* polite (11)

policier (policière) *adj.* pertaining to the police; **film policier** detective film

poliment *adv.* politely

politicien(ne) *m., f.* politician

politique *adj.* political (14); **homme politique** politician; *f.* **politique;** policy

politiquement *adv.* politically

polluer to pollute (17)

polycopié *m.* photocopy; Xerox copy of course notes

Polynésie *f.* Polynesia

pomme *f.* apple (5); **pomme de terre** potato (5); **pommes frites** French fries

pompe *f.* pump; **Château-La-Pompe** tap water

pompier *m.* **(pompière** *f.*) firefighter (13)

pont *m.* bridge

populaire *adj.* popular

popularité *f.* popularity

porc *m.* pork

portail *m.* portal; front gate

porte *f.* door (CP)

portefeuille *m.* portfolio; pocketbook; wallet

porte-monnaie *m.* change purse

porter to wear; to carry; to bear (8)

porteur *m.* **(porteuse** *f.*) porter

portillon *m.* gate; ticket barrier

portugais *adj.* Portuguese

poser to ask; to place; **se poser** to arise

positif (positive) *adj.* positive

posséder to possess

possibilité *f.* possibility

poste *m.* position; station (13); **bureau de poste** post office; **poste de police** police station (10); **poste de télévision** T.V. set (4)

poterie *f.* pottery (16)

poulet *m.* chicken (5)

pour *prep.* for; in order; on account of (6); **pour cent** percent; **pour que** in order that

pourboire *m.* tip (6)

pourquoi *adv., conj.* why (3)

poursuivre to pursue; to carry through

pourvu que *conj.* provided that (15)

pousser to push; to grow

pouvoir to be able (6); to be allowed (1); **il se peut** it's possible; *m.* power; authority

pratique *adj.* practical; **sens pratique** common sense; **travaux pratiques** small group work or lab

pratiquer to practice

précédent *adj.* former; preceding

précéder to precede

prédiction *f.* prediction; forecast

prédire to predict

préférable *adj.* preferable

préférence *f.* preference

préférer to prefer (4)

préfiguration *f.* prefiguration

préjugé *m.* prejudice

préliminaire *adj.* preliminary

premier (première) *adj.* first (7)

prénatal *adj.* prenatal

prendre to take (5); to choose; to make; **prendre conscience** to become aware; **prendre la correspondance** to transfer; **prendre la retraite** to retire on a pension; **prendre soleil** to sun bathe (8); **prendre un verre** to have a drink

prénom *m.* first name

préparatif *m.* preparation

préparer to prepare (for) (4); **se préparer(à)** to get ready (12)

préposition *f.* preposition

prérogative *f.* prerogative

près *adv., prep.* near; by; **de près** close; **près de** near; about (3); **tout près** very near

présence *f.* presence

présent *adj.* present

présentateur *m.* (**présentatrice** *f.*) introducer

présentation *f.* presentation; introduction

présenter to present; to introduce; **se présenter** to run for office

préserver to preserve; to defend

présider to preside

président(e) *m., f.* president (14)

présidentiel(le) *adj.* presidential (14)

presque *adv.* almost; nearly; hardly (9)

presse *f.* press (newspapers)

pressé *adj.* pressed; hurried **citron pressé** lemonade

pression *f.* pressure; **bière pression** beer on tap

prestigieux (prestigieuse) *adj.* prestigious

prêt *adj.* ready

prétentieux (prétentieuse) *adj.* pretentious

prêter to lend (8)

prévaloir to prevail

prévenir to warn; to inform

prévoyant *adj.* provident; with foresight

prier to beseech

primaire *adj.* primary; **école primaire** elementary school

principal *adj.* principal; main

principe *m.* principle; **en principe** as a rule

printemps *m.* spring (8)

priorité *f.* priority; right of way

pris *p.p. of* **prendre**

prise *f.* hold; capture; **prise de conscience** awareness

prisonnier *m.* (**prisonnière** *f.*) prisoner

privé *adj.* private

privilégié *adj.* privileged

prix *m.* price; prize (6); **hors de prix** outrageously expensive

probabilité *f.* probability; likelihood

probablement *adv.* probably

problème *m.* problem

procédé *m.* process; method

prochain *adj.* next (7)

proche *adj.* near; close

producteur *m.* (**productrice** *f.*) producer

productiviste *adj.* geared to productivity

productivité *f.* productivity

produit *m.* product

professeur *m.* professor; instructor (CP)

professionnel(le) *adj.* professional

profil *m.* profile

profiter to take advantage of

profond *adj.* deep; profound

programme *m.* program; curriculum; plan (7)

progrès *m.* progress

progresser to progress

projet *m.* project; plan

prolonger to draw out; to sail along

promenade *f.* walk; excursion; **faire une promenade** to take a walk

promener to take out walking; **se promener** to walk (12)

promettre to promise (18)

pronom *m.* pronoun

prononcer to pronounce

prononciation *f.* pronunciation

propos *m.* purpose; **à propos de** with respect to

proposer to propose

propre *adj.* clean; own (10)

proprement *adv.* appropriately; correctly

propriétaire *m., f.* owner; proprietor (8)

propriété *f.* property

prospère *adj.* prosperous

protéger to protect (17)

provençal *adj.* of Provence

provoquer to provoke; to bring on

proximité *f.* proximity; **à proximité** close by

psychologique *adj.* psychological

pu *p.p. of* **pouvoir**

public (publique) *adj.* public; **travaux publics** public works

publicitaire *adj.* for advertising; **annonce publicitaire** commercial

publicité *f.* advertising (7)

puis *adv.* then; next; besides (4)

puissance *f.* power; influence

pur *adj.* pure (17)

Q

quai *m.* quay; embankment; platform (9)

qualifié *adj.* qualified

qualité *f.* quality

quand *adv.* when (3); whenever; while; **depuis quand** since when; **quand même** nevertheless

quarante *adj.* forty

quart *m.* quarter

quartier *m.* quarter; neighborhood; district (1)

quatorze *adj.* fourteen

quatorzième *adj.* fourteenth

quatre *adj.* four

quatre-vingtième *adj.* eightieth

quatre-vingts *adj.* eighty

quatrième *adj.* fourth

que *conj.* that; than; only; **ne . . . que** only (1); *adv.* how; why; how much; *pron.* whom; that; which; what (9)

québecois *adj.* of Québec (15)

quel(le) *adj.* what; which (1)

quelque *adj.* some; a few (17); **quelque chose** something (7)

quelqu'un(e) *pron.* someone (7)

quenelle *f.* fish ball

quête *f.* search; quest; **en quête de** in search of

queue *f.* tail

qui *pron.* who; whom (2)

quinze *adj.* fifteen

quinzième *adj.* fifteenth

quitter to leave (7); **ne quittez pas** don't hang up; **se quitter** to separate

quoi *pron.* which; what (3)

quoique *conj.* although; even though (15)

quotidien(ne) *adj.* daily (13); *m.* daily newspaper

R

racine *f.* root; origin (15)

raconter to tell; to relate (9)

raffinerie *f.* refinery

rage *f.* passion

raison *f.* reason; **avoir raison** to be right

rallier to rally; to rejoin

ramasser to gather; to pick up

ramener to bring back

randonnée *f.* hike (17)
rangé *adj.* steady; orderly
rapide *adj.* fast; rapid
rapidité *f.* rapidity; speed
rappeler to remind; **se rappeler** to remember (12)
rapport *m.* report; relationship
rapprochement *m.* drawing closer
rapprocher: se rapprocher to draw closer
raquette *f.* racket
rarement *adv.* rarely
raser to shave; to raze; **se raser** *fam.* to bore
rassemblement *m.* assemblage; political group
rater *fam.* to fail
rationalisme *m.* rationalism
ravi *adj.* delighted
rayer to cross out
rayure *f.* stripe; **à rayures** striped
réaction *f.* reaction
réactionnaire *adj.* reactionary
réagir to react (14)
réalisation *f.* realization
réaliser to realize
réalisme *m.* realism
réaliste *adj.* realistic (2)
récapitulation *f.* summary
récemment *adv.* recently
récent *adj.* recent; new
récepteur *m.* receiver
réception *f.* reception desk; receipt
recette *f.* recipe
recevoir to receive (17)
rechange *m.* refill; **pièces de rechange** spare parts
recherche *f.* research; search
rechercher to research
réciproque *adj.* reciprocal
réciter to recite
recommandation *f.* recommendation
recommander to recommend
recommencer to start over
réconcilier to reconcile
reconnaître to recognize
reconstituer to restore; to reconstitute
reconstruire to rebuild
recopier to copy over; to make a copy
recruter to recruit
reçu *p.p of* **recevoir**
recyclage *m.* recycling (17)
recycler to recycle
redescendre to go or step down again
redouter to fear
réduction *f.* reduction

réduire to reduce; to lower (17)
réfléchir(à) to reflect (upon); to consider (3)
reflet *m.* reflection
refléter to reflect
réflexif (réflexive) *adj.* reflexive
réforme *f.* reform (14)
réformer to reform; to improve
réfugié(e) *m., f.* refugee
refuser to refuse; to deny (18)
regarder to look at; to watch; **se regarder** to look at each other, oneself (12)
régime *m.* diet
région *f.* region; territory
régional *adj.* local
régler to regulate
regret *m.* regret; **à regret** with reluctance
regretter to regret; to miss (14)
régulièrement *adv.* regularly
rein *m.* kidney
rejoindre to rejoin
relatif (relative) *adj.* relative
relier to connect; to link
religieux (religieuse) *adj.* religious
remarquable *adj.* remarkable
remarquer to notice (15)
rembourser to repay; to reimburse
remède *m.* remedy
remonter to go upstream
remplacer to replace; to substitute
remplir to fill
renaître to be born again; to revive
rencontre *f.* meeting (12)
rencontrer to meet (8); **se rencontrer** to meet each other (12)
rendez-vous *m.* rendezvous; appointment; meeting place
rendre to make; to give back (5); **rendre visite** to visit (5); **se rendre** to go; to give up
renommé *m.* reknown
renoncer to give up
renseignement *m.* information
renseigner to inform; to teach
rentrée *f.* return; return to school
rentrer to return; to return home (9)
renverser to upset; to knock down (16)
répandu *adj.* widespread
réparation *f.* repair
réparer to repair
repartir to set out again (9)
repas *m.* meal (5)
repassage *m.* ironing

repeindre to repaint
repenser to think over
répéter to repeat
répondre to reply (5)
réponse *f.* reply (11)
reportage *m.* reporting
repos *m.* rest
reposant *adj.* restful
reposer: se reposer to rest; to lie down
repousser to push back; to grow again
reprendre to take up again; to recover
représentation *f.* performance
représenter to represent
repris *p.p.* of **reprendre**
reprise *f.* repair
républicain *adj.* republican
république *f.* republic (14)
réputation *f.* reputation
réseau *m.* network; system
réservation *f.* reservation
réserver to reserve; to make a reservation
résidentiel(le) *adj.* residential
résider to reside; to dwell
résolu *adj.* resolved; determined
résolution *f.* resolution
résoudre to resolve; to solve
respecter to respect
responsabilité *f.* responsibility
responsable *adj.* responsible; accountable
ressembler(à) to be like; to resemble
ressortir to go out again
ressource *f.* resource (17)
restaurer to restore
reste *m.* rest; remainder
rester to remain; to stay; to live (4)
restituer to restore
résultat *m.* result (11)
résumer to sum up
rétablir to reestablish
retard *m.* delay; **en retard** late (9)
retenir to retain
retour *m.* return (8)
retourner to return (9)
retraite *f.* pension; retirement; **maison de retraite** rest home; **prendre la retraite** to retire on a pension
retrouver to recover; to recognize; to find again; **se retrouver** to find one's way again
réunion *f.* meeting; reunion (14)

réunir to unite; **se réunir** to get together

réussir to succeed; to pass (a test) (3)

réussite *f.* success (1)

rêve *m.* dream

réveil *m.* alarm clock

réveiller to awaken; **se réveiller** to wake up (12)

révélation *f.* revelation

révéler to reveal

revendication *f.* demand; claim (14)

revenir to return; to come back (7)

rêver to dream (17)

reviser to review (11)

revoir to see again (8); **au revoir** good-bye (CP)

révolte *f.* revolt; rebellion

révolution *f.* revolution

revu *p.p. of* **revoir**

revue *f.* review; magazine (3)

rez-de-chaussée *m.* ground floor

rez-jardin *adj.* opening onto the garden or yard

Rhin *m.* the Rhine

rhume *m.* cold

riche *adj.* rich

richesse *f.* wealth

rideau *m.* curtain (3)

ridicule *adj.* ridiculous

rien *indef. pron.* nothing; **de rien** you're welcome; **ne . . . rien** nothing (7)

rire to laugh; *m.* laughter (16)

risquer to risk

rivalité *f.* rivalry

rive *f.* bank; shore (10)

rivière *f.* river (tributary)

riz *m.* rice

robe *f.* dress (8)

robuste *adj.* sturdy; strong

rocher *m.* rock; crag

rocheux (rocheuse) *adj.* rocky

roi *m.* king

rôle *m.* roll; part; rôle

romain *adj.* Roman

roman *m.* novel (7)

romancier *m.* (**romancière** *f.*) novelist

romantique *adj.* romantic

romantisme *m.* romanticism

rond *adj.* round; *fam.* drunk

roquefort *m.* Roquefort cheese

rose *adj.* pink (3)

rôti *m.* roast (6)

rouge *adj.* red (3); **Petit Chaperon Rouge** Little Red Riding Hood

rouler to roll (along); to drive

roulette *f.* roller; **planche à roulettes** skateboard

route *f.* road (8); route; **route nationale** highway (9); **se mettre en route** to set out

routier *m.* (**routière** *f.*) one used to the roads; **restaurant des routiers** truckstop

rouvrir to reopen

roux (rousse) *adj.* reddish

royaume *m.* kingdom; realm

rue *f.* street (2)

ruine *f.* ruin

russe *adj.* Russian (1)

Russie *f.* Russia (9)

rythme *m.* rhythm

S

sa *adj. f.* his; her; its

sable *m.* sand

sac *m.* bag; handbag (8)

sagesse *f.* wisdom

saignant *adj.* rare (meat)

sain *adj.* healthy

saint *adj.* holy; **la Saint-Patrick** Saint Patrick's Day; **la Saint-Valentin** Saint Valentine's Day

saisir to grasp; to understand

saison *f.* season

salade *f.* salad (6)

salaire *m.* salary; wages (13)

salarié *adj.* salaried (13)

sale *adj.* dirty

salé *adj.* salted; salty

salle *f.* room; theatre; **salle à manger** dining room (4); **salle d'attente** waiting room; **salle de bains** bathroom (4); **salle de séjour** living room (4); **salle de classe** classroom (CP); **salle des sports** gym (2)

salon *m.* parlor

saluer to greet

salut *int.* hello; hi (CP)

samedi *m.* Saturday

sanctuaire *m.* sanctuary

sang *m.* blood

sanitaire *adj.* sanitary

sans *prep.* without; but for (3); **sans doute** doubtless; **sans que** without; unless (15)

santé *f.* health

satirique *adj.* satirical

satisfait *adj.* content; pleased

saucisson *m.* salami; sausage (6)

sauf *prep.* except for; save

sauter to jump; **sauter le pas** to take the plunge

sauvage *adj.* wild

sauvegarder to watch over; to protect

sauver to save

savane *f.* savanna

savant *adj.* learned; scholarly

savoir to know (how) (10)

savonnage *m.* soaping

scandaleux (scandaleuse) *adj.* scandalous

scène *f.* scene; quarrel

sceptique *m., f.* sceptic

scientifique *adj.* scientific (18)

scolaire *adj.* of schools; **année scolaire** school year

sculpter to sculpt

sculpteur *m.* sculptor

sécher *fam.* to cut (class)

secondaire *adj.* secondary

secrétaire *m., f.* secretary (13); *m.* writing desk

secrétariat *m.* secretariat; secretary's office

secteur *m.* sector; district

sécurité *f.* security; confidence; safety

séducteur (séductrice) *adj.* seductive

séduire to seduce; to attract

séduisant *adj.* seductive; fascinating

seize *adj.* sixteen

seizième *adj.* sixteenth

séjour *m.* stay; **salle de séjour** living room

séjourner to sojourn

sel *m.* salt (5)

selectionner to select

self-service *m.* cafeteria

selon *prep.* according to; depending on

semaine *f.* week (7); **fin de semaine** weekend (7)

semblable *adj.* similar

sembler to seem; to appear

semestre *m.* semester

sénat *m.* senate (14)

sénateur *m.* senator (14)

Sénégal *m.* Senegal (18)

sénégalais *adj.* Senegalese (18)

sens *m.* meaning; **sens interdit** wrong way; **sens pratique** common sense

sensationnel(le) *adj.* sensational

sensé *adj.* intelligent; sensible

sensibiliser to sensitize

sentiment *m.* feeling; sentiment

sentir to sense (7); to smell; **se sentir** to feel

séparation *f.* separation
séparatisme *m.* separatism
séparatiste *adj.* separatist
séparément *adv.* separately
séparer to separate
sept *adj.* seven
septembre *m.* September
septième *adj.* seventh
série *f.* series
sérieux (sérieuse) *adj.* serious; sincere (2); **prendre au sérieux** to take seriously
serrer to press; to squeeze; **serrer la main** to shake hands
serveur *m.* (**serveuse** *f.*) waiter (6)
serviette *f.* napkin (5)
servir to serve; to help (7); (**à**) to be of use
ses *adj. pl.* his; her; its; one's
seul *adj.* alone; sole; only
seulement *adv.* only; solely (5)
sexe *m.* sex
short *m.* shorts (8)
si *adv.* so; so much; yes; *conj.* if; whether (6)
sidérurgique *adj.* of coal, iron, and steel
siècle *m.* century (18)
siège *m.* seat; headquarters
sien(ne) *pron.* his; hers; its
sieste *f.* siesta; **faire la sieste** to take a nap
sigle *m.* initial letter; abbreviation (14)
signe *m.* sign; mark
silencieux (silencieuse) *adj.* silent
simplement *adv.* simply
simplifier to simplify
sincère *adj.* sincere; frank
sincèrement *adv.* sincerely; honestly
sincérité *f.* sincerity
sinon *conj.* otherwise; if not
sirène *f.* siren; mermaid
situation *f.* position
situer to place, situate
sixième *adj.* sixth
skier to ski (1)
skieur *m.* (**skieuse** *f.*) skier
snob *adj.* snobbish; pretentious (2)
sobre *adj.* sober; moderate
socialisme *m.* socialism
socialiste *adj.* socialist (14)
société *f.* society; association; **jeu de société** parlor game
sociologie *f.* sociology
sociologue *m., f.* sociologist

soeur *f.* sister (4); **belle-soeur** stepsister
soi, soi-même *pron.* oneself; himself; herself; itself
soif *f.* thirst; **avoir soif** to be thirsty
soigner to take care of
soin *m.* care
soir *m.* evening; night (4); **tous les soirs** every night
soirée *f.* evening (duration); party (4)
soixante *adj.* sixty
solaire *adj.* solar (17)
soldat *m.* soldier
soleil *m.* sun; **faire du soleil** to be sunny (8); **prendre le soleil** to sun bathe
solide *adj.* solid; strong
solitaire *adj.* solitary
sombre *adj.* dark; gloomy
sommeil *m.* sleep; **avoir sommeil** to be sleepy
sommet *m.* top; summit
somnambule *m., f.* sleepwalker
son *adj.* his; her; its; one's
sondage *m.* poll
sonner to ring (10)
sorte *f.* sort; kind
sortie *f.* exit; outing; **à la sortie de** after (school, work)
sortir to go out; to leave (7)
sou *m.* cent; 5-centime piece
souci *m.* care; worry (12)
soucieux (soucieuse) *adj.* anxious; thoughtful
soudainement *adv.* suddenly (10)
souffrir to suffer
souhaitable *adj.* desirable
souhaiter to wish; to desire (14)
soûler: se soûler to get drunk
soulever to raise; to arouse
soupe *f.* soup (6); **cuillère à soupe** tablespoon
source *f.* source; origin; spring
sourire to smile
souris *f.* mouse
sous *prep.* under; below (2); **sous terre** underground
soutenir to sustain; to support
souvenir *m.* memory; **se souvenir** to remember (12)
souvent *adv.* often; frequently (3)
soviétique *adj.* Soviet
spatial *adj.* spacial; of space
speaker *m.* (**speakerine** *f.*) announcer
spécial *adj.* special

spécialité *f.* specialty
spectacle *m.* show; performance (16)
spectateur *m.* (**spectatrice** *f.*) spectator
spirituel(le) *adj.* spiritual; witty
splendeur *f.* splendor
splendide *adj.* magnificent
splendidement *adv.* splendidly
spontané *adj.* spontaneous
sportif (sportive) *adj.* athletic; sports-minded (2)
stabilité *f.* stability
stade *m.* stadium
stationner to park
statistique *f.* statistic
stéréo *adj.* **chaîne stéréo** stereo system
stéréotype *m.* stereotype
stimuler to stimulate
stratégie *f.* strategy
stupide *adj.* stupid; foolish
stylo *m.* pen (3)
su *p.p. of* savoir
subir to sustain; to go through
subjonctif *m.* subjunctive
substituer to substitute
succès *m.* success
sucre *m.* sugar (5)
sud *m.* south (9)
sueur *f.* sweat
suffire to suffice
suffisamment *adv.* sufficiently; enough
suggérer to suggest
Suisse *f.* Switzerland (9)
suite *f.* rest; **à la suite** after; **tout de suite** right away
suivant *adj.* following; subsequent
suivre to follow; to take (11)
sujet *m.* subject (11)
supérieur *adj.* superior (13); upper; **cadre supérieur** executive
supermarché *m.* supermarket
supersonique *adj.* supersonic
supplément *m.* supplement; **en supplément** extra (6)
supprimer to suppress; to cut down
sur *prep.* on; upon; out of (2); **sur place** installed
sûr *adj.* certain; sure; safe (14); **bien sûr** of course
sûrement *adv.* surely; certainly
surgir to surge; to appear
surmonter to overcome
surnaturel(le) *adj.* supernatural
surpeuplé *adj.* overpopulated

surprenant *adj.* surprising; extraordinary

surpris *adj.* surprised (14)

surtout *adv.* above all; especially

survoler to fly over

suspecter to suspect

symbole *m.* symbol

symbolique *adj.* symbolic

symboliser to symbolize

sympathique *adj.* congenial; likeable; nice (2)

symphonie *f.* symphony

syndicat *m.* trade union; **syndicat d'initiative** tourist information bureau

synthèse *f.* synthesis

synthétique *adj.* synthetic

système *m.* system; plan

T

ta *adj. f.* your

tabac *m.* tobacco; tobacco counter

tableau *m.* picture; painting; **tableau noir** blackboard (CP)

taille *f.* height; size (12)

tambour *m.* drum

tant *adv.* so much; **tant mieux** so much the better

taper to type (11)

tapis *m.* carpet; rug (3)

tard *adv.* late (7); **plus tard** later (9)

tarif *m.* rate

tarte *f.* pie (5)

tartine *f.* slice of bread and butter

tasse *f.* cup (5)

Tchad *m.* Chad

technique *adj.* technical

technocrate *m., f.* technocrat

technocratique *adj.* technocratic

technologique *adj.* technological

tee-shirt *m.* T-shirt (8)

teinte *f.* tint; complexion; **demi-teinte** mezzotint

tel(le) *adj.* such; like

télé(vision) *f.* television; T.V. (1)

télécommunications *f. pl.* telecommunications

téléfilm *m.* T.V. movie

télégramme *m.* telegram (7)

téléphone *m.* telephone (2); **coup de téléphone** telephone call

téléphoner to telephone (2)

téléphonique *adj.* **cabine**

téléphonique phone booth

téléspectateur *m.* (**téléspectatrice** *f.*) televiewer

télévisé *adj.* televised

tellement *adv.* so; so much

témoin *m.* witness; proof

tempête *f.* storm; **tempête de neige** snowstorm

temporaire *adj.* temporary

temporel(le) *adj.* temporal

temps *m.* time (5); weather; tense; **dans le temps** formerly; **de temps en temps** from time to time (10); **quelque temps** sometimes; **tout le temps** always

tendance *f.* tendency

tenir to hold; to have (7); **se tenir** to be held; **tenir à** to hold dear; to be eager to; to anticipate (7)

tente *f.* tent

terminer to end; **se terminer** to come to an end

terrain *m.* ground; field; **terrain de camping** campground

terrasse *f.* terrace (4)

terre *f.* earth; land; property; **pomme de terre** potato

Terre-Neuve *f.* Newfoundland

terrifiant *adj.* terrifying

territoire *m.* territory

terrorisme *m.* terrorism

tes *adj. pl.* your

tête *f.* head (12); **mal à la tête** headache; **perdre la tête** to lose one's wits

têtu *adj.* headstrong; stubborn

texte *m.* text; passage

thé *m.* tea (5)

théâtre *m.* theatre; **pièce de théâtre** play (16)

thème *m.* topic; theme

théologie *f.* theology

théologique *adj.* theological

théorique *adj.* theoretical

thermalisme *m.* bathing in hot springs

thèse *f.* thesis; dissertation

thon *m.* tuna

tien(ne) *pron.* yours

tiers *adj.* third; **Tiers Monde** Third World

tigre *m.* tiger

timbre *m.* stamp (7)

tirer to pull out; to gather

tisser to weave

togais *adj.* of Togo

toi *pron.* you; to you

toilette *f.* washing up; lavatory; **faire la toilette** to dress

toit *m.* roof

tolérant *adj.* tolerant

tomate *f.* tomato

tombeau *m.* tomb; grave

tomber to fall (9); **laisser tomber** to drop; **tomber amoureux** to fall in love (12)

ton *adj.* your

tonalité *f.* dial tone; tonality

tort *m.* wrong; **avoir tort** to be wrong

tortue *f.* tortoise

tôt *adv.* soon; early (10)

touche *f.* key

toucher to touch; to affect

toujours *adv.* always; still (3)

tour *m.* turn; tour; **jouer un tour** to play a trick; *f.* tower (10)

tourisme *m.* tourism

touriste *m., f.* tourist (1)

touristique *adj.* touristic, tourist

tourmenté *adj.* tortured; distressed

tourner to turn (10)

Toussaint *f.* All Saints' Day

tout (tous) *adj.* all; every; each (17); **en tout cas** in any case; however; **tous (les) deux** both; *adv.* entirely; quite; **tout à fait** completely; **tout à l'heure** just now; **tout de suite** immediately (8); **tout d'un coup** all at once; **tout en + gerund** while; at the same time; *pron.* all; everything (17)

tracer to trace; to lay out

traditionnel(le) *adj.* traditional

traditionnellement *adv.* traditionally

traduction *f.* translation (11)

tragédie *f.* tragedy (1)

tragique *adj.* tragic

train *m.* train (9); **en train de** in the course of

traité *m.* treaty

traiter to treat; to discuss

traiteur *m.* caterer; delicatessen owner

trajet *m.* trip, commute

tranche *f.* slice

tranquille *adj.* quiet; calm

tranquillité *f.* tranquility

transformer to transform; to change (17)

transport *m.* transport; transportation

trappeur *m.* trapper (15)

travail *m.* work (1); industry; **Fête du Travail** Labor Day; **travaux pratiques** small group work or lab; **travaux publics** public works

travailler to work (1)

travailleur *m.* (**travailleuse** *f.*) worker; laborer (13); *adj.* hard-working (2)

travers *m.* breadth; **à travers** across; through

traverser to cross

treize *adj.* thirteen

treizième *adj.* thirteenth

tréma *m.* diaeresis

tremblant *adj.* quivering; trembling

trente *adj.* thirty

trentième *adj.* thirtieth

très *adv.* very; most; very much (2)

trésor *m.* treasure

trésorier *m.* (**trésorière** *f.*) treasurer

tributaire *adj.* tributary

tricolore *m.* tricolored flag; the French flag

trimestre *m.* quarter (three months); trimester

triste *adj.* sad

trois *adj.* three

troisième *adj.* third

tromper; se tromper to be mistaken (12)

trop *adv.* too much; too; over; too many (5)

tropiques *m. pl.* the tropics

trottoir *m.* sidewalk

trou *m.* hole

troupe *f.* troop

trouver to find; to think (2); **se trouver** to exist; to be (12)

tu *pron.* you

tuer to kill

Tunisie *f.* Tunisia (18)

typique *adj.* typical (2)

U

un *adj.* one; a; an; any

uni *adj.* united; **les Nations unies** United Nations (18)

uniforme *m.* uniform

unilingue *adj.* unilingual

unir to unite

universel(le) *adj.* universal

universitaire *adj.* academic; university (1); **cité universitaire** university living quarters; dormitory

université *f.* university (1)

urbain *adj.* urban (17)

urbanisation *f.* urbanization

urbaniser to urbanize (17)

urbanisme *m.* town planning (17)

urgence *f.* urgency; **cas d'urgence** emergency

usage *m.* use; usage

usine *f.* factory (17)

usuel(le) *adj.* customary; usual

utile *adj.* useful

utilisation *f.* utilization

utiliser to use; to employ (17)

utopie *f.* utopia

V

vacances *f. pl.* vacation (8); **grandes vacances** summer vacation

vacancier *m.* (**vacancière** *f.*) vacationer

vaccin *m.* vaccine

vagabonder to roam

vaincre to overcome

vaisselle *f.* dishes

valeur *f.* worth; value

valise *f.* suitcase

vallée *f.* valley

valoir to be worth; **valoir mieux** to be better

valu *p.p. of* **valoir**

vanille *f.* vanilla

vaniteux (vaniteuse) *adj.* vain; conceited

varié *adj.* varied

variété *f.* variety

vasculaire *adj.* vascular

vaudou *adj.* voodoo

veau *m.* veal (5)

vécu *p.p. of* **vivre**

vedette *f.* star; **en vedette** in the limelight

végétarien(ne) *adj.* vegetarian

véhicule *m.* vehicle

vélo *m.* bike (17)

vélomoteur *m.* motorbicycle

vendeur *m.* (**vendeuse** *f.*) salesclerk

vendre to sell (5)

vendredi *m.* Friday

venir to come (from) (7); to arrive; **faire venir** to send for; **venir de** to have just (7)

Venise Venice

vent *m.* wind; **faire du vent** to be windy (8)

vente *f.* sale

verbe *m.* verb

vérifier to verify

véritable *adj.* genuine; true

vérité *f.* truth (7)

verre *m.* glass (5)

vers *prep.* toward; to; about

vert *adj.* green; hearty (3)

vertu *f.* virtue

vêtement *m.* garment; *pl.* clothes

vêtu *adj.* dressed

veuf (veuve) *adj.* widowed; bereft

viande *f.* meat (5)

victime *f.* victim

victoire *f.* victory

vie *f.* life (1)

vieux (vieil; vieille) *adj.* old; aged (3); *m.* **mon vieux** my old friend

vif (vive) *adj.* alive; lively

vigne *f.* vineyard; vine

villageois *adj.* rustic; country

ville *f.* city (2); **centre-ville** downtown

vin *m.* wine (5)

vingt *adj.* twenty

vingtième *adj.* twentieth

violette *f.* violet (3)

violon *m.* violin; fiddle

virage *m.* corner; curve

Virginie *f.* Virginia

visage *m.* face (12)

visite *f.* visit; **rendre visite à** to visit (a person)

visiter to visit (a place) (1)

visiteur *m.* (**visiteuse** *f.*) visitor (3)

vite *adv.* quickly; fast (1)

vitesse *f.* speed; gear; **à grande vitesse** at full speed

viticulteur *m.* viticulturist; wine grower

vitrine *f.* shop window

vive *int.* long live

vivre to live (11)

vocabulaire *m.* vocabulary

voici *prep.* here is (are) (CP); this is; these are

voilà *prep.* there; there is (are); that is (CP)

voir to see (8); **se voir** to see each other (oneself)

voisin(e) *m., f.* neighbor (9)

voisinage *m.* neighborhood; proximity

voiture *f.* car; vehicle (2)

voix *f.* voice

vol *m.* flight; robbery (9)

volant *m.* steering wheel

voleur *m.* (**voleuse** *f.*) thief; robber

volley-ball *m.* volleyball (game)

volonté *f.* will
volubile *adj.* glib
vos *adj. pl.* your
voter to vote (14)
votre *adj.* your
vôtre *pron.* yours; your own
vouer: se vouer to devote oneself
vouloir to want (6); to desire; **vouloir bien** to be willing (6); **vouloir dire** to mean (6)
voulu *p.p. of* **vouloir**
voyager to travel (8)
voyageur *m.* (**voyageuse** *f.*) traveler; passenger

voyant(e) *m., f.* seer; fortune teller
vrai *adj.* true; genuine
vraiment *adv.* really; truly (8)
vu *p.p. of* **voir**
vue *f.* view; sight; **point de vue** viewpoint

W

wagon *m.* train car; van (9)
wagon-lit *m.* sleeping car
wagon-restaurant *m.* dining car
week-end *m.* weekend

Y

y *adv. pron.* there; here; within (9); **il y a** there is (are)
yeux *m. pl.* eyes

Z

Zaïre *m.* Zaire
zèbre *m.* zebra
zébrure *f.* stripe; **à zébrures** striped
zéro *m.* zero
zut *int. fam.* darn

Lexique: anglais-français

This English-French end vocabulary includes all words needed to do the translation exercises.

Abréviations

adj. adjective
adv. adverb
f. feminine noun
m. masculine noun
pl. plural
p.p. past participle

A

a un, une
able: to be able pouvoir
about vers, de
across from en face de
act agir
after(ward) après
afternoon après-midi *m.*
ago il y a; two days ago il y a deux jours
airplane avion *m.*
all tout, toute, tous, toutes; all the time tout le temps
a lot (of) beaucoup (de)
also aussi
although bien que, quoique
always toujours
America Amérique *f.*
American américain
amusing amusant
and et
another un(e) autre
anyone quelqu'un; not . . . anyone ne . . . personne
anything quelque chose; not . . . anything ne . . . rien
approve approuver
apartment appartement *m.*
aren't we? n'est-ce pas?
arrive arriver
artist artiste *m., f.*
as comme, si, que; as soon as dès que, aussitôt que
ask demander
at à, chez; at the au, à la, aux
attend assister à
author auteur *m.*

B

baby bébé *m.*
bad mauvais; not bad pas mal
balcony balcon *m.*
basketball basket-ball *m.*
be être; how are you? comment allez-vous? isn't it? n'est-ce pas?; it is, that is c'est; there is, there are il y a; to be able pouvoir; to be better valoir mieux; to be eager tenir à; to be hungry avoir faim; to be scared avoir peur; to be sleepy avoir sommeil; to be thirsty avoir soif; to be wrong avoir tort
beach plage *f.*

beautiful beau, bel, belle, beaux, belles
before avant, déjà
beginning début *m.*
best meilleur(e)
better mieux; it's better that il vaut mieux que; we had better nous devrons
big grand, gros(se)
birth naissance *f.*
black noir
book livre *m.*
bookcase bibliothèque *f.*
borrow emprunter
both les deux
boy garçon *m.*
bring apporter
but mais
buy acheter
by par, en

C

café café *m.*
call appeler; téléphoner
capital capitale *f.*
car voiture *f.*
case cas *m.*
cat chat *m.*
Chinese chinois *m.*
choice choix *m.*
choose choisir
city ville *f.*
class classe *f.*
classical classique
classmate camarade de classe *m., f.*
clothes vêtements *m. pl.*
come venir; come down descendre
condition condition *f.;* on condition à condition que
contact contacter
cost coûter
countryside campagne *f.*
course cours *m.*
cousin cousin *m.* (cousine *f.*)

D

dance danser
daughter fille *f.*
day jour *m.,* journée *f.*
dear cher (chère); *(salutation)* mon cher, ma chère
decide décider

desert désert *m.*
desk bureau *m.*
dictionary dictionnaire *m.*
different différent
difficult difficile
dinner dîner *m.*
diploma diplôme *m.*
discuss discuter
do faire; do you? est-ce que vous (tu)?
door porte *f.;* next door à côté
doubt douter
down: to come down descendre
during pendant

E

each chaque; each other l'un l'autre; se *(reflexive)*
eager: to be eager tenir à
eat manger
ecology écologiste; écologie *f.*
either: not . . . either ni l'un ni l'autre
emergency cas d'urgence *m.*
English anglais *m.*
enter entrer
essential: it is essential that il est essentiel que
Europe Europe *f.*
evening soir *m.;* in the evening le soir
even though bien que, quoique
everything tout *m.*
exam examen *m.*
excuse oneself s'excuser
expensive cher (chère)
explain expliquer

F

fact fait *m.,* in fact en fait
family famille *f.*
fat gros(se)
feel: to feel like avoir envie de
female femme, féminin
few: a few quelques
film film *m.*
find trouver
fine: I'm fine ça va bien
finish finir
first premier (première)
flexible flexible
football football américain *m.*
for pour, depuis, pendant

forest forêt *f.*
forget oublier
former ancien(ne)
French français *m.*
frequently fréquemment
Friday vendredi *m.*
friend ami *m.* (amie *f.*)
from de; **from the** de la, du, des
fun: to have fun s'amuser

G

garden jardin *m.*
get recevoir; **get along** s'entendre
gift cadeau *m.*
go aller; **to go home** rentrer; **to go out** sortir; **to go up** monter
good bon(ne)
good-bye au revoir
government gouvernement *m.*
great grand
guide guide *m.*
guidebook guide *m.*

H

happen arriver
happy heureux (heureuse); content
hard-working travailleur (travailleuse)
hate détester
have avoir; **to have fun (a good time)** s'amuser; **to have to** devoir, avoir besoin de, il faut . . .
he il, lui, ce
hear entendre
hello bonjour, salut
her *pers. pron.* la, lui, elle; *poss. pron.* son, sa, ses
here ici
hers le sien, la sienne, les siens, les siennes
hike randonnée *f.;* marcher; **to take a hike** faire une randonnée
him le, lui; **to him** lui
his son, sa, ses
hockey hockey *m.*
hold tenir
home maison *f.;* **at home** à la maison, chez nous; **to go home** rentrer
hope espérer, souhaiter
hotel hôtel *m.*
house maison *f.;* **our house** chez nous
how comment; **(for) how long** (pendant) combien de temps; **how**

are you? comment allez-vous? ça va?; **how many** combien (de)
hunger faim *f.;* **to be hungry** avoir faim

I

I je, moi
idea idée *f.*
if si
important important
in à, dans, en; **in French** en français; **in Paris** à Paris; **in America** en Amérique
insect insecte *m.*
interesting intéressant
invite inviter
it ce, il, elle; le, la; **isn't it** n'est-ce pas?; **it is** c'est, il est
Italian italien *m.* (italienne *f.*)

J

journalist journaliste *m., f.*
just seulement; **to have just** venir de

K

key clef *f.*
know savoir, connaître

L

last dernier (dernière), passé; **last night** hier soir
late tard
laugh rire
lawyer avocat *m.* (avocate *f.*)
lazy paresseux (paresseuse)
learn apprendre
leave laisser, quitter, partir, sortir; **to leave each other** se quitter
lecture conférence *f.*
lend prêter
letter lettre *f.*
library bibliothèque *f.*
like aimer
likely probable; **it's not likely that** il est peu probable que
listen (to) écouter
live habiter, vivre
living room salle de séjour *f.*

look (at) regarder; **to look (like)** avoir l'air
lot: a lot (of) beaucoup (de)
love aimer; adorer
lucky; to be lucky avoir de la chance

M

make faire
man homme *m.*
many beaucoup; **how many?** combien?
match match (game) *m.*
me me, moi
meal repas *m.*
meeting réunion *f.*
member membre *m.*
mine le mien, la mienne, les miens, les miennes
Miss mademoiselle *f.*
money argent *m.*
morning matin *m.*
most le (la) plus
mountain montagne *f.*
movie film *m.;* **movies** cinéma *m.*
much beaucoup; **too much** trop
museum musée *m.*
music musique *f.*
must devoir; falloir; **it is necessary** il faut
my mon, ma, mes

N

name nom *m.;* **first name** prénom
near près (de); **near here** près d'ici
necessary nécessaire; **it is necessary** il faut
need avoir besoin de, devoir
neither . . . nor ne . . . ni . . . ni
never jamais, ne . . . jamais
new nouveau (nouvel, nouvelle)
next prochain; **next door** à côté; **next to** à côté de
night nuit *f.*, soir *m.;* **last night** hier soir
no non, pas, ne . . . pas; **no longer, no more** ne . . . plus
nobody, no one personne, ne . . . personne
noise bruit *m.*
not non, ne . . . pas; **not yet** ne . . . pas encore
nothing rien, ne . . . rien
now maintenant
number numéro *m.*

O

o'clock heure *f.*
office bureau *m.*
often souvent
oh! ah!
old ancien(ne); vieux (vieil, vieille, vieux, vieilles)
on sur, dans, à; **on weekends** le week-end
one un(e), on
only seulement, ne . . . que
optimistic optimiste
or ou
other autre
ought devoir
our notre, nos
over there là-bas

P

parent parent *m.*
partial partiel(le)
party parti *m.*
pass passer; *(exams)* réussir à
patience patience *f.*
patient patient
pay (for) payer
payment paiement *m.*
people on; gens *m. pl.*
person personne *f.*
pessimistic pessimiste
phone téléphone *m.*; **on the phone** à l'appareil, au téléphone
phrase phrase *f.*
plan projet *m.*; **to plan** organiser
plane avion *m.*
play pièce *f.*
pleasant agréable
please s'il vous plaît
P.M. de l'après-midi
politics politique *f.*
pollution pollution *f.*
poor pauvre
postcard carte postale *f.*
prefer préférer, aimer mieux
president président *m.*
probably probablement, sans doute
professor professeur *m.*; prof *m.*
program programme *m.*, émission *f.*
provided that pourvu que

Q

quarrel se disputer; **domestic quarrel** scène de ménage *f.*

Quebec Québec *m.*
question question *f.*
quite tout, assez

R

radio radio *f.*
rather aimer mieux; préférer
read lire; *p.p.* lu
receive recevoir
recently récemment
record disque *m.*
red rouge
refundable remboursable
region région *f.*
remember se souvenir de
repeat répéter
restaurant restaurant *m.*
return retourner; **to return home** rentrer
right droite; **to the right** à droite
room pièce *f.* chambre *f.*; **living room** salle de séjour
Russian russe *m.*

S

same même
Saturday samedi *m.*
scared: to be scared avoir peur
school scolaire
see voir; **see you soon** à bientôt
seem avoir l'air
senator sénateur *m.*
send envoyer
several plusieurs, quelques
should devoir
show montrer
sincerely *(friendly letter)* amicalement
singer chanteur *m.* (chanteuse *f.*)
sister soeur *f.*
ski skier
sleep dormir
sleepy: to be sleepy avoir sommeil
so si, alors; **so that** afin que, pour que
some de la, du, des
someone quelqu'un
something quelque chose
some day un jour
sometimes parfois
son fils *m.*
soon bientôt; **as soon as** dès que, aussitôt que
Spanish espagnol *m.*

speak parler
spend passer
sports sport *m.*
start commencer
stay rester
stereo chaîne stéréo *f.*
still encore
stop arrêter
street rue *f.*
student étudiant *m.* (étudiante *f.*)
study étudier
stupid stupide
succeed réussir (à)
suddenly soudainement
suggest suggérer
suitcase valise *f.*
summer été *m.*
sure sûr
surely sûrement
surprised surpris (*p.p. of* surprendre); **to be surprised** être surpris

T

take prendre; **to take a walk** faire une promenade; **to take a hike** faire une randonnée
talk parler
tall grand
teacher professeur *m.*; prof *m.*
telegram télégramme *m.*
telephone téléphone *m.*; téléphoner; **on the phone** à l'appareil, au téléphone
television télévision *f.*; **t.v.** télé *f.*
tennis tennis *m.*
tent tente *f.*
thanks merci
that que; cela; ça; ce, cet, cette, ces; **that is** c'est
the le, la, les
their leur, leurs
them leur, eux
then puis; alors
there y, là; **there is, there are** il y a
these ces
they ils, elles, on
thick gros(se)
thing chose *f.*
think penser, croire, réfléchir
thirsty: to be thirsty avoir soif
this ce, cet, cette; ceci
those ceux, celles
through par
time temps *m.*

to à, en, pour, chez
today aujourd'hui
tomorrow demain
tonight ce soir
too aussi; **too much** trop
train train *m.*
travel voyager
trip voyage *m.*
true vrai
truth vérité *f.*
try essayer (de)
turn; turn on mettre

U

understand comprendre
unfortunate pauvre
university université *f.*
unless à moins que
up: to go up monter
U.S. États-Unis *m. pl.*
use utiliser, servir à

V

vacation vacances *m. pl.*
very très

visit visiter *(place)*; rendre visite à *(person)*

W

walk promenade *f.;* **to take a walk** faire une promenade; marcher
want vouloir, avoir envie de
watch regarder
we nous
week semaine *f.*
weekend week-end *m.*, fin de semaine *f.*
well bien; eh bien
what que, ce que, quoi; qu'est-ce que? comment?
when quand
where où
whether si
which quel, quelle, quels, quelles; **which one(s)** lequel, laquelle, lesquels, lesquelles; **to which** auquel, à laquelle, auxquels, auxquelles
while temps *m.;* **for quite a while** il y a longtemps que
who? qui? qui est-ce qui?
whom? qui? qui est-ce que?

why pourquoi; **why not?** pourquoi pas?
window fenêtre *f.*
with avec
without sans, sans que
woman femme *f.*
wonderful merveilleux (merveilleuse)
work travail *m.;* travailler
write écrire
wrong: to be wrong avoir tort

Y

year an *m.*, année *f.*
yes oui
yet encore
you vous, tu, te, toi
your ton, ta, tes, votre, vos

Index

109, Jean Gaumy/Magnum, 123, Richard Kalvar/Magnum; 128, Helena Kolda; 134, French Government Tourist Office; 135, French Government Tourist Office; 135, French Embassy Press & Information Division;

137, Dorka Raynor; 141, Dorka Raynor; 145, H. S. Chapman/Jereboam; 154, Helena Kolda; 157, H. S. Chapman/Jereboam; 165, French Embassy Press & Information Division;

167, Henri Cartier-Bresson/Magnum; 172, French Government Tourist Office; 173, Helena Kolda; 178, French Embassy Press & Information Division; 186, Helena Kolda; 195, French Embassy Press & Information Division;

197, Peter Menzel; 199, Helena Kolda; 204, French Embassy Press & Information Division; 209, Helena Kolda; 215, French Embassy Press & Information Division; 222, Helena Kolda; 228, Eirik Bórve;

231, Helena Kolda; 234, Helena Kolda; 239, French Embassy Press & Information Division; 246, Helena Kolda; 251, Martine Franck/Magnum;

259, French Embassy Press & Information Division; 264, Helena Kolda; 268, Peter Menzel; 271, Helena Kolda; 272, Helena Kolda; 278, French Embassy Press & Information Division; 282, Henri Cartier-Bresson/Magnum;

289, Helena Kolda; 301, Peter Menzel; 304, French Embassy Press & Information Division; 311, French Government Tourist Office; 312, French Government Tourist Office; 317, French Government Tourist Office; 317, French Embassy Press & Information Division; 317, French Government Tourist Office; 317, French Government Tourist Office; 318, French Government Tourist Office; 318, French Government Tourist Office; 318, Helena Kolda

319, Dorka Raynor; 326, Helena Kolda; 331, Helena Kolda; 338, Helena Kolda

347, Helena Kolda; 356, Dennis Stock/Magnum; 363, Richard Kalvar/Magnum

375, Dorka Raynor; 384, Helena Kolda; 388, Helena Kolda; 392, French Embassy Press & Information Division; 395, French Embassy Press & Information Division;

403, Helena Kolda; 410, Guy Le Querrec/Magnum; 413, Bruno Barbey/Magnum; 422, French Embassy Press & Information Division; 429, French Embassy Press & Information Division;

431, René Burri/Magnum; 437, NFB Phototheque; 439, New Orleans Tourist and Convention Commission; 444, Historical Pictures Service; 447, Public Archives Canada/D. Cameron; 453, Public Archives Canada; 454, New Orleans Tourist and Convention Commission;

461, Dorka Raynor; 466, Helena Kolda; 478, Helena Kolda; 482, Helena Kolda; 490, Helena Kolda;

491, Dorka Raynor; 499, Michael Cambert/Gamma; 502, Helena Kolda; 503, Peter Menzel; 507, Peter Menzel; 509, Henri Cartier-Bresson/Magnum;

519, Dorka Raynor; 523, United Nations/Saw Lwin; 525, United Nations; 528, United Nations; 537, Dorka Raynor.

Realia Credits

70, © Dargaud Editeur Paris de de Beketch; 71, Copyright Fluide glacial/Lob/Gotlib; 99, *Asterix en Corse*—© Dargaud Editeur Paris 1973 by Goscinny and Uderzo; 226, *L'Express* No. 1308, June 7, 1980; 257, © *Le Nouvel Observateur*, photo by Wladimir Held; 323, © Les Editions Albert René, Goscinny-Uderzo 1981; 346, *Le Monde de l'Education* July/Aug. 1979; 515, *L'Express* April 18–24, 1977.